Ann Rule
Eine Rose für ihr Grab

Ins Deutsche übertragen
von Malte Heim

TRUE CRIME
Der wahre Kriminalfall

BASTEI-LÜBBE-TASCHENBUCH
Band 13 764

Erste Auflage:
Mai 1996
Zweite Auflage:
Dezember 1996

© Copyright 1993
by Ann Rule
All rights reserved
Deutsche Lizenzausgabe 1996
Bastei-Verlag Gustav H. Lübbe
GmbH & Co., Bergisch Gladbach
Originaltitel:
A Rose For Her Grave
Lektorat: Dr. Edgar Bracht
Titelbild: Allover Bildarchiv
Umschlaggestaltung:
Quadro Grafik, Bensberg
Satz: KCS GmbH,
Buchholz/ Hamburg
Druck und Verarbeitung:
Brodard & Taupin,
La Flèche, Frankreich
Printed in France

ISBN 3-404-13764-7

Der Preis dieses Bandes
versteht sich einschließlich der
gesetzlichen Mehrwertsteuer.

Dieses Buch ist den Frauen gewidmet, den Freunden, die ich liebe, und den Freunden, die ich niemals kennenlernen werde. Ich habe schon so viele Male über die Tragödien geschrieben, die meine Schwestern heimsuchen. *Eine Rose für ihr Grab* stellt keine Ausnahme dar. Ich bin immer wieder über die Kraft erstaunt, die Frauen angesichts einer Katastrophe entwickeln, besonders die Überlebenden, die ihr Leben wiederaufnehmen und weitermachen, nachdem sie ein Kind durch einen gewissenlosen Mörder verloren haben.

Ein Gruß an alle Frauen, die Träume hatten; für sich selbst, für ihre Kinder und für diejenigen, die sie liebten. Ihre Träume waren – und sind – ebenso unterschiedlich wie die Träumerinnen. Einige von ihnen wurden wahr; viele nicht. Einige Frauen fanden Liebe, andere fanden Verrat. Einige waren Opfer, andere waren Heldinnen.

Einige waren beides.

Danksagungen

Der Autor eines Buches, in dem so viele Fälle beschrieben werden wie in *Eine Rose für ihr Grab,* schuldet Dutzenden von Leuten Dank. Meine Forschung beginnt buchstäblich mit einem weißen Blatt oder einer kurzen Zeitungsnotiz. Wären da nicht jene Menschen, die bereit sind, mir ihre Erlebnisse, ihre Eindrücke, ihr Wissen und ihre Gefühle mitzuteilen, bliebe es bei meinem weißen Blatt.

Die folgende Namensliste weist keine bestimmte Ordnung auf und gewiß keine alphabetische Reihenfolge – aber ich bin all jenen, die aufgeführt sind, überaus dankbar:

King County Detectives Sue Peters, Randy Mullinax, Mike Hatch und Stan Chapin; King County Senior Deputy Prosecuting Attorneys Marilyn Brenneman und Susan Storey; Donna und Judith Clift, Ben und Martha Goodwin, Brittany Zehe, Hazel und Merle Loucks, Jim und Marge Baumgartner, Richter Frank Sullivan, Lori Merrick und Lynn Harkey, Todd Wheeler, Timothy Bergman und Jeff Gaw; Chris Jarvis, dem *Journal American;* Richard Seven und Steve Clutter, *The Seattle Times;* Jack Hopkins, *The Seattle Post-Intelligencer;* Eric Zockler, *The Herald;* und Rose Mendelsberg-Weiss, dem Magazin *True Detective.*

Hank Gruber, Rudy Sutlovich, Dan Engle, John Boren, Billy Baughman, Gary Fowler, John Nordlund, Al Lima, Richard Steiner, Gene Ramirez und Don Cameron von der Seattle Police Department Homicide Unit; King County Medical Examiner Dr. Donald Reay und Chief Deputy Medical Examiner Bill Haglund; Joe Belinc, Doug Englebretson und Glenn Mann vom Snohomish County Sheriff's Office; Privatdetektiv Jim Burnes, früher im Marion County, Oregon, Sheriff's Office.

Jean und Warren McClure, Doreen Hanson, Hilda Ahlers, Don Hendrickson.

Gerry Brittingham, Leslie Rule und Donna Anders, meine unerschrockenen Kritiker, Mitforscher und Freunde.

Endlich meinen treuen und hart arbeitenden Agenten Joan und Joe Foley (Ostküste) sowie Mary Alice Kier und Anna Cottle von CINE/LIT (Westküste); Emily Remes, die, dem Himmel sei Dank, die Gesetze besser kennt als ich; Liate Stehlik und Joe Gramm, Verlagsassistenten, und meinen Verlegern, Bill Grose und Julie Rubenstein von *Pocket Books*, die sich diese neue Folge ausgedacht und mich bei jedem Schritt auf meinem Weg ermutigt haben, bis aus meinen leeren Seiten ein richtiges Buch geworden ist.

Und, noch einmal, den Mitgliedern der ältesten noch existierenden literarischen Gruppe im Staate Washington: B. & M. Society.

Inhalt

Anmerkung des Autors 11

Eine Rose für ihr Grab 13

Campbells Rache 349

Mord auf Bestellung 383

Die Ausreißerin 425

Rehabilitation eines Ungeheuers 451

Mollys Mord 487

Anmerkung des Autors

Ich war immer der Meinung, Berichte über wahre Verbrechen sollten ihre Leser nicht nur fesseln, sondern auch belehren. Es besteht kein Anlaß dazu, aufsehenerregende Fälle auszuschmücken – das menschliche Verhalten ist schon an sich faszinierender als alles, was man sich ausdenken kann. Die Leser meiner früheren Bücher wissen, daß ich nicht in blutrünstigen Details schwelge; ich konzentriere mich in meinen Untersuchungen mehr auf das *Weshalb* als auf das *Wie* eines Mordes. Täglich gestehen dem Anschein nach vollkommen normale Menschen Verbrechen, die unerklärlich erscheinen, und überlassen es uns anderen, über der Frage zu brüten: ›Was ist eigentlich geschehen?‹ Und dann gibt es natürlich auch noch die Ungeheuer, die uns fragen lassen: ›Weshalb hat es so lange gedauert, bis es geschah?‹

Diese Serie wird, wie ich hoffe, einen neuen Bereich auf dem Gebiet des wahren Verbrechens erschließen. Jeder dieser in sich abgeschlossenen Berichte soll das abweichende und kriminelle Verhalten detailliert in einem Rahmen abhandeln, der am besten zu einem bestimmten Fall paßt, aber darüber hinaus soll die ganze Serie dem Leser ein tieferes Verständnis der Psychopathologien hinter vielen unterschiedlichen Verbrechensarten erschließen.

Unter den vierzehnhundert Mordfällen, mit denen ich mich befaßt habe, sind viele, die ich niemals vergessen werde. Sie sind so sehr Teil meines Lebens geworden, daß die Familienmitglieder der Opfer immer noch meine Freunde sind; ebenso wie die Detectives, die die Mörder gefaßt haben. Ich kann Ihnen nicht genau sagen, weshalb diese Fälle für mich heute noch ebenso real sind, wie sie es waren, als ich mich zum ersten Mal in die Polizeiakten vertiefte und die Orte aufsuchte, an denen die in den Fall verwickelten Personen einst lebten. Es mag daran liegen, daß diese Geschichten – auf eine düstere, furchteinflößende Weise – Klassiker sind.

Die Titelgeschichte handelt vom Fall Randy Roth, einem

mordenden Blaubart, der seine Verbrechen mehr als ein Jahrzehnt lang ungestraft begehen konnte. Der Fall Roth ist ein Text von Buchlänge, der eigens für diese Anthologie geschrieben wurde. Randy Roths Prozeß fand 1992 statt.

Sie werden weitere wahre Fälle aus meinem Archiv finden. Sie wurden neu durchgesehen und aktualisiert: ›Campbells Rache‹, ›Mord auf Bestellung‹, ›Die Ausreißerin‹, Rehabilitation eines Ungeheuers‹ und ›Mollys Ermordung‹.

Ich habe jeden dieser Fälle aus einem besonderen Grund ausgewählt. Einige von ihnen finde ich wegen der Einsichten ungewöhnlich, die sie in das bizarre und unvorhersehbare menschliche Verhalten gewähren. Andere folgen polizeilichen Ermittlern auf ihrer Suche nach dem Mörder und gehören zu den beachtlichsten Beispielen für Detektivarbeit, derer ich jemals Zeuge wurde. Einige zeigen die an das Raumfahrtzeitalter gemahnenden Fortschritte in den forensischen Wissenschaften, anhand neuer Verfahren der Blutanalyse, computerisierter Fingerabdrücke und in der Identifizierung unglaublich winziger Spuren. Noch vor einem Jahrzehnt hätte sich die Polizei diese gewaltigen Fortschritte auf dem Gebiet der Ermittlung nicht vorstellen können. Und einige Fälle decken tragische Lücken auf, die unser Rechtssystem immer noch aufweist.

Ich hoffe, Sie kommen zu dem Schluß, daß sich *Ann Rules wahre Kriminalfälle* mit nichts vergleichen lassen, was Sie jemals zuvor gelesen haben.

Mit den besten Wünschen

Eine Rose für Ihr Grab

*Die Geschichte des Frauenmörders in dem Märchen **La barbebleue** (Blaubart) von Charles Perrault ist seit 1697, dem Jahr ihres Erscheinens, in die Weltkultur eingegangen. Es gibt einen mörderischen Ehemann in Grimms Märchen ›Fitchers Vogel‹ und in verwandten Geschichten in der europäischen, afrikanischen und orientalischen Folklore. Im Mittelpunkt der oft erzählten Horrorerzählung stehen das verschlossene, verbotene Zimmer, die Neugier der Frau und ihre Rettung in letzter Sekunde. Die Geschichte vom* Blaubart *ist so alt, daß es einem seltsam vorkommt, sie in den achtziger und neunziger Jahren dieses Jahrhunderts nachgespielt zu sehen. Die bekannteste Version handelt von einem grausamen Ehemann, der seiner Frau die Schlüssel zu allen Räumen hinterläßt, als er auf Reisen geht, ihr aber verbietet, ein bestimmtes Zimmer zu öffnen. Das ungehorsame Weib kann der Versuchung nicht widerstehen, sich mit eigenen Augen davon zu überzeugen, was ihr in diesem Raum vorenthalten werden soll. Sie schließt die Tür auf und erblickt – vor Entsetzen wie gelähmt – die Leichen der früheren Ehefrauen ihres Gatten. Der böse Ehemann entdeckt ihren Verrat, als er einen Blutstropfen an dem Schlüssel zu diesem Zimmer vorfindet.*

In dem Bewußtsein, daß sie sterben wird, ruft sie verzweifelt nach ihrer Schwester, die vom Turm aus nach Rettung Ausschau hält. »Schwester, liebste Schwester, siehst du jemanden kommen?«

Im Märchen wird die verängstigte Frau rechtzeitig befreit. Im wirklichen Leben ist es nicht immer so.

Er war ein Mann, der die Frauen haßte; sie wirklich haßte. Anders als der Serienmörder, der Frauen auswählt, verfolgt und tötet, die er nicht persönlich kennt, kannte dieser Mann seine Opfer nur zu gut. Der Serienmörder ist ›mordsüchtig‹, Blaubart war seiner eigenen Gier verfallen. Er war vor allem ein Mann mit vollkommener Selbstbeherrschung. Das mußte er natürlich auch sein, weil seine Vorha-

ben eine genaue Zeitplanung, Charme, Charisma, Schlauheit und ein vollständiges Fehlen von Gewissen und Mitgefühl verlangten. Er war gutaussehend und jungenhaft, und seine Opfer sahen niemals die Bedrohung in seinen Augen, bis es zu spät war.

Er hatte viele Opfer, aber am ärgsten verfolgte er Frauen und Kinder. Er wollte eine Familie. Er schmeichelte sich bei mehreren Familien ein und wurde so etwas wie eine Kreuzung aus einem jungen Onkel und dem ältesten Sohn. Aber wenn er selbst Familien gründete, vernichtete er sie. Vollständig. Anders als die Serienmörder, deren Verbrechen stets Aspekte sexuell abweichenden Verhaltens aufweisen, wurde Blaubart eher durch Luxusautos angeregt als durch Frauen, die ihn begehrten. Er benutzte ihre Gefühle für ihn nur dazu, um Dinge zu erwerben, die er sich mehr wünschte.

›Eine Rose für ihr Grab‹ ist die Geschichte dieses Mannes und der Detectives vom King County und der Staatsanwälte, die sich bemühten, ihn von seiner Besessenheit abzuhalten.

JANIS

1

Janis Miranda war eine recht kleine Person. Sie war nur knapp über hundertfünfzig Zentimeter groß und wog kaum fünfundvierzig Kilogramm. Die wenigen Fotos von ihr, die noch existieren, sind undeutlich. Aber man kann darauf erkennen, daß sie hübsch war. Sie hatte lange, schimmernd braune Haare, grüne Augen und eine gute Figur, die sie durch Joggen und Tanzen in Form hielt. Sie gab zu, daß das Joggen sie langweilte, aber sie liebte den Tanz. Oh, wie sehr sie das Tanzen liebte! Auf der Tanzfläche konnte sie die traurigen Zeiten in ihrem kurzen Leben vergessen; die vielen unerfüllten Träume und die nicht eingehaltenen Versprechen. Ihre natürliche Anmut und eine Menge Training brachten ihr bewundernde Blicke der übrigen Tänzer ein, und sie mußte sich niemals über einen Mangel an Partnern beklagen.

Janis hatte schon früh ihr Elternhaus verlassen. Als sie von zu Hause fortging, lebte ihre Mutter, Billie Jean Ray, in Dallas, Texas, und ihr Vater hatte sich nach Little Rock, Arkansas, abgesetzt – zumindest war er dort gewesen, als seine Tochter zuletzt von ihm gehört hatte. Er war fortgegangen und hatte Billie Jean die ganze Verantwortung überlassen, ihre vier Kinder aufzuziehen. Soweit Janis sich erinnern konnte, hatte Billie Jean immer drei Jobs auf einmal gehabt. Ihre Mutter dachte philosophischer über ihren Mann als Janis. Janis sah nur, wie erschöpft Billie Jean die meiste Zeit über war, und sie würde ihrem Vater niemals verzeihen, daß er seine Familie – wie sie es sah – im Stich gelassen hatte. Als er Janis später Geburtstagskarten schickte und anbot, ihr kleinere Geldbeträge zu senden, sagte sie zu ihm: »Wenn du jemandem helfen willst, fang damit an, daß du Mom Schecks schickst. Wenn du alles gutgemacht hast, was du *ihr* schuldest, *dann* kannst du an deine Kinder denken.«

Oft war das Essen knapp gewesen, und Janis hatte diese kargen Zeiten niemals vergessen. Es war nicht leicht für sie, Männern zu vertrauen, nachdem ihr Daddy fortgegangen war. Ihre Gefühle waren zwiespältig – sie sehnte sich nach einem guten Mann, obwohl sie bezweifelte, daß es so etwas überhaupt gab.

Trotzdem war Janis noch jung, als sie zum ersten Mal heiratete. Sie kannte Joe Miranda seit einem Jahr, und sie war achtzehn, als sie und Joe am 17. April 1971 heirateten. Joe war in der Armee und wurde nach Augsburg in Deutschland versetzt. Janis ging mit ihm, und am 10. Oktober 1973 wurde ihre Tochter Jalina geboren. Nach Dallas zurückgekehrt, nahm Janis verschiedene Arbeitsstellen an – als Laborassistentin, dann für ein Sicherheitsunternehmen und als Aktienmaklerin.

Die Romantik verschwand nur zu bald aus ihrer Ehe, und Ende 1975 trennten Joe und Janis sich. Am 16. September 1976 ließen sie sich scheiden. Es gab keinen erbitterten Streit; die beiden gingen einfach getrennte Wege. Das Sorgerecht für Jalina wurde der vierundzwanzigjährigen Janis zugesprochen. Ein wenig widerwillig, wenn man Janis glauben darf, bezahlte Joe monatlich zweihundertfünfzig Dollar an Unterhalt für Jalina. Janis bemühte sich, den größten Teil dieses Geldes für die Zukunft des kleinen Mädchens zu sparen. Sie arbeitete ebenso hart, wie ihre Mutter es getan hatte, um den Lebensunterhalt für sich selbst und Jalina zu bestreiten. Von ihrer Familie konnte sie nicht viel Unterstützung erwarten; sie mußten selbst hart arbeiten, um sich über Wasser zu halten.

Janis Miranda war eine bescheidene junge Frau. Gelegentlich gönnte sie sich, wenn sie tanzen ging, einen oder zwei Drinks, aber das war auch schon alles. Trinken verstieß gegen die Gebote ihrer Religion; außerdem boten ihr die Musik und die Erregung beim Tanzen Lebensfreude genug. Janis träumte manchmal von einer Karriere als professionelle Discotänzerin, und sie liebte es auch, nach dem Sound einer Big Band zu tanzen. Sie nahm keine Drogen – außer hin und wieder Diätpillen. Sie war so dünn, daß ihre Freundinnen sich fragten, wieso sie glaubte, auf ihr Gewicht achten zu müssen, aber sie klagte darüber, daß man bei einer so kleinen Person, wie sie es war, jedes zusätzliche Pfund sehen könne. Wenn sie mehr als fünfundneunzig Pfund wog, wurde sie unsicher.

Janis zog häufig um, mit Jalina im Schlepp. Vielleicht suchte sie nach einer Zuflucht vor der Melancholie, die ihre Welt periodisch in graue Schatten hüllte. Sie zog erst von Texas nach Kalifornien, dann nach Washington. Sie besaß keinerlei irdische Besitztümer, aber sie hatte etwas höchst Wichtiges – ihre Tochter. Jalinas Haare waren ein wenig dunkler als die ihrer Mutter, aber ebenso dicht und glänzend. Janis kämmte Jalina die Haare zurück, band sie zusammen und ließ sie dann lose bis auf die Hüfte fallen.

Mutter und Tochter hingen stets zusammen – vielleicht zu eng. Manchmal vertraute Janis ihrem Kind zuviel an. Sie erzählte ihr beinahe alles. »Das ist mehr, als ein kleines Kind wissen sollte«, mahnten ihre Freunde sie nicht nur einmal. Aber Janis schüttelte nur den Kopf. »Jalina und ich haben keine Geheimnisse voreinander.«

Janis war während und nach ihrer Ehe mit Joe Zeugin Jehovas. »Sie war sehr religiös«, erinnerte Joe sich. »Sie war immer auf der Suche nach Menschen, zu denen sie gehören konnte. Ihre Familie war nach einer Scheidung auseinandergebrochen, und sie wurde viel von Familie zu Familie herumgeschubst.«

Als Erwachsene war Janis ihrer Mutter, ihren Schwestern und ihrem Bruder nahe, und sie hatte noch jemanden, auf den sie zählen konnte – ihre Freundin Louise Mitchell. Die beiden Frauen trafen sich 1975 in ihrer Kirche in Dallas. Louise war ein wenig älter und hatte selbst Kinder, und die beiden verstanden sich auf Anhieb gut miteinander. Janis' geringe Körpergröße ließ sie manchmal wie ein mutterloses Kind aussehen; als brauche sie jemanden, der sich um sie kümmerte. Louise kümmerte sich um sie. Beide Frauen hatten ähnliche Probleme, und sie legten zeitweise ihre Haushalte zusammen, um Kosten zu sparen. Sie vertrauten einander so sehr, daß sie einmal ein gemeinsames Bankkonto hatten. Dann zog eine von ihnen um, und ihre Freundschaft bestand durch Ferngespräche und Briefe fort.

Janis sehnte sich immer noch nach einem Mann, der sie aufrichtig lieben würde, aber jetzt bedeutete dies, daß er Jalina in seine Liebe würde einbeziehen müssen. Janis war jung und attraktiv, und die meiste Zeit über schaffte sie es, der Welt ein fröhliches Gesicht zu zeigen; selbst dann, wenn sie eigentlich traurig und verletzt war. Die eine Hälfte glaubte an das Schicksal und an Liebe auf den ersten Blick. Die andere Hälfte hing an ihrer Selbständigkeit und verteidigte ihre Unabhängigkeit.

Doch Janis gab zu, daß sie auf eine zweite Chance in der Liebe hoffte.

Manchmal handelte Janis unüberlegt und gefühlvoll, statt ihren Verstand zu Rate zu ziehen. Sie schien ihre Gesinnung so häufig wie ihre Kleider zu wechseln. Das einzige Thema, bei dem sie absolut standhaft blieb, war ihre Tochter. Jalina kam immer zuerst. Janis hätte ihre Leben für ihr kleines Mädchen hingegeben.

Louise Mitchell hatte Janis entmutigt und deprimiert erlebt, aber nicht oft. Nur als sie in Kalifornien lebte, war sie wirklich besorgt. Janis hatte sich von ihrem Umzug nach Kalifornien einen ganz neuen Anfang versprochen, mußte aber feststellen, daß ihre Erwartungen sich auch dort nicht auf magische Weise erfüllten. Es war immer noch hart, den Lebensunterhalt für sie selbst und Jalina zu verdienen, und manchmal fühlte sie sich sehr einsam.

Als Louise 1979 nach Seattle zog, folgte Janis ihr ein paar Monate später und fand ein Apartment in derselben Straße gegenüber dem Haus, in dem Louise wohnte. Sie hatte weder in Texas noch in Kalifornien ihr Glück gefunden, und sie vermißte ihre Freundin. Sie verfielen sofort wieder in ihre alte Gewohnheit, einander täglich zu einer Tasse Kaffee zu besuchen oder miteinander zu telefonieren.

Janis bekam bald einen Bürojob in der Richmond Pediatric Clinic (Kinderklinik) an der North 185th, in der äußersten nördlichen Vorstadt von Seattle. Der Umzug von Texas hatte ihre gesamten Ersparnisse aufgebraucht – bis auf Jalinas College-Geld. Sie hätte Jalinas Geld nur im äußersten Notfall angerührt. Janis hatte nur ihren 1974er Pinto. Sie besaß überhaupt keine Möbel und keine warme Kleidung. Eine der anderen Frauen, die in der Klinik arbeiteten, lieh ihr einen kleinen Fernseher, und sie war erstaunt und schockiert, als sie das Gerät brachte und sah, daß Janis und Jalina in Schlafsäcken auf dem Boden ihres kleinen Apartments schliefen, weil sie keine Betten hatten. Sie benutzten einen Koffer als Tisch. Aber weder Mutter noch Tochter schienen sich dabei unwohl zu fühlen; sie ›kampierten‹, bis sie sich Möbel leisten konnten.

Janis war eine gute Arbeiterin, und in der Klinik mochten sie alle. Sie beklagte sich niemals. Sie arbeitete einfach härter, um sich etwas leisten zu können. »Sie ging abends ein paar Stunden in einem K Mart arbeiten«, erinnerte sich Shirley Lenz, die Empfangsdame in der Klinik. »Sie wollte, daß Jalina bekam, was sie brauchte. Sie selbst hatte nicht einmal einen Wintermantel. Sie *mußte* zwei Jobs annehmen, um es zu schaffen.«

Unbewußt wartete Janis Miranda auf den Prinzen, der kommen und sie erlösen würde. Sie wußte, daß es unwahrscheinlich war, doch sie konnte immer noch hoffen. Jedesmal, wenn sie tanzen ging, fragte sie sich, ob es ihr Glücksabend sein würde. Sie trat den Parents Without Partners (alleinstehende Väter und Mütter) bei und nahm an all ihren Tanzveranstaltungen teil. Sie ging zu der Halloween-Party und zu den Thanksgiving-Tänzen der PWP. Nach einer Weile begannen die Fremden wie Freunde auszusehen.

Zu Silvester 1980 ging Janis auf ein PWP-Tanzfest, das in einer Halle über der Richmond-Highlands-Ice-Arena stattfand. Wie üblich waren viermal so viele Frauen wie Männer da. Die Frauen brachten die Tabletts mit Chips und Dips und Käse und von Weihnachten übriggebliebene Plätzchen mit, und die Männer brachten sich selbst mit, überzeugt, daß ihre Rarität sie um so begehrenswerter machte. Die meisten von ihnen waren über vierzig. Janis erwartete nicht wirklich, daß der Silvesterabend sich irgendwie von ihren übrigen Abenden unterscheiden würde. Sie wollte einfach nur tanzen. Jalina befand sich in der Obhut einer Babysitterin. Janis trug eines ihrer wenigen guten Kleider und wußte, daß sie hübsch darin aussah.

Als sie eine sanfte Stimme hinter sich hörte, die sie um einen Tanz bat, drehte sie sich herum und war angenehm überrascht. Sie hatte schon einmal mit diesem Mann getanzt, aber nicht wirklich mit ihm gesprochen. Sein Name war Randy irgendwer. Er war nicht besonders groß, aber er besaß einen wundervollen, muskulösen Körper, warme, braune Augen und einen üppigen Oberlippenbart. Er war hübsch, und er war jung – er sah nicht älter als fünfundzwanzig aus.

Er beherrschte gerade mal die Grundtanzschritte.

Aber das spielte keine Rolle. Plötzlich sprachen sie miteinander, als würden sie sich schon lange kennen. Er wich den ganzen Abend über nicht von ihrer Seite. Vielleicht lag es daran, daß sie sich nicht länger am Silvesterabend allein fühlte; oder es lag an ihrem Eindruck, daß die körperliche Anziehung zwischen ihnen sehr stark war. Es spielte keine Rolle. Janis war von Randy Roth entzückt und fasziniert. Er sagte ihr, er habe gerade am Tag nach Weihnachten seinen sechsundzwanzigsten Geburtstag gefeiert. Er war schon einmal verheiratet gewesen, aber am 20. Mai gesetzlich geschieden worden. Er sagte, er habe einen kleinen Jungen, Greg, der drei Jahre alt sei. Er zog seinen Sohn selbst auf. Janis war gerührt; somit hatten sie etwas gemeinsam. Sie betrachtete das Foto seines Sohnes, das Randy bei sich trug, und sah einen anbetungswürdigen, pausbäckigen kleinen Jungen. Es war für sie offensichtlich, daß Randy sein Kind ebenso gern hatte, wie sie Jalina liebte.

Als das Jahr 1981 begann und die Menge brüllte und pfiff, war Janis Miranda bereits halb verliebt. Im Inneren wunderte sie sich; sie war eine Frau, die Männern mißtraute. Sie war in den Kriegen der Liebe zu oft verwundet worden. Aber dieser Mann war anders. Irgendwie etwas Besonderes. Als Randy Roth fragte, ob er sie anrufen dürfe, sagte sie begeistert ja.

Und dann wartete sie ängstlich, bis er seine Ankündigung tatsächlich wahrmachte. So viele Männer hatten gesagt, sie riefen an, und taten es nie. Randy rief an. Er schien ebensosehr an ihr interessiert zu sein wie sie an ihm.

Ihre Freundin Louise und ihre Kolleginnen in der Klinik rieten ihr, vorsichtig zu sein, aber Janis schüttelte den Kopf und lächelte nur. Je länger sie mit Randy zusammen war, desto mehr dankte sie ihrem glücklichen Stern. Er war der liebste, süßeste, romantischste Mann, den sie jemals kennengelernt hatte. Auch sein Leben war nicht leicht gewesen. Er vertraute ihr an, daß er im Marine Corps in Vietnam tätig gewesen war – aber er erzählte ihr nicht alles. Sie ahnte, daß er ihr einen Teil der Schrecken verschwieg, um sie nicht aufzuregen. Ihm schien es das wichtigste zu sein, daß sie glücklich war. Niemals zuvor hatte sie jemanden wie ihn kennengelernt.

»Janis kam eines Morgens zur Arbeit und strahlte nur so«, erinnerte Shirley Lenz sich. »Sie hatte einen kleinen Blumenstrauß mit einer Karte bei sich. Randy hatte beides an ihren Wagen geklemmt. Sie kriegte sich deswegen kaum noch ein. Sie fand es wundervoll.«

Als Randy Janis ein Dutzend rote Rosen schickte, war sie noch bezauberter von ihm. Wenn sie sich hingesetzt und alles aufgeschrieben hätte, was sie sich von einem Mann wünschte, wäre ihre Liste eine Beschreibung von Randy Roth geworden. Abgesehen davon, daß seine Tanzkunst höchstens Mittelmaß erreichte, war er perfekt. Sie erzählte Louise, daß Randy seit langer Zeit fest als Dieselmechaniker bei Vitamilk Dairy angestellt war und daß er sich vom Leben dieselben Dinge wünschte wie sie – eine glückliche Familie, ein Heim mit einer Mutter und einem Vater für Greg und Jalina. Randy hatte ihr gesagt, daß er sein Haus mit der Option gemietet hatte, es später zu kaufen. Er hatte die meiste Zeit seines Lebens in der Gegend von Lynnwood, Washington, verbracht. Randy schien Janis solide zu sein; nicht wie die flüchtigen Bekanntschaften, die sie bisher gemacht hatte.

Janis begleitete Randy zum Training und Jogging, obwohl sie beidem nicht viel abgewinnen konnte, keuchend, aber von einem geheimen Triumph erfüllt. Hätte Randy es gewollt, hätte sie Gewichte gestemmt und wäre über den Ärmelkanal geschwommen. Er war ein eifriger Verfechter der körperlichen Fitneß, und sie wollte einfach die Art Frau sein, die er bewunderte. Als sie sah, wie sehr er das Rauchen verabscheute, gab sie es sofort auf. Sie hoffte, er würde niemals herausfinden, daß sie geraucht hatte.

Es fiel Janis leicht, Greg, Randys Sohn, in ihr Herz zu schließen. Er war ein süßer kleiner Junge, der sich nicht einmal an seine leibhaftige Mutter erinnern konnte. Janis war bereit, Gregs Mutter zu sein, wenn Randy es wollte.

Sowohl Louise Mitchell als auch Shirley Lenz ermahnten Janis, sich Zeit zu nehmen. Was wußte sie wirklich über Randy? Aber Janis lachte nur und erwiderte, sie wisse genug über ihn, um sicher zu sein, daß sie ihn heiraten und für den Rest ihres Lebens mit ihm zusammenleben wollte.

Shirley hatte Randy niemals persönlich getroffen, aber wie es sich anhörte, war er der perfekte Mann für Janis. Vielleicht zu perfekt. Sie sagte zu Janis, ein perfekter Mann wäre bereit, noch ein paar Monate lang zu warten. Eine wahre Liebe würde den Test der Zeit bestehen. Wie Janis ihre Treffen mit Randy beschrieb, klang es, als strebten die beiden mit Riesenschritten einer ernsthaften Verbindung zu.

Shirleys Verdacht sollte sich schon bald bestätigen. Eines Morgens im Februar kam Janis zur Arbeit und zeigte ihren Mitarbeitern ihre linke Hand. Sie trug einen Ring mit einem winzigen Diamanten am Finger. »Er wird für mich sorgen!« rief sie freudig erregt. »Er wird mich heiraten und für mich sorgen!«

Janis Miranda und Ralph Roth wurden am 13. März 1981 vor dem Zivilgericht in Seattle amtlich getraut. Sie verbrachten kurze Flitterwochen in Victoria, British Columbia, auf dem Vancouver Island. Es war nur drei Überfahrten mit der Fähre und eine kurze Autofahrt vom Lynnwood-Everett-Gebiet entfernt, aber kulturell war es eine ganz andere Welt. Das historische Empress Hotel, in dem sie wohnten, wirkte mit seiner herrschaftlichen Architektur und der traditionellen Teestunde am Nachmittag, für die es berühmt war, großartig und europäisch. Janis war von dem Glanz und der Romantik geblendet.

Nach den Flitterwochen zogen Janis und Jalina in Randys gemietetes Haus, 4029 42nd Place West in Mountlake Terrace. Auf Randys Drängen hin kündigte Janis ihren Job und blieb zu Hause, um den beiden Kindern ihrer neuen Familie eine Mutter zu sein. Sie fühlte sich ein wenig schuldig, weil Randy so viel in die Ehe einbrachte – zumindest finanziell – und sie nichts beisteuern konnte als ihre Liebe. Randy teilte ihr mit, er habe eine Lebensversicherung im Wert von zweihundertfünfzigtausend Dollar abgeschlossen und die Police in dem Sinne abändern lassen, daß sie, Janis, die begünstigte Person war.

Drei Wochen nach ihrer Heirat bewarb sich Janis um eine Lizenz als Kindergärtnerin, ließ das Haus begutachten und eröffnete eine Kindertagesstätte in ihrem Haus. Die ersten Kinder im Krabbelalter trafen schon um 6 Uhr morgens ein, und Janis war den ganzen Tag über eingespannt. Das Kind einer staatlich geprüften Krankenschwester, die in einem nahe gelegenen Krankenhaus in Nachtschicht arbeitete, betreute sie sogar von 22 Uhr bis 4 Uhr am Morgen. Janis verdiente nicht viel – tagsüber 1,25 Dollar und nachts 1,50 Dollar pro Stunde –, aber sie hatte an fünf Tagen der Woche sechzehn Stunden lang pro Tag Kinder. Randy arbeitete von 7 Uhr 30 bis 15 Uhr für Vitamilk. Er verdiente 14,39 Dollar pro Stunde, plus Überstunden, die mit hundertfünfzig Prozent abgerechnet wurden. Er überzeugte Janis davon, daß er nahezu dreißigtausend Dollar im Jahr verdiente.

Janis und Randy waren noch nicht lange verheiratet, als Janis Louise erzählte, jemand habe ihren Wagen gestohlen. Louise fand diese Vorstellung fast lächerlich. Sieben Jahre alte Pintos waren nicht gerade die begehrenswerteste Beute für Autodiebe – nicht wie Camaros oder Pontiac Firebirds. Außerdem benahm sich Janis seltsam, als sie davon sprach. In der Tat erweckte sie den Eindruck, als wolle sie überhaupt nicht darüber sprechen, und sie wich Louises Fragen aus. Aber der Wagen war versichert gewesen, und sie und Randy akzeptierten eine Barabfindung. Einige Monate später fand man den ausgeschlachteten und stehengelassenen Pinto.

23

Zu Beginn war Janis überglücklich in ihrer Ehe. Alle, die sie kannten, freuten sich für sie. Es war Louise Mitchell, die als erste bemerkte, daß die Ehe nicht so glückselig verlief, wie es anfangs geschienen hatte.

Janis vertraute Louise an, daß Randy – der sich während seiner ungestümen Werbung als feuriger Liebhaber erwiesen hatte – rasch abgekühlt war. Selbst ihre Flitterwochen waren eine Enttäuschung gewesen. Randy hatte zu Janis gesagt, der Geschlechtsverkehr sei für ihn wegen einer Infektion, die er sich nach einer Vasektomie zugezogen hatte, schmerzhaft. Janis wußte nicht viel über die männliche Anatomie, und sie war verwundert. Aber sie akzeptierte die Erklärung, obwohl sie enttäuscht war, daß die körperliche Seite ihrer ehelichen Beziehung so sehr zu kurz kam.

Außerdem gab es in Randys Privatleben einen Bereich, über den Janis sich Sorgen machte. In der stürmischen Zeit ihres Kennenlernens hatte er nicht über andere Frauen gesprochen, aber sie war realistisch genug gewesen, um zu vermuten, daß er bereits Affären hinter sich hatte; ebenso wie sie. Sie hatte aber nicht erwartet, daß er seine alten Freundinnen weiterhin traf.

Janis war nicht glücklich über ihre Entdeckung, daß Randy immer noch sehr vertrauten Umgang mit Lily Vandiveer* pflog, einer verheirateten Frau, die Gregs Babysitterin gewesen war. Oft aß er mit ihr. Er ließ sie sogar manchmal noch auf Greg aufpassen; und das war lächerlich, weil Janis immer zur Verfügung stand. Jalina erzählte ihrer Mutter, Randy ließe sie immer im Wagen warten, wenn er Greg in Lilys Haus ablieferte.

Randy lachte, als Janis ihm Fragen über Lily stellte. »Sie will nur meine Gesellschaft«, erklärte er. »Es ist nichts Romantisches dabei.«

Auch Janis wollte die Aufmerksamkeit ihres Ehemannes, und sie erhielt nicht viel davon. Noch bevor ihre zweite Ehe

---

* Die Namen einiger Personen wurden verändert. Diese Namen sind mit einem Sternchen (*) gekennzeichnet, wenn sie zum ersten Mal in diesem Buch auftauchen.

drei Monate alt war, hatte Janis Miranda-Roth den Verdacht, daß Randy sich mit anderen Frauen traf. Und sie schalt sich selbst wegen ihres Mißtrauens; es war ihr eigener Mangel an Vertrauen, überlegte sie, und nichts von dem, was Randy tat. Hatte nicht immerhin Randy vorgeschlagen, ein Haus zu kaufen? Ein Mann, der seine Frau nicht mehr liebte, würde so etwas nicht tun. Sie versuchte, sich einzureden, daß sie eine gemeinsame Zukunft aufbauten; daß Randy einfach nur ein Mann war, der seine alten Freunde und Freundinnen nicht im Stich ließ.

Manchmal fiel es ihr sehr schwer, sich die eifersüchtigen Gedanken auszureden. Alles war so anders nach ihrer Heirat. Die romantischen Gesten, die Janis zu Beginn ihrer Beziehung so sehr genossen hatte, hatten längst aufgehört. Es kamen keine Blumensträuße und keine Liebesbriefe mehr; und keine Rosen. Janis fühlte sich nicht länger als Mittelpunkt von Randys Leben. Sie versuchte, auch für diese Enttäuschung eine Erklärung zu finden: Randy arbeitete ebenso hart wie sie selbst; Rosen kosteten Geld, und sie sparten, um das Haus kaufen zu können; sie wäre töricht zu erwarten, daß ihre Beziehung sich in derselben Weise fortsetzen würde, wie sie vor ihrer Eheschließung gewesen war.

Andererseits hatten Randys zärtliche und spontane Gesten ganz plötzlich aufgehört. Früher hatte sie sich in seiner unbedingten Hingabe gesonnt, und nun kam sie sich wie ein Babysitter vor. Ihr Mann schien sich vor ihr zu verschließen; sein Gesicht war ausdruckslos, und er behandelte sie beinahe so, als sei sie ihm lästig.

Sie konnte nicht begreifen, was geschehen war. Mit dem Gefühl, ihren Mann zu verraten, vertraute sie sich wieder einmal Louise Mitchell an. »Manchmal frage ich mich, ob wir nicht zu schnell geheiratet haben.«

»Schlägt er dich?« erkundigte Louise sich.

»Nein, das ist es nicht. Er ist nur … anders.«

Louise erwiderte, ihrer Meinung nach scheine Randy zu angespannt zu sein. Sie ahnte, daß er zur Gewalt fähig war, und sie ermahnte Janis, sich vorzusehen.

Janis schüttelte den Kopf. Sie wußte nicht genau, was nicht

stimmte. Sie konnten beisammensitzen und ruhig über Dinge reden, und das taten sie oft.

»Ich mache mir nur Sorgen wegen einiger Dinge«, sagte sie. »Er lebt so gefährlich. Er fährt so schnell. Und er ist so eifersüchtig. Er hat keinen Grund dazu. Ich schaue niemals nach anderen Männern.«

Ebenso wie Janis, die sich Zeit gelassen hatte, ihrer Familie von ihrer Heirat zu erzählen, schien auch Randy nicht besonders erpicht darauf zu sein, sie seiner Mutter und seinen Geschwistern vorzustellen. Tatsächlich hatte sie keine Ahnung, wo seine Familie lebte, und er hatte ihr kaum etwas über sie erzählt. Sie wäre schockiert gewesen, hätte sie gewußt, wie nahebei seine Mutter und seine Geschwister wohnten. Immerhin besuchten sie im Juli 1981 gemeinsam Randys Vater, Gordon, und seine Stiefmutter, Sandy, im Südwesten Washingtons. Sie fuhren in ihrem Urlaub in einem Wohnwagen die Küste hinab. Sie campierten in Washington am Strand, bevor sie in der kleinen Stadt Washougal ankamen, in der Gordon lebte.

Gordon wies von der Statur her große Ähnlichkeiten mit Randy auf; er war muskulös, untersetzt, und stark. Er besaß eine kleine Farm in der Nähe von Washougal, und Randy half ihm bei der Heuernte, wie er es früher oft getan hatte. Janis mochte ihre Stiefmutter und Randys Stiefgeschwister – Marcie, dreizehn; John, neun; und J. R., sieben Jahre alt. Jalina war begeistert, als sie erfuhr, daß Marcie zwei Pferde hatte, Stardust und Dusty.

Randy, Janis, Jalina, die sieben Jahre alt war, und Greg, der jetzt drei war, kampierten im Beacon Rock State Park, rund vierundzwanzig Kilometer östlich von Washougal entlang der Schlucht des Columbia River. Randy schlug vor, daß sie auf den Beacon Rock selbst steigen sollten. Janis war keine begeisterte Kletterin, aber Randys Enthusiasmus riß sie mit – zumindest, bis sie den Beacon Rock dicht vor sich sah.

Der Beacon Rock hatte mehr von einem Berg als von einem Fels; ein riesiger Monolith von über eintausenfünfhundert Meter Höhe. Sein Gipfel wirkte bedrohlich und gefährlich. Dort oben war nur Stein. Acht oder neun Fichten klammerten sich hartnäckig an seine wenig gastfreundlichen Hänge. Janis gestand, daß sie sich vor großer Höhe fürchtete, aber Randy versicherte ihr, daß es sichere Wanderwege gab, die selbst die Kinder leicht bewältigen könnten. Janis nickte nervös, während er ihr gut zuredete und sie beruhigte, und sagte, daß sie es versuchen wolle.

Sie nahmen Marcie und John mit und begannen mit dem Aufstieg. Die Kinder hielten sich gut – vielleicht, weil ihr Schwerpunkt so niedrig lag. Der Weg war leicht erkennbar und mit Seitengeländern versehen. Da es steil bergauf ging, gab es zahlreiche Serpentinen. Trotzdem war der Aufstieg recht anstrengend. Viele weitere Wanderer waren zugleich mit ihnen unterwegs. Randy schlug etwa sechzig Meter unterhalb des Gipfels eine Abkürzung ein, und Janis sah auch andere Wanderer unter dem Geländer hindurchkriechen, aber sie blieb auf dem Hauptweg. Sie wußte, daß sie schwindelig würde, wenn sie hinabschaute. Sie achtete darauf, daß Jalina und Greg sich ein gutes Stück vom Wegesrand fernhielten, hinter dem sich abrupt ein bodenloser Abgrund auftat.

Janis fühlte sich entschieden besser, als sie wieder auf festem Boden waren. Sie war erleichtert, als sie in nördliche Richtung nach Seattle aufbrachen und den drohend aufragenden Felskoloß hinter sich ließen.

Wieder zu Hause, setzten Janis und Randy ihre Suche nach einem Haus fort. Im August fanden sie ein Objekt, das sie sich leisten konnten – ebenfalls in Mountlake Terrace. Die Siedlung war Seattles Antwort auf die Levittowns der Ostküste, die während des Baubooms nach dem Zweiten Weltkrieg entstanden waren.* Dicht am I-5-Freeway gelegen, auf halber

---

* Die erste ›Levittown‹ war eine sorgfältig geplante und massenproduzierte Siedlung aus über siebzehntausend Häusern mitsamt Einkaufszentren, Kirchen etc. auf Long Island, N. Y., die von der Firma Levitt and Sons, Inc. erbaut wurden. Diese Städte wurden später in Amerika zu einem Symbol für die ›Suburbs‹ insgesamt. (Anm. d. Übers.)

Strecke zwischen Seattle und Everett, war es die erste Stadt von nennenswerter Größe, wenn man nach Norden fuhr. Viele junge Paare wollten die neuen Heime kaufen, die wie Pilze aus dem Boden schossen und sich nur in der Farbe des Anstrichs und anderen kosmetischen Details voneinander unterschieden.

Randy hatte dank seines Dienstes bei der Marine Anrecht auf einen Kredit von der Veterans Administration, der es ihm ermöglichte, das neue Haus Nummer 6207 an der 22th S. W. zu kaufen. Es kostete neunundfünfzigtausendneunhundertfünfzig Dollar, und eine Anzahlung war nicht nötig; nur die Folgeraten mit Zinsen. Randy hatte für das alte Haus nur zweihundertfünfzig Dollar pro Monat bezahlt. Jetzt mußten sie fast neunhundert Dollar monatlich an Raten bezahlen, und es würde Jahre dauern, bis sie es abbezahlt hatten – aber dann gehörte es ihnen, und sie hatten ein eigenes Haus.

Janis war hocherfreut, in ihrem eigenen Haus zu wohnen. Mountlake Terrace war als Wohnort nicht mehr so begehrt wie noch vor drei Jahrzehnten; heute gab es genügend viele neue Siedlungen in der Umgebung von Seattle und Everett, und der Reiz des Neuen war verblaßt. Das Haus war kein Traumhaus, aber es stellte nach einem Apartment ohne Betten und Tische einen gewaltigen Fortschritt dar.

Als sie das kleine Haus kauften, fühlte Janis sich ein wenig schuldig, weil sie sich bei Louise über Randy beklagt hatte. Obwohl Randy – wie sie herausgefunden hatte – nur stundenweise als Mechaniker bei Vitamilk arbeitete, war er derjenige, der es ihnen beiden ermöglicht hatte, ein Haus zu kaufen. Das Geld, das sie mit ihrem Babysitting verdiente, fiel kaum ins Gewicht.

»Es scheint nicht richtig zu sein«, sagte Janis zu Louise und erwähnte noch einmal Randys Versicherungspolice im Wert von zweihundertfünfzigtausend Dollar; jene Police, die – wie er betont hatte – als Sicherheit für Greg und Jalina dienen sollte. »Randy hat diese Police, und ich habe keine. Er will, daß wir auch für mich eine Versicherung abschließen, und das scheint mir nur fair zu sein. Auf diese Weise kann ich die finanzielle Last ein wenig ausgleichen helfen.«

Randy machte einen Termin mit Darrel Lundquist aus, einem Versicherungsagenten bei Farmer's New World Life. Lundquist erklärte, sowohl Randy als auch Janis kämen für eine VIP-Nichtraucher-Police mit einem Auszahlungswert von hunderttausend Dollar in Frage, und die Prämien seien äußerst gering; nur fünfzehn Dollar neunzig pro Police im Monat. Da sie beide unter dreißig waren und gesund lebten, stellten sie genau die Klienten dar, die sich die Versicherungsgesellschaften wünschten.

»Auf diese Weise«, sagte Randy später zu Janis, »haben wir eine Hypothekenversicherung. Falls einer von uns sterben sollte, kann der Hinterbliebene das Haus abbezahlen und sich um Jalina und Greg kümmern, ohne sein Heim zu verlieren.«

Dieses Argument klang vernünftig für Janis. Am 26. September 1981 händigte Farmer's New World Life den Roths zwei gleichlautende Versicherungspolicen aus, die Anfang November in Kraft treten würden. Randys begünstigte Person war natürlich seine Frau, Janis. Er führte Ron und Nancy Aden, ein Paar aus der Nachbarschaft, mit dem sie sich angefreundet hatten, als Begünstigte zweiten Grades auf. Janis trug Randy an erster und die Adens an zweiter Stelle ein. Die Adens gehörten zu der Baptistenkirche in Silver Lake, die auch sie und Randy besuchten, wenn auch Randy an den Gottesdiensten weniger regelmäßig als Janis teilnahm.

Randy schien ein wirkliches Talent zu haben, Freunde zu gewinnen. Seine längste Freundschaft verband ihn mit Nick Emondi*, den er bereits seit 1977 kannte, als Emondi erst neunzehn Jahre alt gewesen war. Sie waren Freunde geblieben, als Randy mit seiner ersten Frau – Donna Carlson Sanchez, Gregs Mutter – verheiratet gewesen war. Donna hatte mit Randy in dem gemieteten Haus gelebt, das er später mit Janis teilte. Als Randy und Donna geschieden wurden, hatte Nick Donna bei ihrem Umzug in den Westen Washingtons geholfen. Sie hatte ein kleines Mädchen aus ihrer ersten Ehe und war anscheinend einverstanden gewesen, daß Randy das Sorgerecht für Greg bekam. Darüber hinaus wußte Janis so gut wie nichts über Donna.

Randy und Nick Emondi fanden sich zur selben Zeit an der

Stechuhr bei der Vitamilk Dairy ein, und sie waren beide begeisterte Automechaniker und Motorradfahrer. Randy schien der Anführer und Nick der Mitläufer zu sein. »Randy liebte es, mich zu kommandieren«, erinnerte Nick sich Jahre später. »Er behandelte mich wie einen Esel, dem man eine an einen Stock gebundene Möhre vor der Nase baumeln läßt, damit er weitergeht. Es belohnte oder bestrafte mich, damit ich tat, was er wollte.«

Nick war verheiratet und hatte eine kleine Tochter. Janis und Carrie Emondi* gingen freundschaftlich miteinander um, aber vorwiegend wegen der seit langem bestehenden Kameradschaft ihrer Ehemänner.

Janis hatte ihrer Familie in Dalls anfangs nicht erzählt, daß sie wieder geheiratet hatte. Möglicherweise befürchtete sie Kritik an ihrer überstürzten Entscheidung nach einer solchen Liebeswerbung. Oder vielleicht wollte sie auch eine Zeitlang mit Randy allein sein, bevor sie einander ihre ein wenig verworrenen Familiengeschichten enthüllten. Sie und Randy waren bereits seit Monaten zusammen, als sie ihrer Familie die Neuigkeit beibrachte. Nachdem sie ihrer Mutter, Billie Jean Ray, einmal erzählt hatte, daß sie verheiratet war, schrieb sie ihr häufig und schien sehr daran interessiert zu sein, daß Billie Jean, ihre Schwestern Cleda und Sharon und der Rest der Familie Randy akzeptierten und bewunderten.

Am 12. Oktober 1981 schickte Janis einen langen Brief an Billie Jean. ›Es war schön, wieder einmal mit dir zu reden‹, begann sie. Sie berichtete ihrer Mutter, daß Jalina jetzt hundertfünfunddreißig Zentimeter groß war und neunundfünfzig Pfund wog. Janis erklärte, daß sie nicht außer Haus arbeitete und daß es gut war, zu Hause zu sein, wenn Jalina aus der Schule kam.

Sie schrieb, sie sei Babysitter für ein einjähriges und ein vierjähriges Kind, und sie hoffe, noch weitere Kinder zu bekommen. Gregs vierter Geburtstag stehe vor der Tür, und er mache selbst sein Bett und helfe ihr bei den Hausarbeiten. ›Er ist recht erwachsen, weil Randy einen verweichlichten

Jungen nicht akzeptieren würde.‹ Janis' Zuneigung zu Greg war nicht zu übersehen. ›Er ist meistens ein lieber Junge.‹

Der Ton in Janis' Brief wurde fröhlich, als sie die Folgen von Gregs Versuch beschrieb, sich zu rasieren, bei dem er sich geschnitten hatte, und wie er einmal mit Hundekot in den Haaren vom Spielen gekommen war. ›Kinder sind eben Kinder.‹

Janis teilte ihrer Mutter mit, daß sie sich jeden Abend, bevor Randy nach Hause kam, hübsch mache, indem sie ihr Haar richte und Make-up auflege.

Sie berichtete weiterhin, daß Randy hunderteinundsiebzig Zentimeter groß, ein wenig über siebzig Kilogramm schwer und sehr stark sei; ein früherer Karate-Champion, der Trophäen vorweisen könne. ›Er macht es nicht mehr; es würde ihn so beschäftigen, daß er nicht mehr schlafen könne …‹

Vielleicht übertrieb sie ein wenig, als sie schrieb, daß Randy *viele* gute Eigenschaften habe. ›Manchmal hat er Rückfälle wegen der … Jahre, die er in Vietnam war. Früher hatte er Alpträume und Depressionen deswegen. Du würdest einiges von dem, was er dort tun mußte, wahrscheinlich nicht glauben. Er ist nicht stolz darauf. Aber es heißt, entweder du oder der Feind. Und wenn man sich weigert zu tun, was einem gesagt wird, wandert man ins Gefängnis. Wenn es einen neuen Krieg gäbe und Randy eine Einberufung bekäme, würde ich ihn nicht gehen lassen … So viele Burschen verderben in ›Nam‹. Die Welt selbst kann einen hart und kalt machen, aber der Krieg kann das auch. Er mußte wieder lernen, ein Mensch zu sein; wenn du das verstehen kannst.‹

Janis beeilte sich, ihrer Mutter zu versichern, daß Randy niemals Drogen irgendwelcher Art genommen hatte und daß er nur sehr wenig trank, wenn sie ausgingen. Sie habe Randy nie auch nur angeheitert erlebt, und er habe nie geraucht.

In bezug auf ihre Tanzleidenschaft schrieb Janis, sie und Randy gingen nur alle sechs Wochen einmal tanzen. Sie klagte scherzhaft darüber, daß sie alt würde und daß sie mit ihren neunundzwanzig Jahren nicht mehr mit sich selbst als Fünfundzwanzigjähriger Schritt halten könne. ›Es trifft mich sehr, daß ich zu alt für die Disco werde!‹

Janis gratulierte Billie dazu, daß sie eine Stelle als Haushälterin bei einem wohlhabenden Paar gefunden hatte, und schrieb in nostalgischem Ton über die gute alte texanische Hausmannskost, die sie vermisse. Sie schrieb ihrer Mutter, daß Randy sich nicht viel aus Gemüse mache und daß sie sich bemühe, nur zu kochen, was er mochte.

Sie schrieb über das Wetter und den wunderschönen – und heißen – Sommer, den sie soeben im Nordwesten gehabt hatten. Die Temperaturen seien auf vierzig Grad Celsius gestiegen.

Sie ärgerte sich darüber, daß ihre Schwester Cleda ihrem Vater ihre Postadresse gegeben hatte – die noch auf Louise Mitchells Haus lautete –, weil sie nicht wollte, daß er ihr schrieb. ›Wenn er sich jemals wirklich um uns gesorgt hätte, würde er dir Geld für die Kinder geschickt haben, als er arbeitete. Wenn er dir rückwirkend ein paar tausend Dollar für die Kinder geschickt hat, *dann* werde ich mit ihm sprechen ... Er hat seine Verantwortung uns gegenüber vergessen, und jetzt vergesse ich meine Verantwortung ihm gegenüber, da ich kein christliches Leben mehr führe.‹ Janis schrieb, sie lebe gemäß ihren eigenen Maßstäben – wie es die meisten Menschen zu tun schienen.

Janis besuchte die Kirche, und sie lebte ein christliches Leben, wenn sie auch nicht länger praktizierende Zeugin Jehovas war. Aber sie war sehr hart zu sich selbst.

›Denkst du, daß ich verbittert bin?‹ schrieb sie. ›Dann hast du verdammt recht. Ich achte nur Menschen, die Achtung verdienen. (Das ist meine eigene Meinung.) Ich habe Jahre um Jahre gebraucht, all das zu erkennen ... Er hat sich nicht darum gekümmert, ob wir Kleider und Essen hatten, oder?‹

Was auch immer ihr Vater an Wiedergutmachungsversuchen unternommen hatte, nach Janis' Ansicht war es nicht genug. Er hatte ihr einmal angeboten, Jalina bei sich aufzunehmen, um ihr die Bürde zu erleichtern. Aber das war keine Lösung. ›Ich war das Problem, nicht Jalina‹, schrieb sie und legte dar, Jalina habe ihr mehrere Male im Leben geholfen, durchzuhalten. ›Sie liebte ihre Mama, und ich habe das gebraucht.‹

Es war ein seltsam unentschiedener Brief; er klang glücklich und zuversichtlich, aber mit einer Unterströmung von ... was? Es lag mehr als Bitterkeit über eine verlorene Kindheit darin. Vielleicht eine Art Furcht.

Es sei gut, schrieb sie, wieder in optimistischem Ton, zu wissen, daß sie nicht länger allein für eine Familie sorgen müsse. Janis schloß: ›Ich bin besser gesichert und alles in allem glücklicher, als ich es je zuvor war, aber manchmal bin ich nicht sicher, ob es das ist, was ich will. Manchmal ist es kein reines Vergnügen, Hausfrau zu sein. Manchmal vermisse ich meine Unabhängigkeit ... Randy ist gut zu uns allen – und fair –, aber manchmal denke ich gern an die Zeit zurück, als ich mein eigener Herr war.‹

Janis Miranda-Roth berichtete ihrer Mutter, sie habe nie zuvor so viele materielle Güter besessen wie heute, obwohl sie und Randy sich immer noch nach Dingen sehnten, die sie sich zur Zeit nicht leisten konnten. Sie wünschten sich einen ausgebauten Keller und ein zweites Bad, und das Geld war knapp. Die Raten für das Haus beliefen sich auf achthundertundeinundsiebzig Dollar; der Rest gehe für Lebensmittel, Dinge des täglichen Bedarfs und die Versicherung drauf. ›Dieses Haus gehört zur Hälfte mir, und falls es mir in den Sinn käme, Randy zu verlassen, verlöre ich alle Besitzansprüche ... so lautet der Vertrag.‹ Janis schloß ihren Brief mit den Worten: ›ICH LIEBE RANDY SEHR. Aber manchmal FRAGE ICH MICH, IST LIEBE DAS ALLES WIRKLICH WERT? Bis jetzt weiß ich keine Antwort darauf. Bye.‹

Janis legte dem Brief Geld für den Geburtstag ihrer Mutter bei. Sie erklärte nicht, *was* alles Liebe wirklich wert sein sollte. Billie Jean Ray bekam niemals einen weiteren Brief von Janis.

Auch niemand sonst.

2

Zu Halloween nahmen Randy Roth und sein Freund Nick
Emondi Nicks Tochter, Greg und Jalina auf einen Halloween-
Umzug mit. Die Männer unterhielten sich, während sie auf
der Straße warteten und die aufgeregten Kinder kichernd
über den Rasen zu den Häusern liefen und an die Türen
klopften. Hinterher konnte Nick Emondi sich nicht daran
erinnern, wie sie in ein Gespräch geraten waren, dessen
makabres Thema recht gut zu dem nebligen, dunklen Halloween-Abend paßte.

»Könntest du deine Frau töten?« hatte Randy Nick plötzlich gefragt.

»*Was?*« fragte Nick erschrocken. »Was meinst du?«

»Ich meine, unter bestimmten Umständen; wenn du müßtest.« Randy führte Beispiele für Situationen an, in denen ein
Mann seine Frau töten müßte, um sie vor Schlimmerem zu
bewahren. »Was wäre, wenn es eine Invasion gäbe?« fügte er
hinzu. »Was wäre, wenn die Russen kämen und du wüßtest,
daß sie gefoltert oder vergewaltigt würde? Könntest du sie
vorher töten?«

Emondi schüttelte den Kopf, über diese Vorstellung
erschrocken.

»Janis hat mich gefragt, ob ich sie töten könnte, wenn so
etwas geschähe«, erklärte Randy, als führten sie die normal-
ste Unterhaltung der Welt.

Emondi wechselte den Gesprächsgegenstand und versuchte, Randys Fragen als Halloween-Spuk abzutun, aber er
sollte sich noch Jahre später an diese Unterhaltung erinnern.

Randy hatte eine gewisse Intensität an sich; eine Art, mit
sanfter Stimme zu sprechen und sein Gegenüber mit seinen
braunen Augen durchdringend anzustarren. Manchmal
tischte er die seltsamsten Ideen auf.

Nick ahnte nichts davon, aber Janis fühlte sich bereits seit
längerer Zeit nicht wohl; eine vage Vorahnung, die ihr angst
machte. Innerhalb von sieben Monaten hatte sie sich von einer
vor Freude überschäumenden Braut in eine Frau mit Ringen

unter den Augen verwandelt, die stets auf etwas zu lauern schien, das sie verfolgte.

Als Louise Mitchell sie fragte, was nicht in Ordnung sei, biß Janis sich nur auf die Lippen und schaute fort. Ihre Ehe war nicht glücklich; das war Louise vollkommen klar. Sie kannte Janis sehr gut und hatte miterlebt, wie sie mit allen möglichen Enttäuschungen fertig geworden war und trotzdem ihren Schmerz vor der Welt verborgen hatte. Jetzt handelte es sich um etwas anderes. Janis sprach nicht mehr so wie früher über Randy. Es war keine Freude mehr in ihr. Endlich gestand sie ihrer besten Freundin ein, daß sie einen Fehler gemacht hatte. Sie hatte sogar bereits überlegt, ihren Mann zu verlassen, obwohl ihr nichts als das College-Geld für Jalina bleiben würde, um sie beide zu ernähren. Janis glaubte, wenn sie Randy verließe, besäße sie keinerlei Anspruch auf all den Besitz, der jetzt ihr und ihm gehörte.

Louise spürte, wie sie eine Gänsehaut überkam. Es sah fast so aus, als habe Janis Angst vor Randy.

Im November 1981 sah auch Nick Emondi, wie bedrückt die Frau seines Freundes war. Eines Morgens bat Randy Nick, ihn zur Arbeit zu fahren. Er sagte, er habe einen ›Jagdausflug‹ vor und wolle seinen Wagen nicht über Nacht bei der Vitamilk parken. Nick tat ihm den Gefallen und benutzte Randys Wagen, obwohl er erstaunt war. Er hatte nie gewußt, daß Randy jagte. Er war sicher, daß Randy keine Rehe oder Elche jagen wollte, wenn er über Nacht fortblieb.

Nachdem er Randy bei der Firma abgesetzt hatte, fuhr Nick den Wagen zu dem kleinen Haus in Mountlake Terrace zurück. Er hielt an, um Janis hallo zu sagen, und fand eine sehr traurige und ängstliche Frau vor.

»Sie sagte, sie habe Angst zu sterben«, erinnerte Emondi sich später. »Ich konnte sehen, daß sie nicht glücklich war.«

Weshalb in aller Welt sollte eine vollständig gesunde, neunundzwanzigjährige Frau sich vor dem Sterben fürchten? fragte er sich. Janis joggte und trainierte immer noch. Sie war in großartiger Form. Sie hatte die besten Aussichten, noch fünfzig oder sechzig Jahre lang zu leben. Nick Emondi konnte sie nicht aufheitern und verließ sie besorgt.

Am 25. November bat Janis Jalina, mit ihr ins Elternschlafzimmer zu kommen. Sie hatte ihr etwas Wichtiges zu erzählen; etwas, mit dem eine Achtjährige nicht belastet werden sollte.

»Jalina«, sagte Janis mit hoffnungsloser Stimme, »du weißt, daß ich dich liebe und für immer bei dir bleiben möchte. Aber wenn mir etwas zustoßen sollte ... wenn ich einmal nicht mehr hier wäre ... Du sollst wissen, daß ich ein wenig Geld zurückgelegt habe. Es ist für dich.«

Janis zeigte Jalina das Versteck, das sie ausgesucht hatte. Sie zog eine Schublade aus einem Schrank, der in die Wand eingebaut war. Hinten in der Schublade war ein weißer Umschlag festgeklebt. Sie zeigte ihrer Tochter den dicken Stoß Geldscheine darin. »Denk daran, Liebling ... wenn ich fortgegangen bin, möchte ich, daß du hierherkommst, dieses Geld an dich nimmst und es versteckst.«

Jalina nickte, aber sie war bekümmert. Sie fragte sich, weshalb ihre Mutter so sprach. Es erschreckte sie.

Wäre sie besorgt und ängstlich genug gewesen, hätte Janis vielleicht Jalinas Geld dazu verwendet, um dem zu entfliehen, was auch immer sie befürchten mochte. Janis hatte Billie Ray versprochen, mit Jalina entweder zu Weihnachten oder zu Neujahr nach Texas zu kommen; aber sie hatte kein Wort davon gesagt, daß sie Randy mitbringen würde.

Nach außen hin verlief ihre Ehe immer noch harmonisch. Randy gab niemandem zu der Vermutung Anlaß, daß es Probleme gab. Am 7. November 1981 waren Randys und Janis' gleichlautende Versicherungspolicen über die Summen von jeweils hunderttausend Dollar in Kraft getreten. Sie fuhren fort, an ihrem neuen Heim in Mountlake Terrace zu arbeiten.

Janis machte keine Anstalten, Randy zu verlassen. Es war, als hoffe sie, daß ihre Befürchtungen unbegründet waren und daß alles wieder so werden würde, wie es zu Beginn ihrer Beziehung gewesen war. Sie hatte Randy so sehr geliebt, als sie ihn heiratete, und sie hatte ihr gemeinsames Leben genos-

sen, bis alle Zuneigung und alle Gemeinsamkeiten versiegt
waren.

Janis hatte keine Ahnung, was sie falsch gemacht hatte.
Daß sie Make-up auflegte, sich hübsch anzog, bevor Randy
nach Hause kam; daß sie sich bemühte, seine Lieblingsmahl-
zeiten zu kochen – all das nahm er hin, ohne eine Gefühlsregung zu zeigen. Manchmal glaubte sie, daß er sie haßte.
Zuweilen gab sie Vietnam und demjenigen die Schuld daran,
was dieser schreckliche Krieg ihm angetan hatte.

Aber meistens gab sie sich selbst die Schuld.

Randy kündigte an, daß sie zum Thanksgiving-Dinner
nach Washougal fahren würden, um seinen Vater und seine
Stiefmutter zu besuchen. Janis erzählte Louise begeistert von
diesem Ausflug. Von der langen Fahrt war sie nicht angetan,
aber sie mochte Randys Familie. Gordon und Sandy Roth hatten sich wegen ihrer Eheprobleme getrennt, aber sie lebten
einander gleich gegenüber an der S. E. 380th Avenue; sie
waren in Freundschaft auseinandergegangen. Randy hatte
keine Schwierigkeiten damit, sie beide in ihren getrennten
Heimen zu besuchen. Aber er und Janis würden auf der Farm
bei Sandy wohnen; Gordon Roths Haus war zu klein.

Der Thanksgiving-Tag verlief angenehm. Die Kinder hatten eine schöne Zeit, und niemand in Washougal ahnte auch
nur im geringsten, daß zwischen den frisch Verheirateten
Spannungen bestanden. Sie unterhielten sich über Weihnachten und über die Frage, wo sie ihren Urlaub verbringen wollten.

Am Freitag morgen, dem 27. November 1981, bereiteten
sich Randy und Janis auf den Weihnachtseinkaufsbummel
vor. Als die Kinder dies hörten, verlangten sie alle lautstark,
mitgenommen zu werden. Aber Randy sagte nein. Es war nur
eine Sache zwischen Janis und ihm; sie brauchten die Zeit, in
der sie ungestört beisammen sein würden. Das Wetter war
kühl, aber sonnig, und sie wollten sofort aufbrechen. Randy
schlug auch Sandy Roths Angebot ab, ihnen ihr übliches Pan-
cake-Frühstück mitzugeben. Marcie Roth und ihre kleinen
Brüder waren enttäuscht deswegen. Sandy würde sich nicht
die Mühe machen, nur für die Kinder Pancake zuzubereiten.

Jalina war es egal; sie war von der Aussicht begeistert, den Tag mit Marcie verbringen und reiten zu können.

Janis schien froh über die Gelegenheit, allein mit Randy einkaufen zu gehen. Tatsächlich wirkte sie das ganze Thanksgiving-Wochenende über glücklich und begeistert; es war ihr erster wirklicher Urlaub als Randys Ehefrau. Und nun stand ein Weihnachten bevor, an dem sie und Jalina nicht länger allein waren. Falls sie immer noch Zweifel in bezug auf ihre Ehe und Ängste vor etwas Unbekanntem hatte, das drohte, ihr Glück zu zerstören, ließ sie nichts dergleichen erkennen.

Aber Randy und Janis machten gar keine Weihnachtseinkäufe. Wie Randy später erklärte, waren sie kaum auf der Straße und zu dem großen Einkaufscenter am Jantzen Beach des Columbia River unterwegs gewesen, als Janis ihn fragte, ob sie ihr Vorhaben ändern könnten. »Sie schlug vor, daß wir auf den Beacon Rock stiegen«, sagte Randy. »Sie fand die Vorstellung romantisch, mit mir allein dort hinaufzuklettern.«

Janis trug Jeans und eine hellrosa Skijacke mit einem Besatz aus imitiertem Pelz; Randy trug seinen Straßenanzug. Beide hatten keine für unebenes Terrain geeigneten Schuhe an. Es spielte keine Rolle. Es war ja nicht so, als wollten sie einen unzugänglichen Berg besteigen. Randy erinnerte Janis daran, daß ein Weg auf den Bacon Rock führte, auf dem sie Seite an Seite gehen konnten – zumindest am Anfang des Aufstiegs. Die Klettertour im vergangenen Sommer war nicht halb so schlimm gewesen, wie sie erwartet hatte, oder?

Skamania County, Washington, ist einer der am wenigsten dicht besiedelten Landkreise des Staates. Ein großer Teil des Landes ist von Wäldern und Bergen bedeckt. Der Gifford Pinchot National Forest breitet sich über das Skamania County und die Kaskadenkette aus, deren berüchtigter Mount Saint Helens am 18. Mai 1980 ausbrach. Hier liegen die Indian Heaven Wilderness und die Trapper Creek Wilderness. Die kleinen Städte Skamanias kauern in der Senke entlang des mächtigen Columbia River: Underwood, Home Valley, North Bonneville, Skamania und Stevenson, der Verwaltungssitz des

Countys. Abgesehen von seinen wilden Naturschönheiten ist Skamania County kein reiches Land; es ist eine Welt weit von der Industrie Seattles und von Portland, Oregon, entfernt. Der Niedergang der Bauholzindustrie und der Kampf zwischen den Naturschützern und den Holzfällern über die Rechte einer Eulenart haben sein Einkommen noch mehr verringert.

Mit Ausnahme einer gelegentlichen Schießerei zwischen Betrunkenen und einem tragischen, denkwürdigen Massaker an einer Familie weist das Skamania County eine bemerkenswert niedrige Mordrate auf. Die Gesetzeshüter müssen sich weitaus häufiger mit Highway-Unfällen und Unglücken befassen, die Touristen zustoßen. Dies gilt heute, und es galt 1981.

Es war 11 Uhr 23 am Morgen des 27. November, als Fall Nummer 81-3885 sich im Büro des Sheriffs von Skamania County zu entwickeln begann. Der Tag nach Thanksgiving war für die Deputies im Dienst ruhig gewesen, bis Deputy E. L. Powell angewiesen wurde, sich mit einem ›möglichen Absturzopfer‹ am Beacon Rock zu befassen. Es lagen nur sehr wenige Daten über das Unglück vor – falls es überhaupt einen Absturz gegeben hatte. Powell erbat die Hilfe eines Such- und Bergungstrupps in Skamania. »Weckt besser auch Ray«, sagte er gelassen in sein Funkgerät. Ray war Hilfssheriff Ray Blaisdell. Man fiel nicht vom Beacon Rock und spazierte mit einem verstauchten Knöchel davon. Falls der Bericht zutraf, konnte die Sache übel aussehen. Sie hatten vielleicht noch vier Stunden Tageslicht, um das Absturzopfer zu finden.

Als Deputy Powell zehn Minuten später am Anfang des Weges auf den Beacon Rock eintraf, trat eine besorgt aussehende, junge Frau auf ihn zu, die ihren Namen mit Shelley Anderson angab. Sie sagte, ihre Klettergruppe, die aus ihr selbst, ihrem Mann Steven Anderson, Merle Quarter und Edward Warfield bestand – alle aus Vancouver, Washington –, habe von oben aus einen Mann bemerkt, der den Weg hinauf und hinab rannte und einen Namen rief, den sie nicht verstanden. »Dann sagte er, ›mein Gott! Meine Frau ist abgestürzt!‹ Er wollte, daß jemand herunterkam und Hilfe holte«, erklärte sie. »Also sagte ich, ich würde es tun.«

Powell versuchte herauszufinden, an welcher Stelle das Opfer abgestürzt war, damit die Rettungsmannschaft und sein Bergungstrupp ihre Suche einengen konnten. Er erhielt die Antwort, bis jetzt habe man die Frau nicht ausfindig machen können. Er dachte sich, daß es das beste wäre, wenn die Helfer sich auf das Gebiet konzentrierten, wo die Little Road und die State Road 14 sich kreuzten.

Hilfssheriff Blaisdell traf ein und sprach mit dem verwirrten Mann, der sagte, seine Frau sei abgestürzt. Er gab seinen Namen mit Randolph Roth an und seine Adresse mit Mountlake Terrace, Washington. Roth deutete auf eine Stelle rund sechzig Meter unterhalb des Gipfels und sagte, seine Frau Janis sei an diesem Punkt ausgeglitten und abgestürzt. Sie hätten eine Abkürzung nehmen wollen – die sie bereits früher, im Sommer dieses Jahres, ausprobiert hätten –, und er sei über das Geländer geklettert, während Janis darunter hergeschlüpft sei. »Sie machte eine scharfe Rechtswendung ... Sie glitt über etwas aus ... trockene Piniennadeln, loser Dreck, Laub ... irgendwas.« Er sagte, er habe versucht, sie festzuhalten, aber er sei nicht nahe genug gewesen, um sie packen zu können. Während er entsetzt zuschaute, sagte er, sei seine Frau aus seinem Sichtfeld gestürzt. Er sei, so rasch er nur konnte, hinabgeklettert und habe versucht, sie zu finden. Er habe von jedem Aussichtspunkt aus nach ihr ausgeschaut, ohne sie erblicken zu können. Roth sagte, er habe gedacht, wenn er nach unten liefe und dann wieder hinaufstiege, würde er Janis vielleicht finden, aber auch diese Hoffnung habe sich nicht erfüllt. Verzweifelt sei er wieder aufgestiegen und den Weg entlanggelaufen, um die Wanderer einzuholen, die er zuvor gesehen hatte, und sie um Hilfe zu bitten. Er habe sie bis zu der Stelle hinaufgeführt, wo er seine Frau zuletzt gesehen hatte. Aber auch von ihnen konnte keiner sie entdecken.

Weit unterhalb der Stelle, wo Janis Roth abgestürzt war, hielt der Suchtrupp vergebens nach ihr Ausschau. Bill Wiley, der Koordinator für Suche und Bergung im County und ein geübter Kletterer, stieg auf der Suche nach dem Opfer an der Sicherungsleine sechzig Meter tief den Hang hinab. Sie konnten den

Bereich, in dem jemand landen würde, der an der genannten Stelle abstürzte, genau einkreisen – aber Janis war nicht dort. Sie hätten sie finden müssen. Wiley ließ ein mit einem Gewicht beschwertes Seil hinab, um die Richtung des Sturzes zu bestimmen. Es ergab keinen Sinn; die Frau konnte nicht so weit von der vorhersagbaren Sturzbahn abgewichen sein.

Zwei Helikopter, mit Jack Caseberg und Tom Nolan als Piloten, wurden von der 304th Air Squadron hergeflogen. Es war eine gefährliche Situation für die Suchmannschaft. Die Luftströmungen um den Beacon Rock waren stets unberechenbar; es gab plötzliche Änderungen in der Windrichtung, die selbst einen Helikopter gegen die schroffe Felswand schleudern konnten. Die Rückströmung der Rotoren zerrte an Bill Wiley und drohte ihn von seinem luftigen Sitz zu stoßen. Ein Fallschirmspringer, der zudem ein ausgezeichneter Sanitäter war, wurde an einem Seil aus dem Helikopter gelassen, in dem vergeblichen Versuch, die vermißte Frau zu finden.

Unten, auf dem Parkplatz bei den Wagen des Sheriffs und seiner Helfer, beschrieb Randy Roth noch einmal genau, was Janis getragen hatte. Ihre neue Skijacke sei von einem so leuchtenden Pink, sagte er, daß sie leicht auszumachen sein sollte. Er war blaß und verschwitzt, als er dort unruhig auf- und abschritt; sein Gesicht war eine Studie der Verzweiflung.

Gelegentlich erwähnte er Einzelheiten. Auf den Beacon Rock zu klettern sei ›Janis' Idee‹ gewesen. »Es war ihr Tag. Sie konnte tun und lassen, was sie wollte. Ich machte sie darauf aufmerksam, daß es kalt war, und fragte sie, ob sie sicher sei. Sie war es«, sagte er mit hoffnungsloser Stimme. »Sie wollte mit mir allein sein.«

Stunden vergingen. Zwanzig oder mehr Helfer nahmen das Wettrennen gegen den Sonnenuntergang auf. Sandy Cobart, Bob Hoot, Corey Dowty, Connie Davis, Lester Mac-Donald sowie Todd und Sandy McCaldey vom Such- und Bergungstrupp suchten den Weg an der Westseite des Beacon Rock ab. Von der Bonneviller Feuerwehr halfen ihnen Greg Hodges, Lay Christiansen, Mike Southard, Doug McKenzie und Jim Duff. Andersons Klettergruppe blieb ebenfalls, um bei der Suche zu helfen.

Endlich erhaschten das Flugteam und die Sucher am Boden, die systematisch zusammenarbeiteten, einen Blick auf einen pinkfarbenen Fleck in einem dichten Buschwerk auf halber Höhe des Berges. Um in diesem Gesträuch landen zu können, mußte die vermißte Frau in einem Fünfundvierzig-Grad-Winkel von der Stelle aus abgestürzt sein, die ihr Mann bezeichnet hatte. Janis Roth lag sechzig Meter vom Gipfel entfernt an der Westseite des riesigen Felsens. Die Wahrscheinlichkeit, daß sie überlebt hatte, war gering. Der Fallschirmspringer aus Tom Nolans Helikopter wurde in einem schaukelnden Geschirr aus Seilen zu der Stelle hinabgelassen, wo die verunglückte Frau lag, während ihr Mann auf Nachrichten über ihren Zustand wartete.

Blaisdells Radio knackte, und die Unterhaltung zwischen den Sanitätern und der Bodenstation war zu verstehen. Die Sanitäter verlangten nach einer Infusionsausrüstung!

Blaisdell wandte sich an Randy Roth. »Es ist möglich, daß sie noch lebt«, sagte er.

Randy Roths Gesicht zeigte Freude und Erleichterung. Das war eindeutig. Polizisten sind von Berufs wegen äußerst mißtrauisch. Blaisdell studierte Randy eingehend. Der Hilfssheriff dachte, wenn Roth ein falsches Spiel spielte, hätte er bei der Nachricht, daß seine Frau möglicherweise noch lebte, verblüfft und erschrocken sein müssen. Randy Roths Gesichtsausdruck ließ nur Erleichterung erkennen. Blaisdell machte sich Sorgen darüber, daß der Mann einen Nervenzusammenbruch erleiden könnte, falls sich seine Hoffnung nicht erfüllte. Es schien unglaublich, daß jemand den Aufprall auf all den Felsvorsprüngen entlang der Absturzbahn überlebt haben sollte.

Fünfzehn Minuten vergingen. Über das Funkgerät kam die Nachricht, die Blaisdell die ganze Zeit über erwartet hatte: Die kleine Frau in der rosa Jacke war tot; daran bestand kein Zweifel mehr. Sie war auf eine ebene Stelle getragen worden, wo die Sanitäter nur eine waagerechte Linie auf dem Monitor erhielten. Sie fanden keinerlei Lebenszeichen. Blaisdell wandte sich an Randy Roth und teilte ihm die tragische Neuigkeit mit.

Roth begann zu schluchzen. »Weshalb haben sie dann nach dem Tropf verlangt?« verlangte er zu wissen. »Sie muß am Leben gewesen sein.«

»Ich weiß es nicht«, erwiderte Blaisdell. Und er sagte die Wahrheit.

Es dauerte eine Viertelstunde, bis der Mann der Verstorbenen sich wieder einigermaßen gefaßt hatte. Er verließ Ray Blaisdell und ging zu seinem Wagen. Er weinte immer noch, aber allmählich bekam er seine Gefühle wieder unter Kontrolle. Als Blaisdell ihn fragte, ob er jemanden anrufen könne, erwiderte Roth, er käme selbst zurecht.

»Kann ich ihre Leiche sehen?«

»Ja, das müßte gehen. Wenn Sie sie identifizieren könnten …«

Terry Webber, Duane Hathaway und Sonny Kadau, die Männer der Skamania-County-Ambulanz, hatten den zerschmetterten Körper Janis Roths von jener Stelle an der Südseite des Beacon Rock fortgetragen. Sie hatten die Tote zuerst auf die Pierce-Ranch und dann in die Feuerwehrhalle gebracht, wo sie auf den Abtransport zu Straub's Funeral Home in Camas warteten.

»Sie sieht nicht besonders gut aus«, flüsterte einer der Sanitäter Randy mahnend zu.

Randy Roth beugte sich mit aschfahlem Gesicht in die Ambulanz, um Janis' Leichnam zu betrachten, und studierte ihn schweigend. »Eigentlich sieht sie nicht so übel aus«, bemerkte er gelassen. »Ihr Gesicht ist nicht so beschädigt, wie ich es erwartet hätte.« Seine Stimme war tonlos, ohne auch nur die geringste Gefühlsregung zu verraten.

Später erinnerte Randy sich, daß er absolut sicher sein mußte – daß absolut keine Hilfe mehr möglich war –, bevor er zulassen konnte, daß sie ihren Leichnam in das Funeral Home brachten. Falls es etwas gab – irgend etwas –, was man für sie tun konnte, dann wollte er, daß es getan würde.

Aber er konnte sehen, daß keine Hilfe mehr möglich war. Janis war tot. Er wandte sich ab und ging mit schwankenden Schritten auf Blaisdells Streifenwagen zu. Plötzlich war seine Stimme voller Tränen, als er sagte: »Ich habe eine Menge Toter gesehen, als ich im Militärdienst war, aber ich mußte mir nie eine Tote anschauen, die ich wie diese geliebt habe. Sie rauchte nicht, und sie trank nicht. Aus diesem Grund habe ich sie geheiratet. Ich habe sie sehr geliebt.«

Er wiederholte diese Feststellung dreimal. Meinte er sie wörtlich? War es so schwierig, eine gesund lebende Frau zu treffen, daß Roth sich in seine Frau verliebt hatte, weil sie diese Eigenschaften aufwies? Vermutlich nicht. Er hatte Kummer, er weinte, und er wußte wahrscheinlich nicht genau, was er sagte. Die Männer, die ihn umstanden, wandten sich ab. Was hätte man zu ihm sagen können? Der arme Mann schien von Schmerz überwältigt zu sein. Sonny Kadau händigte ihm Janis' Verlobungsring und das Hochzeitsband aus. Als Roth nach ihrer goldenen Halskette fragte, die sie getragen hatte, sagten sie, daß man sie nicht an ihr gefunden habe; vermutlich sei sie abgerissen, als sie sechzig Meter tief vom Beacon Rock stürzte.

»Wer sind ihre nächsten Verwandten«, fragte Blaisdell, »außer Ihnen?«

»Sie hat eine Tochter, Jalina. Das Mädchen ist im Haus meiner Mutter in Washougal.« Roth dachte nach. »Und ihre Mutter lebt irgendwo in Texas, aber ich habe die Anschrift nicht. Ich habe ihre Verwandten nie gesehen.«

Wie der Zufall es wollte, war der diensthabende Fahrer der Ambulanz von Straub's Funeral Home in Camas, der ersten halbwegs großen Stadt am Columbia River, der ehemalige Mord-Detective Dick Reed. Reed war 1979 zurückgetreten, nach fast fünfzehnjähriger Tätigkeit im Morddezernat des Seattle Police Department. Während er den Leichnam der jungen Frau betrachtete und dem Bericht über die Geschehnisse lauschte, bekam er, was Polizisten ein ›komisches Gefühl‹ nennen. Zwölf Jahre später konnte er sich immer noch daran erinnern, in die Feuerwehrhalle gegangen zu sein, um die Leiche des Absturzopfers abzuholen.

»Die Sache beschäftigte mich. Etwas stimmte nicht. Ich schlug Ray Blaisdell vor, den Ehemann zumindest zu fragen, ob er mit einem Lügendetektortest einverstanden war, aber Ray war zu jener Zeit nicht dafür zu haben. Seinem Eindruck nach war es ein schrecklicher Unfall, und der Ehemann war so tief betrübt, daß es keinen Zweifel daran gab.«

Dick Reed fuhr Janis' Leichnam zu Straub's Funeral Home. Es war kurz vor 17 Uhr, als er dort ankam. Kurze Zeit später traf Randy Roth selbst im Empfang ein. Er war sehr bestimmt in seinen Wünschen. Er legte größten Wert darauf, daß ›Jan‹ so bald wie möglich eingeäschert wurde. »Sie hätte es so gewollt. Wir haben darüber gesprochen, und sie schauderte vor der Vorstellung, unter die Erde zu kommen. Wir versprachen einander, wenn einem von uns etwas widerfahren sollte, würde der andere für eine Einäscherung sorgen.«

Es würde keine teure Angelegenheit werden. Roth erklärte, er und Jan hätten auch darin übereingestimmt, daß aufwendige Begräbnisse eine Verschwendung darstellten und daß Geld für die Bedürfnisse der Lebenden da sei. Er bezahlte Straub's fünfhunderteinundvierzig Dollar. Ironischerweise kostete es ihn weniger, daß er auf diese Art über die Leiche seiner Frau verfügte, als er für Janis' und Jalinas Flug nach Texas zu Weihnachten hätte bezahlen müssen.

Randy Roth war ein sehr umsichtiger Mann, selbst unter diesen traurigen Umständen. In seiner Brieftasche fanden sich sämtliche Daten, die er vermutlich brauchen würde. Er trug sogar die Nummer von Janis' Versicherungspolice in die Papiere ein, die er im Funeral Home ausfüllte.

Als Sandy Roth ihren Stiefsohn mit ihrer Schwiegertochter das letzte Mal gesehen hatte, waren sie fröhlich zu einem Weihnachtseinkaufsbummel aufgebrochen. Sie erwartete die beiden jede Minute zum Essen zurück. Aber dann rief Randy an und schlug vor, daß sie alle zu einer Pizza nach Camas kommen sollten. Und erst als sie alle im Restaurant vor ihrer Pizza saßen, bemerkten sie, daß Janis nicht bei Randy war. Er wich ihren Fragen, wo sie war, aus. Endlich und in einer beinahe zufälligen Geste schob er eine Quittung oder etwas Ähnliches über den Tisch.

45

Sandy schaute darauf und erstarrte, und alle Farbe wich aus ihrem Gesicht. Sie schien unfähig, etwas zu sagen. Marcie zog das Stück Papier an sich und starrte darauf, ohne zu verstehen, was sie dort las.

»Was bedeutet das?« fragte sie Randy. »Was ist Einäscherung ... und wer ist Janis Miranda-Roth?«

»Du weißt es«, erwiderte er.

»Nein, ich kenne keine Janis Roth.«

»Doch, du kennst sie. Denk nach.«

Allmählich begriff die Dreizehnjährige. Sie hatte Janis nie anders als ›Jan‹ nennen hören. Sie schaute Jalina an, aber das kleine Mädchen verstand offensichtlich nicht, was Randy sagte. Auch Marcie konnte es nicht glauben. Es mußte einer von Randys sadistischen Scherzen sein. Marcie warf ihm einen Blick zu. Er weinte nicht; er wirkte nicht im mindesten aufgeregt. Er schlang gierig seine Pizza in sich hinein.

Es war so verrückt, daß es nicht wahr sein konnte. Jan würde wahrscheinlich in der nächsten Minute mit einer atemlos vorgebrachten Entschuldigung hereinkommen. Marcie schaute zur Tür, als könne sie ihre neue Stiefschwester mit Willenskraft herbeizitieren. Aber die Tür blieb, wie sie war – geschlossen, um die Kälte auszuschließen –, und niemand kam.

Da sie Übelkeit und Angst verspürte, entschuldigte Marcie sich, um auf die Toilette zu gehen. Jalina folgte ihr; gesprächig und fröhlich, wie immer. Sie erkannte nicht, daß etwas Schreckliches geschehen war. Marcie war selbst erst dreizehn Jahre alt; wie hätte sie einem kleineren Mädchen beibringen können, daß ihre Mutter vielleicht tot war; daß sie möglicherweise bereits nichts weiter als ein Häuflein Asche war?

Ihr Magen wollte die Pizza wieder von sich geben, und es schien ihr Stunden zu dauern, bis die übrigen Mitglieder der Familie zu Ende gegessen hatten und nach Hause aufbrachen, um zu Bett zu gehen.

So unglaublich es Marcie auch schien, Jan *war* tot. Randy hatte nicht gescherzt, wie er es manchmal tat. Er war Witwer; seine Frau war von einem Augenblick auf den anderen von ihnen gegangen.

Randy konnte es, wie es aussah, nicht über sich bringen, Jalina davon zu erzählen. Wie er häufig geäußert hatte, war es ihm immer schon schwergefallen, schlechte Nachrichten zu überbringen; sie laut auszusprechen. Aber Jalina begann Fragen über den Verbleib ihrer Mutter zu stellen. Er mußte ihr irgend etwas sagen. Am Abend nahm er das kleine Mädchen beiseite und erzählte ihr, ihre Mutter sei gestürzt und sei im Krankenhaus. Er wirkte so ruhig, daß Jalina sich nicht aufregte. Sie erwartete, daß ihre Mutter nach einem Tag oder so nach Hause kommen würde.

3

Randy Roth stand am nächsten Morgen – am Samstag, dem 28. November – früh auf. Er hatte mehrere Telefonanrufe zu erledigen. Auf seinem Rückweg von der verhängnisvollen Klettertour hatte er dafür gesorgt, daß seine tote Frau eingeäschert wurde, aber es gab noch andere Dinge zu erledigen, und er hatte das Gefühl, daß er sich so bald wie möglich darum kümmern sollte.

Wer hätte jemals gedacht, daß all die Sicherungsmaßnahmen, die Janis und er gegen Unglücksfälle getroffen hatten, so rasch aktuell werden würden? Wie er Janis erst vor zwei Monaten gesagt hatte, war es außerordentlich wichtig, daß die Hauskaufsumme abgelöst würde, wenn einem von ihnen beiden etwas zustoßen sollte. Sie hatten an zwei kleine Kinder zu denken – Kinder, für die es wichtig sein würde, daß der hinterbliebene Elternteil schuldenfrei war –, und Janis hatte ihm zugestimmt.

Randy frühstückte und rief dann Darrel Lundquist an, seinen Versicherungsagenten in Seattle. Es war früh am Samstag morgen. Lundquist lag noch im Bett, als sein Telefon klingelte. Als er Randys Stimme hörte, glaubte Lundquist zuerst, der Mann wolle seine Versicherung kündigen. Aber so war es nicht. Randy sagte, er wolle einen Anspruch geltend machen.

»Aber bei einer Versicherung dieser Art muß es einen *Todesfall* geben, bevor Sie einen Anspruch auf Auszahlung haben«, erklärte ihm Lundquist.

»Meine Frau ist gestern gestorben«, erwiderte Randy mit ausdrucksloser Stimme. Er berichtete Lundquist, daß Janis bei einem schrecklichen Unfall zu Tode gekommen sei. Er wolle, daß sein Versicherungsanspruch sofort geprüft wurde.

Lundquist wurde sogleich hellwach und murmelte seine Beileidsbekundung. Um auf Randys Anliegen zurückzukommen, erklärte der Agent Randy, was er benötigte, um die einhunderttausend Dollar ausbezahlt zu bekommen, die im September in Janis' Lebensversicherungspolice festgesetzt worden waren. Die Versicherungsgesellschaft würde natürlich eine beglaubigte Kopie des Totenscheins brauchen. »Und wir müssen ihre Sozialversicherungsnummer haben.«

Randy versprach, Lundquist die erforderlichen Dokumente und Daten so bald wie möglich zukommen zu lassen.

Janis war erst seit zwanzig Stunden tot.

Randy Roth kannte die Sozialversicherungsnummer seiner verstorbenen Frau nicht, aber er dachte sich, daß ihr früherer Arbeitgeber an der Kinderklinik sie in den Aufzeichnungen haben müßte. Kurz nach 8 Uhr am Morgen rief er Shirley Lenz an, die das Büro des Arztes in Seattle leitete, und fragte sie nach der Sozialversicherungsnummer von Janis.

Shirley erklärte, sie habe keinen Zugang zu der Information, die Randy wünschte, da sie sich in den Dateien des Arztes befinde. Sie bat ihn, nach 9 Uhr noch einmal anzurufen, wenn sie mit dem Arzt sprechen könne. »Kennt Janis die Nummer nicht?« fragte sie zu spät; Randy hatte bereits aufgehängt.

Als Randy nach 9 Uhr erneut anrief, las Shirley Lenz ihm Janis' Sozialversicherungsnummer vor: 452 06 5537. Aber sie hatte eine Stunde lang Zeit gehabt, sich über Randys Ersuchen zu wundern und Sorgen zu machen, und sie fragte ihn, ob etwas nicht in Ordnung sei.

48

»Ja«, erwiderte er. »Wir hatten einen Unfall bei einer Bergwanderung, und Janis mußte mit dem Helikopter geholt werden.«

»Wie geht es ihr?« fragte Shirley besorgt.

»Ich weiß es nicht«, erwiderte er.

»Sie *wissen* es nicht? In welchem Krankenhaus ist sie?«

Er murmelte etwas, das sie nicht verstehen konnte. Wie sonderbar, dachte sie, und wie besorgniserregend, aber bevor sie ihm weitere Fragen stellen konnte, hatte Janis' Ehemann wieder aufgehängt. Shirley starrte den stummen Hörer in ihrer Hand an.

Randy packte zusammen, was sie auf die Fahrt mitgenommen hatten, verfrachtete die beiden Kinder im Wagen und fuhr zur Interstate 5 nach Seattle. Er hatte Jalina gesagt, daß ihre Mutter im Krankenhaus sei. Als sie Washougal verließen, drehte Jalina den Kopf, um aus dem Rückfenster zu starren, und fragte: »Können wir sie nicht besuchen?«

»Sie darf keinen Besuch empfangen«, erwiderte Randy.

Sie konnten in dreieinhalb Stunden zu Hause sein, falls der Verkehr nicht zu stark war. Er hatte trotz Sandy Roths Angebot, sich um die Kinder zu kümmern, bis er Anweisungen in bezug auf Janis' sterbliche Überreste getroffen und sich ein wenig von seinem plötzlichen Verlust erholt hatte, darauf bestanden, Jalina und Greg mitzunehmen. Er sagte zu seiner Stiefmutter, daß es ihm gutgehe.

Der übrigen Familie ging es nicht gut. Es war für Sandy, Marcie und die Jungen schwierig – und kam ihnen unmöglich vor –, mit der Erinnerung in Washougal zurückzubleiben, daß Jan bei ihnen gewesen war; beim Thanksgiving-Essen mit ihnen gelacht hatte; und daß sie jetzt von ihnen gegangen war.

Randy rief niemanden von Janis' Familie oder von ihren alten Freunden und Bekannten an, um ihnen zu sagen, daß sie tot war. Nicht ihre Schwester. Nicht Luise, ihre beste Freundin. Nicht Jalinas Vater, Joe Miranda.

Randy teilte es nicht einmal seinem eigenen besten Freund mit, Nick Emondi.

Er konnte es nicht ertragen, der Überbringer schlechter Nachrichten zu sein. Und es konnte nichts Traurigeres geben als das plötzlich Ende seiner zweiten Ehe.

Als er in Seattle ankam, hielt Randy bei Louise Mitchells Haus an, um die Post für Janis abzuholen. Louise war nicht dort, aber ihre Kinder. Er dankte ihnen dafür, daß sie die Post verwahrt hatten. Er erzählte ihnen nicht, daß Janis am Vortag gestorben war. Und er bat sie nicht, Louise zu sagen, daß sie ihn anrief.

Nick Emondi rief Randy kurz nach seiner Rückkehr nach Hause an. Er war schockiert, als Randy gefühllos sagte: »Janis ist nicht länger unter uns.«

Als er endlich begriff, was Randy sagte, eilte Nick zu ihm, um festzustellen, ob er Hilfe brauchte, aber Randy schien sich gestört zu fühlen und schickte ihn wieder fort. Er sagte: »Es ist alles in Ordnung.« Nick war bereits wieder in seinem Wagen, als ihm bewußt wurde, wonach es in Randys Haus gerochen hatte. Es war der Duft nach frisch gebackenen Plätzchen.

Randy rief die Mütter an, auf deren Babys Janis aufgepaßt hatte. Er sagte ihnen nicht, daß seine Frau niemals wieder ihre Jüngsten würde hüten können; er teilte ihnen nur mit, daß sie einen anderen Babysitter für montags finden müßten. Eine der Mütter kam, um ihr Laufställchen abzuholen, und auch ihr verschwieg Randy, daß Janis tot war.

Der Schock kann seltsame Dinge mit den Menschen anstellen. Randy Roth schien sich aufs vollständige Leugnen zu verlegen. Er ging seiner Arbeit nach, und er sorgte für die Kinder. Er betrachtete auch Jalina als sein Kind; ihre Mutter war tot, und er war jetzt ihr Vater. Er backte Plätzchen und steckte die Kinder ins Bett. Irgendwann einmal würde er ihnen sagen müssen, daß Janis für immer fortgegangen war – aber nicht jetzt gleich.

An diesem Samstagabend rief eine der anderen Rezeptionistinnen in der Klinik Shirley Lenz an, um ihr zu sagen, daß sie soeben Nachrichten über den Kletterunfall im Radio gehört hatte. Janis erholte sich nicht in einem Krankenhaus; Janis war tot.

Die beiden Frauen konnten es kaum glauben. »Ihr Mann hat mir nichts davon gesagt«, bemerkte Shirley. »Er klang nicht einmal besonders aufgeregt.«

Am Sonntag nahm Randy Greg und Jalina mit in die Kirche. Er traf seine Freunde Ron und Nancy Aden dort; Freunde, denen er sich so nahe fühlte, daß er sie als Begünstigte zweiten Grades in die Lebensversicherungspolicen sowohl von ihm selbst als auch von Janis hatte eintragen lassen.

Ron Aden grinste, als er Randy erblickte, und erkundigte sich scherzhaft: »Wo ist deine besser aussehende Hälfte?«

»Sie ist gestorben.«

»*Was?*«

»Sie ist tot«, wiederholte Randy.

Betroffen erkannte Ron Aden, daß Randy keinen äußerst geschmacklosen Scherz machte. Janis war tatsächlich tot, und Randy schien keines Trostes zu bedürfen. Er wurde mit dem Verlust auf seine eigene Weise fertig, als er dort trockenen Auges in der Gemeinde saß, wie Ron bemerkte, während er selbst mit Armen, die ihm zu versagen drohten, den Chor dirigierte.

Randy trauerte stoisch; anscheinend untersagte er sich weitere Tränen. Seine Freunde schlossen, daß er sich wegen der Kinder zwang, stark zu bleiben. Sie hatten nie zuvor einen Menschen mit einer solchen Selbstbeherrschung erlebt. Die Adens waren überrascht, zu hören, daß Randy und Janis sie in ihren Versicherungspolicen als Ersatzbegünstigte aufgeführt hatten. Sie hatten es nicht gewußt. Aber es war ohnehin nur von theoretischem Interesse; Gott sei Dank war Randy am Leben und gesund und konnte für die halb verwaisten Kinder sorgen.

Randy hätte es vorgezogen, wenn seine Frau keiner Autopsie unterzogen worden wäre, aber Bob Leick, der Leichenbeschauer des Skamania County, ordnete eine Leichenöffnung an. Sie war bei gewaltsamen Todesfällen üblich. Dr. Eugene Blizard vom Saint Joseph's Hospital in Vancouver nahm die Autopsie vor. Es gab keine Überraschungen. Janis Roths kleiner Körper wies Schürfwunden und starke Kopfverletzungen auf; wie es zu erwarten ist, wenn ein menschlicher Schädel aus sechzig Meter Höhe mit entsprechender Fallgeschwindigkeit auf Felsvorsprünge aufschlägt. Es hätte keine Rolle gespielt, wenn sie Janis kurz nach ihrem Aufschlag im dichten Gebüsch gefunden hätten. Jede ärztliche Hilfe wäre zu spät gekommen.

Nach der Autopsie wurde Janis' Leiche eingeäschert, wie ihr Mann es angeordnet hatte. Er verfügte, daß ihre Asche zu ihm nach Hause geschickt würde.

Schließlich mußte Jalina doch erfahren, daß ihre Mutter tot war. Die Geschichte der Tragödie stand am Sonntag, dem 29. November 1981, im *Seattle Post-Intelligencer*, mit folgender Überschrift: ›Wanderunfall kostet junge Mutter das Leben‹. Shirley Lenz rief am Montag Randy an, um ihn zu fragen, wann die Totenfeier sein würde. Und danach fragte sie ihn: »Weshalb haben Sie mir nicht gesagt, daß sie tot ist, als Sie am Samstag anriefen?«

»Ich konnte noch nie schlechte Nachrichten überbringen«, erwiderte er ruhig.

Arme kleine Janis, dachte sie. Arme, arme kleine Janis. Shirley schloß die Augen und stellte sich das frohe Gesicht von Janis vor, das sie gehabt hatte, als sie das Bouquet von Randy mitbrachte. Und jetzt war alles vorbei. Für immer.

Randy erzählte Louise Mitchell erst am Montag nach dem Unfall, daß ihre beste Freundin tot war. Louise war bei dem Gedanken, daß er zu ihrem Haus gekommen war und die Post abgeholt hatte, ohne ein Wort zu sagen, erschüttert und entsetzt. Als sie ihn deswegen zur Rede stellte, gestand er wieder einmal, er ertrüge es nicht, irgendeinem Menschen eine derart furchtbare Nachricht zu übermitteln – vor allem nicht Louise, da er wüßte, wie nahe sie Janis gestanden hatte.

Es war Louise, die Billie Jean Ray mitteilte, daß ihre Tochter tot war. Sie rief Billie Ray am Montag, dem 30. November, an und fragte sich, wie sie erklären sollte, daß Janis bereits seit zwei Tagen tot war und ihre Mutter erst jetzt darüber informiert wurde. »Ich habe es selbst gerade erst erfahren«, erklärte Louise. »Und ich war die einzige, die Ihre Telefonnummer besaß.«

Ray Blaisdell in Skamania County konnte dort, wo er war, nicht ahnen, wie merkwürdig sich Randy Roth als plötzlich Verwitweter verhielt. Blaisdell war immer noch bemüht, Janis Roths Tod von allen Seiten zu beleuchten. Reichlich spät hatte er Roth gebeten, sich einem Test mit dem Lügendetektor zu unterziehen. Er führte ein neues Blatt Papier in seine Maschine ein und schrieb:

Mögliche Gründe für die Annahme, daß der Tod kein Unfall war

1. Keine Zeugen.
2. Geheiratet am 13. März 1981 – Unfall am 27. November 1981.
3. Lebensversicherungspolice über hunderttausend Dollar – Anspruch bereits geltend gemacht. Siebentausendfünfhundert Dollar auf den Namen Janis Miranda (kein doppelter Schadensersatz).
4. Verweigerte Überprüfung mit dem Polygraphen.
5. Widersprüchliche Aussagen. Sagte zu mir, daß er hinter seiner Frau gestanden hätte, als sie fiel – sagte zu Bill Wiley, er sei vor ihr gewesen.
6. Roth erzählte bester Freundin des Opfers nichts von ihrem Tod.
7. Ex-Ehemann gebeten, nicht zum Begräbnis zu kommen.

Der Hilfssheriff von Skamania County hatte Joe Miranda ausfindig gemacht, und Miranda erzählte ihm, er habe vor, Jalina zu sich zu holen. Janis' Ex-Mann war der Ansicht, daß zumindest die Hälfte jeder Versicherung, die Janis abgeschlossen hatte, ihrer Tochter gehören sollte. »Alles, was sie an Wert in ihrem Leben hatte«, sagte Joe, »war Jalina.«

Jalina Miranda erinnerte sich an das, was ihre Mutter ihr am Tag vor ihrer Abreise nach Washougal – die ihr jetzt wie ein böser Traum vorkam – gesagt hatte. Janis war mit ihr ins Schlafzimmer gegangen und hatte die Schublade aus der Wand gezogen und Jalina gezeigt, wo der Umschlag festgeklebt war. Sie hatte ihr all die Geldscheine und Papiere und eine Reihe Schecks gezeigt, die sie dort verwahrte. Mit den Anweisungen ihrer Mutter noch im Ohr, war Jalina ins Schlafzimmer geeilt und hatte getan, was sie ihr gesagt hatte.

Jalina hielt den Umschlag in der Hand. Sie wußte nicht genau, was sie damit anstellen sollte; sie war erst acht Jahre alt, und ihre Mutter war tot. Sie war auf dem Weg in ihr Zimmer, als Randy aufkreuzte und sie fragte, was sie in der Hand halte.

Jalina reichte ihm den Umschlag und erklärte, ihre Mutter habe ihr gesagt, sie solle ihn holen und behalten, falls etwas geschehen sollte. Randy ergriff den Umschlag und schaute nach, was darin war.

»Noch etwas, das sie vor mir versteckt hat«, sagte er ruhig. »Ich denke, ich sollte das an mich nehmen, Jalina.«

Jalina war nicht sicher, was sie tun sollte. Sie mochte Randy. Er war immer sehr gut zu ihr gewesen, seit sie ihn kennengelernt hatte – fast ein ganzes Jahr lang –, und für eine Achtjährige ist ein Jahr eine sehr lange Zeit. Aber sie hörte immer noch die Stimme ihrer Mutter, die gesagt hatte, der Umschlag sei ihr Geheimnis, und sie dürfte niemandem davon erzählen.

Randy stand dort, den Umschlag immer noch in seiner Hand. Er sagte lächelnd: »Ich werde es verwahren, und ich werde es verwenden, um dir Geschenke dafür zu kaufen.«

Er stellte ihr keine Fragen; er sagte ihr, was sie tun sollte, und das schien ihr in Ordnung zu sein. Er war wie ihr Vater. Und er sorgte gut für sie.

Randy Roth war die einzige Sicherheit geworden, die Jalina besaß, und sie hatte das Gefühl, daß sie keine andere Wahl hatte, als alles zu glauben, was er ihr sagte.

Billie Ray hatte den neuen Ehemann ihrer Tochter niemals kennengelernt. In ihrem Schock über die Todesnachricht bereitete sie sich darauf vor, zur Trauerfeier für Janis – die, wie Randy ihr gesagt hatte, am Freitag, dem 4. Dezember, stattfinden sollte – nach Seattle zu fliegen. Sie und Sharon Waldrep, ihre Tochter, kamen vor Sonnenaufgang am Morgen der Totenfeier in Seattle an. Sie hatten einen Rückflug am folgenden Morgen gebucht. Da Randy sie nicht eingeladen hatte, im Haus der Roths zu übernachten, nahmen sie sich ein Zimmer in einem Motel.

Irgendwie schien es ihnen, als könnten sie mit Janis' Tod leichter umgehen, wenn sie nur mehr darüber wüßten. Aber Randy gab freiwillig keine Auskünfte über den Unfall, und ihre Fragen beantwortete er so knapp wie möglich. Er wirkte sehr ruhig und beherrscht, aber schließlich kannten sie den Mann gar nicht. Sie hatten keine Ahnung, wie er sich normalerweise verhielt. Billie Ray wußte aus Briefen ihrer Tochter, daß Randy immer noch Flashbacks und Alpträume aus der Zeit seines Dienstes bei der Marine in Vietnam hatte; sie wollte ihm nicht zu viele Fragen stellen, aus Angst, alles nur noch schlimmer zu machen.

Am 1. Dezember, dem Dienstag nach Janis' Absturz, traf Joe Miranda in Seattle ein, um seine Tochter mitzunehmen. Randy war unnachgiebig in seiner Weigerung, Joe in seine Wohnung zu lassen, und er wollte auch nicht, daß Jalina mit ihm ging, um bei ihrem leiblichen Vater zu leben.

Jalina ihrerseits wollte ebenfalls nicht von Randy fort; er war der einzige Vater, an den sie sich erinnern konnte. Er war immer freundlich zu ihr gewesen, und sie hatte Greg wie ihren eigenen, kleinen Bruder lieben gelernt. Aber ihr Vater

55

und seine neue Frau wollten sie bei sich haben. Ihr richtiger Vater liebte sie, obwohl Randy ihr nichts davon sagte; er war offensichtlich wütend, als er ein paar Dinge in einen Beutel tat und das Mädchen Joe Miranda übergab.

Da er so vieles im Kopf hatte, war Randy nicht dazu gekommen, Jalina von dem Geld, das Janis für sie zurückgelegt hatte, die ›Geschenke‹ zu kaufen, die er ihr versprochen hatte. Und Miranda gegenüber erwähnte er dieses Geld nicht. Randy gab Jalina nichts von den Kleidern, dem Schmuck und den sonstigen Besitztümern ihrer Mutter. Er gab ihr nicht einmal ein Bild von ihrer Mutter mit. Er wies sie an, einzupacken, was sie wollte. Sie war erst acht Jahre alt; sie wußte nicht, was sie mitnehmen sollte. Er ließ sie mit wenig mehr als dem Kleid an ihrem Körper nach Texas gehen. Später erklärte er diesen Umstand sehr geschickt: Er habe gedacht, sie würde nur zu Besuch über Weihnachten gehen und danach wiederkommen, um bei ihm zu leben.

Aber Jalina kam niemals zurück. In den Folgejahren hörte Jalina Miranda nie wieder ein Wort von ihrem Stiefvater, und sie bekam nicht einen Penny von dem Geld, das ihre tote Mutter so sorgsam für sie gespart hatte. Falls ihre Mutter ihr einen Brief hinterlassen hatte, bekam sie auch ihn niemals zu Gesicht.

Randy teilte Billie Ray mit, daß Janis vor kurzem eine Versicherung abgeschlossen habe, aber er wisse nicht einmal, ob der Nominalwert der Police reichen würde, um die Bestattungskosten zu decken. Entweder log er, oder sein Gedächtnis war verwirrt, denn hundertsiebentausendfünfhundert Dollar hätten auch für die verschwenderischste aller Bestattungen gereicht.

Janis' Trauerfeier in der Silver Lake Chapel war nicht verschwenderisch. Das Funeral Home in Camas hatte Randy nur fünfhunderteinundvierzig Dollar für ihre Einäscherung berechnet. Die Feier im Dezember war schlicht und geschmackvoll. Randy erklärte, er habe eine handgeschnitzte Holztruhe als Behältnis für die Asche seiner verstorbenen Frau bestellt, aber sie wurde nicht rechtzeitig fertig. Er brach während der Feier zusammen und schluchzte, als könne er den Verlust niemals überwinden. Shirley Lenz, die aus Neugier auf Janis' Mann gekommen war, sah diesen Zusammenbruch. Die Adens sahen ihn ebenfalls. Sie schworen sich, Randy und Greg und Jalina in den nächsten Wochen und Monaten häufig zum Essen einzuladen.

Aber Jalina war fort; sie lebte irgendwo in Texas, und Joe Miranda wollte nichts mit Randy Roth zu tun haben. Randy und Greg waren wieder allein und bemühten sich, den Verlust der Frau, die für eine so kurze Zeit Wärme und Liebe in ihr Heim gebracht hatte, zu bewältigen und sich davon zu erholen.

Randy war den Adens so dankbar für ihren Beistand, daß er sie einlud, als er und Greg zu einem Urlaub in Disneyland nach Kalifornien flogen. Er bestand darauf, für alles aufzukommen. Als sie sahen, wieviel ihm ihre Gesellschaft bei dem Disneyland-Trip bedeutete, waren sie gerührt. Randy schien sich nach einer Familie zu sehnen, und beinahe hätte er mit Janis eine Familie gegründet. Er tat den Adens leid; er hatte zuerst Janis und dann auch noch Jalina verloren.

Zweihundertvierzig Kilometer weit entfernt stiegen Skamania County Detective Mike Grossie, Sanitäter Duane Hathaway und State Park Ranger Don Bauer auf den Beacon Rock bis zu der ungefähren Stelle, wo Janis Roth angeblich abgestürzt war. Es war eine Abkürzung vom Hauptweg. Sie führte auf einem schmalen, steinigen Pfad empor zu einer zweiten Abkürzung, die ein Felsgesims entlang führte. Sie überzeugten sich davon, daß jemand, der in südlicher Richtung über diesen Grat wanderte, zu beiden Seiten von gefährlichen Klippen flankiert war. Der Wanderer gelangte bereits nach hundert Metern in südwestlicher Richtung an eine steile Felswand. Der Pfad verlief nach Nordosten zwischen einer Gruppe kleiner Bäume hindurch und traf dann in Gipfelnähe auf den Hauptweg.

Anscheinend war das Opfer – nachdem es das Ende der

ersten Abkürzung erreicht hatte – von der linken Seite des Pfades abgestürzt. In der Nähe der Stelle, wo Janis Roth, wie man ihnen gesagt hatte, abgestürzt war, fanden sich mehrere aus dem Boden ragende Wurzeln und niederes Strauchwerk, an das sie sich um Halt hätte klammern können. Der schlammige Boden war hart gefroren, wie es auch am 27. November gewesen sein mußte, und es gab kein Wasser oder Eis auf dem Pfad. Bauer konnte wenigstens sechs Meter weit den Hang hinabgehen, der zum Abhang führte, ohne Gefahr zu laufen, abzustürzen.

Merkwürdig.

Die drei Untersuchungsbeamten hatten keine Mühe, auf dem Pfad ihr Gleichgewicht zu wahren, aber sie mußten sich auf Hände und Knie niederlassen, um das obere Ende zu erreichen. Als sie dort angekommen waren, konnten sie wieder aufrecht gehen, obwohl sie bemerkten, daß die Neigung des felsigen Untergrundes sie zwang, sich vorzubeugen, wenn sie sich nach rechts wandten.

»Es wäre sicherlich möglich«, spekulierte Grossie, »daß jemand an dieser Stelle abstürzte – wenn der Betreffende zufällig anstieße oder wenn er mit dem Rücken zum Abhang stünde.«

Randy Roth hatte gesagt, Janis habe von dieser Höhe aus ein Foto gemacht, aber die Deputies hatten weder bei ihm noch bei Janis oder in ihrer Nähe eine Kamera bemerkt. Sie hätte in den Bäumen entlang ihrer Absturzbahn hängenbleiben können; wie es vermutlich mit ihrer Halskette geschehen war.

Die Untersuchungsbeamten machten Fotos von beiden Seiten des Pfades und hielten dann ihre Kameras über den Rand, um die Bäume, die Felder und sogar den mächtigen Columbia River zu fotografieren, der weit unten vorbeiströmte.

Die Aussicht war von ehrfurchtgebietender Schönheit und – wenn man die Umstände in Betracht zog – furchteinflößend.

Es ging sehr tief hinab.

4

Am 24. Januar 1982 fuhr Detective Mike Grossie nach Mountlake Terrace und sprach in der Küche des Heimes, das Randy und Janis Roth gemeinsam bewohnt hatten, mit dem Witwer. Mike Grossie konnte irgendwo im Haus die Stimme eines Mannes hören, aber Roth bot ihm nicht an, ihm den Betreffenden vorzustellen, und Grossie fragte nicht danach.

Nick Emondi war auf Randys Bitte herübergekommen, um sich um Greg zu kümmern. Neugierig gebot Nick Greg Schweigen und lauschte Randy, der die Geschichte des tragischen Unfalls wiederholte.

Je mehr er darüber nachdenke, so sagte Randy zu Grossie, desto mehr gäbe er sich die Schuld, zugelassen zu haben, daß Janis mit lederbesohlten Schuhen auf den Beacon Rock stieg. Gewiß, seine Frau hatte darauf bestanden, daß sie am Tag nach Thanksgiving auf den Berg kletterten, aber er hätte es besser wissen und sich nicht überreden lassen dürfen. Hätte er sich nur geweigert, ihrem verrückten, romantischen Impuls nachzugeben, hätte er sie nicht für immer verloren.

Grossie bemerkte trotz Randys bekümmerter Miene, daß der Mann dem Thema Unfall auswich. Randy wollte sich nicht hinsetzen und mit Grossie reden. Er war ständig geschäftig; er wusch ab, wischte die Arbeitsplatten sauber und putzte den Küchenboden, während sie sprachen. Es war ungemütlich, mit einem Mann über dessen tote Frau zu reden, während er seine Hausarbeiten erledigte. Grossie erinnerte sich später daran, daß Randy Roth ihm kaum jemals – wenn überhaupt einmal – in die Augen geschaut hatte.

Randy Roths Hauptsorge galt der Frage, was er mit der Asche seiner Frau anstellen sollte. Daß er nicht wußte, wo er sie unterbringen sollte, war sein ›größter Kummer‹. Grossie hatte keine Meinung dazu; er war ein frustrierter Detective.

Es war ein höchst unbefriedigendes Interview.

Nachdem Grossie gegangen war, kam Nick Emondi in die Küche und schaute Randy herausfordernd an. Er hatte alles gehört, was in dem Gespräch mit dem Skamania County Detective gesagt worden war.

»Was geht da vor?« fragte er. Randy wandte den Blick ab. »Frag mich nicht nach Dingen, über die du lügen müßtest.«

Die lange Bekanntschaft mit Randy hatte Nick gelehrt, ihn nicht zu drängen, und er stellte keine weiteren Fragen.

Die Beamten im Büro des Skamania County Sheriffs schlossen die Akte über die Untersuchung des tragischen Todesfalles Janis Miranda-Roth nicht, aber sie hatten Schwierigkeiten, Beweise dafür zu finden, daß es sich nicht um einen Unfall gehandelt hatte. Sie hatten keine greifbaren Indizien, und sie hatten keinen Augenzeugen für ihren Sturz vom Beacon Rock. Sie hatten nur Zeugen, die nach dem Ereignis hinzugekommen waren.

Es war gut möglich, daß der Fall abgeschlossen werden und mit dem Vermerk ›Tod durch Unfall‹ versehen werden mußte.

Die ersten Monate des Jahres 1982 waren hart für Billie Jean Ray. Sie hatte nicht nur ihre Tochter verloren, sondern auch ihre Enkelin; sie hatte Jalina nicht mehr gesehen, seit sie Texas verlassen hatte. Sie schrieb an den zweiten Ehemann ihrer verstorbenen Tochter, und Randy antwortete rasch: »Ich habe deinen Brief heute erhalten und fühlte mich bemüßigt, umgehend zu antworten, damit die Tatsachen richtiggestellt werden. Erstens, Joe verlangte niemals nach irgendwelchen finanziellen Aufzeichnungen. Er wollte den Totenschein, die Geburtsurkunde und die Sozialversicherungsnummer. Diese Daten braucht er, um die monatlichen Zahlungen aus Janis' Sozialversicherung für Jalina zu erhalten. Ich teilte ihm mit, daß ich wüßte, wie er Jalina behandelte, und ihm nicht helfen würde. Der Sheriff hatte mich bereits darüber informiert, daß Joe versuchte, an das Versicherungsgeld zu kommen, deshalb war ich sehr kurz angebunden. Ich will unter keinen Umständen mit ihm zusammenarbeiten, wenn er wie ein Geier seine

Kreise zieht und nach leicht verdientem Geld Ausschau hält!«
Aber wenn jemand wie ein Geier seine Kreise zog, dann war
es Randy, und nicht Joe.

Randy fuhr fort, indem er schrieb, daß Jalina bei den
Mirandas nicht glücklich werden würde – eine Prophezeiung,
die ganz und gar nicht dazu angetan war, Billie Jean zu beruhigen –, aber er endete mit einem heiteren Bericht über das
Wetter in Seattle. Er schrieb, daß er und Greg wirklich fleißig
seien. ›Wir arbeiten und spielen den ganzen Tag und schlagen
Holz‹, schloß er, ›damit das Leben weitergehen kann.‹

Er versprach, Billie Ray ein Bild von Janis und ein paar von
ihren Sachen zu schicken, die sie für Janis aufbewahren
könne.

Er erfüllte sein Versprechen nie. Er hatte so viele Dinge im
Kopf.

Randy hatte triftige Gründe dafür, Joe Mirandas Antrag
auf Zahlung der Sozialversicherungs-Hinterbliebenenrente
für Jalina abzublocken. Er selbst hatte bereits am 14. Dezember – ein wenig mehr als zwei Wochen nach dem Tod ihrer
Mutter, und zwölf Tage nachdem Joe Miranda sie mit nach
Texas genommen hatte – Antrag auf eine Rente für Jalina
gestellt.

»Jalina ist mein Mündel«, hatte Randy zu dem Beamten der
Sozialversicherungsanstalt gesagt. »Sie ist über Weihnachten
bei Verwandten in Texas.« Obwohl Joe Miranda ihm seine
Telefonnummer in Texas gegeben hatte, gab Randy an, er
habe keine Möglichkeit, ihn zu erreichen – keine Telefonnummer und keine Adresse.

Randy stellte auch Antrag auf eine Rente für Greg. Wie er
erfreut erfuhr, war Janis lange genug Gregs Stiefmutter gewesen, daß der kleine Junge ebenso Anspruch auf eine Hinterbliebenenrente der Sozialversicherung hatte, als wenn sie
seine leibliche Mutter gewesen wäre. Sobald der Beamte der
Anstalt im Besitz der entsprechenden Unterlagen war, erhielt
Randy monatliche Zahlungen für Greg und Jalina.

Aber als Jalina niemals aus Texas zurückkehrte, erfuhr die
Verwaltung der Sozialversicherung, daß sie gar nicht bei
Randy Roth lebte. Er wurde aufgefordert, der Regierung die

61

Schecks, die er in ihrem Namen erhalten und eingelöst hatte, zurückzuzahlen.

»Es war eine Frage der Auslegung«, erklärte Randy. »Ich *habe* mich um das gesetzliche Sorgerecht für Jalina bemüht. Ich hatte vor, die Sozialversicherungsanstalt anzuschreiben und sie darüber zu informieren (daß sie nicht bei ihm lebte). In meiner *Vorstellung* hatte ich das Sorgerecht für Jalina nicht abgetreten.«

Randy hatte einen großen Berg Papiere zu bewältigen. Er schaffte sämtliche Dokumente herbei, die Darrel Lundquist erbat, um die Auszahlung der hunderttausend Dollar aus Janis' Lebensversicherung zu ermöglichen, und wartete Monate auf die Entscheidung der Gesellschaft. Er erinnerte sich auch daran, daß er eine ältere Police von der Allstate Insurance besaß; jedermann, der im Besitz einer Sears-Kreditkarte war, hatte Anspruch auf eine Familienpolice über siebentausendfünfhundert Dollar, die bei Tod durch Unfall fällig wurden. Randy hatte die Versicherung für sich und Greg in Anspruch genommen, und nachdem er Janis geheiratet hatte, war sie automatisch Teil der Police geworden. Er hatte diese Police bereits seit Jahren, bevor er seine zweite Frau traf, aber plötzlich erinnerte er sich an sie und beantragte die Auszahlung auch dieser Summe.

Es war eine Ironie. Als Janis lebte, hatten sie so hart kämpfen müssen, um ihren finanziellen Verpflichtungen nachzukommen. Jetzt, nachdem sie tot war, mußte sich Randy um Geld keine Sorgen mehr machen.

Er füllte seine Steuererklärung als Witwer aus und gab nur seinen eigenen Verdienst bei Vitamilk an. Für Janis füllte er keine Erklärung aus; seine verstorbene Frau hatte ihre Schreibarbeiten in Verbindung mit ihrem Verdienst als Tagesmutter selbst erledigt, und Randy sagte später, er habe die Papiere nicht finden können. Als die IRS (amerikanische Steuerbehörde) ihm schrieb, daß Janis Roth eine Erklärung für 1981 abgegeben habe, teilte er ihnen schriftlich mit, sie sei verstorben. Er hörte nie wieder von ihnen.

Obwohl seine Freunde versuchten, ihm und Greg die Dinge zu erleichtern, sagte Randy, er könne es kaum ertragen, in dem Haus zu leben, das er nur drei Monate lang mit Janis geteilt habe. »Ich hatte oft ungute Gefühle in dem Haus«, sagte er. »Wir hatten es gemeinsam gekauft. Es war das Haus, das sie hatte haben wollen. Es war ihr Traumhaus ... Ich wußte nicht, wie ich fähig sein sollte, mich in dem Haus behaglich zu fühlen und darin zu leben.«

Darüber hinaus hatte er Schwierigkeiten, jetzt – da Janis' Einkünfte für das Babysitting zusätzlich zu seinem Lohn fortfielen – die achthunderteinundsiebzig Dollar monatlicher Abzahlungen auf das neue Haus aufzubringen. Auch mit den Kosten für seinen Lebensunterhalt sowie anderen dringlichen Verpflichtungen konnte er nicht Schritt halten. Er wußte nicht, wann er die hunderttausend Dollar aus Janis' Lebensversicherung erhalten würde. »Der Gedanke, mir Geld (auf die Versicherungspolice) zu leihen, um die Raten für das Haus zu bezahlen, kam mir nicht.«

Randy erhielt siebentausendfünfhundert Dollar auf die Allstate Police und gab fünftausend Dollar davon einem Häusermakler, damit er das Haus verkaufte, in dem er nicht länger leben konnte. »Ich fühlte mich schlecht und verloren in dem Haus ... Es war mein erstes Haus, und es war für sie das erste eigene Haus.«

Da er noch keinen die hypothekarische Belastung übersteigenden Wert aufgebaut hatte, kostete es ihn Geld, das Haus zu verkaufen. Er verkaufte es an den Makler.

Am 23. März 1982 erhielt Randy die hunderttausend Dollar aus Janis' Lebensversicherung. Die Farmer's New World Life Insurance Company zahlte für die Police Nummer 1611546 100 014,11 Dollar. Die 14,11 Dollar stellten die Rückzahlung einer Rate dar, die automatisch von Randys Bankkonto eingezogen worden war, nachdem Janis bereits tot war. Mit diesem Geld konnte Randy in ein anderes Haus einziehen, wo er und Greg hofften, wieder ein normales Leben führen zu können. Er hatte ein Haus im Distrikt Amber Hills von Bothell, Washington, gefunden.

Randy zahlte fünfzigtausend Dollar von der Versicherungssumme auf das Haus an, dessen Preis 89 950 Dollar betrug. Somit waren die monatlichen Belastungen weitaus geringer als die Raten, die er und Janis für das Haus in Mountlake Terrace hatten aufbringen müssen, und darüber hinaus besaß er bereits einen beträchtlichen, die hypothekarische Belastung übersteigenden Wert.

In seiner Einsamkeit hatte Randy sich trostsuchend an Lily Vandiveer gewandt, seine ehemalige Babysitterin. Die Frage, ob ihre Beziehung platonisch oder sexueller Art war, wird durch Annahmen und Gerüchte verdunkelt. Lilys Ehemann, Karl Vandiveer*, sagte später aus, die beiden seien einmal ein Liebespaar gewesen, und er behauptete, sie seien es immer geblieben. Er sagte, er sei einmal früh nach Hause gekommen und habe die beiden vor dem Kamin in intimer Umarmung angetroffen. Er stellte Randy zur Rede. »Ich forderte ihn auf, sich von meinem Haus fernzuhalten, sonst würde ich zum Staatsanwalt (des Skamania County) gehen.«

Die Affäre – von der Lily behauptete, es handele sich nur um eine Beziehung zweier alter Freunde, die gelegentlich gemeinsam essen gingen – endete abrupt, obwohl Karl Vandiveer sie niemals zur Anzeige brachte. In Wahrheit war diese Drohung ein Bluff gewesen. Etwas an Randy Roth hatte Karl Vandiveer vorsichtig sein lassen. »Teufel noch mal«, sagte er, »ich hatte Angst vor ihm.«

Auch ohne Lilys emotionelle Hilfeleistung ging es mit Randy Roths Leben, das so trübe ausgesehen hatte, aufwärts. Er investierte viele tausend Dollar und seinen eigenen Schweiß in die Gestaltung seines neuen Gartens. Er besaß die schönsten Rosen im Block, einen samtartigen Rasen und üppige, immergrüne Pflanzen. Er gab dafür zwischen fünftausend und zehntausend Dollar aus; genau wußte er es nicht. Er verwandelte sein Heim in Amber Hills in eine Sehenswürdigkeit.

Randy legte den Rest der Versicherungssumme auf die Bank, um in den folgenden Jahren davon zu zehren. Er war so lange knapp an Geld gewesen, und plötzlich war er es nicht mehr. Er gab es großzügig aus. Er kaufte zwei Motorräder;

eines für sich, und eines für Nick Emondi. Er lieh Nick und seiner Frau eintausendfünfhundert Dollar. Er kaufte zwei Kettensägen, so daß er und Nick Feuerholz schneiden und sich etwas zusätzlich verdienen konnten.

Es war ein wenig überraschend, daß Randy und Greg nicht sehr lange in dem neuen Haus in Amber Hills wohnen blieben – nur zwei Jahre lang. Randys Restgeld von der Versicherung hielt nicht so lange vor, wie er erwartet hatte, und sein großer Eigentumswert an dem Haus half ihm nicht in dem Maß bei seinen monatlichen Ratenzahlungen, wie er es erwartet hatte.

Im Mai 1984 verkaufte er sein Haus in Amber Hills für exakt denselben Preis, den er dafür bezahlt hatte, ungeachtet seiner Investitionen für die Gartengestaltung. Er erhielt ein Barangebot und schlug ein. Er kaufte das Haus Nummer 3012 an der 169th S. E. in Misty Meadows, einer hübschen Gegend, nur ein wenig mehr als drei Kilometer von Amber Hills entfernt.

Das Haus in Misty Meadows gehörte nur zu der Preisgruppe von siebzigtausend bis fünfundsiebzigtausend Dollar, aber es war sehr hübsch. Randy behielt einen Teil des restlichen Bargeldes für private Ausgaben und lieh Nick Emondi weitere viertausend Dollar, diesmal, damit Nick sich ein doppelt großes Mobilheim kaufen konnte, um es auf ein von ihm erworbenes Grundstück zu stellen.

Emondi, der für die Ortsfeuerwehr arbeitete, empfand Randy gegenüber nach wie vor zwiespältige Gefühle. Seit Randy ihn an jenem Halloween-Abend, Wochen bevor Janis starb, gefragt hatte, ob er seine Frau töten könne, versuchte er, sich von Randy zu lösen. Aber das war nicht einfach. Niemand trennte sich von Randy; *er* war derjenige, der entschied, ob eine Beziehung zu Ende war, und offen gestanden brauchte Nick dringend Geld, und Randy konnte es ihm leihen. Sie kamen überein, daß die Emondis Randy das Geld durch Babysitting zurückzahlen würden. Carrie würde sich um Greg kümmern, und für jede Woche, in der sie auf Greg aufpaßte, würde Randy fünfzig Dollar von ihren Schulden streichen. In zweieinhalb Jahren würden sie quitt sein. Aber dann brachte Randy Greg plötzlich in Lily Vandiveers Haus. Nick versprach, seine Schulden in Raten zurückzuzahlen, aber er verdiente nicht genug, um zweihundert Dollar monatlich zahlen zu können, die Randy verlangte.

Randys neues Haus war braun und beige gestrichen, es hatte versetzte Zimmerebenen im pseudonormannischen Stil und massive, hervortretende Balken. Es stand in einer Sackgasse, so daß Greg sicher draußen spielen konnte. Das Grundstück war bügeleisenförmig geschnitten. Randy plante, den schönsten Garten des Blocks anzulegen. Hinter allen Häusern des Blocks stand eine schmale Reihe Tannen, dahinter verlief eine summende und vibrierende Überlandleitung.

Misty Meadows war ein angenehmes Wohnviertel. Gegenüber in der Sackgasse wohnten ein älteres Ehepaar, das in Greg vernarrt war und ihn fast wie Großeltern behandelte. Was Randy aber am meisten begrüßte, war, daß ein anderes Paar – Ben und Marta Goodwin –, die er seit 1982 durch Greg kannte, aus einem ein paar Blocks entfernten Mietshaus fort und in das Haus nebenan zogen. Ihr Sohn Ryan war in Gregs Alter, und sie hatten noch einen älteren Jungen namens Travis sowie eine Tochter, Brittany. Randy hatte seinen eigenen Bruder David schon lange nicht mehr gesehen, und Ben wurde wie ein Bruder für ihn, wie auch Randy Ben Goodwins bester Freund wurde.

Randy bastelte mit Begeisterung an klassischen Wagen herum, und er hatte immer schon seinen Lohn aufgebessert, indem er ältere Autos kaufte, sie in erstklassigen Zustand brachte und weiterverkaufte. Er und Ben Goodwin bewunderten alte Chevy-Pick-ups.

Ben, ein hübscher, aber lethargischer Vietnam-Veteran, der ein halbes Dutzend Jahre älter als Randy war, erinnert sich an das erste Mal, als er Randy begegnete: »Er fuhr in einem 1973er Chevy-Pick-up die Straße hinunter. Der Wagen war genau wie meiner, nur daß er golden war, und ich sagte zu Marta: ›Es sieht ganz so aus, als wäre der Bursche so einer wie ich.‹ Ich nehme an, daß diese alten Trucks uns in erster Linie zu Freunden machten. Sein Chevy war genau wie meiner, nur daß er einen Vierradantrieb hatte, und er zog einen voll beladenen Trailer. Er fuhr erst vorbei, und dann sah ich ihn zurückkommen und in unsere Straße einbiegen, und das war das erste Mal, daß ich ihn sah.«

Ben und Marta Goodwin wurden vielleicht die besten Freunde, die Randy jemals in seinem Leben hatte. Ihre enge Nachbarschaft dauerte fast ein Jahrzehnt lang, und sie hatten die gleichen Gewohnheiten, so, als wären sie eine Familie gewesen und nicht nur Nachbarn. Randy hatte keine Familie mehr, seit Janis gestorben war, aber die Goodwins waren so gut wie seine Familie.

Sie sahen eine Seite an Randy, die kein anderer jemals bemerkte. Obwohl sie niemals die guten Zeiten vergessen würden, die sie miteinander teilten, kam ihre Vertrautheit mit Randy sie teuer zu stehen.

Marta war eine hübsche, leicht rundliche Frau Ende Zwanzig, und Ben war ein ungemein zäher, einhundertdreiundachtzig Zentimeter großer Bursche Mitte Dreißig, als sie mit Randy zusammentrafen. Ben stammte aus einer großen Familie; er war seinen Weg gegangen und hatte viel in Vietnam erlebt. Randy gestand, daß auch er mitten im Schlachtgetümmel in Vietnam gewesen war, und deutete dunkel gewalttätige Missionen an, die ihm Alpträume beschert hätten.

»Er war acht Jahre lang mein bester Freund«, erinnerte Ben Goodwin sich. »Aber wir wußten, daß er Frauen haßte. Besonders haßte er Frauen, die ›wie Huren aussehen‹. Er war immer nett zu Marta, respektvoll – so, als repräsentiere sie für ihn das Ideal einer Frau.«

Mag sein, daß es so war. Marta sah Randy niemals etwas falsch machen. Er schien zu wollen, daß sie ihn als perfekt ansah. Als sie zu rauchen aufhörte – eine Gewohnheit, die er verabscheute –, sandte Randy ihr Blumen. Aber er machte ihr nie auch nur andeutungsweise einen sexuellen Antrag.

Sie war die perfekte Frau. Die perfekte Mutter.

Ben Goodwins erstes Treffen mit Randy war alles andere als herzlich. Ben ist ein schroffer Mann, der manchmal recht geradeheraus sein kann. Er liebt seine eigenen und sorgt sich um alle Kinder. Lange bevor Randy und die Goodwins unmittelbare Nachbarn wurden, fragte Ryan Goodwin – der damals sechs Jahre alt und in der ersten Klasse war –, seine Eltern, ob er jeden Tag nach der Schule Greg Roth mit nach Hause bringen dürfe.

»Wo ist seine Mom?« erkundigte sich Ben.

»Er hat keine Mom«, erwiderte Ryan. »Seine Mom fiel von einem Berg, und sein Dad muß den ganzen Tag arbeiten. Guck, hier ist ein Bild von ihm.«

Der Junge auf dem Klassenbild war anbetungswürdig. Er hatte Wangen wie ein Streifenhörnchen, und er war klein. Er sah nicht älter als vier Jahre aus. Die Goodwins schauten einander an, als sie daran dachten, daß der sechs Jahre alte Greg jeden Tag nach der Schule in ein leeres Haus kam und Stunden allein verbrachte. Ben ging zu Randys Haus hinüber, boxte ihn vor die Brust und sagte: »Sie sind mir vielleicht ein komischer Vertreter – was denken Sie sich dabei, diesen kleinen Jungen den ganzen Tag allein zu lassen?«

Das hört sich nicht gerade wie der ideale Beginn einer Freundschaft an, aber er war es. Die beiden Männer besprachen die Angelegenheit in Ruhe. Randy sagte, er sei Witwer, soeben in diese Gegend gezogen, und er kenne niemanden, der nach Greg schauen könne. Marta hatte Mitleid mit ihm und erklärte sich einverstanden, nach Greg zu schauen, bis Randy von der Arbeit nach Hause kam. Ben und Randy fanden bald heraus, daß sie vieles gemeinsam hatten. Wagen und goldene Rock-'n'-Roll-Oldies, Lust am Camping, und natürlich ihren Dienst in Vietnam.

Randy war ein gutaussehender Mann mit einem gepflegten Bart und Oberlippenbart. Er hatte dunkelbraune Augen und – obwohl er nicht groß war – den massigen Bizeps eines Bodybuilders. Er wußte alles über Autos. Er war eindeutig ein richtiger Mann.

Als Randy die Goodwins näher kennenlernte, faßte er Vertrauen zu ihnen und teilte ihnen Erinnerungen an seine eigene, düstere Kindheit mit. Er sagte, seine Mutter sei jetzt sehr alt und bettlägerig. Sie sei zu senil, um Besuch zu empfangen, aber er erinnere sich daran, wie sie ihn bestraft hatte, als er noch sehr klein war. »Er sagte, sie habe ihn die Hose ausziehen und stundenlang auf dem Kachelboden der Küche liegen lassen, bis sein Vater von der Arbeit nach Hause kam und ihn bestrafte«, erinnert Marta sich. »Er sprach nicht viel über seine Brüder und Schwestern.«

Über Janis sprach er überhaupt nicht. Die Goodwins hatten nicht die geringste Ahnung davon, wie kompliziert Randys Ehegeschichte war. Sie hatten nur gehört, daß er Witwer war, und die Geschichte, die Greg über seine Mom gehört hatte, die von einem Berg gefallen war.

Schließlich erwähnte Ben diese Geschichte Randy gegenüber, und Randy gab zu, daß Janis tatsächlich abgestürzt war, daß es aber zu schmerzlich für ihn sei, darüber zu sprechen. Die Goodwins glaubten, Randy sei nur einmal verheiratet gewesen. Sie wußten nicht, daß es bereits vor Janis eine Frau gegeben hatte – Donna Sanchez Roth; Gregs leibliche Mutter. »Er erzählte niemals freiwillig etwas über diese Frauen in seiner Vergangenheit«, erinnert Marta sich. »Er beantwortete Fragen, aber er gab nicht viel preis.«

Randy Roth trat ›wie ein Wirbelwind‹ in das Leben der Goodwins ein. Er war der energiegeladenste Mann, dem sie jemals begegnet waren, und er war ein wirklich guter Nachbar. Nachdem Ben einmal beiläufig erwähnt hatte, daß sie etwas unternehmen müßten, um einen häßlichen Bereich in ihrem Vorgarten zu verschönern, erwachten sie eines Sonntags um sieben Uhr morgens vom Lärm eines Motorpflugs. Randy pflügte ihren Garten und tat nach getaner Arbeit ihre Dankesworte mit einem Schulterzucken ab. Als sie einen Baum fällen wollten, der zu nahe an ihre hintere Veranda heranwuchs, sagte Randy: »Ihr wollt ihn fällen? Laßt uns ihn fällen.« Mit diesen Worten sprang er mit kurzem Anlauf von der Veranda, klammerte sich in sechs Meter Höhe an die Tanne, schaukelte so lange in immer größer werdenden Schwüngen mit ihr hin und her, bis sie dicht über dem Boden zerbrach.

»Das war Randy. Wenn irgend etwas getan werden mußte, tat er es sofort.«

Er war kein großer Bursche, aber kräftig. Zu Bens Erstaunen baute er an einem einzigen Tag einen 18,5 Quadratmeter großen Anbau an sein Haus als Trainings- und Fitneßraum. Er und sein Freund Nick sägten und spalteten den ganzen Tag lang Holz, um sich ein Extrageld zu verdienen, und Randy war unermüdlich. Er konnte einen Holzklotz zugleich in fünf Teile spalten, um Feuerholz zu erhalten. Er sah wie ein Teenager aus, aber Ben wußte, daß er älter sein mußte, weil er in Vietnam gewesen war.

Ben besaß eine Bronzemedaille als Anerkennung seines Dienstes bei der Marine. Bei einem seiner wenigen Besuche in Randys Haus sah er leicht verwundert, daß Randy die gleiche Plakette an der Wand hängen hatte, mit seinem Namen darauf. Randy war in die Marine vernarrt. An der Wand hingen neben einem Bild von ihm in seiner blauen Uniform mit zahllosen Schulterstücken gerahmte Erinnerungsstücke. Während Ben Vietnam bald wieder vergessen hatte, war Randy von seinen Dienstjahren besessen, wie höllisch sie auch gewesen sein mochten.

»In den acht Jahren, die ich mit ihm zusammen war«, sagt Ben, »trug er Marine-Tarnanzüge, und er ließ seinen ebenso wie meine Jungen sie tragen. An patriotischen Feiertagen trug er seine Uniform. Ich sagte zu ihm, der einzige Unterschied zwischen uns sei, daß ich Vietnam vergessen wollte, während er sich ständig selbst daran erinnerte.«

Die Goodwins fanden ihren neuen Nachbarn faszinierend. »Er hielt uns aktiv«, erinnert Marta sich. »So lange er in der Nähe war, konnten wir nicht zu Hause bleiben und fernsehen. Wir hatten eine schöne Zeit. Er kam und schleppte uns zum Motorradfahren, zum Schlauchbootfahren oder zum auswärts Essengehen. Er erschien und sagte, ›Hey, ich habe einen Wagen gesehen, den ihr euch anschauen müßt‹, oder ›laßt uns die Weihnachtslichter anschauen gehen‹. Man konnte nicht nein sagen. Er konnte alle aufmuntern. Jedes Jahr ging er und schlug einen Weihnachtsbaum für uns – er selbst hatte niemals einen, aber uns holte er immer einen.«

Aber eine Fernsehshow gab es, die Randy niemals verpaßte. Jeden Donnerstagabend ging Randy so sicher wie das Amen in der Kirche zu den Goodwins hinüber, um sich ›The Cosby Show‹ anzuschauen. Er brachte immer einen Apfelkuchen und eine große Portion Eiscreme mit, die sie alle beim Fernsehen essen konnten.

»Ich habe ihn einmal gefragt«, sagt Marta, »weshalb er nicht ab und zu eine Zitronenmeringe oder Blaubeerkuchen mitbringe, und er schaute mich nur ernst an und erwiderte, ›Ben mag Äpfel‹.«

Der Macho-Ex-Marine war ein tadelloser Haushälter und außerdem ein guter Koch. Ein Perfektionist. Wenn sie nicht – was häufig vorkam – bei den Goodwins zu Gast waren, kochte er für sich selbst und Greg. Randy steuerte immer etwas bei. Er machte das Dressing für die Feiertags-Truthähne, er backte Plätzchen zu Weihnachten, und als in einem Jahr Ben für das Thanksgiving-Dinner sorgte, bereitete Randy das Dessert: einen recht bizarr aussehenden Bisquitkuchen mit hellblauer Glasur. Alle aßen davon, um seine Gefühle nicht zu verletzen.

Aber Randy Roth blieb ein Rätsel, und je länger die Goodwins ihn kannten, desto deutlicher fielen ihnen die Widersprüche in seiner Persönlichkeit auf. Er wollte in jeder nur erdenklichen Weise helfen, aber etwas an ihm vermittelte ihnen das Gefühl, beobachtet zu werden. Er war wie jemand, der außerhalb des Kreises steht und die Menschen studiert. Er hatte etwas Berechnendes an sich; als schätze er andere stets ein und mache sich seine privaten Gedanken über sie. Die Goodwins schrieben es seinen Erlebnissen in Vietnam zu.

Ben und Marta wußten, daß er mit Greg streng war und glaubte, daß sie Ryan, Travis und Brittany verzögen. »Wir ließen die Kinder gemeinsam den Geschirrspüler entleeren – Sie wissen schon, unten, oben, und die Bestecke –, und aus irgendeinem Grund mißfiel ihm dies. Er sagte, es sei nicht effizient; sie sollten jedes eine Woche lang den ganzen Geschirrspüler entleeren. Es war total unwichtig, aber es machte ihn verrückt. Greg erledigte die ganzen Aufgaben selbständig und ohne Fragen zu stellen.«

Randy kaufte Greg die neuesten und teuersten Spielzeuge. Er hatte ein Nintendo und Dutzende von Spielen, die darauf liefen, sobald sie auf den Markt kamen. Greg bekam dreimal im Jahr ein neues Go-Cart und teure Fahrräder. Ben Goodwin hatte Mühe, seinen Söhnen zu erklären, wieso Greg so viele Sachen hatte; er konnte sich solche Ausgaben nicht leisten, obwohl er einen guten Job bei Safeway hatte, während Randy niemals regelmäßig zu arbeiten schien. Ben staunte darüber, wie Randy es schaffte, all das Spielzeug kaufen zu können – besonders, als Vitamilk ihn auf Halbtagsarbeit setzte.

Randy umarmte Greg häufig und sagte ihm, daß er ihn liebe. Greg rief Randy stets, wenn er von der Schule nach Hause kam, um mit ihm zu sprechen. Niemand hätte abstreiten können, daß zwischen dem Jungen und seinem Vater, der seine ganze Familie darstellte, ein starkes Band bestand. Greg sprach kaum von seiner leiblichen Mutter, die hin und wieder zu Besuch kam, und Janis war nicht einmal ein Jahr lang in seinem Leben gewesen. Sein Vater war immer da.

Und doch wies Randy als Vater eine dunkle Seite auf. Vielleicht war es der verhängnisvolle Kreis, der allen im sozialen Bereich Tätigen bekannt ist: Mißhandelte Kinder mißhandeln auch ihrerseits ihre Kinder.

»Greg konnte danke sagen, aber er durfte nicht bitte sagen«, erinnert Marta Goodwin sich. »Randy sagte zu Greg, ›bitte‹ sei ein ›Bettelwort‹, und er dürfe niemals um etwas betteln.«

»Greg wurde so hart diszipliniert wie ein junger Marine im Lager. Wenn er vergaß, am Tag der Müllabfuhr den Mülleimer hinauszustellen, stülpte Randy den Eimer um und verteilte den ganzen Abfall über die Straße und ließ Greg den Abfall mit den bloßen Händen einsammeln, auch wenn es in Strömen goß«, erinnert Marta sich. »Und falls Randy auch nur noch einen einzigen Papierschnipsel auf der Straße liegen sah, kippte er den ganzen Müll erneut aus, und Greg mußte wieder von vorn anfangen.«

Wenn etwas in Gregs Zimmer nicht an seinem Platz war, wühlte Randy den Schrank und die Schubläden durcheinander, riß das Bettzeug vom Bett – einfach alles –, und ließ Greg alles wieder aufräumen, bis es an seinem Platz war. Ryan Goodwin war einmal Zeuge eines solchen Vorfalls gewesen, aber Marta und Ben hatten es nie gesehen. Sie glaubten, daß Ryan übertrieben hätte, bis sie die Sache mit dem Mülleimer erlebten.

Das schlimmste Beispiel für Randys strenge Erziehung ereignete sich im dritten Schuljahr, als Gregs Lehrer ihn anrief und sagte, Greg habe seine Hausarbeit nicht abgegeben. Randy befragte seinen Sohn. Greg hatte seine Hausarbeit richtig gemacht, aber anscheinend hatte er so sehr befürchtet, sie könne nicht ganz richtig sein, daß er sie nicht abgab. Als der Lehrer zum dritten Mal anrief, wurde Randy grau im Gesicht vor Wut, und er fürchtete sich vor seinem eigenen Zorn. »Er rief mich auf der Arbeit an«, sagt Ben. »Er fragte, ob Greg ein paar Tage lang in unserem Haus bleiben könne, weil er sich vor dem fürchte, was er ihm antun könne. Wir waren einverstanden, und Greg kam mit seinem Schlafsack und einem kleinen Koffer an.«

Aber Randy rief bereits am ersten Abend um 21 Uhr an und verlangte, daß Greg nach Hause kam. Er hatte sich besonnen. Er sagte zu Ben, er sei wieder in Ordnung und habe sich abgekühlt. Ben stellte ihm genaue Fragen; er war nicht gewillt, Greg nach Hause zu schicken, falls Randy immer noch außer Kontrolle war, und er warnte Randy auf seine eigene, unverblümte Art, daß er sich ihm gegenüber verantworten müsse, falls Greg etwas widerfuhr.

»Nein, nein, ich bin wieder in Ordnung«, erwiderte Randy. »Kein Problem.« Er klang völlig gefaßt.

Aber er war es nicht. Am Abend vergaß Greg, die Klospülung zu betätigen, und Randy explodierte. Er hielt Gregs Kopf in die Toilette und zog immer wieder ab, bis der Junge beinahe ertrunken wäre. Dann trat er Greg in den Magen, bis er sich übergab.

Ryan Goodwin hörte die ganze Geschichte am nächsten Morgen, als er Greg vor Schmerzen wimmern hörte und sah, wie er sich den Magen hielt, und ihn nach der Ursache fragte. Der acht Jahre alte Ryan marschierte in das Büro des Schulleiters und erzählte ihm, was Gregs Vater getan hatte. Randy wurde zu einer Anhörung vor den Children Protective Service zitiert. Danach sprach er monatelang nicht mit Ryan Goodwin.

Aber er kam immer noch jeden Donnerstagabend mit Kuchen und Eis zu den Goodwins herüber, um ›The Cosby

Show‹ über eine perfekte, amerikanische Familie zu sehen, in der niemand jemals ärgerlich wurde und jede Episode glücklich ausging.

Es gab so vieles über ihren ledigen Nachbarn, was die Goodwins nicht wußten; so viele kleine Lügen und so viel Grausamkeit unter der Oberfläche seines beinahe jungenhaften Gebarens. Randy machte sich nichts aus Tieren. Als die Katze eines anderen Nachbarn überall auf der Kühlerhaube seines frisch gewachsten Wagens Pfotenabdrücke hinterließ, beklagte er sich nicht bei ihrem Besitzer. Statt dessen fing er die Katze und band sie mit Isolierband an der Antriebswelle des Wagens fest, der ihrem Besitzer gehörte.

Als der Wagenmotor anlief, wurde die Katze zerstückelt, während die Motorgeräusche ihre Schreie übertönten.

Eine der jungen Frauen, die mit Randy zusammenarbeiteten, würde niemals vergessen, was er unter einem Scherz verstand. Sie hatte einen kleinen Frosch gefunden und ihn Randy gezeigt. Später rief er sie in den Laden und deutete auf einen feuchten Fleck, der keinerlei Ähnlichkeit mehr mit einem Lebewesen aufwies. Er hatte den Frosch unter eine rotierende Sandpapierschleifmaschine gesetzt. Er lachte, während sie zu weinen anfing.

Es mochte an Randys familiärer Vertrautheit mit den Goodwins gelegen haben, daß er sich von Nick Emondi distanzierte, oder einer der erfolgreichsten Zerstörer von Freundschaften war daran schuld: das Geld. Nick und Carrie konnten das Geld, das Randy ihnen geliehen hatte, nicht so rasch zurückzahlen, wie er es haben wollte, und er bombardierte sie mit Briefen, in denen eine gewisse Drohung lag.

Der erste Brief war auf die Rückseite eines aufgerissenen Umschlags geschrieben: »Nick, ich erhielt eine schriftliche Bankrotterklärung, und falls du *mich* wie all deine Gläubiger behandelst und nicht vorhast, das Geld zurückzuzahlen, dann müssen wir ein ernstes Wörtchen miteinander reden. Ich kann nicht glauben, daß du das Wertvollste zerstören willst, was ich kenne – die Treue und das Vertrauen in die

Freundschaft. Ruf mich an, damit ich weiß, was los ist.« Der Brief war unterzeichnet mit ›Randy‹.

Als Nick nicht mit einer Zahlung reagierte, schrieb Randy noch einmal: »Nick und Carrie, ich möchte, daß Ihr beiden Zahlungen von fünfundsiebzig Dollar pro Monat in Betracht zieht – *ernsthaft* in Betracht zieht –, bis das Geld zurückgezahlt ist. Ich bin ein wenig enttäuscht, daß Ihr mir bis jetzt erst fünfzig Dollar von der geliehenen Summe zurückgezahlt habt. Ich habe Euch das Geld gegen mein besseres Wissen geliehen, in der Furcht, daß so etwas geschehen würde. Aber ich habe es Euch in gutem Glauben gegeben und darauf vertraut, daß Ihr jährlich tausend Dollar zurückzahlen würdet. Ich glaubte Euch, Nick, und das ist der einzige Grund, daß ich gegen meinen Instinkt handelte ... Ihr habt keinen Versuch gemacht, es zurückzuzahlen. Ich schätze unsere Freundschaft sehr, und ich möchte sie nicht deswegen verlieren.«

Randy ließ sich weiterhin ausführlich über seinen Schmerz darüber aus, daß sein alter Freund ihn enttäuschte. Er war immer das dominante Männchen in ihrer Freundschaft gewesen, und Nick war willig um ihn herum gestrichen. Und nun hatte Nick ihn verraten. Geld war sehr, sehr wichtig für Randy. Obwohl er selbst derjenige gewesen war, der die Modalitäten der Rückzahlung geändert hatte, fraß sein Ärger darüber, daß Nick ihm sein Geld nicht zurückzahlte, an ihm.

Am 30. Juli 1984 sprühte jemand obszöne Drohungen an die Mauer von Nick Emondis Wohnung.

Randy bekam sein Geld von Nick nach einem Einbruch in die Wohnung der Emondis im Januar 1985 zurück. Nicks Versicherung reichte aus, um seinen alten Freund auszahlen zu können.

DIE ZWEITE DONNA

5

Marta und Ben Goodwin waren überrascht, daß Randy es so eilig zu haben schien, sich wieder zu verheiraten. Greg brauchte eine Mutter, und Randy war für Frauen gewiß attraktiv. Es fiel ihm leicht, ein Rendezvous zu bekommen. Zunächst einmal sah er gut aus, und er konnte herzerweichend lächeln. Außerdem hatte er Greg, der geschickt genug war, um den Vermittler zu spielen. Es fiel den hübschen, jungen Frauen schwer, zu einem anbetungswürdigen kleinen Jungen nein zu sagen, der sich ihnen näherte und sagte: »Würden Sie mit meinem Daddy ausgehen?« Die allermeisten Frauen, die Greg auf diese Weise ansprach – stets auf Randys Aufforderung hin –, waren einverstanden, sich mit seinem Vater zu treffen. Und viele von ihnen fanden den Vater ebenso bezaubernd wie den Sohn.

Randy traf sich mit Frauen, aber er konnte sich nicht entscheiden und wechselte die Partnerinnen, wie er Autos kaufte und wieder verkaufte.

Und dann, gegen Ende 1984, traf er Donna Clift. Sie war die zweite Donna. Seine erste Frau, Donna Sanchez, schien in seine ferne Vergangenheit verbannt zu sein. Randy erklärte Donna Clift, Gregs Mutter sei nicht die Mutter gewesen, wie er sie erhofft hatte, und er hoffe, daß sie es sein würde. Und Donna Clift achtete ihn, weil er über diese einfache Feststellung hinaus nichts Schlechtes über seine erste Frau sagte. Er habe auch eine zweite Frau gehabt, sagte er mit sanfter Stimme, aber jetzt sei er Witwer. Donna drängte ihn nicht, Einzelheiten zu erzählen.

Donna war 21 Jahre alt, einmal geschieden (sie hatte wieder ihren Mädchennamen angenommen), und hatte eine drei Jahre alte Tochter. Sie war am 1. Dezember 1984 in die Gegend um Seattle gezogen, um Harvey und Judy Clift nahe zu sein, ihrem Vater und ihrer Stiefmutter. Sie war eine sehr attraktive, junge Frau mit langen, braunen Haaren und einer perfekten Figur.

Donna hatte einen Job als Verkäuferin an der Plaid Pantry angenommen, einem aus einer Kette von rund um die Uhr geöffneten Geschäften. Sie arbeitete in Bothell, in der Nähe von Misty Meadows, wo Randy wohnte. Sie hatte erst einen oder zwei Tage lang in dem Laden gearbeitet, als sie den dunkelhaarigen, ansehnlichen Mann bemerkte. Sie stellten einige Male Blickkontakt her und lächelten sich an. Sie war hundertundzweiundsechzig Zentimeter groß und wirkte höchstens fünf Zentimeter kleiner als er, aber er war sehr muskulös, und er hatte etwas an sich, das ihr gefiel. »Seine Augen. Als er mich mit diesen dunklen, dunklen Augen anschaute, wurde ich direkt in sie hineingezogen.«

Donna wußte nicht, daß Randy die großen, strahlenden Augen der meisten Kurzsichtigen hatte – hübsch anzuschauen, aber fast blind. Er trug keine Brille, korrigierte seine Sehstärke aber mit Kontaktlinsen.

Als Randy Greg an die Theke schickte, um etwas zu kaufen, schaute Donna Randy an und lächelte. Randy und Greg fragten sie, wie lange sie schon in Bothell lebe, und sie erwiderte, sie sei gerade erst von Arizona hergekommen und kenne niemanden. Randy fragte sie, ob sie gern mit ihm essen gehen würde. Er sagte, er gehöre zu den Parents Without Partners, habe aber bisher noch nicht die Richtige für sich und Greg getroffen. Er sagte, vielleicht wolle Donna einmal zu einem Tanzabend des PWP kommen.

Wie es schon bei Janis Miranda gewesen war, schien Randy Roth auch für Donna Clift der perfekte Mann zu sein – der Freier, den sich jede alleinstehende Mutter erhofft, aber nicht wirklich zu finden erwartet. Bald schluckte Donna den doppelten Köder zweier liebenswerter Männer – Randy und Greg, ein anscheinend untrennbares Duo.

Donna Clift war gleich nach Abschluß der High School schwanger geworden. »Ich war nicht darauf vorbereitet«, sagte sie. »Es hat mich niedergeschmettert.« Sie heiratete den

Vater ihres Babys, aber die beiden waren zu jung. »Es hat nicht funktioniert«, erinnerte sie sich. Jetzt war Donna Arizona und der Asche einer ausgebrannten Ehe entflohen. Sie war allein, trotz des herzlichen Willkommens, das ihr Vater und ihre Stiefmutter ihr bereitet hatten.

Brittany war drei Jahre alt, ein betörendes, blondes kleines Mädchen. Greg Roth war sieben, ein süßer Junge, der eine Mutter verdiente. Als Randy Donna mitnahm, damit sie sich das Haus in Amber Hills anschaute, das er vor kurzem verkauft hatte, war sie sehr beeindruckt. Es war groß und sah sehr kostspielig aus. Das Haus in Misty Hills neben Ben und Marta, wo er jetzt lebte, war ebenfalls hübsch und sehr gut in Schuß, wenn auch ein wenig spartanisch eingerichtet. Es gab keine Bilder an der Wand, keine heimelige Atmosphäre. Aber über Randys Bett hing eine seltsame, mittelalterlich aussehende Waffe, eine Kette mit zwei Kugeln daran. Und er besaß eine mit Nägeln gespickte Keule. Und Wurfsterne. Macho-Dinge.

Aber der Garten, den Randy angelegt hatte, war wundervoll. Er schien ein wirkliches Händchen für Pflanzen zu haben. Er deutete auf Sträucher und Bäume, die im nächsten Frühjahr blühen würden.

»Randy sagte nie etwas in der Art, daß er mit mir ins Bett gehen möchte. Es schien ihm nicht wichtig zu sein. Er schien mich einfach nur um meiner selbst willen zu mögen.«

Trotzdem erwies er sich als wundervoller Liebhaber. Er war sanft und leidenschaftlich. Er rief Donna ständig an. Er schickte ihr drei- oder viermal pro Woche ein Dutzend American-Beauty-Rosen. Er kaufte ihr eine massiv goldene Halskette und zwei Ledermäntel. »Sie hatten genau meine Größe, und sie *paßten mir genau* – ich weiß nicht, wie er wissen konnte, was er kaufen mußte.

Ich dachte, daß er wirklich gut aussah und gut gebaut war. Er hatte einen Bart und Schnauzbart. Ich fand, daß sein Sohn wirklich gute Manieren hatte. Ich fand es wirklich passend, daß er ein alleinstehender Vater war.«

Donna Clifts Eltern lernten Randy kennen, und er gefiel ihnen. Randy erklärte, er habe eine Teilzeitarbeit bei Vitamilk

Dairy und arbeite außerdem in Nachtschicht als Chemiker in Lynnwood.

»Wie kannst du Greg die ganze Nacht über allein lassen?« fragte Donna entsetzt.

»Ich stecke ihn einfach ins Bett und vergewissere mich, daß er schläft, und dann gehe ich zur Arbeit. Es bleibt mir nichts anderes übrig.«

Donna liebte Greg bereits, und sie haßte den Gedanken, daß er Nacht für Nacht allein war. Sie arbeitete selbst oft in der Nachtschicht. Sie wußte, daß Randy spät in der Nacht nicht zu Hause war, denn er war schon häufig um zwei oder drei Uhr morgens an ihrem Haus vorbeigekommen und hatte Kieselsteine an ihr Fenster geworfen. Als sie dann aus dem Fenster schaute, hatte sie ihn kaum erkennen können. Er war wie ein dunkler Geist, ganz in Schwarz gekleidet. Sie hörte ihn leise rufen, aber er lief rasch um ihren Garten, aus ihrem Sichtfeld, und dann flog ein weiterer Kiesel an ihr Fenster. Es erschreckte sie nicht – nicht wirklich –, aber ihr lief ein prickelnder Schauer den Rücken hinunter.

»Ich bat ihn, das nicht mehr zu tun, weil es meinen Vater aufregte.«

Vielleicht irrte sie sich. Donna Clifts Vater und Todd, ihr Bruder im Teenager-Alter, fanden Randy energiegeladen, und seine Gesellschaft machte ihnen Spaß. Randy und Greg waren fast von Anfang an willkommen in Donnas Familie.

Zu Weihnachten 1984 schenkte Randy Donnas Eltern ein Studioportrait von sich selbst und Greg. Auf der Rückseite hatte er geschrieben: ›Dez. 84, Randy (30 Jahre) & Greg (7 Jahre) – An Mom & Dad, Liebe, die Roths.‹

Es war ein wenig traurig, wie Randy sich selbst und Greg als eine ganze, große Familie darstellte, während sie in Wirklichkeit nur zu zweit waren.

Ebenso wie er es bei den Goodwins gehalten hatte, bezog Randy auch Donnas Familie in seine Lebensweise mit ein, mit Aktivitäten im Freien, Camping und Schlauchbootfahren. Es machte wirklich Spaß, mit ihm zusammenzusein.

Randy erzählte Donna von seiner Zeit bei der Marine, aber zurückhaltend, als seien seine Erinnerungen mit so viel

Schmerz verbunden, daß er es kaum ertrug, darüber zu sprechen. Er erklärte, in einer Spezialeinheit gewesen zu sein, die nur aus zehn hart trainierten Männern bestand. »Er erzählte, eines Nachts hätten sie ein ganzes Dorf mit Frauen und Kindern in Vietnam getötet. Er selbst sei dabei derart verwundet worden, daß er neunzig Tage lang in einer Spezialklinik gelegen habe.«

Randy besaß Fotoalben voller grausamer Bilder, darunter von Leichen von Vietnamesen, die in Gräben lagen. Er half Donna zu verstehen, wieso er derart schreckliche Alpträume hatte. Er durchlebte seine Zeit bei der Marine immer wieder. Er besaß stapelweise Militärmagazine wie *Soldier of Fortune*, und einmal gab er ihr ein Buch über Vietnam und forderte sie auf, es zu lesen: »Wenn du wissen willst, was ich durchlebt habe, lies das. Die Autoren haben mich interviewt, und ein Teil des Buchs handelt von mir. Es *ist* ich.«

Das Buch machte Donna vieles klarer. Randy war durch die Hölle gegangen.

Und sein ganzes Leben war von dieser Tragödie gezeichnet. Randy erklärte der erschütterten Donna Clift, wie Janis, seine zweite Frau, gestorben war. Das war der Grund dafür, daß er so einsam wie sie gewesen sei – möglicherweise noch einsamer. Donna Sanchez hatte ihn und Greg verlassen, und Janis hatte er bei einem tragischen Unfall verloren. Mit schmerzlicher Genauigkeit beschrieb Randy, wie er und Janis bergab eine Abkürzung genommen hatten. »Ich war vor ihr. Ich hörte Kieselsteine rollen ...«

Donna hielt seine Hand, als er ihr erzählte, wie Janis auf Tannennadeln und Kieseln ausgerutscht sei und er ihre Hand packte, sie aber nicht hatte halten können und hilflos zuschauen mußte, wie sie in den Tod stürzte.

Seine Schilderung dieser Tragödie brachte Donna zum Weinen. Was für schreckliche Dinge er durchgemacht hatte – und wie schrecklich es auch für Greg gewesen sein mußte.

Randy sagte Donna niemals, daß er sie liebe – nicht mit vielen Worten. Sie war von ihm betört, und sie konnte verstehen, daß viele Männer niemals sagten ›Ich liebe dich‹ – selbst, wenn sie eine Frau liebten. Randy schien ihr ein gebildeter Mann zu sein; er benutzte große Worte und eine sorgfältige, beinahe gefühllose Redeweise. Was er zu Donna sagte, war: »Ich möchte in dich investieren.«

»Weshalb tust du das alles für mich?« fragte sie. »All diese Geschenke?«

Und er sagte noch einmal: »Ich möchte in dich investieren.«

Donna Clift nahm diese Antwort als Zeichen von Randy Roths Liebe.

Donnas Vorbehalte konnten nicht verhindern, daß sie sich in Randy verliebte. Sie spürte, daß er zu streng mit Greg umging – seine Strafen waren in ihren Augen zu hart –, aber sie glaubte, Randy dazu überreden zu können, daß er Greg nachsichtiger behandelte, wenn sie erst alle zusammen lebten. Sie war sicher, daß er unter all dem Macho-Gehabe ein empfindsamer, liebevoller Mann war.

Am Valentinstag führte Randy Donna zum Essen und Tanzen ins oberste Geschoß des Hilton. Es wurde ein unglaublich romantischer Abend. Genau im richtigen Augenblick zauberte er ein kleines Samtkästchen hervor. Darin lag ein goldener Ring mit einem in eine Spirale aus schwarzem Onyx eingefaßten, kleinen Diamanten. Neben dem Ring lag ein goldenes Hochzeitsband. Donna nahm den Ring entgegen, in dem Glauben, daß Randy sie wirklich liebte.

Der Strom der Blumen und Geschenke riß nicht ab, und Randy drängte Donna und ihre Tochter, zu ihm und Greg zu ziehen. Im März 1985 erklärte sie sich einverstanden. »Meiner Mom gefiel das überhaupt nicht. Sie ist in Wirklichkeit meine Stiefmutter, aber ich nenne sie ›Mom‹. Wir stehen einander nahe. Sie hatte mir immer gesagt, ich solle die Sache mit Randy langsam angehen lassen, aber ich war verblendet. Ich nehme an, ich habe vor vielen Dingen, die ich mir hätte genauer anschauen sollen, die Augen verschlossen.«

Kurz nachdem Donna Clift bei Randy eingezogen war,

räumte sie auf dem Boden des Schlafzimmerschrankes auf, weil sie ihre Schuhe dort unterbringen wollte. Unter einem Haufen aus Randys Kleidungsstücken und Schuhen fand sie ein schwarzes Kästchen. Zuerst glaubte sie, es sei ein Videoband. Sie trug das Kästchen ins Licht und sah, daß es sich nicht um einen geliehenen Videofilm handelte, dessen Rückgabefrist verstrichen war. Auf der oberen Kante des schwarzen Plastikkästchens stand der Name Janis L. Roth. Randy hatte nicht einmal den Anfangsbuchstaben von Janis' zweitem Vornamen richtig geschrieben.

Donna war unabsichtlich über die Asche ihrer Vorgängerin gestolpert. Die sterblichen Überreste von Janis Roth waren sogar in dem Schrank gewesen, als Donna das Bett mit Randy geteilt hatte.

»Zuerst regte es mich wirklich auf. Weshalb hatte er die Asche immer noch? Und dann dachte ich über die Gründe nach, weshalb Randy ihre Asche verwahrt haben mochte. Ich hatte eine Freundin, die die Asche ihres Mannes bei sich aufbewahrte, und ich versuchte, mir zu sagen, daß es einfach ein Liebesbeweis sein konnte. Aber nicht so – nicht einfach unter all dem Zeug im Kleiderschrank. Ich ging zum Haus meiner Mutter hinüber. Randy würde wissen, wo ich war – ich kannte niemanden sonst. Er kam herüber, und er schwitzte Blut und Wasser. Er sagte mir, er habe die Asche von Janis ›einfach vergessen‹. Er sagte, ›Ich werde mich darum kümmern‹, und später kam er nach Hause und teilte mir mit, er habe sie in den Silver Lake gestreut. Er zeigte mir das Kästchen, und es war leer. Später fand ich es im Abfall wieder.«

Es gab eine weitere Gelegenheit, bei der Donna Clift erschrak. Sie und Randy lebten noch immer zusammen, als er einen Stapel Papier nach Hause brachte. Er erklärte, es handele sich um Versicherungsprospekte, und Donna hatte den vagen Eindruck, daß es sich um ein Vorzugsangebot für Beschäftigte bei Vitamilk Dairy handelte. »Ich erinnere mich, daß wir auf dem Bett saßen und darüber sprachen«, sagte Donna. »Er erklärte, wenn mir etwas geschehen würde, wäre er allein mit Brittany und Greg, und wir sollten über eine Versicherung nachdenken. Wir hatten nie zuvor darüber gesprochen; er kam einfach mit den Prospekten nach Hause. Da war eine Police über zweihundertundfünfzigtausend Dollar – daran kann ich mich erinnern –, die ausbezahlt würde, wenn ich ertrank. Wenn ich einen Arm verlöre, wäre es soviel; wenn ich ein Bein verlöre, soviel; und wenn ich stürbe, wäre es mehr, aber ich kann mich nicht erinnern, wieviel. Ich weiß, daß ich nichts unterzeichnet habe. Und ich glaube nicht, daß wir nochmals darüber gesprochen haben.«

Randy und Donna wurden am 18. Mai in der Chapel of the Bells in Seattle getraut. Sie hatten eine ›süße Pastorin‹. Donna trug ein bernsteinfarbenes Chiffonkleid und ein Krönchen aus Schleierkraut *(Gypsophila paniculata).* Sie trug ein Bukett aus weißen Rosen und Schleierkraut. Judy, ihre Stiefmutter, war ihre Brautjungfer; sie trug ein blaßrosa Kleid, ähnlich dem Donnas. Randy und der Brautvater trugen graue Smokings; Greg trug eine kleinere Ausgabe davon. Brittany trug grau getupftes Schweizermusselin, einen mit Blumen geschmückten Hut mit sehr breitem Rand und ein Hochzeitsbukett aus Rosen. Die Sonne schien strahlend, und es war eine wunderschöne Hochzeit.

Aber sie war nicht legal. Randy hatte Donna immer wieder und wieder gedrängt, ihn ›jetzt‹ zu heiraten, und sie hatte schließlich nachgegeben, obwohl sie noch keinen positiven Bescheid hatte, daß sie von ihrem ersten Mann gesetzlich geschieden war. Tatsächlich wurde ihre Scheidung drei Tage nach ihrer zweiten Heirat ausgesprochen. »Ich ging zu meinem Anwalt, und er erledigte den Schreibkram, so daß Randy und ich legal verheiratet waren. Randy legte so großen Wert darauf.«

Sie fuhren in einem zweifarbigen 1974er Pinto – einem von Randys Geschenken an seine Braut – in die Flitterwochen. Donna hatte keine Ahnung, daß es sich um den gleichen Wagen wie den von Janis Miranda handelte; den Wagen, der 1981, ein paar Monate vor Janis' Verheiratung mit Randy, gestohlen, ausgeschlachtet und von einer Versicherungsgesellschaft finanziell ersetzt worden war. Wie hätte Donna dies auch wissen können? Sie wußte buchstäblich nichts über Janis Miranda; nur, wie sie gestorben war.

Der 1974er Pinto war vielleicht nur ein makabrer Zufall.

Ein zweiter Zufall – von dem Donna damals ebenfalls nichts wußte – war, daß sie und Randy genau dort ihre Flitterwochen feierten, wo er auch Janis hingebracht hatte: im Empress Hotel in Victoria, British Columbia.

»Vielleicht war es sogar dasselbe Zimmer«, sagte Donna später. »Ich spürte, daß etwas in unserer Hochzeitsnacht nicht stimmte, aber ich wußte nicht, was es war. Nur ein merkwürdiges Gefühl. Plötzlich wurde mir klar, daß ich ihn überhaupt nicht kannte.«

Randys sexueller Eifer ließ nach, kurz nachdem er und Donna Ehemann und Ehefrau geworden waren. »Einige Wochen nachdem wir geheiratet hatten, änderte sich alles«, sagte Donna. »*Alles* änderte sich. Bevor wir heirateten, war der Sex phantastisch. Nicht lange danach wollte er überhaupt keinen Sex mehr. Ich fragte mich immer wieder, was ich falsch machte. Er *küßte* mich nicht einmal mehr ... Ich war so jung, so dumm.«

Donna hatte Randy geheiratet, weil sie ihn liebte und weil sie von seiner scheinbar bedingungslosen Ergebenheit ihr gegenüber angetan gewesen war. Wie Janis Miranda vor ihr brachte auch sie nur wenig Besitz in die Ehe ein. Und schon bald sollte sie erfahren, daß Randy über ihre gesamten Geldmittel verfügen konnte. Sie konnte nicht über sein Konto mitverfügen. »Wann immer ich etwas brauchte, mußte ich mich an ihn wenden.«

Aber Donna brauchte nur selten etwas; sie durfte nicht einmal Lebensmittel einkaufen. Randy kümmerte sich darum. Er kaufte die Autos, die Sportartikel, ihre Kleidung. Sie wurde vollständig von seinen Entscheidungen abhängig.

Es wurde Sommer 1985, und Donna Clift-Roth entwickelte immer mehr Zuneigung zu dem kleinen Greg; er blühte unter ihrer Liebe und Aufmerksamkeit auf – was man von seinem Vater nicht sagen konnte. Wenn Donna bereits vor ihrer Heirat Randys Erziehung seines Sohnes ein wenig zu streng gefunden hatte, war sie entsetzt darüber, wie spartanisch, sogar grausam, diese Disziplin hinterher war. »Es war, als wäre Greg beim Militär«, sagte sie. »Randy schlug ihn mit seinem Gürtel oder stellte ihn unter die kalte Dusche. Oder er ließ Greg draußen in der Kälte tausend Liegestütze machen. Einmal schlug Greg so hart an den Kopf, daß er rasch anschwoll. Ich lief aus dem Haus, Randy lief hinter mir her, und ich schrie: ›Laß mich allein. Laß mich in Ruhe.‹«

Bei jener Gelegenheit hatte Randy Greg mit dem abnehmbaren Duschkopf geschlagen, und Donna war unabsichtlich während der Disziplinarmaßnahme ins Bad gekommen. Sie konnte es nicht ertragen, den kleinen Jungen, den sie lieben gelernt hatte, so übel behandelt zu sehen, und sie versuchte, ihn zu decken. »Ich wußte nicht, was ich denken sollte. Greg näßte ständig das Bett, und das war nicht überraschend. Ich versteckte die Bettücher vor Randy, damit er Greg nicht mehr bestrafte.«

Es schien, als habe Donna beinahe täglich etwas erfahren, das ihr weh tat. Das geringste davon war, daß keine Geschenke mehr kamen; keine Blumen mehr. Die Romantik verließ ihre Ehe immer mehr, aber sie konnte es nicht über sich bringen, jemandem davon zu erzählen. Sie kam sich so dumm vor.

Wenn alles gut lief, schien Randy, oberflächlich gesehen, der alte zu sein; der Randy, in den sie sich bedingungslos verliebt hatte. Greg liebte seinen Vater, und Randy trainierte ein Baseballteam der Little League*. Ihr Heim war gemütlich, ihr Garten gedieh und war perfekt gestaltet, und Randys Rosen blühten und blieben von Krankheiten und Schadinsekten verschont.

Aber wenn Randy schlechter Laune war – was immer häufiger vorkam –, ging Donna auf Zehenspitzen umher. Sie ging zu Marta Goodwin und fragte sie um Rat. »Ich wußte, daß etwas mit unserer Ehe nicht stimmte«, sagte Donna, »und ich

---

* 1939 in Williamsport, Pa., gegründete Baseball-Liga für Spieler von acht bis zwölf Jahren. (Anm. d. Übers.)

sagte, ›Golly, ich weiß nicht, was ich tun soll. Ich habe alles ausprobiert.‹«

Aber dann besserte sich die Situation ein wenig, und Randy sprach, als würden sie für immer zusammensein. Er wollte Brittany adoptieren. Er vertrat seinen Wunsch eifrig, aber Donna erklärte, das würde sie nicht zulassen: »Brittany hat bereits einen Vater gehabt. Ihr Vater war ihr Vater.«

Im Juli wurde Randy arbeitslos. Er sagte, er habe als Aushilfe für Vitamilk gearbeitet, und sie hätten ihm einfach erklärt, er brauche ein regelmäßiges Einkommen. In Wahrheit hatte es einen heftigen Streit gegeben, weil Randy Firmenbenzin für seine Privatautos gezapft hatte. Donnas Vater besorgte Randy einen Job bei Cascade Prestige Ford in Bellevue, wo er selbst arbeitete, und sie kümmerten sich gemeinsam um den Autosalon. Randy mußte sich mit einem Lohn von im Schnitt knapp vier Dollar pro Stunde zufriedengeben.

Donna Clift war kaum einundzwanzig und stieß schon wenige Monate nach ihrer Heirat auf Dinge, die sie nicht verstand. Es gab zu viele Geheimnisse, und es wurden jeden Tag mehr. Sie wußte nichts über Randys Familie, und er sagte ihr nur wenig freiwillig. »Du wirst meine Mutter *nie* treffen«, sagte er lakonisch. »Sie hängt an Valium.« Er fügte hinzu, daß seine Mutter restlos von dem Rocksänger Rod Stewart begeistert war.

Donna glaubte, daß Randy eine Schwester hatte und daß sie Lisa hieß. Von seinen übrigen Geschwistern wußte sie nichts. Sie hatte aber einmal Randys Vater, Gordon, getroffen. Randy sah wie sein Vater aus, nur zwanzig Jahre jünger. Sie mochte Gordon Roth. Er lebte in einer winzigen Ein-Zimmer-Hütte über dem Fluß in Portland.

Vielleicht die furchteinflößendste Mitteilung, die Randy seiner Braut über seine Familie gemacht hatte, betraf David Marvin Roth, seinen jüngeren Bruder. Er sagte, David sei im Gefängnis. Er war einem Mädchen aus ihrem Heimatstaat,

North Dakota, begegnet und hatte sie im Auto mitgenommen. »Randy sagte, sie hätten einen Riesenstreit gehabt, und David, der damals zwanzig war, habe das Mädchen erwürgt«, erzählte Donna. »Dann legte er ihren Leichnam in den Kofferraum ihres Wagens und pumpte sie voll Blei. Es war wirklich unheimlich, wie er es mir erzählte. In einer Version sagte er, er habe seinem Bruder geholfen, den Wagen eine Weile zu verstecken, bis er ihn schließlich überredete, sich zu stellen. Dann wieder sagte er, sein Bruder habe das Mädchen erstochen, bevor er sie in den Kofferraum legte.«

Donna wußte nicht, ob sie ihm glauben sollte. Es hätte sich um einen von seinen unheimlichen Scherzen handeln können.

Kurz gesagt, Donna Clifts perfekter Bräutigam verwandelte sich in etwas, was sie sich niemals hätte träumen lassen. Sie hatte nur die Maske gesehen, die er ihr zeigte, und nun erkannte sie, daß das Entsetzen hinter dieser Maske lauerte. Die Natur dieses Schreckens verstand sie nicht vollständig. Seine Geschichten über Gewalttaten waren sehr beunruhigend. Sie konnte mit seinen Erinnerungen an Vietnam fertig werden, aber sie war nicht sicher, ob er sich mit seinen Erzählungen über seinen Bruder, der jemanden ermordet hatte – wenn das überhaupt stimmte –, nicht einfach nur einen sadistischen Spaß erlaubte.

Sie hatte bereits erfahren, daß seine Scherze grausam waren. »Ich hatte, bevor ich aus Arizona herkam, von dem Green-River-Killer gehört; dem Mann, den sie niemals gefaßt hatten und von dem man annahm, daß er all diese Mädchen ermordet hatte. Die Polizei suchte ihn seit 1982, und er war seitdem immer noch in den Nachrichten. Randy genoß es, mich zu ängstigen, indem er mir von ihm erzählte.«

Die Geheimnisse mehrten sich. Randy sagte Donna niemals, wie alt er war. »Das mußt du nicht wissen«, sagte er einfach.

Anfangs hatte sein Alter keine Rolle gespielt. Er hatte nur ein paar Jahre älter als sie ausgesehen, und er war in ausgezeichneter körperlicher Verfassung. Aber dann – als immer mehr häßliche Überraschungen auftraten – wurde Donna von der Idee besessen, über diesen Fremden, den sie geheiratet hatte, alles, was sie nur konnte, herauszufinden. Sie fing an, sich wie die Heldin in einem Schauerroman zu fühlen. Wie Jane Eyre oder Rebecca. Hatte Randy irgendwo eine geisteskranke Frau oder einen psychotischen Verwandten versteckt? Oder plante er, *ihr* etwas anzutun? Er hielt den Schuppen hinter dem Haus stets verschlossen. Er verweigerte ihr die Erlaubnis, sich darin umzuschauen.

Marta und Ben Goodwin kannten Randy bereits seit längerer Zeit, und sie glaubten ihn gut zu kennen, aber Randy hatte ihnen niemals viel über sich selbst erzählt, was von Bedeutung gewesen wäre. Einmal, an einem Heiligabend, hatten sie gesehen, wie eine Frau mit kleinen Kindern zu seinem Haus kam und vergebens an die Tür klopfte. Als die Frau schließlich aufgab und fortfuhr, waren Randy und Greg zu den Goodwins herübergekommen und hatten mit ihnen, wie üblich, Weihnachten gefeiert. »Er sagte, es sei seine Schwester gewesen, und er habe sie nicht hereinlassen wollen«, erinnerte Marta sich.

Je geheimnisvoller Randy wurde, desto entschlossener war Donna, die Wahrheit herauszufinden.

»Ich durchsuchte seinen ganzen Kram. Ich fand seine Geburtsurkunde, seine Armeepapiere und einen abgelaufenen Führerschein. Auf allen stand ein anderes Geburtsdatum. Und seine Geburtsurkunde sah aus, als wäre das Datum verändert worden ... Ich schnüffelte eine Menge herum. Ich brach seinen Aktenschrank auf. Er hatte ihn verschlossen, aber ich fand den Schlüssel. Ich wühlte seine Papiere durch, um etwas über ihn herauszufinden.«

Sie fand eine Menge heraus. Er hatte ihr gesagt, daß sie mit dem Geldausgeben sehr vorsichtig sein müßten, aber sie fand ein Sparbuch mit einem Kontostand von neunundneunzigtausend Dollar. »Ich dachte mir, das Geld stamme noch vom Verkauf seines Hauses«, sagte sie. »Er erzählte mir, er hätte kein Geld, aber er besaß einen roten Ford-Stock-Car, der jedes

Rennen mitmachen konnte. Ich wußte durch meinen Dad, daß der Wagen wenigstens zwanzigtausend Dollar wert war; wir selbst hatten uns Autorennen geliefert. Randy besaß auch andere, sehr kostspielige Spielzeuge.«

Außerdem unterhielt Randy ein Bankkonto in Arizona; etwas, das Donna nicht gewußt hatte, bis sie einen entsprechenden Vermerk in seinen Papieren fand.

Sie entdeckte, daß Randy monatlich zwei Schecks von der Sozialversicherung erhielt. Nach Donnas Berechnung erhielt er fast eintausend Dollar monatlich von dort. »Das war mir verdächtig. Er arbeitete. Wieso also bekam er Schecks von der Sozialversicherung?« Donna entdeckte die Sozialversicherungsnummern für zwei Kinder, deren Namen sie nie gehört hatte. Sie hatte keine Ahnung, was dies bedeuten konnte.

In einer Aktion, die Randy eine ›Erkundungsmission‹ genannt hätte, schaute seine neue Frau Akten durch, die sie niemals hätte sehen sollen. Sie entdeckte zu ihrer Überraschung, daß Randy in einen Prozeß verwickelt war. Auch das hatte sie nicht gewußt. Er hatte den Staat Washington auf eins Komma acht Millionen Dollar wegen fahrlässigen Verschuldens am Verunglücken Janis', seiner früheren Frau, verklagt. Nach der Prozeßakte behauptete Randy, der Wanderweg sei nicht klar gekennzeichnet gewesen. Wie sonderbar, dachte Donna. Randy hatte ihr erzählt, daß sie nicht einmal auf diesem Weg gewesen waren, als Janis abstürzte, sondern daß sie eine Abkürzung genommen hatten.

Randy und Donna Roth waren nicht einmal seit drei Monaten verheiratet, da fiel ihre Ehe auseinander wie ein billig erbautes Haus in einem Hurrikan. Seine Grausamkeit Greg gegenüber, seine Lügen und das geheime Leben, das Donna in ihrer verzweifelten Suche nach Antworten aufdeckte, hatten die Liebe, die sie für ihn empfand, beinahe vernichtet.

Außerdem hatte sie den Verdacht, daß er ihr untreu war. Und falls nicht, lebte er zölibatär wie ein Mönch; denn an ihr befriedigte er seine sexuellen Bedürfnisse ganz bestimmt nicht. Die Frau in ihr ahnte, daß ihre Rivalin eine höchst unwahrscheinliche Kandidatin war: Lily Vandiveer, seine frühere Babysitterin – dieselbe Frau, die Janis soviel Kummer bereitet hatte. Lily war auch die Mutter von Brad*, einem der besten Freunde Gregs.

»Lily schien immer zugegen zu sein«, sagte Donna später. »Sie lebte in Randys Nähe in Amber Hills. Er war damals Witwer, und sie war soeben geschieden worden, und sie schien schrecklich verliebt in Randy zu sein. Er sagte zu mir, daß er nichts mit ihr zu tun haben wolle; nur Brad tue ihm leid. Sie rief ständig in seinem Haus an. Es ging immer um etwas wie ›Randy, mein Wagen muß repariert werden‹. Sie war viel älter als ich und auch älter als Randy – wie alt er auch tatsächlich gewesen sein mag. Randy trank nicht, außer wenn wir gelegentlich einen Smith and Kerns zum Essen tranken, aber ich fand Bier hinten in seinem Pick-up. Ich wußte, daß er bei Lily gewesen war. Wenn er Brad nach Hause fuhr, kam er Stunden lang nicht wieder.«

Aber Donna konnte nicht beweisen, daß Randy ihr untreu war – weder mit Lily noch mit einer anderen Frau. Tatsächlich wäre sie mit seiner Untreue eher fertig geworden als mit den bösen Vorahnungen, die sie stets begleiteten. Randy liebte es immer noch, sich dunkel zu kleiden, und oft joggte er nachts, vollständig schwarz gekleidet.

Manchmal bemerkte Donna, daß seine Hände zerkratzt waren. Aber immerhin war er Automechaniker. Es war natürlich, daß seine Hände zerkratzt und zerschrammt waren.

Ihre Ehe begann bereits zu bröckeln, als Donna eines Tages sah, wie Randy ihre dreijährige Tochter am Ohr die Treppe hoch zerrte. »Ich konnte ihn nicht davon abhalten, was er Greg antat, aber ich ließ nicht zu, daß er sich an meiner Tochter vergriff. Auch meine Mutter verbot es ihm. Der einzige andere Mensch, der ihn wirkungsvoll ermahnen konnte, war Ben Goodwin. Ben liebte Kinder, und er sagte Randy offen seine Meinung über die Art und Weise, wie er Greg behandelte. Ich dachte, sie würden sich deswegen in die Haare geraten, aber das geschah nie.«

Und dann, eines Tages, ging Donna nach draußen und ertappte Randy bei dem Versuch, Brittany zu überreden, vom

Dach zu springen. »Er sagte, er würde sie auffangen. Er wollte ihr beibringen, ihm zu vertrauen.«

Es war nicht zu übersehen, daß Randy kleine Mädchen nicht mochte.

6

Randy Roth lebte ein sauberes Leben. Er war ein Sportler, ein Naturbursche, ein Jogger; ein Mann, der das Rauchen zutiefst verabscheute und bei Alkohol die Stirn runzelte. Sein Geschlechtstrieb war anscheinend nicht sehr ausgeprägt – oder zumindest überkam ihn das fleischliche Verlangen nur gelegentlich –, sowohl Janis Miranda-Roth als auch Donna Clift-Roth würden dies bestätigt haben. Aber er war von Erwachsenenspielzeugen begeistert – von Wagen, schönen Heimen und Geld auf der Bank.

Und von Macht. Randy Roth liebte es, die vollständige und äußerste Kontrolle über die Menschen in seiner Nähe auszuüben; besonders über seine Frauen.

Was auch immer Donna versuchte, es reichte niemals aus, um ihm zu gefallen. Sie erklärte sich einverstanden, den Namen des Begünstigten ihrer einzigen Lebensversicherungspolice ändern zu lassen; einer Police, die nur dreitausend Dollar wert war. »Sie war für Brittany vorgesehen«, erklärte Donna, »aber ich ließ sie ändern und Randys Namen einsetzen.«

Es schien keine große Summe zu sein; nicht, da sie wußte, daß Randy fast hunderttausend Dollar auf der Bank hatte.

Donna unternahm häufig Ausflüge mit Randy, und oft waren ihre Eltern mit von der Partie. Ihr Vater und ihr Bruder mochten Randy, so daß Donna schon anfing, sich zu fragen, ob etwas mit *ihr* nicht stimmte. Aber Judy, ihre Stiefmutter, gab ihr recht. Randy hatte einen gemeinen Zug an sich. Bei der Art und Weise, wie er Greg behandelte, zeigte sich dies ganz deutlich, und die dreijährige Brittany – die adoptieren zu dürfen er eindringlich bat – hob er manchmal an der Wange oder an einem Ohr hoch, als wäre sie eine Lumpenpuppe. Eines Tages machte er den Fehler, Brittany vor Ben Goodwin in die Wange zu kneifen. Er tat es nie wieder, jedenfalls nicht vor Ben.

Donna hätte bei dem Versuch, ihre Ehe – die im Grunde niemals begonnen hatte – zu kitten, vielleicht sogar selbst körperliche Züchtigungen auf sich genommen, aber sie liebte ihre Tochter mit rasender Zärtlichkeit, und ihre Liebe zu Randy begann zu sterben.

Randy kaufte noch einen weiteren Geländewagen, und er und Donna unternahmen mit seinem neuen Spielzeug eine Probefahrt auf einen steilen Hügel. Donna fürchtete sich nicht. Sie hatte – von Harvey Clift, einem großen Fan von Bob Glidden, ermutigt – selbst an Viehwagen-Rennen teilgenommen. Aber mit ihrem neuen Ehemann einen steilen Hügel hinaufzurasen zog ihr den Magen zusammen.

In dem Augenblick, als sie fast den Gipfel erreicht hatten, sprang Randy plötzlich aus dem Wagen. Das Fahrzeug geriet ins Schleudern und Rutschen. Donna flog heraus und überschlug sich mehrmals. Als sie aufschaute, sah sie den Wagen wie in Zeitlupe rückwärts auf sich zurollen. Sie konnte nichts dagegen tun; der Wagen überfuhr ihren rechten Unterschenkel und zerquetschte und verrenkte ihn. Sie konnte nicht aufstehen. Später sollte sie auf Dauer das Gefühl in diesem Teil des Beines verlieren.

Randy lachte sie an, als er endlich vom Hügel herunterkam und ihr half aufzustehen.

Der Skykomish River verwandelt sich im Stevens Pass im Washington State zu einer trügerischen und gefährlichen Wasserstrecke voller verborgener Strömungen, unvermittelt auftauchender, gischtbedeckter Strudel und Unterströmungen, die schon viele das Leben gekostet haben, die den Fluß zu Fuß durchwateten oder mit dem Schlauchboot befuhren. Deputies aus dem Sheriff-Büro vom Snohomish County, die in der Suche und Bergung solcher Opfer geübt waren, hatten sowohl Lebende als auch bereits verwesende Leichen aus diesem gefährlichen Wasserlauf geborgen, aber die alljährlich erneuerten, für Neulinge bestimmten Warnungen schienen nicht viel zu nützen.

Randy konnte nicht schwimmen. Das hatte er zu Donna gesagt, und wenn sie in den Pool des Sportclubs gingen, blieb er stets am seichteren Ende. Sie hatte ihn niemals in Wasser gehen sehen, das mehr als neunzig Zentimeter tief war. Er blieb immer bei Greg im Nichtschwimmerbecken. Es überraschte sie nicht, daß er nicht schwamm; er war durch das Bankdrücken in seinem Trainingsraum im Keller ihres Hauses zu muskulös. Sie *war* aber von seiner Begeisterung fürs Schlauchbootfahren überrascht. Sie waren einmal mit ihren Eltern Harvey und Judy bei einem Picknick der Cascade-Ford-Belegschaft Boot gefahren, aber damals hatte er nicht so ausgesehen, als hätte es ihm großen Spaß gemacht. Und jetzt hatte er ein billiges Schlauchboot gekauft, aus so dünnem Material, daß es besser für ein Wasserbecken im Garten geeignet schien als für einen Fluß.

Donna war eine gute Schwimmerin. Daran lag es nicht, daß sie diese Schlauchbootfahrt nicht mitmachen wollte. Es hatte einen tieferen Grund: Sie hatte gelernt, sich vor ihrem Ehemann zu fürchten. Erst als Randy den Vorschlag machte, ihre Eltern zu der Bootsfahrt auf dem Skykomish River einzuladen, war Donna einverstanden. Aber sie hatte ein ungutes Gefühl dabei.

Es war ein heißer Julitag, aber der Skykomish River ist immer kalt, gekühlt von der Schneedecke hoch oben in den Bergen der Kaskadenkette. Sie nahmen zwei Schlauchboote mit, das größere für das ältere Paar, und das billige Zweipersonenschlauchboot für Donna und Randy. Donnas Eltern hatten ein Netz mit Schwimmwesten und Ersatzpaddeln bei sich, aber sie ließen es im Wagen und nahmen nur ein Paddel für jedes Boot mit. Randy und Harvey besaßen beide einen kräftigen Oberkörper, und sie paddelten, während die Frauen die Szenerie entlang des Flußufers genossen. Randy schlug vor, daß Brittany und Greg mit den Clifts fuhren und daß sie auch den Eisbehälter mit sich nehmen sollten.

Judy Clift flüsterte Harvey zu: »Laß meine Tochter nicht aus den Augen.« Harvey warf Judy einen erstaunten Blick zu, weil sie so eindringlich sprach, aber er nickte nur. Donna und Randy im Blickfeld zu behalten war nicht so einfach, wie es sich anhören mag. Obwohl der Fluß an diesem Tag verhältnismäßig ruhig war, wurde Judy und Harvey Clifts Schlauchboot von der Strömung ergriffen, und sie schossen Randy und Donna voraus. Der Skykomish River weist derart scharfe Biegungen und Kurven auf, daß zwei Bootsmannschaften unmöglich Seite an Seite fahren oder auch nur hoffen können, einer in Sichtweite des anderen zu bleiben. Das Getöse des Wassers übertönt auch die lautesten Geräusche.

Als Judys und Harveys Boot aus Donnas und Randys Sicht verschwunden war, hatte Randy plötzlich Schwierigkeiten mit der Steuerung. Donna sah alarmiert, daß sie auf die großen, scharfkantigen Felsbrocken zuhielten, die unterhalb der Wasseroberfläche lauerten. Statt von den Felsen wegzupaddeln, schien Randy ihr winziges Schlauchboot absichtlich darauf zuzuhalten. Da sie kein Paddel hatte, konnte Donna nicht das geringste dagegen unternehmen.

Weit vor ihnen bestand Judy Clift darauf, daß Harvey ihr Boot an den Rand steuerte, so daß sie sich an einem überhängenden Ast festhalten und darauf warten konnten, daß Randy und Donna aufholten.

»Was tust du da?« schrie Donna, aber Randy tat, als habe er sie nicht gehört, und paddelte näher und näher an die scharfkantigen Felsbrocken heran, die ihr winziges Schlauchboot leicht aufreißen konnten.

Vor ihnen drehte Judy Clift wieder einmal ihren Kopf, um nach Donna und Randy Ausschau zuhalten. Fünf Minuten waren vergangen. Sie konnte die beiden nicht länger sehen, aber sie hörte etwas. Einen Vogelschrei? Vielleicht auch nur eine geringfügige Veränderung im Lied des Flusses, während er sich erweiterte, verengte und sich durch die Landschaft wand. Judy machte sich Sorgen; sie hatte Donna geglaubt, als sie sagte, es sei etwas Schlimmes an Randy Roth – vielleicht sogar etwas Gefährliches.

»Ich fürchtete, meine Tochter würde nicht lebend von diesem Fluß kommen«, erinnerte Judy sich erschauernd.

»*Hör nur!*« rief Judy. »Ich höre etwas!«

Und so war es. Sie hörte Donna in äußerstem Entsetzen schreien: »*Dad! Ich werde sterben! Rette mich! Ich werde sterben!*«

Judy hörte auch Randys Stimme. Er rief: »*Halt den Mund! Halt den Mund! Halt den Mund!*«

Harvey Clift hielt sein Boot bewegungslos und wartete hilflos ab. Als das kleine Schlauchboot schließlich um die Windung des Flusses kam, sahen sie, daß es kaum noch herausragte; es war so voller Wasser, daß es tief im Skykomish River lag.

Randy wirkte ruhig. Donna war fast hysterisch vor Angst. Sie steuerten die beiden Boote an eine Stelle, wo sie sie ans Ufer ziehen konnten. Judy beruhigte Donna, während ihr Mann Randy half, Flicken auf die beiden Löcher in dem kleinen Schlauchboot zu setzen. Niemand wußte, was er sagen sollte. Was Judy Clift vermutete, war undenkbar, unaussprechlich.

Donna Roth wollte nicht mehr mit Randy auf das Boot gehen; sie fuhr den Rest des Weges zu ihrem Wagen mit auf dem Boot ihrer Eltern, und Randy paddelte sein winziges Schlauchboot allein.

Donna lebte nie wieder mit ihrem Mann zusammen. Sie hatte etwas in seinem Gesicht gesehen – an seinen angespannten Kiefern –, als er das Schlauchboot absichtlich auf die Felsbrocken im Fluß zusteuerte, bis Wasser in die von den scharfen Felskanten gerissenen Löcher zu sickern begann. Donna Clift-Roth konnte nicht beweisen, daß ihr Verdacht begründet war. Sogar ihr eigener Vater hatte ihr einen leicht verwunderten Blick zugeworfen, als sie ihm von ihrer Furcht vor Randy berichtete. Sie konnte sich nur nach dem Kältegefühl in ihrem Bauch richten; die Geschichten, die sie nicht beweisen konnte, waren Lügen – Fakten, die sich nicht mit anderen Tatsachen vereinbaren ließen.

Ihre Eltern akzeptierten ihre Entscheidung, nicht mit dem Mann, mit dem sie seit drei Monaten verheiratet war, nach Hause, nach Misty Meadows, zurückzukehren. Sie zog für einen Monat mit Brittany in das Haus der Clifts in Bothell, und danach – im September 1985 – für einen weiteren Monat nach Arizona, um einen ruhigen Platz zu finden, an dem sie darüber nachdenken konnte, was Wirklichkeit war und was ihrer Phantasie entsprungen sein mochte.

Als Donna zurück nach Seattle flog, stand Randy lächelnd am Flughafen. Er sagte, es würde alles in Ordnung kommen. Er arbeitete noch immer zusammen mit ihrem Vater im Autosalon. Es sei alles ein Mißverständnis gewesen. Er sagte, ihr Vater habe sogar mit ihm eine weitere Schlauchbootfahrt unternommen, und nichts sei geschehen. Randy war gekommen, um sie abzuholen und nach Hause zu bringen, aber sie wollte zum Haus ihrer Eltern gefahren werden.

»Ich konnte nicht mit ihm nach Hause gehen; nie wieder«, erinnerte Donna Clift sich. »Meine Mutter glaubte mir. Sie sagte zu meinem Dad, ›er ist nicht der, der er zu sein scheint.‹«

Als Randy begriff, daß Donna nicht zu ihm zurückkommen würde, beantragte er die Scheidung. »Ich hätte die Scheidung selbst beantragt«, sagte Donna, »aber ich hatte nicht das Geld.«

Es spielte keine Rolle, wer die Scheidung beantragte; sie würde von ihrer schrecklichen Ehe befreit sein.

Merkwürdigerweise ließ Randy seine dritte Frau nicht so leicht gehen. Obwohl er die Scheidung beantragt hatte, verfolgte er Donna. Genauer gesagt, er schlich ihr nach. Als sie die seine war, schien er sie nicht haben zu wollen, aber er weigerte sich, sie gehen zu lassen. Er kam in den 7-Eleven-Laden, wo sie einen Job gefunden hatte, und schaute ihr zu. Oft sagte er kein einziges Wort, aber sie war sich dessen bewußt, daß er sie mit unergründlicher Miene anstarrte.

Donna fand Blumen und Kärtchen von Randy auf ihrem Wagen. Er schien stets zu wissen, wo sie war. Es war eine Ironie. Am Anfang – vor weniger als einem Jahr – hatte sie sich geschmeichelt gefühlt, wenn er sie bei der Arbeit anstarrte, und seine Blumen und Kärtchen hatten sie angenehm erregt. Nun fand sie dasselbe Verhalten bedrohlich. Er schien überall dort zu sein, wohin ihr Blick fiel; bei der Arbeit, wo sie essen ging, und wenn sie wegfuhr, folgte er ihr in einem seiner vielen Autos.

»Endlich ging meine Mom zu ihm und wies ihn an, mich in Ruhe zu lassen, und er hörte auf, mir nachzuschleichen – für eine Weile. Aber dann ließ er Greg mich anrufen.«

Greg allein zurückzulassen war für Donna das schwerste gewesen, und jetzt rief Greg sie oft an, weinte und bat sie, zurückzukommen. Hätte sie weniger Angst gehabt, wäre sie zurückgegangen – und sei es auch nur wegen Greg.

Eines Tages im Herbst 1985 kam Randy noch einmal in den Laden, in dem Donna arbeitete. Er hatte Tränen in den Augen, als er ihr sagte, er habe soeben eine schreckliche Nachricht erhalten. Seine Mutter sei bei einem Autounfall getötet worden. Aber das sei nicht das schlimmste, fuhr er fort. »Meine Schwester regte sich im Krankenhaus so auf, daß sie sich erschossen hat. Sie ist ebenfalls tot.«

»Ich habe ihm geglaubt«, sagte Donna kläglich. »Es klang ein wenig weit hergeholt, aber man weiß ja nie. Ich erzählte es meiner Mom und meinem Dad, und sie glaubten es nicht.«

Sie wäre beinahe zu ihm zurückgegangen; bewegt von seinem Schmerz und von ihrer Sorge um Greg. Aber Judy Clift redete es ihr aus.

Randy Roth fuhr fort, seine dritte Ex-Frau zu verfolgen. Er folgte ihr in seinem dunklen Jogginganzug oder in seiner Mechanikermontur dichtauf und ließ sie nicht aus den Augen. Sie dachte, dieser Mann, dessen Aufmerksamkeit sie noch vor einem Jahr erregt hatte, würde sie niemals in Ruhe lassen.

»Er machte weiter, bis ich anfing, mich mit einem anderen Mann zu treffen. Danach ließ Randy mich in Ruhe«, erinnerte sie sich. »Ich ging vier Jahre lang mit Jerry*. Randy ging einfach fort, und es war fast, als hätte ich ihn niemals gekannt. Nein, das ist nicht wahr – da ich Greg wirklich liebte, vermißte ich ihn und machte mir Sorgen um ihn.«

Randys Scheidung von Donna wurde am 24. September 1985 rechtsgültig.

1985

7

Es liegt ein seltsamer Synchronismus darin, wie Lebenswege, die bisher parallel verliefen, eine Wendung vollziehen können, so daß sie einander kreuzen, erneut die Richtung ändern und sich dann immer wieder annähern, bis sie sich vereinigen und erfüllen, was auch immer das Schicksal beabsichtigt hatte. Manchmal kann dieser Synchronismus herzerwärmend sein, wenn er zum Beispiel dazu führt, daß Liebende, die getrennt wurden, entgegen aller Wahrscheinlichkeit wieder zusammenfinden. Und manchmal kann er entschieden tragisch sein.

Das Jahr 1985 war ein entscheidendes Jahr im Leben vieler Menschen, die ein Teil von Randy Roths Leben waren, gewesen waren oder eines Tages sein würden. Donna Clift wurde von ihm umworben, geheiratet und geschieden – alles im Jahr 1985.

Obwohl er nicht darüber mit Donna sprach und sie es nur durch ihr ›Schnüffeln‹ herausfand, hatte Randy im November 1984 Klage gegen den Staat Washington und das Department of Parks and Recreation (Grünflächenamt) des Staates Washington erhoben. Am 19. Januar 1985 unterzeichnete er einen formellen Vertrag mit Ginny Evans, einer Rechtsanwältin aus Lynnwood, die sich einverstanden erklärt hatte, ihn und Jalina Amelia Miranda auf Erfolgsbasis zu vertreten. Randy behauptete, es habe Fahrlässigkeit seitens des Staates und des Parks Department vorgelegen, da sie es versäumt hatten, für hinreichende Weggeländer auf dem Beacon Rock zu sorgen, was Janis Roths Tod verursacht hatte. Das ganze Jahr 1985 hindurch hockte er mit seinen Rechtsberatern zusammen, um seinen Anspruch zu verfolgen.

Randy listete seine finanziellen Verluste auf und kam auf folgende Posten:

Kosten für die Bestattung der Verstorbenen	$	541,00
Kosten des Verkaufs des Familienheimes, weil Mr. Roth ohne die Hilfe der Verstorbenen nicht den Kaufraten nachkommen konnte	$	5 863,62
Verlust der ehelichen Gemeinschaft für beide Antragsteller, je $ 250 000	$	500 000,00
Lohn- und Einkommensausfälle	noch festzusetzen	

Es kostete Randy nur fünfhundert Dollar aus der eigenen Tasche, die Schadensersatzklage gegen den Staat in Höhe von 1 186 404,62 Dollar zu erheben. Falls er gewann, würde er seiner Anwältin ein Drittel seiner Festsetzung bezahlen müssen. Er hatte wirklich nichts zu verlieren.

Randy wußte nicht einmal, wo Jalina lebte. Er hatte ihr weder geschrieben noch Geschenke geschickt. Er hatte ihr nichts aus dem Besitz ihrer Mutter nachgesandt, und somit besaß sie nur sehr wenig, das sie an Janis Miranda Roth erinnern konnte. Aber er stellte sich immer noch als Kämpfer für ihre Sache dar; als sei er eifrig darauf bedacht, daß sie von dem fahrlässigen Staat Washington erhielt, was ihr zustand. Er gab ihre Adresse in Texas an, aber in Wahrheit war es nur die letzte Adresse, die er von Billie Ray, Janis' Mutter, hatte.

Weder Randys zweite noch seine dritte Frau hatten viel über seine Vergangenheit erfahren. Beide Frauen hatten seinen Vater kennengelernt, aber weder seine Mutter noch seine Geschwister. Seine Mutter war anscheinend tot; sie war entweder an Altersschwäche oder durch Selbstmord gestorben. Er hatte viele voneinander abweichende Geschichten über sie und ihr Dahinscheiden erzählt. Falls er tatsächlich einen Bruder namens David hatte, befand sich dieser – wie er angab – wegen Mordes im Gefängnis. Randy hatte sowohl Janis als auch Donna wiederholt von seinem Dienst in der Marine und seinem Einsatz in Vietnam erzählt, und beide Frauen hatten

ihn nachts schreien hören, weil groteske Alpträume ihn heim-
suchten.

Donna Sanchez Roth, Randys erste Frau, war offenbar vollständig aus seinem Leben verschwunden, und niemand
wußte, wo sie war.

Alles, was sich in Randys Leben vor seinen Jahren bei der
Marine ereignet haben mochte, war irgendwo in seinem
Gedächtnis verborgen; wenn er mit seinen Ex-Frauen darüber
sprach, ging er entweder absichtlich darüber hinweg, oder er
verdrängte es. In Wahrheit war Randy zumindest für lange
Zeit niemals sehr weit vom nördlichen Bereich Seattles fort-
gekommen. Er hatte die Meadowdale High School in Lynnwood besucht, nur ein paar Kilometer weit von Bothell,
Mountlake Terrace und Mill Creek entfernt. Er war häufig
umgezogen, aber niemals über die Grenzen seines gewohnten
Territoriums hinaus.

Ein junger Mann namens Tom Baumgartner besuchte die
Meadowdale High School zur selben Zeit wie Randy, aber es
gibt keinen Hinweis darauf, daß die beiden einander kannten.
Beide graduierten Anfang der siebziger Jahre, aber sie beweg-
ten sich in unterschiedlichen Kreisen.

In dem Zeitraum, in dem Randy dreimal heiratete und
geschieden wurde, heiratete Tom Baumgartner nur einmal,
und zwar für sein ganzes Leben. Im Jahr 1976 heiratete er die
hübsche blonde Cynthia Loucks. Sie wurden die Eltern
zweier willkommener kleiner Jungen: Tyson Jeret Baumgartner, geboren am 15. Dezember 1979, und Rylie Thomas Baumgartner, geboren am 18. August 1981.

Tom war ein rühriger Arbeiter beim United Parcel Service,
und er arbeitete sich empor, um seiner wachsenden Familie
Sicherheit zu bieten. Er trat der Teamsters Union bei und hatte
mit dieser Mitgliedschaft zugleich eine Kranken- und eine
Sterbeversicherung. Abgesehen von einem gelegentlichen
Besuch beim Kinderarzt mit den Jungen erwarteten weder er
selbst noch Cynthia, Toms kombinierte Versicherung jemals
in Anspruch nehmen zu müssen. Tom schloß außerdem noch
eine Lebensversicherung ab.

Die Ehe der Baumgartners endete 1985, etwa zur selben

Zeit, als auch Donna Clift und Randy Roth geschieden wurden. Aber Cynthia und Tom Baumgartner wollten sich nicht trennen. Tom – noch nicht einmal dreißig Jahre alt – hatte sich die Hodgkin-Krankheit (Lymphogranulomatose) zugezogen, eine Krebsform, die sämtliche Lymphknoten befällt. Die oft tödliche Erkrankung wurde zwar Mitte der achtziger Jahre mit einigem Erfolg behandelt, aber in Toms Fall war sie bereits zu weit fortgeschritten, als sie erkannt wurde. Sechs Monate später war er tot, erst neunundzwanzig Jahre alt.

Die verwitwete Cynthia Baumgartner und der frisch geschiedene Randy Roth trafen sich nicht 1985, obwohl sie in denselben Läden einkauften, ihre Söhne fast im selben Alter waren und sie dieselben Straßen benutzten. Wäre Randy Cynthia begegnet, würde sie ihm unweigerlich aufgefallen sein; seine Technik, Frauen zu finden, mit denen er sich verabreden konnte, war nahezu vollendet. Randy schien geschiedene oder verwitwete Frauen in ihren Zwanzigern oder Dreißigern zu bevorzugen, und Frauen ohne Kinder schaute er kaum an. Er mochte hübsche Frauen – das war offensichtlich – und kleine Frauen – vielleicht, weil er selbst recht klein war –, und er näherte sich stets scheuen, unselbständigen Frauen; als hätte er eine Antenne, die darauf ansprach, bevor er auch nur ein Wort mit der betreffenden Frau gewechselt hatte.

Randy Roth muß Hunderte von Frauen um eine Verabredung gebeten – oder besser gesagt, sie durch Greg zu ihnen geschickt haben. ›Würden Sie mit meinem Daddy ausgehen? Er ist gleich dort drüben.‹

Viele Frauen – viele, viele Frauen – sagten ja. Der Junge war so reizend, und der Vater lächelte so charmant.

Cynthia Baumgartner begann soeben, die Trümmer ihrer Welt zusammenzusuchen. Sie kämpfte mit der Notwendigkeit, ihre Jungen allein aufzuziehen – etwas, womit sie nie gerechnet hatte. Toms Versicherung und die Hinterbliebenenrente der Sozialversicherung erlaubten ihr, zu Hause zu bleiben und sich ausschließlich um Tyson und Rylie zu kümmern. Vor vielen Jahren hatte sie in Jimbos Familienrestaurant in Lynnwood gearbeitet, und später als Anwaltssekretärin, aber das war gewesen, bevor die Jungen geboren wurden. Jetzt verbrachte sie viel Zeit damit, freiwillig für ihre Kirche zu arbeiten. Ihr Herz war gebrochen, aber finanziell ging es ihr gut, und sie betete darum, daß die Zeit und die Stärke ihres Glaubens ihr helfen würden, ihren Kummer zu überwinden. Cynthia wurde auch tatkräftig von ihren Eltern – Hazel und Merle Loucks – und von ihrem Bruder Leon unterstützt.

Cynthia Loucks-Baumgartner dachte nicht wirklich an eine neue Ehe; es war noch zu früh nach Toms Tod. Und jedenfalls wußten ihre Freunde, daß ein ganz besonderer Mann würde kommen müssen, damit Cynthia sich noch einmal verliebte. Ihre eigene Moral und ihr religiöser Glaube schrieben ihr vor, daß jeder Ehekandidat entweder ein Single oder Witwer sein mußte. Einen geschiedenen Mann würde sie nicht heiraten.

Auch Randy Roth mußte sein Leben neu ordnen. Sein Herz war nicht gebrochen, und seine Scheidung hatte ihn kein Geld gekostet. Aber seine ›Investition‹ in Donna hatte sich nicht ausgezahlt, wie hoch seine erwartete Rendite auch hätte ausfallen sollen. Donna hatte Randys Beteuerungen, daß er seine Gefühle und seine Zukunft in sie investiere, einmal geglaubt; aber das war vorbei.

Randy verbrachte seine Donnerstagabende weiterhin bei Ben und Marta Goodwin. Er brachte immer noch Apfelkuchen und Eiscreme mit, und sie schauten sich alle gemeinsam ›The Cosby Show‹ an. Randy war immer noch beleidigt, weil Ryan Goodwin ihm in seine Rolle als Erzieher hineingeredet und der Children's Protective Service ihn befragt hatte.

Er wirkte verwirrt; vollkommen unfähig, seine Behandlung Gregs mit der demütigenden und schmerzhaften Bestrafung zu vergleichen, die – wie er den Goodwins erzählte – er selbst als kleiner Junge erduldet hatte; als kleiner Junge, der stundenlang auf dem harten Fußboden knien mußte. Und doch war die Art und Weise, wie Randy Greg disziplinierte, im höchsten Maße erniedrigend, und nun, da Donna fortgegangen war, hatte Greg niemanden mehr, der ihm beistand, sobald sich die Tür hinter seinem Vater geschlossen hatte.

Eines Abends im Herbst 1985 saßen Ben und Randy in einer Kneipe an der Thrasher's Corner, als eine Frau, die Donna Clift kannte, hereinkam und Randy erkannte. Sie blieb an dem Tisch der beiden Männer stehen, schlug Randy ins Gesicht und stieß wütend hervor: »Sie kindermißhandelnder Hurensohn!«

Endlich einmal war Randy schockiert; völlig durch einen Feind überrumpelt, den er nicht erwartet hatte.

»Randy und ich wurden rausgeworfen«, erinnerte Ben sich grinsend. »Er war wirklich außer sich. Ich mußte ihn nach Hause fahren und Marta wecken, und wir beide versuchten, ihn zu trösten. Er weinte echte Tränen. Er sagte: ›Niemand ist wichtiger in meinem Leben als Greg. Greg ist mein ganzes Leben.‹«

Und es schien tatsächlich so zu sein. Die Goodwins hatten diese Frauen in Randy Roths Leben treten und wieder fortgehen sehen, aber Greg blieb die Konstante. »Ich glaube, daß er Greg wirklich liebte«, sagte Marta Goodwin. »Es ging ihm echt mies, als dieses Mädchen ihm vorwarf, er sei ein schlechter Vater, aber er konnte nicht begreifen, daß man Kinder nicht auf die Art züchtigte, wie er es bei Greg machte.«

Greg und Randy hatten ihr letztes Weihnachtsfest gemeinsam mit Donna und ihrer Familie verbracht, aber zu Weihnachten 1985 saßen sie wieder nachbarlich um den Baum der Goodwins. Randy würde am Tag nach Weihnachten einunddreißig Jahre alt werden, aber auf den Fotos, die die Goodwins in jenem Jahr machten, sah er immer noch wie fünfundzwanzig aus. Ihre Tochter Brittany war fast vierzehn, und es war nicht zu übersehen, daß sie Randy bewunderte. Als Randy sie neckte, sie sei zu dick, hielt sie Diät, bis sie dünn und schwach war und ihre Eltern befürchteten, daß sie anorektisch oder bulimisch werden könnte.

Brittany Goodwin hätte für Randy alles getan.

Randy Mullinax, Detective der Polizei vom King County, hatte bis zum Herbst 1985 noch nie etwas von dem Mann gehört, mit dem er seinen Rufnamen gemeinsam hatte. Sie waren ungefähr im selben Alter, und Mullinax war ebenso massiv gebaut und muskulös wie Randy, aber damit hörten die Ähnlichkeiten auch schon auf. Randy, der Detective, besaß eine tiefe und volltönende Stimme, und Randy, der Mechaniker, sprach in einem flachen, beinahe ausdruckslosen Tonfall. Mullinax war ein freundlicher und lässiger Mann, der zum Kummer der Menschen, deren Lebensführung sie in Kontakt mit der Major Crimes Unit (etwa: Dezernat für Kapitaldelikte) des King County Police Department brachte, auch einfühlsam war – vielleicht ein wenig zu einfühlsam, als es gut für ihn gewesen wäre.

Mullinax war östlich der Kaskadenkette in Yakima, Washington, geboren, hatte seine Kindheit aber in Seattle verbracht. Seine Eltern waren in die Gegend des Boulevard Park im südlichen Ende gezogen, und Randy und seine Brüder wuchsen dort auf und graduierten an der Glacier High School, deren Campus später die King County Police Academy wurde. Mullinax heiratete mit zwanzig. Er arbeitete im County Water District knapp außerhalb von Burien, einer kleinen Stadt südlich von Seattle, wo er acht Jahre lang blieb. »Ich wurde es müde, auf dem Hintern zu sitzen und draußen im Regen zu stehen«, erinnert Mullinax sich. Er ging aufs College und probierte mehrere Fächer aus. »Ich belegte zu Beginn nur ein paar Wahlkurse in den Kriminalwissenschaften – aber sie nahmen mich gefangen. Ich wechselte mein Hauptfach.«

Mullinax belegte als Hauptfach Kriminalwissenschaften am Highline Community College und meisterte die Tücken der Untersuchung am Schauplatz eines Verbrechens, der Festnahme, der Suche nach und Ergreifung von Delinquenten sowie des Verfassungsrechts für Polizeibeamte. Tagsüber suchte er nach geplatzten Wasserrohren, und am Abend lernte er, wie man einen Verbrechensschauplatz so perfekt trianguliert, daß die Lage einer Leiche mit absoluter Sicherheit bestimmt werden konnte, wenn das Opfer entfernt worden war. Er erfuhr, daß Bluttropfen, die aus einer Höhe von neunzig Zentimetern fielen, anders aussehen als Tropfen, die dreißig oder hundertzwanzig Zentimeter tief gefallen waren, und er lernte zu unterscheiden, ob eine Glasscheibe von innen oder durch eine von außen wirkende Gewalt zerbrochen war. Er erfuhr alles über Werkzeugspuren, Schleifspuren und Reifenspuren, über die Leichenstarre und die Leichenblässe und die übrigen Veränderungen des menschlichen Körpers nach Eintritt des Todes. Er hatte sogar ein ehemaliges Mitglied der Mordkommission als Ausbilder, der behauptete, er habe es stets vorgezogen, an einem Kriminalschauplatz allein zu arbeiten, »damit er mit der Leiche sprechen und herausfinden konnte, was geschehen war.«

Randy Mullinax war darauf vorbereitet, ein Mord-Detective zu werden, aber zuerst mußte er seine Pflichten erfüllen: Er trat im Januar 1979 der King County Police bei und arbeitete sich wie jeder Neuling die üblichen Stufen hoch, indem er zu Beginn im spärlich bevölkerten südöstlichen Teil des County patrouillierte und dann in einer Einsatztruppe bei Einbrüchen und Diebstählen arbeitete. Im Herbst 1985 war Randy Mullinax ein vollgültiges Mitglied der verstärkten Green River Task Force. Er hatte an den vertrackten Fällen gearbeitet, in denen fast vier Dutzend Mädchen und Frauen verschwunden oder ermordet aufgefunden worden waren; die meisten von ihnen waren seit dem 15. Juli 1982 in einem Landstreifen neben dem größten Flughafen von Washington – dem Seattle-Tacoma International – verschwunden. Die ersten fünf Opfer waren südlich von Seattle aus dem Green River gefischt worden, daher die Bezeichnung ›Green River Task Force‹. Der Green River, der sich früher ungestört an grünenden Erdbeerfeldern vorbeigewunden hatte, war seit 1982 in die Zivilisation einbezogen – Boeing-Gebäude ragten aus dem fruchtbaren, schwarzen Boden an seinem Ostufer, im Norden waren Einkaufszentren entstanden, und im Westen kreuzten Straßen, die einen steilen Hügel hinaufführten, etwa alle vierhundert Meter den Pacific Highway.

Die Medien und eine Reihe unsensibler Bürger bezeichneten die Green-River-Opfer beinahe immer als ›Prostituierte‹ oder ›Nutten‹. Der zusätzliche Schmerz, den diese Einstellung den Familien der Opfer zufügte, war unermeßlich. Die vermißten Mädchen waren sehr jung. Viele waren vierzehn, fünfzehn oder sechzehn Jahre alt, die älteste war in ihren

Zwanzigern. Mullinax hatte ein Herz für Kinder, und er bezeichnete seine frustrierende Untersuchung der Fälle als den ›Versuch, junge Ladys zu finden‹. Er wollte nicht sarkastisch sein. Die Suche war für ihn eine persönliche Angelegenheit geworden, und er bedauerte das fast sichere Schicksal der Opfer sehr. Interessengemeinschaften zu Gunsten der Opfer lobten Mullinax sehr für seine Hartnäckigkeit und besonders für sein persönliches Engagement.

Im Herbst 1985 verbrachte Randy Mullinax, Mitglied der Green River Task Force, seine Arbeitszeit und einen großen Teil seiner Freizeit mit der Verfolgung einer schaurigen Spur nach der anderen, die alle im selben Gebiet südlich von Seattle zu finden waren. Aber wenn Mullinax die jungen Mädchen fand, auf die er angesetzt worden war, hatten sie sich längst in Knochen, Haare und manchmal Spuren von Körpergewebe verwandelt. Im Jahr 1985 verschlechterten sich die Bedingungen für die Green River Task Force. Die Green-River-Opfer wurden weiter fort gefunden – zum Beispiel in Tualatin, Oregon, etwa dreihundert Kilometer von dem Ort entfernt, in dem sie zuletzt lebendig gesehen wurden.

Einem der Opfer war der Schädel gespalten worden; der Green-River-Killer spielte mit der Einsatzgruppe, indem er den größten Teil des Schädels in Oregon und den Unterkiefer im südlichen King County, Washington, zurückließ.

Randy Mullinax sollte dreieinhalb Jahre mit Untersuchungen in der Green-River-Einsatzzentrale verbringen, unter dem Druck der Medien, der Öffentlichkeit, der Politiker und auch seiner selbst. Und doch waren die Green River-Morde 1993 immer noch ungelöst.

Die Frauen im gesamten westlichen Washington lebten in ständiger Angst vor dem Mann, der so viele ihrer Schwestern getötet hatte und dann verschwunden war wie ein Geist. Donna Clift war nur eine von vielen tausend Frauen, die bei diesem Gedanken erschauerten, und Randy Roth hatte sein sadistisches Vergnügen daran gehabt, sie mit dem Green-River-Killer zu necken.

Als er Donna endlich freigab, ging Randy neuen Eroberungen entgegen. Viele Frauen traten in den folgenden fünf Jahren in sein Leben ein und wieder hinaus. Er sammelte sie wie Schmetterlinge; einige heftete er – wehrlos, wie sie waren – in seinen Schaukasten, andere – die nicht seinen Kriterien entsprachen – entließ er wieder. Er ahnte nie, daß es an seinem Weg auch andere Frauen geben mochte; Frauen, die seine Spur verfolgen, ihn aufstören, vielleicht sogar in Furcht versetzen mochten – ihn, den Mann, der behauptete, sich niemals zu fürchten. Man könnte die Tatsache, daß ein bestimmtes Frauentrio Randy Roth erwartete, als poetische Gerechtigkeit bezeichnen. Vielleicht war sie aber auch nur ein Zeichen der Zeit.

Im Verlauf der letzten drei Jahrzehnte hatte sich das Rechtssystem gewandelt. Polizistinnen waren nicht länger auf hochgelobte Büroarbeiten und Beratungen beim Baby-Sitting beschränkt. Sie arbeiteten in Uniform Seite an Seite mit ihren männlichen Kollegen; einige von ihnen waren sogar Vorgesetzte von Männern. Anwältinnen standen nicht länger automatisch rangmäßig unter ihren männlichen Berufskollegen.

Drei Frauen, die er niemals kennengelernt hatte, sollten eines Tages zwar keine Rache an Randy Roth nehmen, aber seiner Lebensgeschichte gewissermaßen einen ironischen Akzent verleihen.

Detective Sue Peters vom King County sollte die erste von ihnen sein. Sie arbeitete als Randy Mullinax' Partnerin an einer Untersuchung, die sich in jeder anderen Hinsicht von den Green-River-Fällen unterschied, aber ebenso kompliziert war. Peters war in der Nähe des Green River aufgewachsen. Alle beliebten Polizisten haben Spitznamen, und sie wurde von den Officers, mit denen sie zusammenarbeitete, Sue P. genannt, ausgesprochen ›Soupie‹ (›Süppchen‹). Mit ihrer ein Meter sechzig großen und kräftigen, aber anmutigen Gestalt und ihrem dichten, braunen Haarschopf ist Peters eine geborene Sportlerin, die davon geträumt hatte, Sportlehrerin zu werden, und immer noch während der Saison Softball spielt.

Als Kind verbrachte sie ihre Sommer im Adams County,

weit östlich der Kaskadenkette. Ritzville – eine Stadt, die mit ihren baumbestandenen Vierteln, ihrer Hauptstraße und ihren heißen Sommertagen so wirkt, als habe man sie aus dem mittleren Westen hereversetzt – hängt vom Weizenanbau ab. Sie ist auch der Regierungssitz des Adams County, und Sue Peters hing als Kind im Gefängnis herum, in dem Marie Thiel, ihre Großmutter, als Deputy arbeitete. »Ich war fasziniert von dem, was dort vorging«, erinnert Peters sich. »Ich bat darum, all die ›Wanted‹-Poster mit nach Hause nehmen zu dürfen, und ich brütete über den Unfallbildern. Großmutter überließ mir ab und zu ein ›Wanted‹-Poster, aber sie gab mir nie eines von den schwarzweißen Unfallfotos.«

Peters graduierte 1976 auf der Kent Meridian High School südlich von Seattle und ging an die Washington State University, wo sie als Hauptfach Sport belegte. Sie wechselte zur Central Washington University in Ellensburg über und graduierte im Dezember 1981. Bald stellte sie fest, daß kein großer Bedarf an Sportlehrern bestand. Vielleicht war die Tatsache, daß es bereits zu viele Sportlehrer gab, nicht so enttäuschend, wie sie hätte sein können; Sue hatte stets zwei Interessen gehabt, die ihr beide so natürlich wie das Atmen vorkamen. Obwohl sie nie wirklich eine Karriere im Strafvollzug geplant hatte, war sie buchstäblich für diesen Beruf geboren. Als die jetzt zweiundachtzigjährige Marie Thiel Deputy war, wurde zwischen Frauen- und Männerarbeit unterschieden. Weibliche Deputies arbeiteten in Frauengefängnissen und dienten dort oft als eine Art Hausmutter. Sie galten weniger als halb soviel wie die Detectives, die mit größeren Mordfällen befaßt waren. Sue Peters trat in die Fußstapfen ihrer Großmutter und wurde ein King County Deputy Sheriff, nachdem sie im Mai 1982 die Polizeiakademie abgeschlossen hatte.

Sue Peters, die drei Jahre später als Randy Mullinax in die County Police eintrat, wurde zu Beginn im wesentlichen mit denselben Pflichten betraut wie er; sie arbeitete drei Jahre lang in Uniform in einem Streifenwagen außerhalb des Dritten Bezirks in Maple Valley, und dann in Zivil in einer Proactive Squad. Diese Sondereinheiten arbeiteten an dem jeweils schwierigsten Problem in ihrem Bezirk. Peters arbeitete in den frühen Achtzigern verdeckt in Maple Valley, um Schmalspur-Drogendealer zur Strecke zu bringen. Der Umstand, daß man sie leicht für ein High-School-Mädchen hätte halten können, sprach für sie. Sie arbeitete außerdem an den Green-River-Mordfällen und in der Special Assault Unit, die Sexualdelikte untersuchte.

Wenn sie auf das Jahr 1985 zurückblickt, erinnert Peters sich daran, daß sie vorwiegend an dem neuen Haus gearbeitet hatte, das sie gekauft hatte; abgesehen davon war es kein besonders denkwürdiges Jahr gewesen. ›Ich fand nicht einmal Zeit zum Ballspielen.‹

Im Oktober 1990 wechselte Sue Peters in die Major Crimes Unit des King County Police Department über. Die Verbrechen im County waren in früheren Zeiten – in den sechziger und siebziger Jahren – verglichen mit jenen, denen sich die Seattle-Detectives heute gegenübersahen, geringfügig gewesen. Die Detectives der King County's Major Crimes Unit untersuchten bis zu fünf Morde im Jahr, während die Seattle's Homicide Unit (Morddezernat) im Schnitt fünfundvierzig bis sechzig Fälle bearbeitete. Seattle wies nach wie vor fünfundvierzig bis sechzig Mordfälle im Jahr auf, aber die Anzahl der regulären Morde im King County erhöhte sich in den achtziger Jahren auf zwanzig bis fünfundzwanzig pro Jahr.

»Die Green-River-Morde hatten sie nicht mitgezählt; es waren einfach zu viele«, sagte Mullinax. »Es war, als hätte die Major Crimes Unit ihre Morde, und die Green River Task Force die ihren gehabt, obwohl wir alle im selben Department waren.«

Wie auch immer sie zählten: Die Mordrate im County stieg rapide an, bis an den Punkt, wo sie mit der Stadt Seattle gleichzogen. Im Jahr 1985 konnten sowohl Sue Peters als auch Randy Mullinax mit ihrem Anteil an zugewiesenen Mordfällen rechnen. Sie sollten noch sechs Jahre lang nicht als Partner zusammenarbeiten.

Keiner von beiden hatte jemals den Namen Randy Roth gehört.

GUTE NACHBARN

8

Brittany Goodwin war 1986 vierzehn Jahre alt, und sie fing an, die Babysitterin für Greg zu spielen. Es gefiel ihr, um Hilfe gebeten zu werden, und sie war in Randy verliebt, seit sie dreizehn war. Niemand dachte sich viel dabei. Mädchen in diesem Alter träumten stets von älteren Männern. Wenn es sich nicht um einen Rockstar handelte, war es ein Lehrer oder der Bursche von nebenan. Harmlos.

Die Goodwins vertrauten Randy, obwohl sie sehen konnten, daß ihre Tochter ihn anhimmelte. Ben hatte zu Beginn ein vages, ungutes Gefühl. Er hatte den Eindruck, daß Randy Brittanys Aufmerksamkeit ein wenig zu sehr ermutigte.

Marta glaubte, daß ihr Mann sich Dinge einbildete. »Wir wußten, daß Brittany verrückt nach Randy war«, sagte sie, »also gingen wir zu ihm und sagten: ›Schau mal, dieses Kind ist wirklich in dich verliebt. Wir wollten nur, daß du es weißt. Zeig ihr nicht gar so viel Aufmerksamkeit. Halt dich zurück. Wir brauchen deine Hilfe bei dieser Sache.‹«

Randy nickte verstehend. »Das werde ich. Das werde ich. Ich werde Brittany nie anfassen.«

Aber ihre Eltern machten sich Sorgen, als sie sahen, daß Brittany immer noch für Randy schwärmte, obwohl er ihnen aufrichtig versprochen hatte, nichts zu tun, was sie hätte ermutigen können.

Eines Abends kam Brittany mit einem Teddybär nach Hause, sagte: »Ich liebe dich«, und ging schnurstracks in ihr Zimmer. Der Bär war ein Geschenk von Randy.

»Marta vertraute Randy«, erinnert Ben sich. »Sie vertraute ihm damals noch.«

»Als Ben anfing, sich Sorgen darüber zu machen«, sagt Marta, »schaute ich ihn an und sagte: ›Liebling, Randy ist ein Teil unserer Familie, und er weiß, daß Brittany minderjährig ist. Er weiß, daß es ungesetzlich wäre. Randy würde auf gar keinen Fall gegen das Gesetz verstoßen.‹ Ich habe das *tatsächlich* gesagt.«

»Verdammt, Marta«, hatte Ben wütend geantwortet, »ich bin ihr Vater, und ich weiß, daß etwas vor sich geht. Ich weiß nicht, was es ist, oder wieviel es ist, aber da ist etwas.«

»Randy muß es als Kompliment aufgefaßt haben, daß dieses hübsche, junge Mädchen ihn als König Randy betrachtete«, überlegt Marta. »Ich nehme an, er dachte, er könne sie zu der Art Frau erziehen, die er wollte ... aber andererseits waren wir in einem Zustand, in dem wir die Augen zumachten. Unser Leben war auf so vielfache Weise mit Randys Leben verknüpft. Wir dachten wirklich nicht, daß da sexuelle Dinge abliefen. Er war unser *Freund*. Außerdem waren Greg und Ryan immer dabei, wenn Randy mit Brittany zusammen war.«

Wenn Brittany bedrückt war, gelang es Randy immer, sie aufzuheitern.

Ben Goodwin war hin und her gerissen. Randy war so ziemlich der beste Freund, den er jemals hatte, aber Brittany war so ein hübsches Mädchen, und sie war so unschuldig. Er wachte über sie, wie jeder Vater über seine Tochter im Teenager-Alter gewacht hätte, und er hatte einen Verdacht. Er wußte, wie charmant Randy sein konnte. Eines Samstags ging Ben fort, um seinen Pflichten als Baseball-Coach nachzukommen. Er bemerkte, daß Randy in seiner Einfahrt an seinem Wagen arbeitete, und rief ihm zu: »Bis später dann.«

Aber Ben mußte ins Haus zurückkehren, um seine Brieftasche zu holen. Als er in seine Einfahrt einbog, sah er die Tür von Randys Blazer offenstehen und Randy seitwärts auf dem Fahrersitz sitzen. Und Bens fünfzehnjährige Tochter stand zwischen Randys Beinen und hatte den Kopf auf seine Schulter gelegt.

Randy sah Ben kommen und versuchte, Brittany fortzustoßen, aber er war nicht schnell genug. Ben sprang über den Zaun, packte seine Tochter und schob sie aufs Haus zu. »Ich stieß Randy vor die Brust und sagte: ›Wenn ich noch einmal sehen sollte, daß du meine Tochter anfaßt, bringe ich dich um.‹«

Randy wußte, daß Ben jedes Wort davon ernst meinte, und er ließ in seinen Aufmerksamkeiten Brittany gegenüber nach. Kurze Zeit später behandelte er das Mädchen fast wie eine Fremde und ließ sie verzweifelt und deprimiert zurück. Marta und Ben glaubten immer noch, daß die Beziehung zwischen Randy und ihrer jungen Tochter platonisch gewesen war, obwohl sie argwöhnten, daß Randy nichts Gutes im Sinn gehabt hatte, als er Brittany gegenüber so aufmerksam gewesen war. Sie nahmen an, daß die Depression ihrer Tochter zu den normalen Stimmungsschwankungen gehörte, die jedes Mädchen in ihrem Alter durchmachte.

Aber es war nicht normal. Jahre später, als sie erwachsen war, erinnerte Brittany Goodwin sich noch an ihren Schmerz, verlassen worden zu sein. Sie sagte, sie habe eines der vielen Gedichte aufbewahrt, die sie für Randy geschrieben hatte, und wenn sie es wieder las, hatte sie ein bittersüßes Gefühl:

Meine ewige Liebe

Ich liebte dich damals, und jetzt
    bist du fort.
Ich liebe dich jetzt, und alles ist
    falsch.
Ich versuche, dir zu sagen, daß ich
    für dich da bin,
        Aber du scheinst nicht zu merken,
        daß du mein Mr. Right
        geworden bist.
Ich denke jede Nacht an dich.
Deine Liebe zu mir ist verschwunden.
Jetzt kann ich nur noch beten,
        daß du eines Tages erkennst,
        was du mir bedeutest,
und wir gemeinsam in der Ewigkeit sind.

Es dauerte nicht lange, bis es eine neue Frau in Randy Roths Leben gab. Eines Abends kurz vor dem Memorial Day am 30. Mai ging Mary Jo Phillips, Mutter von fünf Kindern, in einen Albertson's Supermarket Lebensmittel einkaufen. Sie bemerkte bald, daß ein gutaussehender Mann mit einem kleinen Jungen in jedem Gang zu warten schien, in den sie einbog. Verwirrt begann sie, ihnen zuzunicken und zu lächeln.

Als Mary Jo den Laden mit dem vollgepackten Einkaufswagen verließ, folgte ihr der kleine Junge – der etwa neun Jahre alt zu sein schien – hinaus und rief: »Hey, Lady! Hey, Lady, würden Sie mit meinem Dad ausgehen?«

Sie wußte nicht, daß es sich um eine erprobte und bewährte Anmach-Masche handelte. Der Vater, der sagte, sein Name sei Randy Roth, trat herbei und stellte sich hinter seinen Sohn, den er Greg nannte. Mary Jo war bezaubert, aber nicht genug, um einem wildfremden Mann ihre Telefonnummer zu geben – Kind oder nicht.

Endlich erklärte Mary Jo Phillips sich einverstanden, sich Randys Nummer aufzuschreiben. Sie glaubte nicht wirklich, daß sie ihn anrufen würde, aber sie behielt die Nummer und haderte fast drei Wochen lang mit sich selbst, ob sie etwas so Verrücktes tun solle.

Als sie schließlich anrief, hatte sie den Anrufbeantworter am Apparat. Aber als sie den Tonbandtext hörte, mußte sie lächeln. Es war eine Botschaft an sie. »Mary Jo«, bat Randy Roths Stimme, »bitte, *bitte*, hängen Sie nicht auf. Es muß eine Möglichkeit geben, wie ich Sie treffen kann!«

Natürlich hinterließ sie ihre Telefonnummer. Randy rief sie an, sobald er nach Hause kam, und lud sie ein, mit ihm auswärts essen zu gehen.

Als sie am Restaurant ankamen, bat Randy sie, noch einen Moment lang still sitzen zu bleiben, während er ausstieg. Er hielt eine Kamera in der Hand. »Baby«, sagte er, »ich möchte nur einen Beweis dafür haben, daß ich mit einer so schönen Frau aus war.« Mary Jo war gerührt.

Randy staunte nicht einmal sehr, als Mary Jo ihm von ihrer großen Familie erzählte. Er schien im Gegenteil von seinem Zusammensein mit ihr begeistert zu sein. Sie war eine sehr schöne Frau; sehr klein, mit langen, lockigen braunen Haaren, und sie kleidete sich gewöhnlich im Country-Stil, in ein kariertes Hemd, Blue Jeans und Tennisschuhe. Mary Jo sah so

113

jung, lebendig und sportlich aus, daß man ihr die fünf Kinder, die sie geboren hatte, kaum abnahm.

Bei ihrem zweiten Treffen nahm er sie auf seinem Motorrad mit und raste mit ihr bis fast an die kanadische Grenze, die hundertsechzig Kilometer in nördlicher Richtung lag. Nur, um mit ihr zu frühstücken. Nur sie beide. Als sie so hinter ihm saß, die Arme um seinen muskulösen Oberkörper geschlungen, konnte Mary Jo nicht umhin zu denken, daß sie die 1986er Version eines Ritters auf einem weißen Pferd getroffen hatte.

Wieder einmal verwandelte Randy sich in einen vollendeten Liebhaber. Es war Frühling, und die Zeit ihres Kennenlernens war beschwingt und romantisch. Mary Jo war ebenso benommen, wie seine ersten drei Frauen es gewesen waren. Und natürlich wurde sie mit Blumen förmlich überschüttet. Rosen und Nelken und Töpfe mit Azaleen. Sträuße und Bouquets. »Er wurde zu dem Mann, den alle Frauen sich erträumen«, erinnert Mary Jo sich.

Randy war unerhört zärtlich zu Mary Jo. Er kämmte ihr die Haare, er schrubbte ihr den Rücken. Er schlug sogar vor, daß sie ihre Garderobe aufeinander abstimmten, damit sie einander ähnlich sähen und alle Leute erkennen würden, daß sie ein Paar waren.

Randys Beziehung zu Ben und Marta hatte sich normalisiert. Er hatte offenbar sein Versprechen Ben gegenüber gehalten, sich nicht mehr mit Brittany abzugeben, und sie waren wieder bei ihren regelmäßigen ›Cosby-Show‹-Abenden und ihren gemeinsamen Ausflügen angelangt.

Marta schaute amüsiert zu, als sie zum ersten Mal Mary Jo in einem großen Chevy Suburbian vor Randys Haus halten sah. Marta zählte fünf Kinder, die sich aus dem Wagen drängten und im Garten zu spielen anfingen.

Danach sah sie Mary Jo und ihre Familie häufig. Randy kam zu Marta und kündigte ihr an: »Mary Jo zieht bei mir ein, und wir werden versuchen, miteinander auszukommen.«

»Die Kinder auch?« fragte Marta. »Wie willst du dich daran gewöhnen, fünf kleine Kinder im Haus zu haben?«

»Ich kann mit Kindern umgehen«, erwiderte Randy ruhig. Außerdem, so erklärte er, teilte sich Mary Jo das Sorgerecht mit dem Vater der Kinder, so daß sie nicht die ganze Zeit über in seinem Haus sein würden.

Sechs Wochen nachdem Randy Roth und Mary Jo Phillips sich kennengelernt hatten, bat er sie, mit den Kindern zu ihm zu ziehen. Mary Jo verkaufte den größten Teil ihrer Möbel und bereitete sich auf ein neues Leben vor. Auch von den Dutzenden von exotischen Vögeln, die sie gezüchtet hatte, mußte sie die meisten verkaufen. Mary Jos Apartment lag rund drei Kilometer von Misty Meadows entfernt, und die Goodwins folgten Randy in seinem Trailer und halfen ihm, Mary Jos Habseligkeiten in sein Haus zu schaffen. Randy, der immer sehr stark gewesen war, handhabe die schweren Möbelstücke mühelos.

Mary Jo brachte ein paar ihrer Lieblingsvögel und ihr elektrisches Klavier mit. Die Vögel waren leicht zu transportieren – das Klavier war es nicht. Randy und Ben mußten einen Flaschenzug installieren, um es die hinteren Stufen zu Randys Haus hinaufzuschaffen.

Brittany – deren Herz die Trennung von Randy kaum überwunden hatte – mußte zuschauen, wie schon wieder eine neue Frau in seinem Haus Einzug hielt. Niemand erkannte, wie sehr sie dies schmerzte – oder wieso.

Die beiden Paare unternahmen eine Menge gemeinsam, wie es gewesen war, als Randy mit Donna Clift verheiratet war. Entweder gingen Ben und Marta mit Randy und Mary Jo auswärts essen, oder die Goodwins veranstalteten ein Barbecue in ihrem rückwärtigen Garten. Sie hofften, daß Randys Beziehung mit Mary Jo länger halten würde als seine mißglückte Ehe mit Donna; erst ein Jahr war vergangen, und es war wieder Sommer, aber die Namensliste der Akteure hatte sich geändert. Randy hatte die Rolle seiner Partnerin immer wieder umbesetzt. Manchmal sorgte sich Marta um Greg. Er hatte keinen sicheren Halt; er konnte bei keiner seiner Mütter erwarten, daß sie lange bleiben würde.

Erst als Mary Jo bei Randy eingezogen war, erfuhr sie von Janis Mirandas Tod. Randy erzählte ihr, die Behörden würden ihren tragischen Sturz noch immer untersuchen. Wieder einmal veränderte er die Einzelheiten von Janis' Tod in seinem Bericht. Randy erzählte Mary Jo, er und Janis seien auf den Mount Rainier geklettert. Als sie seinen viertausenddreihundertundzweiundneunzig Meter hohen, schneebedeckten Gipfel erreicht hätten, so sagte er, hätte sich plötzlich Janis' Seil gelöst. »Ich hielt sie, während sie versuchte, ihr Seil wieder zu befestigen. Aber sie glitt mir aus den Armen ... und fiel in ihren Tod.«

Mary Jo war – wie seine übrigen Frauen – entsetzt und von Mitgefühl überwältigt. Wie schrecklich es für Randy gewesen sein mußte, dieses Unglück mit anzuschauen! Randy gestand, daß er und Janis Schwierigkeiten in ihrer Beziehung gehabt hatten. Obwohl er sie geliebt habe, hätten sie oft gestritten. »Sie verstand mich nicht.« Keine seiner Frauen hatte ihn verstanden, wie er sagte – bis Mary Jo des Weges kam. Donna Clift, die dritte Mrs. Roth, war ›unreif‹ gewesen, wie Randy sagte.

Randy schien den Gesetzesvollzugsbehörden zu trotzen, die ihn, wie er sagte, immer noch verfolgten (was nicht stimmte). »Wenn sie mir was anhängen wollen, bleibt ihnen nicht mehr viel Zeit.«

Es gibt natürlich keine Verjährungsklausel bei Mord. Wenn es die Absicht der Untersuchungsbehörde des Skamania County gewesen wäre, hätte sie Randy Roth noch mit achtzig Jahren des Mordes an seiner zweiten Frau anklagen können.

Randy erzählte Mary Jo, er habe nach Janis' Tod Geld von der Versicherung erhalten, es aber unvernünftig ausgegeben. Er sei es nicht gewohnt, Geld zu haben, und er habe jetzt erkannt, daß er einen finanziellen Berater gebraucht hätte.

Mary Jo und ihre Kinder lebten vier Monate lang bei Randy. Mary Jo stellte fest, daß sein Verhalten weniger romantisch und entschieden herrischer geworden war, seit sie sich in seinem Revier befand. Er machte ihr klar, daß sie bestimmte Bereiche des Hauses nicht betreten durfte. Vielleicht hatte ihn die Entdeckung, daß Donna Clift in seinen Papieren und Besitztümern ›geschnüffelt‹ hatte, vorsichtig gemacht. Er

116

bestand darauf, daß Mary Jo sich aus seinen Angelegenheiten heraushielt. Sie fand seine Entschiedenheit zwar ein wenig seltsam, respektierte sie aber. Das Haus war groß, und sie brauchte Randys verbotene Zonen nicht zu betreten. Und sie liebte ihn; es war schwierig, den zärtlichen und phantasievollen Liebhaber zu vergessen, der ihr so hübsch den Hof gemacht hatte.

Randy war der Boß. Er nahm alles in seine Hand. Er ließ Mary Jo nicht einmal einkaufen gehen. Trotzdem schmiedete sie mit ihm Pläne für eine Heirat. Als sie eines Tages vor einem der großen Fred-Meyer-Läden parkten, bat er sie, in die Schmuckabteilung zu gehen und ihren Ringfinger ausmessen zu lassen, damit er einen Ehering kaufen konnte. Mary Jo wußte, daß alles in Ordnung kommen würde, nachdem sie verheiratet waren.

Aber es gab noch ein paar andere Dinge, die der Vollkommenheit ihrer Beziehung im Wege standen. Mary Jo war gemeinsam mit ihrem Ex-Ehemann Inhaberin einer recht einträglichen Tagesstätte gewesen. Nachdem die Scheidung rechtsgültig war, erklärte sie Randy, sie habe ihre finanziellen Verhältnisse selbst geregelt, einschließlich ihrer Inhaberanteile an der Tagesstätte. Randy war wütend, als er erfuhr, daß sie ihn nicht konsultiert hatte. Er war auch wütend, als sie Donna Clift ein paar Kleidungsstücke zurückgab, die diese im Haus gelassen hatte.

Mary Jo erkannte, daß Randy von ihr verlangte, keine selbständigen Entscheidungen zu treffen. Aber sie betete ihn immer noch an.

Mary Jo hatte eine fast pathologische Angst vor Wasser. Trotzdem ließ sie sich von Randy zu einer gemeinsamen Fahrt auf dem Schlauchboot überreden – und zwar ohne Schwimmweste. Er sagte, es sei ein Test; eine Möglichkeit, ihm ihre Liebe zu beweisen.

Eines Abends erklärte Randy Mary Jo, er habe eine Lebensversicherung in vernünftiger Höhe abgeschlossen, und sie brauche ebenfalls eine solche Versicherung. Immerhin seien jetzt sechs Kinder zu versorgen, wenn einem von ihnen beiden etwas geschähe.

Mary Jo sank das Herz.

Sie hatte ein Geheimnis, von dem Randy noch nichts wußte; etwas, das ihr Kummer bereitete. Sie wollte ihn nicht verlieren – jetzt, da ihr Leben unerwartet so erfüllt geworden war. Sie atmete tief und teilte Randy ihr Geheimnis mit: Sie war nicht versicherungsfähig. Mary Jo Phillips war wegen Krebs behandelt worden. Sie war nicht akut krank, und sie hatte gute Chancen, daß sie niemals einen Rückfall haben würde. Aber sie war eindeutig nicht versicherungsfähig. Sie studierte sein Gesicht, konnte aber nichts darin erkennen. Er schien ihre Enthüllung gut aufzunehmen, und er schien sich auch keine Sorgen über ihren Krebs zu machen. Jedenfalls nicht im Augenblick.

Aber innerhalb weniger Tage begann Randy, sein Verhalten gegenüber Mary Jo zu ändern. Wo er früher warm und liebevoll gewesen war – wenn auch beherrschend –, wurde er jetzt eisig kalt und abweisend. Er sprach nie wieder von Heirat.

Mary Jo hatte ein Tagebuch von ihrer Beziehung geführt; ihr Verhältnis war zu Beginn so wunderbar gewesen, daß sie es geliebt hatte, all die wundervollen Dinge aufzuschreiben, mit denen er sie überraschte, und all die romantischen Worte, die er zu ihr sagte. Später führte sie das Tagebuch fort, damit es ihr verstehen half, was geschehen war.

Als Randy herausfand, daß Mary Jo Tagebuch geführt hatte, sagte er, das sei ›inkriminierend‹, und wies sie an, es zu vernichten. Sie tat es nicht.

Schließlich blieb Mary Jo nichts anderes mehr übrig, als wieder auszuziehen. Randy wollte sie eindeutig nicht mehr haben. Sie hatte große Mühe, Randy dazu zu bringen, daß er ihr Piano wieder herausrückte.

9

Randy Roth hatte zwar fast immer Arbeit gehabt – bei Reynolds, bei Vitamilk Dairy, bei Cascade Ford, bei Chuck Olson Chevrolet, und später bei Bill Pierre Ford in Lake City –, aber sein Lebensstil, seine kostspieligen Wohnungen und all die Erwachsenenspielzeuge verschlangen mehr Geld, als er verdiente. Seine Lohnsteuererklärungen in den achtziger Jahren wiesen ein Einkommen aus, das auch nicht entfernt ausgereicht hätte, um seine Ausgaben zu decken:

1980	$ 22.412,93
1981	$ 33.100,00
1982	$ 28.300,00
1983	$ 16.951,00
1984	$ 29.201,00
1985	$ 30.912,00
1986	$ 24.830,00
1987	$ 26.432,00

Die niedrige Zahl für 1983 erklärt sich aus der Zeit, als Vitamilk ihn nur noch auf Abruf beschäftigt hatte. Aber das meiste von Randys Geld stammte aus Versicherungszahlungen. Innerhalb weniger Monate nach Janis' Tod hatte er 107 514,11 Dollar aus zwei Policen erhalten, und seitdem hatte er auch eine Sozialversicherungsrente von monatlich vierhundertneunzehn Dollar für Greg als das ›hinterbliebene Kind‹ erhalten, und Anfang 1988 hatte er fast fünfunddreißigtausend Dollar angesammelt. Nichts von diesem Geld war meldepflichtiges Einkommen.

Außerdem hatte Nick Emondi das Geld zurückgezahlt, das Randy ihm geliehen hatte, nachdem bei ihm eingebrochen worden und seine Hausratversicherung eingesprungen war.

Aber Randy war über den Ausgang seiner Klage gegen den Staat Washington enttäuscht. Er hatte gehofft, fast eine Million Dollar zu kassieren; aber nachdem er seine Aussage gemacht, alle möglichen Fragen beantwortet und seine Zeit mit mehreren Anwälten verschwendet hatte, wurde die Klage abgewiesen, und er bekam nichts.

Jedermann mit einem Quentchen deduktiven Verstandes konnte in Randy Roths finanziellen Verhältnissen ein Muster erkennen. Wenn je ein Mann an Versicherungen geglaubt hat, dann war es Randy. Selbst wenn sein Budget knapp war, hatte er immer das Geld aufgebracht, um die Versicherungsprämien zu bezahlen. Sein Denken war gewiß vernünftig. Er war der alleinstehende Vater eines kleinen Jungen; ein Mann, der anscheinend keine Ahnung hatte, wo Gregs richtige Mutter – Donna Sanchez – war. Und die Versicherung hatte sich immer für ihn ausgezahlt, wenn er das Geld brauchte.

Nachdem Mary Jo ausgezogen war, verabredete sich Randy wieder mit Frauen. Er entschied sich unvermeidlich für Geschiedene oder Witwen mit Kindern, und er war stets so geschickt, Greg als Liebesboten vorzuschicken. Er traf sich immer noch mit Lily Vandiveer, obwohl sie nicht ›sein Typ‹ zu sein schien. Wer die beiden kannte, sagte, Lily hätte alles für Randy getan. Aber weder Lily noch eine von den Frauen, mit denen er sich traf, war ihm so wichtig, daß er sie eingeladen hätte, in sein Haus einzuziehen.

Randy fragte einmal Marta Goodwin, ob sie und Ben Lust hätten, mit ihm und einer neuen ›Verabredung‹ tanzen zu gehen. Marta hob abwehrend die Hände und sagte: »Randy! Ich werde keine Zuneigung mehr zu einer der Frauen entwickeln, mit denen du dich triffst. Ich lerne diese Mädels richtig schätzen, und dann läßt du sie wieder laufen!«

Randy lachte.

Im Spätfrühjahr 1988 trainierte Randy Jungen in Gregs Alter im T-Ball-Spiel. Er beteiligte sich immer an den sportlichen Aktivitäten – Little-League-Baseball, oder was immer gerade gespielt wurde. Einige der übrigen Eltern nannten ihn ›Super Dad‹, weil er sich bei den Spielen der Kinder so sehr engagierte, andere fanden, daß er zu rauh mit den Jungen umsprang und regelmäßig vergaß, daß es sich nur um Spiele handelte.

Dina Clarks* Sohn war in Randys T-Ball-Team. Dina war eine außerordentlich attraktive, junge Frau, die geschieden

120

war und mit ihren vier Kindern in Mill Creek lebte. Sie hatte ihre Ehe beendet, obwohl sie ein weiteres Baby erwartete.

»Wir fuhren mit dem Roller-Skate in der Nähe der Schule meiner Kinder, und Randy Roth fing an, mit mir zu flirten. Ich war *schwanger*, Himmel noch mal, aber das schien ihn nicht zu kümmern.«

Dina fand Randy attraktiv genug, obwohl er schrecklich klein war. »Ich erinnere mich, daß er Cowboystiefel trug, und selbst in ihnen war er nur ungefähr eins fünfundsechzig groß.«

Er war komisch, hartnäckig und nett, und er bestand darauf, sie anrufen zu dürfen. Er schwatzte ihr ihre Adresse und Telefonnummer ab. Randy ging zu Dina Clarks Haus. Sie war nicht zu Hause, aber ihre Babysitterin war dort. Jahre später erinnerte sich Dina daran, was ihr die Babysitterin berichtet hatte: »Sie sagte, er habe vor der vorderen Tür gestanden, und dann habe das Telefon geläutet, und mein Anrufbeantworter meldete sich. Es war mein Freund, der sich meldete. Ich nehme an, Randy glaubte, daß ich nicht zu haben war, als er das hörte, und er kehrte einfach wieder um. Er rief mich nie wieder an.«

Randy und die Goodwins lebten immer noch Tür an Tür, und Randy rückte – wie es immer schon seine Art gewesen war – gelegentlich mit Enthüllungen heraus, die sie schockierten. Ben kannte Randy bereits seit fünf Jahren, als er beiläufig erwähnte, daß sein Bruder wegen Mordes im Gefängnis saß.

»Wegen *Mordes*?« fragte Ben erstaunt. Randy hatte Donna Clift von David erzählt, aber er hatte sie schwören lassen, daß sie es für sich behielt, und sie hatte es den Goodwins gegenüber niemals erwähnt. »*Dein* Bruder?«

»Ja.«

»Ich wußte nicht einmal, daß du einen Bruder hast. Weshalb besuchst du ihn nie? Was ist passiert?«

»Also«, begann Randy gedehnt, »mein Onkel fuhr durch Montana und nahm diesen Anhalter mit. Der Anhalter brachte meinen Onkel um. Ungefähr zwei Jahre später fuhr

121

mein Bruder die I-5 (nahe Seattle) herunter. Er kam etwa bis zur 128th Straße – du weißt schon, dort, wo du an die Ausfahrt Everett kommst – und nahm einen Anhalter mit. Sie fuhren weiter, und dieser Bursche fing an, damit anzugeben, wie er so einen alten Kerl in Montana getötet hätte. Und es war unser Onkel. Also brachte mein Bruder ihn um, und sie überführten David anhand von Indizien.«

Ben wußte nicht, was er davon halten sollte. Es war eine recht weit hergeholte Geschichte, aber andererseits hatte er Randy schon ein paar gute Storys erzählen hören. Das war einfach eine Seite von Randy, die er akzeptieren mußte – er erzählte wilde Geschichten, die vollständig erfunden waren.

Randy und Brittany Goodwin waren immer noch befreundet. In der Tat schien er – als sie von einer linkischen Fünfzehnjährigen zu einer High-School-Senior herangewachsen war – Eigentumsrechte auf sie beanspruchen zu wollen. Er zog die Stirn in Falten, wenn er davon hörte, daß sie sich mit Jungen in ihrem Alter verabredet hatte. Zumindest bei einer Gelegenheit machte er ihren Wagen fahrunfähig, indem er die Verteilerkappe entfernte, so daß sie nicht zu ihren Freunden fahren konnte. Endlich davon überzeugt, daß Randy sich nicht an Brittany heranmachen würde, hatten Ben und Marta sich ein wenig entspannt und die Regeln gelockert. Randy, Brittany, Greg und Ryan bildeten eine Art Viererbande.

Ob Brittany und Randy ein sexuelles Verhältnis hatten – etwas, das ihre Eltern nicht länger argwöhnten – oder nicht, sie waren viel zusammen. Er nahm sie und die Jungen mit zum Bowling, zum Schwimmen und manchmal ins Kino, und Brittany lauschte andächtig all seinen Geschichten. Im Sommer 1988 erklärte er ihr genau, wie er – falls er wollte – sein eigenes Haus ausrauben, die Versicherungssumme kassieren und sicherstellen könnte, daß es niemand jemals herausfände. Sie wußte nicht, ob sie ihm glauben sollte oder nicht. Randy liebte es, Menschen zu schockieren.

Etwa um dieselbe Zeit diskutierte Randy einen ähnlichen Versicherungsbetrug mit Nick Emondi. Randy beharrte darauf, daß so etwas auf mehrere Arten möglich war, ohne daß man jemals ertappt würde. Emondi ermutigte solche Gespräche nicht. Sie erinnerten ihn zu sehr an jenen regnerischen Halloween-Abend, als Randy ihn gefragt hatte: »Könntest du deine Frau töten ... wenn du müßtest?«

In Wahrheit fürchtete Nick sich vor Randy; vor der Art und Weise, wie dieser seine Phantasien und Pläne in die Realität umzusetzen schien. Randy Roth besaß trotz seiner kleinen Statur ein ähnliches Charisma wie Charles Manson. Er war intelligent, aber das war nicht alles. Randy besaß einen intensiven, durchdringenden Blick, und er war ein begabter Puppenspieler. Er wußte stets an den richtigen Fäden zu ziehen, um seine Freunde dazu zu bringen, daß sie nach seiner Pfeife tanzten, oder sie davon zu überzeugen, daß die Dinge nicht so waren, wie sie zu sein schienen.

Nick hatte Randy gegenüber immer zwiespältig empfunden. Er bewunderte seinen Mut und seine Energie, aber er hatte auch Angst vor ihm. Als Randy Nick einmal zu einer Fahrt mit dem Schneemobil durch das Hinterland einlud, zögerte er. Er gab Carrie, seiner Frau, gegenüber zu, daß er Angst hatte – er wußte nie, was Randy als nächstes tun würde. »Falls ich nicht zurückkommen sollte«, schärfte er ihr ein, »dann sag jemandem, mit wem ich fortgegangen bin.«

Im September 1988 mußte Ben Goodwin aus geschäftlichen Gründen für eine Woche nach Kalifornien fahren. Ben war ein leichter Schläfer – möglicherweise ein Erbe aus Vietnam.

»Niemand fährt nachts in diese Sackgasse, ohne mich aufzuwecken«, sagte er einmal.

Marta hatte normalerweise einen gesunden Schlaf, aber wenn Ben außer Haus war, wurde sie schon beim geringsten Geräusch hellwach. Die drei Hunde der Goodwins waren im Garten hinter dem Haus im Zwinger. Sie bellten sofort, wenn nur ein Zweig knackte, und das war schon ein gewisser Trost. Randy hatte einen deutschen Schäferhund mit Namen Jackson, der in seinem Garten angekettet war. Das Elternschlafzimmer, wo Marta schlief, lag im hinteren Teil des Hauses und nur etwa zweieinhalb Meter von Randys Garten und dem Schuppen entfernt, in dem er sein Werkzeug und seine Fitneßbank aufbewahrte.

Im Lauf der Woche, in der Ben fort war, bemerkten Marta Goodwin und mehrere weitere Nachbarn, daß Randy jeden Abend zwischen neun Uhr und zehn Uhr – wenn es vollständig dunkel geworden war – mit seinem Truck rückwärts an seine Garage fuhr. Er lud etwas auf und fuhr dann fort. Niemand machte sich viele Gedanken darüber; Randy verbrachte oft das Wochenende auf einem Gelegenheitsmarkt, und Marta nahm einfach an, daß er plante, Teile aus seinem Besitz zu verkaufen. Ein anderer Nachbar sah, daß Randy nach Einbruch der Dunkelheit mehrere Wagenladungen fortfuhr.

Am 17. September – zwei Tage bevor Ben zurückkam – wurde Randy Roth Opfer eines Einbruchs. Er berichtete im Büro des Snohomish County Sheriffs, ein Truck sei vor seinem Haus vorgefahren und man habe seinen Besitz gestohlen: wertvolle Mechanikerwerkzeuge, Schleifmaschinen, Sägen, seine beiden Stihl-Kettensägen und seinen Profiwerkzeugkasten. Aber nicht nur seine Werkzeuge waren fort, sondern auch seine Kamera, sein Fernseher, seine Nintendos und andere Spiele, eine Kenwood-Stereoanlage und weitere Musikgeräte. Er sagte, es handele sich um einen Diebstahl, der einen Mann, der Automechaniker von Beruf war, in den Ruin treiben konnte. Außerdem hätten die Diebe seinen großen, roten Auslegeteppich zerrissen, so daß er ersetzt werden mußte.

Deputy Dean Munday vom Büro des Snohomish County Sheriffs nahm die Anzeige zur Kenntnis. Der Untersuchungsbeamte bemerkte eine tiefe Fahrspur im Gras von Roths Garten und notierte sich, daß wahrscheinlich das Einbrecherfahrzeug sie hinterlassen hatte. Er sah ein zerbrochenes Garagenfenster, den Teppich, der gedehnt worden und eingerissen war, als habe man einen schweren Gegenstand darüber geschleift, sowie Kratzer an einem Treppengeländer. Es sah wie ein typischer Einbruchdiebstahl aus. Sie kamen im Snohomish County so häufig vor, daß die Detectives kaum mit ihnen Schritt halten konnten.

Randy fragte Marta am nächsten Morgen, ob sie ›den ganzen Aufruhr‹ am Abend zuvor bei seinem Haus mitbekommen habe. Sie hatte gar nichts gehört. Er erklärte, er sei beraubt worden, und sie wunderte sich. »Ich war im Schlafzimmer«, sagte sie. »Ich habe noch bis spät ferngesehen. Die Hunde haben nicht einmal gebellt. Das ist wirklich erschreckend zu denken, daß es so nahe war.«

Randy erklärte, Jackson sei ›weggetreten‹. Er sei ziemlich sicher, daß jemand seinen Hund mit Drogen betäubt habe. »Er war fort, als ich gestern abend nach Hause kam. Heute morgen kam er und zog seine Kette hinter sich her. Er liegt einfach nur dort. Er reagiert nicht auf mich.«

Als Ben Goodwin nach Hause kam, ging er zu Randy hinüber und sah ihn und Greg im Schuppen an ihren Motorrädern arbeiten. »Mein Gott, Marta hat mir erzählt, daß man dich beraubt hat! Bist du in Ordnung?«

Randy war sehr ruhig. »Oh, ja.«

»Also, was ist geschehen?«

Randy deutete auf seinen Garten. »Siehst du die Fahrspur dort? Da ist der Truck hereingefahren. Sie haben das Fenster in der Garage eingeschlagen, stiegen ein und nahmen alles mit.«

»Randy«, begann Ben, »diese Spur in deiner Wiese stammt von damals, als wir beide diesen Baum gefällt haben.«

Randy lächelte schief. »Wenn die Detectives sagen, es ist die Fahrspur, dann ist sie das.«

Ben war verblüfft. Er hatte einen Verdacht, den er nicht haben wollte. Er wußte, daß Randy wahrscheinlich knapp bei Kasse war; er war soeben ›in gegenseitigem Einvernehmen‹ bei Cascade Ford ausgeschieden. Und Randy wirkte so ruhig, obwohl er so vieles verloren hatte. Er erklärte, er und sein Freund Max Butts* seien essen und ins Kino gegangen, aber lange vor Mitternacht nach Hause gekommen. Sie seien zu spät gekommen; fast sein ganzer Besitz sei fort gewesen.

Der sechzehnjährigen Brittany Goodwin mußte man die Einzelheiten des Einbruch-Diebstahls bei Randy Roth nicht erzählen. Sie kannte sie bereits. Sie ging zu ihren Eltern und sagte: »Sagt mir nicht, daß Randy beraubt wurde. *Ich* werde es *euch* erzählen. Jemand ist mit dem Truck in seinen Garten gefahren; richtig? Und dann haben sie das Fenster in seiner Garage eingeschlagen; richtig? Und all seine Werkzeuge und Sachen sind fort? Und ich wette, sie haben auch seinen Teppich zerrissen?«

Ben und Marta nickten zögernd.

»Nun, ich sage euch, daß irgendwo hier in der Nähe ein Lagerraum ist, und daß er mit all den Dingen vollgepackt ist, die Randy ›gestohlen‹ wurden. Er machte sich solche Sorgen wegen Geld und erzählte mir genau, was er tun könne, um welches zu bekommen, aber ich dachte, er hätte es nicht ernst gemeint.«

Auch Nick Emondi war nicht überrascht, als er von dem Einbruch bei Randy hörte. Aber er war klug genug, seinen Mund zu halten.

Brittany Goodwin ging nicht zur Polizei. Sie hatte Angst, und ihre Eltern bangten um sie. Sie fingen an, sich zu fragen, ob sie den Mann, der so viele Jahre lang ihr Freund gewesen war, vielleicht ganz und gar nicht kannten. Sie hatten keine Ahnung, wie sich Randy rächen könnte, wenn sie ihn anzeigten. Randy hatte immer gesagt: »Ich drehe nicht durch, ich rechne ab«, aber diese Drohung war ihnen wie ein Teil seines Macho-Gehabes vorgekommen. Jetzt warnten sie Brittany davor, gegen ihn auszusagen. Wenn sie darüber nachdachten, erkannten sie, daß Menschen, die Randy in die Quere kamen, üble Dinge zuzustoßen schienen. Und jetzt glaubten sie auch halb und halb an die wilden Geschichten, die er ihnen im Lauf der Jahre erzählt hatte. Immerhin war er ihnen so nahe, daß sie mühelos einen Penny auf sein Hausdach hätten werfen können.

Zwei Monate später sagte Randy zu Ben Goodwin, er habe für seine Hausratversicherung, die Pioneer Insurance Company of Minnesota, all seine Verluste aufgelistet. Nach seiner Rechnung belaufe sich der Schaden auf fast sechzigtausend Dollar.

Sechzigtausend Dollar! Ben spürte, wie seine Nackenhaare sich aufrichteten. *Er* kannte Randys Werkzeuge ebenso gut wie Randy selbst – er hatte sie sich immer ausleihen können, wenn er sie brauchte. Und jetzt erkannte er auch den Werkzeugkasten, den Randy benutzte. *Er war derselbe wie der, den er als gestohlen gemeldet hatte.* Ben bemerkte auch, daß Randy seine Werkzeuge wiederzuhaben schien.

Ryan Goodwin war erstaunt zu sehen, daß Roths ›Ersatz‹-Fernseher von derselben Marke, derselben Größe, überhaupt genau derselbe war wie der gestohlene. Außerdem hatten er und Greg Sticker auf Gregs Nintendo-Spiel geklebt. Das ›neue‹ Nintendo trug keine Sticker, aber verräterische Klebstoffreste an genau denselben Stellen, wo die Sticker auf dem ›gestohlenen‹ Spiel gewesen waren. Darüber hinaus zeichneten die Klebstoffspuren genau die Formen der Sticker nach. Ryan verschwieg seinen Eltern diese Entdeckung lange Zeit. Randy war, als er das letzte Mal mit ihm gesprochen hatte, so wütend geworden.

Randy hatte einen neuen Teppich; der häßliche, abgetretene rote Teppich war verschwunden.

»Wenigstens ist Randy diesen roten Teppich losgeworden«, sagte Ben sarkastisch zu Marta. Sie runzelte die Stirn und schaute woanders hin.

Als Randy am 11. November seine Ansprüche gegenüber der Pioneer Insurance Company einreichte, fragte er Ben, ob er dem Schadensprüfer seine vermißten Werkzeuge beschreiben würde. Ben sagte zu, aber er fühlte sich recht unbehaglich dabei – bei dem Verdacht, den er im Hinterkopf hatte. Er wollte überhaupt nicht in diese Sache hineingezogen werden. Er wollte nicht lügen, aber ganz bestimmt wollte er Randy nicht zum Feind haben.

Der Prüfer reichte Ben eine seitenlange Liste mit Werkzeugen, und Ben verbrachte zwanzig Minuten damit, die Werkzeuge herauszusuchen, die seiner Erinnerung nach Randy gehört hatten. Er beantwortete alle Fragen, gab aber keine Informationen freiwillig preis. Der Schadensprüfer war bereits im Begriff zu gehen, als Marta ihm eine allgemeine versicherungstechnische Frage stellte. Sie hatte gerade ihrer Großmutter verloren, deren Versicherungspolicen ihre Besitzverhältnisse zu einem hoffnungslosen Chaos machten.

»*Ich* habe nach diesen ersten zwanzig Minuten nicht einmal mehr mit ihm gesprochen«, erinnert Ben sich. »Niemand erwähnte mehr Randys Anspruch, aber der Schadensprüfer war noch über eine Stunde länger da und sprach hauptsächlich mit Marta über ihre Großmutter. Als ich später in den Garten hinausging, kam Randy herüber und sagte: ›Worüber zum Teufel habt ihr über anderthalb stundenlang mit diesem Kerl gesprochen?‹«

»Es waren nur zwanzig Minuten.«

»Blödsinn – ich habe auf die Uhr gesehen.«

Als Ben Randy schließlich wegen der Tatsache zur Rede stellte, daß er all die vermißten Werkzeuge ›gefunden‹ zu haben schien, schaute Randy ihn ausdruckslos an und sagte: »Das sind nicht dieselben Werkzeuge.«

Sie waren immer noch Nachbarn, aber sie waren niemals wieder so enge Freunde. »Er hat nie wieder richtig mit mir gesprochen«, erinnert Ben sich.

Britanny zerriß alle Bilder von Randy, die sie im Lauf der Jahre in ihre Alben geklebt hatte; all die Thanksgivings, Weihnachten, Picknicks und Ausflüge, die er und Greg gemeinsam mit ihrer Familie unternommen hatten. All diese Jahre, in denen sie so vertraut gewesen waren.

Sie behielt immer noch ein paar Geheimnisse für sich. Sie fürchtete, wenn ihr Vater erfuhr, was Randy ihr angetan hatte, würde er ihn umbringen.

Randy schien nicht wahrzunehmen, daß die Goodwins ihm aus dem Weg gingen; oder, falls doch, kümmerte es ihn nicht.

Die Freundschaft war vorbei. Auf beiden Seiten.

Die Pioneer Insurance Company versuchte nie zu beweisen, daß gar kein Einbruch bei Randy Roth stattgefunden hatte; aber sie bestritten die von ihm behauptete Höhe des Schadens von achtundfünfzigtausend Dollar. Schadensprüferin Shelley Bierman wurde zum ersten Mal mißtrauisch, als eine Kaufquittung, die Randy für das gestohlene Radio vorgelegt hatte, sich als Gutschrift für die *Rückgabe* eben dieses Radios entpuppte. Außerdem konnte Randy für sehr viele der Gegenstände, die er angeblich verloren hatte, keine Belege beibringen. Die Versicherungsgesellschaft ahnte, daß Randys Ersatzanspruch hoch über seinem tatsächlichen Verlust lag. Sie behaupteten, Randys Versicherungsanspruch sei betrügerisch, und erwirkte ein Feststellungsurteil.

Schließlich, am 9. Oktober 1990, einigte sich die Pioneer Insurance Company mit Randy. Sie zahlten ihm achtundzwanzigtausendfünfhundert Dollar und erklärten sich einverstanden, die Klage gegen ihn aufzuheben. Beide Parteien unterwarfen sich der ›Präjudiz‹-Vereinbarung, auf sämtliche Ansprüche zu verzichten.

Dieser ›Einbruch‹ hatte sich für Randy in keiner Weise ausgezahlt. Er hatte zwei Jahre gebraucht, um die Belege zu sammeln, und er mußte einem Anwalt elftausend Dollar von seiner Vergleichssumme zahlen.

CYNTHIA

10

Als Cynthia Rae Loucks geboren wurde, betrachteten ihre Eltern, Merle und Hazel, sie als kostbares Geschenk. Sie hatten vierzehn Jahre lang um ein ›reizendes, kleines Mädchen‹ gebetet, das gemeinsam mit ihrem Sohn aufwachsen sollte. Cynthias älterer Bruder, Leon, war schon in seinen Teenagerjahren, als sie geboren wurde. Sie war so ein zartes kleines Ding; sie wog nur wenig mehr als drei Pfund, als sie auf die Welt kam.

Eine der im Entbindungsraum tätigen Schwestern lief den Flur hinab zu den Louckses und fragte sie, ob sie an die Taufe Neugeborener glaubten. »Tut mir leid«, sagte sie, »aber wir glauben nicht, daß das Baby durchkommen wird.«

Merle und Hazel Loucks' Kirche hielt nichts davon, Kinder zu taufen, bevor sie alt genug waren, um selbst entscheiden zu können, aber Merle beugte den Kopf und betete: »Herr, laß sie nicht jetzt gehen. Du hast sie so weit gebracht. Wir brauchen sie.«

Das Baby blieb am Leben. Nach drei Wochen im Inkubator wog Cynthia knapp über viereinhalb Pfund, und ihre Eltern durften sie mit nach Hause nehmen. Sie brachte ihnen so viel Freude und Glück.

Nach einen gefährdeten Anfang erblühte Cynthia Loucks. Sie wuchs zu einem schönen, blonden Mädchen und später zu einer wunderschönen, blonden Frau heran. Sie wurde mit der Kirche vertraut gemacht und trennte sich nicht wieder von ihren Lehren. Die ganze Familie ging regelmäßig in die Westgate Chapel in Edmonds, Washington. Merle Loucks war Diakonin.

Als Cindy und Tom Baumgartner in einer kirchlichen Trauung heirateten, segneten beide Elternpaare ihren Bund. Niemand hätte sich träumen lassen, daß Tom 1985 – noch vor seinem dreißigsten Geburtstag – an der Hodgkin-Krankheit sterben würde. Noch bevor er und Cynthia die Diagnose richtig begreifen konnten, hatte der Lymphknotenkrebs seinen ganzen Körper erfaßt, wie ein Buschfeuer, und er starb.

Cynthia Baumgartner hatte nie damit gerechnet, Witwe zu werden, und gewiß nicht mit siebenundzwanzig Jahren. Die Aufgabe, zwei kleine Jungen ohne Vater zu erziehen, überwältigte sie verständlicherweise. Ihre Familie und Toms Familie waren zur Stelle, um ihr zu helfen, aber das Ausmaß ihres Verlustes war beinahe unbegreiflich.

Nach sechs Monaten mußte Cynthia etwas unternehmen, um ihre Tage zu bereichern. Sie arbeitete unentgeltlich für ihre derzeitige Kirche, die Silver Lake Chapel. Es war zufällig dieselbe Kirche, in der vier Jahre zuvor die Trauerfeier für Janis Miranda-Roth stattgefunden hatte. Dort traf Cynthia die junge Frau, die ihre beste Freundin werden sollte: Lori Baker.

Lori war eine hübsche junge Frau, etwa in Cindys Alter, mit kurzgeschnittenen, dunklen Haaren und einer Brille. Sie arbeitete in der Verwaltung der Silver Lake Chapel, und die beiden Frauen sprachen viel miteinander, wenn Cynthia ihrer freiwilligen Tätigkeit nachging. Sie hatten viele gemeinsame Interessen. Cynthia wollte wieder heiraten – eines Tages. Aber sie stellte sich vor, daß es lange dauern mochte, bis sie jemanden fände, der mit Tom vergleichbar wäre. Eine Witwe mit zwei Kindern ist nicht gerade das, wovon Männer träumen; die meisten Männer verzichteten auf die Verantwortung, die Kinder eines anderen Mannes aufzuziehen. Außerdem hatte Cynthia die Chancen, jemanden kennenzulernen, mit dem sie sich ernsthaft einlassen würde, eingeengt, indem sie die geschiedenen Männer ausklammerte. Sie mußte einen christlichen Mann treffen, der ein Single oder Witwer war.

Aber im Jahr 1985 hielt Cindy nicht Ausschau. Sie wollte einfach nur ein gutes Heim für ihre Jungen einrichten, die erst vier beziehungsweise sechs Jahre alt waren. Es war für Lori praktisch, in das Haus Nummer 2419, 139th Street S. E. in Bothwell, einzuziehen, das Cynthia gehörte. Cindy mußte keine Raten bezahlen; dafür hatte Tom gesorgt. Gemeinsam würden sie sich nachts sicherer fühlen, und es konnte immer eine von ihnen bei Tyson und Rylie bleiben. Einen Monat nachdem sie sich kennengelernt hatten, zogen die beiden Frauen zusammen ein. Lori bezahlte Miete; sie teilten sich das Saubermachen und Kochen und wurden Freunde. Sie traten in einen Bowling-Club ein und wurden recht gut in diesem Sport; bald sammelten sie Trophäen. Sie führten eine gemeinsame Ausgabenkasse. Sie eröffneten der Bequemlichkeit halber ein gemeinsames Bankkonto und teilten sich einen Safe bei der Everett Mutual Bank – Box Nummer 2212.

Cynthia setzte im Dezember 1985 ein neues Testament auf, in dem sie – für den Fall, daß ihr etwas widerfuhr – Lori als Vollstreckerin und als Vormund für Tyson und Rylie ernannte. Sie setzte auch fest, daß das Haus, in dem sie alle lebten, Lori zufiele, so daß die Jungen in ihrem eigenen Heim aufgezogen würden. Dann gab es noch ein paar Dinge, die Tom gehört hatten und die den Jungen übergeben werden sollten, wenn sie älter waren – seine Taschenuhr, sein Ehering sowie einige Schmuckstücke. Das Testament, die Wertgegenstände, Kontenbelege und andere wichtige Papiere hinterlegte sie in dem Schließfach in Everett. Cindy erzählte Lori nichts von ihrem Testament; das Wissen, für alle Fälle vorgesorgt zu haben, verschaffte ihr nur ein besseres Gefühl, und sie vertraute Lori vorbehaltlos. Sie hielt es nicht für nötig, das Testament zu erwähnen; sie hatte allen Grund zu glauben, daß sie als alte Frau sterben würde und daß Tyson und Rylie bis dahin erwachsene Männer wären, die für sich selbst sorgen könnten.

Die beiden jungen Frauen und Cindys Jungen lebten über fünf Jahre lang einträchtig beisammen. Cindy war in ihrer Kirche und in der Little League tätig. Sie wollte, daß ihre Jungen unter männlichen Einfluß kamen, und sie liebten das Ballspiel.

Merle Loucks machte sich Sorgen um ihre Tochter, seit Tom gestorben war. Sie war eine noch so junge Witwe; naiv und vertrauensvoll und recht wohlhabend. »Männer könnten dir wegen des Geldes den Hof machen«, warnte sie Cindy. »Sieh dich vor.« Sie hatte Tom versprochen, daß sie sich vorsehen würde. Und fünf Jahre lang war sie sehr vorsichtig.

Jim, Tom Baumgartners Vater, sprach mit Cindy über eine

Wiederverheiratung. »Du bist zu jung, um diese Jungen allein aufzuziehen«, sagte er. »Du solltest versuchen, einen netten Burschen zu finden, den du heiraten kannst; der die Jungen erziehen und ihnen ein väterliches Leitbild bieten kann.«

»Ich halte schon die Augen offen«, erwiderte Cindy lächelnd, »aber ich kann keine guten Burschen finden. Es geht ihnen allen um dasselbe – wenn du weißt, was ich meine.«

Cindy Baumgartner und Lori Baker waren wie eine Familie; wie Schwestern. Dorothea Baker, Loris Mutter, gab Klavierunterricht, und Rylie war drei Jahre lang ihr Schüler gewesen. Seine Großeltern hatten ihm ein Klavier gekauft. Dotty Baker fand Cindy »ganz entzückend, sehr hübsch, sehr fröhlich. Wo auch immer sie erschien, brachte sie Lachen mit sich. Sie war einfach *lebendig*.«

Cindy achtete darauf, das Beste aus ihrer angeborenen Schönheit zu machen; sie ließ ihr Haar regelmäßig aufhellen und ging zur Nagelpflege. Sie kleidete sich sehr weiblich, und sie selbst war ebenso gepflegt wie ihr Haus.

Cindy half bei der Little League aus, wo immer Hilfe nötig war; ob ein Coach fehlte oder der Verkaufsstand besetzt werden mußte. Im Jahr 1990 übernahm sie den Verkaufsstand. Sie stellte sicher, daß er stets aufgefüllt war, und sorgte dafür, daß Eltern einander beim Verkauf von Hot dogs, kalten Getränken, Popcorn und Kartoffelchips ablösten.

Randy Roth war immer noch ein Coach der Liga der Zehn- bis Zwölfjährigen. Einige der Eltern waren von seiner siegorientierten Einstellung wirklich angetan. Ein paar von ihnen nannten ihn ›Super Dad‹, weil sie ihn bewunderten. Bei anderen war dieser Titel sarkastisch gemeint; sie waren über die Art empört, wie er die Kinder wegen Fehlern kritisierte und ständig herumschrie. Er nahm die Little League so ernst; er war in der Tat der typische Little-League-Vater, der seinen Sohn nicht um dessen selbst willen im Spiel haben wollte, sondern um seine eigenen Bedürfnisse zu befriedigen.

Das Training begann im März 1990, sechs Wochen vor ihrem ersten planmäßigen Spiel. In den darauffolgenden Wochen würden Mannschaften aufgestellt und die Spieler in ihre Positionen eingeteilt werden.

Randy Roth lernte die dreiunddreißig Jahre alte Cindy Baumgartner auf die gleiche Art kennen, wie er fast alle Frauen getroffen hatte, die in sein Leben traten – durch seinen Sohn. Zu Beginn hatten sie sich nur ein wenig unterhalten, wenn Randy Sachen für Greg am Verkaufsstand holte. Später war die Reihe an Randy, den Stand zu übernehmen. Er und Cindy kamen so gut miteinander aus, daß er vorschlug, sie sollten eine Woche lang jeden Abend gemeinsam am Stand arbeiten. Die übrigen Eltern grinsten, als sie sahen, wie sehr Randy von Cindy angetan war.

Er vermißte sie beinahe, als er ihr nicht mehr begegnete. Im Frühling 1990 dachte Cindy ernsthaft daran, ihr Haus zu verkaufen und nach Arizona zu ziehen, um der Winterwohnung ihrer Eltern näher zu sein. Ihre Bekanntschaft mit Randy Roth ließ sie all ihre Pläne ändern.

Cindy mochte ihn vom ersten Augenblick an. Er sah gut aus, und es machte Spaß, bei ihm zu sein. Aber am wichtigsten war, daß er sich wirklich um seinen Sohn und die übrigen Jungen in der Little League zu kümmern schien. Er erklärte, er sei Witwer, und Cindy muß sich insgeheim darüber gefreut haben. So sehr sie einen Mann auch mochte; sie hätte ihn niemals geheiratet, wenn er geschieden gewesen wäre.

Randys Taktik der Annäherung an Cindy Baumgartner war eher plump. »Sie sind mir vom ersten Augenblick an aufgefallen«, sagte er. »Aber an der Art, wie Sie aussehen – wie Sie sich kleiden –, dachte ich mir, daß Sie Geld haben müßten. Ich dachte, ich sei es nicht wert, mich Ihnen vorzustellen.« Aber bevor Cindy protestieren konnte, beeilte er sich, fortzufahren: »Aber dann sah ich, daß Sie einen Escort fuhren – ich fahre auch einen Escort –, und ich dachte mir, jemand, der einen Escort fährt, kann nicht reich sein, also hatte ich das Gefühl, mich Ihnen vorstellen zu können.«

Als er sie fragte, ob sie in der nächsten Woche Zeit für ihn habe, sagte sie bereitwillig zu. Lori Baker und ihre Mutter konnten sehen, daß Cindy wirklich Interesse an diesem Mann hatte. »Sie sagte mir, sie habe Mr. Right gefunden, und sie war aufgeregt«, sagte Dottie. »Der Ehemann ihrer Wahl mußte ein

Mann sein, der entweder niemals verheiratet oder ein Witwer war. Sie sagte, er sei Witwer. Er war genau das, wonach sie Ausschau gehalten hatte.«

Lori lernte Randy kennen, als er zum Haus kam, um Cindy abzuholen, und sie sah, daß er sehr attraktiv und von Cindy sehr angetan war. Er überschüttete Cindy mit roten Rosen, Telefonanrufen und Briefchen. Aber Cindys beste Freundin und ihre Familie machten sich Sorgen um sie. »Cindy hatte Geld«, erinnerte Dottie Baker sich. »Sie besaß das Haus, in dem sie lebte, und ihr Mann hatte sie wohlversorgt zurückgelassen. Dieser Mann trat einfach viel zu rasch in ihr Leben ein. Cindy war so ein kluges Mädchen – so nüchtern –, und sie überlegte sich alles so sorgfältig. Ich fragte mich, weshalb sie sich so überstürzt auf diese Sache einließ.«

Cindy war überrascht, wie vieles sie und Randy gemeinsam hatten. Sie hatten natürlich zunächst beide ihre Jungen und das Problem, sie allein zu erziehen. Randy sagte, er sei ursprünglich aus Norddakota gekommen; ebenso wie Merle Loucks. Sie waren beide an Baseball interessiert, rauchten und tranken nicht, und sie waren beide daran interessiert, eine Familie zu gründen. Wenn Cindy Baumgartner den Mann hätte beschreiben sollen, den sie sich als Ehemann wünschte, würde sie den Randy Roth beschrieben haben, den sie im Sommer 1990 kennenlernte. Sie trafen sich, aber meistens waren die Jungen dabei. Randy war in ihrer Gegenwart immer ein perfekter Gentleman; er zeigte seine Zuneigung, wurde aber niemals zudringlich.

Sie besuchten das Strawberry Festival in Marysville, das nicht weit nördlich von Everett gelegen war, und amüsierten sich prächtig. Danach lud Cindy Greg ein, einmal eine Nacht in ihrem Haus zu verbringen. Tyson und Rylie gingen mit Greg Schlittschuh laufen und ins Kino. Es schien Cynthia die natürlichste Sache der Welt zu sein, hinterher für alle drei Jungen Abendessen zu kochen. Irgendwie schien alles zu passen – es kam Cindy so vor, als seien sie und Randy mit ihren Kindern wie zwei Hälften einer Familie, die einander gefunden hätten.

Randy sprach zu Cindy zurückhaltend über seine Frau, die

verstorben war. »Sie starb buchstäblich in meinen Armen«, sagte er. »Sie ließ mich mit einem dreijährigen Jungen zurück, und seitdem bin ich allein und halte nach jemandem wie dir Ausschau.«

Cindy sah, daß er dieselben Glaubensvorstellungen wie sie hatte; dieselbe Achtung vor der Ehe. Randy sagte zu ihr, er habe daran gedacht, in die Kirche zu gehen, obwohl er der Religion den Rücken zugewandt hatte, als er Janis verlor. »Es muß mehr an Gott sein; aber ich denke, ich werde dahin kommen.«

Cindy erklärte Randy, er habe soeben noch eine weitere ihrer persönlichen Bedingungen erfüllt. Damit sie einen Mann lieben könne, müsse er ein gläubiger Christ sein. »Meine Kirche bedeutet mir mehr als jeder Mann. Wenn du mit mir in die Kirche gehen willst, so ist das schön.«

»Ich glaube, daß ich genau danach so lange gesucht habe«, erwiderte er lächelnd.

Cindys Eltern, Toms Eltern und die Bakers, sie alle wollten, daß Cindy glücklich war. Aber jetzt machten sie sich Sorgen, daß die Dinge sich zu rasch entwickelten. Cindy war ihr ganzes Leben lang vorsichtig gewesen, und jetzt war sie vollkommen bezaubert von einem Mann, den sie erst seit wenigen Monaten kannte.

Die Goodwins sahen, daß Randy eine neue Freundin hatte, aber es war nicht mehr so wie in den alten Tagen. Damals hätte er sie sofort mit zu ihnen gebracht, um sie ihnen vorzustellen. Seine neueste Freundin war eine niedliche Blonde, wie sie bemerkten, die oft ein freundliches ›Hi!‹ über den Zaun rief, wenn sie Randy zu Hause in Misty Meadows besuchte. Cindy fuhr einen kleinen, schwarzen Ford Escort, und sie wußten, daß Randy sich in diesem Frühjahr genau so einen Wagen gekauft hatte. Randy machte keinen Versuch, sie miteinander bekannt zu machen. Und ganz gewiß gab es keine gemeinsamen Ausflüge oder Barbecues mehr.

Randy behielt Cindy für sich. Als er im Sommer 1990 anfing, sich mit ihr zu treffen, waren die Goodwins ihm fast völlig entfremdet. Wie sie glaubten, hatte er den Einbruch-Diebstahl in seinem Haus vorgetäuscht, und sie hatten den

Verdacht, daß er sie über vieles angelogen hatte. Randy war wütend auf sie, weil er irrtümlich glaubte, sie hätten mit der Versicherungsgesellschaft gegen ihn zusammengearbeitet.

Die Freundschaft, die sie einst genossen hatten, war auf einen Betrug gegründet gewesen – zumindest von Randys Seite aus. Die Goodwins sollten schließlich erfahren, daß er das geheiligteste Vertrauen von ihnen als Eltern verletzt und dann über diesen Punkt ebenso mühelos gelogen hatte, wie er über alles andere log, was er tat.

So kam es, daß seine früheren besten Freunde nur aus der Ferne zuschauen konnten, als er seine intensive Werbung um Cynthia Baumgartner begann.

»Wir sprachen nur einmal über den Zaun mit Cindy«, sagte Marta. »Sie stand in Randys Garten, und er war fortgegangen, um etwas zu erledigen. Sie hatten sich soeben verlobt. Sie zeigte uns ihren Ring. Ben sagte etwas zu ihr, und sie schaute überrascht und erwiderte: ›Was ist denn los?‹ und Ben wiederholte: ›Ich wollte nur sagen, passen Sie auf, was Sie tun.‹«

Cindy Baumgartner schaute Ben Goodwin an, als zweifele sie an seinem Verstand. Und dann wandte sie sich um und ging Randy suchen. Sie fand seine Nachbarn zweifellos ein wenig merkwürdig und konnte verstehen, daß Randy nichts mit ihnen zu tun haben wollte.

Als die Goodwins erfuhren, daß Cindy zwei Jungen hatte, machten sie sich ernsthafte Sorgen. Sie konnten sich nicht vorstellen, daß eine Mutter eine Behandlung der Art zulassen würde, wie Randy sie Greg angedeihen ließ. Wußte Cindy von der Sache mit der Abfalltonne, von Randys Zornesausbrüchen, von seiner militärischen Disziplin? Sie konnten ihr nicht davon erzählen. Sie konnten nur hoffen, daß ihr die Augen geöffnet würden, wie es bei Mary Jo der Fall gewesen war – und bei Donna –, und sie aus der Sache herauskam, bevor sie zu tief hineingeriet.

Aber Cindy war verliebt. Sie war tief von Randys Wärme und Freundlichkeit beeindruckt, von der Art, wie er sich Greg widmete und wie er ihre Jungen in seine Obhut genommen hatte.

Gegen Ende Juli 1990 fragte Randy Cindy, ob sie gern mit ihm nach Reno fahren und eine klassische Wagen-Show und Parade anschauen würde. Anfangs sank ihr das Herz. Oh, nein. Sollte sich herausstellen, daß er genau wie die anderen Burschen war, die immer nur das eine wollten und über die sie sich bei ihrem Schwiegervater beklagt hatte? Wahrscheinlich. Er hatte nur länger damit gewartet, zu fragen. In dem Wissen, daß ihre wundervolle Romanze sich möglicherweise im nächsten Augenblick in Luft auflösen würde, erklärte Cindy Randy, daß sie niemals über Nacht mit einem Mann reisen würde, mit dem sie nicht verheiratet war.

Randys Erwiderung lautete, darüber brauche sie sich keine Sorgen zu machen. Sie kämen so gut miteinander aus, und die Jungen kämen so gut miteinander aus, daß sie seiner Meinung nach ans Heiraten denken sollten. Sie fragte sich, ob er ihr einen Antrag gemacht hatte. Randy benutzte so viele Worte, um etwas zu sagen, wo die meisten Männer in einfachen Sätzen sprachen, und manchmal hatte er eine recht umständliche Art, sich auszudrücken. Während sie zuließ, daß Hoffnung in ihrem Herzen aufkeimte, sprach Randy vielleicht nur davon, wie gut ihre Familien zusammenpaßten.

Endlich platzte Cindy heraus: »Hast du mich gefragt, ob ich dich heiraten will? Falls ja, lautet die Antwort: Ja!«

Randy grinste und rief dann sofort eine gebührenfreie Nummer der telefonischen Auskunft an, um eine Liste der Hochzeitskapellen in Reno anzufordern.

Sie waren erst seit wenig mehr als einem Monat verlobt.

Solche Augenblicksentscheidungen sahen Cindy gar nicht ähnlich, aber sie fühlte, daß es die richtige war. Ihre Eltern waren zu Besuch in Norddakota. Und ihre früheren Schwiegereltern, die Baumgartners, waren in Urlaub gefahren. Aber dies war *ihre* Entscheidung. Sie wollte Randy heiraten, und sie wollte mit ihm nach Reno fahren. Es schien ihr solch ein romantisches Abenteuer und ein wundervoller Beginn einer Ehe zu sein.

Vermutlich hätte niemand in der Welt Cynthia Baumgartner ihren Entschluß ausreden können, Mrs. Randy Roth zu werden. Lori Baker und ihre Mutter baten sie, zumindest zu warten, bis ihre Eltern nach Hause kämen. Aber vergebens. Cindy glaubte an Randy, und sie liebte ihn. Sie hatte natürlich keine Ahnung, daß sie die vierte Mrs. Randy Roth sein würde. Sie glaubte, einen Mann gefunden zu haben, der den Verlust seiner Gattin erlitten hatte – ebenso, wie sie ihren Gatten verloren hatte –, einen Mann, der niemals geschieden worden war; einen Mann, der sie anbetete und auf immer für sie sorgen würde.

Sie fuhren nach Reno, gingen Hand in Hand die Straße entlang und bewunderten die glänzenden, perfekt restaurierten Wagen aus einer anderen Epoche. Es war der 1. August 1990, der Tag ihrer Heirat.

Als sie als Mann und Frau wieder nach Hause kamen, suchte Cindy nach einer Möglichkeit, diese plötzliche Heirat ihren Eltern und ihren früheren Schwiegereltern so schonend wie möglich beizubringen. Aber die Louckses und die Baumgartners waren wie vor den Kopf gestoßen. Sie konnten kaum glauben, daß Cindy beschlossen hatte, sich in einer geschmacklosen ›Heiratsmühle‹ trauen zu lassen – in einer kommerziellen Kapelle in Reno statt in einer religiösen Kirchenzeremonie. Sie kannten den Mann kaum, den sie geheiratet hatte. Sie sorgten sich, aber am meisten wünschten sie sich, daß Cindy glücklich würde.

Jim und Marge Baumgartner schluckten ihre Enttäuschung und ihre Besorgnis herunter und gingen zu Cindys Haus, um Randy kennenzulernen und ihn in der Familie willkommen zu heißen. Jim gab sich einen Ruck und umarmte Randy. Der ältere Mann fühlte Verlegenheit, als Randy die Begrüßung steif über sich ergehen ließ und sie nicht erwiderte. Er zeigte überhaupt keine Rührung. Er sagte nicht einmal etwas. Ein wenig verwirrt versuchte Jim Baumgartner es noch einmal und lud Randy und Cindy ein, jederzeit in sein Haus zu kommen und die drei Jungen mitzubringen. Randy schlug die Einladung aus.

»Nach diesem Besuch lud ich ihn noch viele Male ein, zum Essen zu kommen, aber er kam nie«, sagte Jim. »Cindy brachte die Jungen zu uns, aber sie kam immer ohne ihn.«

Nun, vielleicht war es verständlich, redete Jim sich ein.

Vielleicht wollte Randy nur nichts über Cindys ersten Mann hören. Vielleicht war er auch einfach unsicher und fürchtete sich vor einem Vergleich mit dem Mann, der Tom gewesen war.

Randy und Cindy hatten in solcher Eile geheiratet, daß sie nicht einmal entschieden hatten, wo sie leben wollten. Ihrer beider Häuser waren groß genug für sie beide und ihre drei Jungen, aber Cindys Haus war ein wenig größer, ein wenig komfortabler. Aber bei beiden Häusern wären erhebliche Umbauten nötig gewesen, um ihrer aller Bedürfnisse zu genügen. Und dann war da natürlich noch Lori, die sich eine andere Wohnung würde suchen müssen. Cindy wollte sie nicht drängen, denn Lori und sie hatten gemeinsam schlechte Zeiten durchgestanden und würden für den Rest ihres Lebens Freundinnen bleiben.

Schließlich kamen sie überein, daß es das beste für Randy und Greg sein würde, wenn sie in Cindys Haus einzögen. Die frisch Verheirateten lebten mit Lori und den drei Jungen unter einem Dach, bis Lori eine andere Wohnung gefunden hatte. Sie kamen leidlich gut miteinander aus. Lori war froh, Cindy so glücklich zu sehen.

Nach einigen kleineren Maler- und Renovierungsarbeiten bot Randy sein Haus in Misty Meadows zum Verkauf an. Er verlangte einhundertfünfundsiebzigtausend Dollar dafür. Dieser Preis war für das Gebiet um Seattle und für das Jahr 1990 entschieden zu hoch für den Häusermarkt. Obwohl Randy zusätzlich die Werkstatt gebaut und den Garten wunderbar gestaltet hatte, konnte er wirklich nicht erwarten, hunderttausend Dollar mehr für das Haus zu erhalten, als er vor nur sechs Jahren dafür bezahlt hatte. Möglicherweise setzte er den Preis nur deshalb so hoch an, damit Cindy den Wertunterschied zwischen seinem und ihrem Haus nicht bemerkte. Cindy stand finanziell erheblich besser als er da.

11

Nachdem Lori ausgezogen war, lebten Cindy und Randy eine Zeitlang in ihrem Haus, aber dann beschlossen sie, sich ein anderes Haus zu suchen; ein neues Heim, in dem sie ihre neue Ehe beginnen konnten. Nach den sonntäglichen Kirchenbesuchen schauten sie sich mehrere Objekte an und fanden genau das, was sie suchten, in Woodinville, einer kleinen Stadt nicht weit entfernt südlich der Grenze zum Snohomish County. Woodinville, einst isoliert, war in den neunziger Jahren durch die gewaltige Ausdehnung der Städte um Seattle vereinnahmt worden. Zu einer anderen Zeit wäre das Haus, für das sie sich entschieden, ein Farmhaus gewesen – es sah sogar aus wie ein Farmhaus –, aber es war brandneu; ein sonnengelber, zweistöckiger Bau mit vielfach durch Sprossen unterteilten Erkerfenstern, voll verklinkert und mit einer Garage für drei Fahrzeuge. An der Vorderseite befand sich eine kleine Veranda mit Geländer, die Platz für eine Hollywoodschaukel und einen Schaukelstuhl bot. Das Grundstück war groß und von Bäumen umstanden – Erlen und, weiter hinten, Douglas-Tannen. Es gab sogar ein paar alte Apfelbäume, die letzten Erinnerungsstücke an die Farm, die das Anwesen einst gewesen war.

Das Haus Nummer 15423 an der 232nd N. E. kostete zweihundertfünfundsiebzigtausend Dollar; eine große Summe für die beiden, aber es gefiel ihnen so, und für drei heranwachsende, wilde Jungen wäre dieser Ort ideal. Cindys Haus verkaufte sich beinahe sofort für hundertsechzigtausend Dollar. Der Verkauf überschnitt sich mit dem Erwerb ihres neuen Hauses in Woodinville im Oktober. Somit war es allein Cindys Geld, das sie auf das neue Haus anzahlten. Die monatliche Rate würde eintausendvierhundert Dollar betragen – ein hoher Betrag, aber sie fühlten, daß sie es schaffen konnten; Tysons und Rylies Hinterbliebenenrente von der Sozialversicherung, die annähernd tausendfünfhundert Dollar betrug, deckte die Hauskaufraten.

Als Randy seine Schadensabfindungssumme von der Pio-

141

neer Insurance Company erhielt, überwies er einen Scheck über elftausend Dollar auf das Hauskaufkonto, aber Cindy überwies ihm ihrerseits umgehend zehntausend Dollar. Sie lebten buchstäblich von Cindys Geld. Und Randy konnte sogar vollständig über das Geld von der Pioneer-Versicherung verfügen, das sich aber – nachdem sein Anwalt seinen Anteil erhalten hatte – auf nur noch achtzehntausend Dollar belief. Es war erheblich weniger als die sechzigtausend Dollar, die er eigentlich erwartet hatte.

Randys Haus verkaufte sich weder für hundertfünfundsiebzigtausend noch für die hundertneunundvierzigtausend Dollar, auf die er herunterging. Schließlich senkte er den Preis auf hundertfünfunddreißigtausend Dollar und konnte es verkaufen. Er weigerte sich aber hartnäckig, den Werkzeugschuppen, den er hinter dem Haus gebaut hatte, in den Verkauf einzuschließen. Er verlangte einen weiteren Tausender dafür, ansonsten, so drohte er, würde er ihn entfernen lassen. Der Käufer ließ sich nicht darauf ein. Anscheinend wurde Randy dann bewußt, wieviel es ihn kosten würde, den Schuppen zu entfernen, denn er stattete den Goodwins einen letzten Besuch ab. Er fragte sie, ob sie tausend Dollar für den Schuppen zahlen würden. Ben erwiderte, er hätte zwar eine Verwendung dafür, könne aber nicht so viel bezahlen. Es sei kurz vor Weihnachten, und er brauche das Geld für andere Dinge.

Marta kaufte Randy den Schuppen für fünfhundert Dollar ab, um ihn Ben zu Weihnachten zu schenken, und die beiden Männer, die einmal die besten Freunde gewesen waren, transportierten den Schuppen gemeinsam über die Grundstücksgrenze in den Garten der Goodwins. Sie waren wie Fremde, die zusammenarbeiteten; der Gedanke, daß ihre Kameradschaft vollständig verschwunden war, berührte Ben Goodwin seltsam.

Randys Weigerung, den Schuppen in den Hausverkauf mit einzubeziehen, stellte für die neuen Besitzer des Hauses eine Boshaftigkeit dar, aber Randy war eigen in bezug auf Geld. Es bedeutete ihm so viel, daß er alles tun würde, um welches zu bekommen.

Nach acht gemeinsam verbrachten Weihnachtsfesten feierten die Goodwins zum ersten Mal ohne Randy. Es kam ihnen schal vor. Sie fragten sich immer wieder, wie die Dinge so falsch gelaufen sein konnten. Sie freuten sich für ihn, daß er eine neue Frau hatte, und sie mochten Cindy – jedenfalls das, was sie von ihr gesehen hatten –, aber sie bangten auch um sie. Und sie konnten nicht einmal sagen, was sie befürchteten.

Randy hatte hier und dort Schulden – das zumindest war es, was er seiner Braut erzählte. Obwohl er beim Verkauf seines Hauses in Misty Meadows fast fünfzigtausend Dollar Gewinn gemacht hatte, trug er nichts von diesem Geld zur Tilgung der Hypothek auf das Woodinville-Haus bei. Die beträchtliche Anzahlung war mit Cindys Geld gemacht worden, und die monatlichen Raten wurden von der Hinterbliebenenrente der Söhne Cindys aus der Sozialversicherung bestritten. Wohl zum ersten Mal in seinem Leben konnte sich Randy all die Wagen, Trucks, Motorräder und Geländefahrzeuge kaufen, die er sich wünschte.

Für Cindy spielte es keine Rolle. Sie waren jetzt eine Familie, und ihr Besitz war auch Randys Besitz, wie auch er ihr versichert hatte, daß sie jetzt alles teilen würden, was er besaß. Er wollte nicht, daß sie außer Haus arbeiten ging. Er würde so viele Überstunden bei Bill Pierre Ford leisten, wie er nur konnte.

Lori Baker holte ihre Papiere und Wertgegenstände aus dem Wertfach, das sie sich mit Cindy geteilt hatte, und Randys Name wurde anstelle des ihren eingetragen. Lori bemerkte, daß Toms Taschenuhr und Cindys wichtige Papiere im Schließfach blieben.

Als sie im Herbst 1990 in das gelbe Haus in Woodinville einzogen, teilte Randy Cindy mit, er wünsche nicht, daß sie die Kisten mit Gegenständen mitnahm, die Tom gehört hatten – Kleider, Sportartikel, Erinnerungsstücke; Dinge, die sie für die Jungen aufbewahrte. Sie fragte Jim Baumgartner, ob sie Toms Hinterlassenschaft bei ihm deponieren könne, und er war selbstverständlich einverstanden. Aber er fühlte ein geheimes Erschauern. Er fand es sonderbar, daß ein Mann seinen Stiefsöhnen den Trost der Hinterlassenschaft ihres verstorbenen Vaters verweigern konnte. Natürlich fürchtete Jim sich davor, den Kontakt mit seinen geliebten Enkeln zu verlieren. Aber es war mehr als das. Es gefiel ihm nicht, zu sehen, daß Randy soviel Macht über Cindy besaß. Cindy war eine energische, glückliche junge Frau gewesen, die stets ihren eigenen Kopf gehabt hatte. Und jetzt schien sie jede Anweisung ihres neuen Mannes blindlings zu befolgen.

Die Baumgartners hatten immer Tyson und Rylie bei ihren Spielen in der Little League zugeschaut, und sie schauten ihnen auch weiterhin zu. Cindy hatte sich immer gefreut, und auch die Jungen waren immer froh, ihre Großeltern zu sehen, aber Randy nahm sie kaum zur Kenntnis. Er schrie Greg, Tyson und Rylie die ganze Zeit über an, wenn sie einen Fehler gemacht hatten, etwa beim Strike-out. Er schlug alle Einladungen der Baumgartners aus, nach dem Spiel mit ihnen essen zu gehen. Es war offensichtlich, daß hinter diesen Absagen eine Methode steckte.

Cindy nahm ihre Jungen so oft wie möglich mit zu Besuch bei ihren Großeltern. Sie hatte immer eine Entschuldigung, weshalb Randy nicht hatte mitkommen können – aber Jim und Marge Baumgartner wußten es besser. Er wollte offensichtlich nichts mit ihnen zu tun haben.

Den Herbst 1990 über war Cindy Baumgartner trotz Randys manchmal flegelhaften Benehmens eine sehr glückliche junge Frau – glücklich in ihrer Ehe, glücklich mit ihrem neuen Leben. Sie war eifrig damit beschäftigt, das große Haus in Woodinville zu dekorieren und die Jungen zu ihren unzähligen Aktivitäten zu kutschieren. Sie und die Jungen besuchten die Four Square Church in Everett oder die Silver Lake Chapel, und manchmal überredete sie Randy, mit ihnen zu kommen.

Cindy wählte Mauve und Blau als die Grundfarben in ihrem neuen Haus. Es paßte gut zu dem grauen Teppichboden. Sie kauften eine Menge neuer Möbel; Couchtische, Schrankwände und der Vitrinenschrank für Cindys Puppensammlung waren aus Eiche. Während Randys Haus immer sauber, aber abgesehen von seiner Marine-Ausrüstung, den Sportplaketten und Fotografien bar aller dekorativen Details gewesen war, richtete Cindy das neue Haus anheimelnd und gemütlich ein. Sie suchte bequeme Couches mit mauven und blauen Dekorationskissen aus, hängte Körbe mit mauven und blauen Kunstblumen auf, kaufte blaue Kerzen und gerahmte Drucke in denselben komplementären Farben. Es entstand ein zum Gebäude passender ›Landhausstil‹, und Cindy hatte Spaß daran, hübsche Dinge zu finden, die es noch wohnlicher machten, zum Beispiel den Wandbehang aus Stroh mit Borten und künstlichen Blumen.

Im Elternschlafzimmer stand ein übergroßes Bett, dazu eine umbördelte, blaßmauve Bettumrandung mit einem Muster aus winzigen weißen Blumen. Die Tagesdecken über den Kopfkissen und die Zierkissen waren farblich passend. Hinter dem Bett waren eine Wandkombination mit einem Spiegel und Regalflächen für sie beide angebracht.

Aus Achtung für die Männer in ihrem Leben überließ Cindy bereitwillig Randy die Entscheidung über die Einrichtung des Spielzimmers im ersten Stock. Es sollte das ›Männerzimmer‹ werden. Dort wurden die Fernsehkonsole, der Videorecorder, das Nintendo, das Trommelset, der Hometrainer, die Bilder vom Baseball-Team, die Trophäen und natürlich Randys Erinnerungsstücke an das Marine Corps untergebracht. An die Wand hängte er ein hellrotes Banner des Marine Corps mit der Legende: ›FMF, 3 ENGR BN SPT CO.‹ Es paßte farblich zu nichts, aber es machte ihn glücklich, also was spielte das für eine Rolle?

In allen Häusern, in denen er lebte, hatte Randy sofort den Garten angelegt. Der Garten ihres Woodinville-Hauses war überhaupt nicht gestaltet und bot großartige Möglichkeiten. Er war mit verkümmertem Crabgrass *(digitaria sanguinalis)* überwuchert, und an einer Seite gab es ein Problem mit der Drainage, das man aber mit Hilfe eines mit Ziegelstein- und Felstrümmern gefüllten Grabens hätte beheben können. Nur die Überreste eines Zaunes mit weißen Querlatten und je ein riesiger Felsbrocken zu beiden Seiten der Anfahrt waren vorhanden. Aber Randy machte sich nicht die Mühe, im Garten zu arbeiten. Er säte kein Gras, und er pflanzte auch nicht einen Rosenstrauch. Er klagte darüber, das Grundstück sei ein ›Sumpf‹, und er schien kein Interesse daran zu haben, diesen Umstand zu ändern.

Es war beinahe so, als plane er nicht, so lange dort zu bleiben, daß sich die Mühe gelohnt hätte.

Randy verließ Bill Pierre Ford für zwei Monate – November und Dezember –, und nahm einen Job im Washington State ›in der Verwaltung‹ an. »Meine Arbeit hatte mit Publikumsverkehr zu tun – ich mußte Fahrzeuge inspizieren … Regulierungen vornehmen.«

Der Job war mit wechselnden Arbeitszeiten verbunden. Er mußte einmal von acht bis sechzehn Uhr, und dann wieder von mittags bis acht Uhr morgens arbeiten. »Ich fühlte mich nicht wohl bei diesem Arbeitszeitwechsel«, erinnerte Randy sich. »Er war nicht zumutbar für meine Familie. Wir waren frisch verheiratet, und wir mußten uns ständig anpassen. Ich deutete meinem Arbeitgeber gegenüber an, daß ich nicht für einen Bürojob geeignet sei.«

Randy erinnerte sich später, daß sie gegen Ende 1990 alle ›mit der Familie und den Ferien‹ befaßt waren. In seiner Erinnerung war in den ersten sechs Monaten ihrer Ehe nichts wichtiger als die Familie. Er war nicht bereit, Cindy und die Jungen nachts in ihrem recht einsamen Landhaus allein zu lassen. Die gemeinsam verbrachte Zeit der Familie war ihm sehr wichtig.

Weihnachten 1990 – ihr erstes Weihnachtsfest als Paar – verbrachten sie in ihrem neuen Haus. Tatsächlich hatten Cindy und Randy einander zu Weihnachten 1989 noch nicht einmal gekannt. Viele Freunde Randys waren überrascht, zu erfahren, daß er verheiratet war. Eine Weihnachtskarte mit einem Bild der neuen Familie war für sie der erste Hinweis darauf, daß er wieder geheiratet hatte.

Cindy lud Lori und die Bakers über Weihnachten ein, und sie feierten alle zusammen. Alles schien in bester Ordnung zu sein.

Nach Weihnachten kehrte Randy zu seinem Mechanikerjob bei Bill Pierre und zu regelmäßigen Arbeitsstunden zurück.

Cindy Roth gehörte nicht zu der Sorte Frauen, die mit den privaten Geheimnissen ihres Ehelebens hausieren gehen, aber die Menschen, die sie kannten, bemerkten nach Weihnachten, daß sie nicht mehr ganz so glücklich wie früher zu sein schien. Die Lebensfreude, die sie in den ersten paar Monaten nach ihrer Heirat gezeigt hatte, war verschwunden. Sie ging immer noch jeden Freitagabend mit Lori Baker einkaufen, aber ihre ganze Persönlichkeit schien gedämpft oder schwächer geworden zu sein. Während die beiden Frauen einkauften, gingen Cindys Jungen und Greg mit Randy und halfen ihm, den Boden des Shops bei Bill Pierre Ford zu säubern.

Auch Dottie Baker bemerkte, daß Cindy verändert war. Wenn Cindy Rylie mittwochs um sechzehn Uhr zum Klavierunterricht zu ihr brachte – wie es seit Jahren üblich war –, sah Dottie erschrocken, daß sie nicht länger die lebendige, fröhliche junge Frau war, die sie kannte. In all den Jahren, seit Dottie Cindy kannte, war ihr Haus stets makellos gepflegt gewesen. Jetzt, in den ersten, grauen Wintermonaten des Jahres 1991, war das Haus immer noch sauber, aber auf den neuen Möbeln lag Staub, und die Böden waren nicht so peinlich sauber wie früher. Cindy selbst wirkte farbloser und weniger gepflegt. Sie färbte ihre Haare nicht mehr blond, so daß deren natürliches Braun an den Wurzeln zu Tage trat, und sie legte kaum noch Make-up auf. Cindy hatte stets zu ihrer Kleidung passende Ohrringe und anderen Schmuck getragen, aber jetzt machte sie sich nicht mehr diese Mühe.

Cindy erklärte Dottie diese Veränderungen nicht, aber die Wahrheit war, daß Randy kein blondiertes Haar mochte, also ließ Cindy es widerwillig wieder seine natürliche Farbe annehmen. Randy war auch empört, als er erfuhr, wieviel Cindy für ihre Fingernagelpflege bezahlte. Es hatte Cindy immer gefallen, lange, perfekt polierte Nägel zu besitzen. Sie hatte sich sogar auf einem Nagel, wie es Mode war, einen winzigen ›Diamanten‹ anbringen lassen. Nach ihrer Heirat ging sie immer noch zur Nagelpflege, aber sie bezahlte halb per Scheck, halb in bar, und Randy mußte die Nagelfarbe absegnen. Sie bezahlte auch teilweise in bar, wenn sie sich die Haare schneiden ließ. Auf diese Weise erfuhr Randy nicht, wieviel es gekostet hatte.

Falls ihr jemals klar wurde, daß sie in einem großartigen Haus lebten, das von *ihrem* Geld bezahlt wurde; daß ein beträchtlicher Teil ihres monatlichen Einkommens von dem Geld herrührte, das ihr verstorbener Mann für *seine* Söhne bei der Sozialversicherung eingezahlt hatte; und daß sie selbst Geld gespart und jedes Recht darauf hatte, ein wenig davon für sich auszugeben, erwähnte sie dies niemals anderen Menschen gegenüber.

Cindy wirkte eingeschüchtert; so, als fürchte sie sich, frei zu reden; und sie schaute stets um Zustimmung heischend zu Randy hin, bevor sie sprach. Alle Frauen, die jemals mit Randy Roth liiert gewesen waren, hätten Cindy davor warnen können, daß er *der Boß* war. Was immer auch sonst für Randy in einer Beziehung Bedeutung haben mochte – die Frau mußte stets daran denken, daß *er* das Sagen hatte; das war das wichtigste. Er glaubte nicht an die Frauenbefreiung, und wehe der Frau, die darüber argumentieren wollte.

Cindy entdeckte dies allmählich, wie es die anderen Frauen vor ihr getan hatten. Der Romantiker war verschwunden, und der Diktator kam hervor. Jedesmal, wenn Cindy ein wenig mehr nachgab, um sich an Randys Sicht der Dinge anzupassen, verlangte er ein wenig mehr. Und da sie eine der Frauen war, die ihre Männer glücklich machen wollten, beugte sie sich noch mehr seinem Willen. Sie durfte keinem Trainingsclub beitreten, weil sie ›dort Männer treffen‹ würde. Randy seinerseits ging in ein Fitneßcenter, in dem Dutzende attraktiver, junger Frauen zwischen dreizehn und dreißig Jahren zusammen mit den Männern trainierten. Randy verließ weiterhin das Haus, wann immer es ihm beliebte, ohne zu sagen, wohin er ging. Er blieb jedesmal stundenlang in Lilys Haus, wenn er ihren Sohn nach seinem Besuch bei Greg nach Hause brachte.

Cindy durfte dem North Shore YWCA (Young Woman's Christian Association = Christlicher Verein junger Mädchen) beitreten, um an deren nur für Frauen zugelassenem Aerobic-Unterricht und den Gruppenwanderungen teilzunehmen –

Randy verabscheute überschüssiges Fett bei Frauen. Cindy hatte vielleicht vier Pfund zuviel um die Hüften, und Randy sorgte dafür, daß sie dies niemals vergaß. Ihre Wandergruppe traf sich dreimal wöchentlich am Morgen, und die Frauen wanderten sieben oder acht Kilometer weit. Auf die übrigen Mitglieder der Gruppe – meistens Fremde – wirkte Cindy fröhlich und freundlich, und sie war bald in einer sehr guten körperlichen Verfassung. Sie erwähnte, daß sie verheiratet war und Kinder hatte, aber sprach nicht weiter darüber.

Als Cindy sich für den YWCA anmeldete, betonte sie im Verwaltungsbüro, daß alle Postsendungen an sie den Namen ihres Mannes enthalten müßten. »Er will nun mal, daß alles seinen Namen trägt«, sagte sie halb entschuldigend. Randy war wütend geworden, als sie Kataloge erhielt, die an Cindy Baumgartner adressiert waren. Selbst ein Prospekt, der an Cindy Roth statt an Mrs. Randy Roth adressiert war, regte ihn auf.

Was für ein Kerl, dachte das Mädchen im Büro. *Muß seinen Namen sogar auf den dummen, kleinen Wurfsendungen vom YWCA lesen.* Zu Cindy Roth sagte sie nichts davon.

Randy Roth erinnert sich an den Beginn des Jahres 1991 als eine hektische, aber glückliche Zeit. »Nach den Ferien, zu Neujahr, luden wir die Kinder ein und fuhren zu der neuen Wohnung von meinem Dad …

Die nächste Baseball-Saison, 1991, war recht anstrengend für uns alle. Drei Jungen, drei Trainings, drei verschiedene Spielplätze. Sie (Cindy) ging zwischendurch Lebensmittel einkaufen, wenn wir die Jungen zum Training brachten. Ich holte Rylie ab und brachte ihn zum Klavierunterricht.«

Sie alle trainierten einige Wochen lang, dann wurden zwei Tage lang die Spieler ausgewählt. Cindy und er gehörten zu den Eltern, die wirklich an der Little League interessiert waren, und sie mußten oft schmeicheln und bitten, um Hilfe von weniger enthusiastischen Familien zu erhalten. Sie brauchten immer noch Manager und Trainer. Tyson und Rylie spielten ihre Spiele auf dem Haupt-Feldkomplex, und die älteren Jungen – darunter Greg – spielten auf dem Feld am Highway 9 nach Everett. Die regulären Little-League-Spiele endeten Mitte Juni, und die Coaches wählten All-Stars aus, die weiter um die Meisterschaft kämpften. Greg war als All-Star ausgesucht worden, und Randy war sehr stolz.

Fünf der Mechaniker von Bill Pierre Ford arbeiteten nebenher zusammen als Reparaturteam bei Autorennwettbewerben am Ort. Es war in der Tat ein geschäftiger Frühling.

Vielleicht trug dies dazu bei, daß Cindy Roth ihren alten Freunden und ihrer Familie weniger lebendig und tatkräftig vorkam. Ihre Ehe mit einem menschlichen Dynamo wie Randy muß ihr – verglichen mit ihrer alten Lebensführung – anstrengend erschienen sein. Randy hatte einen Stundenplan, mit dem nur wenige Männer zu Rande gekommen wären. Bei ihm mußte alles wohlgeordnet sein, und er war pausenlos überaus beschäftigt – Sport, Rennen, Arbeit. Er wollte, daß seine Frau schlank, fit und gehorsam war. Geld – *ihr* Geld – gab er freizügig aus. Er kaufte auch für alle drei Jungen Go-Karts, mit den passenden Sturzhelmen und Handschuhen.

Zu den Dingen, um die sich Randy schon bald nach seiner Heirat mit Cindy gekümmert hatte, gehörte eine Lebensversicherung. Sie hatten am 1. August 1990 geheiratet, und im Oktober desselben Jahres schilderte er Cindy die Lage. Er machte sich Gedanken wegen der Jungen. Er teilte ihr mit, unterhalte seit 1985 eine Lebensversicherung im Wert von hunderttausend Dollar bei der Prudential. Er sagte, sein Begünstigter sei sein Vater, Gordon, auf den er sich verließe, daß er sich um Greg kümmern würde, und – wenn es hart auf hart käme – auch um Tyson und Rylie. Cindy erklärte, sie habe bereits eine Police über hundertfünfzehntausend Dollar bei der New York Life abgeschlossen, die voll eingezahlt sei.

Randy schüttelte besorgt den Kopf. Wie weit würden zweihundertfünfzehntausend Dollar reichen, wenn es darum ging, drei Jungen zu ernähren und zu erziehen? Angesichts der derzeitigen Inflationsrate und der beträchtlichen Raten auf ihre Hypothek hatte Randy das Gefühl, daß sie unterversichert waren. So, wie er es darlegte, gab Cindy ihm recht.

Er sagte, er sei nicht sehr glücklich darüber gewesen, wie sein Versicherungsagent die Dinge in der Vergangenheit gehandhabt hatte, und er schlug vor, daß sie Cindys Agenten anriefen, der die New York Life vertrat. Sie war mit Timms Einfühlungsvermögen und Professionalität – die er bewiesen hatte, als Tom Baumgartner gestorben war – sehr zufrieden gewesen. Da Tom innerhalb von zwei Jahren nach Inkrafttreten der Police gestorben war, hatte es eine recht gründliche Untersuchung gegeben, bevor ihr Anspruch erfüllt wurde. Aber es war unwiderlegbar und tragisch klar gewesen, daß Tom an einem rapiden Fortschreiten der Hodgkin-Krankheit gestorben war – die medizinischen Berichte bestätigten dies –, und Bruce Timm hatte Cindy geholfen, all diese Formalitäten so rasch hinter sich zu bringen, wie er nur konnte.

Als die Clifts erfuhren, daß Randy wieder geheiratet hatte, hatten Donna und Judy, ihre Stiefmutter, ein ungutes Gefühl. Jener Zwischenfall mit dem Schlauchboot auf dem Skykomish-River lag zwar bereits vier Jahre zurück, aber Donna geriet immer noch in Panik, wenn sie daran dachte.

Judy Clift schaute Donna an und sagte leise: »Die arme Frau. Ich habe das schreckliche Gefühl, daß sie in einem Jahr tot sein wird.«

»Ich wollte ihren Namen im Telefonbuch nachschlagen«, sagte Donna. »Ich wollte sie anrufen und ihr raten, fortzulaufen, sich zu verstecken oder einfach nur vorsichtig zu sein, oder mir eine Möglichkeit ausdenken, sie zu warnen. Aber was hätte ich sagen können? Sie würde mich vermutlich für eifersüchtig gehalten haben. Oh, wie ich mir wünsche, es getan zu haben.«

Hätte Donna Clift tatsächlich angerufen, wäre Cindy Roth wahrscheinlich erschüttert gewesen. Sie wußte nicht einmal, daß Donna existierte. Sie hatte keine Ahnung davon, daß Randy geschieden worden war, nachdem er Witwer wurde. Hätte sie es gewußt, würde sie ihn niemals geheiratet haben.

Er hätte gegen ihre erste Regel in bezug auf potentielle Gatten verstoßen.

Aber da gab es so viele Dinge, die sie nicht über Randy wußte. Im Verlauf des Januar und des Februar 1991 gelangte der Golfkrieg in die Schlagzeilen, und in dem perfekten Heim in Woodinville, Washington, tobte ein Krieg einer anderen Art. Niemand wußte, wie schlecht die Dinge wirklich standen. Niemand wußte, wie viele schreckliche Geheimnisse Cindy Roth erfuhr. Ihre Haut und ihre Haare wurden stumpfer und grauer, und ihr Ehrgeiz im Haushalt ließ immer mehr nach. Sie war niemals krank gewesen, aber jetzt wurde sie häufig krank. Sie war stets glücklich und zuversichtlich gewesen.

Das war jetzt vorbei.

Am 17. Juli 1991 gab Cindy in einem Brief an Toms Mutter einen kleinen Hinweis auf ihre tatsächlichen Gefühle. Sie schrieb, Randys Onkel – der soeben sein fünfzigstes Ehejahr gefeiert hatte – sei bei einem tragischen Unfall ums Leben gekommen. Die ganze Familie sei ›wie benommen‹.

Randys Vater habe an einem Warmwasserpool hinter dem gelben Haus gearbeitet, aber es gäbe Probleme damit, die Drähte so zu verlegen, daß der Schalter einwandfrei funktionierte, schrieb Cindy. Sie dankte ›Dad Baum‹ dafür, daß er all die Leitungen gekauft hatte, aber sie bestand darauf, daß es bei weitem zu großzügig gewesen sei, um als ›Einstandsgeschenk‹ durchgehen zu können. Cindy schrieb, sie und Randy wollten wenigstens einen Teil der Kosten übernehmen.

Cindy schloß ihren Brief so überschwenglich wie stets: ›Vielen, vielen Dank. Wir lieben Dich. Ruf mich an, wenn Du nach Hause kommst. Wir werden uns etwas ausdenken, um hoch zu der Hütte zu kommen … Am 1. oder 4. August fahren wir wegen unseres Jahrestages nach Reno.‹

Die Baumgartners machten in der zweiten Julihälfte Urlaub, und Cindys Eltern, Merle und Hazel Loucks, hielten es ebenso – wie sie es auch im Vorjahr getan hatten, als Cindy und Randy nach Reno ›durchgebrannt‹ waren. Jetzt hatte

Cindy vorgeschlagen, daß sie und Randy an den Ort zurückkehren sollten, wo sie geheiratet hatten. Vielleicht hoffte sie,
die romantische Liebe wieder entflammen zu können, die aus
ihrer Ehe entschwunden war. Sie hatte nicht die leiseste Vorstellung davon, wie viele andere Frauen vor ihr das gleiche
versucht hatten.

23. JULI 1991

12

King County Detective Sue Peters von der Major Crimes Unit hatte am Ende des 23. Juli, des heißesten Tages im Sommer 1991, Bereitschaftsdienst in der Abendschicht. Am Mittag war die Temperatur auf siebenunddreißig Grad Celsius geklettert; eine fast unerhörte Hitzewelle. Im westlichen Teil von Washington waren die Sommerabende gewöhnlich angenehm kühl, wie heiß der Tag auch immer gewesen sein mochte, aber jetzt war es um 19 Uhr 30 immer noch brütend heiß. Fünf Minuten später erhielt Peters einen Anruf von ihrem Sergeant Spence Nelson. Sie sollte sich im Idylwood Park am Lake Sammamish um einen möglichen Fall von Ertrinken kümmern. Das Opfer war weiblich. Weitere Daten waren zur Zeit nicht erhältlich.

Peters schaltete ihr Funkgerät ein, und eine Einheit der Wasserschutzpolizei meldete, keine der mit dem Fall befaßten Personen befände sich noch am Schauplatz. Peters fuhr in den Dritten Bezirk, kam kurz nach 20 Uhr an und suchte Marine Officer Elaine Hood auf, die kurz nach Erhalt des Notrufs 911 am Schauplatz gewesen war. Hood sagte, im Lake Sammamish sei eine Frau ertrunken. Wie es aussah, war sie mit ihrem Ehemann Schlauchboot gefahren oder geschwommen. Auf jeden Fall habe sie sich an das Boot geklammert, als ein Motorboot vorbeigerast sei und in seiner Bugwelle das Schlauchboot habe kentern lassen. Sie sagte: »Das Opfer war blau angelaufen. Der Ehemann verweigert eine Autopsie.«

Das war der Anfang. Sue Peters hatte keinen Anlaß zu der Annahme, daß sie es mit einem irgendwie besonders gearteten Fall zu tun hatte; abgesehen davon, daß das Schlauchboot mit Wasser gefüllt und mit voll Wasser gesogenen Gegenständen auf dem Boden an Land gekommen war. Hood berichtete, einer der Zeugen habe ausgesagt, das Verhalten des Ehemannes sei recht merkwürdig gewesen. Fälle von Ertrinken seien an einem heißen Sommertag in der Gegend um Seattle leider an der Tagesordnung. Nicht an heiße, sonnige Tage gewöhnt, fielen die Bewohner des Nordwestens bei ungewöhnlich warmem Wetter über die Seen und Wasserwege her, und viele von ihnen könnten nicht schwimmen. Sie sprängen in aufgeblasene Autoreifenschläuche, Schlauchboote oder ohne Schwimmwesten in Paddelboote aus Styropor, und nur allzu oft fielen sie heraus und ertränken in dem noch kalten Wasser, das als geschmolzener Schnee von den Bergen heruntergekommen sei.

Peters machte sich ein paar Notizen. Der noch nicht für die Presse freigegebene Name des Opfers lautete Cynthia Roth; ihr Alter war nicht angegeben. Ihr Mann war nur als Mr. Roth bekannt. Er war im eigenen Wagen dem Medic-One-Fahrzeug aus Bellevue gefolgt, in dem die Sanitäter ständig eine kardiopulmonare Reanimation (Wiederbelebung durch Herz-Lungen-Massage) bei seiner Frau versuchten. Das Opfer sei um 18 Uhr 35 im Overlake Hospital in Bellevue von Dr. David M. Roselle als tot erklärt worden.

Schätzungsweise einhundert Personen hatten gesehen, wie die Frau unterging; der Park war den ganzen Tag über voller Menschen gewesen. Es gab Rettungsschwimmer im Dienst, Sonnenbadende, Schwimmer, und fünfzig bis sechzig Boote schwirrten auf dem nördlichen Teil des Lake Sammamish umher, als sich der Vorfall ereignete. Sue Peters hoffte, genügend Zeugen finden zu können, um den tatsächlichen Ablauf rekonstruieren zu können.

Peters begann mit einem Anruf im Overlake Hospital. Sie erfuhr, daß Detective Larry Conrad vom Redmont Police Department und Mr. Roth das Hospital bereits verlassen hatten. Es war siebzehn Minuten nach 20 Uhr. Roth hatte gefaßt gewirkt, aber ihnen war aufgefallen, daß er nichts unternommen hatte, um die beiden weinenden Kinder zu trösten, die gleich neben ihm in dem stillen Raum gesessen hatten. Ein Trauerberater (grief counselor) hatte sich der beiden kleinen Jungen angenommen, und man hoffte, daß sie und ihr Vater es schaffen würden, mit ihrem schrecklichen Verlust umzugehen.

Larry Conrad war leicht zu finden. Er saß in der Redmond-Polizeihauptwache und erledigte seinen Schreibkram. Peters bemerkte sofort, daß Conrad in diesem Fall Verdacht geschöpft hatte. Die Roths waren anscheinend in einem Schlauchboot auf den See gefahren, wie er berichtete. Die Frau war ins Wasser gesprungen, um zu schwimmen, und von einem Krampf im Bein befallen worden. Das Boot war ihr entglitten, als sie sich daran klammerte, und sie hatte das Bewußtsein verloren, bevor ihr Ehemann sie in das Schlauchboot ziehen und ans Ufer rudern konnte, um Hilfe zu holen. Officers am Ufer hatten den Eindruck gewonnen, daß das Boot durch ein Motorboot zum Kentern gebracht worden war, aber in Mr. Roths erster Aussage gegenüber Conrad im Krankenhaus hatte er gesagt, er glaube nicht, daß das Motorboot schuld gewesen sei, denn es sei in wenigstens fünfzig Meter Entfernung vorbeigefahren.

»Roth sagte, seine Frau habe besser schwimmen können als er«, schloß Conrad.

Sue Peters wußte, daß die Menschen Trauer auf unterschiedliche Weise ausdrückten, und sie wußte, welche Auswirkungen ein Schock haben konnte. Sie hatte bisher noch nicht mit Mr. Roth gesprochen, aber sie hatte es vor. Für den Augenblick kümmerte sie sich darum, daß sie alle Beweisstücke – darunter das Schlauchboot – sobald wie möglich in Händen hielt.

Conrad teilte Peters mit, Roth sei aufgebracht gewesen, als Dr. Roselle ihm erklärte, der Leichnam seiner Frau müsse für die medizinische Untersuchung bereitgehalten werden.

Aber so lautete das Gesetz.

Detective Conrad hatte Roths erste Aussage aufgenommen. Sein voller Name lautete Randolph G. Roth. Roth hatte gesagt, er warte auf jemanden ›mit Autorität‹, und er schien erleichtert, als der Redmond-Detective kam. Conrad bemerkte, daß Roths Fahrzeug ein Isuzu Trooper II war und daß das zusammengefaltete Schlauchboot und die Paddel darin lagen, und er hatte zumindest einen mit nassen Handtüchern und/oder Kleidungsstücken gefüllten Plastikbeutel gesehen. Roth hatte ruhig gewirkt, aber die beiden Jungen – die etwa acht und zehn Jahre alt zu sein schienen – hatten untröstlich geweint.

Es waren nicht die Umstände der Tragödie, die Conrad stutzig machten, sondern deren Wirkung auf den Witwer. Roth hatte nicht gramgebeugt gewirkt. Die beiden kleinen Jungen waren vor Kummer außer sich gewesen – aber nicht dieser Bursche. Im Krankenhaus war das Schlauchboot zu den Beweisstücken genommen worden, und dieser Umstand schien Roths Zorn erregt zu haben. »Er wurde sehr erregt und wütend«, sagte Conrad zu Sue Peters. »Er sagte, wir hätten kein Recht dazu.«

Randy Roth hatte ein paar Minuten nach 19 Uhr eine schriftliche Aussage gegenüber Conrad gemacht, in der er im Prinzip dieselben Umstände der Tragödie wiederholte. In der einen Minute habe Cindy noch gelebt und sich an das Boot geklammert, wenn sie auch einen Krampf hatte. Im nächsten Moment sei das Schlauchboot über ihren Kopf umgeschlagen, und als er das Boot wieder umgedreht und sie hineingezogen hatte, habe sie nicht mehr geatmet. »Ich lasse Ihnen das schriftliche Protokoll zukommen«, sagte Conrad zu Peters.

Früh am nächsten Morgen rief Sue Peters das King County Medical Examiner's Office an und bat um eine Kopie des Autopsieberichts. Und dann ging sie die Liste der möglichen Zeugen durch. Bei jedem schrecklichen Vorkommnis nahmen verschiedene Zeugen die Dinge auch auf unterschiedliche Weise wahr. Sie fragte sich, was sie von den Zeugen zu hören bekommen würde, die die ›blau angelaufene‹ Frau am Nachmittag des Vortages am Ufer im Idylwood Park liegen gesehen hatten.

Das Redmond Police Department hatte den Fall als Tod durch Unfall notiert; als Fall Nummer 91-4177.

Ein Unfall? Oder ein Mord? Alles, woran sich Sue Peters in diesem Stadium halten konnte, war ein Detective, dem das Verhalten eines Witwers verdächtig vorgekommen war. Es war nicht viel, aber es reichte aus, um sie davon abzuhalten, den Fall als ›Unfall‹ in die Akten aufzunehmen.

Peters deklarierte es als ›Todesfall-Untersuchung‹. Die Aktennummer bei der King County Police lautete 91-225773. Peters begann, indem sie mit den Leuten Kontakt aufnahm, die sich an jenem verhängnisvollen Dienstag nachmittag am Ufer aufgehalten hatten, dann versuchte sie, die Verwandten und Freunde des Opfers ausfindig zu machen. Peters bat die mit der Öffentlichkeitsarbeit befaßten Officers, am Ostufer des Lake Washington Handzettel zu verteilen; besonders in der näheren und weiteren Umgebung des Lake Sammamish. Sie suchte nach jedermann, der Randy Roths Geschichte bestätigen würde. Es sollte nicht schwierig sein, Zeugen zu finden. Die Tragödie war das Tagesgespräch östlich des Sees.

Das in Bellevue – der größten Stadt beim Lake Sammamish – erscheinende *Journal American* trug am 24. Juli die Headline ›Frau ertrank im Lake Sammamish‹. Der Tenor der Story war, da sich im Park so viele Menschen aufgehalten hätten, habe niemand bemerkt, daß Cynthia ›Ross‹ ertrunken war, bis die Rettungsteams ankamen. Eine Zeugin namens Pam Chicoine wurde zitiert: ›Da waren so viele Leute am Ufer, daß ich mich frage, wie jemand es hätte sehen können. Man muß sich bestimmt fragen, wie diese drei Rettungsschwimmer jeden Unfall sehen können sollen.‹

Der Reporter gestand ein, daß der Ertrinkungstod sich weit von dem durch Rettungsschwimmer geschützten Bereich entfernt ereignet hatte, und er schrieb, die Rettungsschwimmer *seien* ins Wasser gesprungen, als die Frau schließlich ans Ufer gebracht wurde. Und doch wurde dort deutlich genug gesagt, daß Cynthia Roth ertrunken war, weil es in dem vielbesuchten Park an entsprechenden Sicherheitsvorkehrungen und an Personal mangelte.

Sergeant George Potts von der Redmond Police hatte dem Journal mitgeteilt, daß die tote Frau und ihr Ehemann in ihrem Zweipersonenschlauchboot vom Idylwood aus zur

Ostseite des Sees gefahren und geschwommen seien, als das Opfer einen Krampf im Bein bekam. Der Ehemann habe sie ins Boot gezogen, nachdem er es wieder aufgerichtet hatte, und er sei ›wenigstens zwanzig Minuten lang zurück zum Idylwood gepaddelt, um Hilfe zu holen‹.

Niemand habe angehalten, um dem Paar zu helfen, hatte Potts gesagt, aber andererseits habe der Mann auch nicht versucht, ein vorbeifahrendes Boot zu verständigen. »Er hatte die Absicht, sie so rasch wie möglich zurück ans Ufer zu bringen, damit ihr geholfen werden konnte. Solche Dinge sind hier sehr leicht möglich; besonders, wenn es sich um kleine Schlauchboote mit niedrigem Tiefgang handelt – sie werden von vorbeifahrenden Booten leicht übersehen.«

Mike McFadden, neunzehn Jahre alt, war an jenem Nachmittag einer der diensthabenden Aufseher gewesen. Er sagte zu Sue Peters, er habe einen Mann gesehen, der in der Nähe des Idylwood Park sein Schlauchboot gepaddelt habe; er sei sehr langsam gerudert, das Gesicht dem Ufer zugewandt. »Das ist nicht die beste Methode, wenn man mit Höchstgeschwindigkeit rudern will«, bemerkte der junge Aufseher. Tatsächlich war der Mann gefährlich nahe an den durch Seile abgetrennten Schwimmerbereich herangekommen, und McFadden hatte gepfiffen und ihm abgewunken. Und der Mann im Schlauchboot ließ zu diesem Zeitpunkt nicht erkennen, daß er Probleme hatte. Mc Fadden hatte keine weitere Person in dem Boot gesehen. Später hatte er bemerkt, daß der Mann noch zwei oder drei Minuten lang reglos in seinem Boot sitzen blieb, nachdem er es an Land gesetzt hatte.

Der Rettungsschwimmer erfuhr zum ersten Mal, daß etwas nicht in Ordnung war, als einer der beiden Jungen, die zu dem Mann zu gehören schienen, zu ihm gelaufen kam. Die Kinder waren so höflich und zurückhaltend, daß er sie schon zu der Schutzhütte schicken wollte, damit ihnen dort geholfen wurde – in der Annahme, daß einer von ihnen einen kleineren Schnitt oder eine sonstige Verletzung hatte.

»Dann sah ich die Leiche und die Hand auf dem Bootsrand«, erinnerte McFadden sich. »Ich rief Code 88 (Notfallalarm) und lief zu dem Boot.«

Das Boot war recht vollgelaufen; das Wasser stand etwa zehn Zentimeter hoch auf dem Boden, und die Frau schien in schlechter Verfassung zu sein. Sie atmete nicht, und ihre Hautfarbe wies das Blaugrau des Todes auf. McFadden rief dem Mann – den er als Randy Roth kennenlernen sollte – zu, er solle ihm helfen, sie aus dem Boot und ans Ufer zu tragen, damit er Wiederbelebungsversuche anstellen könne. Zu Beginn war der Mann so geistesabwesend, daß McFadden annahm, er sei in einem Schockzustand. Roth versuchte nicht, zu helfen, die Frau wiederzubeleben; er stand ein Stück abseits und schaute mit ausdruckslosem Gesicht zu.

Der Mann murmelte, ein Motorboot sei nahe an sie herangekommen, und eine Welle habe ihr Schlauchboot zum Kentern gebracht, und seine Frau habe Wasser geschluckt.

Einmal, als McFadden beiseite trat, um sich von einem Kollegen bei seinen Wiederbelebungsversuchen ablösen zu lassen, sah er verwundert, daß Roth in aller Gemütsruhe sein Schlauchboot zusammenfaltete.

Andere Aufseher – darunter Kelli Crowell – schlossen ihren Uferabschnitt sofort für Schwimmer und kamen zu McFadden, der sich mit der Frau befaßte. Crowell, achtundzwanzig Jahre alt, hörte Roth sagen, er habe bereits eine Menge Wasser aus dem Boot geschöpft, so daß sie annahm, es sei voll Wasser gewesen; möglicherweise wies es ein Leck auf. Crowell gewann den Eindruck, daß Roth die ertrunkene Frau einfach im Wasser treibend vorgefunden hatte; sie hatte keine Ahnung, daß die beiden zusammengehörten. Der Mann war emotionell nicht betroffen genug. Crowell erkannte auch nicht, daß die beiden kleinen Jungen zu ihm gehörten. Er unternahm keinen Versuch, sie zu trösten.

Pam Chicoine hatte über ihr Funktelefon 911 gerufen, und das Bellevue-Sanitäterteam war sofort zum See aufgebrochen.

Die Söhne des Opfers waren schrecklich verstört; die Tränen liefen ihnen übers Gesicht.

Patti Schultz und Michael Mann, ihr Freund, waren an

jenem Nachmittag im Idylwood Park. Es war ihr freier Tag. Und wäre der Zustand des Opfers nicht so hoffnungslos gewesen, hätte die Anwesenheit der beiden vielleicht die Tragödie abwenden können. Sie waren beide gut geschulte Sanitäter beim Seattle Fire Department. Während sie das Seeufer entlangschlenderten, nahm Patti mit erfahrenem Blick die Aufregung nahe am See wahr. Eine Menschenmenge hatte sich um jemanden versammelt, der am Boden lag, und im Näherkommen sah sie, daß die Rettungsschwimmer sich mit einer Frau in einem einteiligen Badeanzug beschäftigten. Ihre Hautfarbe war marmoriert und zyanotisch, und aus Mund und Nase trat ein rosa Schaum aus. Patti und Mike beteiligten sich an den Wiederbelebungsversuchen.

Als Patti sich vorbeugte, um eine Herz-Lungen-Massage vorzunehmen, sah sie im Mund der Frau Blut und bemerkte eine reichliche Menge einer zähen, süßlich schmeckenden, rosa Flüssigkeit, die sie aus dem Magen der Frau emporholte, indem sie sie heftig auf die Seite drehte. Patti Schultz bemerkte auch eine Verfärbung um den Hals des Opfers.

Medizinisch-technische Nofallassistenten des Redmond Fire Department unter der Leitung von Captain Rudy Alvarez trafen zuerst ein. Sanitäter von Medic One in Bellevue empfingen den 911-Ruf um 13 Uhr 36, hatten eine Minute später die Wachstation verlassen und trafen um 13 Uhr 49 im Idylwood Park ein. Sanitäter Mike Helboch erinnerte sich daran, daß er von seinem Fahrzeug gesprungen und zu der im Sand liegenden Frau gelaufen war. Aber bei ihrem Anblick war ihm der Mut gesunken. Seinem Partner Chuck Heitz jr. erging es ebenso. Ihre Haut wies von der Stirn bis zur Brust einen bläulichen Schimmer auf. Wie er wußte, bedeutete dies, daß sie über einen erheblichen Zeitraum hinweg ohne Sauerstoff gewesen war.

»Sie hatte eine sehr, sehr, sehr geringe Überlebenschance, als ich dort ankam«, sagte er.

Während die Sanitäter ein Intubationsrohr einführten und sich bemühten, mehr von dem rosa Schaum zu entfernen, der den Sauerstofftransport in Cynthia Roths Lungen blockierte, sahen einige der Zuschauer verwundert, daß der Ehemann

des Opfers methodisch seine Besitztümer aus dem Schlauchboot holte – Kleidungsstücke, Handtücher, Sandalen – und
sie in mehreren Beuteln aus Plastik und Papier verstaute. Und
dann ließ er in aller Ruhe die Luft aus dem Boot und faltete es
zusammen. Er wirkte äußerst unbeteiligt; so, als sei seine
Angst, eines von seinen Besitztümern zu verlieren, größer als
seine Sorge um das Leben seiner Frau. Tatsächlich wurde den
meisten Anwesenden – wie Kelli Crowell – nicht einmal klar,
daß der Mann zu der ertrunkenen Frau *gehörte*. Er schien nur
ein weiterer Helfer zu sein.

Vierzehn Minuten lang bemühte sich das Medic-One-Team
vergebens darum, Cynthia Roth wiederzubeleben. Sie wies
keinen Herzschlag auf. Keinen Puls. Sie gaben ihr ein Milli-
gramm Epinephrin (Adrenalin) und setzten dreimal einen
Vasokonstrictor (gefäßverengendes Mittel) ein – ohne Reaktion. Sie versuchten es mit Atropin in Verbindung mit Epinephrin – nichts. Sie probierten eine Bikarbonat-Injektion aus.
Keine der chemischen Methoden, die manchmal bei einem
Patienten die Atmung wiedereinsetzen und ihr Herz seine
Arbeit wiederaufnehmen lassen, schlug an.

Die Sanitäter schlossen Cynthia Roth an ein Life-Pak-Gerät
an und gaben ihrem Herzen Elektroschocks. Der Monitor
zeigte eine asystolische Herzaktivität an – fehlende oder un-
vollständige Kontraktionen. Auch die Schocktherapie half
nicht.

Endlich befestigten sie die Zuleitungen mit Hilfe eines Kra-
gens an ihrem Hals und schnallten sie auf einer Tragbahre
fest. Sie wußten tief innen, daß die Frau tot war, aber sie setzten ihre Wiederbelebungsversuche fort, während sie sie in ihr
Ambulanzfahrzeug schoben, um sie eilig ins Overlake Hospital zu bringen. Die Frau war so jung, und sie war selbst jetzt
noch schön.

Als die Bellevue-Sanitäter eintrafen, nahm Kelli Crowell sich
der beiden kleinen Jungen an und ging mit ihnen zur Hütte
der Aufseher, wo sie ihre Mutter sehen konnten. Selbst ein
Erwachsener hätte mit einem solchen herzzerreißenden Ver-

lust kaum umgehen können. In der einen Minute war die Familie anscheinend auf einem fröhlichen Ausflug gewesen, und im nächsten Moment war sie auseinandergerissen worden. Die kleinen Jungen – die Crowell sagten, daß sie Tyson und Rylie Baumgartner hießen – befanden sich offensichtlich in einem tiefen Schockzustand. Ihre Zähne schlugen aufeinander, und ihre Haut war unter der Sonnenbräune blaß.

Es war nach 18 Uhr. Die Jungen waren offenbar stundenlang ohne Aufsicht am Ufer geblieben, während ihre Eltern mit dem Schlauchboot auf dem See umherfuhren. Sie hatten außer einem Sandwich, das ihnen der Vater von ein paar Jungen, die sie kannten, gegeben hatte, nichts zu essen gehabt. Sie hatten keine Vorstellung davon, wie lange sie darauf gewartet hatten, daß ihre Mom und ihr Dad zurückkamen. Es war eine lange, lange Zeit gewesen, und sie hatten angefangen, sich ernsthafte Sorgen zu machen.

Das Medic-One-Fahrzeug fuhr ab, und Patti Schultz sah den Vater der Jungen davongehen, das Schlauchboot über die Schulter gehängt. Er schlenderte. Sie hatte immer noch den Eindruck, daß er sich in einem Schockzustand befand; sein Gesicht war völlig ausdruckslos. Tyson und Rylie beeilten sich, um ihn einzuholen, dann gingen sie etwa sechs Meter hinter ihm. Er schien sie nicht einmal zu bemerken. Patti bot dem Mann an, die Plastikbeutel mit den nassen Handtüchern tragen zu helfen, die so schwer waren, daß die Kinder sie nicht einmal anheben konnten. Er sagte zu ihr, es handele sich um all die Dinge, die hinausgefallen seien, als das Boot umschlug.

Wie Patti bemerkt hatte, wollte der Witwer sich nicht von der Polizei in das Krankenhaus fahren lassen, in das seine Frau gebracht worden war, und Patti Schultz bot ihm an, mit ihm und seinen Söhnen im Wagen dorthin zu fahren; Mike Mann würde in seinem Wagen folgen. Der Mann – der, wie er sagte, Randy hieß – war einverstanden. Sie hatte befürchtet, daß er zu schnell oder in Kurven fahren würde, während er dem Van und seiner heulenden Sirene zum Overlake Hospital folgte. Aber er tat beides nicht. Sein Fahrstil war gut; er blieb ein wenig unter der Geschwindigkeitsbegrenzung von fünfundfünfzig Meilen pro Stunde.

163

Randy erklärte, er kenne sich in Erster Hilfe aus, und er habe bei seiner Frau den Puls gefühlt, aber sie habe keinen gehabt. Schultz wunderte sich darüber, daß jemand, der in den Erste-Hilfe-Maßnahmen trainiert war, keine Herz-Lungen-Massage angewandt hatte, statt jeden Wiederbelebungsversuch um die zwanzig Minuten zu verzögern, die er benötigte, um ans Ufer zu rudern. Zwanzig Minuten konnten in einem solchen Fall von entscheidender Bedeutung sein.

»Wie lange braucht ein Mensch, um an Sauerstoffmangel zu sterben?« fragte Roth unvermittelt. »Wie lange kann man überleben – Sie wissen schon, zurückkommen –, nachdem das Herz ausgesetzt hat?«

Schultz wollte ihm nicht sagen, wie es richtig gewesen wäre, daß die Frist sehr knapp war – etwa vier bis sechs Minuten. Sie wich aus. »Mit einer Herz-Lungen-Massage vielleicht dreißig Minuten.«

»Es sind nur vier Minuten«, sagte er knapp.

Wenn er die Antwort kannte – weshalb hatte er dann gefragt?

Während Sue Peters mit den Rettungsschwimmern und anderen Zeugen sprach, die am 23. Juli im Idylwood Park gewesen waren, enthüllte sich allmählich ein Muster vor ihr, das sie frösteln machte. Nicht eine der befragten Personen konnte sich daran erinnern, daß der Mann im Schlauchboot *eilig* ans Ufer gerudert wäre, um Hilfe zu bekommen. Vielmehr war er – wie es schien – beinahe gemütlich gepaddelt; so, als genieße er einen Urlaubstag auf dem See.

Eine Zeugin, Kristina Baker, eine einunddreißig Jahre alte Hausfrau, war an jenem Tag mit ihrer Familie und den beiden Kindern ihrer Nachbarn im Park gewesen. Sie hatte zwischen der Anlegestelle für Boote und dem Schwimmbereich gesessen und auf den See hinausgeschaut. Etwa eine halbe Stunde, bevor der Mann und eine blonde Frau das graue Schlauchboot ins Wasser ließen, war ein Polizeiboot vorbeigefahren und hatte all die Besitzer von Schlauchbooten und Autoreifenschläuchen ins seichte Wasser verwiesen und ihnen geraten, sich von den Dutzenden von Motorbooten draußen auf dem See Sammamish fernzuhalten. Sie hatte verwundert gesehen, wie das graue Schlauchboot aufs tiefe Wasser zuhielt, und sie hatte ihren Blick nicht von dem Boot gelassen, in der Erwartung, daß ein Polizeitboot kommen und es zur Umkehr veranlassen würde.

Sie hatte immer wieder nach dem Paar in dem Schlauchboot geschaut, ohne jedoch die Augen von den Kindern zu lassen, die sie mit an den See gebracht hatten. Sie sah den Mann und die Frau vom Boot aus tauchen und im Wasser umherplanschen, und sie bemerkte Arme, die durch die Luft wedelten. Sie erinnerte sich daran, gedacht zu haben, wie töricht es sei, in einem See zu schwimmen, auf dem sich so viele Motorboote befanden.

Dann wurde Kristina Bakers Aufmerksamkeit für etwa zwei Minuten abgelenkt. Als sie das nächste Mal zu dem Paar hinüberschaute, sah sie den Mann im Boot stehen, dann knien, und die Frau an Bord ziehen. Aber es schien alles in Ordnung zu sein. Dann sah sie, wie er sich hinsetzte und ans Ufer ruderte. Seltsamerweise konnte sie die Frau nicht mehr sehen. Der Mann paddelte sein Boot gemächlich ans Ufer. Baker schätzte, daß es zwanzig Minuten gedauert hatte, bis das Boot anlegte.

Dr. Donald Reay führte die Autopsie an Cynthia Rae Roth am Morgen nach ihrem Ertrinkungstod aus. Untersuchungsbeamte aus Redmond führten ihren Tod auf einen Unfall zurück, aber Reay wollte sich nicht festlegen. Doch seine Ergebnisse waren für die Untersuchungsbeamten der King-County-Polizei keine große Hilfe. Falls sie nach eindeutigen Hinweisen auf einen Mord suchten, würde der Autopsiebericht sie nicht weiterbringen.

»Die Leiche gehört einer normal entwickelten, weißen Frau von 157,5 Zentimeter Größe und 58,5 Kilo Gewicht«, diktierte Reay. »Sie scheint Mitte Dreißig zu sein. Ihr Ernährungszustand weist ein geringfügiges Übergewicht auf. Der Rigor beträgt 4+ in den oberen und den unteren Extremitäten. Die

Lividität (bläuliche Verfärbung, Leichenflecken; Blutansammlungen in den niedrig gelegenen Teilen des Körpers, nachdem das Herz seine Pumptätigkeit eingestellt hat) im Rückenbereich – nicht festgelegt. Hellbraunes bis blondes, feines, gelocktes Haar, etwa zwanzig Zentimeter lang. Braune Augen.«

Selbst im Tod trug Cindy noch Lidschatten. Ein durch die Nase eingeführter gastrischer Schlauch – wie die Sanitäter ihn verwenden – war an Ort und Stelle. Außerdem ragte ein endotrachealer Schlauch aus ihrem Mund – von den Sanitätern zurückgelassen, die sich bemüht hatten, Sauerstoff in ihre Lungen zu pumpen. An ihrem Gesicht klebte noch ein wenig Sand vom Seeufer.

Cindy Roths Fingernägel waren recht lang und makellos – weder gebrochen, noch rissig –, und pink gefärbt. In den Lack auf ihrem linken Zeigefinger waren drei kleine, helle Kunst-Diamanten eingelassen. Auch ihre Fußnägel waren pink gefärbt.

Ihr Körper wies alte Spuren auf – die Dehnungsstreifen, die auf Schwangerschaft(en) hinwiesen, und ein paar geringfügigere Narben am Schienbein. Reay beugte sich vor, um ein paar frischere Kratzer an ihrer linken Halsseite zu betrachten. Er beschrieb sie als ›zwei schräg verlaufende Kratzer von fünf Zentimeter (Länge), mit einem Zwischenraum ... von 1,3 Zentimeter, und jeder Kratzer drei Millimeter (breit).

Die pathologische Diagnose lautet: (1) Asphyxie durch Ertrinken in Süßwasser; (2) Viszerale Kongestion; (3) *behandlungsbedingte* Nadelstichwunden.‹ (Eine weitere, verzweifelte Maßnahme des medizinischen Personals – Medikamente, die durch die Armbeugearterie eingeführt wurden.)

Dr. Reay, dessen fachliches Wissen hoch geschätzt wird, schrieb: ›Der Tod dieser Frau wurde durch Asphyxie (Ersticken) durch Ertrinken herbeigeführt. Sie wurde aus einem See geborgen, auf dem sie Schlauchboot gefahren war. Der Tod wird als *möglicher* Unfall klassifiziert.‹

Peters war verwundert. »Das Szenario ergab für mich ganz und gar keinen Sinn«, erinnert sie sich. Sie sprach mit Dr. Reay und mit Bill Haglund, seinem vorgesetzten Inspektor. Aber die beiden konnten ihr nichts Definitives berichten. Selbst nachdem sie Randy Roths Darstellung der Ereignisse am 23. Juli und von seinen lässigen Bemühungen um Hilfe für seine Frau gehört hatten, die nicht mehr atmete, mußten sie immer noch sagen, daß der Leichnam nur die körperlichen Anzeichen aufwies, die man bei einer Ertrunkenen erwarten konnte. Abgesehen von den beiden Kratzern wies alles auf einen Tod durch Ertrinken hin.

Und genau dem entsprechend waren die Rettungsschwimmer und medizinischen Helfer am Seeufer auch vorgegangen.

Obwohl sie erst seit einem Jahr bei der Major Crimes Unit war, mußte Sue Peters sich mit einem wahrlich denkwürdigen Mordfall befassen. Die meisten Morduntersuchungen in jeder Polizeistelle sind Routineangelegenheiten – falls man Mord jemals als Routine bezeichnen kann. Die Motive, Methoden, Umstände und Gelegenheiten sind in der Regel offensichtlich. Ehe- und Liebespartner brachten einander aus Eifersucht oder in einem trunkenen Wutanfall um. Bandenmitglieder töteten einander, um Chefs zu werden. Auch bei der Ausführung anderer, geringerer Verbrechen wurden die Opfer ermordet.

Aber dieser Fall lag schon jetzt anders. Peters forderte einen Computerausdruck der Akte Randy G. Roth, DOB 12/26/54 an, um nach einer etwaigen Kriminalgeschichte zu forschen. Entweder war er angesichts der großen Unglücke, die ihm widerfahren waren, der nervenstärkste Mann, dem sie jemals begegnet war – oder die Dinge waren nicht so, wie sie zu sein schienen.

Peters las die Aussage durch, die Randy Roth eine halbe Stunde, nachdem seine Frau als tot erklärt worden war, bei dem Redmond-Detective Larry Conrad geschrieben hatte. Roths Grammatikkenntnisse waren rudimentär, und er benutzte kaum Kommata oder Absätze. Seine Handschrift war auffällig; die Buchstaben waren einmal nach links, und einmal nach rechts geneigt.

> Wir kamen ungefähr um 14 Uhr 30 am See an. Dann fingen wir an das Schlauchboot und die Autoreifenschläuche für die Kinder aufzublasen – es war etwas nach 3 Uhr als wir das Ufer erreichten. Die beiden Jungen wollten im Schwimmbereich schwimmen wie sie es schon zweimal mit ihrer Mutter gemacht hatten. Cindy bat mich auf die Ostseite des Sees zu rudern wo es romantischer wäre. Ich sagte es sieht weit weg aus. Sie antwortete Mit deinen starken Armen kannst du es schaffen. Wir ruderten an die andere Seite und paddelten eine Weile herum und kehrten um. Sie fragte ob ich mich mit Schwimmen abkühlen wollte und ich sagte O. K. Wir schwammen fast 10 Minuten und sie sagte das kalte Wasser macht ihr einen Krampf im Bein. Ich sagte laß uns umkehren. Wir waren an der Seite des Bootes und sie hielt sich am Boot fest und ich sagte Halt dich fest, ich schwimme rüber und halte mich an der anderen Seite fest so daß du hineinklettern kannst. Und ich arbeitete mich um eine Welle von einem etwa fünfzig bis einhundert Meter entfernt vorbeifahrenden Boot herum und das Schlauchboot schlug über sie um. Sie keuchte einmal und ich beeilte mich das Boot umzudrehen was ungefähr dreißig Sekunden dauerte. Sie trieb schon mit dem Gesicht nach unten und ich konnte sie vom Wasser aus nicht in das Boot holen. Ich schaffte es hineinzuklettern und zog sie an Bord und ruderte dann ans Ufer wo Hilfe war. Beim Landen wurde ein Rettungsschwimmer von meinem Sohn ans Ufer geholt und sie fingen mit Wiederbelebungsversuchen an. Ich glaube, mein Sohn, Tyson, war es am Ufer – und sie fingen mit Wiederbelebungsversuchen an.
>
> Randy G. Roth

Anfang gaben Sue Peters nur Kleinigkeiten zu denken – aber bald ergaben sich wichtige Ungereimtheiten. Weshalb hatte Randy nicht versucht, Hilfe von einem vorbeifahrenden Boot zu bekommen? Weshalb war er zwanzig Minuten lang oder länger gerudert, um seine ertrunkene Frau ans Ufer zu bringen? Er hatte zu Patti Schultz gesagt, er wisse, daß ein Mensch nur vier Minuten lang ohne Sauerstoff sein konnte, bevor es zu spät war. Weshalb hatte er ein Kind nach dem Rettungsschwimmer geschickt? Und wenn man schon einmal dabei war – weshalb hatte er nicht in dem Augenblick angefangen, um Hilfe zu rufen, als er nahe genug am Ufer war, daß man ihn hätte hören können?

Peters suchte nach logischen Erklärungen. Nichts. Roth mochte so erstarrt gewesen sein, daß er sich hätte einreden können, das alles sei ein böser Traum, und er brauche nichts weiter zu tun, als rudern, rudern, rudern, und Cindy würde sich jeden Augenblick aufsetzen, und alles wäre in Ordnung.

Aber die Ungereimtheiten ließen keine einfachen Erklärungen zu. Randy hatte einem der Sanitäter gesagt, Cindy habe gehustet, und einem anderen, sie habe geschluckt. In einer Version hatte er im Boot gesessen, während sie schwamm; in einer anderen war er mit ihr geschwommen.

Am Montag, dem 29. Juli, rief Sue Peters im Haus der Roths an und hinterließ eine Botschaft auf dem Anrufbeantworter. Neun Minuten später rief Randy zurück. Er erklärte, heute sei der Tag der Trauerfeier für seine Frau. Seine Stimme war ausdruckslos, aber er gab Peters bereitwillig eine kurze Zusammenfassung der Ereignisse am 23. Juli, die sie auf Band aufnahm. Er war sehr sachlich.

»Wenn Sie jemanden zum Tod seines Ehepartners befragen – insbesondere, wenn es sich um einen Unfall handelte –, regt er sich auf, und Sie selbst regen sich auf«, sagt Peters. »Wenn jemand *mich* drei oder vier Tage nach dem Tod eines Familienmitgliedes angerufen hätte, um mir Fragen darüber zu stellen – besonders am Tag der Trauerfeier –, hätte ich gesagt: ›Rufen Sie später an. Ich kann im Augenblick nicht sprechen.‹ Er sagte nichts dergleichen. Er tat, als sei nichts Besonderes vorgefallen … Er beantwortete meine Fragen, schilderte mir, was geschehen war, und er gab lange Antworten auf kurze Fragen.«

Randy gab Sue Peters Informationen über Cynthias Eltern, über die Namen der Louckses und ihre Telefonnummern. Er sagte, sie habe auch einen Bruder – Leon Loucks – in Lake Stevens, und gab ihr seine Nummer. Er sprach noch einmal über die Ereignisse auf dem See, ohne eine Spur von einer Gemütsbewegung in der Stimme.

Er erklärte, Cynthia sei kurz nach der Autopsie eingeäschert worden. »Es war, was wir beide wollten«, sagte er. Die Louckses hätten sich darüber aufgeregt, aber er habe sie davon überzeugt, er sei sicher, daß Cindy es gewollt hätte; er sagte ihnen, er habe eine ihrer besten Freundinnen in einem anderen Staat angerufen, die sagte, es entspräche Cindys Wunsch, und schließlich hätten ihre des Kindes beraubten Eltern zugestimmt.

Sue Peters raffte ihren ganzen Mut zusammen und rief Merle Loucks an. Dies war schon das zweite Jahr hintereinander, in dem Hazel und Merle Loucks bei der Rückkehr aus ihrem Urlaub in Norddakota schreckliche Neuigkeiten erfuhren. Verglichen mit der diesjährigen Tragödie, erschien die überraschende Hochzeit im letzten Jahr unerheblich. Der Verlust ihrer geliebten Tochter im Alter von vierunddreißig Jahren war mehr, als sie ertragen konnten. Merle Loucks sagte, er habe nichts von eventuellen Eheproblemen bei Cindy gewußt; er habe gewußt, daß sie und Randy einen Ausflug planten, um ihren ersten Hochzeitstag zu feiern, der am 1. August sein würde, also schon in zwei Tagen. Er war der Meinung gewesen, sie wollten entweder zum Lake Tahoe oder nach Reno, und Cindy habe sich auf den Ausflug gefreut.

Peters fragte, ob Cindy habe schwimmen können, und er sagte, sie sei eine sehr gute Schwimmerin. Merle Loucks sagte, er würde später ausführlicher mit Peters sprechen können; im Augenblick brauche er noch ein wenig Zeit, um Cindys Tod zu verkraften.

Kurz nach 13 Uhr am Tag der Trauerfeier für Cindy erhielt Sue Peters einen Anruf von einer jungen Frau namens Stacey L. Reese, die erklärte, sie und Randy seien Arbeitskollegen bei Bill Pierre Ford. Stacey – eine junge Mutter mit einem Kind – war besorgt und bestürzt. Sie hatte den Eindruck, daß Randys Verhalten sowohl vor als auch nach dem Tod seiner Frau nicht das eines liebenden Ehemannes war. Einiges hatte sie sogar erschreckt.

Mit Stacey Reeses Erlaubnis nahm Sue Peters den Anruf auf Band auf. Stacey sagte, sie habe ihre Arbeit im Büro des Autohauses Bill Pierre Ford im Februar aufgenommen. Seit Mai habe Randy angefangen, auffallend oft ins Büro zu kommen, um Kaffee zu trinken und ein Schwätzchen zu halten. Nach ihrer Schätzung war er drei- oder viermal am Tag ins Büro gekommen. Er hatte sie in ein Hamburger-Lokal in der Nähe eingeladen und ihr sofort erzählt, daß seine Ehe unglücklich war. In Wirklichkeit sei es ohnehin gar keine gesetzliche Heirat – nur eine ›mündlich geschlossene‹ Ehe. Randy hatte ihr gesagt, Cindy setze ihm zu und sei nicht nett zu ihm, und er erwarte nicht, daß er noch sehr lange mit ihr zusammensein werde. Er könne sich wirklich nicht vorstellen, wie es mit einer solch lähmenden Beziehung weitergehen sollte.

Stacey hatte nicht gewußt, ob sie ihm glauben solle oder nicht. Er schien sehr nett und sehr unglücklich zu sein. Auf der anderen Seite erzählten verheiratete Männer häufig diese Geschichte.

Stacey hatte sich nie mit Randy getroffen – abgesehen von diesen raschen Hamburger-Mahlzeiten, bei denen sie manchmal mit ihm allein war und manchmal andere Kollegen zugegen waren. Randy hatte ihr und anderen bei Bill Pierre Ford gesagt, sein ›Vertrag mit Cindy [sei] am ersten August ausgelaufen‹.

Juanita Gates, die Senior-Kassiererin und Büroleiterin des Autohauses, hatte bemerkt, daß Randy im Büro herumhing, und Stacey damit geneckt.

Als Juanita Randy fragte, ob er verheiratet sei, hatte er erwidert: »So etwas Ähnliches. Warum wollen Sie das wissen?«

171

Juanita hatte zurückgeflachst: »Nun, wenn Sie Stacey und mich zum Essen einladen, müssen wir schließlich wissen, woran wir sind.«

Stacey wußte nicht, was sie denken sollte. Einmal war sie zu einem Autorennen gegangen, bei dem die Mechaniker ihrer Firma einen Wagen am Start hatten, und sie sah eine Frau, die sie für Randys ›Verhältnis‹ hielt. Sie hatte Juanita die kleine Blonde gezeigt und gesagt: »Das ist die Frau, mit der Randy Roth zusammenlebt.«

Am Mittwoch, dem 24. Juli, hatte Stacey erfahren, daß Randys Frau ertrunken war – in der Zeitungsstory wurde sie als seine ›Frau‹ bezeichnet. Stacey wollte etwas tun, um zu helfen. Zumindest hatte sie das Gefühl, anrufen zu müssen. Sie hinterließ eine Nachricht auf Randys Anrufbeantworter, und er rief bald zurück. Sie fragte ihn, wie es ihm gehe, und er antwortete: »Mir geht es gut. Warum auch nicht? Es war eine schreckliche Sache, aber auch eine Erleichterung.«

Aber das war noch nicht alles. Stacey berichtete Peters, am 26. Juli habe sie einen zweiten Anruf von Randy Roth erhalten. Er hatte mit ihr über die bevorstehenden Befragungen durch die Polizei gesprochen.

»Die glauben doch nicht, daß Sie Cynthia umgebracht haben?« hatte Stacey ihn ein wenig nervös gefragt.

»Es ist alles Auslegungssache«, antwortete er glatt.

Am Samstag, dem 27. Juli, hatte Randy Stacey angerufen, um sie zu fragen, ob sie Lust habe, mit ihm und den Jungen im House of Pancakes frühstücken zu gehen. Da noch nicht einmal die Trauerfeier für Cynthia abgehalten worden war, hatte Stacey abgelehnt. Randy schien sich ein wenig mehr Sorgen darum zu machen, was die Polizei vermutete, und sagte zu Stacey, er habe Angst, die Polizei würde an diesem Wochenende kommen und ihn festnehmen.

Obwohl sie es nicht laut sagte, hatte Stacey Reese auf diese Eröffnung hin noch weniger Interesse daran gehabt, mit ihm frühstücken zu gehen. Er klang allmählich wie ein Mann, der ihr den Hof machte – und nicht wie ein trauernder Witwer. Sie war besorgt genug, daß sie daran dachte, mit jemandem Kontakt aufzunehmen, der mit dem Fall befaßt war.

Als Sue Peters eingehängt hatte, war auch sie besorgt. Wie konnte ein Mann, der erst einen Tag zuvor seine Frau verloren hatte, so zu dieser Stacey Reese sprechen? Und eine *Erleichterung*? Cynthias Tod durch Ertrinken war für ihn eine Erleichterung gewesen?

Marta und Ben Goodwin erfuhren vom Tod der vierten Ehefrau Randys, als sie die Todesanzeigen in der Zeitung lasen. Sie waren wie betäubt, aber in ihrer Zeitung stand kein Wort darüber, *wie* Cynthia gestorben war. Sei kamen zu der Trauerfeier. »Ich wollte ganz einfach wissen«, sagte Marta, »was passiert war. Ob sie Krebs oder so etwas gehabt hatte.« Erst kurz vor Ende der Eloge des Geistlichen spürte Marta, wie es ihr eiskalt den Rücken herunter lief, als sie seine Worte hörte: »Wer hätte ahnen können, daß Cynthia an diesem wunderschönen, sonnigen Tag ertrinken würde?«

Marta umklammerte Bens Hand. Sie wagten es nicht, einander anzuschauen. Sie mußten beide an den Tag denken, als Ben zu Cindy Baumgartner gesagt hatte: »Nehmen Sie sich in acht. Nehmen Sie sich einfach nur in acht.«

Nach der Feierlichkeit sahen sie Randy am Ende des langen Flurs stehen. Er stand an die Wand gelehnt und lächelte leicht.

Marta fand Greg beim Kuchenessen im Kellergeschoß der Kirche vor. Sie umarmte ihn, und er sagte grinsend: »Meine neue Mom und mein Dad fuhren auf den See, und sie ertrank.« Er sagte es, als sei es ganz gewöhnlich; er war so daran gewöhnt, daß die Mütter in seinem Leben kamen und gingen, daß er gegen den Schmerz des Verlustes immun war.

Er hat so viele neue Mütter verloren, dachte Marta, daß er nicht mehr auf die Tragödie reagiert. Er glaubt einfach, es müßte so sein.

13

Am 30. Juli gesellte sich in der Untersuchung des Todes von Cynthia Roth Randy Mullinax zu Sue Peters. Der Fall bekam immer mehr Ähnlichkeit mit einem Spinnennetz. Es waren bei weitem mehr Fäden, als ein einzelner Detective verfolgen konnte. Sie würden als Partner bei der Untersuchung eines Falles zusammenarbeiten, der ein Unfalltod durch Ertrinken zu sein geschienen hatte, aber nicht länger so aussah. Sie hatten nie zuvor zusammengearbeitet; sie würden sich als geborenes Gespann erweisen.

Sie gingen den Fall gemeinsam durch, merkten sich Details, beachteten besonders Ungereimtheiten. Am 1. August – der der erste Jahrestag der Eheschließung zwischen Randy und Cynthia gewesen wäre – würden sie Randy Roth eingehender vernehmen.

Innerhalb weniger Tage hatte Sue Peters Dinge über Randy G. Roth herausgefunden, die sie – wie sie glaubte – niemals hätte erfahren sollen, wäre es nach ihm gegangen. Es waren nicht nur der unverschämte Flirt mit Stacey Reese und seine gefühllose Äußerung über Cindys Tod. Es war nicht nur, daß Randy es nicht einmal für nötig gehalten hatte, Cynthias Eltern Mitteilung zu machen, so daß sie es erst in den 11-Uhr-Nachrichten hörten. Es war mehr als dieses beinahe vollständige Fehlen von Gefühlen. Mehr als die lange, lange Zeit, die er gebraucht hatte, bevor er sich um Hilfe für Cynthia bemühte.

Nein, Randy schien ein komplettes zweites Leben geführt zu haben, von dem Cynthia entweder nichts gewußt hatte oder von dem sie in den Monaten vor ihrem Tod durch Ertrinken erfuhr.

Cynthia Baumgartner-Roth konnte nicht mehr für sich selbst sprechen, aber ihre Freunde konnten es tun, und Sue Peters' Telefon hatte fast von dem Augenblick an zu läuten begonnen, als die ersten Zeitungsstorys über Cindys Ertrinkungstod erschienen. Eine alte Freundin erzählte Sue, Randy sei noch mit einer anderen seiner Frauen allein zusammengewesen, als diese starb. Sie kannte die Einzelheiten nicht, aber sie glaubte, daß Cindy von diesem tragischen Ereignis gehört hatte.

»Ihre Kinder waren ihr das allerwichtigste, und es wäre sehr ungewöhnlich für sie gewesen, sie allein am Ufer zurück und ohne Aufsicht im See spielen zu lassen«, fügte die Frau hinzu. »Sehr ungewöhnlich.«

Mary Jo Phillips, die erwartet hatte, Mrs. Roth Nummer Vier zu werden, rief an und erzählte Sue Peters von dem Mann, den sie beinahe geheiratet hätte. Sie sagte, es habe eine *erste* Frau gegeben – Gregs natürliche Mutter –, die vielleicht in Kalifornien lebte. Anscheinend hatte seit Jahren niemand etwas von ihr gesehen oder gehört. Sie sei *vor* Jan gewesen; der Frau, die ›aus einem Seil am Mount Rainier glitt‹, und dann habe es Donna Clift gegeben, die Frau, die nach der Bergtragödie kam. Mary Jo glaubte, es habe eine Untersuchung des Todes der zweiten Frau Randys gegeben, und er habe mehrere hunderttausend Dollar Versicherung dabei kassiert. Mary Jo sagte, der Grund dafür, daß sie und Randy miteinander gebrochen hätten, sei der gewesen, daß sie nicht zu versichern war. In dem Augenblick, als er herausfand, daß sie wegen Krebs behandelt worden war, sei seine Leidenschaft rapide abgekühlt.

Und das war noch nicht alles. »Randy mag keine Frauen … (und) kleinen Mädchen … Randy hat eine Vergangenheit bei der Armee hinter sich … er war in Vietnam, und er hat drei Monate Gehirnwäsche durchgemacht … Menschen umbringen und Frauen und Kinder verstümmeln.«

Randy hatte vermutlich einen Bruder, der wegen Mordes im Gefängnis war, und er selbst hatte eine Untersuchung wegen Werkzeugdiebstahls hinter sich.

Randy war vielleicht, überlegte Sue Peters, mehr als ein einfacher Dieselmechaniker mit farbloser Persönlichkeit und monotoner Stimme. Er hatte zweifellos das Leben vieler Menschen berührt und den meisten von ihnen auf die eine oder andere Weise übel mitgespielt. Sie und Randy Mullinax konnten einen Mann nicht deswegen festnehmen, weil er keine Gefühle zeigte, als seine Frau ertrank, aber sie konnten viel-

175

leicht einen Mann festnehmen, dessen Vergangenheit ein Gewirr aus offenkundigen Lügen, unglaubwürdigen Zufällen und verdächtigen Umständen war.

Sue Peters und Randy Mullinax waren nicht einmal sicher, ob Randy Roth überhaupt Randy Roth *war*. Sie erwarteten halb und halb, ein halbes Dutzend Decknamen vorzufinden; sie hielten es für möglich, daß sie über einen modernen Blaubart gestolpert waren, der eine Spur aus toten Frauen hinterlassen hatte.

Sue Peters konnte weder im King County noch im Pierce County einen Totenschein für eine Jan Roth finden. Als sie das Office of Vital Statistics von Olympia anriefen – der Hauptstadt Washingtons –, erfuhren sie, daß es in der Tat eine Janis Miranda Roth gab, die in den Tod gestürzt war – aber nicht vom Mount Rainier, sondern vom Beacon Rock im Skamania County. Das war im November 1981 geschehen, während die Verstorbene mit ihrem Ehemann Randolph G. Roth wanderte. Peters erfuhr, daß Janis Roth am 26. Juli 1952 in Texas geboren war und Nummer 6207 in der 227th S. WE., Mountlake Terrace gewohnt hatte. Demnach war sie mit neunundzwanzig Jahren gestorben. Nach den Aufzeichnungen war Janis Roth an einem Schädelbruch durch Eindrücken gestorben. Wie auch im Fall Cynthia Roth war ihre Leiche unmittelbar nach der Autopsie eingeäschert worden.

Auch ihr Tod war als Unfall klassifiziert worden.

Entweder hatte Randy Roth eine äußerst unglückliche Hand, wenn es um Frauen ging, oder Peters und Mullinax hatten den Anfang eines Fadens gefunden, dem sie zu einer ungewissen und schrecklichen Wahrheit folgen konnten.

Peters stellte fest, daß Mike Grossie noch im Skamania County Sheriff's Office tätig war. Grossie erinnerte sich noch sehr gut an den Fall. Er selbst hatte Randy Roth in seiner Wohnung in Mountlake Terrace befragt, aber der Witwer hatte nicht beschreiben können, wie seine Ehefrau rückwärts vom Pfad abgestürzt war. Grossie sagte, er und die Männer vom Rettungstrupp hätten versucht, den Absturz von Janis Roth zu rekonstruieren, aber sie alle hätten auf dem Pfad auf dem Beacon Rock mühelos das Gleichgewicht wahren können. Sie hatten niemals herausfinden können, wie das Opfer gestürzt war oder ob sie an der Stelle abgestürzt war, die ihr Ehemann bezeichnet hatte. Grossie versprach, sofort eine Kopie seines Untersuchungsberichts zu schicken.

Peter und Mullinax konnten nicht verhindern, daß sie eine gewisse Aufregung verspürten. In der Welt der Detectives war dieser Fall, als fände man einen unscheinbaren Kiesel, den man polierte und ein wenig genauer untersuchte, um dann zu entdecken, daß er ein Diamant war. Gewiß ging es ihnen um Sühne für Cynthia Baumgartner – falls Sühne angezeigt war –, aber sie hatten außerdem den Verdacht, einem Mann auf der Spur zu sein, der – ganz buchstäblich – für lange, lange Zeit mit einem Mord davongekommen war.

Einer der Anrufer bei Sue Peters hatte erwähnt, Cindys beste Freundin sei eine junge Frau namens Lori Baker gewesen. Der Anrufer sagte, Cindy und Lori hätten – nachdem Tom Baumgartner gestorben sei – mehr als fünf Jahre lang zusammengelebt.

Am 31. Juli besuchten Randy Mullinax und Sue Peters Lori Baker in der Silver Lake Chapel, in der sie als kirchliche Verwalterin tätig war, um sich mit ihr zu unterhalten. Lori schilderte ihre lange Freundschaft mit Cindy Roth und ihr Erschrecken – das sie mit Cindys Verwandten teilte –, als Cindy beschloß, sich heimlich mit Randy trauen zu lassen – nur einen Monat nachdem sie angefangen hatte, sich mit ihm zu treffen. Cindy war stets vorsichtig gewesen, und es sah ihr ganz und gar nicht ähnlich, sich heimlich in Reno trauen zu lassen. Lori war ebenso untröstlich über Cindys plötzlichen Tod, wie alle Menschen, die sie gekannt hatten. Wie Leon, Cindys Bruder, hatte auch Lori Randy anrufen müssen, um auch nur die kleinsten Details von der Tragödie zu erfahren. Randy hatte keinen von ihnen von sich aus angerufen.

Freunde hatten einen Bericht über die Tragödie im Radio gehört, und sie hatte wider alle Vernunft gehofft, daß er nicht stimmte. Endlich, um 22 Uhr am Abend des Tages, an dem Cindy ertrunken war, hatte sie Randy erreichen können.

»Ich rief Randy an und verlangte, Cynthia zu sprechen. Er

sagte, das sei ›nicht möglich‹. Ich fragte ihn, weshalb nicht, und er erzählte es mir.«

Randy berichtete der besten Freundin seiner verstorbenen Frau von der Welle, die Cindy ins Gesicht geschlagen war. »Ich habe wirklich eine Menge Wasser aus ihr herausgeholt«, erklärte er hinsichtlich seiner Bemühungen, Cindy zu retten, während sie noch draußen auf dem See waren.

Der Schock war so groß, daß Lori kaum fähig war, mit dem Mann zu sprechen, der mit ihrer besten Freundin verheiratet gewesen war.

Lori erklärte den Detectives, sie habe in der Zeit, als sie zusammen in Cindys Haus wohnten, Cindy monatlich dreihundert Dollar Miete gezahlt. Sie hätten auch ein gemeinsames Bankschließfach in Everett unterhalten. Nachdem Cindy geheiratet habe, sei Randys Name in die Liste der Zugriffsberechtigten eingetragen worden. Lori glaubte, daß noch ein Testament zu Gunsten von Cynthia Rae Baumgartner bei den Akten zu finden sein müsse. Cindy sei der Typ gewesen, der darauf achten würde, daß ihre Jungen versorgt waren. Lori Baker gab Mullinax und Peters außerdem eine Liste mit den Adressen der Freunde Cindys, die ihnen sagen könnten, was für ein Mensch sie gewesen war.

Die beiden King County Detectives fuhren ins Snohomish-County-Gericht. Sie lasen Thomas A. Baumgartners Testament und überzeugten sich davon, wie gut er für seine Frau Cynthia und für seine Söhne Tyson und Rylie vorgesorgt hatte.

Behördliche Aufzeichnungen können ein gefundener Schatz für Detectives sein. Peters und Mullinax entdeckten die Million-Dollar-Klage, die Randy in Verbindung mit Janis Roths ›Unfalltod‹ gegen den Staat Washington erhoben hatte, und sahen, daß sie abgewiesen worden war. Sie sichteten die inzwischen verstaubten Akten über den Tod von Janis Miranda Roth im November 1981.

Und so kam es, daß die beiden Detectives, die Randy Roth begrüßten, als er um 15 Minuten vor 8 Uhr am Morgen des 1. August 1991 in das Hauptpräsidium der King County

Police kam, bereits eine Menge über ihn wußten – weit mehr, als er ahnte.

Es war das erste Mal, daß sie ihn persönlich sahen. Sie bemerkten, daß er ein gutaussehender Mann war; recht klein, aber sehr muskulös, mit schwellendem Bizeps, breiten Schultern und flachem Bauch. Er schien gewaltige Körperkräfte zu haben. Er war eindeutig ein Mann, der sich gut um seinen Körper kümmerte und stolz auf ihn war. Er war wenigstens zehn Zentimeter größer, als Cindy Roth gewesen war, und dreizehn Kilogramm schwerer. Wie stets trug er Kontaktlinsen vor seinen braunen Augen, um seine extreme Kurzsichtigkeit auszugleichen.

Randy Mullinax stellte Fragen, und Sue Peters machte sich Notizen, während Randy über seine Vergangenheit sprach und noch einmal die Ereignisse von vor neun Tagen wiederholte.

»Wir wußten ganz klar Dinge über ihn, von denen er nicht ahnte, daß wir sie wußten«, erinnert Mullinax sich.

Mullinax fragte Roth ›die einfachsten Dinge‹. Aber er schien nicht zu einfachen Antworten fähig zu sein. »Wir konnten ihm eine ganz grundsätzliche Frage stellen, und zehn Minuten später ließ er sich immer noch darüber aus.«

Roth hatte eine sehr gründliche Art, zu sprechen. Stellte man ihm eine Frage, wie: ›Sind Sie oft mit Ihrer Familie schwimmen gegangen?‹ antwortete er: ›Es gehörte zu den Aktivitäten, denen wir aus Erholungsgründen nachgingen.‹ Zu einem einfachen ›Ja‹ oder ›Nein‹ schien er nicht fähig zu sein.

Vielleicht machte er nur Ausflüchte und redete unzusammenhängendes Zeug, um gefährlichen Fragen zu entgehen.

»Er erkannte nicht das Ausmaß dessen, was wir wußten«, sagte Peters. »Zu diesem Zeitpunkt waren wir bereits über Janis' Tod informiert – wir hatten ihn bereits gründlich untersucht. Das war unsere Taktik – ihm wirklich beiläufige Fragen zu stellen. Randy [Mullinax] fragte ihn, wie viele Frauen er schon gehabt habe, und dann fragte er ihn ein wenig genauer nach jeder einzelnen von ihnen. Auf diese Weise kam die Frage: ›Wie ist *sie* gestorben?‹ sozusagen überraschend, und er beschrieb es einfach.«

Es war ein Katz-und-Maus-Spiel, aber die Maus ahnte nicht, wie gut die Katze vorbereitet war. »Er log«, erinnerte Sue Peters sich, »und wir wußten es – aber er wußte nicht, daß wir es wußten. Er gab wenigstens vier oder fünf Lügen von sich, die uns bei einer Verhandlung helfen konnten.«

Randy Roth log insbesondere über die Höhe der Versicherungssumme, die er nach dem Tod seiner Frauen ausbezahlt bekommen hatte. Er schien zu glauben, daß die Untersuchungsbeamten keine Möglichkeit hätten, sich darüber zu informieren. Tatsächlich wußten Sue Peters und Randy Mullinax nicht, welche Versicherungbeträge im Spiel waren – nicht zu diesem Zeitpunkt –, aber sie hatten vor, sich auf jeden Fall zu erkundigen. Einige der Ausflüchte und Übertreibungen des Befragten waren sofort offenkundig; andere würden wie Pinocchios Nase wachsen, wenn die Detectives ihre Befragung fortsetzten.

Randy wiederholte im wesentlichen dieselbe Geschichte, die er auch der Redmond-Police erzählt hatte. Er und Cindy seien zum gegenüberliegenden Ufer des Lake Sammamish gerudert, und sie habe vorgeschlagen, daß sie ein wenig schwimmen sollten, um sich abzukühlen. Sie habe einen Krampf im Bein bekommen, und er hätte sie aufgefordert, sich an den Seilen an der Bootsreling festzuhalten, während er das Boot an der anderen Seite stabilisierte, damit sie hineinklettern konnte. Ein Motorboot sei vorbeigefahren, und die Welle, die es hervorrief, habe sein Schlauchboot umschlagen lassen. Cindy war nach seiner Schätzung dreißig bis fünfundvierzig Sekunden lang darunter gefangen gewesen. Er sagte, er habe sie nur einmal schlucken gehört. Als er das Boot wieder aufgerichtet habe, sei sie bewußtlos gewesen und mit dem Gesicht nach unten auf dem Wasser getrieben.

Randy war, als er Cindys Tod schilderte, ebenso ruhig wie bei der Fortsetzung seines Berichts. »Während sie mit ihr befaßt waren, war kein Sauerstoffgerät in der Hütte. Sie konnten ihr keinen Sauerstoff geben, weil er nicht verfügbar war. Die Sanitäter übernahmen die Kontrolle, und ich schaute nur zu. Sie verpaßten ihr einen Schock. Ich dachte, sie würden Elektrokabel benutzen, um sie anzuwerfen oder wieder in

Gang zu bringen. Ich sprach mit der Redmond Police, und dann brachten sie sie ins Overlake Hospital.«

Beiden Detectives fiel auf, daß Randy von seiner toten Frau wie von einem unbeseelten Objekt sprach – als spräche er über einen defekten Automotor.

Er entsann sich, mit Hilfe eines der Jungen die Luft aus dem Schlauchboot gelassen zu haben, und er glaubte, daß ihm auch eine Sanitäterin geholfen hatte (das hätte Patti Schultz sein müssen). Er kannte ihren Namen nicht, aber sie war mit ihnen ins Krankenhaus gefahren.

»Ein Arzt kam herein und sagte, sie könnten sie nicht wiederbeleben.« Er erinnerte sich, mit einem Sozialarbeiter und einem Detective gesprochen zu haben, die ihm sein Boot abgenommen hätten.

»Wir fuhren fort – und ich fragte die Jungen, was sie tun wollten. Ich beschloß, mit ihnen zu einem Burger King zu fahren, und dann liehen wir uns Videofilme aus, um sie zu Hause anzuschauen. Den Jungen schien es ganz gut zu gehen, aber der kleine [Rylie] weinte. Ich wollte nicht wirklich mit ihnen über das sprechen, was geschehen war. Ich wollte uns ablenken. Deshalb hatte ich die Videos ausgeliehen.«

»Erinnern Sie sich daran, welche Filme Sie ausgeliehen haben?« fragte Mullinax.

»Einer war *Short Circuit 2*, und der andere *Weekend at Bernie's*. An den dritten kann ich mich nicht erinnern.«

Die beiden Detectives tauschten Blicke aus. *Weekend at Bernie's* war eine schwarze Komödie über einen reichen Mann, der in seinem Haus am Strand stirbt und dessen Leichnam von Ort zu Ort geschleppt, aufgesetzt, in den Sand eingegraben, in ein Motorboot geworfen und so hergerichtet wird, daß er aussieht, als sei er lebendig. Es schien die unpassendste Wahl, um zwei kleine Jungen ›abzulenken‹, nachdem sie ihre ertrunkene Mutter gesehen hatten.

»Wir kamen gegen halb neun oder neun Uhr nach Hause, und wir duschten alle, dann schauten wir auf das TV.«

»Haben Sie jemanden darüber benachrichtigt, daß Cynthia tot war?«

Randy schüttelte den Kopf. »Cynthias Eltern waren auf der

Rückfahrt von Norddakota, und es fiel mir nicht ein, jemanden anzurufen. Am nächsten Tag saß ich nur im Haus herum, und Cynthias Freundin Lori und ihr Bruder sprachen auf den Anrufbeantworter.«

Mit der gleichen ausdruckslosen Stimme sagte Randy Roth, er habe Leon Loucks zurückgerufen. »Er sagte, er habe es im Radio gehört, und wollte wissen, ob es stimmte. Ich sagte, es stimme, und daß die Trauerfeier am Montag morgen sei. Ich sagte, wir beide hätten beschlossen, daß wir eingeäschert werden wollten, wenn wir starben.«

Die Louckses waren mit der Einäscherung einverstanden, obwohl sie ihre Tochter eigentlich hatten beerdigen lassen wollen. »Ich glaube, Cynthias Dad hat ihre Asche an sich genommen.«

»Haben Sie und Cynthia Testamente gehabt?« fragte Mullinax beiläufig.

»Nein. Wir hatten kein gemeinsames. Ich weiß nicht, ob sie eines hatte. Sie sagte zu mir, sie hätte keines, und ihre Freundin Lori war dabei, als sie das sagte.«

Mullinax und Peters behielten ihre unbewegten Gesichter bei.

Randy sprach weiter. »Wir haben wirklich nicht über Cindys Vergangenheit gesprochen – das war ihr privates Leben. Wir sprachen nur über das Softballspielen, die Kinder in der Schule, wie schlecht sie sich fühlte, weil die Kinder mehr Respekt vor mir als vor ihr hatten, weil sie mich mehr mochten. *Ich* habe die Kinder aufgezogen«, sagte er mit einer Spur Selbstgefälligkeit.

Noch einmal über die Lebensversicherungspolicen befragt, gab Randy zu, daß sie ein solches Dokument besaßen – aber nur, um das Haus abbezahlen zu können, falls einer von ihnen starb. Randy glaubte, daß die Police sich auf etwa zweihunderttausend Dollar belief. Sie schuldeten fast einhundertzwanzigtausend Dollar auf das Woodinville-Haus. Er wußte nichts Genaues über irgendwelche anderen Policen, die Cynthia besessen haben mochte, aber er sagte, sie hätten einander als Begünstigte eingesetzt, und sein Vater sei sein Ersatzbegünstigter.

Randy sagte, er habe die Lebensversicherungsgesellschaft am Freitag, dem 26. Juli, am Montag, dem 29. Juli, und noch einmal am Dienstag, dem 30. Juli, angerufen, um zu fragen, was er tun müsse, um seinen Anspruch geltend zu machen. »Schauen Sie, es war Cynthias Idee, eine Lebensversicherung abzuschließen, damit im Fall eines Unfalls unser Heim bezahlt würde.«

Das waren vertraute Klänge, aber Mulinax und Peters wußten noch nicht, *wie* vertraut. Randy hatte sich nicht viel Zeit gelassen, bevor er versuchte, an Cindys Lebensversicherung zu gelangen. Sie hörten Randy zu, der erklärte, ihr Haus habe zweihundertfünfundsiebzigtausend Dollar gekostet, und sie hätten beide ihre vorherigen Häuser verkauft, um es anzahlen zu können. »Die Hypothek läuft auf unsere beiden Namen ... wir haben seit unserer Heirat eine gemeinsame Kasse und ein gemeinsames Girokonto. Ich habe außerdem ein Sparkonto eröffnet und fünfhundert Dollar einbezahlt. Tatsächlich haben wir nicht viel über unsere Finanzen gesprochen.«

Randy teilte den Detectives mit, der Verkauf seines Hauses habe einen Gewinn von fünfzigtausend Dollar erbracht, den er auf das neue Haus einbezahlt habe. Er wußte nicht genau, wie hoch Cindys Gewinn beim Verkauf ihres Hauses gewesen war. Aber *sie* wußten es – es waren hundertsechzigtausend Dollar gewesen, die gesamte Anzahlung auf das Woodinville-Haus. Was auch immer er mit seinen fünfzigtausend Dollar angestellt haben mochte, er hatte es nicht zum Kauf des Hauses beigesteuert.

»Ich habe vor, Cynthias Jungen großzuziehen«, sagte Randy seufzend. »Aber es wird nicht leicht sein, weil es zwei mehr bedeutet.«

»Haben Sie schon einmal geheiratet?« fragte Mullinax harmlos.

»Ja, Donna Roth, 1975. Wir waren fünf Jahre verheiratet. Donna mochte es einfach nicht, gebunden zu sein. Sie hatte eine Tochter aus einer früheren Ehe.«

Das mußte die erste Donna gewesen sein – Donna Sanchez Roth, Gregs Mutter. Randy sagte, er habe schon seit einigen

Jahren nicht mehr mit ihr gesprochen, aber sie habe das Recht, Greg zu besuchen.

»Jan war meine zweite Frau. Wir waren neun Monate lang verheiratet. Sie starb bei einem Wanderunfall in Skamania County; ungefähr 1980.«

Als sie ihn nach Janis' tödlichem Sturz vom Beacon Rock fragten, beschrieb Randy ihn und betonte, daß Augenzeugen dabeigewesen wären. Er behauptete, sechs oder sieben Leute hätten unmittelbar neben ihm gestanden, als Janis abstürzte. Er selbst sei ›zwei Meter fünfzig oder drei Meter hinter ihr gegangen. Sie war auf der Stelle tot.‹

Er gab zu, daß es eine polizeiliche Untersuchung gegeben hatte und, wie er glaubte, eine Autopsie. »Ich fühlte mich drei Wochen lang beobachtet.«

»Hat jemand gesehen, was geschah?« fragte Mulinax.

»Aber ja. Sie waren direkt dabei«, erwiderte Randy.

»Wir *wußten*, daß es keine Zeugen gegeben hatte«, sagt Peters. »Also wollte er schnell darüber hinweggehen.« Randy hatte wieder gelogen.

Randy erklärte, seine dritte Frau sei eine andere Donna gewesen. Er glaubte, sie 1985 geheiratet zu haben, aber er konnte sich nicht an ihren Mädchennamen erinnern. Er hatte sie zur Weihnachtszeit kennengelernt, im Mai geheiratet und im September verlassen. Die zweite Donna hatte nach Randys Worten mit Chaoten herumgehangen und ›mit Drogen zu tun. Sie schlug ständig ihre Tochter, und ich forderte sie auf, zu verschwinden, und wir wurden geschieden. Sehr unreif ... sehr. Ich glaube, sie ging nach Utah oder Colorado zu ihrem früheren Mann.‹

Randy sagte, bis er 1990 Cynthia traf, habe er nur gelegentliche Verabredungen gehabt und nicht daran gedacht, wieder zu heiraten. Er besitze keine Versicherungspolicen.

»Haben Sie Freunde?« fragte Mullinax.

»Mein bester Freund ist Max Butts. Ich lernte ihn 1985 oder '86 im Bellevue-Autohaus kennen, für das ich arbeitete. Cynthia war wirklich gesellig, aber ich hatte nur ein paar Freunde.«

Randy erklärte, er und Max, seine drei ›Söhne‹ und Brad (Lily Vandiveers Sohn) führen zusammen Motorrad.

Cynthias Freundinnen seien eine Frau namens Sally, die in Colorado lebte, die Frauen aus ihrem Aerobic-Kurs, Pam, die ›Fingernagel-Lady‹, und Lori Baker gewesen, die – wie Randy sagte – vermutlich die engste Freundin seiner Frau war.

Randy sagte, er verdiene etwa dreitausend Dollar monatlich in seinem gegenwärtigen Job bei Bill Pierre Ford und besitze rund zwanzigtausend Bargeld und viertausend Dollar auf der Bank. Er erhöhe sein Einkommen, indem er Autos kaufe und wiederverkaufe. Cynthia habe ihr Geld ›verstreut‹, und er vermute, daß sie vielleicht zwanzigtausend oder dreißigtausend Dollar besessen habe. Er hatte keine Ahnung, wie er ›Zugang‹ zu ihrem Geld erhalten könne.

Randy sagte, seine einzigen Schulden seien eintausend Dollar auf seine Visa Card. Alle seine Motorräder und Geländewagen seien bezahlt. Er sagte, er habe nach seiner letzten Heirat wenigstens drei Fahrzeuge für Cynthia und ihre Söhne gekauft.

Über seine Kriminalgeschichte befragt, erging sich Randy in eine Geschichte über eine Freundin, die er 1974 gehabt hatte, bevor er in den Kriegsdienst eintrat. Als er zurückkehrte, lernte er Donna Sanchez kennen, brach mit dem ersten Mädchen, und diese Ex-Freundin ›verpfiff ihn‹. Die Snohomish County Police klagte ihn wegen schweren Einbruchdiebstahls an. »Ich wurde nicht eingesperrt und verbrachte keine Zeit im Gefängnis. Ich verlor meine Wahlrechte.«

Mullinax fragte Randy nach seiner Familie. Er sagte, Gordon, sein Vater, lebe im Osten Washingtons, und der Name seiner Mutter sei Liz. Er habe drei Schwestern: Lisa, Debbie und Darlene. Der Name seines Bruders sei David. Er erzählte nichts weiter über seine Familie.

Der Bitte, sich die Ereignisse in Erinnerung zu rufen, die zu dem Tag geführt hatten, an dem Cindy Roth ertrunken war – der erst neun Tage zurücklag –, kam Randy auf seine seltsam gespreizte Art nach. Er schien sich wirklich Mühe zu geben, intellektuell zu klingen, aber sein Wortschatz war nicht übermäßig groß, und er packte so viele Wörter in einen Satz wie nur möglich. Er wählte nie den einfachen Weg, etwas zu sagen.

Cindy war, wie er sich erinnerte, in der Woche, bevor sie ertrank, krank gewesen. Sie hatte eine Erkältung gehabt, die ihr auf den Magen und den Kopf geschlagen war. Sie hatte die ganze Woche entweder im Bett oder auf der Couch zugebracht, aber am Wochenende hatte sie sich besser gefühlt. Sie hatte ihn gedrängt, sich einen halben Tag freizunehmen, damit die Familie ein Picknick am Lake Sammamish genießen könne.

Also hatte er sich am Dienstag, dem 23. Juli, beeilt, einen Motor wieder zusammenzusetzen, um einen sonnigen Tag mit Cindy und ihren drei Jungen verbringen zu können. Wer hätte gedacht, daß Cindys Plan eines wunderschönen Familientages so traurig enden würde?

Sue Peters und Randy Mullinax war rasch aufgefallen, daß alles Schlimme, was Randy Roth in seinen siebenunddreißig Jahren widerfahren war, die Schuld anderer gewesen war: Donna Sanchez wollte keine Bindung; Janis wollte auf den Beacon Rock steigen, weil es romantisch sein würde; Donna Clift trieb sich mit Chaoten herum und nahm Drogen; Cynthia wollte zu dem See fahren und ihn im Schlauchboot überqueren, weil es romantisch sein würde. »Was es auch war«, erinnert Mullinax sich, »er versuchte immer, seinen Anteil an der Sache herunterzuspielen. Es war stets die Idee der Frauen gewesen.«

Es klang so, als hätten alle Frauen in Randy Roths Leben *ihn* manipuliert. Er war nur der unschuldige, alleinstehende Vater eines kleinen Jungen, der mehrmals versucht hatte, eine glückliche Familie aufzubauen, und dann waren all seine ›Familien‹ zerstört worden, weil die betreffenden Frauen alles verdarben.

Am Ende des zweistündigen Interviews fragte Mullinax Randy Roth, ob sie seine Fingerabdrücke nehmen könnten. Sie brauchten sie in diesem größeren Fall, um beweisen zu können, daß der Mann vor ihnen wirklich Randy Roth war.

186

Fingerabdrücke würden diese Frage beantworten. Sie konnten ein AFIS (Automatisches Fingerabdruck-Identifizierungs-System) benutzen und genau herausfinden, wer er war. Randy war bereitwillig einverstanden, aber er sperrte sich gegen einen Test mit dem Lügendetektor. Das überraschte sie nicht; er hatte einen solchen Test bereits nach Janis' Tod abgelehnt.

»Darüber muß ich mit meinem Anwalt sprechen«, sagte Roth.

Randy Roth hatte die Dienste von George Cody in Anspruch genommen, einem der kompetentesten Strafverteidiger Seattles. Er war offensichtlich bereit, sich in die Startlöcher zu begeben.

Das Verhör war vorbei.

Aber die Untersuchung hatte eben erst angefangen.

14

Randy Roth hatte mehreren Frauen von seinem Bruder, ›dem Mörder‹, erzählt. Während seines Interviews mit Mullinax und Peters war er nicht so zuvorkommend gewesen. Sue Peters rief Gary Singer vom Washington Probation and Parole Department (etwa: Amt für Strafaussetzung und Bewährung) an. Singer gab den Namen in ihren Computer ein und fand einen David M. Roth, geboren am 6. Juni 1957. Singer sagte, David Roth habe in der Tat eine Strafe für einfachen Mord verbüßt; er war im Snohomish County verurteilt worden. David hatte einen Bruder namens Randy und Schwestern mit den Namen Darlene, Debbie und Lisa. Davids Mutter hieß Lizabeth und sein Vater Gordon. Entweder handelte es sich hier um eine Häufung erstaunlicher Zufälle, oder Randy Roth und David Roth waren Brüder. Dies war eine von Randys Geschichten, die wahr zu sein schien.

Im Gegensatz zu Randy, der ein sehr kleiner Mann war, wies David eine beachtliche Körpergröße auf: Er war ein gutes Stück größer als hundertachtzig Zentimeter, und sein Verbrecherfoto zeigte ein pockennarbiges Gesicht. Die näheren Umstände des Mordes, den Randy Roths jüngerer Bruder begangen hatte, stimmten mit jenen, die Randy seinen Frauen und Freundinnen beschrieben hatte, aber nicht genau überein.

Am 13. August 1977 war David Roth, der damals zwanzig Jahre alt war und in Lynnwood bei seiner Mutter lebte, wegen eines geringeren Verkehrsvergehens in Golden Bar – einem winzigen Nest in den westlichen Ausläufern des Stevens Pass – angehalten worden. Als Officer Fred Vanderpool Roths 1963er Chevrolet durchsuchte, fand er ein .22er Marlin-Gewehr und einen Ladestreifen mit neunundfünfzig Schuß darin. David wurde wegen unerlaubten Waffenbesitzes festgenommen. Aber er schien ein netter Bursche zu sein; er wurde nur zwei Tage lang im Snohomish-County-Gefängnis festgehalten und dann freigelassen.

Am 14. August kämpfte sich ein Paar durch das Brombeergebüsch nahe der Mariner High School im 200sten Block der 120st S.W. in Everett. Vor Eifer, ihre Eimer mit den reichlich wachsenden, süßen Beeren zu füllen, hätten sie beinahe die reglose Gestalt im Unterholz übersehen. Es war eine vollständig bekleidete Frau, die mit dem Gesicht nach unten und den Armen seitlich des Körpers auf dem Boden lag.

Snohomish County Detectives stellten fest, daß sie erwürgt und mehrere Male in den Kopf geschossen worden war. Sie war erst seit etwa vierundzwanzig Stunden tot, als sie gefunden wurde. Ihre Verletzungen machten es schwierig, sie zu identifizieren. Sie war jung; vermutlich unter zwanzig. Detectives überprüften vergebens die Vermißtenmeldungen und die Zahnabdrücke.

David Roths Festnahme am 13. August und die Entdeckung des toten Mädchens am Tag darauf schienen nichts miteinander zu tun zu haben. Aber David ging nach seiner Freilassung aus dem Gefängnis zu einem Freund in die Wohnung und erzählte ihm detailliert, wie er ein Mädchen getötet habe. Er sagte, er sei in der Nähe des Boeing-Werks in Everett unterwegs gewesen, als er eine junge Anhalterin erblickte. Er habe sie einsteigen lassen, Bier gekauft und sei dann in den Wald bei der Mariner High School gefahren, um es zu trinken. Nachdem er den größten Teil des Bieres getrunken hatte, so erzählte David seinem Freund, habe er versucht, sich dem Mädchen in sexueller Absicht zu nähern, aber sie habe sich geweigert, und er habe sie mit einer elastischen Schnur stranguliert. Dann habe er das Gewehr aus dem Kofferraum seines Wagens geholt und ihr mehrmals in den Kopf geschossen.

David Roths Freund ging vier Tage später ins Büro des Snohomish County Sheriff und berichtete, was er gehört hatte. Da sie den Akten entnahmen, daß David am 22. August zu einer Anhörung in einer Anklage wegen Marihuanabesitzes im Bezirksgericht erscheinen mußte – von deren Ergebnis abhängen würde, ob er eine Strafe erhielt –, planten die Snohomish Detectives, ihn dort festzunehmen.

Aber David Roth erschien nicht. Tatsächlich blieb er über ein Jahr lang flüchtig. Er wurde schließlich am 18. Januar 1979 in Port Orchard, Washington, gegenüber dem Seattler Puget-Sund, verhaftet und gestand den Detectives, die ihn festgenommen hatten, während der neunzigminütigen Überfahrt auf der Fähre nach Seattle den Mord. Obwohl er später sein Geständnis widerrief und auf nicht schuldig plädierte, wurde er im November 1979 vor dem Obersten Gerichtshof in Everett überführt.

Die Beweisstücke gegen David Marvin Roth waren gewichtig. Die Kugeln, die man während seines Arrests in Gold Bar fand, waren vom selben Hersteller und vom selben Kaliber wie die sieben Geschosse im Körper des Opfers. Was noch belastender war, die Einschußspuren und die Riefen auf den Geschossen bewiesen eindeutig, daß sie aus Davids Gewehr abgefeuert worden waren. Er wurde zu lebenslanger Haft verurteilt.

Im Staat Washington bedeutete dies, daß er für eine Freilassung im März 1997 vorgeschlagen werden konnte. David Roth hatte das tote Mädchen offenbar nicht gekannt, und niemand war jemals gekommen, um sie zu identifizieren. Sie wurde in den Akten des Snohomish County als Jane Doe geführt, und ihr Leichnam wurde auf einem Armenplatz auf dem Cypress-Lane-Friedhof in Everett beerdigt.

Untersuchungs- und Gerichtsbeamte des Snohomish County erinnerten sich daran, daß Lizabeth Roth, eine erklärte und fromme Katholikin, bei Davids Mordprozeß unter ständigem Befingern ihres Rosenkranzes und lautlosem Beten zugegen gewesen war. Der Richter hatte Lizabeth und eine ihrer Töchter in ihrer Begleitung häufig ernsthaft ermahnt, das Gericht nicht zu stören. Es waren anonyme Drohungen gegen den Richter und die Gerichtsbeamten eingegangen, und sie hatten während der Verhandlung kugelsichere Westen getragen. Die Verhandlung war so bizarr gewesen, daß die Behörden die Wachen im Gerichtssaal verdoppeln ließen.

Lizabeth hatte Mark Mestel, den vom Gericht ernannten Anwalt (einen der besten in dieser Gegend), abgelehnt, als die Jury bereits komplett war. Da David den Mord an dem unbekannten Mädchen gestanden hatte, wollte Mestel auf Totschlag plädieren, aber Lizabeth wollte nichts davon hören.

Ein Psychiater der Verteidigung bezeugte, daß David Roth eine ›abnormal‹ enge Beziehung zu seiner Mutter habe.

Die King County-Detectives fragten sich, wo Lizabeth Roth jetzt sein mochte. War sie tot, wie Randy behauptet hatte? Es gab keine Aufzeichnungen darüber, daß sie bei einem Unfall getötet worden wäre oder daß eine ihrer Töchter an ihrem Bett Selbstmord begangen hätte. Und nichts über einen männlichen Anhalter, der sich gerühmt hätte, einen älteren Verwandten Roths in Montana umgebracht zu haben.

Sue Peters fand heraus, daß Lizabeth Roth noch lebte und es ihr gutging. Sie war noch verhältnismäßig jung – erst zweiundfünfzig. Sie war nicht die Mutter, die Randy den Goodwins beschrieben hatte; nicht die alte Frau, die in einem Pflegeheim lebte. Und sie war anscheinend auch nicht die Drogenabhängige, von der er Donna Clift erzählt hatte.

Eines war gewiß: Diese Angelegenheit war im Begriff, zu dem verwickeltsten, groteskesten Fall zu werden, den die

King County Detectives seit Jahren erlebt hatten. All die Facetten von Randy Roths Leben glichen Quecksilberperlen, die aus einem zerbrochenen Thermometer rollen – schlüpfrig, winzig und oft kaum einzufangen –, und wenn man einmal eine von ihnen eingefangen hatte, teilte sie sich häufig in zwei, drei oder mehr kleinere auf. Die King County Detectives wollten sicher sein, daß sie das ganze Quecksilber sicher in einem Behälter hatten.

Am 2. August 1991 fanden Randy Mullinax und Sue Peters die Akte mit Cynthia Roths Testament im Amtsgericht des Snohomish County. Nach all ihren bisherigen Ermittlungen hatte Randy Roth eine verhängnisvolle Kontrolle über seine Frauen besessen. Bestimmt würde er gewollt haben, daß sie das Testament, das sie geschrieben haben mochte, bevor sie ihn kennenlernte, zu seinen Gunsten geändert hätte – aber dies war nicht geschehen. Die Detectives argwöhnten, daß er nicht einmal von Cynthias Testament aus dem Jahr 1985 gewußt hatte. Als Randy sie nach ihrem Testament fragte, hatte sie möglicherweise bereits Gründe dafür gehabt, ihm ihre wahren finanziellen Verhältnisse zu verheimlichen.

Lori Jean Baker war, zu ihrer großen Überraschung, als Vollstreckerin von Cindys Testament aufgeführt worden. Sie hatte zwar versprochen, sich um Tyson und Rylie zu kümmern, aber sie hatte gedacht, dies sei nur eines von jenen Dingen, über die junge Mütter rein theoretisch spekulieren, und nicht geglaubt, daß es jemals aktuell werden würde. Das Testament verfügte, daß – wenn Lori nicht als Vollstreckerin fungieren wollte oder konnte –, Merle Loucks, Cindys Vater, einspringen sollte. Cindy hatte verfügt, daß ihr Silber, ihr Porzellan und ihr Kristall an ihre ›geliebte Mutter, Hazel Loucks‹, gehen solle, ›oder wenn meine Mutter mich nicht überlebt, hinterlasse ich mein Silber, mein Porzellan und mein Kristall Lori Jean Baker.‹

Cindy hatte angeordnet, daß für ihre beiden Söhne sowie alle anderen Kinder, die sie jemals zur Welt bringen oder adoptieren mochte, ein Treuhandfonds bei der Zweigstelle der Seattle First National Bank in Everett eingerichtet würde. Sie wollte, daß ihre Jungen mit Lori als Vormund eine Mutter hatten, die bei ihnen wohnte, wie sie es stets getan hatte: »Es ist weiterhin mein Wille, daß der Fonds auch zum Nutzen des gesetzlichen Vormundes meiner Kinder so angelegt wird, daß er die Mindestrente für besagten Vormund erbringt, um sicherzustellen, daß besagter Vormund zu Hause bei den Kindern bleiben kann und nicht genötigt ist, ganztags außer Haus arbeiten zu gehen. Es ist mein ausdrücklicher Wunsch, daß der Vormund meiner Kinder diesen ein befriedigendes und sinnvolles Leben zu Hause ermöglichen kann. Aber mein vorrangiger Wunsch ist es, daß die oberste Priorität dieses Fonds die Vorsorge für die Kinder betrifft.«

Lori Baker war unbedingt bereit – sogar glücklich –, sich um Cindys Jungen zu kümmern. Sie liebte die Kinder, und sie alle waren so viele Jahre lang wie eine Familie gewesen. Das Testament war am 12. Dezember 1985 unterzeichnet worden, und soweit Peters und Mullinax dies sagen konnten, hatte es kein späteres Testament gegeben, das es ersetzt hätte, und es waren auch keine Kodizille hinzugefügt worden.

Als sie das Testament durchgelesen hatte, erinnerte Lori sich an etwas, das sie in den Tagen unmittelbar nach Cindys Tod durch Ertrinken vergessen hatte. »Bevor sie heirateten«, sagte sie zu Sue Peters, »bat Cindy Randy, eine voreheliche Übereinkunft zu unterzeichnen. Er wollte nicht. Er sagte, ihre Bitte zeige Mißtrauen von ihrer Seite, und sie bestand nicht darauf.«

Lori erinnerte sich auch daran, daß Cindy beunruhigt gewesen war, weil einer der früheren Nachbarn ihr geraten hatte, sich sehr vor Randy in acht zu nehmen. (Das mußte Ben Goodwin gewesen sein.) Sie hatte ihre geplante Hochzeitstagsfahrt nach Reno nicht abgesagt, aber sie hatte sich gefragt, wie jemand so etwas über Randy sagen konnte.

Lori gab Sue Peters den Namen von Bruse Timm, Cindys Versicherungsagenten.

Timm war bis zum 6. August in Urlaub, aber Mullinax und Peters waren in der Zwischenzeit vollauf damit beschäftigt, Randy Roths andere Versicherungsansprüche im Lauf der

Jahre sowie die Liste seiner früheren Vergehen durchzuarbeiten. Es lag nichts Großartiges vor; nur die Diebstahl-Anzeigen, ein Einbruch in eine Tankstelle, in der er früher gearbeitet hatte, und eine Untersuchung in einem Unfall. Randy war nach seinen eigenen Angaben Opfer von ein paar Einbrüchen gewesen – vor allem der Sechzigtausenddollareinbruch von 1988. Auch Nick Emondi, sein früherer bester Freund, hatte zumindest zwei Diebstähle von versicherten Gegenständen erleiden müssen; außerdem einer von Randys Verwandten.

Eine der wichtigsten Fragen, die beantwortet werden mußten – und zwar bald –, lautete, wie wahrscheinlich es war, daß die Bugwelle von einem vorbeifahrenden Motorboot Randy Roths graues Supercaravelle-Sevylor-Schlauchboot hatte kentern lassen. Am 5. August begaben sich Sue Peters, Randy Mullinax sowie die Detectives Ross Nooney und Nike Hatch zum Idylwood Park. Hatch hatte sein eigenes, knapp über fünf Meter langes Motorboot dabei, und zwei Rettungsschwimmer – Greg Isaacson, siebzehn, und Linda Baer, zwanzig Jahre alt, die in Größe und Gewicht etwa den Roths entsprachen – setzten sich in das aufgeblasene Schlauchboot. Die Untersuchungsbeamten machten die Stelle an der Ostseite des Sees ausfindig, wo Randy nach seiner Aussage mit Cindy geschwommen war.

Während die Rettungsschwimmer im Wasser sich in den Positionen an Randys Schlauchboot festhielten, die Randy beschrieben hatte, brachte Hatch sein Wasserskiboot, Marke Mastercraft, auf Touren, bis der Lake Sammamish Wellen schlug. »Ich versuchte, so große Wellen wie nur möglich zu erzeugen«, erinnerte Hatch sich. »Meine Anweisung lautete, zu versuchen, das Schlauchboot zum Kentern zu bringen.« Nooney nahm alle Vorbeifahrten des Motorbootes, die jedesmal näher und näher an dem Schlauchboot vorbeiführten, auf Videotape auf. Die Schwimmer wurden von den Wellen umhergeschleudert, und die Gischt spritzte ihnen in die Gesichter, aber das Schlauchboot war auch nicht ansatzweise in Gefahr, zu kentern. Es blieb selbst dann vollkommen sicher in der Waagerechten, als das Motorboot etwa in einem Meter Entfernung an ihnen vorbeifuhr. Die Rettungsschwimmer konnten das Boot erst zum Umschlagen bringen, als sie beide ihr ganzes Gewicht auf eine Seite brachten und dann zur gegenüberliegenden Reling griffen und das Boot absichtlich über sich zogen.

Linda Baer sagte später: »Ich glaube nicht, daß das Schlauchboot kentern *könnte*, wenn das Motorboot zwanzig Meter entfernt vorbeifuhr. Selbst in fünf oder zehn Metern Entfernung mochte die Woge über meinen Kopf schlagen, aber sie ließ das Boot nicht kentern. Nach meiner Meinung lag das Schlauchboot sehr sicher im Wasser.«

Außerdem sagte Linda, als sie das Schlauchboot vorsätzlich über sich gezogen hatten und sie sich darunter befand, sei eine große Lufttasche zwischen Boot und Wasser gewesen, und sie habe gut atmen können. Sie war Rettungsschwimmerin, aber sie erholte sich gerade von einem Autounfall, so daß sie nicht in bester Verfassung war.

Es fanden noch weitere Tests statt, aber diese erste Nachstellung ließ die King-County-Untersuchungsbeamten sich fragen, wie ein fünfzig Meter entfernt vorbeifahrendes Motorboot dieses Schlauchboot zum Kentern bringen konnte. Und wenn das Boot umgeschlagen war, weshalb hatte Randy dann immer noch drei Beutel mit Handtüchern und Kleidungsstücken bei sich, als er an Land ruderte? Hatte er sich die Zeit genommen, nach ihnen zu tauchen, während seine Frau ohne Atemtätigkeit war? Sicherlich nicht. Außerdem hatte er gesagt, Cindy sei auf dem Wasser getrieben, als er es schaffte, das Boot umzudrehen. Aber Ertrinkungsopfer treiben nicht; jedenfalls nicht zu Beginn.

Die Polizei würde Experten in Wassersicherheit benötigen, um Genaueres dazu sagen zu können, aber im Augenblick sah es so aus, als stimme nichts von dem, was Randy über Cindy Roths Tod gesagt hatte.

Mullinax sprach am 6. August mit Bruce Timm, dem Agenten der New York Life. Timm sagte, er habe die Lebensversicherung für Tom Baumgartner abgeschlossen. Seine Gesellschaft hatte Cynthia zweihunderttausend Dollar ausgezahlt, als Tom gestorben war. Sie hatte danach zehntausend Dollar auf eine Police über hunderttausend Dollar für sich selbst eingezahlt. Die Begünstigten waren ihre Söhne gewesen. »Diese Police ist jetzt etwa einhundertundfünfzehntausend Dollar wert«, sagte er.

Bruce Timm sagte, er sei im Oktober 1990 im Woodinville-Haus der Roths gewesen. Er erinnerte sich: »Cynthia sah glücklicher aus, als ich sie je zuvor erlebt hatte.« Timm und Randy Roth sollten unterschiedliche Erinnerungen an Timms Gespräch mit Randy und Cindy bewahrt haben.

Nach Randy war Timm es gewesen, der die Höhe der von ihnen benötigten Versicherungssumme vorgeschlagen hatte; mit Hilfe einer Berechnungstabelle, die ihrer beider Einkommen, die Hypothek und die Anzahl ihrer Kinder berücksichtigte. Der Betrag, den sie insgesamt brauchten, so erinnerte er sich, belief sich entweder auf wenigstens zweihundertundfünfzigtausend Dollar mehr für jeden von ihnen, als sie bereits hatten, oder, alles in allem, auf dreihundertundfünfzigtausend Dollar pro Person.

Bruce Timm hingegen erinnert sich daran, daß Randy es gewesen war, der den Betrag genannt hatte. Timm gab zu, daß Cindy ihn angerufen und gebeten hatte, nach Woodinville zu kommen, damit sie über eine Versicherung für sie selbst und ihren neuen Ehemann, Randy Roth, sprechen könnten. Sie hätten sich für die Policen über zweihundertundfünfzigtausend entschieden und einander gegenseitig als Begünstigte eingesetzt. Da sie beide jung waren, hätten die monatlichen Raten weniger als fünfzig Dollar pro Police betragen.

Randy hatte vorgeschlagen, daß sein Vater der erwachsene Begünstigte sein sollte, der sich um die Jungen kümmern sollte, falls er und Cindy stürben. »Mein Vater ist fünfundzwanzig Jahre jünger als Cindys Vater«, erklärte er. Später hatte Cindy Timm angerufen und ihn gebeten, Randys Namen auch auf ihre Einhundertundfünfzehntausend-Dollar-Police zu setzen – anstelle von Tyson und Rylie. »Ich möchte, daß Randy mein Begünstigter ist«, sagte sie. Timm war erschrocken, daß sie die Namen ihrer Söhne löschen wollte, und fragte, ob er sich vielleicht verhört habe. »Nein, nein, Sie verstehen nicht«, erwiderte sie. »Ich muß es tun. Mein Mann hat bereits seine [Police] auf meinen Namen umschreiben lassen.«

Bruce Timm händigte die Zweihundertundfünfzigtausend-Dollar-Policen am 11. März 1991 aus.

Mullinax rechnete die Versicherungen zusammen und ermittelte, daß Cynthia Roth – tot – dreihundertundfünfundsechzigtausend Dollar wert gewesen war. Und sein Ergebnis war noch zu niedrig; Mullinax wußte nicht, daß es in Wirklichkeit zwanzigtausend Dollar mehr waren. Randy Roth, ihr Ehemann, hatte ihr Leben bei der Allstate für diesen Betrag versichern lassen, wobei er seine Sears-Card verwendete.

Dreihundertundfünfundachtzigtausend Dollar.

Falls Cindy starb, war er ihr Begünstigter. Cindy glaubte, daß sie seine Begünstigte sein würde, falls er starb. Und das traf auch zu – zumindest auf der größeren Police. Aber Gordon Roths Name als Begünstigter war niemals von Randys Einhunderttausend-Dollar-Police entfernt worden. Randy hatte Cindy zwar versichert, daß er den Namen seines Vaters durch ihren Namen habe ersetzen lassen, aber er hatte es nie getan. Es sei ein Versehen gewesen, sollte er später sagen; er habe seinen Agenten wiederholt angerufen und um Formulare zur Änderung des Begünstigtennamens gebeten, aber das einzige, was er erreicht habe, sei gewesen, daß seine Adresse von Misty Meadows in Woodinville umgeändert wurde.

Cynthias Söhne blieben, nachdem ihre Mutter gestorben war, nur etwa einen Tag lang bei Randy. Im frühen August blieben Tyson und Rylie Baumgartner bei Hazel und Merle Loucks in deren Haus in Marysville – einer stillen, kleinen Stadt nördlich von Everett – oder in der Nähe bei ihrem Onkel Gary Baumgartner. Randy und Greg lebten in dem Woodinville-Haus.

196

Mullinax und Peters wollten so lange wie möglich warten, bis sie mit den Jungen sprachen. Irgendwann – bald – würden sie es tun müssen; die kleinen Jungen – jetzt Vollwaisen – waren Augenzeugen der Ereignisse beim Tod ihrer Mutter durch Ertrinken gewesen.

Inzwischen hatten Randy Mullinax und Sue Peters mehr als genug zu tun. Es gab viele Dutzend Zeugen, Freunde und Bekannte, die über Cindy und Randy Roth sprechen wollten. Für einige von ihnen war es so gewesen, als hätten sie einen Frachtzug die Geleise entlang auf ein ahnungsloses Opfer zudonnern gesehen und seien unfähig gewesen, ihn anzuhalten. Andere waren durch zarte Bande mit Randy Roth verbunden und schienen über ihn sprechen zu müssen. Jede seiner Frauen mußte mit irgend jemandem gesprochen haben – mit jemandem, der sich möglicherweise an wichtige Dinge oder Umstände erinnern konnte, und Menschen mit Hinweisen, Informationen, Ratschlägen, Eindrücken und Erinnerungen an Cindy und/oder Randy schienen aus dem Nichts aufzutauchen.

Aber Donna Sanchez Roth zeigte sich nicht. Sie wurde immer noch vermißt. Sie schien vollständig aus Randys und Gregs Leben verschwunden zu sein. Peters und Mullinax fragten sich, ob sie überhaupt noch am Leben war. Aber Mullinax machte Donna Clift ausfindig, sie arbeitete in einer chemischen Reinigung. Er lernte sie als eine scheue Frau kennen – eine eingeschüchterte Frau –, die ganz und gar keine Ähnlichkeit mit dem wilden Partygirl aufwies, das Randy beschrieben hatte. Donna schilderte ihm die wundervoll romantische Zeit der Werbung Randy Roths, der gleich nach der Eheschließung eisige Kälte gefolgt sei. »Ich bin niemals zu ihm zurückgekehrt, nachdem er versucht hatte, mich zu ertränken.«

Er hatte versucht, sie zu ertränken? Mullinax wurde ganz Ohr.

Donna versicherte ihm, daß ihre Mutter und ihr Vater die schrecklichen Ereignisse auf dem Skykomish River im Jahr 1985 bezeugen könnten.

Und das taten sie. Judy Clift sagte, sie sei traurig, aber

›nicht überrascht‹, zu hören, daß Randys neueste Frau tot war
– ertrunken.

Also lebte Donna Clift – aber wo war Donna Sanchez Roth?
Hatte auch sie eine zu hohe Versicherung abgeschlossen,
bevor sie und Randy sich trennten?

Sue Peters nahm sich gründlich die Häuser an der Ostseite
des Lake Sammamish vor, in der Hoffnung, jemanden zu finden, der Randy und Cindy Roth am anderen Ende ihrer
›romantischen Bootsfahrt‹ gesehen hatte. Bei zwölf Versuchen
war sie nur einmal erfolgreich, und auch das war unbe-
stimmt. Ein Mann glaubte, sich erinnern zu können, ein
graues Schlauchboot, in dem zwei Personen saßen, in acht
oder neun Metern Entfernung vom Ufer gesehen zu haben. Er
konnte nicht sagen, ob es sich um einen Mann und eine Frau
gehandelt hatte. Er hatte das Boot nicht kentern sehen. Dessen war er sicher.

Randy hatte Lori Baker angerufen und gesagt, er ›fühle sich
nicht danach‹, die Tickets zu benutzen, die Cindy für die
Fahrt nach Reno gekauft habe. Wieso waren dann am 26. Juli
Randy und ›ein kleiner Junge‹ bei Mill Creek Travel erschienen, um die Fahrkarten abzuholen? Debbie Erickson, die Rei-
seagentin, die die Tickets verkauft hatte, sagte zu Randy Mullinax, sie erinnere sich, daß Cindy am 12. Juli die Tickets
bezahlt hatte. Sie hatte in der Zeitung über Cindys Tod gelesen und erwartet, daß Cindys Witwer sich nach einer Rücker-
stattung erkundigen würde. Aber nur drei Tage nach dem
Todesfall war Randy gut gelaunt erschienen – ohne jemals zu
erwähnen, daß er die Tickets nicht mehr benötigte. Er hatte
nur gefragt, ob die Reiseunterlagen, die er erhalten hatte,
einem Ticket entsprächen.

Cindy Roths Freunde erinnerten sich daran, wie aufgeregt
sie angesichts des bevorstehenden Jahrestages ihrer Heirat
und der zweiten Fahrt nach Reno gewesen war.

Anscheinend beabsichtigte Randy, seine Tickets zu nutzen.

Er konnte den Jahrestag seiner Ehe nicht feiern – aber das schien ihn nicht zu stören.

Im Büro von Bill Pierre Ford hörte Juanita Gates ein paar Tage nach Cindys Trauerfeier Stacey Reese einen Telefonanruf entgegennehmen. Stacey sprach ein paar Minuten lang, dann legte sie den Hörer mit solch spitzen Fingern auf die Gabel zurück, als handele es sich um eine giftige Schlange. Als sie sich Juanita zuwandte, trug ihr Gesicht einen zutiefst ungläubigen Ausdruck. »O mein Gott; o mein Gott! Du wirst es niemals glauben! Das war Randy, und er wollte, daß ich mit ihm nach Reno fahre!«

Stacey hatte auf Randys Einladung hin ein schockiertes *Nein* gemurmelt.

Die Detectives erfuhren später, daß Randy danach seine alte Freundin Lily Vandiveer angerufen und eingeladen hatte, mit ihm nach Reno zu fahren. Er sagte, er habe bereits die Tickets.

Aber diesmal schien Randy keinen Erfolg gehabt zu haben. Die Tickets verfielen ungenutzt.

Sue Peters und Randy Mullinax bekamen allmählich ein Gefühl dafür, wie Cynthia Roth die letzten sechs Monate ihres Lebens verbracht hatte. Sie war eine sanfte, verletzliche, vertrauensvolle Frau gewesen, die an Gott und an ihren Ehemann glaubte. Sie hatte fünf Jahre lang darauf gewartet, daß der richtige Mann daherkommen würde. Und sie hatte sich in Randy Roth verliebt.

Sie war auch eine stolze Frau gewesen – anscheinend hatte nicht einmal ihre eigene Familie geahnt, wie schlimm die Dinge wirklich standen. Sie hatte gelegentlich mit Lori Baker gesprochen – aber nicht viel –, und Dottie Baker hatte Cindy gut genug gekannt, um zu ahnen, daß es Probleme gab.

Pam Neighbors war Cindys Maniküre – die ›Fingernagelfrau‹, auf die Randy sich bezogen hatte –, und sie gehörte zu den sehr wenigen Menschen, denen Cindy sich anvertraute. Pam hatte die ganze Beziehung Cindys mit Randy mitbekommen, vom Anfang bis zu ihrem plötzlichen Ende. Pam sagte zu Sue Peters, sie und Cindy hätten sich unterhalten, während sie mit Cindys Fingernägeln befaßt war, und sie seien gute Freundinnen geworden.

Im Sommer 1990 hatte Cindy Pam von dem wunderbaren Mann vorgeschwärmt, den sie kennengelernt hatte. Er entsprach ihren Kriterien – ein Witwer, der Kinder wirklich mochte. Cindy hatte beschlossen, sich mit ihm zu treffen. Nach der Hochzeit hatte Pam alle drei Jungen kennengelernt und angenommen, daß Greg Randys Kind mit seiner früheren Frau sei, die gestorben war. Pam erinnerte sich daran, daß Cindy ein ›Schatz‹ war, »ein ganz reizendes Mädchen. Sie war anbetungswürdig; absolut anbetungswürdig. So lebensfroh und fröhlich, und sie hat niemals schlecht über andere Menschen gesprochen. Wie ein Engel. Sie können es sich einfach nicht vorstellen. Jeder Mann mit Verstand wäre begeistert gewesen, eine Freundin wie sie zu haben.«

Die Maniküre bestätigte Sue Peters, die Ehe der Roths habe großartig begonnen und Randy seine Rolle als Familienvater tadellos ausgefüllt. »Sie fuhren zum Camping. Er wollte den Jungen das Jagen beibringen. Bogenschießen. Sie machten alles gemeinsam. Er war genau der Mann, den Cindy gewollt hatte.«

»Hat Cindy Ihnen gegenüber jemals eine Lebensversicherung erwähnt?«

Pam schüttelte den Kopf.

»Wie haben Sie von ihrem Tod erfahren?«

»Die Friseuse, die Cindy ursprünglich zu mir geschickt hatte, las es in der Zeitung. Sie rief mich an und fragte mich, ob ich es schon wüßte, und ich fing an, mich zu erkundigen. Ich bekam keine Antwort. Ich rief im Haus an, aber da war nur eine Tonbandaufzeichnung für zwei Tage. Endlich erreichte ich ihn – es war, glaube ich, am Mittwoch oder Donnerstag in der Woche nach ihrem Tod. Ich fragte ihn einfach … es war eine kurze – eine kurze und emotionslose Unterhaltung. Ich fragte ihn, ob es stimme, und er sagte ja, und ich sagte: ›Also, was ist passiert?‹ und er sagte: ›Nun, sie ist ertrunken, es war ein Unfall.‹ Ich wußte nicht, was ich sagen sollte, weil er so ungerührt sprach.«

Pam hatte Randy jede Hilfe angeboten, zu der sie fähig war. »Er sagte einfach ›Nein, danke. Bye.‹«

Pam Neighbors war, wie die meisten von Cindys Freunden und Verwandten, überrascht, zu hören, daß Cindy ertrunken war. Sie war eine gute Schwimmerin gewesen und sehr sportlich. Die Geschichte wurde den Detectives immer mehr vertraut. Unglaublich, aber vertraut. Cindy war bei einem Unfall ertrunken; Randy kaufte den Jungen Hamburger, lieh sich einen Film darüber aus, wie komisch der Tod sein kann, und setzte sofort danach sein gewohntes Leben fort.

Am 26. Juli hatte Randy drei leicht gebrauchte Go-Karts zu Aurora Suzuki gebracht. Er kaufte drei neue Model LT-160-Suzukis zum Gesamtpreis von 5 389,70 Dollar. Er plante, alle drei Jungen aufzuziehen; seinen eigenen und Cindys Kinder, und er wollte, daß ihr neues Leben mit den allerbesten Spielzeugen begann.

Er verkaufte einen anderen Geländewagen privat und erklärte dem Käufer, daß er den Wagen nicht mehr brauche. »Meine Frau hatte einen Unfall«, sagte er traurig. »Sie war lange im Krankenhaus, aber sie schafft es nicht.«

Wären all die finanziellen Jonglierakte Randys wie gewünscht ausgegangen, hätte er wahrscheinlich niemals wieder arbeiten müssen. Er glaubte, der Begünstigte auf Cynthia Baumgartner-Roths Versicherungspolicen zu sein. Das bedeutete dreihundertundfünfundachtzigtausend Dollar. Er erwartete, daß das Haus nur auf seinen Namen lief. Ein Haus für zweihundertundfünfundsiebzigtausend Dollar mit einem Wert von einhundertundsechzigtausend Dollar über die Hypothek hinaus war nicht zu verachten. Er erhielt bereits vierhundertneunzehn Dollar pro Monat für Greg aus Janis' Sozialversicherung. Wenn er einen Weg fände, auch aus Cynthias Sozialversicherung Geld für Greg zu bekommen, würde dies wenigstens noch einmal soviel sein. Nahm man die eintausendfünfhundert Dollar für Tyson und Rylie aus der Sozialversicherung ihres Vaters hinzu, brauchte man kein Buchhalter zu sein, um zu erkennen, daß Randy wenigstens zweitausendfünfhundert Dollar monatliches Einkommen aus Hinterbliebenenrenten erwartete. Hätte er die dreihundertundfünfundachtzigtausend Dollar aus Cindys Lebensversicherung besser als in Janis' Fall angelegt, wäre Randy ein gemachter Mann gewesen. Er hätte seine ganze Zeit damit zubringen können, Autos zu kaufen und zu verkaufen, an Autorennen teilzunehmen und in Wagen umherzurasen.

Als Randy Vorsorge für sein neues Leben mit drei Söhnen traf, hatte er nicht die geringste Ahnung, daß Lori Baker der ernannte Vormund Tysons und Rylies war und daß sie nicht kommen und mit ihm zusammenleben würden. Die eintausendfünfhundert Dollar Hinterbliebenenrente, die den beiden Jungen aus der Sozialversicherung ihres Vaters zustand, würden nun an ihren bestellten Vormund gehen.

Zwei Wochen nachdem Cindy gestorben war, rief Lori Baker Randy an, um an ihr gemeinsames Schließfach zu kommen. Er behauptete, nichts von einem solchen Schließfach zu wissen. Mit Hilfe eines Bankbeamten öffnete Lori das Schließfach Nummer 2212 in der Bank in Everett. Es war leer. Es hätte eine Kopie von Cindys Testament darin sein müssen, aber sie war nicht darin. Außerdem fehlten Toms Ehering, seine Taschenuhr, sein übriger Schmuck und die Wertpapiere, die Cindy besessen hatte.

Eine Überprüfung der Bankregister ergab, daß die letzte Person, die das Schließfach geöffnet hatte, Randy G. Roth gewesen war. Er hatte das Register zwei Tage nach Cindys Tod unterzeichnet. Da die Bankkunden ohne Zeugen ihre Schließfächer öffnen können, wußte niemand, was Randy herausgenommen hatte.

Tyson und Rylie blieben weiterhin bei ihren Großeltern, aber Lori hoffte, sie so bald wie möglich bei sich zu haben. In der Zwischenzeit ging Randy davon aus, daß die Jungen bei ihm wohnen würden. Er wußte, wie man Jungen großzieht; das hatte er oft genug betont. Die Marine hatte aus ihm einen Mann gemacht; und er würde Männer aus Greg, Tyson und Rylie machen.

15

Obwohl Sue Peters und Randy Mullinax Überstunden machten, fiel es ihnen immer noch schwer, mit all den erforderlichen Befragungen und Ermittlungen nachzukommen. Sie bauten einen unglaublich komplexen Indizienbeweisfall auf, aber sie brauchten mehr als das. In ›Matlock‹ und ›Perry Mason‹ müssen Indizienbeweisfälle nicht so sehr untermauert werden, und im entscheidenden Augenblick platzen unvermeidlich Augenzeugen in den Gerichtssal. Aber im realen Leben waren Fälle ohne handfeste Beweisstücke totgeborene Kinder. Selbst Augenzeugen waren in Fällen, in denen der Staat der Ankläger war, nicht die stärksten Waffen; sie konnten sich irren oder vorbelastet sein, oder sie konnten – und taten es auch oft genug – mißdeuten, was sie gesehen hatten oder gesehen zu haben glaubten. Ein Indizienprozeß verlangte nach wirklich couragierten Staatsanwälten. Es war viel leichter, anhand von Untersuchungen der Blutspuren, Fasern, Fingerabdrücke und Geschosse sowie anderer überzeugender physikalischer Beweisstücke einen Schuldspruch durch die Jury zu erhalten. Wenn der Verdächtige mit dem Opfer verwandt war – besonders, wenn er mit dem Opfer im selben Haus gelebt hatte –, waren die meisten dieser physikalischen Beweismittel unbrauchbar. Indizienbeweisfälle mußten vor dem Gericht drei- bis viermal so gut untermauert werden.

Die Mannschaft vom King County wußte, worauf sie hinauswollte, und sie glaubten, im Recht zu sein, wenn sie Randy Roth auf den Fersen blieben. Wenn er seinen Freundinnen *in spe* mitteilte, er würde von der Polizei überprüft, sagte er die Wahrheit. Sie überprüfte ihn tatsächlich – täglich und ständig.

Das Staatsanwaltsbüro – mit Norm Maleng als Leiter – hatte die Untersuchungen im Fall Roth mit lebhaftem Interesse verfolgt. Die Staatsanwälte wollten unbedingt dem chronischen Witwer vor Gericht gegenüberstehen, aber es gab noch zu viele unbeantwortete Fragen. Wenn Roth wegen Mordes angeklagt und freigesprochen werden sollte, wäre das Risiko doppelt so hoch, und sie würden es niemals wieder versuchen. Falls – wie Sue Peters und Randy Mullinax vermuteten – der Mann ein moderner Blaubart war, der Frauen innerhalb eines Jahres hofierte, verführte, heiratete und dann tötete, hatte er noch viele Jahre vor sich, in denen er ungenannte Tragödien heraufbeschwören konnte. Er war erst siebenunddreißig.

Jemand mußte ihn aufhalten.

Die Untersuchungen waren von Anfang an schwierig gewesen, und sie wurden nicht einfacher im Laufe der Zeit. »Es gibt Zeiten, da klärt sich ein Fall, und man sagt sich, ›gleich habe ich ihn‹«, erinnerte Randy Mullinax sich. »Ich glaube nicht, daß so etwas diesmal passierte. Es schien, als würde jeder Schritt, den wir machten, die Tür zu einem Haufen neuer Fragen aufstoßen.«

So war es tatsächlich. Versicherungsfragen. Einbruchsfragen. Und Fragen in Verbindung mit einem Mord.

Die King County Detectives hatten sich mehrmals mit Lee Yates beraten, einem älteren Staatsanwalt. Yates hatte in seinen Jahrzehnten im Staatsanwaltsbüro als Anklagevertreter in einigen der kompliziertesten Mordfälle fungiert, die das County jemals erlebt hatte. Tatsächlich hatte er einst einen Mann nicht einmal, sondern *zweimal* mit der Klage vor Gericht gebracht, seine Frau und seine kleine Tochter erdrosselt zu haben. Lee Yates hatte den Prozeß gewonnen, aber er kannte die Probleme bei der Untersuchung eines Mordes innerhalb einer Familie nur zu genau. Yates hatte den Rennwagenfahrer Eric Haga zum ersten Mal 1973, und dann wieder 1975, wegen eines Doppelmordes angeklagt, der sich im Haus der Familie Haga ereignet hatte. Fingerabdrücke, Haare, Fasern und sogar das Satinhalstuch des Teddybärs, das als Würgeschlinge benutzt worden war, stellten keine guten Beweisstücke dar. Sie alle *gehörten* ins Haus.

Randy Mullinax und Sue Peters statteten Senior Deputy Prosecuting Attorney Marilyn Brenneman einen Besuch ab. Brennemans Büro wurde manchmal als das ›Büro zur letzten Zuflucht‹ bezeichnet – die Special Operations Unit. Brenneman war die erste Frau gewesen, die dieser Abteilung zugeteilt wurde, und offenbar hatte man nicht damit gerechnet, daß eine Frau in ein derart schwieriges Territorium vordringen könnte – ihr Schlüssel paßte nicht ins Schloß der Tür zum Erholungsraum. Die Abteilung befaßte sich gewöhnlich mit nachrichtendienstlichen Polizeieinheiten und arbeitete an den kompliziertesten und unberechenbarsten Fällen. Brenneman war in ihrem Element. Sie blühte bei Fällen auf, die sie herausforderten, und genoß Drahtseilakte, bei denen ein einziger Fehltritt sie in den Abgrund stürzen lassen würde.

Sie war die erste Frau gewesen, die der Special Operations Unit zugeteilt wurde, aber nicht die letzte. Im Jahr 1993 arbeiteten drei Frauen – Marilyn Brenneman, Susan Storey und Kate Flack – sowie ein Mann, Duane Evans, an Fällen, die Sondereinsätze verlangten.

Marilyn Brenneman hatte ihre Schuldigkeit getan und konnte gewöhnlich selbst entscheiden, ob sie einen Fall annahm. Sie lauschte Sue Peters und Randy Mullinax, die ihr in groben Zügen schilderten, was sie über Randy Roth und seine vielen unglücklichen Frauen herausgefunden hatten. Sie war sofort fasziniert. Sie wollte diesen Fall. Es gab darin so viele unklare Bereiche, und er bot die Möglichkeit, einen – wie es aussah – wirklich bösartigen Mann vor Gericht bringen. Ob sich der Fall Roth als Pluspunkt in ihrer Karriere oder als Herausforderung erweisen würde, der sie nicht gewachsen war, blieb abzuwarten.

Am 7. August gesellten sich die Detectives Joe Lewis und Stan Chapin zu ihnen. Lewis' erste Aufgabe bestand darin, eine verständliche Zusammenfassung der bisherigen Untersuchungsergebnisse für Marilyn Brenneman zu schreiben. Brenneman wollte auf dem laufenden bleiben, wie sie es stets zu halten pflegte. Die King County Detectives verfügten über stapelweise Berichte und viele Dutzend Zeugenaussagen. Brenneman studierte sie, bis jedes Detail im Fall Roth in ihrem Gedächtnis eingebrannt war.

Joe Lewis sollte außerdem versuchen, Cindy und Randy Roths Bankkonten, Wertpapiere und vielleicht auch den vermißten Schmuck aus ihrem leeren Sicherheitsschließfach aus-

findig zu machen. Chapin sollte versuchen, Donna Sanchez –
die erste Mrs. Randy Roth – aufzuspüren.

Cindy Roths ungeduldig erwarteter erster Hochzeitstag war
mittlerweile längst vergangen, aber es gab keine Feiern, nur
Tränen. Randy Mullinax und Sue Peters hatten es so lange wie
möglich hinausgezögert, mit den verwaisten Söhnen der
Toten zu sprechen, aber am 8. August ließ es sich nicht länger
aufschieben.

Sie kamen an diesem Donnerstag um 14 Uhr 30 bei Merle
Loucks' Haus in Marysville an.

Sie sprachen zuerst mit Tyson. Er war ein elf Jahre alter,
schlanker, hübscher und sehr höflicher Junge. Es wurde
gleich zu Beginn des Gesprächs klar, daß er mit den Detectives zusammenarbeiten wollte. Gefragt, was er von Randy
halte, sagte Tyson, er sei ›ganz nett‹, und er habe das Base-
ballspielen in der Little League und das Wagenfahren genossen. Er bezeichnete Randy als ›Dad‹.

»Kannst du dich an den Tag erinnern, an dem ihr alle an
den See gefahren seid?« begann Mullinax.

Tyson erinnerte sich. Seine Mutter war im Schlafzimmer
gewesen und hatte sich für den Ausflug fertiggemacht. Er
dachte, der Ausflug sei ihre Idee gewesen, und er erinnerte
sich daran, daß sie und Randy am Vortag – einem Montag –
darüber gesprochen hatten. Randy war nie am Lake Sammamish gewesen, aber er und sein Bruder waren schon mehrmals mit ihrer Mom dorthin gefahren. Er wußte nicht genau,
wer das Schlauchboot hatte mitnehmen wollen. Sie alle waren
am Wochenende zuvor auf dem Skykomish River Schlauchboot gefahren und hatten sogar Gregs Freund Brad mitgenommen.

»Habt ihr auf dem Fluß Schwimmwesten getragen?«

Tyson nickte. »Ja, wir alle.«

Sie hatten an dem Tag, als sie zum Lake Sammamish fuhren, kein Picknick veranstaltet. Ihre Mom hatte ihnen das
Essen bereitet, bevor Randy nach Hause kam – Erdnußbutter-
und Marmeladensandwiches und Milch. Zuerst wollten nur

Randy und ihre Mom zum See fahren, aber dann hatte ihre Mom die Jungen gefragt, ob sie Lust hätten, mitzufahren, und sie sagten ja. Tyson und Rylie fragten, ob sie ihr ›kleines Schlauchboot‹ mitnehmen könnten, aber ihre Mom sagte nein.

Sie luden ihren Kram auf, als Randy nach Hause kam, und fuhren an den See. Tyson glaubte, daß es ungefähr 14 Uhr gewesen war. Sie hatten ihre Autoreifenschläuche und das große Schlauchboot aufgepumpt. Er und Rylie waren im Schwimmerbereich geblieben, und Randy und ihre Mom hatten ihnen eingeschärft, mit ihren Autoreifenschläuchen im flachen Wasser zu bleiben. »Sie wollten zur anderen Seite des Sees fahren und schauen, wie es dort war«, sagte Tyson.

Er erinnerte sich, daß im Schlauchboot ein paar Beutel mit Lotions, Handtüchern, Kleidungsstücken und vielleicht einer Diät-Pepsi gelegen hatten. Die Jungen schwammen im seichten Wasser, bis es ihnen kalt wurde, dann sahen sie einen Freund und verließen das Wasser, um in der Sonne zu sitzen und sich aufzuwärmen.

»Ich sah Randy ungefähr in der Mitte des Sees, und er kam zurück«, sagte Tyson und fügte hinzu, daß er seine Mutter nicht mehr im Schlauchboot sehen konnte – nur seinen Dad.

Als Randy am Ufer anlegte, wies er Tyson und Rylie an: »Holt einen Rettungsschwimmer, aber macht keinen Aufruhr.« Randy sagte, ihre Mutter hätte einen Krampf im Bein.

Tyson tat, was Randy ihm gesagt hatte, aber er begriff nicht, was geschehen war. Seine Mutter war eine viel bessere Schwimmerin als sein Vater. Randy hatte ihnen gesagt, was vorgefallen war, als sie mit den Videofilmen, die er für sie ausgeliehen hatte, ins Haus zurückgekommen waren. »Er sagte, er habe versucht, Mom wiederzubeleben, und um Hilfe geschrien, aber keines der Boote hätte angehalten, um ihnen zu helfen.«

Peters und Mullinax hatten schon wieder eine neue Version von der Geschichte gehört, wie Cindy ertrunken war.

Gefragt, was für ein Vater Randy sei, sagte Tyson, er sei sehr streng. Er hatte die Jungen etwa dreimal pro Woche mit einem Gürtel geschlagen. Oft hatte er sie zweihundert Kniebeugen machen lassen, wenn sie etwas getan hatten, das ihm nicht gefiel. Greg war ebensooft bestraft worden wie er und Rylie, und in derselben Weise. Sie waren gewöhnlich bestraft worden, weil sie sich geprügelt oder vergessen hatten, ihre Sachen in die Wäsche zu geben. Randy wurde auch wild, wenn sie das Besteck in das falsche Abteil des Geschirrspülers legten.

Seine Mutter und Randy hatten ungefähr einmal im Monat ›Kämpfe‹ ausgefochten, und einmal war Randy wütend geworden, weil seine Mom den roten Trooper gefahren hatte.

Tyson hatte das Gefühl, daß Randy einfach nur vergessen wollte, was mit ihrer Mom geschehen war. An dem Samstag nach ihrem Tod hatte Randy sie mit auf den Trödelmarkt genommen, wo sie Randys alte Couch, einen roten Küchenschrank, ein Stereogerät, einen Fernseher und das Fahrrad seiner Mutter verkauft hatten.

Tyson erinnerte sich daran, daß Randy am Tag nach ihrem Tod angefangen hatte, sich der Dinge zu entledigen, die ihr gehört hatten. Er leerte den Kühlschrank von allen Sachen, die sie gemocht hatte, und »Er legte Moms Kleider in die Ecke und warf ihr ganzes Schminkzeug fort.«

Der fast zehn Jahre alte Rylie Baumgartner war ein untersetzter kleiner Junge mit lockigen Haaren und von freundlichem Wesen. Auch er hatte den Eindruck, daß Randy gut zu ihm war, und mochte ihn: »Er nimmt uns zum Wagenfahren und in Motorradläden mit.« Die ganze Familie war am 4. Juli – am Unabhängigkeitstag – zu einem Demolition Derby* gefahren.

Auch Rylie glaubte, daß es die Idee seiner Mom gewesen war, an jenem verhängnisvollen Tag zum Lake Sammamish zu fahren. Er und Tyson waren im Schwimmerbereich geblieben, während seine Mom und sein Dad mit dem Schlauchboot auf den See hinausfuhren. Ihre Eltern hatten ihnen nicht gesagt, wie lange sie fortbleiben würden. Rylie hatte den Ein-

---

* Wettbewerb, bei dem die Fahrer absichtlich immer wieder mit ihren alten Automobilen zusammenstoßen. Sieger ist der Fahrer des letzten noch fahrtüchtigen Wagens. (Anm. d. Übers.)

druck, daß sie ungefähr zwei Stunden lang fort waren. Seine Mutter war eine gute Schwimmerin gewesen und hatte niemals zuvor irgendwelche Schwierigkeiten gehabt. Er hatte Randy allein zurückkommen sehen; er hatte eine Sonnenbrille getragen und den Blick gesenkt, als er ans Ufer ruderte. Rylie und Tyson waren zu ihm gelaufen, und Randy hatte sofort die Luft aus dem Boot gelassen. Rylie wußte nicht, was mit seiner Mom geschehen war, bis er hörte, wie Randy es im Krankenhaus einem Polizisten erklärte. Hinterher waren sie auf Randys Vorschlag hin essen gegangen und hatten ein paar Filme ausgeliehen.

Am folgenden Tag hatte sein Dad angefangen, die Schminksachen seiner Mom auszuräumen: »Er packte sie zusammen und befahl uns, sie in die Abfalltonne zu bringen. Dann machte er einen großen Haufen aus Moms Kleidern auf dem Boden in seinem Zimmer.«

Rylie erzählte auch, daß Randys Bestrafungen hart waren. Wenn er etwas ›schlecht‹ gemacht hatte, mußte er Übungen machen – Liegestütze und Kniebeugen. Aber Rylie gestand ein, daß er seine Strafen meistens verdient hatte.

Sue Peters und Randy Mullinax sprachen als nächstes mit Leon Loucks, Cindys Bruder, der fast fünfzehn Jahre älter als sie war. Leon war immer noch verwirrt über das, was geschehen war. Er hatte geglaubt, daß seine Schwester mit Randy glücklich sei. Er hatte erst von ihrem Tod erfahren, als ein anderer Verwandter einen Bericht darüber in den Elf-Uhr-Nachrichten im KIRO-TV gesehen hatte. Als er Randy endlich ans Telefon bekam, war dieser sehr ruhig gewesen und hatte gesagt, den Jungen gehe es gut. Seine Stimme verriet keine Gefühle, aber Loucks glaubte nicht, daß er sich in einem Schockzustand befand. Er sagte, bei der Totenfeier sei Randy genauso gewesen. Nicht die geringsten Emotionen. Er hatte Leon wieder eine andere Geschichte darüber aufgetischt, wie Cindy gestorben war. Er sagte, er habe nicht versucht, um Hilfe zu rufen, weil niemand in der Nähe war, aber er habe Wiederbelebungsversuche bei Cindy angestellt.

»Meine Schwester schwamm seit ihrem achten Lebensjahr«, sagte Leon. »Sie hat nie einen Krampf gehabt.«

Die Detectives sprachen mit Merle und Hazel Loucks. Die Louckses waren im Jahr zuvor überrascht gewesen, zu erfahren, daß Cindy Randy Roth in Reno heiraten wollte. Sie traf sich erst seit sechs Wochen mit ihm. »Randy kümmerte sich um die Hochzeitsvorbereitungen.«

Cynthia hatte ihre gesamten Finanzen selbst geregelt. Die Louckses wußten, daß sie einen Treuhandfonds für ihre Jungen angelegt und einige Investitionen gemacht hatte. Sie hatten nichts von ihrem Testament gewußt, und Randy hatte ihnen gesagt, er glaube nicht, daß sie ein Testament hätte.

Cynthia hatte ihren Eltern gesagt, Randy sei ein Vietnam-Veteran, und er habe nachts schlimme Träume. Merle Loucks sagte, Randy habe ihm gesagt, daß er auch bei den Marines auf den Philippinen gedient hatte: »Er sagte, er sei darin trainiert, hart zu sein und niemals Gefühle zu zeigen.«

Die Louckses hatten bemerkt, daß Randy in der zweiten Woche, nachdem ihre Tochter ertrunken war, allmählich nervös wurde. Er war davon überzeugt gewesen, daß die Polizei ihn holen würde. Er sei vor seinem Gespräch mit Peters und Mullinax ›erschrocken‹ gewesen. Er war zu ihrem Haus gekommen, nachdem er die ganze Nacht im Freien verbracht hatte. »Er sagte zu uns, er wolle nicht nach Hause gehen, denn wenn er ins Gefängnis käme, würde er das ganze Wochenende dort sitzen.«

Hazel Loucks hatte einen Anruf von einer Frau erhalten, die sagte, Randy habe ihre Tochter eingeladen, mit ihm nach Reno zu fahren. »Sie sagte, sie habe Angst um ihre Tochter.« Mrs. Loucks kannte die Frau nicht, aber sie wußte, daß Randy auch Lily Vandiveer eingeladen hatte, mit ihm zu fahren. »Ich fragte ihn, ›Weshalb hast du das getan?‹, und er sagte, ›Ich habe auch meine Mutter gefragt, ich habe Max gefragt, und ich habe meine jüngere Schwester gefragt, aber dann beschloß ich, hierzubleiben.‹«

Cynthia hatte sich – ebenso, wie Janis Miranda und Donna Clift – wirklich um Greg gekümmert und ihn bemitleidet, weil seine richtige Mutter nicht bei ihm war. Hazel wußte, daß Cynthia ab und zu versucht hatte, Greg zu umarmen, und er es auch genoß, aber er hatte sich ihr jedesmal entzogen, wenn Randy ins Zimmer kam.

Randy hatte nicht das Feingefühl besessen, um Greg zu erklären, was mit Cynthia geschehen war. Mrs. Loucks sagte, sie habe gehört, daß er Greg einen Zeitungsartikel über den Fall von Ertrinken zu lesen gegeben hatte. »Randy sagte zu Greg, falls er ihn [Randy] nicht wiedersehen würde, solle er eine von zwei Telefonnummern anrufen, die Randy ihm gab.«

Als die Louckses den Leichnam ihrer Tochter anschauen wollten, warnte Randy sie davor, ›weil sie angeschwollen aussieht.‹ Aber Merle Loucks hatte darauf bestanden. Seine Tochter hatte gar nicht angeschwollen ausgesehen. Es war ihr äußerlich nicht anzusehen, woran sie gestorben war.

»Randy wollte ihre Asche nicht – ihre Überreste. Er ließ sie einfach in der Kirche zurück«, sagte Merle Loucks. »Randy wollte auch keine Trauerkarten verschicken. Er hatte keinen Blick für die Blumen; in seinen Augen waren keine Tränen. Er ging einfach nur aus der Kirche nach der Trauerfeier.«

Randy hatte den älteren Louckses wiederum eine andere Geschichte über die Tragödie auf dem See erzählt. »Er sagte: ›Das Schlauchboot kippte einfach über uns‹, nicht nur über sie.«

Sue Peters überprüfte im Lynnwood Police Department alle Aufzeichnungen, die sie über Randy Roth haben mochten. Er war dort aufgewachsen, hatte an der High-School graduiert, und er war gemäß den Lynnwood-Akten zweimal verhaftet worden: am 25. August 1973, Raub; am 14. Februar 1975, Raub.

Am 14. August sprach Peters mit einem Anwalt, der die Pioneer Insurance Company vertrat, über eine Forderung wegen Beraubung, den Randy Roth gestellt hatte. Sie erfuhr, daß Randy sechzigtausend Dollar verlangt und eine Abfindung von achtundzwanzigtausend Dollar erhalten hatte. Die

Pioneer Insurance hatte darüber hinaus Klage gegen Randy erhoben. Es ging um seine Forderung, die er nach einem Einbruchdiebstahl in seinem Haus gestellt hatte. Er hatte gegengeklagt, und beide Klagen waren am 9. Oktober 1990 ›mit Präjudiz‹ abgewiesen worden.

Versicherungsforderungen tauchten in Sue Peters' und Randy Mullinax' Rückschau auf Randy Roths Leben immer wieder auf. Die Detectives gingen ein Jahrzehnt, zwei Jahrzehnte in seinem Leben zurück. Randys Motorrad war gestohlen worden – die Versicherung bezahlte. Janis' Wagen war gestohlen und später ausgeschlachtet und ohne Motor gefunden worden – die Versicherung bezahlte. Bei Nick Emondi, Randys ehemaligem guten Freund, war zweimal eingebrochen worden – die Versicherung bezahlte. Janis starb – die Versicherung bezahlte. Bei Randy war eingebrochen worden – die Versicherung bezahlte.

Und jetzt erwartete Randy im Ernst, daß mehrere Versicherungsgesellschaften ihm dreihundertundfünfundachtzigtausend Dollar für Cynthias Tod auszahlten.

Randy verbrachte nicht viel Zeit in dem großen, gelben Haus in Woodinville. Vielleicht waren damit zu viele Erinnerungen verbunden. Greg lebte in Lily Vandiveers Haus mit ihr und Brad zusammen. Randy verbrachte die meisten seiner Abende mit Lily. Ihre Mutter machte sich schreckliche Sorgen. Sie rief Sue Peters an und sagte, sie befürchte, daß Lily ›die nächste‹ sein würde.

Aber Lily Vandiveer kritisierte Randy nicht. Sie hatte schon vorher zu ihm gehalten und würde ihn auch jetzt nicht im Stich lassen.

Die Schlagzeilen der Zeitungen im Seattler Raum waren sowohl für Randy Roth selbst als auch für die derzeitigen Frauen in seinem Leben verwirrend. Das in Bellevue erscheinende *Journal American* brachte am 7. August 1991 die Überschrift: ›Polizei: Ertrinkungstod war vielleicht Mord.‹ Es war nicht länger ein Geheimnis, daß die Major Crimes Unit des King County Police Department den Fall der ertrunkenen Cynthia Roth untersuchte. Der Artikel im *Journal American* erwähnte Janis Roths Todessturz vor einem Jahrzehnt. Randy Mullinax sagte dazu nur: »Wir sind sehr stark an dieser ganzen Sache interessiert – und gerade im Augenblick interessieren wir uns besonders für jede Person, die möglicherweise an jenem Tag Videoaufnahmen auf dem See gemacht hat und vielleicht etwas aufgenommen hat, was mit dem Unfall und einem Paar in einem grauen Schlauchboot zusammenhängt – oder sogar mit den Wiederbelebungsversuchen.«

Randy Roth sagte, als die Reporterin Cheryl Murfin ihn um ein Statement bat: »Ich war emotional und mental schockiert, daß die Polizei mich zu einem Verhör holte, und ich war verzweifelt, als sie mir sagten, der Fall würde untersucht, weil man glaubte, daß es nicht nur ein Unfall gewesen war. Ich glaube nicht, daß ich zur Zeit Grund zur Sorge habe. Ich habe die Polizei freiwillig [über die Untersuchung im Jahr 1981] informiert. Ich hatte nichts zu verbergen.«

Zwei Tage später berief Randy seine eigene Pressekonferenz ein. Er und sein Anwalt George Cody, der ihm zur Seite stand, informierten die Reporter darüber, daß dies Randys letzte Aussage der Presse gegenüber sei.

Randy wirkte angespannt, während sein Anwalt noch einmal berichtete, was am 23. Juli auf dem Lake Sammamish geschehen war. Er warf gelegentlich zusätzliche Erklärungen ein. Cody sagte, die Roths seien in ihrem Sechs-Personen-Schlauchboot zur Ostseite des Sees gepaddelt. Sie seien geschwommen, als Cynthia plötzlich einen Krampf im Bein bekam. Ein Motorboot, das in fünfundsiebzig Meter Entfernung vorbeifuhr, habe eine derart starke Bugwelle verursacht, daß sie Cynthia voll ins Gesicht traf und dann ihr siebenundzwanzig Kilo schweres Boot über sie umschlagen ließ. Cynthia sei erstickt.

In Beantwortung der Frage der Untersuchungsbeamten, weshalb Randy so lange gebraucht habe, um Hilfe zu holen, und wieso er nicht durch Zeichen zu verstehen gegeben habe, daß er Hilfe benötigte, sagte Cody, Randy *habe* versucht, durch Winken Hilfe herbeizuholen. Er hatte keine Erklärung dafür, daß Randy zur Polizei gesagt hatte, er habe es nicht versucht.

Cody wies darauf hin, daß Roth nur eine ›bescheidene‹ Auszahlung von der Lebensversicherung für Janis erhalten hatte, aber er weigerte sich, die Höhe der Summe zu nennen. Er bezeichnete auch die Versicherung Cynthias in Höhe von ›zweihundertundfünfunddreißigtausend Dollar‹, deren Auszahlung sein Klient zu erwarten hatte, als gering. Der Betrag, den er nannte, war natürlich um einhundertundfünfzigtausend Dollar zu niedrig. Aber auch eine Viertelmillion Dollar ist für die meisten Menschen wohl kaum eine ›geringe‹ Summe.

Randy sagte, er habe Cynthias Kinder ›aus der Stadt‹ bringen müssen, weil sie von den Medien ›gejagt‹ würden.

Gefragt, ob er jemals wieder heiraten würde, dachte Randy kurz nach und sagte dann: »Ich kann mich zur Zeit unmöglich mit dieser Idee befassen.« Er fügte hinzu, er und Cynthia würden erst vor einer Woche ihren ersten Hochzeitstag gefeiert haben. Er beschrieb Cynthia als ›warm, freundlich und gutaussehend‹.

Randy Roth schaute direkt in die Kameras der vier größeren Fernsehstationen Seattles – KING (NBC), KOMO (ABC), KIRO (CBS) und KSTW (unabhängig) –, und die Zuschauer sahen einen gutaussehenden jungen Mann, der ernsthaft und aufrichtig wirkte. Er hatte die Frau verloren, die er liebte, und er war verwirrt und fühlte sich elend, weil sein Kummer durch ein übelwollendes Untersuchungsteam der Polizei vergrößert wurde.

Cody und Randy baten die Freunde und Angehörigen der Familie Cynthias, Randys Charakter zu ›verteidigen‹. Randy erklärte, er fühle sich ›in keiner Weise verantwortlich‹ für die Todesfälle sowohl seiner zweiten als auch seiner vierten Frau. George Cody sagte in bezug auf den Ertrinkungstod Cindys: »Man sollte annehmen, wenn es irgendwelche Hinweise auf ein doppeltes Spiel gäbe, wären [Zeugen] aufgetreten.«

Befragungen früherer Arbeitgeber Randy Roths förderten aufschlußreiche Fakten zutage. Die Arbeitsplätze, die er nach seinen eigenen Worten ›in gegenseitigem Einvernehmen‹ verlassen hatte, waren meistens beendet worden, weil er Firmenbenzin oder anderes Eigentum des Unternehmens zu seinem eigenen Gebrauch entwendet hatte.

Genau in dem Augenblick, als die Untersuchungsbeamten zu der Ansicht gelangt waren, daß Randys erste Frau wahrscheinlich ebenfalls tot war, fand Detective Stan Chapin Donna Sanchez Roth. Man hatte zuletzt in Kalifornien von ihr gehört, also forschte Chapin im Department of Licenses jenes Staates nach und fand eine gewisse Donna Sanchez in Brawley im Imperial County eingetragen, unweit der mexikanischen Grenze. Lieutenant Bob Kuhn vom Brawley Police Department erinnerte sich an Donna Sanchez: »Sie war eine Zeitlang Police Officer. Ich glaube, es war im Büro des Imperial City County Sheriffs.«

Silas Sanchez, Donnas erster Ehemann, lehrte an der Brawley High School. Anscheinend war Donna tatsächlich zu ihrem früheren Ehemann zurückgekehrt. Nach den Akten war sie von 1987 bis zum 7. Juli 1991 als Gefängnisaufseherin tätig gewesen.

Sie lebte. Zumindest hatte sie zwei Wochen bevor Cynthia ertrunken war, noch gelebt, und es war nicht anzunehmen, daß sich dies inzwischen geändert haben sollte. Als sie das Büro des Imperial City County Sheriffs verließ, hatte Donna Carlson Sanchez Roth eine zukünftige Adresse im Staat Washington hinterlassen. Chapin sprach mit mehreren ihrer Verwandten und spürte sie schließlich in einer Beratungseinrichtung für Teenager in Krisensituationen in Washington auf, wo sie zur Zeit arbeitete. Er hinterließ dort eine Nachricht für sie, in der er sie bat, ihn anzurufen.

Gegen Ende August rief Donna Stan Chapin an. Im Gegensatz zu den anderen Frauen Randys wußte Donna Sanchez nichts Nachteiliges über ihn zu sagen. Sie war genau fünf Jahre lang mit ihm verheiratet gewesen – vom 4. Juli 1975 bis zum 4. Juli 1980. Er war ein Mann gewesen, der ›die Dinge selbst in die Hand nahm‹, aber das hatte sie nicht gestört; es gab ihr ein Gefühl der Sicherheit. Sie hatten sich im Guten getrennt. Er behielt Greg, aber sie hatte das Recht, ihn zu besuchen; sie hatte das Sorgerecht für ihre Tochter aus ihrer Ehe mit Sanchez.

Als Sue Peters sich mit Donna Sanchez traf, sah sie eine sehr hübsche, kleine Frau mit einer makellosen Figur. Donna Nummer eins besaß eine bemerkenswerte Ähnlichkeit mit Mary Jo Phillips. Sie wirkte irgendwie ›ländlich‹ und erstaunlich naiv für eine Frau, die jahrelang als Gefängnisaufseherin gearbeitet hatte. Sie war sehr still und sehr höflich. Falls Peters geglaubt hatte, Donna Sanchez würde freier sprechen, wenn sie mit einem weiblichen Detective sprach, wurde sie enttäuscht; Randys erste Frau schien tatsächlich weder Groll noch böse Gefühle ihm gegenüber zu hegen. Sie glaubte immer noch, daß Randy an geheimen Missionen in Vietnam beteiligt gewesen war. »Es gab nicht einmal *Aufzeichnungen* über diese Missionen«, sagte sie mit gesenkter Stimme. »Sie waren zu geheim.«

Das Ende ihrer Ehe mit Randy war für Donna Sanchez völlig überraschend gekommen. »Es kam aus heiterem Himmel. Wir kamen von der Kirche nach Hause, und Randy sagte einfach nur: ›Wir werden uns scheiden lassen.‹« Donna sagte, obwohl sie die Scheidung nicht wollte und ihren Sohn gern bei sich behalten hätte, habe sie freiwillig auf das Sorgerecht für Greg verzichtet. Sie hatte ihren Sohn von Zeit zu Zeit in Randys Wohnungen besucht, und sie hatte niemals erfahren, was in ihrer Ehe schiefgelaufen war. Es hatte keinerlei gegenseitigen Beschuldigungen gegeben. Donna fragte, ob es in Ordnung sei, wenn sie Randy besuchen und schauen würde, wie es ihm ging.

Sue Peters hob die Schultern. Sie dachte: *Tu, was du tun mußt.* Wer auch immer Randy war; er besaß eine hypnotische Macht über Frauen – zumindest am Anfang. Und bei dieser seiner ersten Frau hielt sein Bann an.

16

Senior Deputy Prosecutor Marilyn Brenneman war nichts einfach so in den Schoß gefallen. Sie besaß Köpfchen, ja, und einen überschäumenden Sinn für Humor, aber sie hatte hart um den Respekt kämpfen müssen, den sie wegen ihrer Karriere verdiente. Wäre sie nicht eine Art menschlicher Dynamo gewesen, würde sie bereits vor Jahren aufgegeben haben. Sie sagt, falls Hollywood jemals einen Film über ihr Leben drehte, würde sie gern Meryl Streep in ihrer Rolle sehen. Streep könnte es schaffen, aber sie müßte ihren Energielevel vervierfachen. Es besteht eine äußerliche Ähnlichkeit: Brenneman und Streep besitzen die gleiche, ungewöhnliche Schönheit. Ihr kastanienbraunes Haar ist nicht zu bändigen. Es fällt ihr unweigerlich über das linke Auge, und bei Gerichtsverhandlungen wirft sie ungeduldig ihren Kopf zurück, um ihr Gesichtsfeld frei zu haben.

Aufgewachsen auf Saint Simons – einer der kleinen Inseln vor der Küste – war Marilyn Brenneman in Brunswick auf dem Festland zur Schule gegangen. Sie entschied sich für ein Jurastudium, nachdem sie *To Kill a Mockingbird* gesehen hatte. »Ich bin in einer Familie aufgewachsen, die keine der politischen Überzeugungen teilte, die alle übrigen in der Stadt hochhielten«, erinnert Brenneman sich. Sie kann sich für alles begeistern und spricht so schnell, wie sie denkt, und zwar ohne die geringste Spur eines südlichen Akzents. »Ich dachte, Anwältin zu sein müsse die herrlichste Laufbahn sein, die man sich vorstellen kann.«

Aber es kam zu Verzögerungen. Sie hatte stets gegen das unterschwellige Vorurteil zu kämpfen, das sich wie eine unsichtbare Mauer vor Frauen erhebt, die Jura studieren oder gar Anwältin werden wollen. »Ich wollte ein Atticus Finch sein, der Anwalt in *Mockingbird*, aber alle schlugen mir vor, mich auf eine Tätigkeit als Anwaltssekretärin vorzubereiten.«

Brenneman verließ ihre Familie mit siebzehn, nachdem sie an der High-School in Brunswick graduiert hatte, und ging auf ein Handelscollege in Florida. »Ich heiratete mit achtzehn

217

und hatte mein erstes Kind mit neunzehn.« Als Ehefrau eines Air-Force-Piloten legte sie ihre Pläne, Anwältin zu werden, erst einmal auf Eis. Als ihr Mann den Dienst quittierte und einen Job beim Staat Florida annahm, ging Brenneman auf die University of North Florida, um ihren College-Abschluß zu machen.

Als es an der Zeit war, auf die Juristische Fakultät zu gehen, mußte sie mit ihrer Familie in den Staat Washington ziehen, und sie erfuhr entzückt, daß die University of Washington über eine ausgezeichnete Juristische Fakultät verfügte. In ihrem dritten Jahr an der Universität hatte Marilyn Brenneman zwei kleine Söhne, wurde von ihrem Mann getrennt, und arbeitete als Anwaltsgehilfin. Sie erhielt gute Noten – aber nicht die besten. Woher sollte die die Zeit nehmen, die juristische Bibliothek zu besuchen?

Aber sie schaffte es. »Als ich mich 1978 im Büro der Staatsanwaltschaft bewarb, fragte der Mann, der mit mir sprach, ›wie wollen Sie bei Ihren beiden Kindern mit dieser Arbeit fertig werden?‹«

Mit dem, was sie durchgemacht hatte, um ihren Abschluß im Jurastudium zu bekommen, noch im Hinterkopf, schnappte sie: »Nun, viel besser, als ich mit der Wohlfahrt fertig würde!«

Sie bekam den Job. Kurz darauf war diese Frage bei einem Vorstellungsgespräch nicht mehr zulässig.

Im Jahr 1991 war sie Staatsanwältin, wiederverheiratet und jetzt die Mutter von vier Söhnen; aber Brenneman hatte ihre Position in der Sondereinheit nicht ohne Kämpfe errungen. Sie hatte niemals ihren Ehrgeiz aus den Augen verloren, aktiv am Gesetz teilzunehmen – trotz ihrer ersten Ehe, die nicht funktioniert hatte, und ihrer zweiten Ehe (mit einem Anwalt), die wundervoll funktionierte; trotz all ihrer Jongleurkunststückchen mit Jobs und Babys.

Aber sie hatte es geschafft.

Im Frühling 1985, als Donna Clift im Begriff war, ihren perfekten Mann zu heiraten, war Marilyn Brennemans erstes Kind ein Jahr alt, ihr ältestes war neunzehn, und sie arbeitete Tage und Nächte daran, einen Teenager-Nachtclub zu schließen, der als das Monastery (Kloster) bekannt war. »Ich glaube nicht daran, daß ich einen Fall abschließen werde«, erklärte sie, »ich bemühe mich, ihn abzuschließen.«

Während ihrer Observierung mit anderen Beamten beobachtete Brenneman in der Dunkelheit um 2 oder 3 Uhr am Morgen empört, wie junge Leute, die aussahen, als seien sie erst elf oder dreizehn Jahre alt, in den dicht am I-5 Freeway gelegenen zwielichtigen Club gingen. Weitere intensive Untersuchungen ergaben Kinderprostitution, Drogenverkäufe und Handel mit Pornographie. Behindert durch das Bestreben einiger Gesetzesvollzugsstellen, die diese Angelegenheit auf ihre Weise handhaben wollten – sie wußte, daß diese Methode entsetzlich langwierig sein würde –, aber durch aufgebrachte Eltern ermutigt, wurde Brenneman die Hauptverantwortliche dafür, daß das Monastery für immer geschlossen wurde.

»Wenn ich es mir recht überlege«, sagte Brenneman sinnend in dem Versuch, sich an 1985 zurückzuerinnern, »war dieser Fall noch relativ gemütlich. Der Monastery-Fall nahm Monate in Anspruch, und meine späteren Fälle schienen mir mehr Routine zu sein.«

Im Frühjahr 1986 war Marilyn Brenneman vom Hals abwärts vollständig gelähmt – ein Opfer des Guillain-Barré-Syndroms (Polyradikulitis). Als ihre Symptome einsetzten, befürchtete sie, sich niemals wieder bewegen zu können. Sie wußte, daß viele Erkrankungen in Frage kamen. »Ich verlor rasch den Mut, aber als die Krankheit erst diagnostiziert worden war und ich wußte, was ich hatte, war es nicht mehr so schlimm. Ich war froh – ich war nur einen Monat lang, im Krankenhaus, vollständig gelähmt.«

Die meisten Opfer dieser Krankheit erholen sich schließlich vollständig; einige bleiben gelähmt. Brenneman gehörte zu den glücklicheren. Sie hatte Ärzte, die ihr genauestens erklärten, was sie hatte, und deren Zuversicht in ihrem Fall auch sie ermutigte. Sie erholte sich, und ihr Sinn für Humor war ungebrochen. Sie fragte niemals: »Wieso gerade ich?« Sie hatte zu viele Menschen mit einem ständigen Leiden gesehen. Darüber hinaus erinnerte sie sich immer an die Liebe und Unterstützung durch die Polizisten, mit denen sie gearbeitet hatte, die übrigen Staatsanwälte, und den großen Freundeskreis, der sich auf eine Weise um sie scharte, wie sie es niemals für möglich gehalten hätte. Aber vor allem hatte sie eine Familie, die so sehr zusammenhielt, daß sie sich immer auf sie verlassen konnte. Ihre Söhne im Teenageralter und ihr Ehemann waren so unerschütterlich wie Felsen; sie mußte sich niemals Sorgen darum machen, was zu Hause vor sich ging und wer sich um Adam kümmerte, ihren Jüngsten.

Wenn auch ihre Persönlichkeit, ihr Selbstwertgefühl, vielleicht stärker war als dasjenige einer der Mütter, die sich in Randy Roth verliebt hatten; auch Marilyn Brenneman hatte einmal dort gestanden, wo sie gewesen waren – allein mit ihren Kindern. Wie Cynthia Roth – wie Millionen andere alleinstehende Mütter – hatte sie zwei kleine Jungen gehabt, war allein gewesen und hatte auf einen Vater für die Kinder gehofft.

Als sie die Lektüre der von Lewis für sie vorbereiteten Fallzusammenfassung beendet hatte, war Marilyn Brenneman begierig darauf, einen Weg zu finden, Randy Roth vor Gericht zu bringen.

Am 19. August trafen sich die Detectives Mullinax, Peters und Lewis mit Brenneman und Dr. Donald Reay, um über die Ergebnisse der bei Cynthia Roth durchgeführten Autopsie zu sprechen. Es schien immer noch unmöglich, daß die junge Frau so rasch ertrunken sein konnte, nachdem sie nur einen Laut von sich gegeben hatte – ein Keuchen oder Schlucken, je nachdem, welcher Version Randys man Glauben schenkte. Auch Reay war verwundert. Sie hatten sich alle gefragt, ob Cynthia möglicherweise vergiftet gewesen war, aber der Bericht des Washington State Toxicology Laboratory hatte keinerlei Anzeichen für Alkohol oder Drogen in Cindy Roths

Körper erwähnt. Die einzige Droge, die der Monitor angezeigt hatte, war Koffein gewesen. Und niemand ertrinkt, weil er zuviel Kaffee getrunken hat.

Also wieso? Wieso hatte eine gesunde, junge Frau – eine gute Schwimmerin – einfach einmal Wasser geschluckt und war ertrunken? Reay erklärte, er sei immer noch davon überzeugt, daß Cynthia durch Ertrinken erstickt war. Er hatte absolut kein inneres oder äußeres Anzeichen für ein Trauma gefunden – nichts, außer den beiden geringfügigen Kratzern am Hals des Opfers. Aber er sagte auch, es sei verhältnismäßig einfach, jemandem den Kopf unter Wasser zu halten, ohne irgendwelche Anzeichen von Gewalt am Körper des Opfers zu hinterlassen.

Vielleicht lag die Antwort auf alle ihre Fragen in der letzten Äußerung Randy Roths. Er hatte vor vielen Menschen damit geprahlt, er wisse, wie man jemanden tötet, ohne auch nur ein Anzeichen auf seinem Körper zu hinterlassen.

War Randy Roth tatsächlich ein gefährlicher Killer, den die Marine darin geschult hatte, sich in vietnamesische Dörfer zu schleichen und jeden Mann, jede Frau und jedes Kind zu töten? Basierten seine Alpträume auf Tatsachen? Alle seine Frauen hatten seine ruhelosen Nächte beschrieben; wie er in seinen schlechten Träumen geschrien hatte. Sie alle hatten die merkwürdigen Waffen gesehen, die er stets in seiner Nähe hatte – zum Beispiel den mit Nägeln gespickten Baseball-Schläger. Es war schwierig, Randys Erfindungen von dem zu unterscheiden, was tatsächlich geschehen war. Man mochte sagen, daß er übertrieb; daß er Seemannsgarn spann; oder daß er regelrecht log.

Aber eine gewaltige Lüge stach hervor.

Es war wirklich nur eine Angelegenheit der Grundschularithmetik. Ben Goodwin hatte stets bezweifelt, daß Randy im Vietnamkrieg gewesen war – besonders, als er sah, daß Randy genau die gleiche Verdienstmedaille besaß, wie sie an Bens Wand hing. Er wußte nicht genau, wie alt Randy tatsächlich war, aber er hatte den Verdacht, daß er jünger war, als er vorgab.

Randy Mullinax schaute sich Roths Geburtsdatum an – es

war der Tag nach Weihnachten 1954. Der Zwischenfall im Golf von Tonkin, der die Situation in Südvietnam wirklich explosiv machte, hatte sich im August 1964 ereignet – und damals war Randy Roth erst neun Jahre alt gewesen. Die Kriegshandlungen in Vietnam hatten im März 1973 vollständig aufgehört. Randy hatte drei Monate *danach* an der High-School graduiert. Wie hätte er in Vietnam kämpfen und zur selben Zeit auf die Meadowdale High School in Lynnwood, Washington, gehen können?

Detective Stan Chapin hatte das National Archives and Records Center in St. Louis, Missouri, durchgeforstet, um herauszufinden, ob ein Randolph G. Roth jemals im Marine Corps gewesen war. Er händigte Sue Peters eine Kopie der militärischen Akte Randy Roths aus – eine sehr dünne Mappe. Roth war tatsächlich in der Marine gewesen, aber erst Ende 1973 und 1974. Er war niemals in Vietnam gewesen. Es war offensichtlich, daß er seine ganzen Kenntnisse über Vietnam den Büchern und Magazinen entnommen hatte, die er so eifrig sammelte. Seine einzigen Überseepflichten hatten in Okinawa stattgefunden, wo er im Büro tätig gewesen war. Er war nie Zeuge eines Kriegsgeschehens gewesen. Er war aus dem Dienst ausgeschieden, weil seine Mutter sagte, seine Abwesenheit bedeute eine Härte, wenn er in den Krieg zöge; er würde zu Hause gebraucht. Randy Roth war gewiß niemals Mitglied einer geheimen Eliteeinheit gewesen, die darin trainiert war, auf geheimnisvolle und grausame Weise zu töten. Wenn er wirklich Alpträume hatte, wurden sie durch etwas anderes verursacht.

Tyson und Rylie Baumgartner kehrten niemals zurück, um bei ihrem Stiefvater zu leben. Sie hatten ihn ein paar Tage nachdem ihre Mutter ertrunken war, mit wenig mehr als den Kleidern an ihrem Körper verlassen, und fast alles, was sie besaßen, befand sich noch in dem großen, neuen Haus in Woodinville. Obwohl sie wußte, daß sie nicht herzlich willkommen geheißen würde, besuchte Lori Baker Randy und bemühte sich um eine Vereinbarung mit ihm über die Besitztümer der Jungen. Er war nicht kooperativ. Dann ging Lori mit Harlan, ihrem Bruder, zu Randys Haus, aber er ließ sie nicht herein; er sagte, er schliefe.

Am Freitag, dem 30. August – es war der Anfang des Labor-Day-Wochenendes –, mieteten Lori, Harlan und Dottie Baker in Begleitung von Gary Baumgartner einen U-Haul-Trailer, um die Besitztümer von Cynthia und den Jungen abzuholen. Wie es aussah, hatten an diesem Wochenende viele Menschen Dinge zu transportieren, und ihnen blieb nichts anderes übrig, als einen richtigen Lastwagen zu mieten.

»Ich nehme an, Randy dachte, wir wollten auch ihre Möbel abholen«, erinnerte Lori sich. »Aber so war es nicht. Es war nur der einzige Truck, den wir kriegen konnten.«

Randy Roth raste innerlich. Er hatte inzwischen erfahren, daß er nicht Rylies und Tysons Erziehungsberechtigter sein würde, und er war nicht glücklich darüber. Er ließ die Bakers nur widerwillig ins Haus.

Dottie Baker hatte schon seit langem beobachtet, wie das Haus herunterkam. Im Verlauf jenes langen, traurigen Frühlings hatte Cynthia es zwar in Ordnung gehalten, aber es hatte nicht derart vor Sauberkeit geblitzt wie Cynthias frühere Wohnung. Als sie jetzt ein paar Einrichtungsstücke beiseite rückten, erblickte Dottie Staub und Schmutz, die sich seit Monaten angesammelt haben mußten. Es sah so aus, als habe Cynthia einfach aufgegeben; als habe für sie nichts mehr eine Rolle gespielt.

Randy hatte die Dinge zusammengetragen, die Cynthia in ihrem Testament bezeichnet hatte, aber er hatte den liebsten Besitz seiner toten Frau achtlos in schwarze Plastiksäcke gestopft, ohne darauf zu achten, ob etwas Schaden nahm. Viele der Dinge, die Cindy oder den Jungen gehörten, waren beschädigt oder zerbrochen. Tysons und Rylies Bilder und Poster waren ruiniert. Sogar Cindys Schuhe waren gewaltsam in die Säcke gestopft worden und unbrauchbar.

Als Tyson und Rylie fragten, ob sie in Gregs Zimmer gehen düften, um ein paar von ihren Nintendo-Spielen zu holen, stellte Randy sich ihnen in den Weg. »Ihr habt in Gregs Zimmer nichts zu suchen. Woher soll ich wissen, daß ihr nicht seine Sachen mitnehmt? Ihr dürft nur in euer Zimmer gehen.«

Ihre Fahrräder waren fort; ebenso ihre Baseball-Karten und ihre Luftgewehre. Randy ließ sie nicht die Handschuhe und die Helme mitnehmen, die sie getragen hatten, wenn sie auf den Wagen mit Allradantrieb gefahren waren. »Sie bleiben bei den Fahrzeugen«, sagte er schroff.

Randy regte sich immer mehr auf, bis seine wütende Stimme durch das ganze Haus scholl. Er zog Lori Baker beiseite. »Ihr habt alles zerstört, was ich aufgebaut habe«, tobte er. »Die Jungen haben sieben Jahre lang keinen Vater gehabt, und ich wollte diese Stelle ausfüllen. Jetzt bekommen Sie das Geld von der Sozialversicherung und all die anderen Gelder, die sie [Cindy] außerdem noch hatte, und Sie machen sich davon und müssen wahrscheinlich nicht einmal mehr arbeiten. Und wie soll *ich* leben?«

Lori Baker starrte ihn nur abgestoßen an. Was er aufgebaut hatte? Was war mit Cynthias Leben? Was war mit all dem, was *sie* sich erhofft hatte?

Als Dottie Baker fragte, ob sie Rylies Klavier mitnehmen könnten, regte Randy sich wieder auf, und sie bestanden nicht darauf, obwohl Rylies Großeltern das Klavier gekauft hatten. Sie rafften so viele Kleider und sonstige Sachen der Jungen zusammen, wie sie konnten, und verließen das Haus fluchtartig. Sie hatten gesehen, daß das meiste von dem, was Cynthia zum Schmuck an die Wände gehängt hatte, abgerissen worden war. *Weshalb?*

Es sah so aus, als habe Randy versucht, jede Erinnerung daran, daß Cindy jemals hier gelebt hatte, auszulöschen.

Randy bot das Haus zum Verkauf an. Er hatte offenbar auf die Hinterbliebenenrenten der Sozialversicherung für die Jungen gezählt, um die Hypothek zurückzahlen zu können, und jetzt wußte er, daß er das Geld nicht bekommen würde. Obwohl er und Cynthia zweihundertundfünfundsiebzigtausend Dollar für das Haus in Woodinville bezahlt hatten, und es jetzt – weniger als ein Jahr später – immer noch in tadelloser Verfas-

sung war, setzte Randy seinen Preis nur auf zweihundertund-
fünfundzwanzig Dollar fest; offenbar wollte er es so rasch wie
möglich loswerden.

Staatsanwältin Brenneman hatte Fragen zu den Auswir-
kungen von Motorboot-Bugwellen auf das Schlauchboot der
Roths. Sie bat darum, daß das Experiment auf dem See wiederholt würde. Also fuhren die Untersuchungsbeamten am
4. September 1991 noch einmal mit dem Schlauchboot zum
Lake Sammamish. Diesmal setzte Detective Laura Hoffen-
backer – die keine besonders gute Schwimmerin war – sich an
Cynthia Roths Platz im Boot, und Sergeant J. K. Pewitt spielte
Randy Roth. Wieder einmal kreuzten Motorboote über den
See und versuchten vorsätzlich, das Schlauchboot zum Kentern zu bringen. Sergeant Robert Cline versah sein Motorboot
mit den Officers Mark Fern und S. L. Gallemore als Mannschaft. Sie schossen an dem Sevylor-Schlauchboot vorbei und
bemühten sich nach Kräften, es umschlagen zu lassen.

Sie schafften es nicht.

Randy Roth hatte gesagt, er habe die ins Wasser gefallenen
Familienbesitztümer eingesammelt, bevor er mit seiner be-
wußtlosen Frau ans Ufer ruderte. Detective Joe Lewis ließ
vorsichtig einen Plastikbeutel mit Kleidungsstücken ins Wasser gleiten. Er schwamm obenauf. Als nächstes versuchte
Lewis es mit einem Badetuch. Es sank innerhalb von fünf
Sekunden. In dem fortgesetzten Bemühen, Äquivalente der
Dinge zu finden, die die Redmond-Detectives an dem Abend,
nachdem Cynthia ertrunken war, in Randy Roths Wagen
gesehen hatten, nahm Lewis einen braunen Einkaufspapier-
beutel mit fünf Kleidungsstücken, Riemchensandalen, einen
Plastikbeutel aus dem Kaufhaus mit zwei Kleidern sowie
einen Plastikbeutel mit Handtüchern mit in sein Boot und
brachte es absichtlich zum Kentern. Er zählte vierundzwanzig Sekunden – zehn bis fünfzehn Sekunden weniger, als
Randys Schlauchboot nach seiner Aussage umgeschlagen
gewesen war –, dann richtete er sein Boot wieder auf. Die
Kleiderbeutel und die Handtücher waren im Wasser verstreut
und sanken bereits. Zudem trieben sie in viele Richtungen
auseinander. Lewis konnte sie nur zurückholen, indem er

einen langen Enterhaken benutzte und in den See tauchte, um die Gegenstände herauszuholen, die am schnellsten sanken. Nur der Plastikbeutel und der braune Einkaufsbeutel trieben noch an der Oberfläche; alles andere sank in Richtung Boden. Die Sandalen sah Lewis nie wieder.

Randys Schilderung, wie Cynthia ertrunken war, konnte einfach nicht zutreffen.

Mögliche Gründe für die Annahme, daß das Ertrinken kein Unfall war

1. Das Schlauchboot kenterte nicht, so viele Motorboote auch starke Wellen verursachten.
2. Als das Schlauchboot vorsätzlich umgekippt wurde, verblieb eine Lufttasche darunter.
3. Als das Schlauchboot ein zweites Mal vorsätzlich umgekippt wurde, sanken die Handtücher, Sandalen und Beutel – die Randy vollgesogen, aber unversehrt mit zurückgebracht hatte – so rasch, daß ein einzelner Mann sie unmöglich hätte einsammeln können.
4. Wieso hatte Randy in seinem ›verzweifelten‹ Versuch, das Schlauchboot wieder aufzurichten, seine bewußtlose Frau ans Ufer zu rudern, all die Sachen aus dem Wasser zu holen, nicht seine ärztlich verschriebene Sonnenbrille verloren? Er trug sie, als er ans Ufer zurückruderte. Er trug sie immer noch im Warteraum des Overlake Hospital, als ihm mitgeteilt wurde, daß für seine Frau keine Hoffnung mehr bestand. Er war so kurzsichtig, daß er ohne die Sonnenbrille weder fahren konnte, noch hätte rudern können.

Randy stand immer noch in gelegentlichem Kontakt mit Stacey Reese, obwohl er und Greg aus dem Haus, das er gemeinsam mit Cynthia bewohnt hatte, in Lily Vandiveers Haus gezogen war.

Stacey berichtete Randy Mullinax, Randy Roth habe in den letzten Wochen eindeutig gut gelaunt gewirkt. Er scheine den

Eindruck gehabt zu haben, daß die Polizei ihn nicht länger verdächtigte. »Mein Anwalt hat mir gesagt, keine Neuigkeiten seien gute Neuigkeiten«, hatte er mit zufriedenem Lachen zu ihr gesagt. Er sagte, er habe einen Lügendetektortest gemacht und müsse dafür bezahlen, aber er wollte ihr nichts über die Ergebnisse des Tests sagen. Es klang, als habe Randys Anwalt einen privaten Lügendetektortest mit ihm machen wollen, bevor er sich einem solchen Test bei der Polizei unterzog.

»Randy will sein Haus verkaufen«, sagte Stacey. »Er will nach Norden ziehen.«

Wie weit nach Norden? fragte Mullinax sich. Er wollte Randy Roth nicht den ganzen Weg bis Alaska hinauf verfolgen müssen, wenn er und Sue Peters hinreichende Verdachtsgründe beisammen hatten, um ihn zu verhaften. Und das war ein großes Wenn.

Am 19. September fuhren Marilyn Brenneman, Randy Mullinax, Sue Peters und Joe Lewis ins Skamania County. Sie trafen sich dort mit Mike Grossie, der jetzt der Untersheriff war, dann bestiegen sie den mächtigen Monolithen. Sie legten fast Dreiviertel des Wegs bis auf den Gipfel des hoch aufragenden Felsens zurück – bis zu der Stelle, von der aus Janis Roth beinahe genau vor einem Jahrzehnt in den Tod gestürzt war. Sie fanden die Abkürzung zwischen den beiden Wegkurven, und Joe Lewis nahm das Gelände auf Videotape auf, während Randy Mullinax es auf Tonband beschrieb.

In dieser Höhe hatte das Laub bereits angefangen, sich zu verfärben. Der Blick nach unten war wunderschön, aber auch ein wenig furchteinflößend. Sie waren so hoch, daß sie wie von einem Flugzeug aus auf die Landschaft mit dem Fluß unter ihnen hinabblickten.

Was mußte diese Frau, die bekanntermaßen Angst vor großen Höhen hatte, empfunden haben, als sie bemerkte, daß sie ausglitt, sich nirgendwo festhalten konnte, und schließlich über den Wegrand rutschte? Dies galt nur für den Fall, daß sie tatsächlich ausgerutscht war, wie Randy Roth es gesagt hatte.

Falls sie gestoßen worden war, wäre sie bereits auf halbem Weg in den Abgrund gewesen, bevor ihr klar wurde, was geschehen war. Jetzt rekonstruierte ein Team aus Detectives und einer Staatsanwältin jenen Tag nach Thanksgiving 1981. Es war nicht leicht, die Männer und Frauen des Sheriffs und die Lebensretter zehn Jahre später aufzuspüren und sie zu befragen. Es gibt keine Verjährungsfrist bei Mord, aber wenn das Skamania County nicht fähig gewesen war, hinreichende Verdachtsgründe zu finden, um gleich nach Janis' Tod Klage einzureichen, gab es keinen Grund für die Annahme, dem King County würde dies ein Jahrzehnt später gelingen. Der einzige Grund, weshalb sie 1991 dorthin gegangen waren, bestand in der Hoffnung, daß sie – vielleicht – eine Gemeinsamkeit finden würden; ein *Muster*.

Randy hatte Stacey Reese gegenüber geprahlt, er mache sich keine Sorgen; in der Untersuchung von Cynthias Tod scheine sich nichts zu rühren. Aber er täuschte sich. Randy Roth hatte ganz bestimmt Gründe, nervös zu sein, als der Sommer 1991 in den Herbst überging. Auf Ersuchen von Staatsanwältin Brenneman und den King County Detectives erschien George Cody mit Roth in Sue Peters' Büro im King County Courthouse. Randy war darauf vorbereitet, sich einem Lügendetektortest zu unterziehen. Norm Matzke, der für den Test zuständige Beamte, wies Roth auf seine verfassungsmäßigen Rechte hin. Er stellte die einleitenden Fragen zur Person. Dann bat er Randy Roth, ihm kurz zu berichten, was am 23. Juli – dem Tag, an dem Cynthia ertrank – geschehen war.

George Cody erhob Einspruch. Er sagte, sein Klient habe Fragen dieser Art bereits beantwortet. Plötzlich war die Sitzung mit dem Lügendetektor zu Ende. »Dies ist eine Hexenjagd«, sagte Cody. »Wir werden das nicht mitmachen.«

Cody und sein Klient verließen rasch das King County Courthouse.

Aber Randy ahnte nicht, wie dicht Mullinax und Peters ihm auf den Fersen waren. Er war ein Mann, der niemals länger als vierzehn Tage im Gefängnis zugebracht hatte, der eine Reihe von Versicherungspolicen ausbezahlt bekommen und nie einen Penny zurückgezahlt hatte, der sogar die US-Regierung eine Hinterbliebenenrente für sein einziges Kind mit einer Frau zahlen ließ, mit der er weniger als ein Jahr lang verheiratet gewesen war.

Randy war bereit, das nächste Kapitel in seinem Leben zu beginnen. Er hatte einigen Personen, denen er vertraute, mitgeteilt, daß er plante, diese Gegend ganz zu verlassen. Zu anderen hatte er gesagt, er plane einfach nur, ein Land weiter nördlich, ins Snohomish County, zu ziehen. Er hatte Greg noch niemals zurückgelassen, aber er war auch noch nie derart gejagt worden. Jetzt hatte Randy seinen Sohn bei Lily Vandiveer untergebracht und mit zwei Telefonnummern für den Notfall ausgestattet. Falls Randy fliehen sollte, war nicht gewährleistet, daß die Behörden von King County ihn jemals wiederfinden würden.

17

Es war Oktober 1991. Da er keine Ahnung hatte, daß Marilyn Brenneman bereits seine Festnahme vorbereitete, begab Randy Roth sich am 2. Oktober in ein Büro der Sozialversicherungsanstalt.

Randy – der sich um die Hinterbliebenenrenten Tysons und Rylies geprellt fühlte – hatte einen anderen Einfall gehabt. Sehr ruhig stellte er Antrag auf eine Hinterbliebenenrente für Greg in Höhe von siebenhundertundachtundsechzig Dollar monatlich. Wie er dank seiner Erfahrungen mit Janis wußte, war er lange genug mit Cynthia verheiratet gewesen, daß Greg als ihr Sohn galt. Er erklärte Candy Bryce, der Beamtin der Sozialversicherung, Gregs Mutter sei zwei Monate zuvor ertrunken. Er erwähnte nicht, daß Greg bereits seit dem Tod einer anderen seiner ›Mütter‹ eine Hinterbliebenenrente der Sozialversicherung erhielt. Er sagte, er sei nur zweimal verheiratet gewesen; mit Cynthia, und mit einer Frau namens Donna Clift. Über Janis Miranda und Donna Sanchez, seine beiden anderen Frauen, schwieg er sich aus.

Als Bryce fragte, ob Cynthia Roth noch weitere hinterbliebene Kinder habe, verneinte Randy.

»War Cynthia schon einmal verheiratet?« fragte Candy Bryce.

»Ja« erwiderte Randy. »Ihre erste Ehe wurde geschieden.«

Randy Roth erwartete eindeutig nicht, festgenommen zu werden. Wenn er es erwartet hätte, würde er vieles nicht getan haben – vor allem hätte er den recht unglücklichen Antrag auf eine doppelte Sozialversicherungsrente für Greg unterlassen. Und es würde Dinge gegeben haben, die er getan hätte. Er hätte vielleicht Gegenstände fortgeschafft oder versteckt, die technisch gesehen nicht sein Eigentum waren. Aber er war siegessicher. Über zwei Monate waren vergangen, und es schien ihm offensichtlich zu sein, daß die Polizei nicht von der Stelle kam. Sie hatten nichts gegen ihn in der Hand. Sie konnten ihm nichts beweisen, und sie würden es nie können.

Er irrte sich.

Am 8. Oktober 1991 fertigte die Ehrenwerte Laura Inveen Haussuchungsanordnungen aus, die die Beamten dazu berechtigten, in der Wohnung des Beklagten – Nummer 15423 232th Avenue N. E., Woodinville, King County, Washington – nach bestimmten Beweisstücken in Verbindung mit Mord und Diebstahl zu suchen und sie an sich zu nehmen. Jedes einzelne der Beweisstücke wurde für einen wahrscheinlichen Prozeß benötigt und wurde ausreichend genau beschrieben, um dem Vierten Zusatzartikel zur Verfassung der Vereinigten Staaten sowie den Artikeln eins und sieben der Washingtoner Verfassung Genüge zu tun.

Die erste Haussuchungsanordnung betraf Dinge, die mit Cynthia Roths Ertrinken zusammenhängen konnten – Kleidungsstücke, Fußbekleidung (Riemchensandalen), Handtücher, Dokumente, finanzielle Aufzeichnungen und Schriftstücke – sowie Werkzeuge und andere Gegenstände, die nach Randy Roths Bericht an die Pioneer Insurance Company bei jenem Einbruch von 1988 gestohlen worden waren.

Alles war bereit.

Aber zuerst mußte Randolph G. Roth festgenommen werden. Es war zehn Minuten nach neun am neunten Tag des zehnten Monats im Jahr 1991. Ein Mittwochmorgen. Sue Peters, Joe Lewis, Randy Mullinax und Sergeant Frank Kinney erschienen bei Bill Pierre Ford am Lake City Way. Sue Peters, die diese Untersuchung an jenem glühend heißen Abend des 23. Juli begonnen hatte, nahm jetzt Randy Roth offiziell wegen Mordes an seiner Frau fest.

Randy war erschrocken. Er schaute starr geradeaus, als Peters ihm seine Rechte *under Miranda* vorlas.* Er sagte, daß er diese Rechte verstehe, und verweigerte jede weitere Aussage. Er weigerte sich auch, eine schriftliche Aussage zu machen, und er unterzeichnete kein freiwilliges Einverständnis, seine Wohnung durchsuchen zu lassen.

An diesem Punkt überreichte Peters Roth eine Kopie der Haussuchungsanordnung. Sein Unterkiefer fiel herab, aber er sagte nichts. Ebenso, wie er der Polizei sein Schlauchboot zur Untersuchung hatte überlassen müssen, war er jetzt gesetzlich verpflichtet, die Detectives sein Haus durchsuchen zu lassen.

Anscheinend hatte er diese Möglichkeit nicht bedacht.

Roth – der seinen Mechanikeroverall trug – verlangte nach seiner Straßenkleidung, und Mullinax bat Roths Vorarbeiter, dessen Schuhe, Jacke, Hemd und Hose aus dem Spind zu holen. Vielleicht erwartete Randy, daß er gegen Kaution ausgelöst würde, und wollte für diesen Fall seine Straßenkleidung bereit haben. Als Peters und Mullinax Randy Roth auf dem Freeway in südlicher Richtung zum King County Jail fuhren, bemerkten sie, daß ihnen ein Truck folgte, dessen Fahrer in ein Funktelefon sprach. Schließlich fuhr Mullinax an den Straßenrand und zwang den Truck, vorbeizufahren. Mullinax erkannte Max Butts, Randys besten Freund.

Um 9 Uhr 45 an diesem Morgen war Roth ins King County

---

* Gerichtsregel (nach Miranda vs. Arizona, 1966). Verlangt von verhaftenden Beamten, daß sie die verhaftete Person auf ihr Recht hinweisen, zu schweigen und sich juristisch beraten zu lassen. (Anm. d. Übers.)

Jail eingeliefert, und Peters und Mullinax fuhren nach Wood-inville, um bei der Durchführung des Haussuchungsbefehls zu helfen. Sie waren verständlicherweise zuversichtlich. Vielleicht hatten sie ihr Ziel bereits zur Hälfte erreicht. Eine polizeiliche Untersuchung führt kaum jemals zu einer Festnahme; gewissenhafte Detectives suchen in der Regel bis zur Verhandlung – und oft genug noch während der Verhandlung – nach Beweisen. Randy Roth war siebenunddreißig Jahre alt, und offenbar hatte er die meiste Zeit seines Lebens über Geheimnisse gehütet. Die beiden Detectives hatten allen Grund, zu erwarten, daß in jedem Raum dieses Hauses Antworten oder Hinweise zu finden waren.

Möglicherweise war Cynthia über eine dieser Antworten gestolpert, und dies hatte ihren Tod zur Folge gehabt.

Sie würden es herausfinden.

18

Sogar in Real-Life-Shows im Fernsehen scheinen Polizisten und Detectives stets durch die Tür zu platzen und »Keine Bewegung!« zu brüllen.

Bei dem großen, gelben Haus bestand keine Notwendigkeit, durch die Tür zu platzen; es herrschte keine Eile. Sergeant Frank Kinney, Joe Lewis und Bill Bonair warteten am Haus darauf, daß Sue Peters und Randy Mullinax zurückkehrten, nachdem sie Randy Roth im Gefängnis abgeliefert hatten. Sie schauten sich den verwilderten Garten an und fragten sich, weshalb ein Mann von der Energie und dem fast zwanghaften Ordnungsbedürfnis Randys sich nie die Mühe gemacht hatte, zumindest ein paar Grassamen auszuwerfen. Er hatte darüber geklagt, daß das Grundstück ein ›Sumpf‹ sei, aber das schien übertrieben. Sie konnten sehen, wo jemand – möglicherweise Randy – einen Entwässerungsgraben angelegt und mit Kies angefüllt hatte.

Jemand – vielleicht Cindy – hatte auf der vorderen Veranda

und vor der Dreifachgarage Blumenkästen mit Geranien, Kresse und Ringelblumen aufgestellt. Aber Cindy war seit Wochen tot, und niemand hatte die Blumen gegossen oder die abgestorbenen Blätter und Blüten entfernt; sie welkten.

Während Kinney, Bonair und Lewis warteten, machten sie Außenaufnahmen von dem leeren Haus für die Fallakten. Als Mullinax und Peters ankamen, steckten sie einen Schlüssel ins Schloß der Eingangstür und riefen: »Durchsuchungsanordnung – King County Police.«

Niemand reagierte.

Wie die meisten Hausdurchsuchungsanordnungen wurde auch diese in einem schweigenden Haus mit schweigenden Räumen ausgeführt. Auf den Eichentischen lag eine dünne Staubschicht, und die Luft roch abgestanden, weil die Fenster und Türen zu lange geschlossen gewesen waren. Kein Laut war in Cynthia Roths einstigem Traumhaus zu hören. Es gab keine lebenden Bewohner. Die einzigen Augen, die den Detectives bei ihrer Arbeit zuschauten, gehörten Cynthias Puppen, von denen immer noch einige auf Sockeln in dem hohen, eichenen Schaukasten am Fuß der Treppe standen.

Sue Peters und Randy Mullinax ›kannten‹ Cynthia Loucks-Baumgartner-Roth mittlerweile ebensogut wie – vielleicht sogar besser als – die Menschen in ihrem eigenen Leben. Sie hatten mit hundert oder mehr Personen über sie gesprochen. Sie hatten Merle und Hazel, ihre Eltern Leon, ihren Bruder Tyson und Rylie, ihre Kinder und Lori Baker, ihre beste Freundin, kennen- und aufrichtig mögen gelernt. Sie hatten mit ihrem Ehemann gesprochen.

Aber dies war *ihr* Haus. Ihre Persönlichkeit war noch in den Räumen, obwohl Randy offensichtlich bemüht gewesen war, alle Spuren von ihr auszumerzen. Die Einrichtungsgegenstände, die sie ausgesucht hatte, standen immer noch hier. Dies war das Haus, in das sie von Hoffnung erfüllt gezogen war vor Glück übersprudelnd; in dem festen Glauben, daß sie und ihre Kinder hier leben würden, bis sie gemeinsam mit dem Mann, den sie liebte, alt geworden wäre. Obwohl sie tot war, hatten die beiden Detectives – die in den letzten elf Wochen in jeder wachen Stunde an sie gedacht hatten – irgendwie das Gefühl, in ihren Privatbereich einzudringen, als sie durch ihr Haus gingen. Aber sie mußten es tun. Es mochten Hinweise hier verborgen sein, die erklären konnten, was zu ihrem Tod geführt hatte, und ihnen helfen konnten, ihren Witwer des Mordes an ihr zu überführen.

Staubpartikel schwebten in der Sonne, die durch das Sprossenfenster fiel, als Sue Peters das Wohnzimmer durchsuchte. Randy Roth hatte offenbar niemals beschriebenes Papier fortgeworfen. Peters sammelte ganze Stöße davon ein, darunter Zeitungsausschnitte und verschiedene Papiere, die sie in einem grünen Plastik-Abfallbeutel fand. Sie fand vier Bücher über den Vietnamkrieg und fotografierte sie. Es war nicht schwer herauszufinden, wo Roth das Material für seine Kriegsgeschichten herbekommen hatte. Peters wußte, daß er einigen seiner übrigen Frauen erzählt hatte, es gäbe Bücher über Vietnam, die von ihm handelten.

Alles Lügen.

Peters – mit hundertundsechzig Zentimeter Körpergröße das kleinste Mitglied des Suchteams – kroch in den Crawlspace* unter dem Haus. Sie sah mehrere Kanister Motoröl von Bill Pierre Ford.

Auch die anderen Detectives fanden Dinge, die Bill Pierre gehörten. Es sah so aus, als habe Randy genügend Materialien nach Hause geschleppt, um eine eigene Garage eröffnen zu können. Sie fanden Autoteile im Werte von Hunderten oder Tausenden von Dollars. Sie hatten Randy in Verdacht gehabt, unberechtigt Materialien von der Arbeit mit nach Hause genommen zu haben, aber nicht in diesem Umfang. Die Dinge, die Bill Pierre oder Ford gehörten, waren nicht auf der Durchsuchungsanordnung aufgelistet; die Beamten würden eine zusätzliche Hausdurchsuchungsanordnung beantragen müssen.

Frank Kinney fand ein VCR-Band im Wohnzimmer;

---

* Raum unter dem Haus, in den man nur kriechend gelangt. Zu Lagerzwecken und als Zugang zu den Installationen und den elektrischen Leitungen verwendet. (Anm. d. Übers.)

jemand hatte Fernsehsendungen über Cynthias Tod durch Ertrinken aufgenommen.

Joe Lewis sammelte Beweispapiere, Steuererklärungen, Artikel über Immobilien, ein Adreßbuch, Bankauszüge, Listen mit Telefonnummern, Versicherungsschreiben und vermischte Schriftstücke, Blankoschecks, Schlüssel, Strandtücher, Riemchensandalen sowie Cynthia Roths finanzielle und steuerliche Aufzeichnungen ein.

Lewis fand außerdem große Mengen von Werkzeugen. Sie wiesen eine bemerkenswerte Ähnlichkeit mit den Werkzeugen auf, die Randy in seinem Anspruch an die Pioneer Insurance nach dem Einbruch von 1988 als gestohlen gemeldet hatte.

Während die Untersuchungsbeamten von Zimmer zu Zimmer gingen, machte Randy Mullinax Aufnahmen. Sein Suchgebiet war das Elternschlafzimmer. Es war immer noch möbliert, wirkte aber unbewohnt, als hätte Randy nur die wichtigsten Teile zurückgelassen, um das Haus leichter verkäuflich zu machen. Der einzige anrührende Anblick war ein Teddybär in einem Fach des Wandregals; der Bär trug ein Schweißband.

Mullinax fand Cynthias Brieftasche und ihr Scheckbuch. Die Brieftasche enthielt nichts, anhand dessen man Cindy hätte identifizieren können, aber das Scheckregister schien von ihr geschrieben worden zu sein. Der letzte Scheck war auf einen Safeway-Lebensmittelladen ausgeschrieben worden – am 23. Juli 1991, dem Tag ihres Todes.

Neben dem Bett lagen mehrere Packungen Kondome sowie ein kleines Magazin mit Briefen sexuellen Inhalts. Randy hatte vielen Frauen erzählt, er habe eine Vasektomie machen lassen. Wäre er seiner neuen Frau gegenüber aufrichtig gewesen, hätte kein Bedarf an Kondomen bestehen dürfen.

Die beiden anschließenden Schlafzimmer waren bis auf ein paar leere Koffer in den Wandschränken vollständig leer. Das vierte Schlafzimmer beherbergte die besonderen Waffen, die Randy stets in seiner Nähe gehabt hatte – mit Nägeln gespickte Keulen. Im Wandschrank dieses Raumes fand Mullinax einen schwarzen Gummi-Taucheranzug. Wenn Randy

Roth nicht sonderlich gut schwimmen konnte, wozu brauchte er dann einen Taucheranzug?

Ein Raum im ersten Stock enthielt Fotoalben mit Fotos von Janis, Jalina, Randy, Greg, Cynthia und Lori Baker. Es gab weitere Zeitungsausschnitte über Vietna.... Bei den Alben lagen mehrere Marine-Corps-Abzeichen. Sie waren brandneu; die Verkaufszettel lagen dicht daneben. Mullinax las die Slogans auf den Abzeichen vor: ›Gedient und stolz darauf.‹ ›POW-MIA – Sie sind nicht vergessen.‹ ›Republic of Vietnam Service‹, ›3rd Recon BN: Swift – Silent – Deadly.‹ (Schnell, leise und tödlich.) Randy besaß auch Abzeichen aus Korea, von den Philippinen, aus Camp Pendleton, Camp Delmar, Twentynine Palms und Okinawa.

Der Mann, der in der Marine nur ein paar Monate lang im Schreibbüro gedient hatte, war nicht über seine Besessenheit hinweggekommen. Er hatte seine Lügen so viele Male und so vielen Personen erzählt, daß er vielleicht wirklich davon überzeugt war, in Vietnam gedient zu haben.

Wahrscheinlicher aber war, daß die Geschichten und die Abzeichen Teil seiner Betrugstechnik waren. Je älter er wurde und je weiter der Vietnamkrieg zurücklag, desto eher würde man ihm seine Schnell-leise-tödlich-Geschichten abkaufen.

Aber nicht im Gefängnis. Man kann keine Betrüger betrügen.

Nach Aussage ihrer Söhne hatte Randy Cynthias Makeup – Rouge, Lippenstift, Mascara und Eyeliner –, ihre Parfums und Nagellacke und die meisten ihrer übrigen Schönheitsmittel am Tag nach ihrem Tod in den Abfall geworfen. Dies traf wahrscheinlich zu; Mullinax fand keine Kosmetika.

Im Schrank des Badezimmers im ersten Stock fand er zahlreiche Familienfotos, die offenbar Cynthia Roth gehört hatten und die ihr kostbar gewesen waren. Da waren gerahmte Bilder von Tyson und Rylie, von ihrer frühesten Babyzeit an bis in die Gegenwart. Da war ein Bild von der Familie Loucks – Hazel, Merle, Leon und eine sechsjährige Cindy –, das aussah, als sei es in den frühen Sechzigern aufgenommen worden. Da war eine Plakette von der Little League, mit der Aufschrift: ›Besonderen Dank an Coach Cindy Baumgartner.‹ Mullinax fand noch weitere Plaketten. Alles war achtlos in den Badezimmerschrank geworfen worden. Erinnerungsstücke, die an Lori oder die Louckses hätten gehen müssen.

Auch Cindys Bilder waren hier; Bilder von Enten und Teddybären, mit Spitze und Blumen geschmückte, kleine Reiserbesen, ihre geflochtenen Körbe – so viele kleine weibliche Accessoires, die sie im ganzen Haus verteilt hatte.

Randy hatte Stacey Reese gesagt, er habe all dieses ›verdammte Mauve‹ fortgeschafft. Nun, das hatte er. Den größten Teil davon. Er hatte es in den Badezimmerschrank gestopft oder in den Abfall geworfen.

Mullinax durchsuchte einen kleinen Schuppen am Haus und fand zwei Stihl-Kettensägen; eine zwanzig Inch, die andere sechzehn Inch lang. Mullinax erinnerte sich daran, daß dies zwei der Artikel waren, die Randy der Pioneer Insurance als gestohlen gemeldet hatte. Entweder hatte er sich alles, was er verloren hatte, neu gekauft – oder er hatte es gar nicht verloren.

Randy Mullinax fand noch einen weiteren Crawl-space unter dem Haus, der verschlossen war. Er verschaffte sich Einlaß und fand weiteres Motoröl und weitere Auto-Ersatzteile in Packungen, auf denen ›Bill Pierre‹ stand.

Es war ein Wunder, daß diese Ford-Autohandlung noch eine ausreichende Geschäftsausstattung hatte, um den Betrieb weiterführen zu können.

Bill Bonair blätterte ein dünnes Buch durch – nicht mehr als vierzig Seiten dick –, und seine Nackenhaare stellten sich auf. Er hatte es in Randys ›Macho‹-Raum gefunden. Es war ein sehr altes Buch über die japanische Kriegskunst, in dem detailliert beschrieben wurde, wie man einen Menschen mit bloßen Händen tötet, ohne eine Spur zu hinterlassen. Die meisten der anschaulichen Darstellungen zeigten Techniken, die am Kopf oder Hals angewendet wurden.

Die Detectives erregten sich und begannen zu schwitzen,

während sie das gelbe Haus, die Anbauten und Crawl-spaces durchsuchten. Randy Roth hatte eindeutig nicht erwartet, an diesem Tag im Oktober verhaftet zu werden. Abgesehen von den Dingen, die er fortgeworfen, auf dem Trödelmarkt verkauft oder achtlos in den Truck der Bakers geworfen hatte, schien Randy an *allem* gehangen zu haben.

Sue Peters ging zu den drei zum Haus gehörigen Garagen. Es war gegen 12 Uhr 50, und sie hatte zwei Stunden lang zügig gesucht. In einer der Garagen stand ein kleiner, brauner Büroschrank mit vier Schüben. Er sah nicht bedeutend aus. Er schien mit weiteren Papieren vollgestopft zu sein. Sie durchzuschauen, war ein wenig so, als bereite man die Einkommensteuererklärung vor und wühle Rezepte, Schecks, Briefe und all den vielfältigen Kram durch, der bereits vor Monaten hätte sortiert werden sollen.

In der zweiten Schublade fand Sue Peters ein Bündel aus – wie es aussah – Schreibmaschinenpapierbögen. Sie war versucht, es beiseite zu werfen. »Ich weiß nicht, weshalb ich mich damit abgegeben habe«, sollte sie Monate später sagen. »Es sah wie Abfall aus. [Ich fragte mich], soll ich mich damit befassen? Ich drehte die Papiere unschlüssig in den Händen, und dann las ich ›Randy haßt Cindy ...‹, und ich sagte zu mir selbst, Heiliger Strohsack!«

Wenn Cynthia Roth direkt hinter Sue Peters gestanden und sie leicht an der Schulter berührt hätte, wäre Peters' Gefühl, endlich den Code geknackt zu haben, nicht stärker gewesen. Cindy hatte nicht zu der Art Frauen gehört, die sich Freunden oder ihrer Familie gegenüber beklagen. Peters wußte inzwischen, daß Cindy stolz und verschwiegen gewesen war und stets ihr Bestes gegeben hatte, alles selbst in Ordnung zu bringen. Aber es war nicht in Ordnung gekommen. Sue Peters schaute auf die zerdrückten Blätter in ihrer Hand und konnte beim Lesen fast Cindys Stimme hören:

Randy ›liebt‹ Cindy nicht,
Randy haßt Cindy ...
Randy haßt Cindys Make-up,
Randy haßt Cindys Rouge

Randy haßt Cindys Lippenstift;
Randy haßt Cindys blondes Haar
Randy haßt Cindys häßliche Zehen – sie sind die häß-
lichsten Zehen, die er jemals gesehen hat.
Randy haßt Cindys fünf oder sechs Parfums.
Randy haßt Cindys kalte Füße
Randy haßt Cindys kalte Hände.
Randy haßt Cindys Fingernägel.
Randy haßt Cindys Puppen in jedem Zimmer.
Randy haßt Cindys pinkfarbene weibliche Dinge in
allen Zimmern.
Randy haßt Cindys pfirsichfarbene weibliche Dinge in
allen Zimmern.
Randy haßt Cindys Bilder.
Randy haßt Cindys Möbel,
Randy haßt Cindys Kommode, weil sie keine wirkliche
Kommode ist.
Randy haßt Cindys Fahrstil, weil sie die Wagen und
Trucks zuschanden fährt.
Randy haßt meistens, was Cindys gekocht hat.
Randy haßt es, daß Cindy zu viele Male pro Woche
Lebensmittel einkauft und zuviel Geld ausgibt.
Randy haßt Cindys Strumpfhose,
Randy haßt Cindys Sachen,
Randy haßt Cindys Geld,
Randy haßt Cindys eigenständiges Wesen.
Randy haßt die Art, wie Cindy mit den Zähnen
knirscht.
Randy haßt die Art, wie Cindy immer seine Papiere
aufsammelt.
Randy haßt die Art, wie Cindy all das heiße Wasser
verbraucht, um die große Badewanne zu füllen.
Randy haßt es, daß Cindy Kaffee trinkt.
Randy haßt es, daß Cindy mehr als alle Jungen ißt.
Randy haßt es, wie Cindy ein Haus dekoriert –
Randy haßt es, wenn Cindy einkaufen geht,
Randy haßt es überhaupt, wenn Cindy das Haus ver-
läßt.

Randy haßt es, wenn Cindy den Trooper fährt.

Randy haßt Cindys Pants.

Randy haßt es, daß Cindy gern ißt!! Weil sie fett werden wird.

Randy haßt es, daß Cindy zum Valentinstag Teilchen gemacht hat,
& keinen Kuchen.

Randy haßt es, wenn Cindy irgendwo helfen, oder sogar freiwillig helfen will.

Randy haßt es, wenn Cindy Lori ins Haus holt.

Randy haßt es, von der Arbeit nach Hause zu kommen, statt einzukaufen oder andere Dinge zu tun.

Randy haßt es, nicht immer allein einkaufen gehen zu können!

Randy haßt es, Cindy zu sagen, wohin er geht.

Randy haßt Cindys monatliche Geschichte und sie jeden Monat erdulden zu müssen.

Sue Peters ging in die Hocke. Das Schriftstück erweckte den Anschein eines verzweifelten Gedichts. Die Schrift wurde von Zeile zu Zeile schwerer zu lesen, und Peters konnte sich vorstellen, wie die Schreiberin beim Schreiben schluchzte. Die Wörter waren energisch in schwarzer Tinte geschrieben.

Cynthia Roth – diese vor Glück überschäumende, freigebige und freundliche Frau – war eindeutig zu jemandem reduziert worden, der kein Selbstvertrauen mehr besaß, weil jeder ihrer Schritte, jeder ihrer Gedanken, jede Handlung und jedes Verhalten den Mann störte, den sie so geliebt hatte. Randy Roth hatte sie so heruntergemacht, daß nicht mehr viel von ihr geblieben war. Nichts von dem, was sie tat, hatte ihm gefallen.

Und doch hatte Cindy jene letzte Hoffnung gehegt – daß ihre Fahrt nach Reno an ihrem Hochzeitstag ihre Ehe irgendwie erneuern und ihnen die Liebe zurückbringen würde, die sie im Sommer 1990 empfunden hatten.

Das ›Gedicht‹ trug kein Datum. Es mußte nach dem Valentinstag 1991 geschrieben worden sein – am Valentinstag 1990 hatte Cindy Randy Roth noch nicht kennengelernt. Cindys

Freunde hatten gesehen, daß sie nach ihrem ersten gemeinsamen Weihnachtsfest mit Randy ein wenig unglücklich war. Die Versicherungsunterlagen waren im März gekommen.

Ja, Cindy hatte sehr genau erkannt, daß Randy sie nicht mehr liebte – aber hatte sie auch Angst vor ihm gehabt? Angst um ihr Leben? Wahrscheinlich nicht. Hätte sie sich vor ihm gefürchtet, wäre sie nicht mit ihm in das Schlauchboot gestiegen und so weit fortgerudert; weit fort von der Menge am Strand im Idylwood Park. Sie würde ihre Söhne nicht allein zurückgelassen haben, hätte sie nicht erwartet, innerhalb kurzer Zeit wieder zurück zu sein.

Als Sue Peters das trostlose Gedicht in einen Plastikbeutel steckte und ihn mit einem Aufkleber versah, fiel ihr eine andere kleine Notiz ein, die sie bei ihrer Suche gefunden hatte; eine Notiz, die in derselben, gerundeten, kursiven Schrift geschrieben war. Cindy Roth hatte – wie all die übrigen Frauen – geglaubt, daß Randys Alpträume von seinen schrecklichen Erlebnissen in einem Krieg im fernen Asien herrührten. Und sie hatte versucht, ihm zu helfen. Peters las noch einmal die Notiz: ›Dienstag abend, 19:30 – erzähl Randy von dem Vietnam-Veteranen-Treffen. Posttraumatische Streßstörung?‹

Peters schaute auf den kleinen Schrein im Flur, den Randy für sich selbst errichtet hatte. Dort war ein Bild von ihm in der blauen Marine-Uniform – ein sehr gut aussehender, ernst blickender junger Mann, der starr geradeaus schaute –, nebst zwei in Gold gerahmten Emblemen des Marine Corps. Und darunter die ›Sergeant R. G. Roth‹ verliehene Bronzemedaille für Tapferkeit.

Mut und Tapferkeit? Wohl kaum. Sue Peters wußte, daß Randy die Medaille nicht erhalten hatte; daß er sie von derjenigen kopiert hatte, die er in Ben Goodwins Haus sah. Sie nahm die Medaille von der Wand, gab sie Joe Lewis und sagte: »Nehmen Sie sie zu den Beweisstücken.«

Es war ein sehr langer Tag gewesen. Sie hatte heute morgen um 8 Uhr 50 Randy festgenommen, und jetzt war es

18 Uhr 30. »Warten Sie noch einen Moment«, sagte Peters. Sie ging nach oben, holte das rote Sammelalbum mit den Vietnam-Artikeln darin und übergab es ebenfalls Joe Lewis.

19

So spät es auch war, das King-County-Suchteam rief Rick Doss von der Bill-Pierre-Ford-Autohandlung an und bat ihn, zu kommen und sich die Autoteile, das Motoröl und die übrigen Artikel anzuschauen, die möglicherweise aus seinen Beständen gestohlen worden waren. Doss kam und fertigte eine Stückliste der Posten an.

Die Polizei sicherte das Haus um 19 Uhr 20, und gegen 20 Uhr waren Sue Peters und Bonair wieder in der Stadt und brachten alle Gegenstände, die sie beschlagnahmt hatten, in die Asservatenkammer des King County Courthouse.

Haussuchungsanordnungen listen exakt alles auf, was die Detectives mitnehmen dürfen. Bei der Durchführung der ersten Durchsuchungsanordnung hatten die King County Detectives zahllose Gegenstände erblickt, die mutmaßlich Bill Pierre Ford gehörten. Sie baten umgehend um eine zweite Haussuchungsanordnung, die diese Gegenstände auflistete.

Die zweite Durchsuchungsanordnung wurde ausgestellt. Dies bedeutete im Klartext, daß die King County Detectives das Recht hatten, in das große, gelbe Haus zurückzugehen und sich der Motorteile, der Ölkanister, der Dichtungsringe – fast all dessen zu bemächtigen, das den Aufdruck oder die Aufschrift ›Bill Pierre‹ trug.

Bevor sie das Woodinville-Haus am folgenden Tag – dem 9. Oktober – wieder versiegelten, hatten Kinney, Lewis, Bonair, Mullinax und Peters die Gegenstände, die so aussahen, als gehörten sie Randys Arbeitgeber, in zwei der drei Garagen geschafft. Sie fotografierten das Material, aber sie konnten nicht mit Sicherheit wissen, wieviel es wert war, woher es stammte oder ob es zu Randys rechtmäßigem Besitz gehörte. Der Manager des Autohandels, bei dem Randy beschäftigt war, verfügte über keinerlei Belege dafür, daß Randy die noch originalverpackten Produkte, die sich in seinem Woodinville-Haus befanden, käuflich erworben hatte.

Bewaffnet mit ihrer zweiten Haussuchungsanordnung listeten die Detectives *fünfundneunzig* Artikel auf, die sie mitnahmen – alles von Schraubenfedern bis zum Motoröl; vom Getriebe bis zur Lenksäulenschmiere; von Bremsteilen bis zum Kühler –, und fast alles übrige, das man benötigen würde, um zu Hause Autos umzubauen. Es sah so aus, als habe Randy niemals seinen Arbeitsplatz verlassen, ohne etwas unbezahlt mitgehen zu lassen.

Max Butts erschien, während die Detectives ihren zweiten Tag mit dem Einsammeln von Beweisstücken verbrachten. Er nahm Randys Hund und die Motorräder mit, die hinter dem Haus geparkt waren.

Sue Peters übergab die fünfundneunzig Artikel, die Bill Pierre Ford gehörten, an Dick Tutino, der zu diesem Unternehmen gehörte.

Die Nachricht von Randy Roths Verhaftung erschien am 10. Oktober 1991 in den Zeitungen. Am nächsten Tag wurde die Mordanklage bekanntgemacht. Randys Kaution wurde auf eine Million Dollar festgesetzt. Die Anklagebegründung Marilyn Brennemans war ein Schriftstück von achtzehn Seiten, und sie enthielt Informationen, die Presse und Öffentlichkeit gleichermaßen faszinierten. Sie erfuhren zum ersten Mal von den vielen, vielen Frauen in Randys Vergangenheit – von denen einige tot und andere von ihm ›geheilt‹ waren. Der ›Unfall‹ auf dem Lake Sammamish schien nicht länger die Folge eines unglücklichen Geschicks zu sein.

George Cody beeilte sich, die Medien daran zu erinnern, daß der Prozeß gegen seinen Mandanten allein auf Indizien gegründet sein würde. Er sagte, Randy Roth sei vollkommen darauf vorbereitet, sich gegen die Anklage zu verteidigen. Cody behauptete, der Verdacht sei allein deshalb auf Roth gefallen, weil ihn zweimal eine Tragödie heimgesucht habe;

243

daß die King-County-Staatsanwälte keine ›unwiderlegbaren Beweise‹ in den Dokumenten hätten, die Marilyn Brenneman zusammengetragen habe. Er nannte die Beweise gegen Randy ein ›Indiziengespinst‹, das in keiner Weise etwas an seiner persönlichen Entschlossenheit ändere, auf ›unschuldig‹ zu plädieren. Er sei für eine Verhandlung gerüstet.

Lizabeth Roth, die in Randys spärlichen Berichten über seine Vergangenheit immer eine schattenartige, beinahe mythische Gestalt gewesen war, rief Sue Peters an. Mrs. Roth erklärte, sie sei Randys Mutter, und sie habe die Berichte über seine Festnahme im Fernsehen verfolgt und habe den Eindruck, daß die Situation ›unreal‹ sei.

»Randys Herz war gebrochen, als Cynthia starb«, sagte sie eindringlich. »Als ich ihn bei der Totenfeier umarmte, wäre er fast in Tränen ausgebrochen.«

Lizabeth Roth erklärte, ihre Familie sei sehr religiös, und sie seien keine Mörder.

»Nun ...«, begann Peters vorsichtig – aber sie konnte ihre nächste Frage nicht taktvoll formulieren, »was ist mit Ihrem Sohn David Roth? Er sitzt doch wegen Mordes im Gefängnis?«

»Er ist unschuldig«, erwiderte Lizabeth Roth entrüstet. »Es war eine abgekartete Sache. Er wurde zu dem Geständnis gezwungen, und das FBI ist mit der Sache befaßt.«

Randy Roths Probleme mehrten sich. Chris Jarvis, der für das *Journal American* über Randys tägliche Zunahme an Problemen berichtete, schrieb, Roth sei zusätzlich des Diebstahls bei Bill Pierre Ford, seinem Arbeitgeber, verdächtigt. Über Randys Haupt schwebte eine Mordanklage beim Obersten Gerichtshof des King County mit einer auf eine Million Dollar festgesetzten Kaution, und wie den Aufzeichnungen des Bezirksgerichts von Seattle zu entnehmen war, hatte die Polizei Gründe für den Verdacht, daß er Autoteile im Wert von eintausend Dollar bei Bill Pierre gestohlen hatte. (Der tatsächliche Wert belief sich auf 2 254 Dollar.)

Die Pioneer Insurance Company erhob erneut Klage wegen Versicherungsbetruges in Verbindung mit dem Einbruchdiebstahl in Randys Haus im Jahr 1988. Randy Mullinax und Sue Peters hatten zu viele von den Posten gefunden, die ihm angeblich gestohlen worden waren: Die beiden Stihl-Kettensägen, der Craftsman-Werkzeugkasten, die Stereoanlage. Für die meisten Menschen empfiehlt es sich, Kaufquittungen aufzubewahren; bei Randy erwies sich diese Gewohnheit als verhängnisvoll. Die Untersuchungsbeamten konnten die Daten auf den Belegen mühelos mit den Artikeln vergleichen, die Randy im und unter dem Woodinville-Haus gehamstert hatte. Alles, was im Jahr 1988 verschwunden war, hatte wie durch ein Wunder seinen Weg zurück in Randys Besitz gefunden.

Bill Pierre Ford feuerte Randy. Doch dies war die geringste seiner Sorgen.

Am Samstag, dem 12. Oktober, erhielt Randy Mullinax einen Telefonanruf von einer Verwandten Lily Vandiveers. Sie hatte Grund, zu glauben, daß Randy Lily aus dem King County Jail angerufen hatte. »Randy gab ihr eine lange Liste von Dingen durch, die er sie bat, sofort aus seinem Haus zu entfernen«, sagte die Frau.

Mullinax ließ das leere, gelbe Haus umgehend das ganze Wochenende über unter Beobachtung stellen, aber niemand zeigte sich. Möglicherweise war es bereits zu spät gewesen. Dieselbe Informantin rief noch einmal an und sagte, ihrer Meinung nach hätten Lily und ein Mann namens Max vielleicht bereits Sachen aus dem Haus geholt, und Randy wünsche nicht, daß jemand davon erfuhr. »Ich glaube, sie nahmen sie [die Gegenstände] mit, um sie irgendwo in Snohomish zu lagern«, sagte sie. »Ich hörte auch, daß Randy Lily fünfundzwanzigtausend Dollar gab, bevor er ins Gefängnis ging.«

Max Butts hatte am Samstag morgen um 10 Uhr einen Termin bei Mullinax gehabt, aber er war nicht gekommen. Am Montag begab sich der Detective in den Body Shop, wo Max arbeitete. Butts kam in Randy Roths Ford-Pick-up angefahren. Er schien nicht besonders glücklich darüber zu sein, Mullinax zu sehen.

Randy Mullinax bemerkte, daß Randy Roths Werkzeugkästen von Bill Pierre Ford hinten auf dem Pick-up standen. Butts wollte überhaupt nicht mit Mullinax sprechen; er sagte, Randys Anwalt habe ihn dazu angewiesen.

»Ist George Cody *Ihr* Anwalt?«

»Nein.«

»Nun, übers Wochenende wurden einige Sachen von Randy aus seinem Haus abgeholt, und ich denke, Sie sollten mir unbedingt sagen, ob Sie etwas damit zu tun haben.«

Mullinax studierte Butts. Er sah, daß der Mann innerlich hin und her gerissen war zwischen der Loyalität seinem besten Freund gegenüber und dem Wunsch, seinen eigenen Hals zu retten.

Sein Hals gewann.

Max Butts gab zu, daß Randy ihn angerufen und ihm eine Liste von Dingen durchgegeben hatte, die er aus dem Haus geschafft wissen wollte. »Er hatte Angst, daß ihm Sachen fortkommen könnten, während er im Gefängnis war. Er wollte, daß ich seine persönlichen Papiere und andere Dinge für ihn aufbewahrte. Ich habe sie in mein Haus geschafft.«

Mullinax rief im Büro an und sprach mit Sue Peters. Sie hatte soeben einen Anruf von Rick Doss bei Bill Pierre erhalten. Max Butts hatte in der Tat Randys Werkzeugkasten mitgenommen, aber er hatte auch ein paar größere Artikel zurückgegeben, die der Ford-Verkaufsstelle gehörten. Er hatte den Mechanikern, die ihm abladen halfen, erklärt, Randy habe die Sachen ›ausgeborgt‹, und Max würde sie in seinem Namen zurückbringen.

Die ›Sachen‹ waren eine Anderthalb-Tonnen-Winde zur Befestigung an der Stoßstange von Walker, eine Acra-Speed-Radauswuchtmaschine von Weaver und eine Stroboskop-Radauswucht-Ausrüstung von Hunter. Mullinax hatte bei ihrer ersten Haussuchung alle drei Geräte gesehen. Die Winde war im Crawl space gewesen, und die Auswuchtvorrichtungen hatten unter der vorderen Veranda gelegen. Rick Doss sagte, Randy habe niemals die Erlaubnis gehabt, eines der Geräte mitzunehmen. Zwar konnten Mechaniker gelegentlich größere Ausrüstungsgegenstände über Nacht aus-

borgen, aber diese mußten stets am nächsten Morgen zurückgebracht werden.

Randy hatte nie gefragt.

Für einen Mann mit so viel Klugheit und Kompetenz, wie
Randy sie für sich in Anspruch genommen hatte, war die
beflissene Rückgabe gestohlener Artikel ein wenig töricht. Er
war wegen Mordes angeklagt, und er sorgte sich wegen einer
Diebstahlsanzeige. Aber andererseits wurde der angezeigte
Diebstahl durch Beweisstücke erhärtet, und die Mordanklage
basierte tatsächlich auf Indizien, wie Cody sagte.

Konnte Marilyn Brenneman eine Jury *über jeden vertretba-
ren Zweifel hinaus* davon überzeugen, daß Randy Roth Cynthia Roth vorsätzlich ertränkt hatte? Würde es ihr gelingen,
einen Präzedenzfall zu finden, der ihr gestattete, den Unfalltod von Janis Roth in ihren Gerichtsraum zu bringen? Gewinnen oder Verlieren des Prozesses mochte davon abhängen.

Sue Peters und Randy Mullinax hatten von Anfang an den
Eindruck gehabt, daß Randy Roth die Menschen, die mit ihm
in Berührung kamen, einschüchterte; daß stets eine unbe-
stimmte Gefahr, eine Bedrohung von ihm ausging. Er war der
Mann in Schwarz, der nachts umherschlich; der Mann, über
dessen Bett eine mit Nägeln gespickte Keule hing; der selbst
ernannte Karate-Experte und der Mann, der in Vietnam derart grausame Tötungsakte durchgeführt haben wollte, daß sie
ihn noch in seinen nächtlichen Träumen schreien ließen. Und
natürlich waren zwei seiner vier Frauen tot, und sie waren
eines gewaltsamen Todes gestorben.

Sobald Randy Roth hinter Gittern war und eine Kaution
von einer Million Dollar dafür sorgte, daß er dort festgehalten
wurde, begannen die Zeugen, freier zu sprechen. Dennoch
mochte ihre Furcht vor Randy unterschwellig weiterleben.
Immerhin hatte er den größten Teil seines Lebens damit zugebracht, seine eigene Methode der Gedankenkontrolle zu per-
fektionieren.

Lori Baker hatte sich nie vor Randy gefürchtet; sie hatte
Angst um Cynthia gehabt, aber sie hatte dabei eher an emo-

tionelle als an körperliche Verletzungen gedacht. Marilyn Brenneman und Randy Mullinax fuhren zu Lori Bakers Haus, um sich mit ihr zu unterhalten. Sie zeigten ihr das vierseitige ›Gedicht‹, das Sue Peters in Cindys Kommode in der Garage gefunden hatte. Wenn jemand Cindys Schrift erkennen konnte, dann Lori.

Lori las die Worte, die zeigten, wie traurig und verzagt Cindy in ihrem letzten Frühjahr gewesen war. Sie nickte. Ja, sagte sie, das sei Cindys Schrift. »Sie hat mir erzählt, daß sie so etwas schreiben würde – all die Dinge, die Randy an ihr haßte. Ich wußte nicht, daß sie es aufbewahrt hatte.«

Lori sollte eine wichtige Zeugin im Fall gegen Randy Roth werden, und sie sprach mit Marilyn Brenneman über ihre enge Freundschaft mit Cynthia Baumgartner. Damals, 1985, war es ihnen sinnvoll erschienen, ihre Haushalte zusammenzulegen, und sie hatten recht behalten. Cindy hatte Loris dreihundert Dollar pro Monat nicht gebraucht, aber Lori hatte darauf bestanden, sie zu zahlen. Sie unterhielten ein gemeinsames Bankkonto, von dem sie ihre Haushaltungskosten bestritten. Lori hatte eingewilligt, auf die Jungen aufzupassen, aber sie war nicht darauf vorbereitet gewesen, die Vollstreckerin von Cindys Testament zu werden.

»Ich erinnere mich, daß sie mir sagte, ein Mann habe nach ihrer Telefonnummer gefragt, als sie am Konzessionsstand für die Little League arbeitete«, sagte Lori. »Wie sich herausstellte, war dieser Mann Randy Roth.«

Lori erinnerte sich daran, daß Randy mit seinem Sohn Greg zum Essen in das Haus gekommen war, in dem sie zusammen mit Cindy lebte. Lori hatte in der kurzen Zeit, die er bei ihnen verbrachte, keine Gelegenheit, viel mit Randy zu sprechen; Cindy und Randy hatten nur Augen füreinander gehabt. Lori hatte Randy als angenehm empfunden, aber seine Werbung war übereilt und hartnäckig gewesen. Sie erinnerte sich daran, daß Randy Cindy wiederholt gebeten hatte, mit ihm über Nacht fortzubleiben. »Das war etwas, das Cindy niemals getan hätte, solange sie nicht mit einem Mann verheiratet war«, erklärte Lori.

Cindy hatte sich Sorgen gemacht, weil Randy nicht in die

248

Kirche ging. Aber sie war sicher gewesen, ihn nach ihrer Heirat dazu bringen zu können, daß er in die Kirche ging.

Nach der Heirat entwickelten sich die Dinge nicht gut. Cindy gestand Lori ein, daß ihr Geschlechtsleben mit Randy nicht besonders zufriedenstellend war; sonst sprach sie mit niemandem darüber. Wie sich herausstellte, war Randy nicht der feurige Liebhaber, den sie erhofft hatte. Nach so vielen Jahren der Enthaltsamkeit war sie von dieser Entwicklung enttäuscht gewesen. Cindy hatte sich eine Heirat mit allem, was dazu gehörte – mit seelischer und körperlicher Liebe – versprochen. Trotzdem war Cindy sich treulos vorgekommen, auch nur ihre Enttäuschung über ihr fast nicht vorhandenes Sexualleben auszudrücken. Randy war ein so ungeduldiger Freier gewesen, daß sie erwartet hatte, einen stürmischen und erregenden Liebhaber geheiratet zu haben. Und er war es nicht.

»Nur Wochen später«, sagte Lori betrübt, »bedauerte Cindy ihre Heirat.«

Cindy Roth war fast sechs Jahre lang unabhängig gewesen, und sie hatte die Freiheit schätzen gelernt, kommen und gehen zu können, wann sie wollte, aber sie sagte zu Lori, Randy wünsche, daß sie immer im Haus bliebe. Sein Beharren darauf , daß sie *nichts* auf eigene Faust unternahm, hatte bei Cindy rasch das Gefühl hervorgerufen, ersticken zu müssen. Einmal hatte sie frustriert und verärgert festgestellt, daß ihr Wagen nicht starten wollte. Lori kam herüber, um ihr zu helfen, und sah, daß jemand absichtlich einen Draht unter der Kühlerhaube gelockert hatte. »Ich befestigte ihn wieder«, sagte Lori, »und sie konnte wenigstens ihre Einkäufe machen.«

Randy hatte zweierlei Maß angelegt: Er selbst konnte ein Fitneß-Studio besuchen, aber seine Frau durfte nicht einmal an einem Aerobic-Kurs teilnehmen, wenn Männer darin waren.

Lori erinnerte sich daran, daß Cindy einen starken Verdacht gegenüber Lily Vandiveer hegte. Wenn Randy Lilys Sohn Brad nach Hause brachte, blieb er oft stundenlang fort. Cindy traute dem Verhältnis der beiden nicht. Sie hatte sich angewöhnt, Brad früher am Tag nach Hause zu fahren, so daß Randy keine Entschuldigung für einen Ausflug hatte. Sie hatte nicht verstehen können, wieso die ältere Frau einen so großen Platz in Randys Leben einnahm, wie es schien.

Im Frühjahr 1991 erwähnte Cindy Lori gegenüber, daß sie daran gedacht hatte, Randy zu verlassen. Aber Lori wußte, daß sie es nie getan hätte: »Ihre religiösen Überzeugungen waren zu stark. Sie hätte eine Scheidung nicht in Betracht gezogen.«

»Wissen Sie, ob Randy *sie* jemals um die Scheidung bat?« fragte Marilyn Brenneman.

Lori schüttelte den Kopf. »Ich glaube nicht. Cindy hätte es mir gesagt.«

Jetzt, da sie wußte, daß sie vor Gericht gehen würden, mußte Marilyn Brenneman so viel über Randy Roth erfahren, wie sie nur konnte – jede seiner Bekanntschaften, jede Einzelheit, und wenn sie auf den ersten Blick auch noch so unschuldig aussehen mochte. Randy Mullinax fragte sich, wieso Max Butts so viele Botengänge für Randy Roth erledigte. Wie stand er zu ihm?

Lori war Max mehrere Male begegnet; er war stets in Randys Kielwasser anzutreffen. »Cindy hat es ebenfalls bemerkt«, erinnerte Lori sich. »Sie sagte, Max würde überall auftauchen, wohin sie auch gingen.« Er hatte zu Lori gesagt, er glaube nicht, daß Randy Cindy heiraten würde. Als Max an dem Wochenende, an dem das Paar nach Reno gefahren war, zu ihrem Haus kam, hatte er völlig fassungslos gewirkt, als er die Neuigkeit erfuhr.

Mullinax war aufgefallen, daß Roth anscheinend immer einen jüngeren Freund gehabt hatte, der kritiklos beeindruckt von ihm war; jemanden, der bereit war, eine Besorgung für ihn zu machen. Früher einmal war es Nick Emondi gewesen, jetzt war es Max Butts.

Emondi war bereit, den Detectives alles zu sagen, was sie wissen mußten; er hatte sich von Randy losgesagt, während Butts seinem Helden immer noch anhing.

Lori Baker sagte, Greg sei in Cindy vernarrt gewesen; wenn er es auch nicht wagte, zu zeigen, wie sehr er sie mochte, wenn sein Vater in der Nähe war. Cindy hatte nie verstanden, weshalb dies so war – sie erklärte es sich höchstens mit Randys Marine-Macho-Verhalten. Echte Männer zeigten ihre Gefühle nicht, und das galt auch für Jungen.

Eine Sache gab es, von der Lori nie etwas gewußt hatte: Cindy hatte ihr niemals erzählt, auf welche Weise Randy die Jungen disziplinierte – Greg und ihre eigenen beiden Söhne. Aber nachdem Tyson und Rylie zu Lori gezogen waren, erkannte sie mit wachsendem Entsetzen, wie schlimm die Dinge gewesen waren.

»Er ließ sie Kniebeugen zur Disziplinierung machen«, sagte sie zu Brenneman und Mullinax. »Sie sagten, sie hätten sie einmal an einem kalten Abend auf der Einfahrt machen müssen, und er richtete den Wasserschlauch auf sie, weil sie die Übungen nicht schnell genug machten.«

Tyson hatte Lori erzählt, Randy habe ihn einmal hochgehoben und so heftig durch das Zimmer geworfen, daß sein Kopf eine Delle in die hölzerne Wandverkleidung schlug. Freitags abends mußten alle drei Jungen Randy helfen, den Verkaufsraum bei Bill Pierre Ford zu säubern. Das machte ihnen nichts aus, aber sie arbeiteten nie schnell genug, um ihn zufriedenzustellen. Um sie zur Eile anzutreiben, hatte Randy den Kaltwasser-Hochdruckschlauch auf sie gerichtet. »Sie mußten ihre Säuberung zu Ende führen und in ihren nassen Sachen nach Hause fahren«, sagte Lori. Was im Sommer ein Spaß gewesen wäre, stellte im Winter eine Tortur dar.

Wie die Jungen erzählten, hatte Cindy Greg wenigstens bei einer Gelegenheit vor ernsthaften Verletzungen bewahrt. Sein Vater war im Begriff gewesen, Gregs Kopf auf die gemauerte Kaminumrandung zu schlagen, als Cindy eingriff.

Marilyn Brenneman und Randy Mullinax sprachen mit Tyson Baumgartner allein und erhielten ein genaueres Bild davon, wie das Leben in dem gelben Haus – das von außen betrachtet so perfekt wie in einem Landhausprospekt wirkte – wirklich abgelaufen war.

Cindys älterer Sohn sagte, Randy habe darauf bestanden,

251

daß er und Rylie Videos von *Platoon* und *Hamburger Hill* anschauten. Beide Filme über den Vietnamkrieg waren voller grausamer Schlachtszenen. Als die Jungen versuchten, die Augen von den blutigen Action-Szenen abzuwenden, hatte Randy verlangt, daß sie sich alles anschauten.

»Randy erzählte uns, daß er viele von den Dingen, die wir sahen, selbst hatte tun müssen – als er in Vietnam war«, sagte Tyson.

An einigen Abenden, wenn Randy wütend auf Tyson oder Rylie war, ließ er seinen Zorn an ihrer Mutter aus. Er fuhr unter einem Schauer davonspritzender Kieselsteine fort und kam erst in den frühen Morgenstunden zurück, oder er packte Cindy so hart am Arm, daß sie am nächsten Tag Quetschwunden von seinen Fingern hatte.

Tyson erinnerte sich nur allzugut an die ›Ladenabende‹ in dem Ford-Autohaus. Randy und Max, der sie unvermeidlich begleitete, lachten beim Anblick des nadelscharfen Strahls aus dem Hochdruckschlauch. Die Jungen wären fast erfroren, wenn sie im Januar und Februar in tropfnassen Kleidern arbeiteten.

Gefragt, ob sein Stiefvater jemals ›Waren‹ aus der Autohandlung mitgebracht habe, nickte Tyson. Er hatte gesehen, wie Randy Motoröl und Luftfilter und die Winde mitbrachte, die Randy Mullinax bei ihrer Durchsuchung unter dem Haus gefunden hatte. »Er sagte, er brauche die Winde, um an dem Escort zu arbeiten. Das Öl stellte er in das Regal in der Garage.«

Tyson sagte, er habe sogar gesehen, wie Randy ganze Motoren mitbrachte. Einer davon sei noch in Plastik verpackt in einer Lattenkiste gewesen. Er wußte nicht, was mit diesen großen Teilen geschehen war. Einmal hatte er Randy gefragt, ob er die Sachen, die er mit nach Hause brachte, gekauft habe, und Randy habe höhnisch geantwortet: »Nein, ich habe sie *nicht* gekauft.«

Cindy Roths kleine Jungen genasen allmählich von den Alptraum-Monaten mit einem Stiefvater, der niemals in Vietnam gedient hatte und sich trotzdem wie ein grausamer Drill-Sergeant bei der Marine verhielt. Sie hatten sich sehr bemüht, mit ihm auszukommen, weil ihre Mutter wollte, daß sie alle eine Familie wären. Manchmal hatte er lustige Sachen mit ihnen unternommen, aber die meiste Zeit über waren sie auf Zehenspitzen umhergegangen und hatten sich angestrengt, nichts falsch zu machen.

Und ihre Mutter hatte es ebenso gehalten.

20

Das Jahr 1985 hatte einen Wendepunkt im Leben von Cindy Baumgartner, Randy Roth, Sue Peters, Randy Mullinax und Marilyn Brenneman bedeutet – und für die Stellvertretende Staatsanwältin Susan Storey, die dazu ausersehen war, die andere Hälfte des King-County-Anklageteams zu sein. Aufgrund dessen, was in diesem einzigen Jahr geschehen war, würde keiner von ihnen jemals wieder derselbe sein wie zuvor. Aber das war natürlich keinem von ihnen bewußt. Man erkennt entscheidende Augenblicke stets nur im nachhinein.

Als Donna Clift Randy 1985 verließ, wurde er ein Single, und – wie er es sah – wieder ein Witwer. Cindy war wirklich eine Witwe. Eine unheilvolle Schicksalsverwandtschaft schien die beiden dazu bestimmt zu haben, einander zu begegnen und zu heiraten – aber nichts hätte irreführender sein können. Donna Clift sollte sich auf ewig Vorwürfe machen, weil sie Cindy nicht angerufen hatte, um sie zu warnen. Ben Goodwin sollte sich wünschen, sie eindringlicher gewarnt zu haben.

Aber das half alles nichts; Cindy war tot. Und jetzt stand der aufsehenerregendste Mordfall im King County seit Jahrzehnten vor seiner Verhandlung.

Im Herbst 1985 begann Susan Storey ihr letztes Jahr an der University of Puget Sound und arbeitete zugleich für eine

253

Anwaltskanzlei in Tacoma. Tacoma war eine große Stadt, verglichen mit ihrem Geburtsort Lewiston, Idaho. Storey blieb nicht sehr lange in der Stadt an der Grenze der Staaten Washington und Idaho; ihre Kindheit war unstet. Sie lebte in Spokane, Seattle, und in New Providence, New Jersey. Sie ging auf die High-School in Seattle und auf die Undergraduate School an der University of Washington, wo sie ein hervorragendes Mitglied des Gruppenteams war.

Im Jahr 1985 hatte Susan Storey einen Sommer lang als Praktikantin im King County Prosecuting Attorney's Office in Seattle gearbeitet, und sie boten ihr einen Job an, wenn sie im Frühling an der juristischen Fakultät graduieren würde. »Ich stürzte mich auf diesen Job«, erinnert Storey sich. »Ich wußte, daß ich im Kriminalrecht arbeiten wollte.«

Frischgebackene Staatsanwälte werden anfangs nicht viel mit harten Kriminalfällen betraut, aber das wußte Storey. Nachdem sie *cum laude* an der University of Puget Sound graduiert hatte, zog sie nach Seattle und fing im Oktober 1986 im King County Prosecuter's Office an. Ihre erste Aufgabe hatte sie in einem Bezirksgericht in Renton zu erledigen, einer Vorstadt von Seattle. Als nächstes arbeitete sie im Jugendgericht im King County. »Ich kam erst gegen Ende 1988 in die Innenstadt.«

Storey ist dunkelhaarig und hat klare, blaue Augen. Sie teilt Sue Peters' Liebe zum Softball und arbeitete lange Zeit als Assistenzbeauftragte der Emerald City Softball Association.

In ihren ersten fünf Jahren im Staatsanwaltsbüro des King County arbeitete Storey sich beharrlich zu den bedeutenderen Fällen hoch, darunter dem Hung-Tran-Asian-Gang-Fall, in dem der Angeklagte versuchte, nach dem Jugendrecht behandelt zu werden, nachdem er Familien in der Umgebung terrorisiert und beraubt hatte. In der Gerichtsmedizin tätige Anthropologen bestimmten Trans Alter mit Hilfe von Röntgenstrahlen. Er war kein Jugendlicher.

Ein weiterer denkwürdiger Fall für Storey war der Prozeß gegen den Queen-Anne-Axtmörder. In zahlreiche Häuser im historischen Queen-Anne-Hill-Distrikt war nachts eingebrochen worden. Anfangs wirkte das Muster bizarr, sogar irrsinnig; der Einbrecher rückte die Möbel wieder gerade, schrieb an die Wände oder ließ eine Axt im Haus zurück. Und dann nahmen die Dinge eine tödliche Wendung. Eine sechzig Jahre alte Frau wurde im Schlaf mit einer Axt ermordet. Detectives nahmen James Cushing fest, der keinen festen Wohnsitz besaß und durch die Straßen von Seattle streifte. Er hatte sich auf den Queen-Anne-Hill-Distrikt konzentriert. Susan Storey erwirkte einen Schuldspruch, obwohl Cushing auf Unzurechnungsfähigkeit plädierte.

Marilyn Brenneman und Susan Storey hatten schon vor langer Zeit herausgefunden, daß die weiblichen Mitglieder des Staatsanwaltsbüro vor Gericht eine Extrabürde zu tragen haben; eine Erfahrung, die alle Staatsanwältinnen irgendwann einmal machten. Wie alle erfolgreichen Staatsanwälte hatten sie sich selbst dazu erzogen, den Angeklagten gegenüber gefühlsmäßig unbeteiligt zu bleiben, wie abscheulich das Verbrechen auch sein mochte, dessen er oder sie angeklagt war. Aber noch bis vor kurzem war der leitende Staatsanwalt immer ein Mann gewesen, wenn ihm auch vielleicht eine Berufskollegin assistierte. Im Gerichtsraum hatte die Staatsanwältin stets daran zu denken, daß sie sanfter vorging. Daß sie sanfter sprach.

»Man hörte nie, daß ein männlicher Staatsanwalt als ›scharf‹ bezeichnet wird«, sagt Brenneman lächelnd. »Oder sogar als ›scharfer Hund‹. Männer brauchen nicht daran zu denken, daß sie ihre Stimme unter Kontrolle haben müssen. *Wir* sprechen sanft und ruhig, weil wir wissen, daß Frauen eine leichte Beute sein können. Irgendwann wird auch dieses Vorurteil verschwinden.«

Körperlich kleine Staatsanwältinnen konnten zuweilen ein wenig lauter sprechen oder ein wenig sarkastisch sein, aber Brenneman und Storey sind große Frauen, und sie fallen im Gerichtsraum auf. Manchmal ist ihre Größe hilfreich; in anderen Fällen ist sie ein Nachteil. Brenneman mit ihren einhundertundfünfundsiebzig Zentimetern Körpergröße versuchte ihr Glück, als sie einmal in der gegenüberliegenden Ecke des Gerichtsraums einen von Seattles massiver gebauten Verteidigungsanwälten erblickte. Sie lacht, als sie sich daran erin-

255

nert, daß sie mit ihrem letzten Kind so schwanger war, wie eine Frau es nur sein kann. Als sie sich Tony Savage gegenübersah, einem der massigsten und gefragtesten Kriminalverteidigungsanwälte, sagte Brenneman scherzhaft zum Richter: »Wenn dieser Prozeß nicht bald vorüber ist, werde ich dicker als Tony sein!«

Sie schaffte es, aber es hätte sich nur noch um wenige Tage gehandelt.

Susan Storey, stolz über ihren Sieg nach einem Mordprozeß, wurde durch die Bemerkung eines Geschworenen ernüchtert, der leise zu ihr sagte: »Ich wußte, daß er schuldig war, aber mußten Sie so gemein sein, ihn ins Kreuzverhör zu nehmen?«

Obwohl sicherlich nicht beabsichtigt, lag jetzt eine gewisse poetische Gerechtigkeit in dem Umstand, daß drei der vier Mitglieder des Kernteams aus Detectives und Staatsanwälten, die einem Mann gegenüberstanden, der angeklagt war, Frauen verführt und ermordet zu haben, weiblich waren: Sue Peters, Marilyn Brenneman und Susan Storey. Randy Mullinax war der einzige Mann. Randy Roth hatte die meiste Zeit seines Lebens über Frauen erniedrigt und mißbraucht. Er haßte kleine Mädchen. Er verkörperte die Sorte Mann, für die der Platz der Frauen zu Hause war; sie durften keine Strumpfhosen tragen, aber auch nicht schwanger werden.

Jetzt würde er sich zwei intelligenten, starken und klugen Frauen gegenübersehen, während eine dritte Frau dieser Art – Sue Peters – am Tisch der Staatsanwälte auf der Seite der Anklage saß.

Randy Mullinax und Susan Storey machten Luftaufnahmen vom Lake Sammamish und dem Idylwood Park. Diese Fotos sollten dazu beitragen, für die Jury die Ereignisse, das Milieu und die Szenerie an dem Tag zu rekonstruieren, an dem Cynthia Roth ihr Leben verlor. Es würde keine leichte Aufgabe sein, diesen brütend heißen Sommertag am See in einen kleinen, fensterlosen Gerichtsraum zu bringen; den Geschworenen die Geräusche, die Anblicke, die Gerüche und die Emotionen an jenem schrecklichen Tag zu vermitteln.

Aber sie wollten es versuchen. Cynthia Baumgartner-Roth konnte nicht mehr für sich selbst sprechen; sie konnte nicht sagen, was an der gegenüberliegenden Seeseite geschehen war, während ihre kleinen Jungen über das Wasser nach ihrer Mutter Ausschau hielten. Aber es gab Möglichkeiten der Rekonstruierung; Sue Peters und Randy Mullinax hatten geduldig eine Mauer aus Wahrscheinlichkeiten, menschlichen Erinnerungen und Eindrücken, Dokumenten, Expertenmeinungen, nachgestellten Ereignissen und mutmaßlichen Motiven errichtet. Ein Stein würde in dieser Mauer immer fehlen – Cynthia selbst –, aber das Bollwerk war stark genug, um ohne sie bestehen zu können.

21

Im Gegensatz zu dem Eindruck, den ein Außenstehender haben könnte, sind die Untersuchungen nicht abgeschlossen, wenn ein Verdächtiger festgenommen und angeklagt wurde. Die Detectives, die Randy Roth nachgespürt und überführt hatten, arbeiteten nach seiner Festnahme noch härter, falls dies überhaupt möglich war. Er war ein Mann, der sein ganzes Leben absichtlich mit Geheimnissen umgeben hatte, während er seinen Plänen nachging. Sue Peters und Randy Mullinax bemühten sich weiterhin, den Morast zu durchdringen, den Roths Vergangenheit darstellte, und sie unterhielten sich ständig mit Marilyn Brenneman und Susan Storey über den Mann, der ihnen im Gericht gegenüberstehen würde. Randy Roth hatte – wie es aussah – niemals einfach sein Leben gelebt; er hatte mit allen Menschen, mit denen er zu tun hatte, komplizierte Spiele gespielt und sich daran erfreut, sie aus dem Gleichgewicht zu bringen, indem er sie irreführte und täuschte. Roth war ein Rätsel. Er schien sogar dann gelogen zu haben, wenn es einfacher gewesen wäre, die Wahrheit zu sagen. Er war weder ein Tae-Kwon-Do-Meister noch ein Held der Marine, noch ein zärtlicher Liebhaber, noch ein liebevoller Vater, noch viele Dutzend andere Dinge, die zu sein er vorgab.

Nach ihrer Überzeugung war er ein kalter und berechnender Betrüger und ein Killer, dessen Morde auch nicht ein Fünkchen Bedauern bei ihm hinterließen. Er kannte nicht einmal die Bedeutung des Wortes Reue. Aber er war schlau – nicht gebildet, aber von einer praktischen Schläue.

Bevor die Verhandlung gegen Roth im Frühjahr 1992 begann, mußte das Quartett, das gegen ihn stehen würde, seine Achillesferse finden. Sie vermuteten, daß seine Schwäche genau in dem Verhalten lag, das ihm Macht verlieh: in seinen Lügen. Früher oder später führt jede Lüge zur Wahrheit, und Randy Roth wurde von einer ganzen Herde von Lügen umkreist.

Rein zufällig wurde Roth auf den Tag genau ein Jahr später wegen Mordes angeklagt, nachdem die Pioneer Insurance Company ihm wegen seiner Diebstahlforderung achtundzwanzigtausendundfünfhundert Dollar ausgezahlt und die Klage gegen ihn fallen gelassen hatte mit einer ›Präjudiz‹-Vereinbarung. Sue Peters und Randy Mullinax hatten zwei verläßliche Zeugen gefunden, die ausgesagt hatten, sie hätten von dem ›Einbruchdiebstahl‹ gewußt, bevor er überhaupt stattfand. Aber beide Zeugen hatten Angst vor Roth. Die Pioneer Insurance erklärte sich einverstanden, nichts zu unternehmen, um ihre damalige Vereinbarung aufzuheben, bis Roth hinter Gittern war. Die Zeugen, die beweisen helfen konnten, daß Randy den Einbruch vorgetäuscht hatte, fürchteten seine Vergeltung. Die Anwälte der Pioneer versprachen den King County Detectives, keinen Kontakt mit den Zeugen aufzunehmen, bis es für diese sicher war. Am 9. Oktober 1991 – als Randy Roth im Gefängnis saß – beantragte Pioneer, den Fall gegen ihn wiederaufzunehmen.

Einer der eingeschüchterten Zeugen war Nick Emondi. Er

unterzeichnete eine beeidigte Erklärung, sein früherer bester Freund Randy Roth habe ihm im Sommer 1988 erklärt, er denke daran, in sein eigenes Haus einzubrechen und es auszurauben.

Der zweite Zeuge war Brittany Goodwin. Sie hatte einen Monat nachdem Cynthia ertrunken war, Peters und Mullinax gegenüber eine Erklärung abgegeben, wollte sie aber nicht unterzeichnen, bis Randy hinter Gittern war.

Brittany war die Tochter des Mannes, der fast acht Jahre lang Randys bester Freund gewesen war. Sowohl Ben als auch Marta Goodwin hatten Randy gemocht und ihm vertraut, und sie waren enttäuscht worden. Aber selbst nach Beendigung ihrer Freundschaft hatten sie noch nicht erkannt, wie sehr er sie betrogen hatte, und wie lange.

Brittany war in der Grundschule gewesen, als die Goodwins Randy kennenlernten, aber sie war zu einem sehr hübschen – wenn auch scheuen – Teenager erblüht. Sie war seit ihrem dreizehnten Lebensjahr in Randy verliebt gewesen. Sie wußte nicht, wie alt er war, und er sagte es ihr niemals. »Laß uns einfach sagen, ich bin irgendwas über siebzehn und unter fünfunddreißig«, pflegte er sie zu necken.

Wenn es auch recht alltäglich ist, daß weibliche Teenager sich in ältere Männer verlieben, ist es *nicht* normal, daß erwachsene Männer diese unreife Schwärmerei ermutigen. Zu Beginn hatte Brittany Randy nur attraktiv und unterhaltsam gefunden. Sie besaß mit vierzehn Jahren einen bereits voll entwickelten Busen und wäre gut als Achtzehnjährige durchgegangen, aber in Wirklichkeit war sie noch ein Kind, als Randy begann, mit ihr zu flirten. Sie war ganz und gar nicht darauf vorbereitet, damit umzugehen, wie er ihre Gefühle ausnutzte. »Er half mir immer abwaschen, wenn er zum Essen herübergekommen war«, sagte sie. »Er kniff mir in den Hintern oder rieb sich an mir, wenn er das Geschirr einräumte. So fing alles an.«

Brittany war ›ein bißchen eifersüchtig‹, als Randy Donna Clift heiratete, und später wieder, als Mary Jo zu ihm zog.

Brittany Goodwin war niemals mit einem Jungen ausgegangen. Sie war für einen Mann wie Randy eine leichte Beute.

Er bestimmte, wer sie war, wie sie handelte, wie sie aussah, sogar, wieviel sie wog. Und er machte es so subtil, daß sogar ihre Eltern sich selbst schalten, als ihr Verdacht erwachte.

»Der Witz war«, erinnerte Brittany sich mit Bitterkeit, »daß die Jungen immer bei uns waren. Greg und mein Bruder Ryan begleiteten Randy und mich, wenn wir irgendwohin gingen. Das ließ die Sache harmlos aussehen, und das war es, was Randy wollte.«

Obwohl Brittanys Gewicht sich innerhalb des normalen Bereichs bewegte, sagte Randy immer, sie sei zu dick. Sie war nicht dick; sie besaß große Brüste, aber ihre Taille und ihre Hüften waren schlank. Brittany fühlte sich noch mehr als andere Teenager unsicher und unvollkommen.

Randy wurde auf verstohlene und unheilvolle Weise ein Pygmalion für das vierzehnjährige Mädchen, das eine Tür weiter wohnte. »Er wollte mich dünner haben«, sagte sie. »Er sagte, er würde mich für jeweils vier Pfund, die ich abnahm, belohnen – zum Beispiel mich zum Skifahren oder zum Reifenschlauchfahren mitnehmen, oder er würde mir einen neuen Badeanzug kaufen. Ich gab mir Mühe, aber ich nahm nicht genug ab, um ihm zu gefallen. Ich dachte mir, wenn ich alles wieder erbrach, was ich aß, würde ich abnehmen, also steckte ich mir einen Stift in den Hals und kotzte andauernd. Ich wurde in dem Versuch, so zu sein, wie Randy mich haben wollte, wirklich emotionell verdreht.«

Randy achtete auf alles, was Brittany aß. »Er hielt es den ganzen Tag mit einem einzigen Apfel aus. Er konnte nicht begreifen, weshalb ich essen mußte. So fingen all meine Probleme mit dem Essen und mit meinem Körperbild an. Mit Randy.«

Während ihre Eltern glaubten, Randy hätte ein onkelhaftes Interesse an Brittany, zog er sie in Wirklichkeit zu seiner Geliebten heran. »Er wollte, daß ich ›weltlicher‹ würde. Er wollte, daß ich andere Sachen aß, mich mehr mit Menschen traf und mich wie eine Erwachsene benähme«, sagte Brittany. »Er wollte, daß ich eine Dreißigjährige wäre, aber ich war noch nicht einmal fünfzehn.«

Brittany wurde am 7. Februar 1987 fünfzehn Jahre alt. Am

Valentinstag – Marta und Ben Goodwin waren nicht in der Stadt – führte Randy Brittany und die Jungen zum Essen aus, und dann verführte er die Tochter seines besten Freundes. Er versprach Brittany, sie zu heiraten, wenn sie achtzehn sei.

»Er sprach gern darüber, was meine Eltern sagen würden, wenn sie gewußt hätten, daß wir uns liebten«, erinnerte sie sich. »Er sagte, wir könnten ihnen vielleicht sagen, daß wir heiraten würden, wenn ich siebzehneinhalb sei. Er sagte, ich würde nie arbeiten müssen – er wollte mich verwöhnen.«

Vielleicht weil er wußte, daß er Brittany vollständig in seiner Gewalt hatte, enthüllte er ihr mehr über sein Leben als seinen anderen Frauen. Er nahm sie, gemeinsam mit Greg und Ryan, zu Besuch bei seinem Vater in Vancouver, Washington, mit. Die Goodwins vertrauten ihm – aber er schickte die Jungen fort, damit er und Brittany allein waren. »Ich denke, Greg wußte, was mit uns los war«, sagte Brittany, »aber Randy warnte ihn, etwas zu sagen. Wenn Greg etwas darüber sagen würde, müßte Randy ins Gefängnis, und wenn er herauskäme, würde er zurückkommen und ihn sich vornehmen, weil er geredet hatte. Greg sagte nie etwas.«

Randy nahm Brittany auch zu seiner Mutter mit. Lizabeth Roth war im Hospital in Bremerton, Washington, wo sie sich von einer Gallenblasenoperation erholte. Randy sagte nicht viel zu seiner Mutter, und auch Brittany wußte nicht, was sie sagen sollte. Er nahm sie auch zu Besuch bei seinen Schwestern mit. Brittany war über das Aussehen der Mutter und der Schwestern Randys überrascht; sie alle trugen sehr dick aufgetragenen, blauen Lidschatten und kleideten sich auf eine Art, die Brittany billig vorkam.

Randys Affäre mit Brittany kam für ihn noch gelegener, als sie begann, den Babysitter für Greg zu spielen. Es war ihr fast unmöglich, Greg zu bändigen. Wenn sie ihn anwies, in sein Zimmer zu gehen, sah sie – wenn sie fünf Minuten später aus dem Fenster schaute –, daß er aus dem Fenster geklettert war und draußen spielte.

Aber Randy konnte Greg zum Gehorsam bringen. »Wir alle hatten Angst vor ihm«, erinnerte Brittany sich. »Wir alle mußten tun, was Randy sagte. Wenn ich nach dem Essen meinen Stuhl nicht an den Tisch schob, mußten wir alle Liege-stütze oder Kniebeugen machen. Mir kam es spaßig vor – daß Randy mich erst liebte und dann wie ein Kind behandelte.«

Wenn Brittany einmal mit Randy stritt, lehnte er es ab, Sex mit ihr zu haben. Und er schaffte es, daß sie sich weniger begehrenswert als sonst fühlte.

Aber Greg wurde am häufigsten bestraft. Er mußte sich unter die eiskalte Dusche stellen, wenn er log, oder er mußte sich mit heruntergelassener Hose auf dem Bett abstützen, während Randy ihn mit seinem Gürtel schlug.

Brittany sagte, Randy habe sie zu Tanzveranstaltungen von Parents Without Partners mitgenommen. »Ich weiß nicht, als was er mich vorstellte. Ich nehme an, ich sah alt genug aus. Es waren eine Menge junge Frauen dort, und ich war eifersüch-tig. Wenn ich einen Tanzschritt nicht beim ersten Versuch richtig machte, wurde Randy verrückt. Wenn ich Kaugummi kaute, sagte er, ich solle mich nicht wie ein Teenager benehmen – aber ich *war* ein Teenager.«

Randy hielt Brittany ständig in einem Zustand der Unsi-cherheit. Er kaufte ihr einen ›Versprechensring‹, und sie glaubte ihm, wenn er sagte, er würde sie heiraten. Er steckte ihr eine Rose unter den Scheibenwischer ihres Wagens oder ans Ende ihrer Einfahrt, wo sie die Blume finden und wissen würde, daß sie von ihm war.

Wenn sie die Babysitterin für Greg spielen sollte, gab Randy vor, fortzufahren, dann parkte er seinen Truck am Stra-ßenrand und schlich sich ins Haus zurück, um die Nacht mit ihr zu verbringen. Aber sie wußte, daß er sich auch mit ande-ren Frauen traf. Sie fand Mitteilungen von ihnen, und Kon-dome. Wenn sie ihn danach fragte, lachte er nur.

Randy liebte es besonders, Brittany anzufassen, wenn ihr Vater in der Nähe war, so daß es gefährlich war. Wenn Randy mit Ben am Wagen arbeitete, wartete er, bis Ben ihnen den Rücken zuwandte, dann warf er Brittany eine Kußhand zu oder berührte ihre Brust. Machte die Familie gemeinsam Camping – wie sie es jahrelang taten –, schlief Brittany in einem kleinen Zelt dicht neben dem Trailer ihrer Eltern. »Randy mochte das. Er liebte es, sich hereinzuschleichen und es mit mir zu treiben, während sie ganz in der Nähe schliefen.«

Brittany erfuhr früh genug, daß Randy seine Versprechen nicht unbedingt hielt. Sie fürchtete sich weniger vor ihm, wurde aber deprimiert. Mary Jo oder Lily fuhren nach 23 Uhr vor Randys Haus vor und blieben bis 4 oder 5 Uhr am Morgen. Sie sagte: »Mein Schlafzimmerfenster ging zu jener Seite, und ich stand die ganze Nacht dort und versuchte, in sein Schlafzimmerfenster zu schauen, bis ich sie fortgehen sah.«

Randy schien Spaß daran zu haben, Brittany zu quälen. Er flirtete offen mit anderen Frauen, wenn sie bei ihm war. »Da war eine Frau, die zu einem Wettringkampf kam, an dem auch Greg und Ryan teilnahmen. Sie hatte diese schwarzen Netzstrümpfe an, und Randy war immer in ihrer Nähe, und er sagte: ›Darf ich zu Ihnen nach Hause kommen und die Maschen in Ihren Strümpfen zählen?‹ Er wußte, daß ich mir mies dabei vorkam, aber so machte er es immer.«

Sie traf Lilys Tochter Dawn* in der Schule, und Dawn starrte Brittany erstaunt an. »Du *magst* Randy? Weißt du denn nicht, daß er in Schwierigkeiten war, weil er verdächtigt wurde, seine Frau umgebracht zu haben?«

Brittany fragte ihn danach, und er erklärte, Janis sei bei einem schrecklichen Unfall umgekommen. »Er sagte, sie seien gewandert, und sie sei auf einem Fels ausgerutscht und abgestürzt. Er weinte, als er mir davon erzählte.

Ich sah ihn nur zweimal weinen. Diesmal – und noch einmal, als er sich wirklich Sorgen wegen Geld machte. Er sagte mir, er würde vielleicht das Haus verlieren, einfach, weil er nicht genug Geld hatte. Er dachte, er könne es vielleicht in ein Doppelhaus verwandeln und die obere Etage vermieten. Er weinte wirklich sehr, weil er Geld brauchte.«

Randy Roths Tränen kamen mühelos, wenn er über seine trübe finanzielle Situation nachdachte, aber er wurde wütend, als Brittany einmal weinte, weil eine ihrer Lieblingstanten an Krebs gestorben war. »Ich saß auf der Wiese und weinte, und er sagte: ›Hör auf, zu weinen. Der Tod ist nicht wichtig. Mach mit deinem Leben weiter.‹«

Für Randy war der Tod nicht wichtig, aber Geld war wichtig.

Randy schien an einem Jugendlichkeitswahn zu leiden Er wollte, daß Brittany ihn als jungen Mann betrachtete. Er liebte es, mit seinen heißen Wagen Wettfahrten mit ›jungen Burschen‹ zu machen. »Und er machte sich solche Sorgen, daß er kahl wurde«, erinnerte Brittany sich. »Er tat diese Haarmittel auf seinen Kopf, damit seine Haare wieder wuchsen. Aber es funktionierte nicht.«

Im ersten Jahr ihrer Affäre hätte Randy Brittany erzählen können, daß er den Mond an den Himmel gehängt habe, und sie würde es geglaubt haben. Im zweiten Jahr unternahm sie einen Versuch, mit dem Mann zu brechen, der über ihr ganzes Leben bestimmen wollte, aber für sich selbst die Freiheit in Anspruch nahm, zu tun und zu lassen, was er wollte. Aber mit ihm zu brechen war nicht leicht; er war immer dort – gleich nebenan. Wie jede Woche frühstückten die Roths und die Goodwins am Sonntagmorgen gemeinsam. Wie immer kniff und berührte er Brittany verstohlen hinter dem Rücken ihrer Eltern, um seine finstere Kontrolle über sie – und über ihre Eltern zu bestätigen.

Brittany war durch ihre eigene Unsicherheit, durch ihre Leidenschaft für den ersten und einzigen Liebhaber, den sie jemals hatte, und durch die unterschwellige Furcht an Randy gebunden, daß er ihr weh tun könnte, wenn sie sich zu weit entfernte.

Als sie sechzehn Jahre alt war und ihr Junior-Jahr an der High-School bevorstand, sehnte sie sich nach mehr als einer verstohlenen Affäre. Sie wollte keine dreißig sein; sie wollte sechzehn sein. Sie wollte nicht länger heimlichtun und ihre Eltern belügen müssen, und sie wußte, daß Randy sie weitaus häufiger anlog, als er die Wahrheit sagte.

Wenn auch Randys ständige Kritik an Brittanys äußerer Erscheinung ihr Selbstbild nachhaltig erschüttern sollte, fürchtete sie sich nicht mehr so sehr vor ihm, als sie sechzehn wurde. »Ich wurde nur ein wenig unabhängiger – und nicht mehr so leicht einzuschüchtern.«

Am ersten Tag ihrer elften Klasse ging Brittany zu ihrem

Wagen. Es war ein roter Ford Fiesta. Randy hatte dasselbe Modell, nur daß sein Fiesta burgunderrot war. Sie schloß auf, aber als sie sich hinter das Steuerrad setzte, sah sie, daß jemand alle Drähte hinter dem Armaturenbrett losgerissen hatte und sie wie Spaghetti herunterhingen. In ängstlicher Erwartung drehte sie den Schlüssel herum und drückte aufs Gas.

Nichts tat sich. Randy hatte nicht gewollt, daß sie zum ersten Tag in die Schule ging, wo sie Jungen ihres Alters treffen würde. Und jetzt konnte sie nicht rechtzeitig dort erscheinen.

Obwohl Randy Roth Brittany Goodwin zwei Jahre lang in einem unsichtbaren Käfig gefangen gehalten hatte, war er derjenige, der mit ihr brach. Sie erinnerte sich nicht mehr an sie Szene mit ihrem Vater in der Einfahrt, aber sie hatte noch ein Telefongespräch im Gedächtnis, das möglicherweise das Ende ihrer Beziehung ankündigte. »Ich war empört und rief Randy an. Mein Dad betrat soeben Randys Haus, und er hörte Randys Teil an der Unterhaltung. Randy hängte rasch auf, und ich tat es ihm nach. Aber ich glaube, mein Vater wußte, daß ich am anderen Ende der Leitung gewesen war.«

Selbst noch, als die Affäre vorbei war, blieb Randy Brittany nahe. »Er schwor mir immer ›Semper Fi‹, und so unterzeichnete er auch seine Mitteilungen – ewige Treue. Er war nicht treu – niemals –, aber er ließ mich wissen, daß er mich nie wirklich gehen lassen würde.«

Lange vor dem Sommer 1988 hatte Randy Brittany haarklein erklärt, wie er in sein eigenes Haus einzubrechen gedächte. »Falls wir jemals getrennt werden«, warnte er mich, »bleibt, was ich dir sagte, unter uns – sonst komme ich und erwische dich …«

Sie glaubte ihm. Sogar noch, als Brittany eine Liebesbeziehung zu einem anderen Mann hatte, legte Randy vor ihrem neuen Liebhaber seinen Arm um sie und flirtete mit ihr. Er genoß das. Eifersucht hervorzurufen, gehörte zu Randys wirkungsvollsten Methoden, Menschen zu quälen und sie sich gefügig zu halten.

Nachdem Randy Cindy Baumgartner geheiratet hatte,

265

parkte er einmal vor seinem früheren Haus, das immer noch keinen Käufer gefunden hatte, und rief Brittany an, daß sie zu ihm kommen solle. Er schaute sie auf dieselbe, durchdringende Weise an und fragte sie nach ihrer neuen Adresse in Everett. »Ich würde dich gern wiedersehen«, sagte er ruhig. »Ich möchte bei deinem Haus anhalten und dich sehen ... Semper Fi.«

Als Cindy ertrunken war, wußte Brittany, daß sie sich würde melden und den Behörden mitteilen müssen, was sie wußte. Sobald Randy sicher im Gefängnis war, unterzeichnete sie die Aussage, die sie über den ›Einbruch‹ bei ihrem Ex-Liebhaber gemacht hatte.

»Ich habe keine Angst mehr vor ihm«, sagte eine erwachsene Brittany. »Aber ich hasse ihn. Er hatte kein Recht, zu tun, was er mir antat, und ich werde eine lange, lange Zeit brauchen, um damit klarzukommen, ohne daß es schmerzt.«

22

Anfang 1992, als Randy Roths Prozeß unmittelbar bevorstand, hatte Detective Randy Mullinax mit siebzig Personen gesprochen; Detective Sue Peters hatte vierhundertundachtundneunzig Einträge über Telefonanrufe, Gespräche und Aktionen in Verbindung mit dem Fall Roth gemacht, und das Ergebnis ähnelte jenem russischen Spiel, bei dem Holzpuppen von Bäuerinnen immer kleinere Puppen derselben Art enthalten – ein Fall in einem Fall in einem Fall in einem Fall. Die Untersuchungen waren von einem Unfalltod ausgegangen und zu einem möglichen Verbrechen, zu ähnlichen Verfehlungen in der Vergangenheit und letztlich zu einer Mordanklage gelangt, und die beiden Detectives hatten so ganz ›nebenher‹ Versicherungsbetrug, Diebstahl, Kindesmißbrauch und alle Arten von Betrug entdeckt. Um das ohnehin schlammige Gewässer ihrer Untersuchungen noch mehr zu trüben, hatte Randy Roth sich als ein Mann erwiesen, der übergangslos von einer Phase seines Lebens in die nächste überwechselte, als bewege er sich durch einen unsichtbaren Vorhang. Jede Phase bedeutete eine neue Frau und oft auch einen neuen Job, neue Freunde, ein neues Haus. Die einzige wirkliche Konstante in seinem Leben war sein Sohn Greg, den er im Wechsel verwöhnte und mit grausamer Härte züchtigte.

Wenn es jemanden gab, der Randy Roths wahre Identität kannte, dann waren es Sue Peters und Randy Mullinax. Und doch fragten auch sie sich, ob jemand wirklich wissen konnte, welche Kräfte ihn antrieben.

Er *war* wirklich Randolph G. Roth und niemand sonst; sie hatten sein Leben bis zu seiner Geburt am 26. Dezember 1954 zurückverfolgt. Er war ein geschickter Mechaniker. Er war viermal verheiratet, zweimal geschieden und zweimal verwitwet gewesen.

Und er haßte Frauen. Wenn er sie nicht körperlich verletzte, hinterließ er jede Frau, die sich um ihn gekümmert hatte, in einem schlechteren Zustand als zuvor.

Die Frage lautete – wie immer –, *weshalb?*

Gordon und Lizabeth Roth waren Ende der fünfziger Jahre aus Bismarck, Norddakota, in die Seattler Gegend gekommen. Randy mußte damals fünf oder sechs Jahre alt gewesen sein. Sein Bruder David war drei Jahre später in Richardton, Norddakota – einem Ort an einer Straßenkreuzung mit sechshundert Einwohnern – geboren worden. Niemand wußte genau, wie die Kindheit der Roth-Brüder ausgesehen hatte. Randy hatte Ben und Marta Goodwin erzählt, er sei gezwungen worden, stundenlang auf dem harten Kachelboden zu knien. Handelte es sich hierbei um wirkliche Erinnerungen? Oder waren sie nur ein Teil seiner sorgfältig zurechtgeschneiderten Lebensgeschichte? Randys Berichte über Bestrafungen in seiner Kindheit wurde niemals bestätigt, aber etwas hatte eine schrecklich falsche Richtung eingeschlagen – beide Söhne von Gordon und Lizabeth Roth waren wegen Mordes an einer Frau festgenommen worden. Der eine war schon vor langer Zeit überführt worden, und der andere wartete jetzt auf seinen Prozeß.

Die King County Detectives konnten nur wenige Anzeichen für eine Familiensolidarität unter den Roths entdecken. Randy hatte an einem Heiligabend vor einer seiner Schwestern und ihren Kindern die Tür zugeschlagen. Und über seine Mutter hatte er so viele Lügen erzählt, daß seine Freunde wirklich nicht wußten, ob sie tot oder noch am Leben war.

Die älteren Roths waren offenbar standhafte Katholiken gewesen; aber das hatte Gordon, einen Klempner, nicht daran gehindert, Lizabeth im Jahr 1971 zu verlassen. Randy mußte damals etwa sechzehn Jahre alt gewesen sein. Gordon war dazu verurteilt worden, seiner Ex-Frau monatlich dreihundertundfünfundsiebzig Dollar zum Unterhalt der Kinder zu zahlen. Die Summe reichte nicht aus; Lizabeth bezog staatliche Unterstützung. Randy arbeitete, als er noch in der High-School war, in verschiedenen Jobs – in einer Futtermittelhandlung, in einer Tankstelle –, um die Familie zu unterstützen. Sein großer Traum war es sicherlich gewesen, dieser Misere zu entkommen; wie Billy Jack, sein Kinoheld, zu werden. Er gab vor, Karatemeister zu sein, und trug ständig ein Messer bei sich.

Randy trat der Marine Corps Reserve bei, als er ein Senior in der High-School war.

Lizabeth Roth sagte immer, es sei ihr Ex-Ehemann gewesen, der die Fähigkeit ihrer Kinder unterdrückt habe, ihre Gefühle auszudrücken. Wenn sie gefühlskalt und ohne die normalen Familienbindungen aufgewachsen waren, sei dies nicht ihre, sondern Gordons Schuld.

Es war schwer, nachzuweisen, daß es sich tatsächlich so verhielt. Als der einundzwanzig Jahre alte David Roth sich auf seinen Prozeß wegen Ermordung einer unbekannten Anhalterin im Snohomish County im Jahr 1979 durch Strangulierung und Erschießung vorbereitete, hatte er dem vom Gericht ernannten Psychiater mitgeteilt, er vertraue seiner Mutter, aber sein Vater habe ihn geschlagen.

»Immer wenn er mir oder den anderen Kindern etwas antun wollte, trat meine Mutter dazwischen«, hatte David bezeugt.

Aber weshalb hatte er dann ein Mädchen erwürgt, das er anschei-

*nend nicht einmal kannte, und ihr obendrein auch noch siebenmal
in den Kopf geschossen?*

Randy schien seinem Vater nähergestanden zu haben.
Seine überlebenden Frauen und Freundinnen erinnerten sich
daran, daß Vater und Sohn Roth einander sogar äußerlich
ähnlich sahen – klein, muskulös und kräftig. Beide waren
Männer, die Verantwortung übernahmen.

An der Meadowdale High School lag Randy leistungsmä-
ßig irgendwo im Mittelfeld. Er war ein durchschnittlicher
Schüler, der mit den Burschen herumhing, die an ihren Autos
arbeiteten und den Old Highway 99 entlangrasten. Er war
kein Freund von Drogen – er war sogar ein entschiedener
Gegner von Rauchen, Trinken, Drogen und allem übrigen,
was den Körper schädigen könnte. Noch auf der High-School
war er stolz auf seinen Körper und freute sich, wenn der
Coach ihn auswählte, damit er schwierige Übungen in der
Sportklasse vorführte. Er war klein, aber muskulös. Er beteiligte sich nicht an außerschulischen Aktivitäten. Er hatte nicht
die Zeit dafür – er half, seine Mutter und seine Schwestern zu
unterstützen. Er war auch kein Dummkopf, aber er wies
einen Mangel an Persönlichkeit auf – einer aus der Masse der
unauffälligen Studenten, die drei Jahre auf der High-School
absolvieren, ohne einen nachhaltigeren Eindruck bei irgend
jemandem zu hinterlassen. Der Eindruck, den er hinterließ,
war vorwiegend negativ. Er war als jemand bekannt, der Probleme machte; als der ›üble Bursche‹, der unberechenbare
Schikanierer Jüngerer. Seine Freundinnen hüteten sich, mit
anderen Jungen zu reden oder ihnen auch nur Seitenblicke
zuzuwerfen, und seine männlichen Freunde waren nur solche, die vor ihm krochen.

Wenn er log – und er log oft –, gaben sie vor, ihm jedes Wort
zu glauben. Wenn er sich damit brüstete, den berüchtigten
Ted Bundy verprügelt zu haben, ›um meine Schwester zu
schützen‹, nickten sie eifrig.

Randy Roths Foto im Jahrbuch der Schule zeigt einen jungen Mann mit dunklen Augen, dessen Gesicht beinahe vollständig von seinen dunklen Haaren, den Koteletten und dem
Vollbart verdeckt wird. Er hatte die großen, ein wenig unfo-

kussierten Augen eines Kurzsichtigen, der sich weigert, eine Brille zu tragen.

Im Jahr 1983 nahm Randy an einem Klassentreffen teil. Er brüstete sich mit seinen Erfolgen in den vergangenen zehn Jahren. Er sprach von seinem gefährlichen Dienst in Vietnam, seinen geheimen Missionen, die von der Marine-Eliteeinheit ausgeführt worden seien, zu der er gehört habe, und er gab an, im Augenblick eine große Vieh-Ranch zu leiten. (Gordon Roth besaß ein paar Pferde und ein paar Kühe in Washougal.) Randy erzählte seinen früheren Klassenkameraden, er gebe auch Kurse in Kampfsportarten – Tae Kwon Do, Karate und anderen obskuren östlichen Selbstverteidigungsmethoden. Er sagte bescheiden, er könne mit bloßen Händen einen Mann töten, ohne Spuren zu hinterlassen.

Es stimmte, daß er bei der Marine war – Peters und Mullinax hatten dies bestätigt gefunden –, aber nur im Schreibbüro. Er hatte den größten Teil seines elfmonatigen Dienstes im Camp Pendleton verbracht, und zwei Jahre bevor seine Dienstzeit abgelaufen wäre, beendete seine Mutter jede Aussicht auf einen Aufstieg in das Marine Corps, indem sie ihn nach Hause zurückforderte, damit er sich um sie kümmere. Konnte dies der Grund dafür sein, daß Randy sie haßte?

Möglicherweise.

Randy hatte Freundinnen an der High-School; seine festen Freundinnen hielten sich in der Regel ein Jahr lang oder länger. Sie alle waren von seiner Körperkraft beeindruckt – jedenfalls zu Beginn. Sein Bedürfnis nach Kontrolle über die Frauen trat schon damals deutlich zu Tage. Und schon damals haßte Randy es, Frauen weinen zu sehen. Er haßte jede Zurschaustellung von Emotionen.

Es gelang Sue Peters, alle Mädchen ausfindig zu machen, mit denen Randy sich regelmäßig getroffen hatte. Eine von ihnen war Dulcie Griffin*, die Randy bereits kennengelernt hatte, als sie etwa dreizehn Jahre alt war. Sie hatten ein ›ernsthaftes‹ Verhältnis, als sie fünfzehn oder sechzehn war. Dulcie erinnerte sich daran, daß Randy schon damals ein unheimliches Geschick darin zeigte, Menschen für seine Zwecke zu benutzen. »Ich bin erstaunt, daß ich noch lebe«, äußerte sie kryptisch.

»Weshalb?« fragte Peters.

Dulcie erzählte von einer Horrorfahrt, die sie zusammen mit Randy und Mike Conrad, einem seiner Freunde, unternommen hatte. Randy konnte sich damals nur alte Autos leisten, aber er fuhr sie, als nähme er am 500-Meilen-Rennen von Indianapolis teil. Sie lachten alle, als Randy die Kurven einer alten Landstraße nahm. Einmal, als er auf zwei Rädern um eine Kurve fuhr, flog eine der hinteren Türen auf. Dulcie kletterte auf den Rücksitz, um die Tür wieder zu schließen, und hatte es schon zur Hälfte geschafft, als er mit hoher Geschwindigkeit in eine weitere Kurve ging.

»Ich flog hinaus und überschlug mich immer wieder, bis ich an der Bordsteinschwelle landete.«

Sie blutete und hatte Schmerzen, und sie begann zu weinen. Mike lief zu ihr, um sich davon zu überzeugen, daß sie nicht ernsthaft verletzt war. Randy war dicht hinter ihm – aber er machte sich keine Sorgen; er war wütend, weil Dulcie schluchzte. Er packte sie am Arm und fuhr sie an »Wein nicht. Wein nur nicht! Wenn du laut wirst, schlage ich dich!«

Sie wußte, daß es sein Ernst war, und es gelang ihr, das Schluchzen zu unterdrücken, als Mike sie zurück zum Wagen führte. »Randy kümmerte es nicht, ob ich verletzt war«, erinnerte sie sich. »Er wollte nicht, daß ich Aufhebens darum machte.«

Zu jener Zeit traf Gordon Roth sich mit Dulcies Mutter, und Mutter und Tochter bemerkten, wie ähnlich Vater und Sohn einander waren – dickköpfig und von unangenehmem Wesen.

Dulcie fand Randys Verhalten manchmal ein wenig seltsam. Einmal kehrten sie und ihre Mutter zu ihrem Haus zurück, als Dulcie den Fuß eines Mannes in ihrem Küchenfenster verschwinden sah. Es war Randy. Als sie ihn zur Rede stellte, weil er in ihr Haus eingestiegen war, sagte er, er habe nur sehen wollen, ob er hineingelangen konnte. Alle Türen waren verschlossen gewesen.

Dulcie und Randy brachen wegen eines dummen Streites

miteinander. Sie waren in die Gegend östlich der Kaskaden-kette aufgebrochen, um Mitglieder von Dulcies Familie zu besuchen. Während der Fahrt verweigerte sie ihm einmal im Scherz eine Antwort, als er etwas zu ihr sagte. Er versuchte es noch mehrmals, und Dulcie gab jedesmal vor, ihn nicht zu hören, wobei sie ein Grinsen unterdrücken mußte.

Sie ahnte nicht, daß sie ihrer Romanze nichts Schlimmeres hätte antun können. Randy Roth, der Macho, konnte niemals zulassen, daß eine Frau ihn ignorierte oder gar zum Narren machte. Als Dulcie sich schließlich Randy zuwandte, sprach er nicht mit ihr. Nicht an diesem Tag und auch nicht an den folgenden Tagen. Und als er schließlich den Mund aufmachte, geschah es nur, um mit ihr zu brechen. »Ich will nicht mehr mit dir ausgehen« sagte er kalt. »Ich bin zu sehr wie mein Vater.«

Sie sah ihn nicht wieder, bis zu dem Klassentreffen zehn Jahre später. Damals war er bereits seit langem von Donna Sanchez geschieden, und Dulcie hörte, wie er zu einem der Ehemaligen sagte: »Ich habe sie laufenlassen. Sie hat sich nicht bewährt.«

Am Ende seines Senior-Jahres an der Meadowdale High School arbeitete Randy für die Tire-Mart-Tankstelle in Lynn-wood. Eines Abends im August 1973 hatte sein Freund Jesse Akers Dienst, als ein untersetzter Mann mit einer Skimaske und mit einem Messer bewehrt auftauchte. Der maskierte Räuber warf Akers auf den Boden, fesselte ihn und schleppte ihn in den hinteren Raum, bevor er sich mit zweihundertund-vierzig Dollar Bargeld und ein paar Achtspur-Tonbändern davonmachte.

Akers war nicht verletzt, aber sehr verblüfft gewesen. Er hatte Randy sofort erkannt und den Überfall für einen Scherz gehalten. Er hatte schon sagen wollen, ›Hi Randy‹, als er die Gefahr witterte und den Mund hielt.

»Ich wußte, daß es Randy war«, sagte Akers später. »Er hat die ausgeprägtesten O-Beine, die mir jemals unterka-men.«

Randy wurde nicht verhaftet. Im Monat darauf trat er in die Marine ein.

Randys nächste Freundin war ein Mädchen, das seiner Mutter geholfen hatte, den Brief zu schreiben, aufgrund dessen er von der Marine freigestellt wurde. Er war von seiner militärischen Karriere enttäuscht; er hatte erwartet, irgendwo in die Schlacht ziehen zu können, statt dessen mußte er am Schreibtisch sitzen. Er war nicht lange genug dabei gewesen, um zum Sergeant befördert zu werden – trotz seiner nachgemachten Medaille. ›Sergeant G. Roth‹ hätte ebenso gut ›Billy Jack Roth‹ heißen können.

Lynn Brotman* und Randy trafen zusammen, als er die Marine verließ. Ihre Eltern besaßen ein leerstehendes Haus, das sie verkaufen wollten, und sie ließen Randy dort wohnen. Ihre Romanze verlief gut, bis Lynn ein Portemonnaie in dem Haus fand, das jemandem namens Donna Sanchez gehörte.

Lynn beendete ihre Beziehung zu Randy, und drei Monate später brach jemand in das Haus ihrer Eltern ein. Fernsehgeräte, Werkzeuge, eine Stereoanlage sowie die Purple-Heart-Medaille ihres Stiefvaters waren verschwunden. Ihr Verdacht fiel sofort auf Randy, und die Polizei fand die vermißten Gegenstände – mit Ausnahme der Purple-Heart-Medaille – in dem Haus, in dem Randy lebte.

Randy gestand den Einbruch, aber er gab Lynns Stiefvater die Schuld daran, weil er das Gefühl hatte, daß der ältere Mann für das Ende seiner Beziehung zu ihr verantwortlich war. »Er war der einzige Mensch, bei dem ich mir vorstellen konnte, daß er Besitztümer hatte, die ich verkaufen konnte, und ich würde mir nicht so schlecht vorkommen, weil ich sie gestohlen hatte.«

Als Randy in das Haus ihrer Familie eingebrochen war, besaß Lynn die Tollkühnheit, der Polizei zu sagen, daß er auch derjenige gewesen war, der den Tire Mart überfallen hatte. Sie sagte, er habe das Geld für eine Abtreibung bei ihr gebraucht.

Der damals zwanzigjährige Randy Roth bekannte sich also eines Einbruchdiebstahls schuldig. Die alte Anzeige wegen bewaffneten Raubüberfalls auf den Tire Mart wurde fallenge-

273

lassen. Randy wurde zu vierzehn Jahren Haft verurteilt, die bis auf vierzehn Tage zur Bewährung ausgesetzt wurden. Obwohl er Mullinax und Peters gegenüber angegeben hatte, er sei nicht einen Tag lang im Gefängnis gewesen, hatte er zwei Wochen lang ›gesessen‹.

Er kam am 10. Juni 1975 aus dem Gefängnis. Am 4. Juli heiratete er Donna Sanchez.

Randys Bewährungshelfer hielt ihn für unbelehrbar, aber er schrieb in seinen Bericht, die Gefängniszeit sei unangenehm genug gewesen, um Randy einsehen zu lassen, was mit jemandem geschehen konnte, der sein kriminelles Leben fortsetzte.

Seine Einschätzung erwies sich nur zum Teil als richtig. Randy Roth lernte rasch. Die Verbrechen, derer er in Zukunft verdächtigt wurde, waren weitaus subtiler und raffinierter. Aber er hörte anscheinend nie auf, zu stehlen. Sue Peters und Randy Mullinax forschten immer weiter zurück bei seinen sämtlichen Arbeitgebern nach, und sie fanden, daß Randy immer wieder Zubehör, Benzin und Milch gestohlen oder um Arbeitsstunden betrogen hatte; alles, womit er durchkommen konnte.

Aber das alles waren nur Notdiebstähle. Randy Roth – der arme Junge, der gedemütigt worden war, als seine Mutter von der Wohlfahrt lebte; als sie ihn aus dem Marine Corps herausholten, damit er nach Hause fahren und einen weiteren aussichtslosen Job annehmen konnte, um sie zu unterstützen – hatte größere Pläne.

Er hatte gelernt, daß er mit Rosen, süßen Worten und Versprechen, die einzuhalten er niemals beabsichtigte, mehr Geld ›machen‹ konnte, als mit einem Messer und einer Maske. Wenn er sich die richtige Frau aussuchte, konnte er sie dazu bringen, daß sie sich in ihn verliebte.

Diese Erkenntnis verlieh ihm das Gefühl einer größeren Macht, als er sie jemals zuvor in seinem Leben hatte.

DER PROZESS

23

Die Straße zu Randy Roths Prozeß war nicht ohne Umwege. Ursprünglich sollte die Verhandlung am 1. Dezember 1991 stattfinden, aber die Verteidigung beantragte einen Aufschub, der bewilligt wurde. So etwas war bei einem derart bedeutenden Fall durchaus nicht unüblich.

Es wurden hundertfünfzig Zeugenvorladungen zugestellt. Allein diese Zustellungen kosteten das King County Prosecuter's Office fast zweitausendvierhundert Dollar.

Im neuen Jahr begannen die Anträge auf Vorverhandlungen. Die Verteidigungsanwälte George Cody und John Muenster behaupteten im Januar 1992, der Staat verfüge nicht über ausreichende Beweismittel, um eine Mordanklage gegen Randy Roth zu stützen, und ersuchten Frank Sullivan, Richter beim Obersten Gerichtshof, die Klage abzuweisen, weil der einzige Beweis der Staatsanwältinnen Marilyn Brenneman und Susan Storey die Tatsache sei, daß Cynthia Roth tot und daß ihr Ehemann zur Zeit ihres Todes in ihrer Nähe gewesen war – und daß ihr Tod ihm einen finanziellen Profit gebracht hätte.

»Im Verlauf der Menschheitsgeschichte«, sagte Cody, »sind viele Menschen ertrunken.« Er fuhr fort, dies mache sie nicht alle zu Mordopfern. Cody benutzte die Original-Autopsieergebnisse, daß Cynthias Tod durch Ertrinken wahrscheinlich ein Unfall war, zur Unterstützung seiner Argumente. Dr. Reay hatte den Staatsanwältinnen erst vor einigen Wochen bestätigt, daß es tatsächlich möglich war, jemanden zu ertränken, ohne Spuren an seinem Körper zu hinterlassen.

Marilyn Brenneman konterte mit einer Vielzahl weiterer Fakten, die Cody nicht erwähnt hatte, obwohl auch all diese lediglich Indizien waren: Randy Roth hatte das Interesse an seiner Frau verloren; er hatte geleugnet, vom Vorhandensein ihres Schließfachs zu wissen, obwohl er es nur zwei Tage nach

Cindys Tod leergeräumt hatte; und die Anklagevertretung behauptete, daß das Sevylor-Schlauchboot niemals auf die Art gekentert sein konnte, wie Randy es beschrieben hatte.

»Und es gibt auch körperliche Beweise«, sagte Brenneman ruhig. »Nur eben nicht am Körper von Cynthia Roth.«

Sullivan lehnte den Antrag auf Klageabweisung ab. Der Staat hatte das erste Gefecht in einem sehr komplizierten Krieg gewonnen.

Dann befaßte die Verteidigung sich kritisch mit den Hausdurchsuchungsanordnungen. Falls Cody und Muenster es schafften, sie als rechtsungültig erklären zu lassen, war alles, was Sue Peters, Randy Mullinax, Frank Kinney, Bill Bonair und Joe Lewis gefunden hatten, irrelevant. Die Anzeigen wegen Diebstahls (bei Bill Pierre) würden fallengelassen. Im schlimmsten Fall wäre auch das gefühlvolle ›Gedicht‹, das Cynthia hinterlassen hatte, für den Prozeß ohne Belang.

Aber Richter Sullivan billigte die Durchsuchungsanordnungen und sämtliche Beweismittel, die sie erbracht hatten.

Die Vorverhandlungstage waren sowohl für die Verteidigung als auch für die Staatsanwaltschaft wie der Gang durch ein Minenfeld. Natürlich wollte die Anklage der Jury Randy Roths ganzes Leben vor Augen führen; all seine Taktiken und Verhaltensmuster. Und ebenso natürlich drängten die Anwälte der Verteidigung darauf, daß man sich auf das Hier und Jetzt beschränkte.

Die Minen explodierten unter den Füßen von George Cody und Jon Muenster. Am Montag, dem 27. Januar, bestimmte Richter Sullivan, die Geschworenen sollten von der Überzeugung der Pioneer Insurance Company erfahren, daß Randy Roth einen Einbruchdiebstahl in seinem eigenen Haus inszeniert hatte, um die Versicherungssumme zu erhalten. Marilyn Brenneman betonte, daß der vermutete Versicherungsbetrug für den Fall von höchster Bedeutung war: »Es handelt sich hier um den typischsten Fall eines Versicherungsbetruges, den ich in meinen Jahren im Staatsanwaltsbüro in der Betrugsabteilung zu Gesicht bekommen habe.«

Die wenigen Reporter, die bei der Vorverhandlung zugegen waren, warteten ungeduldig darauf, *den* Antrag zu hören. Würde Richter Sullivan Marilyn Brenneman und Susan Storey erlauben, die Geschichte von Janis Miranda Roths tödlichem Sturz vom Beacon Rock im Jahr 1981 anzuführen? Randy war niemals überführt worden – er war in Verbindung mit jenem Todesfall nicht einmal verhaftet worden. Die beiden Staatsanwältinnen hatten gründlich nachgeforscht und Präzedenzfälle an Washingtoner Gerichten gefunden, die Sullivan eine Handhabe bieten würden, den mysteriösen Tod von Janis Roth in diesen Prozeß aufzunehmen. Aber würde er sich ihrer Meinung anschließen?

Er tat es. Richter Sullivan entschied, die Tatsache, daß sowohl Mrs. Roth Nummer zwei als auch Mrs. Roth Nummer vier hoch versichert waren, als sie starben, und daß Randy Roth diese Versicherungssummen eingefordert, beziehungsweise versucht hatte, sie einzufordern, mache den ersten Todesfall relevant für den Prozeß wegen des zweiten Falles. Ja, er nahm zur Kenntnis, daß Beweismittel im Todesfall von Janis Roth belasten konnten, aber ihre Bedeutung für den jetzigen Fall überwog die möglichen Nachteile.

John Muenster und George Cody trugen ihren Einwand gegen die richterlichen Entscheidungen dem Appellationsgericht des Staates Washington vor. Sie argumentierten, wenn die Jury erst von Janis Roths Tod und dem Versicherungsbetrug gehört hätte, könnte jeder nachfolgende Schuldspruch leicht als Einspruchsmittel angeführt werden. Aufgrund dessen, was sie als Sullivans ›offensichtlichen und wahrscheinlichen‹ Irrtum betrachteten, erklärten die Verteidigungsanwälte, der Prozeß – der Ende Februar beginnen sollte – ›bedeutet eine nutzlose, aber äußerst kostspielige Aktion ... Mr. Roth möchte, daß sein erster Prozeß ein fairer Prozeß ist, nicht sein zweiter.‹

Am 15. Februar lehnte Ellen Hudgins, Beauftragte des Staatlichen Appellationsgerichts, es ab, den Antrag der Verteidigung zu einer Überprüfung durch das aus drei Mitgliedern bestehende Gremium von Appellationsrichtern weiterzuleiten. George Cody wandte ein, der Staat habe keinen

Beweis dafür, daß Cynthia Roth nicht einfach bei einem Unfall ertrunken war. Aber Hudgins konterte: »Das Problem, das ich mit Ihrem Argument habe, ist, daß niemand jemals wegen eines Mordes verfolgt werden könnte, solange er sich einer Methode bedient, die man leicht als Unfall deuten könnte.«

Wenn eine Jury aus Personen des gleichen legalen Status wie Randy Roth gebildet wurde, würden sie von seinen Lebensumständen erfahren, von seinen Versicherungsgeschäften, seinen Frauen, wie sie lebten und – starben. Es war eine wichtige, für die Verteidigung vielleicht verhängnisvolle Entscheidung.

Eine lange, lange Verhandlung würde nötig sein, um zu entscheiden, wie verhängnisvoll. Wie Marilyn Brenneman es in ihrem Vortrag ausgedrückt hatte, war Cynthia Roth in Randy Roths Falle gegangen, die aus dem ›Umwerben, Heiraten und Ablegen seiner Frauen‹ bestand.

Konnten sie und Suan Storey diese Kontinuität in einem Gerichtssaal deutlich machen?

24

Die Auswahl der Jury begann am 24. Februar 1992. Die Geschworenen-Kandidaten wurden gewarnt, daß der Prozeß wenigstens fünf und möglicherweise bis zu acht Wochen lang dauern würde. Es stand eine ungewöhnlich große Anzahl von Geschworenen zur Verfügung. Nach mehr als einer Woche war die Jury schließlich zusammengestellt. Sieben Frauen und fünf Männer würden entscheiden, ob Randy Roth ein Mörder oder nur ein sehr, sehr unglücklicher Mann war. War er ein Blaubart oder nur ein Mann, der mit seinen siebenunddreißig Jahren mehr persönliche Tragödien erlebt hatte, als den meisten Menschen in ihrem ganzen Leben widerfahren?

Mengen von Zuschauern erschienen, als die Verhandlung in der ersten Märzwoche offiziell begann, und es gab nicht einen Tag, an dem auf einer der fünf langen Bänke in Richter Sullivans Gerichtssaal ein Platz frei geblieben wäre. Die erste Sitzreihe blieb frei für die Untersuchungsbeamten, die gelegentlich eine Pause brauchten. Bei riskanten Prozessen, in denen man nie vorhersehen kann, wie der Angeklagte reagiert, dient die vorderste Sitzreihe auch als Sicherheitszone.

Die beiden folgenden Bänke waren den Familienangehörigen vorbehalten. Die Louckses saßen dort und die Baumgartners; Eltern, Tanten, Cousins und Cousinen, Freunde. Sie füllten die harte Eichenbank und ermutigten sich gegenseitig.

Die Medien hielten sich hartnäckig an die vierte Bank, und manchmal nahmen sie auch einen Teil der fünften in Beschlag. Die Zeitungs- und Fernsehreporter, die Bücherschreiber – bis auf einen Reporter, der allein und für sich saß – hielten einander Plätze frei, indem sie die üblichen gelben Klemmhefter, Regenmäntel und Brieftaschen neben sich ausbreiteten. Auf der Pressebank war immer noch ein Platz frei; wenn dies auch bedeutete, daß der Neuankömmling kaum Ellbogenfreiheit zum Schreiben hatte.

Alles in allem gab es nur achtundvierzig ordnungsgemäße Sitzplätze. Wenn alle zusammenrückten, hatten sechzig Personen Platz. Lori Merrik, die Gerichtsdienerin, erklärte den Zuschauern in der hintersten Reihe, daß diese Plätze auch für die Medien reserviert seien. Sie könnten sich gern dorthin setzen, müßten aber eventuell der Presse weichen. »Wenn sie höflich fragen, müssen Sie ihren Sitzplatz freimachen.«

»Was ist, wenn sie nicht höflich fragen?« wollte ein uneinsichtiger Zuschauer wissen.

»Dann können Sie sie ohrfeigen«, scherzte Merrick, »aber den Platz müssen Sie trotzdem frei machen.«

Die Kameraleute wechselten einander an der Fernsehkamera auf der linken Seite des Gerichtsraums ab; der Film würde allen TV-Netzen und unabhängigen Stationen zur Verfügung stehen. Es sah so aus, als habe jedermann im westlichen Washington den Namen Randy Roth bereits gehört. Und jedermann, der eine Zeitung las oder Fernsehen schaute, war neugierig auf ihn.

Randy Roth saß mit hochgezogenen Schultern am Tisch

279

der Verteidigung. In seiner Pressekonferenz im vergangenen Sommer war er als hübscher, junger Mann erschienen; stark und mit dicken Muskelpaketen an Brust und Schultern. Aber jetzt – als Angeklagter in einem Mordprozeß – sah er völlig anders aus, als habe ihn eine verheerende Krankheit überkommen. Es war mehr als die Gefängnisblässe, die alle Häftlinge nach einem mehrmonatigen Gefängnisaufenthalt zeichnet. Randy hatte sich in einen schlanken, zerbrechlich wirkenden Mann mit dicken Brillengläsern verwandelt, dessen allmählich kahl werdender Schädel durch die ergrauenden Haare hindurchschimmerte.

Sein Anzug saß so eng, daß er über seinem schmalen Rücken Querfalten schlug. Wer ihn zuvor gesehen hatte, hielt ihn für einen neuen Anzug, der vielleicht extra gekauft worden war, um der Jury den Eindruck zu vermitteln, daß er schon immer ein schwächlicher, kleiner Mann gewesen war; ein Mann, der nicht die Kraft besaß, eine gesunde junge Frau unter Wasser gedrückt zu haben, bis sie ertrunken war, oder um eine junge Frau von einem Bergpfad gestoßen zu haben.

Alle guten Verteidigungsanwälte denken lange und intensiv darüber nach, wie sie ihre Klienten präsentieren. Deshalb erscheinen Prostituierte vor Gericht in hochgeschlossenen Kleidern, die im Nacken zugeknöpft werden; die Mitglieder von Motorrad-Gangs treten frisch rasiert in dreiteiligen Anzügen auf, die ihre Tätowierungen verdecken; und notorische Trinker betreten den Zeugenstand so nüchtern wie der Papst. Diese Taktik ist fair, und die Vertreter des Gesetzes respektieren sie. Der Angeklagte soll im bestmöglichen Licht erscheinen.

Oder – wie in diesem Fall – der Angeklagte soll dem Suppenkasper so ähnlich wie möglich sehen. Wie Randy es gehaßt haben muß, eine Brille zu tragen und seinen Bizeps schlaff werden zu lassen. Er, der den Ehrgeiz gehabt hatte, ein späterer Billy Jack zu werden, ein Kampfsporttrainer und ein Held der Marine, sah wie ein sanftmütiger, kleiner Büroangestellter im mittleren Alter aus.

Harmlos.

Susan Storey erhob sich, um das Eröffnungsplädoyer zu halten. Geschickt verwob sie die ungezählten Facetten von Randy Roths Leben – seine Romanzen, seine Heiraten, seine Witwenschaften, seine Vorliebe für Versicherungen. »Er heiratete aus Habgier«, sagte Storey schlicht, »nicht aus Liebe oder Kameradschaft. Und er mordete für Geld. Es war kein Haß, es war keine Furcht – nicht einmal Leidenschaft.«

Die Staatsanwältinnen hatten das Hauptmuster in Randy Roths Verhalten herausgefunden. Er hatte große Ähnlichkeit mit dem Regisseur eines Stücks, das er immer wieder und wieder aufführte – mit wechselnden Mitwirkenden. Susan Storey berichtete den Geschworenen von den ›kurzen und intensiven, stürmischen Zeiten der Werbung‹, den Flitterwochen, nach denen er sich mehrstellige Versicherungspolicen aushändigen ließ. Sie beschrieb Roths Verhalten nach dem Tod seiner beiden Ehefrauen als »kalt und gefühllos ... und beide Male machte er unterschiedliche und widersprüchliche Aussagen über das, was geschehen war.«

Es war wichtig, das Schema zu zeigen, die Wiederholung, den identischen – oder fast identischen – Spielplan, dem Randy Roth immer wieder gefolgt war. Hätte Storey – oder George Cody, wer auch immer – nur eine der Heiraten oder eine Versicherungstransaktion für sich allein betrachtet, wäre es gut und auf unverfängliche Weise erklärbar gewesen. Aber alles zusammen genommen, änderte sich die Konfiguration von Randy Roths Verhalten nie.

Susan Storey deutete auf eine im Gerichtssaal aufgehängte Liste mit typischen Beispielen für die verzehrende Habsucht des Beklagten und für seine Besessenheit, seine Taschen und sein Bankkonto zu füllen. Storeys Zeigestab wanderte über die Liste: (1) Der vorgetäuschte Diebstahl von Janis Roths Wagen; (2) Janis Miranda Roths ›Unfall‹-Sturz und die Auszahlung der Versicherung in Höhe von einhundertundfünfzehntausend Dollar; (3) Randys betrügerischer Antrag auf Jalina Mirandas Sozialversicherungs-Hinterbliebenenrente; (4) der vorgetäuschte Einbruchdiebstahl bei Nick Emondi; (5) Randys Heirat mit Donna Clift und der Schlauchboot-›Unfall‹; (6) Randys stürmische Werbung um Mary Jo Phillips, die endete, als er erfuhr, daß Mary Jo nicht versicherungsfähig war; (7) der vorgetäuschte Einbruch-Diebstahl in Randys Haus; (8) Randys stürmische Werbung um Cynthia Baumgartner, die hohen Versicherungsverträge und Cynthias Tod durch Ertrinken; und (9) Randys betrügerischer Antrag auf Gregs (zweite) Hinterbliebenenrente der Sozialversicherung.

»Dieser Mann hat neunmal gestohlen, um seine Geldgier zu befriedigen«, sagte Storey. Susan Storey erklärte der Jury, Nick Emondi, Randys ehemals bester Freund, habe den Detectives schließlich doch noch erzählt, daß der Einbruch in sein Haus gar kein Einbruch gewesen war – zumindest nicht in der eigentlichen Bedeutung dieses Wortes. Als Nick das Geld nicht zurückzahlen konnte, das Randy ihm geliehen hatte, hatte dieser ihm vorgeschlagen, Feuer in seinem Haus zu legen. Dann könne er die Schadensersatzsumme kassieren und Randy das Geld zurückzahlen. Emondi, der damals bei der lokalen Feuerwehr gearbeitet hatte, fand diese Idee nicht so gut. Daraufhin, so sagte Susan Storey zu den Geschworenen, sei Randy mit einem anderen Plan herausgerückt. Er sagte, er würde gern einen Teil von Emondis Besitz nehmen – zum Beispiel ein Fernsehgerät, die Stereoanlage und andere, leicht verkäufliche Gegenstände. Dann konnte Nick seinem Versicherungsagenten einen Einbruchdiebstahl melden. Randy würde behalten, was er fortgenommen hatte, *und* an der Versicherungssumme partizipieren.

Und genau dies war geschehen. Als Carrie Emondi eines Abends Spätschicht hatte, kam Randy in ihr mobiles Heim und nahm ihren Fernseher, ihren AM-FM-Kassettenrecorder sowie andere Dinge mit sich, an denen er interessiert war. Und er erhielt einen Teil der Schadenssumme von der Versicherung.

Nick Emondis Schulden galten als getilgt.

Als Randy ein paar Monate später Donna Clift kennenlernte, muß er von der Dummheit der Versicherungsgesellschaften überzeugt gewesen sein. Storey erklärte den Geschworenen, daß sie noch von Donna Clift hören würden; sie war eine der beiden Frauen, die überlebt hatten. Donna Clift

282

erinnerte sich an Randys Wunsch, daß sie Verträge über hohe Versicherungen unterzeichnete – aber sie hatte es nicht getan.

Es war Donna bekannt, daß »Randy wußte, wie man mit einem Schlauchboot umgeht«, erläuterte Storey der Jury. »Aber an jenem Tag versuchte er bewußt, es sinken zu lassen.«

Und aus welchem Grund sollte Randy versucht haben, seine neue Braut zu ertränken, obwohl sie keine Lebensversicherung abgeschlossen hatte? Nun, so erklärte Storey, Donna Clift *hatte* eine Lebensversicherung. Sie wußte nur nichts davon. Es war Randy gelungen, Donna für mehr als zwanzigtausend Dollar zu versichern, ohne daß sie auch nur das geringste davon geahnt hätte – bis Storey selbst sie darüber informierte.

Am Tisch der Verteidigung starrte Randy Roth unentwegt auf sein Klemmbrett. Nach seiner Reaktion zu schließen, hätte Susan Storey ebenso gut über eine ganz andere Person reden können. Selbst als Geheimnisse zur Sprache kamen, die er längst vergessen gewähnt haben mußte, blieb er unbewegt und ruhig.

Wie immer.

Während Storey fortfuhr, die trockenen Fakten aufzuzählen, die Roth zu zunehmendem Wohlstand verhalfen, wurde hinter ihr eine stark vergrößerte Aufnahme vom Beacon Rock an einer Staffelei befestigt. Susan Storey und Marilyn Brenneman mußten der Jury *zeigen*, was sich im Leben des Angeklagten in den letzten Dutzend Jahren ereignet hatte. Sie konnten die Geschworenen nicht bei der Hand nehmen und sie auf den steilen Pfad den Beacon Rock hinaufführen oder sie alle auf einem Schlauchboot auf den Lake Sammamish hinausrudern, aber sie konnten – durch geschickte Nutzung audiovisueller Hilfsmittel – einen großen Teil des Schreckens lebendig machen.

Susan Storey tauschte den öden Felsen gegen ein Bild von dem Schlauchboot aus, an das Cynthia Roth sich in den letzten Augenblicken ihres Lebens geklammert hatte.

Der Grund, weshalb Randy Cynthia Roth vorsätzlich ertränkt hatte, war kein Geheimnis, sagte Storey. Das Motiv war recht offensichtlich – dreihundertundfünfundachtzigtausend Dollar von der Versicherung.

»Hilfe war nur einen Ruf oder eine Welle weit fort«, sagte sie, als sie über die Zeit sprach, nachdem Cynthia auf dem Lake Sammamish bewußtlos geworden war. Aber Randy war still und gelassen ans Ufer gerudert.

»Sechzig oder siebzig Meter vom Ufer entfernt; kein Winken ...«

»Fünfundzwanzig Meter vom Ufer entfernt. Immer noch rief er nicht um Hilfe ...«

»Fünfzehn oder achtzehn Meter; er war in keiner besonderen Eile ... Er rief nicht um Hilfe.«

Und als Randy schließlich das Ufer erreichte, blieb er ruhig im Schlauchboot sitzen, sagte Susan Storey zu den Geschworenen. Er wirkte nicht alarmiert. Er rührte sich nicht, um Hilfe für seine ertrunkene Frau zu holen, bis die Jungen gelaufen kamen und sahen, daß die Haut ihrer Mutter blau angelaufen und marmoriert war.

Dieser Mann – dem die Geschworenen jetzt rasche, neugierige Seitenblicke zuwarfen – wirkte so »vollständig uninteressiert daran, ob seine Frau leben oder sterben würde, daß die Menschen am Ufer glaubten, er würde Cynthia gar nicht kennen.

Er gab weit voneinander abweichende Erklärungen ab ... Sie sei geschwommen, während er ruderte ... Sie seien beide geschwommen ... Cynthia sei zehn Minuten lang unter Wasser gewesen ... Sie habe fünfunddreißig bis vierzig Sekunden lang mit dem Gesicht nach unten im Wasser gelegen ...

Das Motorboot kam ganz dicht vorbei ... Das Motorboot war fünfzig bis hundert Meter entfernt ... Das Motorboot war östlich des Schlauchboots ... Das Motorboot war westlich des Schlauchboots ... Er versuchte keine Rettungsmaßnahmen ... Er versuchte zweimal, sie zu beatmen ... Er versuchte fünfzehn bis zwanzig Minuten lang Rettungsmaßnahmen.«

Die Einzelheiten des Falles, die Susan Storey schilderte, waren erschreckend. Sie beschrieb den neuerlichen Witwer als einen Mann, der vom Tod seiner Frau so wenig berührt war, daß er auf dem Weg vom Krankenhaus nach Hause drei Lustfilm-Videos auslieh.

Falls Storeys Schilderung der Jahre eines soziopathischen Verhaltens zutraf, war Randy Roth ein Ungeheuer.

Für die Jury müssen die Einzelheiten aus Randolph G. Roths Leben verwirrend gewesen sein. Die Geschworenen saßen wie erstarrt in ihren Bänken; sie schraken sichtbar zusammen, als jemandes Beeper erklang – scheinbar so laut wie eine Alarmglocke.

»Stellen Sie's ab«, knurrte Richter Sullivan.

Susan Storey fuhr fort, wo sie aufgehört hatte. Sie sagte, der Angeklagte sei ein Mann, der am 23. Juli 1991 um 19 Uhr 30 oder um 19 Uhr 35 den Warteraum im Krankenhaus verließ, nachdem man ihm erklärt hatte, seine Frau sei tot – wobei die Trauerberaterin bemerkte, daß er ›nicht das geringste Anzeichen für Leid oder Kummer oder irgendein anderes Gefühl‹ zeigte –, der unterwegs anhielt, um mit den Söhnen des Opfers etwas zu essen, und dann die Videos auslieh. Zu Hause angekommen, tätigte Randy Roth einen Telefonanruf. »Er rief nicht etwa einen Verwandten an«, sagte Storey, »er rief weder Freunde noch Leute aus der Kirche an. Er rief diesen Burschen an, um zu erfahren, ob seine rote Corvette noch zu verkaufen war.«

Zwei Tage nachdem Cynthia ertrunken war, hatte Randy Roth zu Stacey Reese gesagt, er frage sich, ob Cynthia nicht vielleicht hatte sterben *wollen*. Sein größtes Problem schien zu sein, daß er »verdammt noch mal ewig [brauche], um die Farbe Mauve aus seinem Haus zu schaffen«.

Randy Roth hat keine Zeit verschwendet, fuhr Storey fort, und sich um Gregs Hinterbliebenenrente der Sozialversicherung beworben, wobei er »zweimal log.« Er behauptete, Greg sei Cynthias einziges Kind, und er verschwieg, daß Greg bereits Hinterbliebenenrente aus Janis' Sozialversicherung bezog.

Drei Wochen nachdem Cynthia ertrunken war, trat Randy wieder in Parents Without Partners ein, beantragte seine dreihundertundfünfundachtzigtausend Dollar aus Versicherungsansprüchen und begann, seine Sachen zu verkaufen – »alles von Wert; seinen Wagen, seinen Geländewagen, seinen John-Deere-Frontlader, zwei neue Go-Carts, die er für Tyson und Rylie gekauft hatte. Und er bot sein Haus zum Verkauf an.«

Und weshalb tat er das, fragte Storey? Weil er seinen Arbeitskollegen gesagt hatte, er bereite sich darauf vor, verhaftet zu werden.

Sie hatte der Jury nur eine Zusammenfassung dessen gegeben, was sie in diesem Prozeß zu hören bekommen würden. »Jetzt verstehen Sie, weshalb so viele Zeugen geladen sind«, schloß Susan Storey. Es hatte so viele Betrügereien gegeben – Betrugsfälle, die auf Randy Roths Habgier hinweisen und letztlich auch erklärten, weshalb Cynthia Baumgartner-Roth sterben mußte, um diese Habgier zu befriedigen.

Verteidigungsanwalt George Cody erzählte den Geschworenen von einem gänzlich anderen Mann; einem Mann, dessen Charakterzüge zu dem ruhigen, schwermütigen Mann zu passen schienen, der auf einen Schreibblock vor sich kritzelte. Randy schaute kaum auf, während sein eigener Anwalt sprach.

Cody schilderte seinen Klienten als klugen, umsichtigen Mann; einen fürsorglichen Vater, der sicherstellen wollte, daß für seine Kinder gesorgt war, falls er oder seine Frau sterben sollten. Cody sagte, Randy Roth sei ein Mann, der einen »schrecklichen Unfall« von der Art erlitten habe, wie er jedermann treffen könne. (Tatsächlich waren es *zwei* Unfälle, wenn überhaupt, aber davon wollte Cody lieber nicht sprechen.) Der Fall Randy Roth sei ein reiner Indizienfall, sagte Cody. Er bestritt Storeys Behauptung, Randy habe nicht versucht, Cynthia wiederzubeleben, als er sie aus dem Wasser gezogen hatte. Der Anwalt sagte, Randy habe sich verzweifelt bemüht, sie von Mund zu Mund zu beatmen – aber es sei daran gescheitert, daß ihr Würgereflex zu stark war.

George Cody zeichnete der Jury den glücklosen Schatten eines Mannes, der fast alles verlor, was er jemals besessen hatte, das aber – was Gott verhüten möge – jedem Mann und jeder Frau in dem still lauschenden Gerichtsraum ebenfalls hätte passieren können.

Wenn Cody recht hatte, drohte ein furchtbarer Justiz-
irrtum. In diesem Prozeß war nichts vorhersehbar. Er bestand
weitgehend aus einer riesigen Menge von Indizienbeweisen.
Aber dies bedeutete nicht, daß die Anklage keine Verurteilung bewirken konnte.

Es bedeutete auch nicht, daß Marilyn Brenneman und
Susan Storey eine Verurteilung bewirken *würden*. Ein Fingerabdruck in Blut ist das beste Beweisstück der Welt. Wenn
jemand mitten in einem großen See ertrinkt, gehört dies zu
den Todesfällen, die absolut zu bestimmen am schwierigsten
ist.

Die Fronten waren klar. In dem fensterlosen Gerichtsraum
war es warm; fast so heiß, wie es vor siebeneinhalb Monaten
an jenem Strand gewesen war. Niemand bewegte sich mehr
als nötig.

Draußen auf dem Flur verfolgten Fernseh- und Rundfunk-
reporter die Verhandlungen auf kleinen Monitoren, die sie auf
den langen Eichenbänken aufgestellt hatten. Auch Zeugen
warteten hier, denen der Zutritt zu Sullivans Gerichtsraum
verboten war, bevor sie vereidigt worden waren. Elektrokabel
wanden sich wie Schlangen über den abgenutzten Marmor-
boden. Es waren Termine zu beachten – für die Fünf-Uhr-
Nachrichten oder, wenn nicht dann, für die Elf-Uhr-Nachrichten.

Nichts war sicher. Nichts, außer daß dies der größte, aufsehenerregendste Prozeß war, den das King County in jenem
Jahrzehnt erlebte.

25

Falls es eine Eigenart gab, die Randolph G. Roths gesamtes
Leben durchzog, dann war es seine Heimlichtuerei. Er hatte
niemandem jemals einen Einblick in alle Bereiche seines
Lebens gestattet. Er war der Mann, der es liebte, in dunkler
Kleidung in der Stille der Nacht umherzuschleichen; der

Mann, der unaussprechliche Handlungen andeutete, die in einem unergründlichen Krieg eine halbe Welt entfernt durchzuführen er aufgerufen gewesen war; ein Mann, der seine eigene Familiengeschichte geheimhielt und sich für Frauen entschied, die er in Schach halten konnte, ähnlich wie er den glücklosen Frosch unter seinen Sander gehalten hatte. Randy Roth hatte niemals zurückgeschaut. Aus seiner Sicht waren die Toten fort – einfach fort, und man mußte sich nicht mehr um sie kümmern. Das Gestern spielte keine Rolle. Und jetzt war *er* gezwungen, sich das Panorama seines Lebens anzuschauen; jene zu sehen, deren Leben er berührt – und oft zerstört – hatte; und all das vor einer öffentlichen Zuhörerschaft.

Schlimmer – er war buchstäblich lebendig und auf Band aufgenommen.

Bill Wiley, Leiter des Suchtrupps im Skamania County, bezeugte die verzweifelte Suche nach Janis Roth vor zehn Jahren. Ihr Körper war fünfzehn bis dreißig Meter tiefer gefunden worden, als sie es erwartet hatten. »Natürlich ist alles möglich ... aber es ist sehr außergewöhnlich, und ich habe nie etwas Ähnliches erlebt«, sagte Wiley, während er auf dem riesigen Foto des Beacon Rock erst auf die Stelle deutete, wo sie nach Randys Angaben abgestürzt war, und dann dorthin, wo man sie gefunden hatte. Sie hätte fast zur Seite fallen müssen, um Randys Version glaubhaft zu machen.

Sheriff Ray Blaisdell, der 1981 Untersheriff im Skamania County gewesen war, Lebensretter und Wanderer auf dem Beacon Rock traten als Zeugen auf. Es hatte eine unglaubliche Mühe gekostet, alle Personen ausfindig zu machen, die an jenem kalten Tag im November vor so langer Zeit auf dem Beacon Rock gewesen waren. Die meisten von ihnen erinnerten sich an Randy Roth als an einen Mann, der angesichts der Tragödie unnatürlich ruhig erschienen war, obwohl Blaisdell sagte, er habe Randy zweimal weinen gesehen, nachdem vom Boden aus die Nachricht von Janis Roths Tod gekommen war. »In diesem Moment sagte er nichts«, erinnerte Blaisdell sich, »aber er zeigte eine gewisse Bewegung, und ich sah ein paar Tränen.«

Marcie Thompson – jetzt eine erwachsene Frau – erinnerte

sich daran, ein paar Sekunden später von Janis' Tod erfahren zu haben, als Randy ihr in einer Pizzeria den Einäscherungsschein über den Tisch zuschob, als handele es sich um die Speisekarte. (Marcie hatte den Detectives auch gesagt, Randy habe später versucht, sie zu verführen, als sie ihn zu Hause in Seattle besuchte.) »Ich kannte sie als Jan«, sagte Marcie, »deshalb sagte mir ›Janis‹ nichts. Ich sagte, ›ich kenne niemanden mit diesem Namen‹, und er sagte, ›doch, Sie kennen sie. Denken Sie darüber nach.‹«

Jalina Miranda, die zu einer hübschen, jungen Frau herangewachsen war, warf einen Blick auf den Mann, der einst ihr Stiefvater gewesen war, als sie sich an den Umschlag erinnerte, von dem ihre Mutter ihr erzählt hatte. »›Falls mir etwas passiert, möchte ich, daß du dir das hier holst.‹ Er nahm es mir sofort aus der Hand«, sagte Jalina. »Er versprach, mir von dem Geld Spielzeug und Geschenke zu kaufen.«

»Und hat er es getan?« fragte Marilyn Brenneman.

»Nein. Ich habe nie wieder mit ihm gesprochen.«

Jalina sagte, ihre Mutter sei schon fast eine Woche lang tot gewesen, als sie davon erfuhr. »Ich fragte immer wieder, ›wo ist meine Mommy?‹«

Im Kreuzverhör entlockte John Muenster Jalina, daß Randy nett zu ihr gewesen war. Es stimmte, daß ihr Stiefvater stets vermieden hatte, ihr eine direkte Antwort zu geben, aber er hatte sie auf die Knie genommen und ihr den schrecklichen Sturz erklärt und gesagt, daß ihre Mutter im Krankenhaus sei. Er hatte sie gewiegt und sie sanft gehalten, als sie weinte.

Und dann war Randy eines Tages ans Telefon gegangen, und danach hatte er sich an sie gewandt und gesagt: »Jalina, das war das Krankenhaus. Deine Mutter ist soeben gestorben.«

Billie Jean Ray, Janis' Mutter, gab unter der Befragung durch die Verteidigung ebenfalls zu, daß Roth bei der Totenfeier bekümmert gewirkt hatte.

Aber es war ein Pyrrhussieg für die Verteidigung. Für jeden Augenzeugen, der sich daran erinnerte, einen kleinen Riß in Randy Roths starrer Fassade erblickt zu haben, kamen zehn – oder zwanzig –, die einen Mann mit der emotionellen Ausstattung eines Roboters beschrieben.

Darrel Lundquist berichtete den Geschworenen, Randy Roth, sein Versicherungsklient, habe ihn am Tag nach Janis' Sturz in den Tod telefonisch geweckt. Randy hatte es eilig gehabt, seine Ansprüche geltend zu machen. Shirley Lenz sagte, Randy habe an jenem selben Morgen nach der Sozialversicherungsnummer von Janis gefragt, weil ›Janis krank sei‹.

Lily Vandiveers Ex-Ehemann bezeugte, daß Randy vor und nach seiner Heirat mit Janis eine Affäre mit Lily gehabt hatte und daß er Randy und Lily in intimer Umarmung auf dem Boden vor dem Kamin in seinem eigenen Haus überrascht hatte. »Ich sagte zu ihm, wenn er meinem Haus nicht fernbliebe, würde ich zum Staatsanwalt gehen.«

Aber Vandiveer gestand, niemals mit Beamten des Skamania County gesprochen zu haben. »Ich hatte Angst vor ihm«, sagte er.

So ging es auch Nick Emondi. Aber Nick war hin und her gerissen gewesen. Er hatte Bedauern für die traurige kleine Janis Roth empfunden. Er vermutete, daß Randy sich mit anderen Frauen traf. Er erinnerte sich daran, wie Randy ihn an jenem Halloween gefragt hatte: ›Könntest du deine Frau töten?‹ Und später hatte Randy zu ihm gesagt: ›Janis ist nicht länger unter uns.‹

Jetzt gab Nick im Zeugenstand zu, daß er einen Einbruch in seinem eigenen Heim inszeniert hatte, um Randy das Geld zurückzahlen zu können, das er ihm schuldete. Er hatte geholfen, seinen Besitz in Randys Haus zu schaffen, und Randy hatte ihm geholfen, die Versicherungsformulare auszufüllen. Sie hatten sich die Schadenssumme in Höhe von zweitausendachthundert Dollar geteilt, und Randy hatte die meisten der ›gestohlenen‹ Gegenstände behalten. Trotzdem waren die Emondis letzten Endes gezwungen gewesen, ihren Bankrott zu erklären, als Randy von seinem Versprechen zurücktrat, ihr Haus zu kaufen.

Nick hatte gehört, wie Randy beschrieb, wie er sein eigenes Haus ausrauben würde – bevor er es tatsächlich tat. Er war

Randys Vertrauter gewesen; er hatte von all den Frauen gehört, die sich nicht bewährten, weil sie ›unreif‹ seien, und von dem plötzlichen Entzug seiner Gunst für Mary Jo, als Randy erfuhr, daß sie Krebs gehabt hatte.

Ja, er und Randy waren enge Freunde gewesen. Aber Nick gab zu, daß er stets Angst vor Randy gehabt hatte.

George Cody befragte Nick Emondi hartnäckig über die Unterhaltung am Halloween-Abend. Hatten die beiden sich damals nicht, so drängte er, über die Bibel unterhalten? Hatten sie nicht über die Johannesoffenbarung gesprochen; über das in der Bibel verkündete Ende der Welt?

Aber dies führte nirgendwo hin, und die Anklage erhob Einspruch gegen Codys Fragen über die Bibel.

Randy Roth, dessen Nimbus der Unbesiegbarkeit vernichtet war, wurde mehrmals am Tag in Handschellen von zwei großen Gerichtsdienern in den Gerichtsraum geführt. Der Ausdruck in seinem Gesicht änderte sich niemals. Seine dunklen Augen schimmerten hinter den dicken Brillengläsern, aber er schien niemanden zu sehen. Es war gut möglich, daß er erschrocken war, sich in einer Versammlung von alten Bekannten wiederzufinden, an der er freiwillig niemals teilgenommen hätte.

Immer wieder traten Freunde auf, die Randy längst aus seinem Leben gestrichen hatte.

Brittany Goodwin, die ihn idealisiert hatte, als sie ein Teenager gewesen war, die er verführt und betrogen hatte, schilderte jetzt Randys genauen Plan, sein eigenes Haus auszurauben.

Er schaute nicht auf.

Mary Jo Phillips berichtete davon, wie wunderbar Randy sie umworben hatte; wie er »der Mann [wurde], von dem alle Frauen träumten.« All seine zärtliche Teilnahme hatte sofort aufgehört, als er erfuhr, daß sie nicht versicherungsfähig war.

Randy schaute nicht auf.

Donna Clift erinnerte sich an Randys stürmische Werbung, die freigebigen Geschenke, die er ihr gemacht hatte, an ihre vollkommene Hochzeit ... und dann ihre Verwirrung, die auf dem Skykomish River in Entsetzen umgeschlagen war. Donna Clift war immer noch wütend darüber, derart betrogen worden zu sein, und sie wandte sich bei ihrer Zeugenaussage nicht an die Jury, sondern direkt an Randy Roth. Sie wollte ihn zwingen, sie anzuschauen. Er schaute nicht auf.

Als Judy Clift bezeugte, sie habe befürchtet, daß ihre Tochter nicht lebend vom Skykomish River zurückkehren würde, beantragte Verteidigungsanwalt John Muenster, diese Aussage aus dem Protokoll zu streichen. »Mr. Roth befindet sich in einer Verhandlung wegen Vorgängen, die 1991 stattfanden«, sagte Muenster. »Und doch wird ihm mit Dingen zugesetzt, die sich angeblich vor nicht weniger als zehn Jahren ereigneten. Keine dieser Personen sah sich bis jetzt in der Lage, etwas darüber zu berichten.«

Richter Sullivan lehnte den Antrag ab, und die Verhandlung wurde fortgesetzt und gewann tatsächlich an Schwung.

Die Goodwins – jene Familie, die Randy zu seiner eigenen erklärt hatte – sagten als Zeugen der Anklage aus. Ben und Marta und Ryan. All diese Menschen, die in Randys Leben eingetreten waren; die sich vielleicht am meisten um ihn gesorgt hatten. Aber sie konnten ihm nicht verzeihen, was sie für einen vorgetäuschten Einbruchdiebstahl hielten – aus Habgier. Sie alle erinnerten sich an die Werkzeuge, die Fernsehgeräte, die Stereoanlagen und die Nintendos, die verschwunden waren – und dann plötzlich wieder auftauchten.

Marta hatte in jener Nacht im September 1988 kein Geräusch gehört. Ben Goodwin wußte, daß die »Reifenspuren« in Randys Garten von einem gefällten Baum herrührten. Ben schaute die Geschworenen an und wiederholte Randys Worte: »Er sagte, ›Die Detectives haben gesagt, das wären Reifenspuren, also sind es Reifenspuren.‹«

Der Einbruchdiebstahl von 1988 fiel jetzt offensichtlich auf Randy zurück. Man fragte sich, ob er ihn bereute. Er hatte mehr als achtundfünfzigtausend Dollar verlangt, nach einem zwei Jahre dauernden Rechtsstreit achtundzwanzigtausendundfünfhundert Dollar zugestanden bekommen und am Ende nur siebzehntausend Dollar davon behalten können.

Daß seine Falschheit, die sich in den vorgetäuschten Einbrüchen zeigte, von so vielen Seiten bezeugt wurde, setzte Roth offensichtlich zu. Ben Goodwin identifizierte mehrere Gegenstände, die sich vor und nach dem Einbruchdiebstahl in Randys Besitz befunden hatten.

Shelly Bierman, die Schadensreguliererin der Pioneer Insurance Company, hatte schon von sich aus Verdacht geschöpft, als sie entdeckte, daß Roth eine Rückgabequittung von Sears für ein Stereoradio von Kenwood beigelegt hatte, das er als gestohlen gemeldet hatte. Sobald dieser Ersatzanspruch einmal in Frage gestellt war, tauchten alle möglichen Ungereimtheiten auf.

Der Prozeß lief bereits seit über einer Woche, und immer noch hatte kein Zeuge über Cynthia Baumgartner-Roth gesprochen. Aber auch so bestand das Gefühl ihrer Präsenz. Zwei Bankreihen waren mit den Angehörigen ihrer Familie besetzt, deren Gesichter von Kummer und einer Art betrübter Akzeptanz dessen gezeichnet waren, was sie nicht mehr ändern konnten. Sie waren keine rachsüchtigen Menschen. Merle Loucks hatte gesagt, er würde die Todesstrafe nicht unterstützen – nicht einmal für den Mann, der, wie er überzeugt war, seine geliebte Tochter vorsätzlich ertränkt hatte.

Und dann plötzlich war eine weitere Familie dort. Randy Roths Familie – Lizabeth, seine Mutter, und zwei seiner Schwestern. Die Pressebank schwirrte vor Spekulationen über die Identität dieser recht bizarr aussehenden Frauen. In der Tat wirkten sie anfangs wie Fremde; als möchten sie gern dem Prozeß beiwohnen und wären ungehalten darüber, keinen Platz zu finden. Es gab viele solcher Enttäuschter, die von den Gerichtsdienern zurückgewiesen wurden, weil kein Platz mehr vorhanden war. Eine weitere Person im Gerichtsraum hätte gegen die Feuerschutzbestimmungen verstoßen.

Nein, erklärten diese Frauen lautstark. Sie gehörten zur Familie des Angeklagten und hätten das Recht, hierzusein. Lizabeth Roth entsprach nicht den Erwartungen, die sich jedermann nach der Beschreibung ihres Sohnes von ihr gemacht hatte. Randy war jetzt achtunddreißig, und seine Mutter sah nicht mehr als zehn Jahre älter aus. Ihr Haar war zu einem dunklen, metallischen Kastanienbraun gefärbt, toupiert und zurückgekämmt, bis es ihren Kopf wie ein großer Helm umgab, und gesprayt, bis es so spröde schien, als würde es bei der geringsten Berührung brechen. Ihre Augenlider waren kräftig mit Lidschatten beschmiert und mit Eyeliner umrandet. Ihr Make-up erinnerte an eine dicke Maske, und ihre Kleidung lag ihrer üppigen Figur dicht an. Sie trug einen Minirock und hochhackige Pumps. Eine Wolke schweren Parfums schwebte zugleich mit ihr herein. Dies war nicht die betagte Mutter, die ihre Tage in einem Pflegeheim verbringen mußte; dies war Randy Roths *wirkliche* Mutter.

Die Antipathie zwischen Mutter und Sohn war beinahe greifbar. Er nahm ihr Kommen kaum zur Kenntnis. Als Randy in einer Vormittagspause aus dem Gerichtsraum geführt wurde, warf er seiner Mutter am Ende der zweiten Bankreihe einen Blick zu. Es war unmöglich, seinen Gesichtsausdruck zu deuten.

Randys Schwestern waren ebenfalls dunkelhaarig, schlank und hübsch. Wie ihre Mutter hatten auch sie die Augen schwarz umrandet und die Haare toupiert. Sie erinnerten an eine Zigeunerfamilie; exotisch und auffallend. Sie waren beleidigt, als alle Plätze besetzt waren, weil sie so spät ankamen. Für die Beobachter sah es so aus, als seien diese Frauen absichtlich so spät gekommen, um für Aufregung sorgen und nach Gerechtigkeit für ihre Familie rufen zu können – zumindest in der Frage der Sitzplätze. Die Familie des Opfers rückte zusammen und machte Platz für Mrs. Roth, und sie setzte sich unter vielem Seufzen und Zurechtrücken. Eine der Schwestern Roths setzte sich auf die Seitenlehne am Ende der Pressebank und erzwang sich durch unablässiges Drücken mit ihrem Gesäß einen Platz neben einem aufgebrachten Reporter.

Die ganze Zeit hindurch saß ihr Sohn und Bruder mit dem Rücken zu ihnen; es war, als würde er sie überhaupt nicht kennen und hätte gewiß nicht die Absicht, sich durch Zurufe von ihnen unterstützen zu lassen.

In der Damentoilette, wo sich Beteiligte und Zuschauer aller Prozesse auf neutralem Grund trafen, kämmten Randy Roths Schwestern sich Seite an Seite mit Reporterinnen und Cousinen der toten Cynthia die Haare und frischten ihr Make-up auf. Randys Schwestern besprachen ihre Pläne für ihre Kleidung zu Ostern.

Als die Louckses und die Baumgartners gegangen waren, um in den Gerichtsraum zurückzukehren, wandte Lisa Roth sich an eine Reporterin und sagte: »Sie tun allen so leid, aber, wissen Sie, ihre Sorgen sind vorüber. Cynthia ist tot. Es ist Randy, der für den Rest seines Lebens leiden muß.«

Im Gerichtsraum war es immer noch heiß, und das würde auch so bleiben. Das Budget der King-County-Finanzkasse erlaubte keine Extravaganzen. Die Regel lautete, daß die Klimaanlage nicht vor dem 15. April eingeschaltet wurde. Es spielte keine Rolle, daß der Winter 1991/92 ungewöhnlich mild gewesen war und daß es sich in Richter Sullivans Gerichtsraum wie im August anfühlte, obwohl es März war. Nicht nur, daß das Einschalten der Klimaanlage noch für viele Wochen offiziell verboten war – zu allem Überfluß drehte die Hausmeisterei noch jeden Morgen die Heizung auf, um ›die Kälte der Nacht zu brechen.‹ Der beste Platz im Gerichtsraum war gleich neben dem Geschworenenzimmer – der letzte Platz in der hintersten Bankreihe. Dieser Raum verfügte über Air-conditioning, und von Zeit zu Zeit stellte ein Gefangenenwärter die Tür ein paar Zentimeter weit auf, damit Luft in den Gerichtsraum sickern konnte.

Es war nicht angenehm, aber alle blieben. Die Geschichte vom letzten Jahr in Cynthia Baumgartner-Roths Leben sollte erzählt werden. Ihr süßes Gesicht unter den blonden Haaren lächelte von einer Fotografie herunter, die auf der Staffelei befestigt war.

Sie posierte neben einem von Randys preisgekrönten Rosensträuchern.

26

Die Zeugen, die die Geschworenen bis jetzt vernommen hatten, legten gewiß die Überzeugung nahe, daß Randy Roth kein sehr netter Mann war; daß er weder anständig war, noch sich ernsthaft um irgend jemanden kümmerte. Nach den Zeugen der Anklage hatte er gelogen und betrogen. Und möglicherweise hatte er seine zweite Frau getötet. Aber er war nie des Mordes an Janis Miranda Roth angeklagt worden. Ein vernünftiger Geschworener hätte leicht denken können: »Wenn sie genügend Schuldindizien hatten, wenn er es wirklich getan hat, weshalb haben sie ihn dann nicht wegen Mordes angeklagt?«

Er *war* hingegen des Mordes an Cynthia Baumgartner-Roth angeklagt, und die Beobachter in der Galerie waren ganz Ohr, als ihnen bewußt wurde, daß die Zeugen sich nun mit Randy Roths Verhältnis zu seiner vierten Frau befassen würden, und mit ihrem unerklärlichen Tod.

Es war jetzt die dritte Märzwoche 1992, und ein Zeuge der Anklage nach dem anderen ließ erkennen, daß mit der Ehe zwischen Cynthia und Randy etwas ganz und gar nicht gestimmt hatte. Mary Barns, eine von Cynthias besten Freundinnen, berichtete der Jury, sie und Cynthia hätten am 9. Juli 1991 den Idylwood Park besucht; sie hätten sich auf denselben Strandabschnitt gesetzt, auf dem die Sanitäter sich zwei Wochen später um Cynthia bemühen sollten. Cynthia hatte Mary gestanden, daß ihre Ehe mit Randy sich verschlechterte. Sie hatte ihre Besorgnis geäußert, weil Randy so häufig den Arbeitsplatz wechselte. Die Beständigkeit, die sie gesehen zu haben geglaubt hatte, war nicht vorhanden gewesen. Mary fügte hinzu: »Sie sagte öfter als einmal zu mir: ›Wir werden uns nicht scheiden lassen.‹ Es klang so, als wolle sie sich selbst überzeugen, weil sie Zweifel hatte.«

Sandra Thompson, die Cindy die Haare richtete, sagte, die Dinge in Cindys Ehe seinen nicht gut gelaufen. »Sie wollte nicht, daß ihr Mann erfuhr, was sie für ihre Haarpflege ausgab.«

Mit ihren Fingernägeln war es ähnlich gewesen. Cindy hatte Randy jeden Penny erklären müssen, den sie ausgab.

Randys Arbeitskollegen bei Bill Pierre Ford hatten seine Beziehung zu Cindy niemals richtig verstehen können. Es war nicht so, daß Randy der einzige unter ihnen gewesen wäre, der sich über seine Frau beklagte – aber seine Bemerkungen über Cindy waren ungewöhnlich heftig gewesen. Tatsächlich hatte er es niemals richtig gewürdigt, daß er sie geheiratet hatte. Er nannte ihre Beziehung einen ›Kontrakt‹.

Eine Zeugin erinnerte sich daran, Randy sagen gehört zu haben: »Unser Kontrakt endet im August, dann ist die Hure fort.«

Unter Codys hartem Kreuzverhör gab die Zeugin zu, daß sie Randy Roth nicht mochte, aber sie wollte nicht zurücknehmen, was sie gehört hatte.

Randy hatte sich am Arbeitsplatz lautstark über Cynthia beklagt – über alles, angefangen mit ihren Plätzchen, ›die nicht einmal weich werden, wenn man sie in Milch tunkt‹, bis zu ihrem Temperament. Er hatte keine Mühe gescheut, sich als einen Mann darzustellen, der in einer beklagenswerten Beziehung gefangen war.

Am 18. März erwies sich Stacey Reese, bei der es leicht möglich war, daß Randy sie als die fünfte Mrs. Roth ins Auge gefaßt hatte, als eine verheerende Zeugin für die Verteidigung. Sie hatte ebenfalls von Randys ›Kontrakt‹ mit Cynthia gehört. Sie bezeugte: »Er sagte, es sei ein Kontrakt. Er sagte, sie wollten ein Jahr lang sehen, wie es ging, und das wäre am ersten August vorbei. Und einer von ihnen würde gehen müssen.«

Nun, einer von ihnen war gegangen.

Am 22. Juli – einen Tag bevor Cynthia ertrank – hatte Randy Stacey mit in ein Drive-in-Restaurant in Lake City genommen und ihr von seinen Zweifeln im Zusammenhang mit diesem ›Kontrakt‹ erzählt. Er sagte, er sei unglücklich darüber, daß seine und Cindys Beziehung beinahe vorbei war. Er war dabei, seine Sachen zu packen, und es war ›Zeit, zu gehen‹.

Stacey bezeugte, in den vier Tagen nach Cindys Tod durch

Ertrinken vier Telefonanrufe von Randy erhalten zu haben. Sie sagte, sein Verhalten habe sie zunehmend alarmiert. Daß Cindy ertrunken wäre, sei ›schrecklich‹, sagte er, aber auch eine ›Erleichterung‹. Stacey hörte zu, über Randys Sicht der Dinge verblüfft, und er fuhr fort, indem er sich darüber ausließ, wie sehr er immer Cindys Vorliebe für Pink und Mauve gehaßt habe. »Er sagte, er wolle es, verdammt noch mal, aus dem Haus haben«, sagte Stacey. Sie sagte zu den Geschworenen, sie habe sich schon unbehaglich gefühlt, als er sie bei einem früheren Anruf eingeladen hatte, mit ihm gemeinsam zu frühstücken, aber sie sei zutiefst schockiert gewesen, als er sie einlud, ihn nach Reno zu begleiten. Es war offensichtlich, daß Stacey als Ersatz für seine tote Frau dienen sollte – für jene Frau, die die Tickets nach Reno mit solch großer Hoffnung gekauft hatte. Randy sagte, er wolle nicht, daß die Karten verfielen.

Mark Dalton, ein Fahrzeuginstandsetzungsinstrukteur der Metro Transit (Seattles Bussystem) nahm den Zeugenstand ein und sagte, Randy Roth sei einen Monat, bevor seine Frau ertrunken war, zusammen mit sechs anderen Busmechanikern für eine Reparaturkolonne eingestellt worden. Der erste Tag, der der Einweisung in diese Arbeit dienen sollte, war der 17. Juni. Randy erschien, aber am nächsten und am übernächsten Tag blieb er fort.

Er hatte eine Nachricht auf dem Anrufbeantworter hinterlassen. »Er sagte, seine Frau hätte einen Unfall in Idaho gehabt, und er könne nicht kommen«, erinnerte Dalton sich. »Er sagte, es sähe so aus, als sei ihr Zustand kritisch, und sie würde es vielleicht nicht schaffen.«

Ende Juni hatte Cynthia keinen Unfall gehabt, weder in Idaho noch sonst irgendwo. Roth hatte sich aus persönlichen Gründen entschieden, nicht für Metro Transit zu arbeiten.

Carolyn Davidson, Aufseherin der Fahrzeuginstandhaltung der Metro Transit, sagte aus, daß sie Randy Roth am 8. Juli einen Einschreibebrief geschickt hatte, in dem stand, daß die Gesellschaft die Arbeitsstelle nicht unbegrenzt lange offenhalten könne. Taktvoll sprach Miss Davidson ihr Bedauern über den Unfall seiner Frau aus – sie konnte nicht wissen, ob die Frau lebte oder tot war –, aber sie setzte Roth darüber in Kenntnis, daß er entlassen würde, falls er sich nicht bis zum 23. Juli zur Arbeit meldete.

Randy quittierte den Einschreibebrief, aber er ging nicht zur Metro Transit zurück. Und am 23. Juli war Randy Roth Witwer.

Die Anklage konnte sich nicht erklären, weshalb er die Metro Transit belogen hatte. Marilyn Brenneman und Susan Storey fragten sich insgeheim, ob Randy schon Wochen, bevor Cynthia ertrank, mit dem Gedanken an ihren Tod gespielt hatte.

Das Sevylor-Schlauchboot, das Randy am Abend des 23. Juli 1991 so ungern der Polizei übergeben hatte, wurde in den Gerichtsraum gebracht, aufgeblasen und hochkant gegen die Wand gestellt, als Dutzende von Zeugen, die an jenem Tag am Lake Sammamish gewesen waren, Erinnerungen bezeugten, die niemals wieder verblassen würden.

Kristina Baker, die Frau, die das Boot zur Mitte des Sees hin hatte fahren sehen und von Zeit zu Zeit sein Fortkommen beobachtet hatte, während sie zugleich ein Auge auf ihre Kinder hatte, beschrieb die Szenerie. Sie hatte zwei Personen ins Wasser springen gesehen, und Minuten später sah sie eine der Personen vom Schlauchboot fortschwimmen, während die andere ihr gemächlich folgte. Einen Augenblick später sah sie Armwedeln und Wasserspritzer, bevor das Paar hinter dem Boot und aus ihrem Blickfeld verschwand. Sie hatte ein Motorboot mit einem Wasserskifahrer im Schlepp langsamer werden und neben dem Schlauchboot anhalten gesehen und gedacht, daß vielleicht einer der Schwimmer gewunken hätte. Sie hatte sich kurz abgewandt, um nach ihren Kindern zu sehen, und als sie wieder zurückschaute, sah sie die eine Person die andere in das Boot ziehen. »Es war ein Kampf, den anderen in das Boot zu bekommen«, sagte sie. »Man konnte sehen, daß es keine leichte Aufgabe war.«

Baker hatte müßig zugeschaut, wie das Schlauchboot langsam ans Ufer kam. Es hatte zwanzig Minuten gedauert. Baker sah jetzt nur eine Person, aber sie hatte nicht den Eindruck, daß eine Gefahr bestand. Als das Boot näher kam, konnte sie sehen, daß es ein Mann war, der so langsam ruderte.

Alicia Tracy war an jenem Nachmittag im Idylwood Park gewesen, und sie war losgelaufen, um dem Rettungsschwimmer Mike McFadden zu helfen. Sie hatte gesehen, daß die Frau, die auf dem Boden des Schlauchboots lag, blau angelaufen war, und sie wandte sich ab. Sie sah den Mann, von dem sie später erfuhr, daß er Randy Roth hieß, vom Boot fortgehen, brachte ihn aber nicht mit der Ertrunkenen in Verbindung. »Zu diesem Zeitpunkt«, sagte sie, »war er nur ein weiterer Mann, der sein Boot aus dem Wasser zog.«

Da sie den Drang verspürte, *irgend etwas* zu tun, während die Rettungsschwimmer verzweifelte Wiederbelebungsversuche bei der Frau machten, hatte Alicia dem Mann angeboten, ihm zu helfen, die Luft aus seinem Schlauchboot zu lassen. Es war ihr nicht bewußt, wer er war, bis ein Police Officer fragte, ob jemand die ertrunkene Frau kenne. In diesem Augenblick meldete sich der Mann zu Wort. »Er sagte: ›Nun, ich kenne sie. Sie ist meine Frau‹«, sagte Tracy zu den Geschworenen.

Randy Roth hatte den Polizisten nicht länger beachtet und hatte ohne Unterbrechung sein Schlauchboot weiter zusammengefaltet.

Mit jedem Zeugen, der den Stand betrat, erhielt die Szene am Strand groteskere Züge. Der Witwer hatte nicht die geringste Mühe oder Eile erkennen lassen, seine Frau zu retten. Er war weitaus mehr darauf bedacht gewesen, ›keine Szene‹ zu machen, als sich um Cynthia Baumgartners Überleben zu kümmern. Randy Roth wurde immer wieder als ›bar jeden Gefühls‹, ›so ruhig‹, ›so normal‹ oder ›ausdruckslos‹ beschrieben.

Ein elfjähriges Mädchen hatte gesehen, wie Tyson und Rylie Baumgartner zu dem Schlauchboot gelaufen waren, auf dessen Boden reglos ihre Mutter lag. Sie sagte: »Ich sah die beiden Jungen zu dem Boot laufen und hörte sie fragen: ›Was ist mit Mom passiert?‹«

Und sie bezeugte, daß der Mann einfach erwidert hatte: »Holt die Rettungsschwimmer, aber macht keine Szene.«

Wenn die Zeugenaussagen für die fremden Zuschauer und die Presse schon schockierend war – für Cynthias Familie waren sie unerträglich. Marge Baumgartner, Toms Mutter, verließ den Gerichtsraum in Tränen aufgelöst, als das Mädchen im Zeugenstand beschrieb, wie Patti Schultz niedergekniet war und Marges Enkel umarmt hatte, um sie zu trösten, und wie ihr ›Vater‹ einfach davonspaziert war.

»Sie mußten sich beeilen [um ihn einzuholen]«, fügte die Zeugin hinzu.

Randy Roth hatte sich nach Aussagen der Zeugen wie ein gefühlloser Roboter verhalten. Sein Verhalten war so kalt gewesen, daß es der Verteidigung als Argument dienen mochte. Wenn ein Mann vorsätzlich geplant hatte, seine Frau zu ertränken, würde er dann nicht zumindest *vorgegeben* habe, vom Kummer überwältigt zu sein? Falls die Tragödie ihn tatsächlich in einen Schockzustand versetzt hatte, hätte er sich in diesem Fall nicht genau so verhalten können, wie er es tat – mit steifen Bewegungen, als kämpfe er sich durch Treibsand, unfähig, mit der Tatsache umzugehen, daß seine geliebte Frau tot war? So gelähmt, daß ihm die Trostbedürftigkeit der Kinder nicht bewußt wurde?

Oder war Randy Roth ein Mann, dem das normale, menschliche Mitgefühl so sehr fehlte, daß er nicht einmal wußte, wie die Mimik der Trauer aussieht?

Mit jedem weiteren Zeugen schien letztere Annahme wahrscheinlicher.

Roth hatte seinen Anwälten ein großes Rätsel aufgegeben. George Cody und John Muenster, die als absolute Spitzen-Kriminalverteidigungsanwälte in Seattle angesehen wurden, taten ihr Bestes. Sie argumentierten, nur ein Narr könne am heißesten Tag des Sommers mitten auf einem bevölkerten See einen Mord begehen. *Natürlich* hatte er sich dem Ufer langsam genähert, behaupteten sie, um zu vermeiden, daß sich Schaulustige einfanden, die die Wiederbelebungsversuche behindern könnten.

Randys eigene Familie schien ihn sehr zu irritieren. Sein

Blick fiel beinahe verächtlich auf sie, wenn er mehrmals täglich in Handschellen aus dem Gerichtsraum geführt wurde. Eines Tages sah er, als er den Flur betrat, daß seine Mutter ein Fernsehinterview gab. »Halt dein verdammtes Maul«, knurrte er halblaut. »Sprich nicht mit ihnen.«

Sie ignorierte ihn. Im Glanz der Scheinwerfer kritisierte Lizabeth Roth, was im King County, Washington, Gerechtigkeit genannt wurde. An diesem Abend war sie auf allen drei Sendern zu sehen.

Redmond-Detective Larry Conrad war der achtundachtzigste Zeuge der Anklage. Zumindest war hier ein Zeuge, der sich daran erinnerte, daß Randy Roth an dem Tag, als seine Frau ertrunken war, Emotionen gezeigt hatte – aber unter recht merkwürdigen Umständen. Conrad sagte, er habe gerade zu Randy gesagt, er müsse sein Schlauchboot konfiszieren. »Er regte sich auf und wurde wütend«, sagte Conrad. »Er sagte, er glaube nicht, daß ich das Recht hätte, es an mich zu nehmen. Es war die erste Gefühlsregung, die er zeigte.«

John Muenster erhob Einwände. Conrad hatte Randys Aufregung nicht in seinen Anmerkungen oder seinen Berichten erwähnt, oder?

Das habe er nicht, gab Conrad zu.

Obwohl Randy Roth im Mittelpunkt all dessen stand, worum es bei den langwierigen Verhandlungen ging – Gegenstand der Bewertung durch jeden Zeugen –, zeigte er keine Reaktion und sagte er nichts. Würde er etwas sagen müssen? Würden seine Anwälte ihn in den Zeugenstand rufen? Das ist immer eine riskante Sache, weil es den Angeklagten den Fragen der Anklagevertretung aussetzt. Gewiß wollte jedermann im Gerichtsraum Roth sprechen hören; wollten alle wissen, wie sein Verstand arbeitete und ob es eine Erklärung für seine fehlende, emotionelle Reaktion auf Cynthias Tod gab.

Sue Peters und Randy Mullinax hofften inständig, daß Randy Roth den Zeugenstand betrat. *Sie* wußten, daß er ein höchst wortreicher Mann war, und sie wollten, daß auch die Jury dies erfuhr.

Der Verteidigerteam ließ durch nichts erkennen, ob Roth aussagen würde.

D'Vorah Kost, die Trauerberaterin beim Overlake Hospital, teilte den Geschworenen mit, sie habe Tyson und Rylie Baumgartner gefragt, ob es etwas gebe, das ihnen helfen könnte, sich besser zu fühlen. Sie hatten geantwortet, sie wollten bei ihrem Onkel Leon Loucks sein. Aber damals ahnte Loucks noch nicht, daß seine Schwester tot war; Randy hatte ihn nicht einmal angerufen.

Leon Loucks schilderte, auf welche Weise er erfahren hatte, daß seine einzige Schwester ertrunken war. Am Abend des 23. Juli hatte ihn eine andere Verwandte angerufen und gesagt, eine Frau mit Cynthias Namen sei ertrunken; sie habe es soeben im Fernsehen gesehen. Zuerst hatte Loucks gehofft, daß es nicht stimme. Es *konnte* nicht stimmen, dachte er, sonst wäre er benachrichtigt worden. »Wir fragten uns, wieso niemand Kontakt mit uns aufnahm.«

Cynthias Bruder rief im Overlake Hospital an und erfuhr nur, daß man Randy Roth die Aufforderung zukommen lassen würde, Leon so bald wie möglich anzurufen. Voller Angst vor dem, was er zu hören bekommen würde, wartete Leon Loucks am Telefon.

Niemand rief an.

Um 23 Uhr 30 erreichte Loucks endlich das Heim seiner Schwester in Woodinville. Ein sehr ruhiger Randy bestätigte ihm, daß es stimmte, daß Cynthia tot war. »Weshalb hast du nicht mich oder jemanden von der Familie angerufen?« fragte Leon. Randy erwiderte: »Ich wollte es persönlich sagen, nicht übers Telefon.«

Aber Randy Roth hatte nie der Überbringer schlechter Nachrichten sein wollen. Er sprach nicht gern über den Tod und dachte nicht gern über ihn nach. Die Nachricht traf ohnehin früher oder später ein.

27

Randy Roth hatte immer behauptet, verschiedene Gebiete zu beherrschen. Er hatte damit geblufft, Meister des Karate und des Tae Kwon Do und von der Marine im lautlosen Anschleichen und Töten geschult worden zu sein. Es gab tatsächlich einige Gebiete, auf denen er tüchtig war, mit denen er sich aber nicht brüstete – besonders nicht in den Monaten nach Cynthias Tod.

Randy war ein sehr guter Schwimmer. Im August 1984 hatte er einen Scuba-Tauchkurs bei Donald Johnson absolviert, einem lizensierten Scuba-Taucher und Tauchlehrer*. Der Tauchkurs entsprach den Anforderungen der Professional Association of Diving Instructors (PADI = Berufsverband der Tauchlehrer) und folgte der entsprechenden Vorgehensweise. Bevor ein Schüler auch nur zu einem PADI-Kurs zugelassen wird, muß er sein Geschick im Wasser zeigen, indem er zweihundert Meter in mehreren, unterschiedlichen Stilen schwimmt; zwölf Meter weit unter Wasser schwimmt; fünf Minuten lang unter Wasser tritt, davon vier Minuten lang mit Hilfe der Hände, die folgenden dreißig Sekunden nur mit den Füßen, und die letzten dreißig Sekunden lang, während er Notsignale mit den Händen gibt. Der Schüler-Anwärter muß außerdem fähig sein, einen anscheinend Ertrinkenden fünf Minuten lang über Wasser zu halten.

Da Johnson zur Zeit des Prozesses krank war, lagen seine Erinnerungen in Form einer beeidigten Aussage vor. Randys Scuba-Lehrer hatte immer wieder und wieder betont, wie wichtig es ist, gemeinsam mit einem Partner zu schwimmen, »was bedeutet, daß sie wie Leim an Ihrem Partner kleben sollen«, und Notsignale mit den Händen zu geben, wenn man Schwierigkeiten hat. »Den Arm über den Kopf zu schwenken, bedeutet ein Notsignal«, sagte er.

Aber nicht ein einziger Zeuge hatte gesehen, daß Randy

---

* Scuba = Self contained underwater breathing apparatus (Tauchgerät). (Anm. d. Übers.)

mit dem Arm gewunken oder sonstwie signalisiert hätte, daß seine Frau ertrank.

Randy war nicht nur ein exzellenter Schwimmer, er hatte außerdem 1990 einen achtstündigen Lebensrettungskurs belegt. Myron Redenn, eine Rote-Kreuz-Beamtin im Snohomish County, umriß im Gerichtsraum, was Randy in diesem Kurs gelernt hatte: »Ich betone immer, daß man *sofort* Notfallmaßnahmen einleiten sollte. Es könnte den Unterschied zwischen Leben und Tod bedeuten.«

Allen Schülern des Rote-Kreuz-Kurses wurde beigebracht, daß das Gehirn abzusterben beginnt, wenn ein Mensch vier bis sechs Minuten lang zu atmen aufhört. Randy Roth hatte sich diesen Teil der Instruktionen offenbar gemerkt; er hatte es gegenüber Patti Schulz, der Sanitäterin des Seattle Fire Department, erwähnt, während sie mit ihm zum Overlake Hospital fuhr.

Auf jeden Fall war er kein unsicherer Schwimmer, wie er es Donna Clift gegenüber behauptet hatte und wie es sogar Tyson und Rylie von ihm geglaubt hatten – ein Mann, der sich nicht über Wasser halten konnte, solange er sich nicht an einem Boot oder einem Autoreifenschlauch festhielt oder am sicheren, seichten Ende des Schwimmbeckens blieb.

Die Lichter im Gerichtsraum wurden gedimmt, und die Geschworenen wandten ihre Blicke von dem gegen die Wand gestellten Schlauchboot ab und der Leinwand vor ihnen zu. Sie betrachteten den ersten Versuch der King County Police, sich von den Auswirkungen von Motorbootwellen auf das Schlauchboot zu überzeugen. Immer wieder und wieder raste das Motorboot von Mike Hatch an dem Sevyler-Schlauchboot vorbei. Die schwimmenden ›Schauspieler‹ waren ganz offensichtlich niemals in Gefahr.

Wieso war aber dann das Schlauchboot am 23. Juli gekentert? Wieso war Cynthia – ebenfalls eine gute Schwimmerin – so leicht ertrunken?

Dr. Donald Van Rossen, ein geladener Experte, war der nächste Zeuge. Van Rossen ist Fachmann für aquatische Sicherheit und ehemaliger Professor an der University of Oregon. Es ertrinken immer wieder Menschen, und Laien verstehen nicht, weshalb. Van Rossen konnte erklären, was geschieht, wenn Menschen – die ihrer Natur nach Geschöpfe des Festlandes sind – in ein fremdes Element eintreten.

Van Rossen informierte die Geschworenen darüber, daß das Amerikanische Rote Kreuz zwei Arten des Ertrinkens kennt – aktives und passives Ertrinken. Anhand der Schilderung Randy Roths, wie seine Frau starb – daß seine Frau mit dem Gesicht nach unten im Wasser trieb, als er sein gekentertes Boot wieder aufrichtete –, würde Van Rossen ihren Tod als passives Ertrinken bezeichnen. Wer passiv ertrinkt, »sinkt einfach sofort (mit dem Kopf) unter Wasser«, sagte er. Man beobachtet bei ihm weder den entsetzten Gesichtsausdruck noch die hochgeworfenen Hände und die um sich stoßenden Beine einer Person, die aktiv ertrinkt.

Aber, so fuhr der Experte aus Oregon fort, Cynthia Roth müßte sich, wenn sie passiv ertrunken wäre, zuvor in einem körperlichen Zustand befunden haben – Alkohol, Drogen, ein Herzanfall vielleicht oder ein Schlaganfall, ein Schlag auf den Kopf –, der sie daran gehindert hätte, sich selbst zu retten, als sie unter schrecklichen Schmerzen oder bewußtlos im Wasser trieb.

Ein Krampf im Bein? Van Rossen schüttelte den Kopf und sagte: »Das ist eine unangenehme Sache, aber es führt in der Regel nicht zum Ertrinken.« Er hatte den Autopsiebericht über Cynthia Roth studiert. Es hatte bei ihr keine Hinweise auf einen dieser vorbereitenden Zustände gegeben. Sie hatte weder einen Schlag auf den Kopf erhalten noch einen Herzanfall erlitten. Die einzige Substanz, die man in ihrem Blut fand, war Koffein gewesen.

Aktives Ertrinken, erklärte Van Rossen, ist eine ganz andere Geschichte.

Susan Storey befragte Van Rossen darüber, wie eine Person aktiv ertrinkt. Er erklärte, das Opfer erkenne, daß es in Schwierigkeiten steckt, und gerate in Panik. Es versucht, den Kopf über dem Wasser zu halten, indem es strampelt oder die Hände in die Wasseroberfläche krallt. »In seinem Bestreben, zu überleben«, sagte er, »kämpft es darum, seinen Kopf über Wasser zu halten, und wenn die Panik einsetzt, läuft eine Uhr. Die Uhr läuft, sobald das Gesicht unter Wasser ist.«

Nach zwanzig bis sechzig Sekunden sind die Bewegungen des aktiv Ertrinkenden nicht länger von Nutzen, und er ertrinkt. Der Herzschlag kann noch eine Zeitlang andauern. Eine sofort einsetzende, künstliche Beatmung kann helfen – aber nur jemand, der ein Atemgerät benutzte, hätte Cynthia zwei rasche Beatmungen unter Wasser geben können. Ein aktiver Wiederbelebungsversuch setzt eine harte Unterlage unter dem Opfer voraus.

Cynthia Roths Familie saß stoisch in der ersten Bankreihe, und fast mit Sicherheit stellte sich jeder von ihnen den Tod der jungen Frau vor, die ihnen so teuer gewesen war.

Van Rossen sagte, Menschen, die aktiv ertränken, seien fast immer schlechte Schwimmer.

»Würde eine Person, die gut schwimmen könnte und auf Armlänge von einem Schlauchboot entfernt wäre«, fragte Storey, »aktiv ertrinken?«

»Nein.«

Es bestand kein Grund, weshalb Cynthia sich nicht an dem Schlauchboot hätte festhalten und im Wasser treiben lassen sollen, während sie den Krampf in ihrem Bein massierte.

Van Rossen wandte sich jetzt der Jury zu. Die Einwände der Verteidigung würden es ihm nicht gestattet haben, seine eigenen Mutmaßungen darüber zu äußern, wie Cynthia gestorben war, aber er bemerkte, daß eine zweite Person durchaus eine andere Person unter Wasser halten konnte.

»Wie reagiert eine Person, wenn … sie von einer anderen Person unter Wasser gehalten wird?«

»Ich denke, die erste Reaktion wäre Überraschung«, erwiderte Van Rossen. »Die Panik setzt ein.«

Van Rossen hatte an der University of Oregon ein Experiment mit zwei guten Schwimmern durchgeführt, und er hatte ein Videotape von diesem Versuch mitgebracht, um den Geschworenen diesen Punkt zu verdeutlichen. Der Student Matt Jaeger war angewiesen worden, Allison Wade absichtlich unter Wasser zu halten. Man hatte sich zuvor mit Allison Wade über ein Paniksignal geeinigt, das sie geben

307

sollte, wenn sie auftauchen mußte. Jaeger hatte bezeugt, daß er es ›recht leicht‹ fand, Allison mit einer Hand auf ihrer Schulter unter Wasser zu halten. Ihr Paniksignal bestand darin, daß sie sich unter Matts Hand hinwegducken und fortschwimmen sollte. Allison hatte erwartet, an die Wasseroberfläche gelangen zu können, weil sie eine so gute Schwimmerin war. Sie trainierte fünfmal wöchentlich für die Schwimmannschaft, sie war Rettungsschwimmerin, und sie spielte Unterwasserpolo. Sie hatte ihre Lungenkraft so gesteigert, daß sie längere Zeit dreieinhalb Meter tief unter Wasser bleiben konnte.

Aber sie konnte nicht von Matt fortkommen. Allison bezeugte, daß Matts Hand ihre Schulter heruntergedrückt hielt, und dann bekam er ihr Paniksignal nicht mit, und sie fühlte echte Panik. Alles, was ihr widerfuhr, fand unter Wasser statt; jedesmal, wenn sie versuchte, sich den Weg hinauf zu erkämpfen, wurde sie wieder nach unten gezwungen. Ihr Experiment zog sich eine Stunde lang hin.

Sie war erleichtert, als es vorüber war, und es war nur ein Experiment gewesen, sagte sie.

Eine Frage gab es, die Susan Storey Dr. Van Rossen sehr gern gestellt hätte: »Glauben Sie, daß Cynthia Roth ermordet wurde?«

Richter Sullivan hätte diese Frage nicht zugelassen. Nach seinen Spielregeln wäre sie ›ein Einbruch in die Domäne der Jury‹ gewesen. Nur die Geschworenen konnten über diese Frage entscheiden.

Ein unbelebter Gegenstand – das Sevylor-Schlauchboot – war Gegenstand der folgenden Zeugenaussage eines Experten. Thomas Ebro aus Miami war aquatischer Sicherheitsberater und Spezialist in der Untersuchung von Unfällen. Er war auf Erzeugnisse der Firma Sevylor und ihrer Muttergesellschaft, Zodiak, spezialisiert. Ebro war im Januar 1992 zum Lake Sammamish gegangen und hatte noch einmal Untersuchungen über die Wirkung von Bugwellen auf das Sevylor-Boot angestellt.

Hatte er sich eine Meinung gebildet?

Er hatte.

»Die Aussagen von Randy Roth ließen sich nicht mit der Realität dessen vereinbaren, was geschehen ist.«

Ebro erklärte, aufblasbare Boote wie das Sevylor seien sehr sicher; sie würden eben wegen ihrer Haltbarkeit und Sicherheit von Rettungsschwimmern und Rettungsteams gewählt, sagte er, »sogar in der Brandung, mit oberhalb angebrachten Helikopterflügeln. Ich kann nicht glauben, daß dieses Fahrzeug durch eine Motorboot-Bugwelle in dieser Entfernung kentern sollte.«

Das Sevylor-Boot war dreihundertdreißig Zentimeter lang und hundertfünfzig Zentimeter breit; es war entworfen, um fünfhundert Kilo Gewicht zu tragen, und sein Rumpf besaß eine doppelkammrige Wandung. Es wog mit oder ohne Luft rund achtzehn Kilo. Es würde auch dann noch auf dem Wasser bleiben, wenn eine seiner Kammern schadhaft war.

Aber würde es umschlagen? Ebro war sicher, daß es nicht kentern würde. Das Sevylor übertreffe die Kriterien, die für eine rauhe See galten. »Es schwimmt wie ein Blatt«, erklärte er. »Die Wellen gehen unter ihm durch.«

Der Prozeß zog sich bereits Wochen hin, und Richter Frank Sullivans Gerichtsraum war wie ein Brutofen. Randy Roth hatte noch immer keine Gefühle gezeigt. Manchmal trug er einen graubraunen Sweater, manchmal einen Anzug und Krawatte, und er wirkte jede Woche schmaler und blasser. Aus bestimmten Winkeln sah sein Gesicht beinahe wie das eines Skeletts aus. Sein Blick bohrte sich in die Linsen der Fotografen, als warne er sie, ihn aufzunehmen. Natürlich wagten sie es alle trotzdem. Falls dies überhaupt möglich war, ähnelte er Charles Manson jetzt noch mehr als zu Beginn der gerichtlichen Prozeduren im Februar. Draußen war April, aber es hätte ebenso gut Dezember oder August sein können. Viele der Zeuge, die ausgesagt hatten, saßen jetzt in der Galerie und lauschten den neuen Zeugen, und die Bänke waren noch voller.

Es war an der Zeit für schwarzen Humor, der immer dann in der Presseabteilung Einzug hält, wenn die Zeugenbefragung zu schmerzlich, die Tragödie, die vor ihnen abrollt, zu real ist. Jemand reichte ein Blatt Papier in der Reihe weiter.

ROTHS
ABENTEUERFAHRTEN

Die aufregendste Zeit Ihres Lebens
Schlauchbootfahren ... Schwimmen ...
Wandern ... Camping
Wenn Sie eine alleinstehende Frau
zwischen zwanzig und dreißig Jahren sind
und Sie AUFREGUNG mögen
sind ROTHS ABENTEUERFAHRTEN
Ihr Ticket zu NERVENKITZELNDEM VERGNÜGEN

Verbringen Sie den Tag mit einer Wanderung
auf einer abgelegenen Klippe,
auf einer Schußfahrt die Stromschnellen hinab,
oder einfach mit einer müßigen Bootsfahrt
auf dem Lake Sammamish

Der Abend endet mit einer Pizza und Videos.
Wir garantieren Ihnen einen Tag,
den Sie NIEMALS vergessen werden.

Unter einem Cartoon von einem Schlauchboot stand als Bildunterschrift, Veranstalter: Randall (sic) Roth. Eine Lebensversicherung ist Voraussetzung.

28

Die Anklage näherte sich dem Ende ihres scheinbar endlosen Zeugenprogramms.

Candy Bryce, die von Randy Roth einen Antrag auf eine Hinterbliebenenrente für Greg als Cynthia Roths verwaistes

Kind entgegengenommen hatte, erinnerte sich daran, daß ihr der Antrag zu Beginn des Oktober vorgelegen hatte. Randy hatte behauptet, Greg stünden siebenhundertundachtundsechzig Dollar im Monat zu. Er sagte, er sei zweimal verheiratet gewesen – mit Cynthia Baumgartner und mit Donna Clift. Er sagte, Cynthia habe keine weiteren hinterbliebenen Kinder – nur Greg.

»Haben Sie nach einer früheren Ehe Cynthias gefragt?« fragte Marilyn Brenneman Bryce.

»Ja. Er sagte, sie sei geschieden worden.«

Die Baumgartners in der zweiten Bankreihe keuchten. Tom war gestorben; er würde Cynthia sonst niemals verlassen haben.

Bryce sagte, sie habe erkannt, daß Roths Antrag betrügerisch war, als sie etwa eine Woche später von seiner Festnahme las. Sie startete eine Computersuche und entdeckte, daß Greg bereits eine Hinterbliebenenrente im Namen von Janis Roth erhielt.

Marilyn Brenneman und Susan Storey waren an einige der Menschen geraten, die Cynthia am meisten geliebt hatten und die immer noch zu ihrem Leben gehören würden, wäre nicht Randy Roth des Weges gekommen.

Lori Baker erinnerte sich daran, wie sie und Cynthia sich bei der Silver Lake Chapel getroffen hatten, wo sie feststellte, wie sehr Cynthias Söhne ihr glichen. Zu Beginn hatte sie sich für Cynthia gefreut, als Randy ihr den Hof machte. Aber alles war zu schnell gegangen, obwohl kein Anlaß für eine solche Hast bestand. Niemand hatte Randy mißbilligt; sie kannten ihn einfach nicht.

»Wann haben Sie gehört, daß Cynthia ertrunken war?«

»Jemand rief mich an und sagte, er habe es in den Nachrichten gehört. Ich rief Randy an und bat darum, mit Cynthia sprechen zu können. Randy erwiderte: ›Das können Sie nicht.‹

Ich fragte: ›Weshalb?‹

Er erwiderte: ›Sie ist ertrunken.‹«

Lori sagte, am nächsten Tag habe es ein Treffen mit der Familie in Woodinville gegeben. Randy gab ihr eine Bellevue-Zeitung und bemerkte: »Das ist ziemlich genau.«

Etwa eine Woche nach Cynthias Tod sprach Lori mit Randy über das Sicherheitsschließfach. Sie sagte: »Wir müssen gemeinsam gehen.«

»Er erwiderte: ›Wir haben kein Schließfach.‹

Ich sagte: ›Doch, wir haben eines.‹«

Als Lori Zugang zu dem Schließfach erhielt, war es leer, und all die Andenken für Cynthias Söhne waren verschwunden.

Dann beantwortete sie die Fragen der Anklage über Tyson und Rylie, die zu ihr gekommen waren, um bei ihr zu leben. »Als er eine Pressekonferenz gab, log (Roth) über den Aufenthaltsort der Jungen«, erwiderte Lori ruhig. »Ich hatte bereits aufgrund des Testaments die Vormundschaft über die Jungen.«

Es war Anfang August 1991, als Lori erfahren hatte, daß sie Vormund der beiden Jungen und Testamentvollstreckerin ihrer besten Freundin war. Sie berichtete den Geschworenen davon, wie schwierig es gewesen war, die Besitztümer der Jungen von Randy zurückzuerhalten. Randy hatte zwar Cynthias Kleider sowie Dinge wie das Geschirr und das Tafelsilber bereitgestellt, aber nicht die heißgeliebten Baseball-Karten der Jungen, darunter ihre Ken-Griffey-jr.-Karte. Sie hatten ihre Fahrräder nicht mitnehmen dürfen. Er hatte weder ihr noch den Jungen Cynthias Wandschmuck, die Bowling-Trophäen oder Familienfotos angeboten.

»Er wollte uns nicht alle ihre Sachen mitnehmen lassen«, sagte Lori. »Er hatte alles, was er ihnen lassen wollte, in große Müllsäcke gestopft. Er sagte: ›Nehmt es – ich kann es nicht gebrauchen.‹ Es war kein glückliches Treffen.«

»War Randy vielleicht ein wenig aufgebracht?« fragte Marilyn Brenneman.

»Ja.«

»Als Sie den Jungen sagten …«, begann Brenneman, aber George Cody erhob Einspruch.

»Einspruch abgelehnt.«

312

»Als Sie den Jungen sagten, daß sie bei Ihnen leben würden, wie haben sie reagiert?«

»Erleichtert.«

Roths Verteidigungsteam nahm Lori Baker ins Kreuzverhör, in dem sie ihr unterstellten, ihr sei es nur um Cynthias Besitz gegangen.

Der dritte April war ein mit Spannung erwarteter Tag. Im Gerichtsraum drängten sich die Zuschauer, die gehört hatten, daß Tyson und Rylie Baumgartner als Zeugen vernommen werden sollten, und Verwandte und Freunde, die den Jungen Beistand leisten wollten. Plötzlich ertönte Feueralarm. Richter Frank Sullivans Gerichtsraum liegt im siebten Stockwerk des alten King County Courthouse, und die um ihr Überleben besorgten Zuschauer bereiteten sich darauf vor, ihn zu verlassen, als eine Stimme über das Lautsprechersystem sagte: »Sämtliche Personen im zwölften und neunten Geschoß sofort das Gebäude verlassen. Die übrigen können bleiben.«

Falls es irgendwo ein Feuer gab, bedrohte es nicht das siebte Stockwerk. Die Verhandlung wurde fortgesetzt.

Die beiden Söhne Cynthia Roths würden in den Zeugenstand treten; es war unumgänglich. Sie waren außer dem Angeklagten die einzigen lebenden Zeugen dessen, was innerhalb der hellen, gelben Wände des neuen Hauses in Woodinville vor sich gegangen war. Lori Baker hatte ihnen versprochen, daß sie – wenn alles vorbei war – das Gerichtsgebäude hinter sich lassen und nach Disneyland fliegen würden. Sie hoffte, daß die schönen die bösen Erinnerungen auslöschen würden.

Tyson Baumgartner – jetzt zwölf Jahre alt – trat als erster in den Zeugenstand. Er war ein schlanker Junge mit seitlich gescheitelten, braunen Haaren. Er trug ein hellblaues Hemd mit Krawatte, Hose und Mokassins. Brenneman, selbst Mutter von vier Söhnen, stählte sich für die Fragen, die sie stellen mußte. Zuerst etwas zum Auflockern.

»Was ist deine Lieblingsbeschäftigung?«

»Naturwissenschaft.«

313

»Magst du Sport?«

»Ich liebe Baseball.«

Marilyn Brenneman bat Tyson Baumgartner, sich so genau wie möglich den Tag ins Gedächtnis zu rufen, an dem seine Mutter ertrunken war. Tyson erinnerte sich genau. Er identifizierte die Handtücher, die sie mit an den See genommen hatten, und er wußte noch, daß seine Mutter Sonnenöl mitnahm. Greg war nicht mit in den Idylwood Park gekommen; er war bei einem Freund zu Hause gewesen.

Tyson sagte: »Wir alle pumpten das Schlauchboot auf. Es dauerte eine halbe Stunde. Und Mom und Randy sagten: ›Wir fahren auf den See hinaus. Wir kommen nach einer Weile zurück.‹«

»Wie spät war das?«

»Ungefähr eins oder zwei. Wir sahen Joe von meinem Baseballteam. Wir aßen Chips und tranken Limo mit ihm ... Es kam mir lange vor, bis sie zurückkamen. Ich sah Mom nicht, bis sie am Ufer waren ... Randy ruderte echt langsam ... Er hatte seine Sonnenbrille auf. Ich sah ihn erst, als er sechs oder neun Meter heran war. Wir holten ihre (Moms) Sachen und gingen hinüber und fingen an zu winken. Er ruderte weiter. Wir liefen hin, und Mom lag auf dem Boden des Schlauchboots ... Randy sagte, wir sollten einen Rettungsschwimmer holen, aber keinen Aufstand machen.«

Im Overlake Hospital hatte eine Frau Randy Trost angeboten, aber Tyson erinnerte sich daran, daß Randy gesagt hatte, er brauche keinen [Trost]. Als der Detective das Boot haben wollte, war Randy wütend, aber er gab es dem Mann. Tyson bezeugte, daß sie auf dem Parkplatz des Krankenhauses das Wasser aus den Handtüchern gewrungen und sie dann wieder in die Plastikbeutel gesteckt hatten. Er beschrieb jedes Handtuch, jedes Paar Sandalen und die Beutel genau.

»Auf dem Nachhauseweg weinte Rylie«, erinnerte Tyson sich, »und Randy sagte: ›Du mußt wirklich nicht weinen. Es ist jetzt vorbei. Was möchtet ihr essen?‹

Ich sagte, mir wäre es wirklich egal. Wir fuhren zu einem Burger King, aber wir konnten nichts essen.«

Als sie schließlich nach Hause kamen, schauten sie sich die

Filme an, die Randy ausgesucht hatte. »Ich fand einiges davon komisch.« Auf dem Telefonanrufbeantworter waren mehrere Anrufe gewesen, und Tyson erinnerte sich daran, daß Randy jemanden angerufen oder daß jemand ihn angerufen hatte; er wußte es nicht mehr genau.

Am nächsten Tag, so erinnerte Cynthias älterer Sohn sich, hatte Randy sich beeilt, die Habseligkeiten ihrer Mutter loszuwerden – besonders ihr Make-up. »Er sagte, sie hätte zuviel davon. Wir mußten ihm helfen … Ihr Fahrrad verkaufte er eine Woche später auf dem Trödelmarkt.«

Die Jungen blieben etwa eine Woche lang bei Randy, wie Tyson glaubte, dann zogen sie zu ihren Großeltern. Er erinnerte sich daran, gemeinsam mit Rylie noch einmal zu Randy zurückgegangen zu sein, um ihre Sachen zu holen. »Er war nicht nett zu uns«, sagte Tyson. »Er ließ uns nicht die Nintendo-Spiele mitnehmen. Er sagte, wie könne er uns trauen, daß wir nicht auch Gregs Sachen mitnähmen? Er ließ uns nicht unser Luftgewehr und die Gummischuhe mitnehmen.«

Tyson sagte, er und Rylie hätten gehofft, anderswo leben zu können.

»Wolltest du weiter bei Randy leben?«

»Ich wollte es nicht wirklich.«

Rylie Baumgartner war der nächste Zeuge im Stand. Er war eindeutig der extrovertiertere der beiden Brüder. Er trug ein helles, fuchsienrotes Hemd und einen geblümten Schlips. Falls dies möglich ist, waren seine Erinnerungen sogar noch genauer als die von Tyson. Sie hatten das Schlauchboot alle gemeinsam mit einer Handpumpe aufgeblasen, die nicht besonders gut funktionierte, wie er sagte. Sie hatten ihre Beutel im Boot gelassen, »weil sie sonst hätten gestohlen werden können, während wir schwimmen waren.«

Es hatte lange, lange gedauert, bis sie das Schlauchboot zurückkommen sahen.

»Drei Stunden?«

»Ich glaube, anderthalb bis zwei Stunden. Wir gingen zum Dock, Ausschau halten. Ich sah das gleiche Tank-Top, wie Randy eines anhatte, die gleichen dunklen Haare, die dunkle Sonnenbrille. Ich sagte: ›Das ist er‹, aber wir konnten unsere

Mom nicht sehen. Ich dachte mir, daß sie irgendwo lag und sonnenbadete ... Randy ruderte sehr lässig.«

»Hast du deine Mutter gesehen?«

»Sie lag unten, ganz klar bewußtlos, blau im Gesicht, überall blau. Ihre Augen waren zu, und ihr Mund stand offen.« Der kleine Junge war weiß im Gesicht geworden, als er sich an den Schrecken erinnerte.

Wie Rylie sich erinnerte, bestand Randys erste Sorge darin, daß sie alle über das, was geschehen war, schweigen mußten. Er sagte: »›Macht jetzt keine Szene‹, sagte er. ›Geht jetzt ganz ruhig und holt einen Rettungsschwimmer, der uns helfen soll.‹«

Später sagte er: »Eine Frau sah uns weinen, und wir sagten, es sei unsere Mom, und die Rettungsschwimmerin nahm uns zu der Hütte mit, damit wir fort von der Menge waren ... Wir gingen im Hospital in einen Warteraum. Wir weinten noch mehr, als wir hörten, daß unsere Mom gestorben war.«

Obwohl die beiden Jungen sich im Schock befanden, hatte ihr Denken klare Bilder und Aussagen registriert. Rylie erinnerte sich daran, daß Tyson zu dem Detective gesagt hatte: »Ich trage diese Sonnenbrille nicht, um etwas vor Ihnen zu verbergen.«

Als sie vom Krankenhaus fortfuhren und ihre Mutter zurückließen, hatte Rylie seine Tränen nicht zurückhalten können, und Randy wirkte ärgerlich. »Er sagte, es bestünde kein Anlaß zu weinen. ›Hör einfach auf zu weinen.‹ Die Tränen liefen mir immer noch übers Gesicht, aber ich bemühte mich, leise zu sein, so daß er mich nicht hörte.«

Randy hatte ein paar Filme ausgeliehen. »Er schlug uns ein paar Filme vor – uns war es egal. Er suchte nur Komödien aus.« Rylie beschrieb *Weekend at Bernie's* als einen Film über eine Leiche, die zwei Burschen ständig an einem Strand umherschleppten. »Er sagte: ›Er wird euch gefallen. Er ist komisch. Ich habe ihn schon gesehen.‹«

»Hat Randy geweint?« fragte Marilyn Brenneman. »War er aufgeregt?«

»Kein Spur«, erwiderte Rylie. »Ich habe nicht viel Unterschied zu sonst gemerkt.«

Die Jungen hatten den Abend mit dem Versuch verbracht, sich auf die Videos zu konzentrieren, die Randy ausgeliehen hatte. Am folgenden Tag – als Randy begann, ihr Haus von Cynthias Sachen zu befreien – hatte Rylie vorgeschlagen, daß sie das Make-up ihrer Mutter sowie zwanzig Schachteln ihres speziellen Nagellacks ihren Verwandten übergeben sollten.

»Er sagte: ›Nein, das hat keinen Sinn.‹«

Rylie, ein untersetzter, kräftig wirkender Junge, gab zu, daß er vor Randy Angst hatte.

»Weshalb?«

»Wie er mich behandelt hat …« Rylie warf einen Blick auf Randy, der ihn vom Tisch der Verteidigung aus anstarrte.

»Wie hat er dich behandelt?«

»Mich und Tyson. Unsere Bestrafungen wurden schlimmer. Im Winter unter den Schlauch. Ich bekam keine Luft. Wir mußten draußen auf den Steinen und Kieseln Übungen machen. Wir mußten Kniebeugen und Liegestütze – bis zu hundertfünfzigmal – auf der Einfahrt machen. Wenn wir nicht schnell genug waren, richtete er den Schlauch auf uns. Er war bei den Marines.«

Rylie sagte, er habe sich sehr gefreut, als er erfuhr, daß er und Tyson bei Lori Baker leben würden.

Zur Lunchpause eskortierten die Gerichtsdiener Randy in die Zelle zurück. Er wandte sich zu seinen früheren Stiefsöhnen um, die am Aufzug warteten. »Heulsusen«, spottete er. »Sie sind kleine Weichlinge. Und jetzt werden sie noch schlimmer.«

Am Freitag, dem 3. April 1992, ruhte die Anklage. George Cody und John Muenster von der Verteidigung hatten jetzt das Wort. Sie riefen mehrere Zeugen auf, die aussagten, ihrer Meinung nach sei Randy Roth in einem Schockzustand gewesen, als Janis Roth vom Beacon Rock gefallen war. Er sei bleich gewesen, habe geschwitzt und Wörter wie ›Frau‹, ›Fall‹, und ›vom Berg‹ gemurmelt.

Aber beim Kreuzverhör gab einer dieser Zeugen zu, sich

vielleicht nicht an alles erinnern zu können, was Randy an jenem Novembertag im Jahr 1981 gesagt hatte. Es war schon so lange her.

Ein Mechaniker-Kollege, der zu der Zeit für die Metro Transit gearbeitet hatte, als Randy sich dort bewarb, hatte berichtet, Randy habe die Arbeit abgelehnt, als er erfuhr, daß dort alle drei Monate Schichtwechsel war. Der Verdienst war sicher, und die Vergünstigungen waren weitaus besser als bei dem Ford-Autohaus, bei dem er arbeitete, aber Randy hatte erfahren, daß er mit der Spätschicht beginnen würde. Er und Cynthia hatten darüber gesprochen, wie es wäre, wenn er von 23 Uhr nachts bis 7 Uhr morgens arbeiten müßte. »Er beschloß, nicht für die Metro zu arbeiten.«

Der Zeuge sagte aus, Randy habe seine Familie nicht die ganze Nacht über allein lassen wollen. Er war zu seiner Arbeit bei Bill Pierre Ford zurückgekehrt.

Der Zeuge war überrascht, von der Anklagevertretung zu erfahren, daß Randy den Job mit der Begründung abgelehnt hatte, seine Frau sei bei einem Unfall in Idaho gefährlich verletzt worden.

Muenster und Cody starteten langsam; sie schienen kleine Schönheitsfehler an der Fassade eines Gebäudes zu erklären, das furchtbare, innere Beschädigungen erlitten hatte. Möglicherweise hatten sie die Absicht, den gesamten Prozeß über in diesem Stil fortzufahren.

Jeff Rembaugh, einer von Greg Roths Coaches in der Little League, beschrieb Randy als einen eifrigen Freiwilligen, der viel für den Sport und die Kinder getan hatte, die in der Little League spielten: »Wir nannten ihn immer Super Daddy, weil er auf dem Spielplatz half und den Coach machte.«

Patricia, Rembaughs Frau, erinnerte sich daran, wie beeindruckt die anderen Eltern gewesen waren, als im Sommer 1990 eine Liebe zwischen Randy und Cynthia erblühte: »Sie saßen händchenhaltend dort auf der Tribüne und hatten nur Augen füreinander.«

Linda Christy, eine andere Mutter, äußerte sich ähnlich: »Sie schauten einander in die Augen, und alle konnten sehen, daß da eine Menge Zuneigung war.«

Im Kreuzverhör gaben die Rembaughs und Christy zu, daß sie keinen Kontakt mehr mit der Familie Roth gehabt hatten, seit die beiden am 1. August 1990 nach Reno gefahren waren.

Die Verteidigung präsentierte ihr eigenes Video von einem Versuch, ein Schlauchboot zum Kentern zu bringen, Coy Jones, aquatischer Direktor des Renton School District, sagte zu den Geschworenen, seine eigene Nachstellung der Szene habe gezeigt, daß ein Schlauchboot recht leicht zum Umschlagen gebracht werden könne. Das Team hatte zwei Motorboote benutzt, und es war ihnen gelungen, das Schlauchboot ›bei vier von zwanzig Versuchen kentern zu lassen.‹

Die Anklage behauptete hingegen, die Motorboote seien wenigstens sechsunddreißig mal an dem Schlauchboot vorbeigefahren. Susan Storey beharrte sogar darauf, bei den vier Malen, als das Boot kenterte, sei nachgeholfen worden – in derselben Weise, wie die Schwimmer bei dem Versuch der Staatsanwaltschaft das Boot zum Kentern gebracht hätten, indem sie sich kräftig auf den Rand geworfen und die Ruderrollen gepackt hätten.

Cynthia hatte einhundertundsiebzehn Pfund gewogen und war einhundertsiebenundfünfzig Zentimeter groß gewesen; die Frau, die Jones genommen hatte, wog einhundertneununddreißig Pfund und war einhundertachtundsechzig Zentimeter groß. Und ihr Taucheranzug hatte ihrem Gewicht noch neun bis dreizehn Pfund hinzugefügt. Unter Storeys scharfem Kreuzverhör gestand Sharine Wrigley, daß sie das Umkippen des Schlauchboots in einem Wellenbad geübt hatte, bevor sie auf den Lake Sammamish hinausging, und daß es ihre Absicht gewesen sei, das Boot zum Kentern zu bringen.

Hatten die Geschworenen inzwischen genug von Motorbooten, Schlauchbooten, Wellen und Bugwellen gehört? Vielleicht. Es war die Rede davon, daß Randy Roth aussagen würde. Dieser unergründliche, kleine Mann mit dem energischen Kinn und den dunklen Augen würde sie möglicherweise erkennen lassen, wer er wirklich war.

Weder Muenster noch Cody wollten sagen, ob er in den Zeugenstand gehen würde oder nicht.

Er ging.

Am Donnerstag, dem 9. April, betrat Randolph G. Roth den Zeugenstand. Auf seinen Wunsch wurde er nicht von der TV-Kamera gefilmt. Er trug einen knapp sitzenden, marineblauen Nadelstreifenanzug. Er schaute niemanden außer George Cody an, und seine gestelzte Rede war fast völlig unmoduliert, als er mit der teilnahmslosen Stimme sprach, wie sie bei militärischen oder polizeilichen Berichten üblich ist.

Natürlich erinnerte er sich an den 27. November 1981 – den Tag, an dem seine zweite Frau in den Tod gestürzt war. Der Aufstieg auf den Beacon Rock sei Janis' Idee gewesen – ein ›romantischer‹ Einfall.

Sie hatten dieselbe Abkürzung auf den Gipfel genommen wie im Sommer. »Dort ist eine niedrige Stufe, die man überwinden muß, und sie trat auf diese Stufe – sie war an dieser Stelle vielleicht einen Meter vor mir –, sie setzte den linken Fuß auf, und das Erdreich bröckelte ab, und sie fiel in einem Winkel von fast fünfundvierzig Grad ... Es sah tatsächlich wie ein Wagenrad aus. Sie traf das erste Mal fast mit dem Kopf und der Schulter auf, und dann rollte sie weiter.

Sie rutschte bergab, von mir fort. Dann rollte sie auf die Seite und verschwand über eine Bergkante ... sie schrie, als sie über den Rand fiel.«

Roth sagte aus, daß er den Pfad hinablaufen mußte, um einen Felsvorsprung zu finden, von dem aus er sehen konnte, wo Janis gelandet war. Als die Rettungsmannschaft sie endlich fand, sei es ihm schwergefallen, ihren Tod zu akzeptieren; er habe sich selbst davon überzeugen wollen.

»Sie sah nicht so übel zugerichtet aus, wie einer von ihnen mir gesagt hatte. Ihr Haar war an den Seiten vom Blut verklebt, aber davon abgesehen wies ihr Gesicht keine Beschädigungen auf.«

In Randy Roths Erinnerungen gab es offenbar große Lücken. Er erinnerte sich weder daran, Janis' Versicherungsagenten am Tag nach ihrem Tod angerufen und Jalina den Umschlag fortgenommen zu haben, noch an einen inszenierten Einbruchdiebstahl in Nick Emondis Haus.

Und daß die Schlauchbootfahrt auf dem Skykomish River

Donna Clift so sehr erschreckt hatte, war ein Mißverständnis gewesen: »Donna ruderte nicht gern. Sie wollte nicht rudern, und ich konnte nicht beide Ruder zur selben Zeit bedienen. Infolgedessen fuhr das Boot im Zickzack den Fluß hinab. Ich konnte nicht gleichzeitig steuern und rudern.«

Die äußere Hauptluftkammer sei beschädigt worden, sagte Roth, als er und Donna an die Felsen und die abgestorbenen Bäume stießen. »Donna war aufgeregt und ängstlich. Sie dachte, es gäbe etwas, was ich tun könnte. Ich bemühte mich, ihr zu versichern, daß alles in Ordnung war. Sie schrie. Ich bat sie, damit aufzuhören.«

Nein, selbstverständlich hatte er nicht ›Halt den Mund, Halt den Mund!‹ gerufen.

Ja, Randy Roth hatte Janis' Asche noch bis vier Jahre nach ihrem Tod behalten. Ja, Donna hatte gefragt, was mit der Asche geschehen sollte. »Ihrer Meinung nach sollte sie in einer Urne oder in einem Mausoleum sein. Sie war in einem sehr aufwendigen Holzkasten, der von einem Kunsttischler am Highway 99 gefertigt worden war, um den plastiküberzogenen Karton vom Krematorium zu verbergen … Ich war immer noch in einem Gefühlszustand, in dem ich es nicht ertragen konnte, von Jans sterblichen Überresten getrennt zu werden … Sie [Donna] sprach ein Ultimatum aus: Entweder sie – oder Jans Asche … Die Situation verwirrte und beunruhigte mich, und ich wußte nicht, wie ich damit umgehen sollte. Statt mich von dem Kasten zu trennen, brachte ich ihn auf dem Dachboden unter.«

Ein wenig freudianisch sagte Randy, die Episode mit der Asche habe die Ehe nicht zerbrochen, aber »Da schien immer eine graue Wolke über uns zu hängen, seit sie die Überreste von Janis gefunden hatte.«

Donna Clift sei ein Problem für ihn gewesen, sagte er aus, weil sie mit Leuten Umgang pflegte, die tranken und Marihuana nahmen. (Donna Clift schüttelte in ihrer Bank verwundert den Kopf.) »Das wirkliche Problem war, daß so viele Umstände zusammenkamen«, sagte Randy. »Sie wollte nicht aufhören, sich mit anderen zu treffen, die ich nicht kannte. Sie wollte nicht aufhören, zu rauchen … Ich dachte, daß sie sich vielleicht Marihuana besorgte.« Natürlich hätte nichts der Wahrheit ferner sein können.

Randy log auch über Mary Jo Phillips. Er sagte, seine Romanze mit ihr habe geendet, weil sie ihm nicht alles erzählt hatte. Erst als sie bei ihm eingezogen sei, habe er entdeckt, daß sie drei Kinder mehr hatte, als er wußte, und über hundert tropische Vögel. »Ich war ein wenig schockiert darüber.«

Randy sagte aus, außerdem seien zwei frühere Freunde von Mary Jo aufgetaucht. Einer von ihnen habe versucht, sie aus der Straße zu vertreiben. Mary Jos Ex-Liebhaber habe Randy zur Rede gestellt. »Er glaubte nicht, daß ich ein Recht auf seine frühere Freundin hatte.«

Der andere Ex-Freund sei in Randys Haus gekommen. Als ob das nicht bereits schlimm genug gewesen wäre, klagte Randy, sei als nächster Schock eine Frau vom Finanzamt aufgetaucht, die sagte, Mary Jo schulde ihnen zehntausend Dollar Steuern. Aber am schlimmsten von allem sei gewesen, daß Mary Jo die Asche von Janis in eine Mülltonne geworfen habe. »Sie fand, daß ich mich davon lösen und mein Leben weiterführen müsse.« Er hatte keine Möglichkeit, Janis' sterbliche Überreste zurückzubekommen. »Ich habe mich aufgeregt.«

Im Kreuzverhör gab Marilyn Brenneman zu bedenken, daß Randys Bruch mit Mary Jo Phillips in Wirklichkeit vielleicht gekommen war, als er erfuhr, daß sie Krebs hatte und nicht zu versichern war.

»Ich habe niemals mit Mary Jo über eine Versicherung gesprochen«, erwiderte er. »Ich hörte zum ersten Mal von Krebs im Zusammenhang mit Mary Jo, als ich die Akten für diesen Prozeß durchging.«

Es war ein sehr langer Tag der Fragen und Antworten. Randy bestritt fast alles, was Brenneman ihn fragte. In anderen Fällen sagte er: »Ich kann mich nicht erinnern.« An diesem Tag, dem 14. April, ließ ihn sein Gedächtnis bei mehr als hundert Fragen im Stich.

Nach seiner Beraubung im Jahr 1988 war Randy, wie er sagte, peinlich darauf bedacht gewesen, sich die gestohlenen Gegenstände wiederzubeschaffen. Er habe in der Tat viele der Werkzeuge, die er verloren hatte, ersetzt. Das sei nötig gewesen, immerhin war er Mechaniker. Er habe sich Werkzeuge ausgeliehen und gebrauchte Werkzeuge gekauft. Fast liebevoll zählte er Dutzende von Werkzeugen auf.

Die Geschworenen rutschten auf ihren Plätzen herum, gähnten, und eine Frau in der vordersten Reihe hatte einen Hustenanfall. Randy fuhr fort, mit eintöniger Stimme Sägen und Zwingen und Schraubstöcke und so weiter zu beschreiben. Merkwürdigerweise schienen seine Besitztümer mehr Gefühle bei ihm hervorzurufen als die Frauen, die in sein Leben ein- und wieder aus ihm herausgetreten waren.

Lizabeth Roth saß nicht mehr im Gerichtsraum. In einem Telefoninterview von ihrer Wohnung aus prangerte sie die Anklagevertreter an, weil sie ein so großes Gewicht auf das Verhalten ihres Sohnes legten. »Randy und sein Bruder wurden von ihrem Vater aufgezogen, der ihnen nicht erlaubte, Gefühle zu zeigen«, sagte sie. »Er wurde dafür gemaßregelt. Er wurde einfach so erzogen. Die Anklage stellt ihn als kaltherzig und grausam dar, aber das ist er nicht.«

Roths Mutter sagte, sie sei der Verhandlung ferngeblieben, »weil es ihm das Herz bricht, uns dort zu sehen. Er schaut der Sache lieber allein ins Gesicht.«

Im Gerichtsraum brachen tatsächlich Herzen; die Familie des Opfers hatte immer eine heroische Selbstbeherrschung an den Tag gelegt, die auch nicht nachließ, als sie dem Mann ins Gesicht schauten, der angeklagt war, Cynthia Baumgartner-Roth vorsätzlich ertränkt zu haben. Er sah sie niemals an.

Ihm zuzuschauen, ihn sprechen zu hören war, als beobachte man ein Wesen eines anderen Kulturkreises oder sogar von einem anderen Planeten. Randy Roth schien kein Gespür für seine Zuhörerschaft zu haben; statt dessen schien er als ein Mann erscheinen zu wollen, der vollständig Herr über sich selbst und von überlegener Intelligenz war. Die Wirkung war jedoch ein auffallender Mangel an Mitgefühl, der den ganzen Gerichtssaal frösteln machte. Wo Gefühle am meisten ange-

323

zeigt gewesen wären – an den Tagen, als Randy seine eigene Version der Ereignisse zum besten gab –, ließ er statt dessen eine so zweifelhafte Einstellung erkennen, daß sowohl die Medienvertreter als auch die Geschworenen ihren Ohren nicht trauen wollten.

Er hatte eine Antwort auf jede Frage der Anklage. Ob er selbst ahnte, wie trügerisch seine Argumente manchmal klangen, wußte niemand im Gerichtsraum zu sagen. Er war ein Roboter – ein brillant programmierter Roboter –, der anscheinend nicht ein einziges Wort der Zeugenaussagen vergaß. Und er rückte alles ins rechte Licht, rückte gerade, rückte zurecht, erklärte und verdeutlichte die Dinge, die ihm Schaden zugefügt hatten.

Der ›Idaho-Zwischenfall‹ sei ein Mißverständnis seitens der Metro-Transit-Gesellschaft gewesen. Cindy habe den Escort beim Einparken auf dem Kirchenparkplatz beschädigt. Die Nachricht, die er der Metro Transit tatsächlich hinterließ, habe gelautet: »Meine Frau hatte einen Unfall mit unserem Wagen, und wir müssen ihn in die Werkstatt bringen.«

Roth leugnete, den Empfang eines Einschreibebriefes der Metro quittiert zu haben – obwohl der Brief bei dem Beweismaterial lag.

Der Juli 1991 sei ein schlechter Monat gewesen, sagte er. Sein Onkel sei am 11. Juli getötet worden, als ein Traktor auf ihn fiel, »und, ach ja, ein guter Freund starb am 14. Juli an einer Herzgeschichte, und dann war Cindy krank.« Er sagte, sie sei bei einer vorhergegangenen Schlauchbootfahrt durchnäßt worden und habe sich erkältet. Nachdem sie eine Woche lang ans Haus gefesselt gewesen war, »drückte sie den Wunsch aus, aus dem Haus zu gehen – vielleicht ans Wasser.«

In Randys Jargon ›sagte‹ oder ›erzählte‹ ihm niemals jemand etwas, sondern man ›teilte ihm etwas mit‹ oder ›drückte etwas aus‹.

Seine angeblichen Einladungen zum Essen und Telefonate mit Stacey Reese waren für Randy gefährlich, und er beeilte sich, sie zu entschärfen. Es sei Stacey gewesen, die Interesse an ihm gefunden hatte, behauptete er. Sie habe (im Drive-in

Restaurant) im Wagen eines Freundes gegessen und ihn gefragt: »Was ist mit dieser Fahrt nach Reno?«

Randy fuhr fort: »Ich hatte ihr gesagt, daß wir unseren ersten Hochzeitstag in Reno feiern wollten.« Stacey habe Randy über seine früheren Ehen befragt, und er habe ihr geantwortet, dies sei »gewissermaßen persönlich«.

»›Ich möchte nur mehr über Sie wissen‹«, zitierte Randy sie. »Also erzählte ich ihr von Janis. Ich verbrachte vielleicht fünfundzwanzig oder zwanzig Minuten mit ihr … Ich hatte nicht viel Kontakt zu ihr. Sie ging immer aufs Ganze. Wir mochten den Kaffee dort. Sie und Juanita machten Scherze über Cindy als meine Frau – weil ich, wie ich vermute, nicht wie jemand wirkte, der heiraten würde.«

Randy sprach langatmig über seine Arbeitsstunden und die Stechuhr bei Bill Pierre Ford. Es sei gar nicht möglich gewesen, beharrte er, daß er Stacey Reese am Tag bevor Cindy ertrank zum Essen hätte mitnehmen können; er habe laut seiner Zeitkarte von elf Uhr vormittags bis zwei Uhr nachmittags an einem Wagen gearbeitet. Er habe nicht mit Stacey essen können, und ganz bestimmt habe er sich nicht über seine Ehe mit Cindy beklagt.

Nach vierwöchigen Verhandlungen stellte Randy Roth endlich seine Version von Cindys Tod durch Ertrinken dar; jenen Ausflug an den See, der so tragisch geendet hatte. Würde dies die letzte seiner Versionen sein?

Randy sagte, Cynthia habe einen Familienausflug am Montag abend vorgeschlagen, aber er habe wegen eines Kompressormotors, an dem er arbeiten mußte, nicht früh genug nach Hause kommen können. Er erinnere sich daran, daß es sich um einen Escort gehandelt hatte. (Er erinnerte sich auf eine Weise an Wagen, in der die meisten Männer sich an Frauen erinnern.) Er hatte noch am Dienstag bis ›12 Uhr 26‹ an dem Fahrzeug gearbeitet. Er beschrieb genau, was er mit dem Motor des Escort gemacht hatte.

Er habe dann die Arbeit ruhen lassen und sei nach Hause gegangen. Seine Frau habe die Jungen ihre Sachen zusammenpacken lassen, während er duschte, ›um sich das Öl und die Schmiere‹ abzuwaschen.

Randy beschrieb die Plastik-Einkaufsbeutel, von denen »einer einen Schnappverschluß hatte«, und die Papierbeutel der Jungen. »Ich denke, wir fuhren um zwei Uhr.«

Randy sagte aus, er sei noch nie zuvor im Idylwood Park gewesen. »Wir parkten auf dem oberen Parkplatz ... Es war fast achtunddreißig Grad, kein Schatten. Wir pumpten abwechselnd ... Cynthia schickte die Jungen in den Schwimmerbereich. Wir steckten Rylies Papierbeutel in einen Plastiksack ... Wir ruderten über den See ... Es war etwa drei oder drei Uhr dreißig. Wir hatten keine Uhren.«

Auf Codys Frage hin schüttelte Randy den Kopf. Nein, sie hatten nicht über die Zeit gesprochen.

»Cynthia hatte den Ausflug an diesem Tag organisiert ... Wir ruderten auf den See hinaus. Auf der Ostseite gibt es kleine grasbewachsene Stellen und einige Häuser ... Es gibt zwei Ruderpaare. Sie waren vorn. Cynthia saß auf dem Boden, der Beutel war zwischen uns. Wir hatten es nicht eilig, auf die andere Seite zu kommen. Ich hatte den Jungen gesagt, sie könnten eine Fahrt machen, wenn wir wiederkämen.«

Randy Roth beschrieb den ungewöhnlich starken Verkehr im Uferbereich; auf dem offenen Wasser seien weniger Boote gewesen. Ein Dutzend Wasserskifahrer. »Das Wasser war wirklich unruhig, wie im Puget Sound*. Wirklich rauh ... aufgewühlt.«

Sie erreichten die Ostseite des Sees, die viel weiter entfernt war, als Randy geschätzt hatte. Dort sei ein freier Strand gewesen, den sie entlangruderten, um einen hübschen Platz zum Anlegen zu finden. Sie hätten im seichten Wasser angehalten und seien ausgestiegen, wobei sie das Boot festhielten, damit es nicht abtrieb. Randy habe seine ärztlich verschriebene Sonnenbrille aus einem der Beutel geholt. Er erklärte, er sei sehr kurzsichtig, »20/400 auf meinem linken Auge, 20/425 auf meinem rechten.« (Eine Person mit 20/200 ist ohne korrigierende Brille faktisch blind.)

---

* Pazifikarm im Nordwesten von Washington. (Anm. d. Übers.)

Plötzlich wurde Randys Stimme leiser. »Cindy verlor eine Sandale, und sie schwamm, um sie zu holen. Wir stiegen in das Schlauchboot und ruderten über das seichte Wasser. Wir stiegen einfach in das Boot ... Nördlich und südlich von uns war eine starke Motorboot- Aktivität ... Wir fuhren durch den ganzen Verkehr ... Wir ruderten westlich. Wir waren auf der Idylwood-Seite. Es war immer noch sehr heiß, und sie fragte, ob ich hineingehen und mich abkühlen wolle. Sie verstaute meine Brille in einem Beutel ... Sie tauchte, und ich tat es ihr nach. Das Schlauchboot trieb ganz schön umher. Wir blieben nahe dabei. Wir waren wenigstens fünf Minuten lang im Wasser. *Sie* ist die bessere Schwimmerin. Sie kraulte mit dem Kopf über Wasser. Ich blieb beim Brustschwimmen. Sie sagte, sie habe einen Krampf im Fuß von dem kalten Wasser.«

Randy schätzte, daß sie zu diesem Zeitpunkt sechs bis neun Meter zum Schlauchboot zurückschwimmen mußten, und er sagte, daß seine Frau vor ihm war. »Als sie an dem Boot anlangte, hielt sie sich an der hinteren Ruderrolle und dem Seil fest, was nicht reichte, ihr Gesicht aus dem Wasser zu halten. Sie versuchte, sich hineinzuziehen. Es klappte nicht. Wir hatten nie versucht, vom Wasser aus in das Boot zu steigen. Sie sagte, sie könne mit dem Bein nicht treten, und ich schwamm zum Vorderteil des Bootes, um an die andere Seite zu gelangen ... Ich kam nur bis zum Bug. Ich war mit dem Rücken zu ihr. Von hinten kam ein Motorboot heran ... Das Schlauchboot schlug um und fiel klatschend aufs Wasser zurück. Ich hörte sie keuchen. Ich hörte den Lärm des sich entfernenden Motorbootes ... Es war dicht an uns vorbeigekommen – fünfzig bis hundert Meter entfernt.«

Randy Roth sagte aus, er sei zur Seite des Schlauchbootes geschwommen und habe es ein paar Fingerbreit angehoben. »Ich schwamm zum Bug und hob es an. Ich sah sie mit dem Gesicht nach unten. Die beiden Plastikbeutel trieben im Wasser. Ich hatte nicht genug Kraft, um sie zum Boot zu bringen. Ich brachte das Boot zu ihr. Ich hielt ihr die Nase zu und blies ihr in den Mund. Es war, als puste man einen großen Kinderballon auf, in den man nicht genügend Luft blasen konnte ... Ich konnte sie nicht über den Rand bringen. Ich ließ sie los und schwamm zum Ende des Schlauchboots und paddelte zu ihr … Ich konnte ihre Hände packen und sie über den hinteren Rand ziehen. Ich wollte rudern. Ich brauchte den Beutel mit meiner Brille – der mit der Kordel trieb tief im Wasser … Ich hielt auf die Türme der Rettungsstation zu. In meiner Vorstellung waren es nur wenige Minuten bis zu der Rettungsstation. Meine Arme waren zu schwach …«

Im Gerichtssaal war es mucksmäuschenstill. Randy Roth sagte, er habe sich nur umgewandt, um sich zu vergewissern, daß er geradeaus ruderte. Er habe zu sich selbst gesagt: »Nur ein paar Minuten … nur ein paar Minuten … bis zur Rettungsstation.«

Was hatte er zu Cindys Söhnen gesagt? »Lauft, so rasch ihr könnt, aber verursacht keine Panik.«

Er hatte das gesagt, damit sie nicht wie in *Jaws* liefen und aufgehalten würden. Vor allem hatte er einen ›*Jaws*-Effekt‹ vermeiden wollen.

Wenn er teilnahmslos gewirkt habe, so erklärte Randy, habe dies daran gelegen, daß er sich voll und ganz auf seine Versuche konzentrierte, Cynthia zu retten. »Mir war übel, also holte ich das Zeug aus dem Schlauchboot und ließ die Luft heraus, damit ich aufbruchbereit war.«

Einen Augenblick lang sah es so aus, als würde der Zeuge anfangen zu weinen. So nahe daran war er nie wieder im Verlauf dieser Marathon-Aussage. Menschen hatten ihm Fragen gestellt.

Wie lange war Cynthia bewußtlos?

»Vielleicht fünf Minuten.« Er war erschöpft, er wollte bei ihr sein, er konnte die Jungen nicht finden.

»*Jemand sagte, ihr Herz schlage noch.*« Aber es sei nur ein durch die Wiederbelebungsmaßnahmen hervorgerufener Scheinpuls gewesen, sagte Randy. Sie konnten keinen Luftschlauch einführen, und sie hatten Handtücher unter Cindy gelegt.

»Ich wußte, daß ich sie so rasch wie möglich ans Ufer gebracht hatte, und diese Leute kümmerten sich um sie, und ich dachte, sie könnten sie ins Krankenhaus bringen. Ich sagte mir immer wieder: ›Ich habe zwei Jungen hier.‹«

Randy sagte, er habe seine Sachen hinten auf seinen Wagen geworfen, und die Jungen seien hinten eingestiegen. Er sei gefahren, und die Frau sei eingestiegen. Sie habe ihm den Weg zum Krankenhaus gewiesen. »Ich kann mich nicht erinnern, wie schnell ich fuhr. Alles, was ich im Kopf hatte, war Cindy in dem Rettungswagen auf dem Weg ins Hospital. Die Jungen waren wirklich still. Keiner von uns dreien machte sich bewußt, daß man ihr nicht würde helfen können.«

Es hatte viele Versionen darüber gegeben, was geschehen war, nachdem Cynthia im Overlake Hospital für tot erklärt wurde. Jetzt gab Randy seine Darstellung zum besten. Er sagte aus, er sei durch seine Gespräche mit Lieutenant Conrad ›voreingenommen‹ gewesen. Er habe den Gedanken gehaßt, daß Cynthias Leiche einer Autopsie unterzogen würde, aber er habe zustimmen müssen. Conrad habe eine Skizze vom See angefertigt und ›Norden‹ und ›Süden‹ markiert, und er erinnerte sich daran, die Jungen angewiesen zu haben, die Handtücher auszuwringen. Sie seien gegen 20 Uhr 30 fortgefahren. Er habe die Jungen gefragt, ob sie essen wollten.

»Sie sagten, ›beim Burger King.‹ Beide Jungen waren sehr still – besonders Tyson. Keiner von uns konnte essen. Wir fuhren zu einem Videoverleih, und ich sagte, sie könnten zwei oder drei Filme ausleihen – Komödien … Wir fuhren sofort nach Hause und räumten auf. Der Anrufbeantworter blinkte.«

Randy sagte, er habe versucht, Leon anzurufen, aber es sei besetzt gewesen. Er habe die andere Nummer angerufen, die auf dem Anrufbeantworter hinterlassen worden war. Es sei ein Mann gewesen, der wegen einer Anzeige anrief und ein Großraum-Taxi gegen eine Corvette tauschen wollte. Er habe kurz mit ihm gesprochen und dann aufgehängt. Zwischen neun und zehn Uhr hätten die Jungen Wäsche in die Maschine gestopft, sie hätten alle geduscht, und Randy habe Popcorn bereitet. Die Krankenhausverwaltung habe angerufen, um Cynthias Sozialversicherungsnummer zu erfahren. Sie seien alle auf der Couch eingeschlafen und später zu Bett gegangen.

Randy sagte, am nächsten Morgen habe ihn das Telefon geweckt. Er habe sein Bestes getan, um die Jungen beschäftigt zu halten. »Ich mußte auf den Trödelmarkt gehen und die Garage säubern und ihnen größere Go-Carts kaufen.«

Er hatte Greg, der bei einem Freund war, ein paar Tage lang nichts von der Tragödie erzählt. Seine Wortwahl war erschreckend vertraut: »Greg konnte es nicht wirklich glauben. Ich sagte ihm, sie sei nicht mehr unter uns.«

Cody fragte, wann er mit Cynthias Familie gesprochen habe.

Randy konnte sich nicht genau daran erinnern, wann er mit Leon oder Lori oder Cynthias Eltern gesprochen hatte. Sie waren alle zu ihm gekommen. »Ich wollte ihnen alles überlassen. Sie hatten sie viel länger gekannt als ich. Sie einigten sich auf die Liver Lake Chapel.«

Die Totenfeier war am Montag, dem 29. Juli, gewesen, und Randy war am Dienstag wieder zur Arbeit gegangen. Die Leute bei Bill Pierre Ford waren »sehr freundlich.«

Er konnte sich nicht daran erinnern, Stacey gesehen zu haben. Sie hatte bei ihm zu Hause angerufen und eine Nachricht auf dem Anrufbeantworter hinterlassen. Wie es ihm gehe? Wie es den Jungen gehe? Sie hatte ihre Telefonnummer hinterlassen, und er rief sie an und sagte, er gebe sich Mühe, die Jungen abzulenken.

Ja, er habe ihr die Fahrkarten nach Nevada angeboten. Sie waren bereits bezahlt, und er hatte keine Verwendung für sie. Aber Stacey konnte sich nicht freinehmen.

Tyson und Rylie waren zu Besuch bei Verwandten, und Randy sagte aus, er sei niedergeschmettert gewesen, als Lori Baker ihn anrief und sagte, man habe das Testament gefunden, und ›die Jungen werden nicht mehr nach Hause kommen.‹

Die Medien hatten angefangen, ihn zu hetzen, und er hatte nur deshalb eine Pressekonferenz gegeben, um sie sich vom Hals zu schaffen. Und dann – einen oder zwei Tage später – war Lori mit einem Truck zu ihm gekommen. Er hatte keine Kartons für Cynthias Sachen und benutzte Abfallsäcke. Ja, er *habe* Gregs Schlafzimmer verteidigt. »Ich wollte ihnen allen ihre Privatbereiche sichern.«

Randy stellte sich den Geschworenen – die er nie anschaute – als einen seiner geliebten Familie beraubten Mann dar. »Ich nehme an, ich fühlte mich verlassen und ein wenig betrogen, weil sie mir die Jungen wegnahmen, ohne mich zu fragen.«

Es war nicht zu erkennen, was die Geschworenen dachten; einige saßen mit in die Hände gestütztem Kinn dort, andere hatten die Beine übereinandergeschlagen, aber sie alle waren regungslos und ungerührt, während sie den Mann im Zeugenstand studierten.

Randy fuhr fort und sagte, er vermute Habsucht bei Lori Baker, weil die Jungen jeder rund siebenhundert Dollar monatlich von der Sozialversicherung erhielten. Randy sagte, er verdiene nur zweitausendzweihundert bis zweitausendachthundert Dollar pro Monat, und er könne sich das Woodinville-Haus nicht länger leisten; er habe bereits geplant, ein kleineres Haus für sich und die Jungen zu kaufen. Was den Antrag auf Rente bei der Sozialversicherung zu Gunsten von Greg als Cindys hinterbliebenem Sohn betraf, so hätten die Beamten sie ihm praktisch ›angeboten‹. Er habe nie danach gefragt. *Sie* hätten Gregs Geburtsurkunde und andere Dokumente angefordert. *Sie* hätten Randy einen Antrag geschickt.

Er konnte sich nicht daran erinnern, ihnen jemals gesagt zu haben, daß Cindy von Tom Baumgartner geschieden worden statt verwitwet war – das müsse ein Schreibfehler gewesen sein. Er konnte sich nicht an den einen Scheck erinnern, der für Greg auf Cindys Konto gezahlt worden war. Man habe ihm gesagt, er sei auf der Bank.

Schließlich hatte Cody keine weiteren Fragen, und Randy Roth hatte keine Erklärungen mehr.

Marilyn Brenneman erhob sich, um Randy ins Kreuzverhör zu nehmen. Sie behandelte ihn sehr freundlich. Er bemerkte anscheinend nicht, daß ihre Fragen für ihn bedenklich, ja, sogar gefährlich werden konnten. Er wandte den Kopf, um ihr ins Gesicht zu schauen.

Brenneman war darauf vorbereitet, die Konstruktion von

Randy Roths Zeugenaussage Stück für Stück einzureißen. Sie begann, indem sie über das Geld sprach, das Cynthia auf der Bank hatte.

»Cindy hatte Zugang zu diesem Geld«, erwiderte er glatt.

»Und das Geld wurde zu Ihren Gunsten verwandt?«

»Letztlich, ja.«

Wie Marilyn Brenneman fasziniert zur Kenntnis genommen hatte, war bis zu seiner Aussage vor Gericht niemals erwähnt worden, daß Cindy sich an den Ruderdollen des Schlauchbootes festgehalten hatte – weder in Randys Aussage vom 23. Juli noch vom 11. August, und auch nicht auf der Pressekonferenz am 9. August.

Er gab zu, sich zuvor über Cindys Tod durch Ertrinken stets ›allgemein‹ ausgedrückt zu haben. »Dies ist meine erste Gelegenheit gewesen, davon zu sprechen.«

»Haben Sie sich vorbereitet?«

»Gewissermaßen.«

Es war offensichtlich, worauf Brenneman hinauswollte; das nachgestellte Video der Verteidigung zeigte deutlich, daß die Schwimmerin sich an den Ruderdollen festhielt, als sie das Schlauchboot über sich zog.

Marilyn Brenneman trat ein wenig näher und schoß eine Frage nach der anderen auf Randy ab, die große und kleine Lügen über seine Vergangenheit aufdeckten. Cody versuchte, sie mit einer hastig ersonnenen, zusätzlichen Geschichte zu stoppen. Die Verteidigung konnte in dem Augenblick sehen, was kommen würde, als sie Randy fragte, was er im Anschluß an die High School gemacht habe.

»Haben Sie Rinder und Land besessen?«

»Nicht damals.«

»*Hatten* Sie?«

»Einmal – zusammen mit meinem Vater.«

»Wann war das?«

»Vor mindestens zehn Jahren.«

Stück für Stück mußte Roth zurückstecken. Er war kein Motorrad-Rennfahrer gewesen, kein Kampfsportlehrer, kein Besitzer eines gutgehenden Reparaturdienstes, kein College-Student für die Dauer von drei Jahren. Er besaß keine riesigen

Ländereien am Columbia-River, er plante nicht, ein Trainings-studio zu kaufen.

Er war niemals in Vietnam gewesen.

All die Dinge, die er bei dem Ehemaligentreffen der Meadowdale High School nach zehn Jahren als seine Leistungen aufgeführt hatte, stimmten nur teilweise. »Vielleicht hat jemand die Informationen vertauscht«, schloß er schwach.

»Welche Kampfsportarten haben Sie gelernt?«

»Eine abgewandelte Form – vorwiegend Übungen, kein besonderer Stil.«

»Tae Kwon Do? Kung Fu?«

»Im Prinzip ... im Prinzip zweckdienliche Reaktionen auf Situationen, denen man auf der Straße begegnen kann ... vor allem Übungen und Meditation.«

Sie fragte ihn, ob er von Bruce Lee beeinflußt worden sei.

»Ich glaube ... Ich habe mich mit einem Stil befaßt, den er einführte.«

»Wie hieß dieser Stil?«

»Ich kann mich nicht erinnern.«

Brenneman sprach über Roths Scheidung von Donna Sanchez, über seine angebliche Weigerung, Greg am Telefon mit seiner Mutter sprechen zu lassen, über seine Kontrolle über Nick und Carrie Emondi.

»Wie?« konterte Roth. »Wir lebten zweiunddreißig Kilometer voneinander entfernt.«

»Sie hatten Kontrolle ... Sie sind ein sehr harter Typ, dem Nick nicht in die Quere gekommen wäre. Sie haben ihm eine Waffe gezeigt.«

»Nick ist größer als ich ... Ich hatte einen durchgesägten Baseballschläger, den ich mit Nägeln gespickt und schwarz angestrichen hatte.« Randy bewegte sich ein wenig in seinem Stuhl.

»Haben Sie Mr. Emondi gebeten, Ihnen beim Umzug Ihrer Mutter zu helfen?«

»Nein. Sie war drei oder vier Jahre zuvor umgezogen.«

»Sie wurde gegen ihren Willen festgehalten?«

»Nein.«

»Sie haben ein Gewehr mitgenommen?«

»Ich hatte kein Gewehr bei mir.«

»Hatten Sie niemals Zugang zu Gewehren?«

Nein, erwiderte Randy, er habe nur seine selbstgebastelten Waffen, und Greg hatte sein Luftgewehr.

Aber die hochgewachsene Staatsanwältin machte den Angeklagten nervös. Er wußte nicht, was sie als nächstes fragen würde.

Sie sprach noch einmal über seine Ehen, und er parierte jeden Stoß. Der Fehler hatte niemals bei ihm gelegen. Er hatte bei seinen Frauen gelegen, den Frauen, die ihn verlassen hatten. Er sprach von ihnen auf eine seltsame, umständliche Weise. Als er darüber redete, wie er mit Janis tanzen gegangen war, sagte er nicht, sie hätten Spaß gehabt, als sie tanzen gingen. Er sagte: »Dies war eine der Erholungsmöglichkeiten, die wir nutzten.«

Und als Janis starb – tief unterhalb des Pfades, auf dem sie gewandert waren, zerschmettert –, sprach er von einem ›Schaden‹, als sei ihr Gesicht nur die Stoßstange eines Wagens gewesen.

Brenneman fragte nach Randys Ansprüchen an die Pioneer Insurance Company. Er erwiderte, seine Entschädigung sei »nach Abzug der Honorare für den Anwalt sehr klein« gewesen.

Wenn man sehr genau hinschaute, bemerkte man, daß Randy Roth jedesmal, wenn Brenneman ihn nach seinen gemeinsamen Essen mit Stacey Reese fragte, leicht angespannt war. Nein, sagte er. Er hatte nur eine halbe Stunde Mittagspause; die Bürobelegschaft habe eine Stunde zur Verfügung gehabt. Und er habe Stacey nicht gut genug gekannt, um sie zum Essen auszuführen. Er war nur mit ihr »rasch zu Dick's Drive-in« gegangen.

Randy behauptete, er habe jedesmal bei Arbeitsbeginn und -ende die Stechuhr betätigt.

»Jedesmal?«

»Jedesmal.«

»Hatten Sie eine enge Beziehung zu Cynthia?« fragte Brenneman unvermittelt.

»Das war einer der Gründe dafür, weshalb wir heirateten.«

»Gab es irgendwelche Probleme?«

»Es gibt in allen Beziehungen Probleme.«

»Die Leute bei Bill Pierre Ford können sich nicht daran erinnern, daß Sie ein einziges Mal etwas Positives über Cynthia gesagt hätten.«

»Es ist immer leichter, sich an das Negative zu erinnern als an das Positive.«

»Haben Sie sie eine Hure genannt?«

»Ich habe nie eine Frau so genannt.«

»Wie war Ihr Gefühl Cynthia gegenüber?«

»Wir hatten Vergnügen aneinander. Ich wollte den Rest meines Lebens mit ihr verbringen.«

Randy vermutete, daß ihre einzigen Differenzen vielleicht die Art und Weise betroffen hatten, wie sie die Jungen behandelte. Er habe unmittelbar an deren Aktivitäten teilgenommen, während sie nur zuschaute.

Brenneman bat ihn immer wieder um eine nähere Erläuterung, und er kam ihrer Bitte jedesmal nach und grub sich selbst eine tiefere Grube. Er hatte den Eindruck, sagte er, daß Cynthia möglicherweise ein wenig neidisch war, weil er so viel Geld für die Baseballausrüstung der Jungen ausgab. »Wir gaben dreiundzwanzig Dollar für drei Athletic Supporters* und Brustschutz aus.«

Sie fragte ihn, weshalb er sich allein im Fitneßstudio Nautilus Northwest angemeldet habe. Er antwortete nicht direkt, gab aber zu, daß Cynthia »ihre Unzufriedenheit darüber ausgedrückt« hatte.

»Sie haben zu Ihren Arbeitskollegen gesagt, sie schränke Ihre Freiheit ein?«

»Nein.«

»Sie haben ihren Wagen beschädigt, so daß sie nicht fortfahren konnte?«

»Das glaubte *sie*. Es war eine Bande ... ich habe es repariert.«

Punkt für Punkt las Brenneman ihm das ›Randy haßt ...‹-

---

* Auch *Jockstrap*: Ein unter der Hose zu tragender Schutz der Genitalien beim Sport. (Anm. d. Übers.)

Gedicht vor, das Sue Peters bei der Hausdurchsuchung im Jahr 1991 gefunden hatte. Jedesmal leugnete er die Berechtigung dieser Klagen. Das Gesicht des Zeugen wurde – falls dies überhaupt möglich war – noch ausdrucksloser, und seine Körpersprache noch abwehrender. Er erkannte Cindys Handschrift nicht auf dem Dokument. Er sprach von seiner Frau stets in der Gegenwartsform, als lebte sie noch.

»Haben Sie mit Stacey Reese über einige dieser Gefühle gesprochen?«

»Sie erkundigte sich nach meiner Ehe. Ich nehme an, weil sie mit Cindy am Telefon gesprochen hatte.«

»Sie haben ihr gesagt, sie [die Ehe] sei ›Scheiße‹?«

»Das gehört nicht zu meinem Vokabular. Es war Staceys Ausdruck, nicht meiner.«

Randy gab zu, daß er Stacey einmal zum Essen ausgeführt hatte.

»Sie haben *niemals* jemanden bei Bill Pierre glauben lassen, daß Sie nicht verheiratet wären?« fragte Brenneman ungläubig.

Er habe zu Juanita Gates gesagt, er sei »so etwas wie verheiratet.«

»Sie habe niemals gesagt, Sie hätten einen einjährigen Kontrakt, der jetzt fast abgelaufen wäre?«

»Nein.«

Randy blieb dabei, daß seine Ehe sehr stabil gewesen war und daß es nur kleinere Meinungsverschiedenheiten gegeben hätte. Staceys Zeugenaussage sei unwahr. Er habe nichts mit Stacey gemeinsam, außer daß sie beide Alleinerziehende seien. Nein, natürlich habe er nie versucht, sie davon abzuhalten, sich mit anderen Männern zu treffen. Er wisse nichts über ihr Privatleben.

»Sie haben nie gesagt: ›Bevor Sie mit John ausgehen, denken Sie daran, was er alles von Ihnen verlangen wird‹?« stieß Brenneman nach.

»Ich war um ihr Wohlergehen und ihre Sicherheit besorgt, weil ich wußte, was John für ein Typ war.«

Die Staatsanwältin wechselte erneut das Thema und brachte die unzähligen Probleme zur Sprache, die Zeugen in

Randys vierter Ehe gesehen hatten – die Zeit, die er mit Max Butts verbrachte, und sein langes Fernbleiben, wenn er Brad zu Lily Vandiveer, seiner Mutter, zurückbrachte.

Nein, beharrte er. Keine Probleme. Alles sei in Ordnung gewesen.

»Erinnern Sie sich daran, zu Stacey Reese gesagt zu haben, Sie wünschten nicht, daß diese Beziehung fortgesetzt würde?«

»Nein.«

»Daß Cindy aufsässig und häßlich zu Ihnen gewesen sei und daß Sie nur dem Namen nach verheiratet wären?«

»Nein.« Und nein, und nein, und nein.

»Hatten Sie am Donnerstag, dem Tag nach Cindys Tod, Kontakt mit Stacey Reese?«

»Ja, weil sie eine Nachricht auf meinem Anrufbeantworter hinterlassen hatte.«

»Haben Sie gesagt: ›Mir geht es gut. Warum auch nicht? Es war eine schreckliche Sache, aber auch eine *Erleichterung*‹?«

Randy Roth schaute Marilyn Brenneman direkt in die Augen und erwiderte ohne Zögern, Stacey habe ihn mißverstanden. »Es war ein Wortspiel – ich habe sinngemäß gesagt, ich würde mit meinem *Kummer* klarkommen.«[*]

Randys vier Telefongespräche mit einer anderen Frau in der Woche, nachdem seine Frau ertrunken war, fielen jetzt auf ihn zurück, aber er bog Staceys Erinnerungen geschickt zu seinen Gunsten um.

Ja, er habe zu Stacey gesagt, die Polizei würde vielleicht die Theorie entwickeln, daß er schuld an Cindys Tod war.

»Haben Sie zu Stacey gesagt, Sie fürchteten, daß sie an jenem Wochenende zu Ihnen kommen und Sie verhaften würden?«

»Ich hätte nicht gesagt, daß ich es *befürchte* – vielleicht wegen des Einflusses auf die Jungen *besorgt*.«

»Haben Sie Stacey nach Reno eingeladen?«

»Nein. Ich fragte sie, ob sie Verwendung für die Karten hätte.«

---

[*] Im Deutschen nicht reproduzierbares Wortspiel. *Erleichterung* heißt im Original ›relief‹, und *Kummer* ›grief‹. (Anm. d. Übers.)

»Sie haben Stacey erzählt, daß Sie eine Lebensversicherung hätten, die aber gerade ausreiche, um Ihr Haus zu bezahlen. Sie haben zu ihr gesagt: ›Ich werde verdammt noch mal ewig brauchen, um all das Pink und Mauve aus meinem Haus zu schaffen‹?«

»Ich habe dieses Wort nicht benutzt. Ich antwortete nur auf ihre Frage. Ohne eine Frau im Haus gefiel es mir nicht, so viel Weibliches in der Umgebung der Jungen zu haben.«

Langsam und methodisch zeigte Marilyn Brenneman die dunkle Kehrseite aller früheren Aussagen Randys auf. Sie entlockte ihm Antworten, die zeigten, daß er schon am Morgen, nachdem Cindy ertrunken war, angefangen hatte, alles zu beseitigen, was ihn selbst oder ihre Söhne an ihre Existenz hätte erinnern können. Make-up wurde fortgeworfen, ihre Lieblingsstücke in die Toilette gekippt, ihre Puppen ins Abseits gestellt.

Wieder argumentierte er, die verdächtigen Versicherungspolicen seien in Wirklichkeit Hypothekensicherungen gewesen.

Die Nachricht an die Metro Transit sei ein weiteres verbales Mißverständnis gewesen. »Ich habe nicht gesagt, ›Idaho‹. Ich werde wohl gesagt haben, ›*I don't know* [Ich weiß nicht], wann ich wieder zur Arbeit kommen kann.‹«

Roth war unnachgiebig in bezug auf die näheren Umstände, wie Cynthia ertrunken war. Jeder, der sich an etwas anderes erinnern konnte, irrte sich. Er sei kein guter Schwimmer, sagte er. Er habe nicht das Leben einer guten Freundin auf der High-School gerettet, obwohl diese Ex-Freundin dies bezeugt hatte. »Es wäre mir unmöglich gewesen. Meine Beinarbeit ist nicht kräftig genug.«

Trotz seiner Probleme im Wasser habe er alles für ihn Mögliche getan, um Cynthia zu retten. Natürlich konnte er sich nicht an alle Details erinnern.

»Sie hätten Cynthia nicht im Wasser helfen können?« Brenneman trat ein wenig näher an den Zeugenstand heran.

»Es war nicht die Frage von helfen können oder nicht helfen können. Das Problem war, daß sie nicht auf meine Beatmung reagieren konnte«, erwiderte er.

»Mr. Roth, ist es nicht in Wirklichkeit die Frage, ob Sie als Schwimmer gut genug waren, oder nicht, um Cynthia unter Wasser drücken zu können, bis sie ertrunken war?«

»Das wäre nicht Teil der Geschehnisse.« Er starrte Brenneman an, die Kiefer fest aufeinandergepreßt, die Augen dunkel.

Die beiden hatten sich tagelang im Ring gegenübergestanden, aber es schienen Wochen gewesen zu sein. Vielleicht war es – draußen – wirklich Sommer geworden. Endlich, am Donnerstag, dem 16. April, hatte Brenneman nur noch ein paar letzte Fragen.

»Ist es nicht eine Tatsache, Mr. Roth, daß Geld – Geld von der Versicherung – der Grund dafür war, weshalb Sie Ihre Frau Janis ermordet haben?«

»Das ist völlig falsch.«

»Und das war auch der Grund dafür, daß Sie Cynthia, Ihre vierte Frau, ermordet haben. Stimmt das nicht?«

»Das stimmt nicht.«

»Tatsächlich war Geld der Anlaß für jeden Versicherungsbetrug, den Sie begangen haben, das wurde vor dieser Jury bestätigt. Ist das keine Tatsache?«

»Das ist ganz und gar nicht richtig. Mein Lebensstil hat niemals einen Hinweis darauf gegeben, daß ich die Kontrolle über größere Geldbeträge gehabt hätte.«

»Bei Ihrer gesamten Lebensweise geht es um die Kontrolle über Menschen und Geld ... nach dem, was wir hier gehört haben. Ist das nicht die Wahrheit?«

»Nein«, murmelte Randy Roth.

Es war vorbei. Randy verließ den Zeugenstand und ging zu seinen Anwälten hinüber. Nur sehr wenige der Zuschauer in den Bänken und keiner der Geschworenen konnte seinen Gesichtsausdruck erkennen, als er George Cody anschaute. Er lächelte; die leiseste Andeutung eines Lächelns, das aussah wie bei einem Kind, das soeben vor einen Eltern-Lehrer-Ausschuß zitiert worden war und sich gut geschlagen hatte. Es dauerte nur einen Augenblick, bis er wieder seine gewohnte Maske aufsetzte.

Jack Hopkins, Gerichtsreporter für den *Seattle Post-Intelligencer* und ein alter Hase, der bei mehr Kriminalprozessen zugegen gewesen war als fast alle anderen Reporter in der ganzen Umgebung, faßte die bezeichnendsten Aussagen über Roth während der Verhandlungen zusammen:

> Randy Roth, verdächtigt, eine Ehefrau vom Beacon Rock in den Tod gestoßen, und angeklagt, eine weitere Ehefrau auf dem Lake Sammamish ertränkt zu haben, verbrachte annähernd zweiundzwanzig Stunden im Zeugenstand.
> Er knöpfte niemals seinen Sportmantel auf.
> Er überkreuzte nie seine Beine.
> Er sank niemals in seinem Stuhl zusammen.
> Er schaute nie die Geschworenen an.
> Er erhob niemals seine Stimme aus Zorn oder vergoß eine Träne vor Trauer.
> Den größten Teil der sechs Tage über sprach er endlos über die vergangenen zehn Jahre seines Lebens und versuchte, die Jury des King County Superior Court davon zu überzeugen, daß die Todesfälle seiner Frauen tragische Unfälle gewesen seien.

Das einzige, was auf Randy Roths Wachsamkeit hinwies, waren seine Hände. Er hielt sie in einer nahezu unnatürlichen Haltung vor sich, und sie waren geballt. Er war so dünn, daß seine Haut durchscheinend wirkte und seine Knochen hervorstanden. Er sah aus, als wöge er nicht mehr als siebenundfünfzig oder neunundfünfzig Kilo – das Bild eines Mannes, der zu schwach war, seine Frau vor dem Ertrinken zu retten, und nicht genug Kraft hatte, rasch genug zu rudern, um rechtzeitig Hilfe für sie zu bekommen.

Aber stimmte das wirklich?

29

Die Wahl der Jury hatte im Februar begonnen, und jetzt war der 20. April. Die Geschworenen hatten weit über einhundert Zeugen gehört – sachkundige, emotionelle, wütende, vergeßliche und präzise Zeugen –, und jede Zeugenaussage hatte in den Augen der Anklagevertretung zu einem fast unlösbaren Puzzle beigetragen. Die Anklage behauptete, daß Randy Roth wenigstens zwei der Frauen, die ihn geliebt hatten, kaltblütig ermordet hatte. Die Verteidigung sah in ihm nur eine tragische Gestalt, die von einem Verlust nach dem anderen betroffen worden war; ein Opfer höchst bestreitbarer Indizien, nichts weiter.

Marilyn Brenneman würde das Abschlußplädoyer der Anklage halten, und zwar unter denkbar ungünstigen persönlichen Umständen. Das Wochenende über hatte eine ausgelassene Party zur Feier des achten Geburtstags ihres Sohnes Adam sie von der Vorbereitung dieser Rede abgehalten. Das Wetter war herrlich gewesen – ebenso wie der Anblick ihrer Söhne im Garten. Dort hatte ein Wasserballonkampf stattgefunden, und sie verfolgte einen ihrer Sprößlinge nach dem anderen mit einem prall gefüllten Ballon. Und während sie präzise zielte und warf, war sie in ein Loch im Boden getreten und hatte sich den linken Knöchel verrenkt. Der Ballon verfehlte sein Ziel und landete in einem Rosenstrauch.

Ein glatter Bruch wäre weniger schmerzhaft gewesen. Brenneman hielt ihr Abschlußplädoyer auf Krücken, den Knöchel fest mit einer elastischen Bandage umwickelt. Sie trug ein hellrotes Jackett über einer weißen Bluse. Sie setzte zu einer Rede an, die Stunden dauern würde. Von Zeit zu Zeit wimmerte sie leise, wenn sie vor die Geschworenen zu der Staffelei trat und wieder zurück zu ihrem Stuhl ging. Aber die meiste Zeit über spürte sie die Schmerzen nicht, weil ihr kunstvoll aufgebautes Plädoyer ihre ganze Aufmerksamkeit erforderte.

Randy Roth war in drei Punkten angeklagt, und die Jury mußte über jeden Anklagepunkt gesondert beschließen.

Punkt eins war vorsätzlicher Mord. Um Randy Roth in diesem Punkt zu überführen, mußten Brenneman und Susan Storey in den Augen der Jury über jeden vernünftigen Zweifel hinaus bewiesen haben, daß er absichtlich und mit Vorsatz den Tod seiner vierten Frau Cynthia Baumgartner-Roth herbeigeführt hatte und daß dieser Tod im King County, Washington, stattgefunden hatte. Der zweite Punkt war Versicherungsbetrug *(theft in the first degree)*. Um Randy Roth in diesem Punkt zu überführen, mußte die Jury glauben, daß er zwischen dem 17. September 1988 und dem 2. Oktober 1991 durch Betrug oder auf betrügerische Weise mehr als eintausendfünfhundert Dollar von der Pioneer Insurance Company erhalten hatte und daß dieses Vergehen im King County, Washington, stattgefunden hatte. Der dritte Punkt war Sozialversicherungsbetrug *(theft in the second degree)*. Um Randy Roth in diesem Punkt zu überführen, mußten die Geschworenen glauben, daß er zwischen dem 17. September 1991 und dem 12. Oktober 1991 durch Betrug oder auf betrügerische Weise unberechtigt mehr als zweihundertundfünfzig Dollar von der Social Security Administration (Sozialversicherungsbehörde) im King County, Washington, erhalten hatte.

Marilyn Brenneman sprach gelassen und bedächtig, und ihre Stimme war sanft. Von Zeit zu Zeit warf sie einen Blick auf Randy Roth, während sie die scheinbar endlosen, miteinander verknüpften und ähnlichen Umstände der Verbrechen zitierte, derer er angeklagt war. Die Geschworenen waren fasziniert; die Galerie war mucksmäuschenstill, und sogar Richter Sullivan und seine Beisitzer lauschten Brenneman, als hätten sie nie zuvor so viele Entsprechungen und Ähnlichkeiten gehört.

Unmittelbare Beweise waren die Aussagen von Zeugen vor den Geschworenen – all jener, die wesentliche Einzelheiten des Falles selbst gesehen und gehört hatten. Indizienbeweise bestanden aus logischen Schlußfolgerungen. Zum Beispiel sagte Brenneman: »Wenn ein Wagen vom Westende der I-190-Brücke über den Lake Washington her kam, würde die Vernunft uns sagen, daß er am östlichen Ende auf die Brücke gefahren ist.«

Fast nichts im Bereich der menschlichen Erfahrung läßt sich vollständig beweisen. Der Wagen hätte von einem Lasthubschrauber in der Mitte der Einbahnbrücke abgesetzt oder mittels einer Hydraulik von einem U-Boot aus darauf gehoben worden sein können – aber wahrscheinlich ist das nicht. Und niemand konnte auf dieser Brücke wenden.

Marilyn Brenneman behauptete in dieser siebten Woche des Prozesses vor der Jury: »Der Angeklagte, Randy Roth, hat Cynthia Baumgartner-Roth kaltblütig umworben, geheiratet, versichert und ermordet. Er hat sie aus reiner Habgier ermordet. Das Bild, das vor uns liegt, ist jetzt klar. Und wir sehen, daß der Angeklagte in der Tat seine Frau ermordet hat ... und er beging die Tat kaltblütig und ließ sie wie einen Unfall aussehen. Er beging sie wegen einer Versicherungssumme von dreihundertundfünfundachtzigtausend Dollar, ihres persönlichen Besitzes und der Sozialversicherungsrenten.«

Brenneman schaute kaum auf ihre Notizen, als sie noch einmal die Zeugenaussagen, die direkten Beweise und die Indizienbeweise Revue passieren ließ. Sie erinnerte die Jury daran, daß nicht nur die unmittelbar betroffenen Opfer unter Roths Habgier gelitten hatten, sondern auch ihre Kinder und ihre Familien. Sie sagte, dies treffe für alle Mordfälle zu, aber in besonderem Maße für den Mord, über den sie zu urteilen hatten.

Brenneman sagte: »Der Angeklagte ist ein kaltblütiger und vorsätzlicher Mörder, der seine Opfer verfolgt – nicht mit den herkömmlichen Waffen, sondern mit einem Lächeln, mit Blumen und mit Heiratsanträgen.«

Verteidigungsanwalt George Cody behauptete, es bestünde ein berechtigter Zweifel, und die Taktik der Anklage, Janis Miranda-Roths Tod mit Cynthia Baumgartner-Roths Tod in Verbindung zu bringen, sei unzulässig. »Die Staatsanwaltschaft sagt hier im Grunde genommen, Sie sollten bereitwilliger als unter normalen Umständen akzeptieren, daß Randy Roth Cynthia Roth tötete, weil im Jahr 1981 Janis Roth gestorben ist. Was sie sagen, ist, Sie sollten vorbehaltloser akzeptieren, daß Randy Roth Janis Roth tötete, weil zehn Jahre später Cynthia Roth starb. Ich glaube nicht, daß Sie diese beiden Fakten in Ihrem Kopf durcheinanderbringen sollten«.

Brenneman präsentierte das gesamte Puzzle – Stück für Stück säuberlich an seinem Platz – nach fast elf Jahren. Cody arbeitete darauf hin, einzelne Stücke aus jenen Jahren aufzuzeigen.

Sie waren beide sehr, sehr gut.

Randy habe Cynthia bei ihrer schwächsten Stelle zu fassen bekommen, sagte die hinkende Staatsanwältin. »Er verfolgte Cynthia Roth, und er benutzte dieselben Waffen, die er schon zuvor benutzt hatte. Er gab vor, in sie verliebt zu sein; gab vor, sie zu lieben. Wie viele von uns könnten von sich behaupten, ihn besser durchschaut zu haben, als Cynthia Roth es tat? Geliebt zu werden ist ein natürliches, menschliches Bedürfnis. Intensiv und spontan geliebt zu werden, ist überwältigend, und es ist wundervoll, wenn es real ist. Aber es war in diesem Fall nicht real ... Er verdeckt seine wirklichen Absichten hinter der falschen Fassade einer vorgetäuschten Liebe, und er macht nicht nur diejenigen zu seinen Opfern, die sich von dieser falschen Fassade täuschen lassen, sondern auch die unschuldigen Verwandten und Kinder seiner Opfer.«

George Cody gab zu bedenken, daß Randy und Janis Roth einige Differenzen in ihrer kurzen Ehe gehabt hätten, aber er sagte, dies sei kein Beweis dafür, daß er sie umgebracht hätte. »Wenn es sich so verhielte«, sagte er, »wäre dies für jedermann ein Motiv für schwere Körperverletzung, der irgendwann einmal verheiratet war.«

Das ist wahr.

Cody bestand darauf, Randys Mangel an erkennbaren Emotionen, als Janis starb – und natürlich auch bei Cynthias Tod – bestätige nur seine Unschuld. »Wenn Randy Roth allein mit Janis auf dem Beacon Rock war, und er beschloß, sie zu töten, muß man sich fragen, weshalb er eine Reihe von Geschichten erzählte, die laut der Anklage widersprüchlich sind und Zweifel hinsichtlich der Ursache des Todes seiner Frau entstehen lassen ... Es wäre verhältnismäßig einfach

344

gewesen, bei *einer* Version zu bleiben ... und diese zu schildern und nichts anderes.«

Die Beweislast lag bei Marilyn Brenneman. George Cody mußte nur berechtigte Zweifel begründen – und Randy Roth konnte als freier Mann davonspazieren.

In bezug auf Randy Roths offensichtlichen Mangel an Trauer und Emotionen im Idylwood Park beschritt Cody einen ebenso gefährlichen Pfad, wie der Beacon Rock ihn aufwies. Seine Argumentation war recht umständlich und drohte sich als Bumerang zu erweisen.

»Wir sprechen von jemandem«, sagte Cody, »der am Tag nach Cynthia Roths Tod eine ungewöhnliche Situation durchlebt; der ein zweites Mal das gleiche Geschehen erlebt – nicht den zweiten *Mord,* sondern den zweiten *Tod.* Ich weiß nicht, wie jemand unter diesen Umständen reagieren würde; ob er immer nur die richtigen Dinge sagen und die richtigen Handlungen ausführen würde.«

Für geübte Gerichtszuschauer, die sowohl Cody als auch Brenneman lauschten, war es eine zwiespältige Erfahrung. Beide Anwälte gaben sich erst jovial und intellektuell, dann freundlich und todernst. Einmal stellte Cody sich tatsächlich hinter Randys Stuhl und legte ihm väterlich die Hand auf die linke Schulter. Und als habe er die Szene einstudiert, hob Randy Roth zum ersten Mal nach siebenwöchiger Verhandlung den Blick und schaute die Geschworenen an.

Cody erzählte eine Anekdote über einen Hund, der in ein Tierasyl gebracht worden war, weil er Blaubeerkuchenflecke am Maul hatte und die Pfote auf einem leeren Blaubeerkuchenteller hatte. *Indizienbeweise.*

Brenneman erzählte eine unter Anwälten sehr beliebte Anekdote über einen Verteidiger, der versprach, daß das vermißte, und wahrscheinlich tote, ›Opfer‹ im nächsten Augenblick in den Gerichtssaal spazieren kommen würde – und alle außer dem Angeklagten schauten zur Tür.

Und bei all dem würde die ausstehende Entscheidung äußerst schwerwiegend sein. Falls Randy Roth schuldig *war,* aber die Geschworenen nicht entsprechend entschieden, konnte niemand sagen, wie viele Opfer und Kinder von

345

Opfern noch vor ihm lägen. Er war erst achtunddreißig Jahre alt. Falls er aber unschuldig sein sollte, und die Jury ihn schuldig befand, lag ein Leben hinter Gittern vor ihm. Es gab keine rauchenden Pistolen; keine blutigen Fingerabdrücke; keine übereinstimmenden Haare und Fasern; kein Geständnis, keine lebenden Augenzeugen. Es war kein leichter Fall.

Überhaupt nicht leicht.

Als Marilyn Brenneman sich zu ihrer kurzen Gegenrede erhob – dem letzten Akt dieses langen Prozesses –, schaute sie Randy Roth häufig und fest an. Sie wies darauf hin, daß die Anklagevertretung den Geschworenen alles dargelegt habe – das gesamte Puzzle, ohne auch nur ein Stück auszulassen. Die Verteidigung habe einzelne Stück geboten – Stücke, von denen man nicht sagen konnte, ob sie zum Himmel oder zum Boden des Puzzlebildes gehörten. Oder zur Wirklichkeit.

Das Muster der Ereignisse um Randy Roth sei viel zu vorhersagbar gewesen und habe sich zu sehr wiederholt, um zufällig sein zu können. »Die Parallelen sind einfach zu auffallend, um nicht … auf einen Mann mit einem Plan hinzuweisen. Und der Plan besagte, wenn du dank einer erfolgreichen Geschichte einmal mit einem Mord davongekommen bist, halte dich so eng wie möglich an dieses Schema, wenn du ein zweites Mal mit einem Mord davonkommen willst.

Wenn du mich einmal zum Narren hältst, bist du schuld«, Brennemans Stimme wurde leiser, »wenn du mich zweimal zum Narren hältst, bin ich schuld. Das ist die Situation, in der wir uns jetzt befinden … Wenn er uns heute zum Narren hält, sind wir schuld.«

Die Jury verließ Richter Sullivans Gerichtsraum am Nachmittag des 22. April 1992. Sie kehrten am Nachmittag des 23. April mit einem Urteilsspruch zurück. Sie hatten achteinhalb Stunden lang beraten – ein wenig mehr als eine Stunde für jede Woche der Verhandlungen. Der Spruch lautete:

Schuldig des vorsätzlichen Mordes.
Schuldig des Versicherungsbetrugs *(first degree theft)*.
Schuldig des Betrugs der Sozialversicherung *(second degree theft)*.

Randy Roth blieb seinem Stil wahrhaft treu. Abgesehen von einem raschen Blick zu Boden ließ er keinerlei Emotionen erkennen. Seine Anwälte sagten zu den Reportern, daß sie Berufung einlegen würden.

Am Freitag, dem 19. Juni 1992, verurteilte Richter Sullivan Randolph G. Roth zu einer ungewöhnlich hohen Strafe. Die Anklage hatte für eine Freiheitsstrafe von fünfundfünfzig Jahren plädiert. Sullivan wandelte sie nur geringfügig ab, er verurteilte Randy zu fünfzig Jahren Gefängnis, da er mit Marilyn Brenneman und Susan Storey darin übereinstimmte, daß der Angeklagte extreme Habgier und Kaltherzigkeit gezeigt hatte, als er seine vierte Frau wegen einer Versicherungssumme getötet und ihre beiden Kinder zu Waisen gemacht hatte. Bei guter Führung könnte Roth nach vierunddreißig Jahren freigelassen werden.

George Cody und John Muenster wiederholten, daß sie in Berufung gehen würden, wie sie es bereits vor Beginn des Prozesses angekündigt hatten. Ihr Haupteinwand war – und blieb – die Berücksichtigung von Roths früherem Verhalten in seinem Prozeß um einen Mord, der sich 1991 ereignet hatte.

Die Behörden im Skamania County waren darauf vorbereitet gewesen, Roth wegen Mordes an Janis Roth anzuklagen, wenn er nicht zu fünfzig Jahren verurteilt worden wäre. Aber ein solcher Prozeß hätte das Budget des County aufgebraucht. Nachdem das Strafmaß am 19. Juni verkündet worden war, ließ Skamamia County verlauten, daß der Fall Janis Roth nicht wiederaufgerollt würde.

Es wird Jahre dauern – falls es überhaupt dazu kommt –, bis Roths Name nicht mehr in Gerichtsverhandlungen irgendwo auftaucht. Manchmal wird es endlose Berufungsprozesse geben. Lori Baker klagt im Namen von Tyson und Rylie Baumgartner, um zu erreichen, daß Gordon Roth als Treuhänder aus Cynthias Policen gestrichen wird, so daß das Geld nur für Cynthias Söhne bleibt.

Mittlerweile verwandelt sich der schlanke, vergeistigte Randy Roth wieder einmal. Um sich auf das Gefängnis vorzubereiten, hat er Gewicht zugelegt und die massiven Muskeln wieder antrainiert, auf die er so stolz gewesen war. Er hat sich einen Bart und einen üppigen Schnauzbart stehen lassen.

Der Mann, der während des ganzen, siebenwöchigen Prozesses still dort gesessen hatte, hat niemals wirklich existiert. Er war ein Darsteller in einem Schauspiel, dem kein Erfolg beschieden war. Der Macho Randy Roth trat im Herbst 1992 ins Washington State Prison Walla Walla ein.

Falls das Gnadengesuch abgelehnt wird, ist er zweiundsiebzig Jahre alt, wenn er entlassen wird.

Campbells Rache

›Erschrecken Sie die Geschichten, die Sie schreiben, nicht?‹ ist eine weitere voraussehbare Frage, die ich bestimmt schon zweihundertmal gehört habe. Normalerweise antworte ich, daß ich nicht sonderlich ängstlich bin, obwohl ich über die ruchlosesten Verbrecher und Verbrechen der letzten drei Jahrzehnte berichtete. Doch muß ich gestehen, daß mir ein Fall manchmal zu nahegeht und Ängste auslöst, die alle Frauen teilen. Wir sorgen uns in erster Linie um unsere Kinder und erst an zweiter Stelle um uns selbst.

Charles Rodman Campbell ist ein Mörder, der geradewegs einem Alptraum entsprungen zu sein scheint. Man hätte ihn für immer hinter Schloß und Riegel halten sollen. Aber er schlüpfte durch die Maschen unseres Justizsystems in die Freiheit, um sich an seine ahnungslosen Opfer heranzupirschen. Wenn es je einen Fall gegeben hat, in dem die reine Unschuld gegen das absolut Böse antritt, dann der folgende. Er war seinem Käfig entkommen und sich jeder Facette ihres Lebens bewußt, aber sein potentielles Opfer verspürte nur ein Frösteln, eine leichte Ahnung von der Gefahr, in der es schwebte. Er war ein von Wut und dem Verlangen nach Rache zerfressener Mann. Eine nachlässige, gleichgültige Bürokratie ermöglichte es Campbell, nicht nur einen, sondern drei Menschen zu töten.

Clearview, Washington, ist nur wenig mehr als eine Kreuzung, eine kleine Gemeinde im Snohomish County, neunzehn Kilometer südlich von Everett, der Kreisstadt, gelegen. Reisende, die den Stevens Pass, eine der nördlichen Routen über die Cascade Mountains, ansteuern, kommen auf ihrem Weg auch durch Clearview, obgleich es ihnen kaum bewußt ist.

Als es vorbei war, sagten die Einwohner entrüstet: »So etwas passiert hier nicht – nicht in Clearview.« Weshalb sagen die Leute so etwas? Ist jeder, der außerhalb einer Großstadt lebt, davon überzeugt, in einer sicheren Zone zu leben, unter einer Käseglocke, die ihn vor Gewaltverbrechen schützt? Möglicherweise – falls die Abendnachrichten als Barometer fungieren. Doch die nackte Tatsache ist, daß es überall tragische und entsetzliche Verbrechen gibt, so idyllisch die Landschaft auch sein, so gemächlich das Leben verlaufen mag, so liebevoll und fürsorglich Freunde und Nachbarn auch sein mögen. Psychopathen, deren wahre Motive sich normalerweise hinter einem gewinnenden, offenen Lächeln und aufrichtigen Versprechen verbergen, gibt es überall. Viele von ihnen sind ansehnliche oder schöne, erfolgreiche – wenigstens eine gewisse Zeit lang – und überzeugende Menschen. Manchmal vertrauen wir anderen zu sehr, zu schnell.

Er gehörte nicht zu den aalglatten, gutaussehenden Jägern, sondern erschreckte die meisten Frauen allein schon durch sein Aussehen. Er war recht groß, etwa einhundertundfünfundneunzig Zentimeter, hatte einen buschigen Schnäuzer, und sein rotbraunes, verfilztes Haar, das er im Afrolook trug, schien sich vor Elektrizität zu sträuben. Aber es waren seine Augen, von denen die Frauen den Blick nicht wenden konnten, die sie ihre Meinung ändern ließen. Augen wie Tunneleingänge, dunkle Kugeln über einer weißen Weite. *Sampaku* nennen die Japaner sie, ›Augen des Todes‹. Augen, wie Rasputin, der wahnsinnige Mönch sie hatte, der den russischen Adel mesmerisierte; auch ein hochgewachsener Mann, der seinen Feinden unzugänglich, undurchdringlich erschien.

Charles Rodman Campbells Augen führten ein Eigenleben. Sie waren oft verschleiert, sein Blick ein wenig verrückt. Für die Insassen des Monroe Reformatory, Washington, war er ein ›streitsüchtiger Vogel‹, für die Aufseher eine Heimsuchung, aber für seine Opfer der Teufel selbst.

Renae Ahlers Wicklund war eine wunderschöne Frau mit ihren dunklen Haaren, den großen Augen, den hohen Backenknochen und jenen symmetrischen Gesichtszügen, die einem Model Ehre gemacht hätten. Sie hatte den Dienst an der Schönheit zu ihrem Beruf gemacht und befaßte sich mit der Kunst, andere Frauen zu verschönern. Renae war freundlich, zuverlässig und couragiert. Sie muß couragiert gewesen sein, ansonsten hätte sie nicht ertragen, was ihr zustoßen sollte.

Nach der High-School, in deren Band sie als Tambourmajorin fungiert hatte, zog sie von Jamestown, North Dakota, erst nach Kalifornien, bevor sie sich im Staat Washington niederließ. Als sie ihren künftigen Ehemann Jack Wicklund kennenlernte, arbeitete sie in einem Schönheitssalon in Seattle. Sie war neunzehn Jahre alt, Jack war vierzehn Jahre älter, geschieden und Vater zweier Kinder.

1972 verliebten sie sich ineinander und heirateten. Renae erwartete ihr erstes Kind, als sie in ihr eigenes Haus zogen, ein hübsches, einstöckiges, am Rand von Clearview in einem Tannenhain gelegenes Gebäude. Die Parzellen waren morgengroß, und es erforderte Mühe, nachbarliche Beziehungen aufrechtzuerhalten. Über die Straße zu gehen, um einen Kaffeeklatsch zu halten, bedeutete einen Fußmarsch von fast vierhundert Metern. Aber Renae und die Eheleute Barbara und Don Hendrickson kamen sich rasch näher. Don war dreiundvierzig, Barbara einundvierzig Jahre alt. Sie lebten bereits seit zehn Jahren in Clearview und wurden für Renae fast so etwas wie Ersatzeltern. Auch ihre Kinder – Peggy, Susan und Dan – betrachtete Renae als ihre Familie.

Jack Wicklund reiste viel herum. Als der errechnete Geburtstermin immer näher rückte, war Renae mehr denn je dankbar dafür, daß es die Hendricksons gab. Als die Wehen einsetzten, war Jack gerade unterwegs. Es war Peggy Hendrickson, die Renae an jenem Tag des Jahres 1973 ins Krankenhaus fuhr, in dem sie ein Mädchen zur Welt brachte, das sie Shannah nannte. Shannah sah genauso aus wie ihre Mutter: Sie besaß die gleichen großen braunen Augen und das kastanienbraune Haar. Renae liebte ihre Tochter abgöttisch, und wo immer sie hinging, ihr Baby war stets bei ihr.

Wir wissen nicht, ob Shannah sich an die Tat erinnerte. Sie war erst anderthalb Jahre alt, als es geschah. Wir können nur vermuten, daß das Kind die Angst der Mutter spürte und daß seine damaligen Empfindungen in den nächsten acht Jahren in Alpträumen immer wieder an die Oberfläche drängten. Damals blieb Shannah nur am Leben, weil ihre Mutter das tat, was jede Mutter getan hätte, um ihr Kind zu retten: Renae Wicklund ging auf die Forderungen des Vergewaltigers ein, um Shannah zu schützen.

Der 11. Dezember 1974 war ein für die Jahreszeit untypisch warmer und sonniger Tag in Nordwest-Washington, wo es im Dezember normalerweise regnete, regnete und nochmals regnete. Die dreiundzwanzig Jahre alte Renae Wicklund beschloß, das schöne Wetter auszunutzen und die Fenster zu putzen. Da sie wußte, daß es in dieser Gegend Washingtons im Winter bereits um 16 Uhr dunkel wurde, suchte sie rasch alle Fensterputz-Utensilien zusammen und ließ Wasser in einen Eimer laufen, um noch vor Anbruch der Dunkelheit fertig zu sein. Ungefähr um 13 Uhr 30 setzte sie Shannah ins sonnenbeschienene Gras, redete mit ihr und sang für sie, während sie die Fenster putzte.

An jenem Mittwoch nachmittag wurde Renae plötzlich bewußt, daß jemand die lange Auffahrt heraufkam, die zwischen den Bäumen hindurch zu ihrem Haus führte. Aus den Augenwinkeln heraus nahm sie eine hochgewachsene Gestalt wahr. Sie drehte den Kopf, um sich den jungen Mann mit den rotbraunen Haaren genauer anzuschauen. Woraufhin er sich umwandte und die Auffahrt hinunterspazierte, die auf die Hauptstraße führte. Damals dachte sie, er hätte sich vielleicht verirrt und, als er sie sah, erkannt, daß es das falsche Haus war.

Renae ließ Shannah auf der Wiese zurück und ging ins

Haus, um noch ein paar Putzlappen zu holen. Als sie Augenblicke später wieder ins Freie trat, sah sie den Mann auf sich zukommen. Er lief.

Später sollte sie vor Gericht aussagen: »Er rannte auf das Haus zu, unsere Auffahrt hinauf. Ich dachte, er sei hinter Shannah her, also lief ich hinaus, um sie reinzuholen. Doch ich schaffte es nicht, die Haustür zu verschließen. Er warf sich dagegen.«

Renae, die wegen des milden Dezembertages nur leicht gekleidet war, versuchte mit aller ihr zur Verfügung stehenden Kraft, die Haustür zuzuhalten. Aber der Mann war zu stark, und sie hatte zusätzlich noch Shannah auf dem Arm. Als er ins Haus stürzte, sah sie ein Messer in seiner rechten Hand. Sie fragte ihn betont ruhig, ob sie etwas für ihn tun könne, in dem Glauben, es wäre noch nicht zu spät, wenn sie so tat, als hätte sie das Messer nicht gesehen.

Aber es war bereits zu spät. »Ja«, sagte der Eindringling. »Zieh dich aus, oder ich werde dein Kind töten, und das sage ich nicht nur so.«

Er hielt das Messer schrecklich nahe an Shannahs Körper. Renae wußte, daß ihr keine Wahl blieb. Sie stellte Shannah auf Geheiß des Fremden auf die Füße und zog langsam die Stiefel, die purpurfarbenen Kordsamtshorts, den schwarzen Pullover und das Unterhemd aus, setzte sich auf einen Stuhl und wartete ängstlich auf das, was unweigerlich kommen würde.

Aber er wollte keinen Geschlechtsverkehr, sondern oralen Sex. Während ihre kleine Tochter schrie, kam sie seiner Forderung nach, bis er befriedigt war.

Sie betete darum, daß er ihnen nichts antat, und war erleichtert, als er nach einem gemurmelten ›Danke‹ ging. Als er fort war, lief sie angeekelt ins Bad und spülte sich den Mund aus. Dann zog sie sich rasch an, schnappte sich Shannah und lief über die Straße zu den Hendricksons. Barbara Hendrickson warf nur einen Blick auf Renaes Gesicht und zog sie ins Haus.

»Renae sagte, draußen schleiche ein Mann herum, und sie hätte Angst, daß er zurückkommen würde«, teilte Barbara später den Deputies mit. »Sie schaute ständig aus dem Fenster. Ich verriegelte sofort die Tür und holte meine Schrotflinte.«

Renae und Shannah waren völlig durcheinander. Die beiden Frauen verbarrikadierten sich mit einer geladenen Schrotflinte im Hendricksonschen Haus und riefen das Büro des Snohomish County Sheriffs an. Um 14 Uhr 25 erschien ein Deputy.

Renae konnte ihm eine ausgezeichnete Beschreibung des Mannes gebe, der sie vergewaltigt und damit gedroht hatte, ihr Kind zu töten. Sie sagte, er sei sehr groß gewesen, habe krause, rötliche Haare gehabt und abgewetzte Bluejeans und ein rotschwarz kariertes Hemd getragen. Sie schätzte ihn auf Anfang Zwanzig. Er hatte schwach nach Alkohol gerochen.

Mit dieser genauen Beschreibung konnten die Snohomish County Detectives die in Frage kommenden Täter einkreisen. Sie kamen schließlich auf Charles Rodman Campbell als möglichen Verdächtigen. Campbell war sehr groß, und seine Haare standen ihm wie Löwenzahnsamen vom Kopf ab. Campbell steckte in Schwierigkeiten, seit er alt genug war, auf seinen eigenen Füßen zu stehen.

Charles Campbell wurde am 2. Oktober 1954 in Hawaii geboren. Seine Eltern zogen bald darauf ins Snohomish County. An seinen Kindheitsproblemen trug er keine Schuld. Campbell hatte sich stets und auf mancherlei Weise von den anderen unterschieden. Seine Mitschüler zogen ihn wegen seiner hawaiianischen Abstammung auf. Aber möglicherweise wirkte es sich noch verheerender aus, daß Charles' verkrüppelte Schwester von rücksichtslosen Kindern gequält wurde und sie auch ihn deswegen hänselten und mit grausamen Schimpfwörtern bedachten. Er versuchte, rasend vor Wut, sie zu beschützen. Charles Campbells Eltern, die es schon früh leid waren, sich für ihre Kinder verantwortlich zu fühlen, und sich bereits seit langem von ihnen losgesagt hatten, überließen es Campbells Großeltern, sich um ihn und seine Schwester zu kümmern. Doch diese waren nicht besonders daran interessiert, eine weitere Generation aufzuziehen.

Charles Campbell war immer schon ein wütendes Kind gewesen, groß und plump für sein Alter, und ein richtiger Streithahn. Entweder er kämpfte, oder er lief fort. Die Detectives des Police Department in Edmonds, Washington, hatten schon mit ihm zu tun, bevor er in die Junior High-School aufgenommen wurde. Und selbst dann bezweifelten sie, daß er lange dem Gefängnis fernbleiben würde. Campbell hatte stets das Gefühl gehabt, als seien alle nur darauf aus, ihn zu schnappen.

Mit sechzehn Jahren wurde er das erste Mal verhaftet, nachdem er einen Wagen gestohlen hatte. Verschiedenen Quellen zufolge besuchte er die Schule entweder bis zur neunten oder zehnten oder elften Klasse. Nun, auf jeden Fall war er kein besonders eifriger Schüler. Offensichtlich interessierte er sich mehr für Drogen und Alkohol.

Mit neunzehn Jahren brannte Chuck Campbell mit einer Zweiundzwanzigjährigen durch und heiratete sie. Seine neuen Schwiegereltern waren nicht gerade begeistert von ihrem Schwiegersohn. Das Paar war bereits nach zehn Monaten – noch vor dem ersten Hochzeitstag – wieder geschieden. Einen Monat vor der Scheidung brachte seine Frau ein Kind zur Welt. Campbell wurde angewiesen, für das Kind monatlich fünfundsiebzig Dollar Unterhalt zu zahlen, aber sein Besuchsrecht wurde widerrufen, nachdem ein Richter entschied, daß er eine ernsthafte Bedrohung für das Kind und die Antragstellerin darstelle und daß er Kind und Ehefrau in der Vergangenheit körperlich mißhandelt und vernachlässigt hatte. Da Campbell kurz darauf ins Gefängnis wanderte, waren Ex-Frau und Kind davon überzeugt, daß er sie nicht wieder besuchen würde.

Deshalb war Charles Campbell für die Snohomish County Police kein Unbekannter. Wenn man einmal einem einhundertundfünfundneunzig Zentimeter großen Mann mit rötlichem Haar begegnet ist, einem Mann, der vor Wut förmlich vibriert, vergißt man ihn nicht – besonders dann nicht, wenn man ein Cop ist. Die Polizei besaß bereits eine Akte mit seinem Foto. Sie nahmen es in das ›Verbrecheralbum‹ auf, das sie Renae Wicklund zwei Wochen nach der Vergewaltigung zeigten.

Zitternd, aber bestimmt, deutete sie sofort auf Campbells Bild. »Das ist er.«

Aber die Suche nach Charles Campbell sollte sich um einiges schwieriger gestalten als seine Identifizierung. Erst nach über einem Jahr konnte die Polizei ihn verhaften und mit anderen Männern in einer Reihe aufstellen. Am 1. März 1976 schaute sich Renae Wicklund durch eine Einwegscheibe die vor ihr aufgereihten Männer genau an und deutete augenblicklich auf Campbell. Er war der Mann, der sie vor sechzehn Monaten zur Fellatio gezwungen hatte.

Campbell argumentierte, er könne am 11. Dezember 1974 unmöglich in Clearview gewesen sein, da er in der fraglichen Zeit in dem fast fünfzig Kilometer von Clearview entfernten Renton als Koch in einem Pizzarestaurant gearbeitet habe, wo er auch wohnte. Er bestand darauf, daß er am 11. Dezember bis 15 Uhr 30 habe arbeiten müssen und die ganze Schicht in der Küche verbracht habe.

Aber ein genauer Blick auf Campbells Background brachte eine weitere Information zutage, die offenbarte, daß er mehr war als ein normaler, schwer arbeitender Pizzabäcker. Er wurde wegen eines Ende Dezember 1974 im Snohomish County begangenen Drogenvergehens gesucht und hatte in Renton unter dem Pseudonym Dan Leslie Kile gearbeitet, um einer Festnahme zu entgehen. Campbell kündigte seinen Pizzabäckerjob überraschend am 14. Dezember 1974, dem Tag, an dem die Polizei in Renton ihre Untersuchung des offensichtlichen Diebstahls von eintausendzweihundert Dollar aus der Registrierkasse des Pizzarestaurants aufnahm.

Campbell gab zu, daß er nicht genau wisse, was er am Morgen des Tages, an dem Renae Wicklund vergewaltigt wurde, getan habe, sagte aber, er pflege morgens stets zu trinken – ›aber nur so lange, bis ich einen Schwips habe‹ –, und daß er es am fraglichen Mittwoch wohl genauso gehalten hätte. Er sagte, er wisse nicht einmal, wo Clearview liege und daß er nie einen Grund gehabt habe, sich dorthin zu begeben – ungeachtet der Tatsache, daß er fünfzehn Jahre lang im Snohomish County gelebt hatte und erst einen Monat vor der Vergewaltigung zu seiner Mutter nach Renton gezogen war.

In Charles Campbells Jugendakte waren Verhaftungen wegen Autodiebstahls, Einbruchs und Widerstandes gegen die Staatsgewalt aufgeführt. Dort stand auch, daß er eine Zeitlang in einer Besserungsanstalt für Jugendliche verbracht hatte. Im Jahre 1973 war er wegen Zechprellerei angeklagt worden, und die Anklagen wegen Drogenbesitzes im Jahre 1974 resultierten aus dem angeblichen Besitz von sechzig Amphetamintabletten. Aber hierbei handelte es sich nur um die Anklagen, die das Snohomish County gegen ihn erhob. Auf der anderen Seite der Kaskadenkette, im Okanogan County, hatte man Campbell im Frühjahr 1974 – also vor seinem Überfall auf Renae Wicklund – folgender Vergehen angeklagt: Mißachtung des Bundeswaffengesetzes, Widerstandes gegen die Staatsgewalt, rechtswidrigen Übergriffs, Einbruchs, zwei Anklagen wegen schweren Diebstahls, Tragens einer Waffe und tätlichen Angriffs. Diese Anklagen bestanden noch.

Alles in allem gehörte Charles Campbell nicht zu jenen Männern, die eine Frau die Auffahrt zu ihrem Haus hinauflaufen sehen möchte.

Renae Wicklund war ungeheuer erleichtert, als Campbell sofort verhaftet wurde, nachdem sie ihn im März 1976 identifiziert hatte. Er wurde folgender Verbrechen angeklagt: Schwerer, tätlicher Angriff mit Tötungsabsicht und eine Anklage wegen Unzucht. Dadurch, daß sie zu Protokoll gab, was ihr widerfahren war, gehörte sie zu jenem verschwindend geringen Prozentsatz von Frauen, die den Mut haben, der Polizei eine Vergewaltigung zu melden. Vollzugsbeamte bestätigen, daß es fast unmöglich ist, eine genaue Vergewaltigungsstatistik zu führen, da vielleicht eines von zehn Vergewaltigungsopfern zur Polizei geht. Vergewaltigte und mißbrauchte Frauen sind nach der Tat ängstlich und verlegen und scheuen natürlich davor zurück, in den Zeugenstand zu treten und all den Fremden im Gerichtssaal intime Einzelheiten über den Sexüberfall preiszugeben.

Aber Renae Wicklund meldete die Vergewaltigung und schilderte vor Gericht genau, was geschehen war. Auch ihre Nachbarin Barbara Hendrickson trat in den Zeugenstand. Sie mußten einfach aussagen und sich mit den Konsequenzen abfinden, da sie wußten, daß dieser Mann, wenn sie es nicht taten, möglicherweise straflos davonkommen würde, frei, anderen Frauen Schaden zuzufügen. Aber der Prozeß war eine einzige Qual.

Im amerikanischen Rechtssystem hat der Verdächtige das Recht, den Ankläger (oder die Anklägerin) von Angesicht zu Angesicht zu sehen. Und während Renae von den sexuellen Vorlieben des Angreifers berichten mußte, starrte Charles Campbell, dieser große Mann mit den durchdringenden dunklen Augen, sie fortwährend an.

Renae Wicklunds Zeugenaussage wurde durch die Aussage einer früheren Freundin von Campbell untermauert. Die junge Frau erklärte, sie habe damals in der Nähe der Wicklunds gewohnt, wo Campbell sie häufig besuchte – unter anderem auch in der Woche, in der Renae Wicklund vergewaltigt wurde. Sie erklärte weiter, daß er ein Messer bei sich getragen und gesagt habe: ›Man weiß nie, wann man es braucht.‹

Die aus sieben Frauen und fünf Männern bestehende Jury sprach Charles Campbell in den beiden Anklagepunkten Überfall und Unzucht schuldig und urteilte weiter, daß Campbell beide Verbrechen verübt habe, als er sich im Besitz einer tödlichen Waffe befand. Zur Urteilsfindung wurde Campbells bisheriges Strafregister herangezogen. Die Jury kam zu dem Schluß, daß er nicht fähig sei, längere Zeit in Freiheit zu bleiben. Campbell hatte in bezug auf die Okanogan-County-Fälle bereits den Einbruch gestanden und war dafür zu fünfzehn Jahren Gefängnis verurteilt worden, mit einem Minimum von fünf Jahren. Phillip Sheridan, der Richter des Snohomish County, verurteilte Campbell für den Überfall auf die Wicklunds zu weiteren dreißig Jahren Gefängnis, mit einem Minimum von siebeneinhalb Jahren.

Der Prozeß dauerte nur drei Tage und war den Zeitungsredaktionen in Everett nicht einmal eine Schlagzeile wert.

Die sollten später kommen.

Renae Wicklund fuhr nach Hause, um die Scherben ihres Lebens einzusammeln, wie alle Vergewaltigungsopfer von einer stets gegenwärtigen Angst durchdrungen, die niemals ganz verschwindet. Ihre Ehe mit Jack Wicklund zerbrach, zum einen wegen des durch die Vergewaltigung ausgelösten psychischen Traumas, zum anderen aus persönlichen Gründen. Sie blieb mit Shannah in dem schlichten, kleinen, weißen Haus zwischen den Tannen wohnen und arbeitete schwer für dessen Unterhalt, nicht nur als Kosmetikerin, sondern auch als Buchhalterin in Schönheitssalons. Renae war eine sehr intelligente Frau und eine alleinerziehende Mutter, die sicherstellen wollte, daß Shannah alles hatte, was sie brauchte. Ihre Mutter Hilda hatte ein Leben lang gearbeitet, und auch Renaes Leben gründete sich auf Arbeit und Arbeitsmoral.

Renae blieb Jack nach seinem Auszug freundschaftlich verbunden, ebenso wie ihren Schwiegereltern, die in einer Kleinstadt im Kitsap County, auf der anderen Seite des Puget Sound, lebten. Jacks Eltern hatten Renae, deren Mutter Hilda und Schwester Lorene, die mehr als eintausendfünfhundert Kilometer weit entfernt in North Dakota wohnten, immer geliebt. Renae war eine ausgezeichnete Köchin und steuerte zu jeder Feier bei den Wicklunds Selbstgekochtes bei; und sie war ihrer Enkelin Shannah eine wunderbare Mutter. Obwohl sie und Jack sich hatten scheiden lassen, sorgte Renae dafür, daß Jacks Eltern Shannah häufig sahen.

Sobald sie sich daran gewöhnt hatten, daß Jack fort war, schien bei Renae Wicklund und Shannah alles in bester Ordnung zu sein. Don und Barbara halfen Renae bei Arbeiten, die sie allein nicht schaffte. Beide beteten Shannah an.

Nun wurde Jack Wicklund zu einem Ziel für Gewalttätigkeiten. Im Dezember 1977 wäre er bei einem seltsamen Überfall fast getötet worden. Man fand ihn in seiner Wohnung in West-Seattle an einen Stuhl gefesselt und mit schweren Verbrennungen, die den größten Teil seines Körpers bedeckten. Er wurde mit Blaulicht und Sirene ins Krankenhaus gefahren, aber es dauerte lange, bis die Ärzte unter Vorbehalt erklärten, er könne überleben, bis er eine Aussage machen konnte, und vielleicht noch länger. Er erinnerte sich nur noch daran, daß ein Fremder mit einem Paket zu ihm gekommen sei und ›Frohe Weihnachten‹ gewünscht habe. Er bestand darauf, den Mann noch nie zuvor gesehen zu haben. Der Fremde fesselte Jack an einen Stuhl, übergoß ihn mit Benzin und zündete ein Streichholz an.

Es grenzt an ein Wunder, daß Jack Wicklund den Anschlag überlebte, aber er behielt schreckliche Narben zurück und hatte ständig Schmerzen. Er mußte eine Art Gummianzug tragen, um die weitere Bildung von Narbengewebe auf ein Minimum zu beschränken.

Im April besuchte Jack Wicklund seine Eltern in Hansville, Washington. Sie sorgten sich wegen der Verbrennungen, und es war schrecklich für sie gewesen, ihren Sohn in diesem seltsamen Gummianzug zu sehen. Aber er lebte. Nur wenige Stunden nachdem Jack sich von ihnen verabschiedet hatte, klingelte ein Leichenbeschauer des Kitsap County bei ihnen, um ihnen mitzuteilen, daß ihr Sohn bei einem Autounfall auf der Hansville Road ums Leben gekommen war. Sein Wagen war von der Straße abgekommen und gegen einen Baum geprallt. Er war sofort tot gewesen. Es gab keine Zeugen. Die Untersuchung brachte keine definitiven Antworten auf die Frage, weshalb Jack von der Straße abgekommen war. Nachdem er den Brandanschlag auf sein Leben wider Erwarten überlebt hatte, war Wicklund auf einer einsamen Straße von seinem Schicksal eingeholt worden. Die Kurve, in der Wicklund die Gewalt über seinen Wagen verloren hatte, war als gefährlich bekannt. Aber Wicklund war bereits unzählige Male über diese Landstraße gefahren, und er kannte die Kurve: Er hätte darauf vorbereitet sein sollen. Vielleicht hatten ihn die Scheinwerfer eines entgegenkommenden Autos geblendet. Falls dem so war, hatte der andere Wagen nicht angehalten. Vielleicht war Wicklund zu schnell gefahren.

Die Polizei in Seattle fand nie heraus, wer versucht hatte, Wicklund umzubringen. Möglicherweise wollte er Selbstmord begehen, und erst der zweite Versuch war erfolgreich. Vielleicht war er in etwas Anstößiges oder Gefährliches verwickelt – oder beides. Vielleicht war Jack Wicklund auch nur ein vom Pech verfolgter Mann.

Der Schock über den vorsätzlichen Brandanschlag auf ihren Ex-Mann und seinen Unfalltod, der so rasch auf den versuchten Mord folgte, trug nur dazu bei, Renae Wicklunds Angst zu steigern. Seit der Vergewaltigung durch Charles Campbell betrachtete sie die Welt als einen überaus gefährlichen Ort, wo die Tragödien an der nächsten Ecke auf sie warteten. Sie fragte sich, ob die Vorkommnisse miteinander zu tun hatten, ob sie nicht mehr waren als nur zufällige Unglücksfälle. Sie erklärte Freunden und Kollegen, daß sie ständig mit etwas Furchtbarem rechne. Wer konnte es ihr verübeln?

Aber Renae Wicklund behielt die Fassade der gutgelaunten, extrovertierten Frau bei, die zuversichtlich war, daß sie für die vaterlose Shannah sorgen konnte. Vielleicht tauchen Probleme stets zu dritt auf, wie es die Leute immer sagten. Falls das stimmte, dann hatte Renae nach ihrer Vergewaltigung, dem Brandanschlag auf Jack und seinem Autounfall nichts mehr zu befürchten.

Renae Wicklund wußte nicht viel über das Rechtssystem. Sie wußte nur, daß Charles Campbell ins Monroe Reformatory eingewiesen worden war, die Washingtoner Strafanstalt mit mittelschweren Sicherheitsvorkehrungen. Dort wurden die Sicherheitsbestimmungen nicht so genau genommen wie im Staatsgefängnis von Walla Walla, aber viel genauer als in der Green Hill Academy, der Besserungsanstalt für jugendliche Täter in Chehalis. Renae war es gleich, wo Campbell sich aufhielt, solange es hinter Schloß und Riegel war. Schließlich

mußte er insgesamt fünfundvierzig Jahre im Gefängnis verbüßen. Das erschien ihr wie ein Sicherheitsnetz. Renae
glaubte, daß Campbell bei seiner Entlassung über fünfundsechzig Jahre alt sein würde. Dann wäre Shannah bereits eine
ältere und sie eine alte Frau. Wahrscheinlich wären sie in der
Zwischenzeit bereits weit fortgezogen, möglicherweise wieder zurück nach North Dakota.

Für einen Laien mögen sich fünfundvierzig Jahre wie eine
sehr lange Zeit anhören. Aber Charles Campbell würde seine
Strafen parallel und nicht nacheinander abbüßen. Obwohl
nicht sehr wahrscheinlich, war es dennoch möglich, daß er
nur das Minimum von siebeneinhalb Jahren absitzen mußte
und bereits 1983 oder 1984 wegen guter Führung entlassen
würde, natürlich nur, wenn er sich im Gefängnis nichts zu-
schulden kommen ließ.

Renae ahnte nicht, daß fünfundvierzig Jahre keinesfalls
fünfundvierzig Jahre *bedeuteten*.

Sie blieb mit Shannah in Clearview wohnen und arbeitete,
um die Unterhaltskosten für das Haus aufzubringen. Shannah verwandelte sich von einem Krabbelkind in ein hübsches
kleines Mädchen mit einem glatten, leuchtendbraunen Pagenkopf und großen braunen Augen. Sie war recht groß für
ihr Alter, still und ein wenig scheu. Shannah besuchte die She-
pherd of the Hill Lutheran Church Sunday School, wo man sie
die ›kleine Missionarin‹ nannte, weil sie immer wieder neue
Freundinnen oder Freunde mitbrachte.

Renae hatte als Kind Flöte gespielt, und auch Shannah
zeigte in dieser Hinsicht Ambitionen. Sie lud Don und Barb
zu einem ›Konzert‹ ein. Die Hendricksons klatschten, als sei
sie ein Wunderkind. Sie nahm auch Tanzstunden. Don schoß
Fotos, die sie in ihren Kostümen zeigen. Und Großvater Wicklund brachte ihr bei, wie man auf einem Zweirad fuhr.

Für ein kleines Mädchen war Clearview ein guter Ort, um
aufzuwachsen, obwohl es für Renae möglicherweise einfacher gewesen wäre, in einer Stadtwohnung zu leben, wo sie
sich nicht mit undichten Dächern, verrosteten Rohren und
mit Unkrautjäten herumschlagen mußte. Renae zählte auf
ihre Nachbarn. Sie kaufte mit Shannah auf dem Markt in

Clearview ein. Jeder kannte die beiden. Barbara Hendricksons Enkelkinder wuchsen zusammen mit Shannah auf. Sie spielten oft miteinander.

Renae erwies sich als wirklich clevere Geschäftsfrau. Sie betrieb die Buchhaltung für Schönheitssalons von zu Hause aus. Ihre Klienten waren von ihrem Know-how und der Effizienz angetan, mit der sie arbeitete. Sie war eine Expertin, wenn es darum ging, den Studentinnen und Studenten der Kosmetikschule Studienbeihilfen und Darlehen zu verschaffen. Anfang 1982 war Renae erst einunddreißig Jahre alt, aber sie kam ihren Verpflichtungen mit großer Reife nach.

Wenn sie überhaupt an den Mann dachte, der vor acht Jahren in ihr Leben eingebrochen war – und wer ihr nahestand, erklärte, daß es so war –, so blühten die schrecklichen Erinnerungen nur dann voll auf, wenn der Mond sich hinter treibenden Wolken verbarg und der Wind in den großen Bäumen seufzte, die das Haus umstanden. Charles Campbell gehörte zu einem Alptraum, den sie nicht völlig aus ihrem Gedächtnis verbannen konnte. Aber sein Bild verschwand, sobald die Sonne wieder aufging.

Renae kaufte sich einen großen Hund, einen Afghanen, aber mehr, um Gesellschaft zu haben, als zum Schutz für sie und Shannah. Afghanen sind als Revierverteidiger oder als Wachhunde nicht besonders tauglich. Aber der Hund würde wenigstens bellen, wenn sich jemand auf ihr Grundstück wagte. Und weniger als vierzig Kilometer entfernt saß Charles Campbell im Monroe Reformatory hinter Schloß und Riegel. Dort nannte man ihn ›One Punch‹, weil er kräftig zuschlagen konnte. Er war ein Raufbold, und schwächere Insassen umschmeichelten ihn aus Angst vor seinen Fäusten. Die Wachen wußten, daß Campbell *innerhalb* des Gefängnisses mit Drogen dealte. Die Liste seiner Gesetzesübertretungen wurde immer länger.

Renae beruhigte der Gedanke, daß der Mann, der sie vergewaltigt hatte, hinter Gefängnismauern saß und noch Jahre dort bleiben würde. Dennoch war sie überaus vorsichtig, da sie wußte, was geschehen konnte. Charles Campbell war nicht der einzige Mann, der Frauen überfiel. Renae hatte an

Türen und Fenstern stabile Schlösser anbringen lassen und Shannah gewarnt, niemals, aber auch niemals, mit einem Fremden mitzugehen.

Anfang Januar 1982 schneite es. Eines Morgens bemerkte Don Hendrickson unterhalb der seitlich gelegenen Fenster seines Hauses Spuren. Am selben Tag erklärte Renae Barbara, auch sie habe Fußspuren unter den Fenstern gesehen. Da sie so abgelegen wohnte, regten die großen Schuhabdrücke sie sehr auf.

Hilda Ahlers hatte ihre Tochter über Weihnachten besucht, wie sie es fast jedes Jahr zu tun pflegte. Renae hatte ihrer Mutter nie von dem Mann erzählt, der sie sieben Jahre zuvor überfallen hatte.

»Renae war so stark«, sagte ihre Mutter. »Ich wußte nichts davon. Sie wollte mich nicht beunruhigen.« Doch jetzt, im nachhinein, fiel Hilda auf, daß in jenem Winter etwas nicht gestimmt hatte. »Ich erinnere mich noch an einen Abend, als Renaes Hund, der normalerweise überhaupt nicht bellte, wild wurde und wütend zu kläffen begann. Ich dachte, draußen wäre etwas Schreckliches, war aber zu ängstlich, um nachzuschauen.«

Kurz danach biß der Afghane ein Nachbarskind, worauf Renae beschloß, ihn fortzugeben.

Und noch etwas fiel Hilda Ahlers in der Rückschau auf: »Ein anderes Mal sah ich Renae mit einem sehr seltsamen Gesichtsausdruck aus dem Fenster auf die Straße schauen. Ich fragte: ›Was siehst du da draußen?‹ Renae antwortete nur: ›Oh, nichts.‹ Sie wirkte nicht ängstlich, nur sehr ruhig, während sie die Straße beobachtete.«

Renae wußte nicht, daß Charles Campbell an jenem Wochenende im Januar nicht im Gefängnis war. Es war unglaublich, daß es ihm trotz einer langen Liste von Übertretungen gelungen war, wegen guter Führung Hafturlaub zu bekommen. Er hatte nicht einmal sechs Jahre abgesessen und war bereits mehrmals außerhalb der Gefängnismauern gewesen.

Weder Renae noch die Hendricksons wußten davon. Niemand hatte sich die Mühe gemacht, es ihnen mitzuteilen, noch klärte sie jemand darüber auf, daß Campbell einen Monat später in eine Einrichtung verlegt wurde, in der Häftlinge während der Verbüßung ihrer Strafe arbeiteten, und die nur rund fünfzehn Kilometer von Clearview entfernt lag.

Am 11. April 1982 blieb Renae wegen starker Halsschmerzen dem Ostergottesdienst fern. Don Hendrickson konnte sie schließlich dazu überreden, zu einem Arzt zu gehen. »Ich werde dich begleiten und deine Hand halten«, neckte er sie. Und er hielt ihre Hand, während der Arzt in der Notaufnahme sie untersuchte. Renae hatte eine fiebrige Halsentzündung. Der Arzt verordnete ihr einige Tage Bettruhe. Sie nahm Penicillin und versuchte, die weiche Nahrung hinunterzuschlucken, die Barbara ihr brachte.

Der 14. April war ein Mittwoch, genau wie jener Tag im Jahre 1974, als Charles Campbell Renae und Shannah überfallen hatte. Es war sonnig, aber stürmisch, und die sonnigen Abschnitte wechselten mit Bewölkung ab. Narzissen, Hartriegel und Obstbäume blühten. Der Frühling stand vor der Tür. Von Renaes Krankheit abgesehen, war alles so wie immer. Barbara stattete ihr am Morgen einen Besuch ab, um zu sehen, wie es ihr ging, und stellte fest, daß ihr Zustand sich leicht gebessert hatte. Sie versprach, am Nachmittag wieder vorbeizuschauen. Renae sah fern und versuchte, ein bißchen zu lesen.

»An diesem Nachmittag ging Barbara zum Briefkasten am Ende der Auffahrt«, erinnerte sich Don. »Dort traf sie Shannah, die von der Schule nach Hause kam. Barbara bat sie, Renae auszurichten, daß sie bald kommen und Götterspeise machen würde. Ich weiß noch, daß Barbara mich um 16 Uhr 20 bat, ihr meine Uhr zu leihen, weil sie Renaes Puls messen wollte.«

Dann ging sie zu Renae. Kein lautes Geräusch drang aus dem Haus, nichts, was die Nachbarn hätte beunruhigen können. Barbara blieb lange fort, aber Don machte sich darüber keine Gedanken. Die gegenseitigen Besuche dauerten oft Stunden.

An jenem Abend schien es früher dunkel zu werden als sonst. Ein Sturm beutelte das Haus der Hendricksons. Don warf einen Blick auf die leere Stelle an seinem Handgelenk, dort, wo sich normalerweise seine Uhr befand. Er stand auf und schaute auf eine Wanduhr. Es war kurz vor 18 Uhr. Seine Frau war bereits seit anderthalb Stunden fort.

Don zog eine Jacke an, ging die Auffahrt hinab, überquerte die Straße und steuerte Renaes Haus an. Normalerweise betrat er das Haus durch die Glasschiebetüren im Küchenbereich. An jenem Abend waren die beiden Türen nicht ganz geschlossen. *Seltsam*, dachte er. Dann schob er sie weiter auseinander und trat ein.

»Im Haus war es so *ruhig*«, sagte er später. »Ich habe so etwas noch nie und seitdem nie wieder erlebt. Es war völlig still. Als ich weiterging, hörte ich etwas – Wasser, das aus einem Hahn lief.«

Aus dem Hahn in der Küchenspüle. Er drehte ihn zu und lauschte. Barb, Renae und Shannah, die sonst immer genug Krach für sechs machten, hätten zu hören sein müssen. Er lauschte noch einmal angestrengt, aber wieder war nichts zu hören. Don sah sich in der Küche um und zuckte unwillkürlich zusammen, als er den Stuhl neben dem Dinette-Set liegen sah. Etwas stimmte hier nicht. Renae war immer so ordentlich. Die Stille hielt Don davon ab, seine Frau, Renae oder Shannah zu rufen.

Donald Hendrickson sollte sie kurz darauf finden und jene entsetzlichen Augenblicke durchleben, die er niemals vergessen wird.

Er war langsam von der Küche in den kleinen Flur gegangen, der zu den Schlafzimmern führte. Zuerst entdeckte er Barbara. Die Frau, mit der er seit vierunddreißig Jahren verheiratet war, lag reglos, mit aufgeschlitzter Kehle und durchtrennten Halsschlagadern, auf dem Flurteppich. Noch während er sich neben ihr auf die Knie niederließ, wußte er, daß sie tot war. Ein blutiger Heiligenschein umgab ihren Kopf, ihr wunderschönes, schon vor der Zeit ergrautes Haar war blutbefleckt. Dieses Bild würde Don Hendrickson nie wieder aus seinem Gedächtnis löschen können.

Jemand hatte mit einem rasierklingenscharfen Messer die Kehle seiner Frau von einer Seite zur anderen aufgeschlitzt. Das Blut war aus der Drosselader und beiden Halsschlagadern geströmt. Sie konnte nur noch wenige Augenblicke gelebt haben, bevor sie verblutet war.

Vom Schock betäubt, erhob sich Don und ging den Flur hinab. Er wollte nicht, aber er mußte sehen, was sich hinter den anderen Türen verbarg. Shannahs Schlafzimmer war leer. Er ging zu Renaes Schlafzimmer und blieb einen Augenblick lang vor der Tür stehen, bevor er sie öffnete und ins Zimmer schaute.

Renae und Shannah lagen auf dem Boden. Renae war nackt – der Körper von blauen Flecken übersät, die Kehle mit makabrer Effizienz aufgeschlitzt. Shannah lag auf der anderen Seite des Zimmers, ihrer Mutter gegenüber, von der gnadenlosen Messerschneide fast enthauptet. Neun Jahre alt, mit aufgeschlitzter Kehle. Alle waren tot.

Automatisch nahm Don Hendrickson das Telefon und wählte mit gefühllosen Fingern die Notrufnummer. Dann ging er ins Freie, um einen klaren Kopf zu bekommen. »Ich hörte ein Auto starten«, sagte er. »Es waren Renaes Nachbarn mit ihren Töchtern. Ich lief auf sie zu und schrie: ›Shannah und Renae sind tot!‹ Sie schauten mich nur an. Dann stiegen sie aus dem Wagen und rannten ins Haus. Ich glaube, sie fürchteten sich vor mir, weil ich mich so seltsam verhielt.«

Kurz darauf trafen Snohomish County Deputies am Tatort ein. Sie warfen einen Blick auf das Blutbad und forderten Beamte des Morddezernates an. Was ihnen am 14. April begegnete, bedeutete tagelange Arbeit, und das fast rund um die Uhr. Die Öffentlichkeit ahnte anfangs nicht, wie unheimlich der Dreifachmord war. In den Medien wurden die Morde heruntergespielt. Das Nachrichtenbulletin war nur sehr kurz und bewußt lakonisch abgefaßt. Die Beamten gaben kaum Information preis: »Im Süden des Snomish County wurden drei Tote aufgefunden ...«

Lieutenant Glenn Mann und Sergeant Joe Belinc würden die Untersuchung leiten. Wenn jemand die wahre Geschichte hinter dem, was in dem kleinen Haus in Clearview geschehen war, würde herausfinden können, dann diese beiden Männer. Bis zum Abschluß des Wicklund-Hendrickson-Falles sollten außer Mann und Belinc neunundzwanzig weitere Untersuchungsbeamte daran arbeiten. Belinc war Anfang der siebziger Jahre die treibende Kraft bei Washingtons berüchtigtem Bellevue-Sniper-Fall gewesen. Jetzt würde er an einem weiteren schlagzeilenträchtigen Fall arbeiten.

Jemand war in das Wicklundsche Haus eingedrungen, jemand, der kräftig genug war, um zwei Frauen zu überwältigen; die kleine Shannah konnte kaum eine Gegnerin für ihn gewesen sein. Wie es aussah, war es Barbara Hendrickson gelungen, sich aus seinem Griff zu befreien. Vielleicht wollte sie gerade Hilfe holen, als sie im Flur niedergeschlagen wurde. Es bestand aber auch die Möglichkeit, daß Renae Wicklund und Shannah bereits tot waren, als Barbara Hendrickson das Haus betrat. Vielleicht hatte Barbara sie gerufen, möglicherweise hatte sie aber auch das gleiche Grauen gespürt wie ihr Mann eine Stunde später, die gleiche brüllende Stille gehört und sich geängstigt – nur um dem Mann mit dem Messer zu begegnen und im letzten Augenblick zu erkennen, daß sie in einen entsetzlichen Alptraum geraten war.

Die Untersuchungsbeamten verbrachten Stunden am Tatort und hielten nach etwaigem Beweismaterial Ausschau, das der Mörder zurückgelassen haben mochte. Die Leichen wurden an Ort und Stelle fotografiert, bevor man sie den Snohomish County Coroner's Deputies überließ. Traurige und schockierte Nachbarn standen am Rand des Mordschauplatzes, zusammen mit den Kameramännern der Nachrichtenmedien, die Meter um Meter filmten, wie die Säcke mit den Leichen in einen Leichenwagen geladen wurden, der sie zum Leichenbeschauer brachte. Die Nachbarn konnten nicht glauben, daß Renae, Shannah und Barbara tot waren. Es war unmöglich, so etwas konnte einfach nicht geschehen sein – nicht so schnell und so lautlos an einem Apriltag. Eine Nach-

368

barin gestand leise, wie ängstlich sie sei, und fragte sich, ob ein Verrückter frei herumlief, sich zwischen den dicht stehenden Bäumen versteckte und nur darauf wartete, erneut zuzuschlagen.

Die Untersuchungsbeamten begannen mit ihren Tür-zu-Tür-Befragungen. Sie stellten fest, daß niemand etwas gehört oder gesehen hatte – aber sie hörten immer wieder, daß Renae nicht zum ersten Opfer eines Wahnsinnigen geworden war. Alle wußten, daß Renae vor acht Jahren überfallen worden war, und diejenigen, die ihr nahestanden, erinnerten sich daran, daß sie seitdem in einem Zustand geheimen Entsetzens gelebt hatte. Sie hatte befürchtet, der Täter würde eines Tages zurückkommen und sich an ihr rächen, weil sie vor Gericht gegen ihn ausgesagt hatte. Und keine Beteuerung, daß sie wahrscheinlich nur ein zufälliges Opfer gewesen sei, daß er sie wahrscheinlich bereits vergessen hatte, konnte sie vom Gegenteil überzeugen.

Sie schien gewußt zu haben, daß sie verdammt war, daß der Täter die sicheren Mauern zerstören würde, die sie um sich und Shannah errichtet hatte. Und doch beschreibt jeder Renae als einen wunderbaren Menschen, eine gute Freundin, eine intelligente, hart arbeitende Frau. Das Ausmaß der Trauer ihrer Freunde und Nachbarn zeigte, was für ein guter Mensch sie gewesen war. Genau wie Barbara Hendrickson. Einst hatte Barbara eine Schrotflinte geladen, um Renae und Shannah zu beschützen. Aber diesmal bot sich ihr nicht die Gelegenheit, zur Waffe zu greifen und zurückzuschlagen. Die quer über den Hals laufenden Schnittwunden kennzeichneten diese Morde als Exekutionen, kaltblütige, wirkungsvolle Exekutionen. Der Täter wollte ihren Tod. Es schien so einfach. Das Kind? Shannah hätte dem Täter nicht weh tun können, aber sie war alt und aufgeweckt genug, um ihn zu beschreiben. Also mußte auch sie sterben. Wie konnte jemand einen Groll gegen ein neunjähriges Mädchen hegen? Es schien unmöglich zu sein.

Die Detectives interviewten auch Don Hendrickson. Sie fragten ihn, wer seiner Meinung nach Grund gehabt hätte, seine Frau und seine Nachbarn umzubringen. Nach längerem

Nachdenken sagte er: »Der einzige, den ich mir als Täter vorstellen kann, ist der Mann, der Renae vergewaltigt hat.«

Damals konnte er sich nicht einmal mehr an Charles Campbells Namen erinnern. Campbell gehörte der Vergangenheit an – hätte der Vergangenheit angehören sollen. Aber als die Detectives Campbells Aufenthaltsorte überprüften, mußten sie feststellen, daß er fast täglich in der Nähe von Clearview gewohnt und gearbeitet hatte, und das *ohne Aufsicht*. Die Erklärung des Department of Corrections war nicht nur alarmierend, sie war erschreckend. Den Aufzeichnungen zufolge war Charles Campbell im Oktober 1981 – also knapp sechs Jahre nach seiner Verurteilung wegen Vergewaltigung von Renae Wicklund – in eine Einrichtung gezogen, wo es nur ein Minimum an Sicherheit gab, auch als Monroe House bekannt. Dort arbeitete er als Koch. Er war zwar noch in Haft, gehörte aber zu dem Personenkreis, der für einen Hafturlaub in Frage kam. Am 24. Februar, sechs Wochen vor dem dreifachen Mord in Clearview, kam Campbell der endgültigen Freiheit sogar noch ein Stückchen näher: Er wurde aus dem Gefängnis entlassen und einem Work-Release-Programm zugeteilt. Er wohnte in einem Work- Release-Heim in Everett, nur zwei Häuserblocks vom Snohomish County Courthouse entfernt. Work-Release bedeutete, daß er tagsüber außerhalb arbeitete, nachts im Heim schlief und strikte Regeln zu befolgen hatte. In seinem Fall hieß das: kein Alkohol, keine Drogen.

Obgleich Campbell den größten Teil des Tages buchstäblich frei und nur knapp zwanzig Kilometer von jenem Haus in Clearview entfernt war, das er 1972 überfallen hatte, und obwohl er nur zwei Häuserblocks vom Snohomish County Courthouse entfernt wohnte, wurde dem Büro des Sheriffs keine Meldung gemacht. Man könnte sagen, das wäre so, als ließe man einen Fuchs in den Hühnerstall, ohne dem Farmer Bescheid zu sagen.

Am Abend des 14. April, dem Tag der Morde, kehrte Charles Campbell offensichtlich alkoholisiert ins Wohnheim zurück. Sein Blutalkoholwert lag fast dreimal so hoch wie der von Washington festgesetzte Standard für Trunkenheit. Tests ergaben, daß er zusätzlich noch Morphium, Kodein, Chinin,

Methadon und Kokain im Körper hatte! Da er die wichtigste Regel des Wohnheims, das als Zwischenstation zur endgültigen Freiheit galt, verletzt hatte, wurde Campbell wieder ins Monroe Reformatory verlegt. Aber zu diesem Zeitpunkt waren Renae Wicklund, Shannah Wicklund und Barbara Hendrickson bereits tot. Man hatte sie weder über Campbells vorzeitige Freilassung aus dem Gefängnis im Februar informiert noch sich mit ihnen beraten. Man hatte ihnen Entsetzliches angetan, aber das schlimmste war, daß die Morde hätten verhindert werden können. Es gab so viele Möglichkeiten, wie man den unerbittlichen Weg zu dem dreifachen Mord hätte blockieren können.

Wieder zurück im Monroe Reformatory, wurde Charles Campbell des schweren, vorsätzlichen Mordes in drei Fällen angeklagt, begangen am 14. April 1982. Als bekannt wurde, daß Charles Campbell des dreifachen Mordes beschuldigt war, reagierten die Bürger des Snohomish County, ja, die Bürger des ganzen Bundesstaates, mit Unglauben und Wut. Der Besitzer von Rick's Clearview Foods, Rick Arriza, legte in seinem kleinen Gemischtwarenladen, in dem auch die Opfer eingekauft hatten, eine Petition aus, in der die Todesstrafe für Campbell gefordert wurde, sollte er schuldig sein, und bat um die Unterschriften der Einwohner von Clearview. Aus allen Himmelsrichtungen strömten Menschen herbei, um das Gesuch zu unterschreiben.

Und mit der Wut kam die Angst. Die Zahl der Frauen, die Vergewaltigungen oder sexuelle Angriffe meldeten, ging rapide zurück. Die Frauen fürchteten sich, Vergewaltigungen zu Protokoll zu geben. Wenn sie nicht sicher sein konnten, daß der Mann, der sie vergewaltigt hatte, für Jahre hinter Gittern verschwand; wenn sie brutale Vergeltungsmaßnahmen befürchten mußten, dann, so sagten sie sich, war es sicherer, das Geschehene einfach zu verschweigen und zu versuchen, damit zu leben.

Sheriff Bobby Dodge, Lieutenant Mann, Sergeant Belinc und ihr Team von Detectives arbeiteten unter großem Druck. Ihre Arbeit verlangte System und Methode; verlangte nach handfesten Beweisen, die man gegen Campbell verwenden

371

konnte. Sie würden und konnten nicht mit Reportern über den Fall sprechen, und sie ertrugen stoisch das Blitzlichtgewitter der Fotografen. Snohomish County Sheriff Bobby Dodge trat im Fernsehen auf und rechnete mit einem System ab, das es einem Mann wie Campbell, mit all den Verbrechen, derer er für schuldig erklärt worden war, erlaubte, in die Gemeinde zurückzukehren, in der er die Wicklunds überfallen hatte – ohne auch nur einem Vollzugsbeamten davon Mitteilung zu machen.

Am 1. Mai 1982 erschien Charles Campbell, jetzt 27 Jahre alt, vor Judge Dennis Britt und bekannte sich ›nicht schuldig‹. Der Richter ordnete eine psychiatrische Untersuchung an. Möglicherweise würde ein Verteidiger später auf Grund des Ergebnisses auf ›nicht schuldig‹ wegen Unzurechnungsfähigkeit plädieren. Campbell trug Handschellen und Beineisen. Die Zuschauer wurden vor dem Eintritt in den Gerichtssaal mit Metalldetektoren durchsucht. Campbell wäre gern im Western State Hospital untersucht worden, aber die Liste der aus dieser Nervenklinik entflohenen Sexualtäter, die danach weiter unschuldige Bürger überfallen hatten, war bereits zu lang. Judge Britt ordnete an, daß Campbell sich in der Isolierzelle des Gefängnisses mit den Psychiatern treffen solle.

Die ersten Berichte über die vergangenen sechs Jahre im Monroe Reformatory deuteten an, daß Campbell sich dort gut geführt hatte. Die Mitglieder des Patrole Board (Kommission für bedingte Haftentlassungen) wußten von dem Selbstmordversuch, den Campbell 1976, also während der Haft, unternommen hatte. Der Ausschuß hatte ihn immer im Auge gehabt, weigerte sich jedoch, zu den psychiatrischen Aufzeichnungen über den Gefangenen Stellung zu nehmen. Campbells Anwälte erklärten, ihr Mandant hätte zugegeben, ein Alkohol- und Drogenproblem zu haben, und betrachte sich selbst als ›borderline case‹*, bei dem es

* Borderline-Fälle sind Grenzfälle zwischen Neurose und Psychose. (A. d. Ü.)

›zuschnappe‹, wenn er trank, und der danach nicht mehr wußte, was er tat.

Während der Fall zunehmend seltsamer wurde, berichtete die *Seattle Times*, daß es sich bei einer der von den Beamten des Morddezernates befragten Zeuginnen um eine Drogen- und Alkoholberaterin handele, die bis etwa 1980 an einem im Monroe Reformatory durchgeführten Programm teilgenommen hatte. Den Aufzeichnungen ihres früheren Arbeitgebers zufolge kündigte die junge Beraterin, weil sie eine der ersten Regeln der in der Beratung Tätigen gebrochen hatte: Sie hatte sich in ihren ›Patienten‹ verliebt. Der Patient hieß Charles Campbell. Die junge Frau weigerte sich, eine Erklärung abzugeben, aber eine Verwandte gab zu, daß Campbell sie Anfang 1982 während eines Urlaubs vom Gefängnis in ihrem Haus besucht habe.

Campbells angeblich enge persönliche Beziehung zu der Frau wurde durch eine Notiz vom 28. Januar 1982 bestätigt, die sich in den Monroe-House-Akten fand. Campbell war von einem Urlaub zurückgekehrt und hatte erklärt, er sei mit einem Wagen im Nordwesten von Monroe gegen einen Pfosten gefahren. Das Auto, ein 1974er Volkswagen, wurde fahrerlos von einem Washingtoner State Trooper gefunden. Der Wagen hatte einen Totalschaden, der Pfosten war schwer beschädigt. Der Trooper fragte beim Department of Motor Vehicles nach, auf wen der Wagen registriert war. Wie sich herausstellte, gehörte er einer Frau, die als Beraterin in einem Gefängnis gearbeitet hatte. Später erklärte sie ihrer Versicherung, sie habe den Wagen verschrotten lassen. Es wurde keine Anklage erhoben, weil die Troopers nicht ermitteln konnten, wer am Steuer des Volkswagens gesessen hatte.

Campbell hatte vielleicht eine Frau bezaubern können, aber eine andere, seine Ex-Frau, schien von seinem Charisma nicht beeindruckt gewesen zu sein. Sie erklärte einem Detective aus der Stadt, in der sie lebte, daß Campbell – den auch sie noch im Gefängnis wähnte – Weihnachten 1981 in ihr Haus eingedrungen sei und sie vergewaltigt habe. Sie sagte, er sei noch zweimal wiedergekommen, um sie zu vergewaltigen. Am 16. März sei sie schließlich zur Polizei gegangen und habe versucht, gegen Campbell eine offizielle Klage wegen Vergewaltigung einzureichen, aber man habe ihr geraten, die Klage fallenzulassen, weil der Fall zu unsicher zu sein schien, um ihn vor Gericht zu bringen.

Das war der Mann, den Renae Wicklund sicher hinter Gefängnismauern wähnte. Campbell hatte nur neunzehn Kilometer von ihr entfernt in einer Landschaftsgärtnerei gearbeitet, offensichtlich eine romantische Beziehung zu seiner ehemaligen Drogenberaterin unterhalten und angeblich seine Ex-Frau vergewaltigt. Und es gab noch einen Faktor. Am 18. März entdeckte eine Work-Release-Beamtin in seinem Bett eine halbvolle Bierdose. Sie meldete, in seinem Zimmer habe es nach Bier gerochen.

Das machte Campbell wütend. Er haßte es, wenn Beamtinnen der Einrichtung ihn anschwärzten, und er zeigte seinen Haß offen. Er stritt sich mit ihnen selbst über die kleinsten Anweisungen, und erklärte, bei seinen Gefängnisurlauben in bezug auf seine gesellschaftlichen Ausflüge viel mehr Freiheit gehabt zu haben. Er war der Meinung, daß er, während er als Freigänger arbeitete, die Freiheit haben sollte, zu tun, was er wollte.

Es wurde ein Hearing wegen seines ›schlechten Benehmens und Verhaltens‹ zwei Beamtinnen gegenüber anberaumt, mit dem Ergebnis, daß er im Work-Release-Programm bleiben durfte. Man gewährte ihm hauptsächlich wegen der guten Führung während des Gefängnisaufenthaltes eine zweite Chance.

Aber war seine Führung wirklich so gut?

Ein Blick auf Charles Rodman Campbells ›gute Führung‹ läßt einen zurückzucken. Aus irgendeinem Grund waren, als Campbell sich an das Parole Board mit der Bitte um Arbeit im Work-Release-Programm wandte, in den Akten, die der Kommission zur Verfügung gestellt wurden, nur drei kleinere, in Campbells erstem Jahr in Monroe begangene Vergehen aufgeführt, die nicht besonders schlimm waren: Zerreißen eines Vorhanges, Besitz von ›Pruno‹ (ein alkoholisches, von

Gefängnisinsassen aus Hefe und jedem Obst und Gemüse, das ihnen in die Hände fällt, destilliertes Getränk: Kartoffeln, Äpfel, Apfelsinen), und die Weigerung, sich von einem Wärter nach einem Prügel durchsuchen zu lassen, den er unter seiner Jacke versteckt hatte. Er erklärte, er trage den Prügel, um die Angriffe der Schläger auf dem Gefängnishof abzuwehren.

Aufgrund dieser geringfügigen Vergehen – eher die Taten eines bösen Jungen als die eines gefährlichen Gefangenen – gab der Superintendent des State Reformatory der Kommission zu verstehen, daß Campbell sich tadellos geführt habe.

Nun, nicht ganz so tadellos.

Nachdem das Parole Board ihm Hafturlaub und Teilnahme am Work-Release-Programm bewilligt hatte, *nachdem* Renae und Shannah Wicklunds und Barbara Hendricksons Kehlen aufgeschlitzt worden waren, und *nachdem* Campbell dieser Verbrechen angeklagt worden war, erklärte der Leiter der Gefängniswärter-Vereinigung der Strafanstalt, daß Campbell bereits ein Jahr vor seiner Teilnahme am Work-Release-Programm Drogen genommen habe.

Es war offensichtlich, daß jemand Charles Campbell gedeckt hatte. Kurz nachdem er in das Work-Release-Programm überführt worden war, entdeckte das Parole Board, daß das Monroe Reformatory es versäumt hatte, ihm Kopien der während der Haft verübten Übertretungen zuzusenden. Hunderte von Gefangenen waren aus dem Gefängnis entlassen worden, ohne daß man ihr Verhalten während der Haft bewertete. Charles Campbell gehörte zu jenen Gefangenen, die durch die Maschen des Justizsystems geschlüpft waren.

Dem KIRO-TV in Seattle gelang es, weitere Informationen über Campbells Übertretungen zu bekommen; Vorfälle, die sich zwischen dem 31. Dezember 1977 und dem 13. Juni 1978 ereignet hatten. Übertretungen, von denen das Parole Board niemals Kunde bekam, abgesehen von einer flüchtigen Notiz im Bericht eines Beraters, der erwähnte, Campbell habe eine Krankenschwester bedroht und sich mit einem Mitgefangenen gestritten. Den Aufzeichnungen zufolge hatte sich Campbell am Silvesterabend 1977 auf die Krankenschwester gestürzt, nachdem sie sich weigerte, ihm seine Medizin zu geben, weil er sich mit einer Stunde Verspätung im Krankenhaus gemeldet hatte. »Als ich mich weigerte, ihm die Medizin zu geben«, so die Schwester, »sprang er mit geballten Fäusten auf und stürzte auf mich zu, als wolle er mich schlagen.«

Ein Pfleger warf sich zwischen Campbell und die Krankenschwester, eine Wache zerrte Campbell fort, während er der Schwester Obszönitäten nachrief. Am 8. Mai 1978 trat Campbell einem Mitgefangenen in den Unterleib und ignorierte den Befehl eines Wärters, aufzuhören. Er gab erst nach, als weitere Wärter erschienen. Im selben Monat drängte Campbell sich bei der Essensausgabe vor und brachte seine Mitgefangenen gegen sich auf. Er weigerte sich, weiterzugehen, und zerbrach ein Tablett. Im Gefängnisspeisesaal herrschte eine bedrohliche Spannung. Am 24. Mai entdeckte man, daß Campbell sich mit Drogen abgefüllt hatte. Er kämpfte wie ein Tiger gegen die Wärter, denen es schließlich gelang, ihm die Jacke auszuziehen, in der sie einen Umschlag mit drei leeren gelben Kapseln fanden.

Einen Monat später wehrte Campbell sich erneut gegen eine Körperdurchsuchung, wobei er einem Mitgefangenen einen Umschlag zuwarf. Die Wärter griffen sich den Umschlag und entdeckten eine Spritze samt Nadel darin. Für diese Übertretungen wurden Campbell sämtliche Privilegien gestrichen. Aber selbst die Wärter fürchteten sich vor ihm. Sie baten die Verwaltungsbehörde, Campbell in die staatliche Strafanstalt Walla Walla zu verlegen, aber die reagierte nicht auf ihre Bitte.

Keine dieser Informationen stand dem Parole Board bei der Anhörung Campbells zur Verfügung.

Als die Nachrichten über Charles Campbells wirkliches Haftverhalten in die Medien gelangte, ordneten die Gesetzgeber des Staates Washington eine sofortige Untersuchung an. Einer der Senatoren brachte es auf den Punkt: »Jemand hat offensichtlich Informationen zurückgehalten und dadurch den Tod dreier Menschen verursacht.« Die Gefängnisverwaltung erklärte, daß die Kommission für bedingte Haftentlassungen *nicht* um die Einsicht in die Aufzeichnungen über alle geringfügigen Übertretungen gebeten habe und man aus diesem Grund die Berichte zurückbehalten hatte.

Charles Campbell hatte offensichtlich einer Menge Menschen einen höllischen Schrecken eingejagt, nicht nur seinen Mitgefangenen, sondern auch den Wärtern. Er war so groß, so muskulös und explodierte so schnell vor Wut. Wärter, die Einwände gegen Campbells bedingte Haftentlassung hatten, wollten ihre Namen nicht veröffentlicht sehen, sagten jedoch außerhalb des Protokolls, sie seien der Meinung, daß er wieder ins Gefängnis geschickt werden solle.

Noch mehr Angst, seinen Namen gedruckt zu sehen, hatte ein Ex-Mithäftling Campbells. Das Etikett ›Petze‹ ist für einen Ex-Gefangenen ein sicherer Weg, um innerhalb oder außerhalb der Gefängnismauern Selbstmord zu begehen. Der Mann, der anonym bleiben wollte, erinnerte sich, daß Charles Campbell seine Mitgefangenen durch Gewalt und Schrecken beherrschte und die schwächeren Gefangenen zwang, ihm Drogen zu verschaffen und ihm als Lustobjekte willfährig zu sein. Im Gefängnis besitzt nur der körperlich Starke Ansehen.

Höchstwahrscheinlich wird man nie erfahren, was an jenem 14. April 1982 wirklich geschah. Die Opfer sind tot, und der Mörder beschloß, nichts über sein Verbrechen verlauten zu lassen.

Charles Campbell wurde im November 1982 vor Gericht gestellt. Falls man ihn des schweren, vorsätzlichen Mordes für schuldig hielt, drohte ihm die Todesstrafe. Doch dazu mußte der Staat beweisen, daß Campbells Verbrechen in die gesetzlichen Parameter paßten:

Er verbüßte eine Haftstrafe in einer staatlichen Einrichtung oder einem staatlichen Programm, als die Morde geschahen.
Die Opfer hatten zuvor vor Gericht gegen ihn ausgesagt.

Campbell mordete angeblich, um seine Identität zu verschleiern.

Es gab mehr als ein Opfer, und die Morde waren Teil eines gewöhnlichen Komplotts oder Planes.

Die Morde wurden gemeinsam mit anderen Verbrechen verübt, einschließlich Vergewaltigung ersten Grades, Raubes ersten Grades und Einbruchs ersten Grades.

Die Parameter stimmten. Renae Wicklund war vergewaltigt worden, als Campbell sich an ihr rächte, und ihr Schmuck war fort. Angeblich hatte Charles Campbell Stunden nach dem Blutbad versucht, ihn zu verkaufen. Die Anklagen wegen Einbruchs weisen darauf hin, daß der Angeklagte sich auf widerrechtliche Weise Zugang zum Haus verschafft hatte – entweder mit Gewalt oder unter einem Vorwand.

Charles Campbell beantragte, in einem anderen Bundesstaat vor Gericht gestellt zu werden; er behauptete, er könne wegen der Berichterstattung der Medien im Staat Washington keinen fairen Prozeß bekommen. Sein Ersuchen wurde abgelehnt.

Am 26. November 1982, einen Tag nach Thanksgiving, zogen sich die Geschworenen zurück, um über die Frage zu beraten, ob Campbell schuldig oder unschuldig war. Nach nur vier Stunden kehrten sie in den Gerichtssaal zurück und erklärten ihn für schuldig, schuldig in drei Fällen des schweren, vorsätzlichen Mordes.

Charles Campbell wurde zum Tode verurteilt. Anfangs weigerte er sich, mit seinen Anwälten zu kooperieren, die sich bemühten, sein Leben zu retten, und in Berufung gingen. Campbell erklärte, das sei gegen seinen Wunsch geschehen.

Er verbrachte als Todeskandidat Jahre in Walla Walla, einem Gefängnis des Staates Washington; eine fürchterlich anzusehende Gestalt, die nach Governor Booth Gardner spuckte, als dieser die Tollkühnheit besaß, durch die kugelsichere Scheibe in Campbells Zelle zu schauen. Für einen Mann, der vielleicht eines nicht so fernen Tages Gardner bitten würde, die Vollstreckung seines Urteils in letzter Minute auszusetzen, ein unglaublich dummes Verhalten.

Campbell bekam regelmäßig Besuch von seiner Geliebten, der ehemaligen Alkoholberaterin, und ihrem Kind – Charles Campbells Sohn. Sie waren ein recht seltsames Paar.

Die Zeit verging. Campbells Anwälte erhoben immer wieder Einspruch gegen das Urteil; Bemühungen, die Campbell nur mit Verachtung quittierte. Aber der Zeitpunkt der Exekution rückte immer näher. Im März 1989 gelang es seinen Anwälten, zwei Tage vor dem Exekutionstermin vor dem US-Ninth-Appellationsgericht einen Aufschub zu erwirken. Der aus drei Richtern bestehende Ausschuß erklärte sich damit einverstanden, sich den Einspruch von Campbells Anwälten anzuhören, in dem die behaupteten, man habe ihrem Mandanten das Recht auf einen fairen Prozeß verweigert, weil er bei der Auswahl seiner Jury nicht anwesend war. (Tatsache ist, daß *er* sich geweigert hatte, vor Gericht zu erscheinen.)

Zweitens sei es eine grausame und ungewöhnliche Strafe, daß sich der Todeskandidat selbst aussuchen solle, wie er zu Tode gebracht werden wolle. (Als der Staat Washington der Liste der Exekutionsmethoden noch die tödliche Injektion hinzufügte, wurde Charles Campbell störrisch. Er bestand darauf, daß er auf keinen Fall wählen würde. Im Grunde zwinge ihn der Staat zum Selbstmord, wenn er sagen solle, welche Exekutionsmethode er bevorzuge.) »Das verstößt gegen meinen Glauben«, sagte er selbstgefällig.

Der Appellationsgerichts-Ausschuß hörte sich im Juni 1989 die Argumente im Fall Campbell an, aber erst zweieinhalb Jahre später verkündeten die Richter ihr Urteil. Im April 1992 wiesen sie Campbells Beweise zurück, bewilligten jedoch später sein Gesuch, zu denselben Punkten noch einmal von einem mit elf Richtern besetzten Ausschuß gehört zu werden. Zusätzlich dazu reichten Campbell und sein Anwaltsteam noch eine weitere Petition an die Regierung der Vereinigten Staaten ein, seine dritte. Letztere wurde abgewiesen, über die zweite ist immer noch nicht entschieden.

In dem seit seiner Verurteilung vergangenen Jahrzehnt ist Charles Campbell offensichtlich zu der Ansicht gelangt, daß auch er sterblich ist und die Möglichkeit seiner Tötung durch den Staat Washington nicht von der Hand zu weisen ist. Doch als er schließlich mit seinen Anwälten bei dem Verfassen endloser Gesuche kooperierte, war es vielleicht schon zu spät.

Als Westly Allan Dodd, ein mörderischer Pädophiler, am 5. Januar 1993 im Staat Washington gehängt wurde, brach der Staat mit seiner fünfunddreißig Jahre alten Praxis, auf die Ausführung der Todesstrafe zu verzichten. *Man erwartet, daß Charles Campbell noch vor Ende 1993 hingerichtet wird. Es ist nur noch die Frage, ob er durch Hängen oder eine tödliche Injektion vom Leben zum Tode gebracht wird.*

Kaum jemand wird ihm eine Träne nachweinen.

Renae und Shannah Wicklund wurden Seite an Seite in Jamestown, North Dakota, begraben, fernab von Clearview, Washington. Hilda Ahlers kam nach Clearview, um die Angelegenheiten ihrer Tochter und ihrer Enkelin zu ordnen. Rick Arriza fuhr sie zur Clearview Elementary High School, damit sie Shannahs Habseligkeiten einsammeln konnte. Es war nicht viel – neun Jahre sind eine zu kurze Zeit, um viel anzusammeln – außer Liebe. »Ich brachte sie zur Schule«, erinnerte sich Arriza. »Wir holten Shannahs Sachen – Kleber, Märchenbücher, einen Schirm, Notizblöcke. Plötzlich begann sie zu weinen.«

Hilda Ahlers schlafwandelt kaum noch, wie sie es jahrelang getan hat, während sie den Augenblick, an dem sie von Renaes und Shannahs Tod erfuhr, immer wieder durchlebte.

»Um drei Uhr morgens klopfte jemand leicht an meine Tür«, erinnerte sie sich. »Ich fragte ›Wer ist da?‹, und diese zarte Stimme sagte: ›Ich‹, und ich wußte, es war Lorene. Ich hatte solche Angst, als ich die Tür aufmachte und mich fragte, welches meiner Enkelkinder ich verloren hatte. Aber dort stand Lorene mit ihrem Jüngsten, und ihr Mann Jack stand mit den beiden anderen Kindern neben ihr.«

»Ich weiß noch, wie ich dachte, Gott sei Dank, sie sind alle da. Dann entdeckte ich hinter ihnen den Pastor und wußte, es war Renae.

›Flugzeugabsturz?‹ fragte ich.

›Nein.‹
›Autounfall?‹
›Nein … ermordet.‹
Ich dachte sofort an Shannah. Wer kümmert sich jetzt um das Kind? Dann hörte ich Lorene sagen: ›Shannah auch.‹«

Mord auf Bestellung

Der in ›Der Killer: Gelegenheitsmord‹ beschriebene Fall ist meiner Meinung nach einmalig, da weder das Opfer noch der Täter unseren Erwartungen entsprach. Aber Morde sind, ähnlich wie Erdbeben und Wirbelstürme, nicht vorhersagbar. Das Muster wird ständig durchbrochen, neu geordnet und verändert.

Zugleich ist ›Der Killer‹ ein Fall, in dem selbst heute noch Fragen unbeantwortet blieben. Der Leser wird entscheiden müssen, ob der Gerechtigkeit ganz, teilweise oder überhaupt nicht Genüge getan wurde.

Falls Sie an Schicksal, Karma oder das Geschick glauben –
suchen Sie sich das passende Wort aus –, wird die Geschichte
von Wanda Emelina Norewicz Touchstone Ihren Glauben
bestätigen. Wanda war um die halbe Welt gereist, um ein
neues Leben zu beginnen. Sie war eine Einwanderin, aber
eine moderne Einwanderin: vital, attraktiv und sehr intelligent. Das Leben, das sie in Amerika hatte führen wollen, ließ
sich nicht verwirklichen, und sie war sehr enttäuscht und
erschrocken über ihre Lage. Aber am 11. August 1980 begann
Wanda zu glauben, daß es in ihrer Macht stand, ihre Situation
zu verbessern. Sie war erst vierunddreißig Jahre alt und hatte
endlich angefangen, sich *frei* zu fühlen.

Am Montag, dem 11. August, war es in Seattle warm und
sonnig. Wanda sah keinerlei Anlaß dafür, besorgt oder ängstlich zu sein, als sie ihr Junggesellinnenapartment in der Nähe
der University of Washington verließ. Im Gegenteil. Höchstwahrscheinlich hatte sie allen Grund, das vergangene ange-
nehme Wochenende als Hinweis auf das Ende der sorgenvol-
len Jahre zu sehen. Sie mußte noch ein paar Besorgungen
machen, die sie im Geiste durchging, während sie die breiten,
von Bäumen beschatteten Straßen des Universitätsviertels
entlangfuhr.

Tatsächlich hatte sie nur noch eine halbe Stunde zu leben.

Wanda Touchstone wurde am Valentinstag des Jahres 1946
in Lodz, Polen, geboren. Sie verpaßte den Zweiten Weltkrieg
um Monate und war zu jung, um die Verwüstungen zu
bemerken, die der Krieg in ihrer Heimat angerichtet hatte.
Natürlich hörte sie die Geschichten, als sie älter wurde, sah
die Ruinen der ausgebombten Gebäude, aber der Krieg war
für sie nicht *real*. Wanda studierte und wurde Biologielehrerin
an einer Höheren Schule. Obwohl sie eine dunkelhaarige
Schönheit war, blieb sie allein. Aber sie war keine altjüngfer-
liche Lehrerin, nein, sie war lustig und sprühte vor Leben.
Ihre Schüler liebten sie.

Im Jahr 1975 reiste Wanda nach Kalifornien, um ihre Tante
und ihren Onkel zu besuchen, und verliebte sich total in Amerika. Wanda sehnte sich danach, in den Vereinigten Staaten zu
leben, und war bereit, jeden Job anzunehmen nur um dort

bleiben zu können. Sie antwortete auf eine Anzeige in einer der Palo-Alto-Zeitungen, in der eine Haushälterin gesucht wurde. Der Job lag weit unter ihrem bildungsmäßigen und kulturellen Niveau, aber es war ein Anfang.

Der Gentleman, der per Anzeige eine Haushaltshilfe suchte, war Samuel Lewis Touchstone, auch bekannt als Robert Lewis Preston, achtundfünfzig Jahre alt; ein recht wohlhabender Immobilienmakler aus San José. Offensichtlich gefielen ihm Wandas Zeugnisse. Während des ersten Gespräches betrachtete er die schlanke Wanda mit den hohen Backenknochen voller Wohlwollen. Sie bekam die Stelle.

Es ist nicht weiter verwunderlich, daß Lew Touchstones Interesse an der hübschen Polin bald schon mehr als nur das Interesse eines Arbeitgebers an seiner Angestellten wurde. Als ihr befristetes Visum auslief, wurde ihm klar, daß er ihre Gesellschaft nicht mehr missen wollte. Die einfachste Lösung wäre gewesen, sie zu heiraten. Aber das war nicht möglich, da Lew Touchstone bereits verheiratet war. Aber er hatte einen unverheirateten Sohn, Ron Touchstone, der in Texas wohnte. Lew überredete Ron, sich standesamtlich mit Wanda trauen zu lassen. Die nur auf dem Papier bestehende Ehe wurde 1976 geschlossen. Es gibt keine Anzeichen dafür, daß Wanda jemals mit Ron Touchstone zusammengelebt hätte. Aber ihre Eheschließung war legal und erlaubte Wanda, in den Vereinigten Staaten zu bleiben, während Lew Touchstone sich von seiner damaligen Frau trennte. Nach der Trennung ließ sich Wanda im März 1977 von Ron Touchstone scheiden.

Im Mai 1977 zogen Lew Touchstone und Wanda – beide frisch geschieden – von San José, Kalifornien, nach Redmond, Washington, wo Lew für sie ein wunderschönes, großzügig geschnittenes Haus baute. Wanda hatte erwartet, daß Lew sie jetzt, wo alle gesetzlichen Hindernisse aus dem Weg geräumt waren, umgehend heiraten würde, aber Lew fand es romantischer, einfach nur mit ihr zusammenzuleben. Er erinnerte sich an den Sommer 1977 als eine ›recht glückliche‹ Zeit.

Aber Wanda wollte unbedingt heiraten. Lew erinnerte sich daran, daß er nicht nur zu ängstlich war, um nach zwei geschiedenen Ehen ein drittes Mal zu heiraten, sondern daß

er sich auch wegen des Altersunterschiedes von sechsundzwanzig Jahren sorgte und bei jeder Ehe befürchtete, daß sie
mit einem schmutzigen Kampf um den Besitz enden könnte.
Es würde um sein Vermögen, seinen ausgedehnten Grundbesitz, seine Eigentumsübertragungen gehen, denn Wanda
besaß nichts außer ihren Kleidern.

Nach Lew Touchstones Erinnerung hatte Wanda einen
Ehevertrag vorgeschlagen, gemäß dem alles, was ihm vor der
Ehe gehört hatte, auch nach einer etwaigen Scheidung ihm
gehören würde, und alles, was Wanda gehört hatte, auch nach
der Ehe ihr gehörte. Aber Wanda erklärte eidesstattlich, daß
Lew diese Übereinkunft gewollt hatte.

Sie konnten sich auf keinen Kompromiß einigen, und die
Möglichkeit einer Heirat rückte in weite Ferne. Im August
1977 kehrte Wanda, ein wenig enttäuscht von ihrer Beziehung
zu Lew Touchstone – die niemals funktionieren würde –, nach
Polen zurück. Er erwartete eine Frau aus der ›alten Welt‹, und
sie war eine moderne und intelligente Frau, eine – wie sie
hoffte – ebenbürtige Partnerin für einen Ehemann. Einen
Monat später reiste Lew Touchstone ihr nach. Das Paar diskutierte über eine etwaige Aussöhnung. Aber daraus wurde
nichts, und so flog Lew allein nach Amerika zurück. Doch er
konnte die Frau, mit der er zwei Jahre zusammengelebt hatte,
nicht vergessen. Im Februar 1978 flog er erneut nach Polen,
und diesmal wurde die Heirat beschlossen. War es wahre
Liebe? Wer weiß. Ehen werden aus vielerlei Gründen
geschlossen. Einige funktionieren und andere scheitern jäm-
merlich. Im Lichte der späteren Ereignisse sieht es so aus, als
sei die Ehe von Lew und Wanda nicht im Himmel geschlossen worden.

Im April 1978 flog Wanda nach Amerika zurück. Am
19. Mai 1978 heiratete sie Lew in Carson City, Nevada. Am
1. August unterzeichnete sie den Ehevertrag, in dem sie sich
damit einverstanden erklärte, daß Lew ihr im Falle einer
Scheidung nichts von seinem Besitz übertragen müsse. Weil
sie des Englischen nicht besonders mächtig war, konnte sie
den Wortlaut der Vereinbarung, die Lew sie zu unterzeichnen
bat, unmöglich verstehen. Sie unterschrieb dennoch, in dem

Glauben, daß sie ihrem frischgebackenen Ehemann trauen konnte und daß er sie nie gebeten hätte, ein unbilliges Dokument zu unterzeichnen.

Im ersten Jahr ihrer Ehe schienen sie gut miteinander auszukommen. Lew sagte, er hätte Wanda aus einem seiner Grundstücksverkäufe dreitausend Dollar gegeben, um ›ihr zu zeigen, daß ich sie liebte und versuchte, sie glücklich zu machen‹. Er schenkte ihr auch einen annähernd siebzehntausend Dollar teuren Diamantring sowie zwei weitere Diamantringe von nicht so großem, aber immer noch beachtlichem Wert. Vor der Hochzeit kaufte er noch einen fünften Wagen, einen Chevrolet El Camino Pick-up, und erklärte Wanda, er gehöre ihr.

Aber Ende 1979 waren die Flitterwochen vorbei, und die Ehe steckte in großen Schwierigkeiten.

Lew war sichtlich enttäuscht darüber, daß die entgegenkommende junge Frau aus Polen nicht daran interessiert war, einfach nur Hausfrau zu sein und sich einzig um ihn und ihr Heim zu kümmern. Wanda war eine intelligente Frau und sehnte sich danach, Mikrobiologie zu studieren. Aber zuerst besuchte sie eine Berufsschule, in der sie mit der englischen Sprache vertrauter wurde. Danach wurde sie an der University of Washington zum Studium der Mikrobiologie zugelassen. Sie plante, ihren Abschluß bis Dezember 1980 zu machen. Ihre täglichen Fahrten über die Schwimmbrücken des Lake Washington zur Universität, und ihr Wunsch, zu studieren, ließen ihr nicht so viel Zeit, wie Lew es gern gehabt hätte.

Wenigstens erklärte Lew das bei dem Scheidungsprozeß. Seinen beeidigten Erklärungen zufolge kochte Wanda nicht für ihn. Und sie aßen nur zusammen, wenn er sie zum Essen ausführte. Er hatte eine Anzeige mit dem ursprünglichen Wortlaut aufgegeben, in der er eine gute polnische Köchin suchte, etwas, was ihn an früher erinnerte. Als seine Angestellte hatte sie für ihn gekocht, aber jetzt, nach ihrer Hochzeit, hatte sie keine Zeit mehr, um für ihn Kielbasa, leckere Eintöpfe und delikate Brote zu machen. Lew beschwerte sich darüber, daß sie nur ihre Wäsche wusch und sich weigerte, *seine*

Bettbezüge zu waschen. Sie schliefen in getrennten Schlafzimmern. Alles in allem gab es nicht viel Zweisamkeit.

In Briefen vertraute Wanda ihren Freunden und Verwandten an, daß ihr um einige Jahre älterer Mann geizig war. Sie bezeichnete ihn als ›Bauern‹ und ›alten Ziegenbock‹. Wanda war wütend, weil er ihr die Diamantringe vorenthielt und auch seinen El Camino zurückhaben wollte. Ob die Henne oder das Ei zuerst da war, ist im nachhinein schwer zu entscheiden. Lew wollte eine Haushälterin, Bettpartnerin und Vollzeitgefährtin, und er hatte das Gefühl, daß Wanda ihre vorehelichen Versprechen gebrochen hatte. Wanda hatte offensichtlich in diesem fremden Land einen Beschützer, eine College-Ausbildung und einen Gefährten gewollt und erwartet, daß das Vermögen, das sich während ihres Zusammenlebens ansammelte, geteilt würde.

Jeder von ihnen hatte ein schlechtes Geschäft gemacht.

Es gibt keinen Beweis dafür, daß Wanda bis zu ihrem Auszug im April 1980, als der Scheidungsprozeß begann, Lew untreu gewesen war. Sie stellte auch keine übertriebenen Forderungen an ihn, sondern bat nur um genügend Geld, um die Studiengebühren bezahlen zu können und zur Unterstützung. Sie wollte sechshundert Dollar monatlich. Lew Touchstone hätte leicht ein Mehrfaches davon zahlen können. Wanda wollte auch ihren siebzehntausend Dollar teuren Verlobungsring zurückhaben, den Lew ihr bei ihrem letzten Streit fortgenommen hatte. Wanda erklärte, ihr Mann sei ›recht wohlhabend‹ und ihr Haus in Redmond sei über einhunderttausend Dollar wert (1993 war der Besitz fast eine halbe Million Dollar wert).

Wanda hatte das Gefühl, als wolle Lew sich von ihr scheiden lassen, weil er kurz vor dem Abschluß eines Immobiliengeschäftes stand, das ihm einen Haufen Geld einbringen würde, und er es nicht riskieren wollte, den Gewinn mit ihr teilen zu müssen. Tatsächlich glaubte Wanda, Lew würde bei diesem Geschäft fast eine Million Dollar verdienen. Außerdem hatte er immer noch Grundbesitz in Washington und Kalifornien, der sehr wertvoll war. Sie führte auch andere Posten wie den Caterpillar-Traktor und schwere Baumaschinen an.

Ihre Trennung verlief nicht freundschaftlich. Wanda fürchtete sich vor ihrem Mann, dem sie sich entfremdet hatte. Sie bat den Richter um eine gerichtliche Unterlassungsverfügung gegen ihn, wobei sie erklärte, daß er ihr gegenüber bereits früher gewalttätig gewesen sei und sie Angst davor habe, was er ihr jetzt, wo sie um etwas für sich bat, antun würde.

Wie hoch Lews Vermögen auch gewesen sein mag, es war bestimmt beachtlich: Lew Touchstone weigerte sich, bei der Scheidung seine Aktiva aufzuführen oder auch nur sein Einkommen anzugeben.

Für Wanda Touchstone war es eine unhaltbare Situation. Sie wollte sich von Lew scheiden lassen, aber wenn sie es tat, drohte ihr die Abschiebung. Ihr Anwalt riet ihr, nur um eine gesetzliche Trennung von zwei Jahren zu bitten. Danach konnte sie von Lew geschieden werden und legal im Land bleiben. Lew wollte die Scheidung. Vielleicht.

Lew erklärte sich durch seinen Anwalt bereit, Wanda bis zum Dezember 1980 mit monatlich vierhundert Dollar zu unterstützen. Er überließ ihr nur widerwillig den El Camino, als sie in ihr Junggesellenapartment in der Nähe der Universität zog.

Ein paar Bekannte des Paares sagten aus, daß Lew Wanda zurückhaben wollte und versucht habe, ihr erneut den Hof zu machen. Er war über sechzig und sie erst Anfang Dreißig. Höchstwahrscheinlich würde er keine Frau mehr finden, die so schön oder so jung war wie Wanda. Er hatte einiges unternommen, nur um bei ihr, in ihrer Nähe sein zu können, und verkraftete ihre Zurückweisung sehr schlecht.

Aber Wanda, die ihren Verwandten in der Heimat bereits zwei Monate nach der Hochzeit geschrieben hatte: ›Ich kann ihn nicht mehr ertragen‹, wollte garantiert nicht wieder zu ihm zurück. Nach ihrem Umzug ins Universitätsviertel änderte sich ihr Leben von Grund auf, war ausgefüllt und aufregend. Seattles polnische Gemeinde, wo sie die Tänze ihrer Jugend tanzte und das ihr vertraute Essen aß, hieß sie willkommen. Und sie lernte einen hochgewachsenen, stattlichen, bärtigen Mann kennen, der erst vor einigen Jahren aus Polen gekommen war: John Sophronski*.

John war das genaue Gegenteil von Lew, freundlich und sanft und nicht so aggressiv wie der Immobilienmakler. Und er kümmerte sich um Wanda. Sie besuchten die Parties der polnischen Gemeinde oder picknickten am Ufer des Lake Washington. Sie hätten sich verlieben können – aber die Zeit war zu kurz.

Sobald sie allein war, mit aller Zeit der Welt, um die erforderlichen Kurse in Mikrobiologie zu belegen, beschleunigte sich auch ihre akademische Entwicklung. Sie erfuhr, daß sie Ende des Sommersemesters 1980 mit dem Studium fertig sein würde. Mit dem akademischen Grad wäre sie in der Lage, sich ihren eigenen Unterhalt zu verdienen. Wanda plante einen Urlaub und hielt nach einem größeren Apartment Ausschau. Sie war glücklich, nicht nur wegen ihrer Zukunftsaussichten, sondern auch für ihre in Schweden lebende Schwester, die gerade ihrem ersten Kind, einem Sohn, das Leben geschenkt hatte.

An jenem Augusttag hatte Wanda nicht die leiseste Ahnung, daß sie verfolgt wurde – mit einem ganz bestimmten Ziel verfolg wurde: Mord. Daß Wanda Touchstone Ziel eines Mordes darstellen sollte, war schon unwahrscheinlich, aber als noch unwahrscheinlicher sollte sich derjenige erweisen, der sie verfolgte. Selbst bei einem so chaotischen Ereignis wie einem Mord gibt es gewisse Verhaltensmuster, die ein guter Beamter des Morddezernates gemeinhin erwarten kann. Aber in diesem Fall fehlten sie völlig.

Am 11. August um 14 Uhr 15 klingelte es unter der Notrufnummer 911. Patrol Sergeant Doug Fritschy war zuerst am Tatort. Er hielt mit eingeschaltetem Blaulicht vor einem von Häusern flankierten Parkplatz zwischen 5218 und 5214 University Way, N. E. Die Detectives Linda Whitt und Paul Gracy trafen kurz nach ihm ein. Die drei Beamten wurden von Leon Orwitz*, Inhaber einer Versicherungsagentur, deren Büros an den Parkplatz grenzten, auf den Platz geführt.

»Da«, sagte er voller Entsetzen. »Die verletzte Frau dort hinten. Ich habe sie auf dem Boden gefunden. Blut kam aus einem Loch im Nacken. Habe keinen Pulsschlag feststellen können.«

Eine schlanke, dunkelhaarige, mit einem blauen Rock, einer rotweiß gestreiften Bluse und weißen Sandalen bekleidete Frau lag bewegungslos auf dem heißen Asphalt. Sie war zwischen einen blauen El Camino Pick-up und einen weißen Valiant gefallen. Das Blut hatte sich erst unter ihrem Körper gesammelt und war dann in Mäandern eine leichte Senke hinabgeflossen.

Sanitäter vom Medic 16 bereiteten die Frau auf den Transport ins Krankenhaus vor. Sie beantworteten Sergeant Fritschys unausgesprochene Frage mit einem Kopfschütteln.

»Kein Puls. Sie liegt im Koma. Sieht nach einer Hirnverletzung aus.«

Während der Krankenwagen mit kreischenden Sirenen zum Harbowview Medical Center raste, gesellte sich eine Crew der Crimes Against Persons Unit der Stadt Seattle zu den drei Beamten: Captain John Leitch, Lieutenant Ernie Bisset, Sergeant Jerry Yates und die Detectives Danny Engle, Billy Baughman, Dick Steiner, Al Lima und J. E. Lundin – die alle versuchen würden, den Fall aufzuklären.

Der Parkplatz wurde sofort mit dem vertrauten gelben Band abgeriegelt, um die Neugierigen zurückzuhalten. Die Detectives benutzten Spritzen, um Blut aus den roten Lachen aufzuziehen, das in der heißen Sonne bereits zu gerinnen begann. Unter dem Valiant war eine benutzte Kugel gefunden worden, die man an Sergeant Fritschy weitergereicht hatte, der sie als Beweismaterial aufbewahrte.

Die Fahrertür des El Camino stand offen, als hätte der Fahrer vorgehabt, nur kurz auszusteigen. Auf dem Vordersitz lag eine Handtasche.

Die Detectives Lima und Lundion begannen noch am Tatort mit der Befragung von vier Zeugen. Einer davon war Orwitz, der Versicherungsmakler. Er konnte die verletzte Frau mühelos identifizieren – sie hatte soeben die Agentur verlassen.

»Sie heißt Wanda Touchstone«, sagte er. »Sie hatte einen Termin mit meiner Frau; es ging um eine Autoversicherung. Sie kam gegen 14 Uhr 05. Während sie meiner Frau die Daten für die Versicherungspolice gab, ging ich zum Parkplatz –

dort drüben auf dem ersten Platz steht mein Wagen –, um einige Papiere zu holen.«

Orwitz erklärte, er habe beim Öffnen der Wagentür eine Frau neben dem El Camino stehen sehen. »Sie starrte mich einfach nur an.« Er erinnerte sich daran, daß die Frau blond, recht klein und schlank gewesen war.

Wanda Touchstone war zum Parkplatz gegangen, als Orwitz wieder in sein Büro ging. Kurz nach seiner Rückkehr hörten er und seine Frau einen Knall, dem eine Pause folgte, dann knallte es noch zweimal.

»Ich dachte, es sei ein Auspuff, aber meine Frau sagte, es habe sich nach Schüssen angehört. Ich lief nach draußen und sah, wie die Frau, die ich schon einmal gesehen hatte, den Parkplatz verließ. Ich hätte fast ›Hi‹ gesagt, unterließ es aber. Ich konnte nichts Ungewöhnliches entdecken und ging wieder ins Büro zurück.«

Ein paar Sekunden später stürzten zwei Frauen in die Agentur und schrien: »Es ist jemand erschossen worden!« Die beiden Studentinnen wiederholten ständig eine Autonummer: »UKN- 524.«

Orwitz überließ es seiner Frau, die 911 anzurufen, lief zum Parkplatz und entdeckte die blutende und nicht ansprechbare Wanda hinter ihrem Wagen.

Als nächstes unterhielten Lima und Lundin sich mit den jungen Zeuginnen Nell Boles* und Jan Winn*. Sie sagten, sie wären gerade am Parkplatz vorbeigekommen, als sie Schüsse hörten und eine kleine Frau in einem langen, graublauen Kleid auf den Bürgersteig stürzen sahen. »Sie lief vornübergebeugt und umklammerte etwas, das wie eine schwarze Handtasche aussah. Sie rannte die Straße hinunter und stieg in einen roten Wagen«, sagte Winn. »Ich habe mir das polizeiliche Kennzeichen notiert.«

Detective Al Lima bat Jan Winn, den Zettel mit der Notiz zu unterzeichnen. Danach unterschrieb und datierte er ihn und legte ihn zum Beweismaterial.

Die Detectives Danny Engle und Billy Baughman untersuchten den El Camino. In der Handtasche auf dem Sitz befanden sich Ausweise, die auf den Namen Wanda Preston lauteten (Touchstone benutzte auch den Namen Preston als Familiennamen), 38,93 Dollar in Münzen und Scheinen und die üblichen Make-up-Artikel, die die meisten Frauen in ihren Handtaschen bei sich tragen. Die Tasche wurde in einen Plastikbeutel gesteckt. Sie würde später auf Fingerabdrücke untersucht werden.

Nell Boles und Jan Winn, die beinahe Augenzeugen geworden wären, rangen um ihre Fassung, als die Untersuchungsbeamten sie eindringlich baten, ihnen alles zu sagen, an was sie sich erinnerten. Nell Boles erklärte, sie habe das Opfer eindeutig schreien gehört.

»Dann sah ich diese Frau vom Parkplatz stürzen. Sie war ungefähr einen Meter sechzig groß, fünfzig Kilo schwer und hatte blonde, dichtgelockte Haare. Sie trug ein rosaweißes Tuch, das sie unter dem Kinn gebunden hatte. Sie könnte Mitte Dreißig gewesen sein. Es ging alles so schnell.«

Das polizeiliche Kennzeichen des verdächtigen Wagens wurde von Detective Gary Fowler in den Computer des Department of Motor Vehicles eingegeben. Das Ergebnis ließ nicht lange auf sich warten. Der Wagen entpuppte sich als ein roter Datsun 200 SX, der rechtmäßige Besitzer war die Hertz Rent-a-Car Corporation. Fowler telefonierte mit der Hertz-Filiale auf dem Sea-Tac Airport und erfuhr, daß der Wagen am Tag zuvor von einer Cynthia Mahler gemietet worden war. Die Frau hatte einen in Kalifornien ausgestellten Führerschein und eine Kreditkarte zur Identifikation vorgelegt, als sie den Wagen abholte.

»Sie sagte, sie wohnte im Motel 6«, erklärte die Hertz-Angestellte Fowler.

Wanda Touchstone war bei der Einlieferung in die Notaufnahme des Harborview Medical Center faktisch tot. Die nachfolgende Operation zeigte keinen Erfolg.

Weshalb mußte sie sterben? Wer erschießt eine Frau, die gerade ihre täglichen Besorgungen machte? Ihre Handtasche war noch da, und es schien nichts zu fehlen. Aber Orwitz' Aussage zufolge schien der Mörder neben Wandas Wagen gewartet zu haben, als Wanda die Agentur verließ – schien darauf gewartet zu haben, sie zu erschießen. Und die Person, die Orwitz gesehen hatte, kurz bevor die Schüsse fielen, war eine Frau gewesen.

Die Detectives Billy Baughman und Danny Engle, denen die oberste Verantwortung für den Touchstone-Mord übertragen werden sollte, waren dabei, sich in den seltsamsten Fall ihrer Laufbahn zu stürzen, einen Fall, der im Staat Washington einen gerichtlichen Präzedenzfall schaffen sollte.

Im Laufe des späten Nachmittags am 11. August wurde ein alle Punkte umfassendes Bulletin gesendet und jeder Polizist in Seattle gebeten, nach einem roten Datsun mit der Zulassungsnummer UKN-524 Ausschau zu halten, der wahrscheinlich von einer kleinen, blonden Frau gefahren wurde. Die Nachricht vom Touchstone-Mord gelangte fast genauso schnell in die Medien, die auch die Bürger Seattles baten, nach dem roten Wagen zu schauen.

In der Zwischenzeit wimmelte es in den Straßen von Seattles North End nur so von Streifenwagen. Es kam nicht oft vor, daß Beamte das Glück hatten, an Zeugen zu geraten, die geistesgegenwärtig genug waren, sich die Zulassungsnummer des Wagens eines Mordverdächtigen aufzuschreiben. Und jeder Polizist in Seattle wollte sicherstellen, daß der rote Datsun ihm nicht entging.

Nick Costos*, Einkäufer für eine am North End beheimatete Firma, hörte an jenem Nachmittag gegen 15 Uhr 15 Radio, während er an der Stoneway Avenue North auf seine Frau wartete, die er von der Arbeit abholte. Während er müßig am Regler drehte, fing er die Nachricht von dem Mord auf und erfuhr, daß die Polizei nach einem Datsun mit dem polizeilichen Kennzeichen UKN-524 suchte, der von einer blonden Frau gefahren wurde. Aus einem unbestimmten Impuls heraus schaute er in den Rückspiegel. Er war wie vom Donner gerührt. Nein, das konnte kein Zufall sein. Hinter sich sah er genau den Wagen mit der richtigen Zulassungsnummer. Nur, daß er von einem Mädchen mit langen dunklen Haaren gefahren wurde, das ihn an seine Ex-Frau erinnerte. Sie hatte die gleichen üppigen, lockigen Haare, die ihr über die Schultern fielen.

Eine Sekunde später hatte der Datsun ihn hinter sich gelassen. Costa sprang aus seinem Wagen, stürzte ins Büro, in dem seine Frau arbeitete, und rief die 911 an. »Ich habe gerade den gesuchten Wagen gesehen!« sagte er. »Der rote Datsun fährt die Stoneway in Richtung Süden.«

Officer Robert Boling hörte die neueste Information, als er gerade westlich des Wallingford Precinct patrouillierte, nur wenige Häuserblocks von der Stoneway Avenue entfernt. Er suchte die Straßen ab und entdeckte den roten Datsun um 16 Uhr 35. Er stand an der 3939 Stoneway North, auf dem Parkplatz eines Einzelhandelsgeschäftes.

Der Wagen war leer.

Es sah so aus, als hätte die verdächtige Frau sich die ganze Zeit über nur wenige Kilometer vom Tatort entfernt aufgehalten; als sei sie zwei Stunden lang immer im Kreis herum gefahren. Aber jetzt befand sie sich weder in dem gemieteten Datsun noch in dessen Nähe.

Mary Moran*, die als Sekretärin in der University of Washington arbeitete, hatte an jenem blutigen Montag frei und noch nichts von dem Mord in der Nähe der Universität gehört. Während sie in der King's Row Cocktail Lounge an einem Scotch mit Wasser nippte und mit einer Freundin Rommé spielte, war sie sich der Streifenwagen, die neben dem roten Datsun auf dem Parkplatz des direkt nebenan gelegenen Geschäftes parkten, nicht bewußt.

Die Temperatur im Freien betrug etwa siebenundzwanzig Grad Celsius. Die Hintertür der Lounge stand offen, um ein wenig Durchzug zu erzeugen. Mary Moran warf einen flüchtigen Blick auf das leuchtendhelle Augustlicht und mußte noch einmal hinschauen. Sie sah, wie eine kleine, dunkelhaarige Frau in Slacks und einer weißen Bluse versuchte, über den Windschutzzaun zu klettern, der das Restaurantgrundstück von den dahinter liegenden Häusern trennte. Der Zaun war fast so groß wie die Frau, und die kleine Brünette hatte Schwierigkeiten, ihn zu überwinden.

Miss Moran dachte: Das ist doch absurd. Auf der anderen Seite des Zaunes geht es ungefähr drei Meter abwärts. Sie wird eine große Überraschung erleben, wenn sie es überhaupt über den Zaun schafft.

Aber sie schaffte es und verschwand außer Sicht. Da Mary Moran weder einen Schmerzensschrei hörte noch etwas von der Frau sah, wandte sie sich wieder dem Kartenspiel zu. Ein paar Minuten später betrat ein Officer die Lounge und fragte die Gäste, ob ihnen etwas Ungewöhnliches aufgefallen sei.

»Ja, mir«, meldete sich Mary Moran. »Ich habe gerade eine kleine Frau über den Zaun dort hinten klettern sehen. Und ich wette, sie ist recht unsanft auf der anderen Seite gelandet.« Dann beschrieb sie die Frau, die sie gesehen hatte.

Seltsam. Bis jetzt hatten die Beamten nach einer blonden Frau in einem langen, blaugrauen Kleid Ausschau gehalten, und jetzt suchten sie nach einer Frau mit langen, dunklen Haaren, die Slacks trug. Aber gebot nicht der gesunde Menschenverstand, daß jemand, der gerade einen Mord begangen hatte, Kleid und Perücke ablegte und beides irgendwo versteckte? Handelte es sich bei dem Mörder überhaupt um eine Frau? Vielleicht suchten sie nach einem Liliputaner, dem eine Reihe von Perücken zur Verfügung stand. Möglicherweise war er in Wirklichkeit blond und trug jetzt eine dunkle Perücke.

Dann ging es Schlag auf Schlag. Um 17 Uhr 55 meldete Detective Jim Parks von der Port of Seattle Policy, daß die Hertz-Filiale auf dem Sea-Tac Airport Cynthia Mahler am Telefon habe. »Sie ruft an, um ihnen mitzuteilen, daß der Wagen, den sie gestern abend gemietet hat, gestohlen wurde.«

Die Hertz-Angestellte war angewiesen worden, Mahler in ein längeres Gespräch zu verwickeln, aber wie die Beamten erfuhren, hatte sie rasch wieder aufgelegt.

Die Detectives John Nordlund und John Boren wurden zum Flughafen abkommandiert, um die Hertz-Filiale im Auge zu behalten und herauszufinden, ob jemand, auf den die Beschreibung der Verdächtigen paßte, einen Flug ab Seattle gebucht hatte. Was die Beschreibung anging, so hatten sie die Qual der Wahl: entweder weiblich, blond, klein, im langen, graublauen Kleid, oder weiblich, klein, langes dunkles Haar, dunkle Slacks, weiße Bluse. Sehr wahrscheinlich handelte es sich bei der gesuchten Person um eine Frau; den Leuten bei Hertz wäre eine tiefe Stimme am Telefon aufgefallen.

Boren und Nordlund nahmen den Automietvertrag von Hertz und überprüften die Liste der aus Kalifornien kommenden Flüge. Der Führerschein des Wagenmieters gab eine Adresse in Hayward an. Die einzige Frau, die mit dem United Flight 468 allein von Oakland gekommen war – der kurz bevor Cynthia Mahler den Datsun bei Hertz abholte, in Seattle landete und eine Heimatadresse in Hayward, Kalifornien angab –, war eine K. Adams gewesen. Boren und Nordlund liefen zum Reservierungsschalter der United.

»Hat bei Ihnen eine Cynthia Mahler oder eine K. Adams für heute abend einen Flug von Seattle nach außerhalb gebucht?« fragte Boren.

Der Angestellte schüttelte den Kopf, dann warf er einen Blick auf den Computer. »Einen Augenblick! Es kommt gerade rein. Kristine Adams. Buchte für 21 Uhr den Flug 293 über Oakland nach San Francisco. Sie wird ihr Ticket zwischen 20 und 20 Uhr 30 abholen.«

Das Glück war der Polizei noch immer hold. Aber die beiden Detectives wußten nicht, ob eine Blondine, Brünette oder ein Rotschopf ins Flugzeug steigen würde. Die Frau hatte sich schon einmal verkleidet und würde es vielleicht wieder tun. Da ihnen noch etwas Zeit blieb, bis Kristine Adams auftauchte, gingen sie zur Hertz-Filiale zurück.

Die Angestellte, die Cynthia Mahler am Abend zuvor den Wagen vermietet hatte, konnte sich noch an sie erinnern. »Sie hatte einen bereits bezahlten Reisegutschein von einem Reisebüro in Fremont, Kalifornien. Zur Identifikation verlangen wir einen gültigen Führerschein. Ihrer war in Kalifornien ausgestellt worden. Der Reisegutschein lautete auf den Namen Mahler; der Name auf dem Führerschein auf Marler. Ich nahm an, der Computer hätte sich bei einem Buchstaben vertan.«

»War sie allein?«

»Nun, ich weiß nicht. Ein Mann stand hinter ihr, und als sie die Schlüssel für den Datsun bekam, sagte er so etwas wie: ›Nun, jetzt haben wir den Wagen doch noch gekriegt.‹ Aber sie sprach kein Wort mit ihm.«

Der Hertz-Supervisor, der eine Stunde zuvor den Anruf von Cynthia Mahler oder Marler angenommen hatte, bei dem sie den Datsun als gestohlen gemeldet hatte, erklärte, die Frau habe ihm gesagt, sie hätte bereits die Polizei informiert. Dort habe man ihr gesagt, sie solle sich mit Hertz in Verbindung setzen. »Sie sagte, sie hätte ihn vor einem Restaurant stehen gelassen, und als sie herauskam, sei er nicht mehr dagewesen.«

Die Hertz-Angestellte war sicher, sie würde Cynthia Mahler/Marler – Kristine Adams wiedererkennen, und begleitete Boren und Nordlund zur Nordhalle, wo die Passagiere des 21-Uhr-Fluges nach Oakland bald einchecken würden. Sie beobachtete die Passagiere, die sich dem Eincheckschalter näherten, und deutete plötzlich auf eine kleine, sehr hübsche Frau mit langen, dunklen Haaren, in Slacks und brauner Tweedjacke, die einen roten Handkoffer trug.

Die Detectives warteten, bis alle Passagiere an Bord waren, dann liefen sie durch den Jetway ins Flugzeug. Die Stewardeß zeigte ihnen die gesuchte Frau. Kristine Adams war bereits in ein angeregtes Gespräch mit einem Passagier vertieft. Der Mann schien entzückt darüber zu sein, auf seinem Flug nach Süden eine derart reizende Sitznachbarin zu haben.

Das Lachen der brünetten Schönheit verstummte, als Detective John Boren sich von hinten über den Sitz beugte und ihre schmalen Handgelenke mit Handschellen fesselte. Sie blickte überrascht auf, als er ruhig sagte: »Hiermit verhaftete ich Sie wegen Mordverdachts.«

Ihr Nachbar riß den Mund auf. Die Frau begleitete die beiden Detectives aus dem Flugzeug, ohne Widerstand zu leisten und mit einem leichten Lächeln, als wolle sie zu verstehen geben, daß jemandem ein lächerlicher Fehler unterlaufen sei.

Nach dem Verlassen des Flugzeugs lasen sie ihr ihre Rechte *under Miranda* vor. Sie nickte. Es fiel kaum ein Wort, während sie auf den bereits eingecheckten Handkoffer warteten. Danach fuhren sie in die Innenstadt, zur Polizeizentrale.

Die Frau sah nicht gerade wie ein Killer aus. Sie maß knapp einhundertundfünfzig Zentimeter und konnte nicht mehr als dreiundvierzig Kilogramm wiegen. Aber jedes Pfund befand sich am richtigen Fleck. Die Frau war umwerfend.

Und sehr, sehr verärgert.

Sie sagte, sie hieße Cynthia Ellen Marler, sei am 2. Mai 1952 geboren und in Hayward aufgewachsen, wo sie immer noch wohne. Sie erklärte, sie sei nach Seattle gekommen, um ihren Schwager zu besuchen und für einen Tag oder so von der Last befreit zu sein, ihre drei Kinder zu bemuttern, die vier, fünf und zwölf Jahre alt seien.

»Und weshalb flogen Sie unter dem Namen K. Adams?« fragte Nordlund.

»Ein Freund – Milos Panich* – buchte meine Reservierung und kaufte mein Ticket unter diesem Namen«, erwiderte sie, »ich habe es so gelassen.«

Nach dem Mann befragt, der sie begleitet hatte, als sie den Wagen bei Hertz abholte, erklärte Cynthia, er hieße Felix und sie hätte ihn auf dem Flug kennengelernt. »Ich hatte ihm angeboten, ihn bis zum North End mitzunehmen.«

Beide hatten etwas getrunken. Dann hatte Cynthia sich in das Villa-Del-Mar-Motel an der 3939 Aurora Avenue North eingecheckt.

»Das Mädchen weckte mich am nächsten Morgen gegen zehn Uhr. Ich habe in einem Familienrestaurant die Straße hinunter gefrühstückt.«

Cynthia Marler gab an, ihre Schlüssel im Datsun gelassen zu haben, während sie aß. Als sie das Restaurant verließ, habe sie entdeckt, daß ihr Wagen gestohlen worden war. Daraufhin hätte sie ihren Freund Milos Panich in Kalifornien angerufen, der ihr geraten habe, die Polizei zu informieren. Cynthia erklärte, Panich habe ihr auch mitgeteilt, daß eines ihrer Kinder krank sei, und so hätte sie sich entschlossen, bereits am Nachmittag nach Kalifornien zurückzufliegen. Sie habe sich nicht bei ihrem Schwager gemeldet. Ihr Besuch in Seattle habe nur knapp vierundzwanzig Stunden gedauert.

Da sie nicht genügend Geld für ein Rückflug-Ticket hatte, habe sie Steffi Panich*, Milos' Frau, angerufen, die versprach, ihr sofort durch die Western Union telegrafisch hundertundsechzig Dollar zu überweisen. »Ich hatte vor, unter meinem eigenen Namen zurückzufliegen, aber dann dachte ich, ich könnte genausogut bei Kristine Adams bleiben.«

Cynthia hatte am späten Nachmittag im Villa-Del-Mar-Motel ausgecheckt und war mit dem Taxi zur Western Union gefahren, wo sie das von den Paniches überwiesene Geld in Empfang nahm. Danach war sie mit dem Taxi zum Sea-Tac Airport gefahren, um in die Maschine nach San Francisco zu steigen.

Die hübsche Verdächtige fand es unglaublich, daß jemand sie des Mordes an Wanda Touchstone bezichtigen konnte, von der sie noch nie gehört habe. Sie bestand darauf, daß sie nur eine erschöpfte Mutter sei, die ein paar Tage Urlaub vom häuslichen Streß haben wollte. Die Beamten brachten die Mordverdächtige ins King County Jail.

Die Untersuchung ging weiter. Die Detectives Billy Baughman und Danny Engle erschienen am nächsten Morgen früh zum Dienst und begannen, den verwickelten Fall zu entwirren. Vom Anwalt des Opfers hatten sie erfahren, daß Wanda Preston-Touchstone von ihrem Mann, Lew Touchstone/Robert Preston, getrennt gelebt hatte. Er hatte ihnen auch Touchstones Adresse in Kirkland gegeben, einer südlich von Seattle gelegenen Vorstadt.

Falls Touchstone vor Kummer überwältigt war, als die beiden Detectives ihm mitteilten, daß seine von ihm getrennt lebende Frau ermordet worden war, hatte er seine Gefühle gut im Griff. Tatsächlich weigerte er sich, ins Büro des ärztlichen Leichenbeschauers zu kommen, bis er erreicht hatte, daß sein Anwalt ihn begleitete.

Nachdem er Wandas Leichnam identifiziert hatte, beantwortete Touchstone den Detectives Engle und Baughman widerwillig einige Fragen. Er erklärte, er sei am Sonntag, dem 10. August, mit Wanda zusammengewesen, und sie hätten einen sehr angenehmen Tag miteinander verbracht. Er habe sie in einem Hotel getroffen, und sie wären mit einer Fähre über die Elliott Bay zur Bainbridge Island gefahren. Es sei ein herrlicher Ausflug gewesen: Die Seemöwen hätten geschrien, eine leichte Sommerbrise geweht. Wanda sei liebevoll gewesen, und sie hätten Händchen gehalten. Dadurch ermutigt, habe er sie gebeten, zu ihm zurückzukommen, aber sie hätte sich geweigert. Doch das hätte den Tag nicht getrübt, und er habe hoffnungsvoll in die Zukunft geblickt. Wanda sei guter Dinge gewesen, als er sie um 18 Uhr im Hotel zurückließ.

Touchstone erklärte, er habe am Mordtag einen Facharzt für plastische Chirurgie aufgesucht, um sich einem partiellen Gesichtslifting zu unterziehen, und die Nacht, von Schmerztabletten betäubt, in einem Genesungsheim verbracht, vollkommen ahnungslos, was mit seiner von ihm getrennt lebenden Frau geschehen war.

Er sagte, er kenne Wandas neue Freunde nicht; er vermutete, daß sie sich mit jemandem getroffen hatte, wußte aber nicht, mit wem.

Als sie Lew Touchstones Hintergrund ausleuchteten, stießen Danny Engle und Billy Baughman auf einen recht interessanten Punkt. Milos Panich, der Mann, der Cynthia Marlers Flug nach Seattle bezahlt hatte, war mit Lews Tochter Steffi verheiratet. Das kalifornische Paar besaß eine Farm im Napa Valley, die einst Lew gehört hatte, und es hatte angeblich Interesse an einem Karosseriehandel. Danach schien es unwahrscheinlich, daß Cynthia noch nie etwas von Lews Frau gehört hatte.

Bei der Überprüfung von Cynthia Marlers Hintergrund kamen ebenfalls einige Fakten zutage, die Schatten auf das Bild von Cynthia als einfache Hausfrau und Mutter warfen. Die achtundzwanzig Jahre alte Verdächtige besaß ein Strafregister, das bis zum Jahre 1971 zurückreichte. Sie war wegen verschiedener Vergehen verhaftet worden, darunter Einbruch, Kidnapping, Hehlerei (Kreditkarten), Diebstahl und Fälschen (Kreditkarten), Anstiftung zur Verübung einer Straftat, Trunkenheit am Steuer und rücksichtsloses Fahren. Ihr Mann verbüßte zu diesem Zeitpunkt eine Haftstrafe wegen Bankraubs im Terminal-Island-Gefängnis in Kalifornien.

Es war gewiß nicht Cynthia Marlers erstes Gespräch mit

Detectives, obwohl sie so getan hatte, als sei sie erschüttert darüber, daß Engle und Baughman überhaupt in Betracht ziehen konnten, sie sei in ein Verbrechen verwickelt.

Detective Billy Baughman nahm den Inhalt der Handtasche Cynthia Marlers auf. Er fand einen Schlüsselring mit zwei Schlüsseln, den Mietvertrag mit Hertz, ein Adreßbuch, einen schwarzen Taschenkalender, in dem unter Sonntag, 10. August, stand: ›Versuch es am 11.‹ und ein Blatt Papier, auf dem der Name Felix Misha samt Adresse und Telefonnummer stand, 102,10 Dollar in Scheinen und Münzen, und ein Zettel, der mit ›Milos‹ unterschrieben war: ›Ruf mich nicht an, bis ich dich anrufe … und das wird nie geschehen.‹

Engel und Baughman riefen Felix Misha* an. Sie fragten sich, welche Rolle er in diesem immer seltsamer werdenden Fall spielen mochte. Misha, ein großer, schlanker Mann mit einem dünnen Schnäuzer, erklärte, er sei Konzertgeiger und trete auch in Clubs auf. Er wirkte aufrichtig erschrocken, als er erfuhr, was mit der hübschen Frau geschehen war, die er im Flugzeug kennengelernt hatte.

»Wir unterhielten uns auf dem Flug nach Seattle, und sie bot mir an, mich mitzunehmen, als sie ihren Mietwagen abholte. Sie kannte sich in Seattle nicht aus, und ich habe sie zu einigen Adressen gelotst, die sie interessierten.«

Eine davon war das Apartmenthaus, in dem Wanda Touchstone wohnte. Misha sagte, Cynthia habe in einiger Entfernung geparkt und ihm erklärt, sie sei gleich wieder zurück. Misha beobachtete, wie sie in die Lobby ging. Ein paar Minuten später war sie wieder da.

»Wir haben etwas getrunken«, sagte Misha. »Ich schrieb ihr meine Adresse auf und sie ihre und die ihres Mannes.«

Es war klar, daß der nervöse Musiker nichts mit dem Fall zu tun, daß er die Verdächtige nur zufällig getroffen hatte.

Die Detectives John Boatman und Mike Tando hatten sich bei den Bewohnern des Hauses umgehört, in dem Wanda lebte – mit negativem Ergebnis. Niemand hatte vor dem Mordtag etwas Ungewöhnliches gehört oder gesehen. Ihr Apartment wirkte unberührt. Nun, es war unordentlich, aber es war nur die Unordnung, die man bei einer Frau erwarten konnte, die sich ganz dem Studium widmete, mehr nicht. Notizbücher, Lehrbücher über Biologie und Anatomie und anderes Studienmaterial lagen herum. Aber es gab kein Anzeichen für Gewaltanwendungen.

Lew Touchstones Aussage zufolge hatte Wanda ihn am Tag vor ihrem Tod außerhalb des Apartments getroffen und war allein nach Hause zurückgekehrt. Sie sollte das Ende des nächsten Tages nicht mehr erleben.

Dr. John Eisele, Leichenbeschauer des King County, führte an Wanda Touchstones Leichnam eine Autopsie durch. Die einhundertundzweiundsechzig Zentimeter große, vierundfünfzig Kilogramm schwere Frau wies zwei größere Verletzungen auf – beides offenbar tödliche Wunden. Die erste war eine Eintrittswunde, sechs Zentimeter hinter dem rechten Ohr. Diese Kugel war in den Schädel eingetreten, hatte das Hirn passiert und war auf die linke Schädelseite getroffen, bevor sie nach vorn abprallte. Man fand die Kugel, konnte aber nicht bestimmen, wie weit der Revolverlauf von Wandas Kopf entfernt gewesen war: Entweder war der Schuß aus einiger Entfernung abgegeben worden, oder Wandas Haar hatte alle Spuren verwischt.

Die zweite Wunde war ebenfalls eine Eintrittswunde, diesmal an der linken Nackenseite. Das Loch war mit Pulver umgeben, was darauf hindeutete, daß der Mörder die Pistole fünfundzwanzig bis fünfzig Millimeter von Wanda Touchstones Nacken entfernt gehalten hatte. Diese Kugel hatte die Luftröhre passiert, den Knochen zertrümmert, die Halsader durchschlagen, Wandas rechten Unterkiefer gebrochen und war durch die rechte Wange wieder ausgetreten.

Häßliche Wunden. Tödliche Wunden.

Dr. Eisele entdeckte noch weitere, ein wenig rätselhafte Verletzungen: Wanda Touchstones Körper wies eine Reihe von Kratzern und Quetschungen auf. An ihrer rechten Schulter, dem linken Oberschenkel (auch an der Innenseite), dem unteren Rücken und der rechten Gesäßbacke waren große Hautbereiche verletzt. Es sah fast so aus, als wäre Wanda Touchstone am letzten Tag ihres Lebens, oder ein paar Tage früher, verprügelt worden. Die Quetschungen stimmten nicht mit jenen überein, die sich jemand zuzieht, der angeschossen zu Boden geht.

Frank Lee, Schußwaffenprüfer für das Washington State Patrol Crime Lab, untersuchte die gefundene Kugel unter dem Mikroskop. Er entdeckte, daß die Art und die Merkmale der Kugel (die Markierungen, die nach dem Abschuß auf einer Kugel zurückbleiben – Stege und Furchen, Rechtsdrehung und so weiter) mit Schüssen aus einer .38 Kaliber Smith & Wesson übereinstimmten.

Nur daß es keine Pistole gab, an der man es überprüfen konnte. Die Mordwaffe lag wahrscheinlich auf dem Boden einer der vielen Wasserstraßen am Nordrand von Seattle. Dennoch zog sich die Schlinge um Cynthia Marler immer mehr zusammen. Die Detectives Baughman und Engle nahmen den Schlüsselring, den sie in der Handtasche der Verdächtigen gefunden hatten, bei ihrem nächsten Besuch im Apartmenthaus mit. Es war ein Apartmenthaus, in dem, zum Schutz seiner Bewohner, die zur Lobby führende Haustür nur mit einem den Mietern vorbehaltenen Schlüssel geöffnet werden konnte.

Einer der beiden Schlüssel am Schlüsselring paßte ins Schloß. Die Haustür öffnete sich: Cynthia Marler war im Besitz eines Schlüssels, mit dem sie die Tür des Hauses öffnen konnte, in dem Wanda wohnte. Den zweiten Schlüssel probierten Baughman und Engle an Wandas Wohnungstür aus. Er paßte nicht. Aber bei einem Gespräch mit dem Manager erfuhren sie, daß Wanda erst kürzlich das Schloß hatte auswechseln und zusätzlich noch einen Schließriegel hatte einbauen lassen.

Am Abend ihrer Landung in Seattle hatte Felix Misha Cynthia zu Wandas Adresse begleitet und gesehen, wie sie mühelos in die Lobby gelangte. Baughman und Engle fragten sich, ob Cynthia geplant hatte, Wanda an jenem Abend zu töten, während ihr neuer Bekannter im Wagen auf sie wartete. Falls ja, wurden ihre Pläne zunichte gemacht, als sie versuchte, mit dem zweiten Schlüssel die Wohnungstür aufzuschließen.

Das könnte den Eintrag in Cynthias Taschenkalender erklären: ›Versuch es am 11.‹ Hatte Cynthia vorgehabt, am nächsten Tag ihrem ahnungslosen Opfer so lange zu folgen, bis sie eine zweite Chance hatte?

Der beschlagnahmte Mietwagen wurde durchsucht, aber man fand keinen Hinweis darauf, wer ihn gefahren hatte: weder Kleider noch Perücken, weder eine Pistole noch Munition.

Das von Cynthia im Villa-De-Mar-Motel gemietete Zimmer war bereits saubergemacht worden, bevor die Detectives dort auftauchten. Dort fand sich nichts, was als Beweis gelten konnte. Man befragte die Putzfrauen, die aussagten, sie hätten in dem Zimmer nur ein paar Touristenbroschüren gefunden. Die Detectives Gary Fowler und Danny Melton ließen den Müllcontainer hinter dem Motel in einen Müll-Truck laden. Der Inhalt wurde auf einer freien Stelle auf einer Müllkippe ausgeschüttet und von den beiden Beamten untersucht. Eine beschwerliche und gewaltige Aufgabe, die nichts zutage förderte, was mit dem Mord an Wanda Touchstone in Verbindung stand.

Eine Freundin, die mit Wanda Touchstone an einem Referat arbeitete, meldete sich und erklärte, sie habe Wanda am Morgen des 11. August auf dem Parkplatz des Apartmenthauses getroffen und gesehen, daß sie einen riesigen Diamantring trug. »Ich ließ ein paar Bemerkungen darüber fallen, weil ich früher einmal bei einem Juwelier gearbeitet habe und sehen konnte, daß es mehr als ein Karat war. Sie sagte nur, es sei ihr Ehering.«

Wanda Touchstone trug den Ring nicht mehr, als sie wenige Stunden später erschossen wurde. Auch in ihrem Apartment war er nicht.

Engle und Baughman notierten sich den Inhalt des roten Handkoffers, den Cynthia Marler bei ihrer Verhaftung im Flugzeug bei sich gehabt hatte. Es gab da noch einen zweiten Handkoffer, den sie jedoch eingecheckt hatte. Sie fragten sich, was eine Frau mitnehmen würde, die vorhatte, einen Mord zu begehen. In dem Koffer befand sich das, was eine normale Frau für eine kurze Reise einpacken würde: Make-up, ein Haartrockner, Ersatzkleider (aber kein blaugraues Kleid), Schuhe, Unterwäsche. Und ein Kreuz und ein Rosenkranz.

Dazu noch ein Taschenbuch – *Blood-letters and Bad Men*, ein Band aus einer Reihe über berüchtigte Verbrecher.

Sie entdeckten Cynthia Marlers Papiere für eine bedingte Haftentlassung aus einem früheren Gefängnisaufenthalt. Und eine Perücke, eine braunblonde Perücke mit kurzen, dichten Locken, sowie einen Seidenschal in den Farben rosa, blau und weiß.

War diese Perücke der Grund dafür, daß die Zeugen von einer blonden Frau mit einem Kopftuch sprachen, die überstürzt den Tatort verlassen habe? Baughman und Engle glaubten es. Wahrscheinlich hatte Cynthia Marler sich das übergroße, blaugraue Kleid während der Flucht ausgezogen und fortgeworfen, während die Perücke in ihre Handtasche paßte. Das erklärte, weshalb manche Zeugen eine Blondine in einem sackartigen Kleid und andere eine adrette Frau in Slacks und mit dunklen, langen Haaren gesehen hatten.

Ihr Glaube wurde bestärkt, als Nell Boles, Jan Winn und Mary Moran Cynthia Marler aus einer Reihe von Frauen herauspickten. Das war die Frau, die Boles und Winn nach den Schüssen vom Parkplatz hatten laufen, das war die Frau, die Mary Moran über den Zaun hatte klettern sehen.

Zusammen mit dem King County Deputy Prosecuting Attorney David R. Lord kamen die beiden Beamten zu dem Schluß, daß genügend Beweise vorhanden wären, gegen Cynthia Marler eine Klage wegen vorsätzlichen Mordes einzureichen, begangen an Wanda Touchstone. Aber sie hatten das Gefühl, daß das noch nicht alles war; daß sich hinter der Geschichte noch etwas verbarg. Es bestand die Möglichkeit, daß Cynthia mit ihnen zusammenarbeitete und andere in das Komplott gegen Wanda mit hineinziehen würde – falls man ihr einen Handel anbot. Eine Anklage wegen Totschlages würde erheblich weniger Haft bedeuten als eine Anklage wegen vorsätzlichen Mordes. Lord entschied, Cynthia zu erlauben, sich eines Totschlages für schuldig zu erklären, falls ihre Aussagen dazu führten, daß andere Personen angeklagt werden konnten.

Der Fall machte in Seattle kurz Schlagzeilen, dann geriet er bei den Medien in Vergessenheit – es gab neue Verbrechen, über die man schreiben konnte. Aber Baugham, Engle und Lord vergaßen ihn nicht. Engle reiste mehrmals nach Kalifornien, um Informationen zu überprüfen. Er fand die Angestellte des Reisebüros, bei der Marlers Flug nach Seattle gebucht worden war und die ihr den Gutschein für den Mietwagen ausgestellt hatte. Die Angestellte erklärte, die Reise sei von Steffi Panich – Lews Tochter – bezahlt worden, die eine Quittung verlangt habe.

Cynthia Marler wartete im Gefängnis. Die Menschen, die sie und das Opfer kannten oder gekannt hatten, waren nicht besonders begierig darauf, über den Fall zu sprechen. Niemand von den Touchstones, ob Vater oder Sohn, war sehr gesprächig, geschweige denn die Panichs.

Als die Wochen dahinzogen und Cynthia allmählich begriff, daß sie wahrscheinlich im Gefängnis landen würde, fing sie an, sich mit Dan Engle zu unterhalten. Das heißt, sie trieb Spielchen mit ihm. Sie hatte versprochen, das ganze Komplott hinter Wandas Tod aufzudecken. Aber Cynthia war eine Meisterin der zweideutigen Rede. Sie war gewohnt, andere zu betrügen, und Engle wußte das. Aber er rechnete damit, daß Cynthia ihre eigene Haut retten würde, wenn es hart auf hart ging. Eine Zeitlang sah es so aus, als mache sie mit.

Dan Engle und FBI Special Agent Brian Braun reisten nach Pleasanton, Kalifornien, um sich mit Cynthias Ehemann James zu unterhalten. Er hatte für Milos Panich gearbeitet, bevor er ins Gefängnis kam, und hoffte, nach seiner Freilassung einen Job in Panichs Karosseriehandel zu bekommen. Aber hier ging es um *seine* Frau, die Mutter seiner Kinder. Falls sie eine hochgestellte Person deckte, würde sie für lange Zeit ins Gefängnis gehen. Engle und Braun fragten Marler, ob er bereit sei, sich beim nächsten Besuch von Milos oder Steffi Panich verkabeln zu lassen.

Marler stimmte zu, schien aber von der Idee nicht besonders angetan zu sein. Ob er sich vor Panich fürchtete oder sich mehr um seine eigene als um die Zukunft seiner Frau sorgte, ist nicht klar. Das Ergebnis der Verkabelung war enttäuschend. Als Milos Panich ihn besuchte, unternahm Marler alles in seiner Macht Stehende, um die Übertragung ihrer Stimmen zu stören.

»Wir hatten ihm gesagt, er solle sich so nahe wie möglich bei der Tür aufhalten«, erinnerte sich Engle, »damit wir verstehen konnten, worüber sie sich unterhielten. Aber er spazierte zu den Verkaufsautomaten. Es war so laut, daß wir nur etwa zehn Prozent ihres Gespräches mitbekamen.«

James Marler wandelte auf des Messers Schneide. Er wollte raus aus dem Gefängnis – also verweigerte er einem Beamten der Mordkommission und einem FBI-Beamten nicht rundheraus die Mithilfe, aber er stand offensichtlich so weit von der Tür entfernt, daß das Kabel nur statische Geräusche, den Klang fallender Flaschen und gelegentlich einen vollständigen Satz übertrug.

Als nächstes versuchte Dan Engle, noch einmal mit Cynthia zu sprechen. Sie war diejenige, die Gefahr lief, wegen Mordes verurteilt zu werden. Wenn sie kooperierte, würde Staatsanwalt David Lord das zu schätzen wissen. Cynthia lächelte und lachte und schien willens zu sein, ihnen entgegenzukommen. Engle versuchte, die Leere in ihren Augen zu ignorieren, den Augen einer Frau, die log.

Schließlich erklärte sie sich bereit, Milos Panich von einem der Büros der Seattle Homicide Unit (Morddezernat) aus anzurufen. Der Anruf sollte aufgenommen werden. Es hätte der Durchbruch in diesem Fall sein können; hätte Engle und Baugham zu zwei, vielleicht drei oder vier weiteren Verdächtigen führen können.

Aber es sollte nicht sein. Cynthias Gespräch mit Milos Panich war für diesen Mann ungefähr so schädigend wie das Gespräch zweier Menschen, die sich den neuesten Klatsch erzählen. Engle kam es so vor, als sei Panich bei allem, was er sagte – und wie er es sagte – auf Vorsicht bedacht. Selbst Cynthias Worte klangen gestelzt, wie einstudiert.

»Etwas war faul an der Sache«, sagte Engle. »Wir vermuteten, daß sie Panich bereits vorher vom Gefängnis aus angerufen und ihm geraten hatte, seine Worte mit Bedacht zu wählen, wenn sie ihn später anriefe. Sie hatte die ganze Zeit über mit gezinkten Karten gespielt.«

Als David Lord vom Ausgang des Anrufs erfuhr, sagte er: »Das war's. Der Deal ist gestorben.« Marlers Kooperation hatte keinen wesentlichen Beweis gegen Panich zutage gefördert.

Cynthia Marler würde des vorsätzlichen Mordes angeklagt werden.

Wanda Touchstone erhielt ihr Diplom in Mikrobiologie. Die University of Washington sprach es ihr posthum zu. Ihre tiefbetrübte Schwester reiste an, um die Urkunde, zusammen mit Wandas Kleidern und einigen anderen Besitztümern, mit nach Schweden zu nehmen. Sie dachte, sie würde Wandas wertvollen Diamantring finden, aber er war nicht dort, wo sie ihn vermutete.

Wo war er? Falls Lew Touchstone der wahre Anstifter zu dem Mord gewesen war, wäre es ihm ein leichtes gewesen, ihr den teuren Ring am Sonntag zu geben, da er ihn ja am Montag, nach den Schüssen, wieder zurückbekommen würde.

Wandas Schwester hatte gehofft, Wandas Leichnam mitnehmen und in Polen begraben zu können, aber sie konnte sich den Transport nicht leisten. Sie erzählte den Reportern, Lew Touchstone wolle die Kosten nicht tragen. Lews Anwälte erklärten, ihr Mandant habe seiner Schwägerin angeboten, die Hälfte der Auslagen zu übernehmen, aber sie hätte sein Angebot abgelehnt.

Die Schwester kehrte unverrichteter Dinge nach Schweden zurück. Wanda wurde auf dem Bellevue-Friedhof beerdigt, fern von ihrer Heimat.

Falls die Öffentlichkeit den Touchstone/Marler-Fall vergessen haben sollte, so wurde sie Ende Februar erneut daran erinnert. Richard Ishikawa, Richter am obersten Gerichtshof, unternahm einen beispiellosen gerichtlichen Schritt. Er sperrte Presse und Öffentlichkeit von der dem Prozeß vorangehenden gerichtlichen Anhörung aus. Und immer wenn die Medien ausgesperrt werden, werden die Schlagzeilen reißerisch. So auch in diesem Fall.

John Henry Browne, der 1975, als er noch für das King County Defender's Office arbeitete, Ted Bundy beraten hatte, war zu einem der drei besten Strafverteidiger Seattles geworden. Er vertrat Cynthia Marler. Gegen ihn würde King County Deputy Prosecutor David Lord antreten. Beide waren würdige Gegner, die sich vorsichtig durch einen Fall tasteten, der mit juristischen Besonderheiten gespickt war. Sie waren mit Richter Ishikawas Entscheidung, Medien und Öffentlichkeit von der vorgerichtlichen Anhörung auszuschließen, einverstanden, während die Medien ›Foul!‹ schrien und das öffentliche Interesse geweckt wurde.

Cynthia Marlers Rolle bei dem Mord von Wanda Touchstone war angeblich von Zeugen beobachtet worden. Es bestand die Möglichkeit, daß sie nicht die Anstifterin dieses einer Exekution vergleichbaren Mordes war, der so viele Fragen aufwarf. Die Teilnehmer an der vorgerichtlichen Anhörung ließen, trotz der Einsprüche von Anwälten der in Seattle erscheinenden Zeitungen, nicht ein Wort verlauten. Bei Prozeßeröffnung wurden Fernseh- und Fotokameras erlaubt. Sie würden sich das Geschäft teilen. Auf den Pressebänken gab es keinen einzigen freien Platz mehr.

Wer *war* Cynthia Marler?

Auf jeden Fall ein Liebling der Kameras. Sie posierte ständig und lächelte in die Linse. Die Angeklagte war derart fotogen, daß es unmöglich schien, ein schlechtes Foto von ihr zu schießen, und ihr Bild tauchte für die Dauer des Prozesses fast jeden Tag in den Zeitungen auf. Cynthia war so klein, daß die Zuschauer einander zuflüsterten, sie sähe auf keinen Fall wie eine Killerin aus. Sie trug hauchdünne, weiße, langärmlige Blusen, dekorativ in Falten gelegte Hosen und hochhackige Schuhe mit zierlichen Riemchen um ihre schlanken Knöchel. Als sie in den Gerichtssaal geführt wurde, waren ihre Handgelenke mit eigens für sie angefertigten Handschellen aneinander gefesselt. Ihre Arme waren so dünn, daß sie nur Kindergröße tragen konnte.

Cynthia scherzte mit ihrer Wärterin herum, wann immer sich das Gericht zurückzog, und rauchte ständig Camel-Zigaretten. Sie wirkte sehr zuversichtlich und selbstsicher, als hätte sie niemals auch nur in Betracht gezogen, verurteilt werden zu können; als sei sie der unschuldige Mittelpunkt eines gerichtlichen Durcheinanders. Sie hatte ihre Chance, zu einer geringeren Strafe verurteilt zu werden, vergeudet und schien doch immer noch zu erwarten, daß jemand sie rettete.

Die Jury bestand aus neun Frauen und drei Männern, plus zwei weiblichen Stellvertretern. Würden die Frauen für die des vorsätzlichen Mordes angeklagte Kindfrau Mitleid empfinden, oder würden sie sie objektiver beurteilen als eine reine Männerjury, die von ihrer Schönheit eingenommen sein könnte?

Zuschauer und Presse interessierten sich vor allem für das Motiv des Mordes an Wanda Touchstone. Staatsanwalt Lord rief Detective Danny Engle in den Zeugenstand – in Abwesenheit der Jury –, um seine Meinung darüber zu hören, weshalb Wanda hatte sterben müssen. Engle, der seit Monaten mit dem Fall Marler lebte, atmete und schlief, enthüllte, daß Lew Touchstone einmal als Verdächtiger betrachtet worden sei. »Wenn wir heute mit ihm über den Fall sprechen würden«, sagte er, »würden wir ihm seine Rechte *under Miranda* vorlesen, bevor wir ihm Fragen stellen.«

Engle sagte aus, daß auch über Lew Touchstones Tochter Steffi und ihren Mann Milos Panich Ermittlungen angestellt worden seien. Milos Panich hatte zugegeben, daß er Cynthias Flugticket und den Mietwagen bezahlt hatte, erklärte aber, er habe ihr nur einen Gefallen tun wollen. Die Panichs hatten seit dem Mord keinen Fuß mehr auf den Boden des Staates Washington gesetzt.

Lew Touchstone und sein Sohn Ron (Wandas erster Ehemann, ein Pseudogatte) wurden in den Zeugenstand gerufen. Sie weigerten sich, auch nur eine Frage zu beantworten. Lew ging zuerst. Er weigerte sich, scheinbar harmlose Fragen wie ›Haben Sie eine Tochter namens Steffi, die mit Milos Panich verheiratet ist?‹ und ›Wie wurden Sie vom Tod Ihrer Frau unterrichtet?‹ und ›Haben Sie die Leiche identifiziert?‹ zu beantworten.

Lew las von einer weißen Karte ab: »Ich lehne eine Antwort aufgrund des Fünften Zusatzartikels der Verfassung der Vereinigten Staaten und ähnlicher Bestimmungen der Verfassung des Staates Washington ab.«

Dann wurde sein Sohn Ron in den Zeugenstand gerufen, der alle Fragen mit dem Satz beantwortete, den schon sein Vater zitiert hatte.

Richter Ishikawa verfügte, daß es Lew Touchstone erlaubt sei, seine verfassungsmäßigen Rechte nach dem Fünften Zusatzartikel in Anspruch zu nehmen, Ron Touchstone jedoch, auf den in diesem seltsamen Fall nie ein Verdacht gefallen war, keinen Grund habe, den Zusatzartikel für sich zu beanspruchen. Ron Touchstone weigerte sich standhaft, auch nur eine Frage zu beantworten, und wurde zu einer Haftstrafe für die Dauer des Prozesses verurteilt. Lew und Ron stürmten, die Hände schützend vors Gesicht gehoben, an den Blitzlichtern und Kameras vorbei zum Ausgang.

Während des langen Prozesses präsentierte David Lord Zeugen um Zeugen und gab jene Informationen preis, die Engle und Baughman zutage gefördert hatten. Der Fall hatte sich wie ein Krimi entwickelt. Da gab es die Beinaheaugenzeuginnen des Mordes an der hübschen Polin; da war die Frau, die beobachtet hatte, wie eine kleine, dunkelhaarige Frau über einen Zaun stieg; da war der Mann, der den gemieteten Datsun entdeckt und die Polizei alarmiert hatte; da waren der Pathologe, der Schußwaffen-Experte, die Reisebüro-Angestellte, die Steffi Panich ein Flugticket verkauft hatte; die Hertz-Angestellten; der Western-Union-Angestellte, der Cynthia Marler einhundertundsechzig Dollar ausgehändigt hatte; Felix Misha, der besorgte Musiker, der mit Cynthia am Abend vor dem Mord zu Wandas Apartmenthaus gefahren war – und da waren die Detectives. Einer nach dem anderen wurde in den Zeugenstand gerufen. Die Zeugen zeichneten ein immer deutlicher werdendes Bild der Angeklagten als eine Frau, die angeblich recht gelassen gut eintausendundvierhundert Kilometer weit gereist war, um eine Frau zu erschießen, die sie noch nie gesehen hatte.

In Mordprozessen schauen die Angeklagten stets fort, wenn der Verteidiger die grausamen Fotos prüft, die das

Opfer nach der Autopsie zeigen. Nicht Cynthia Marler. Sie studierte sie gründlich.

John Henry Browne war gut. Schlagfertig, intelligent, angriffslustig, stellte er beim Kreuzverhör die richtigen Fragen. Aber die Antworten, die er brauchte, bekam er nicht. Wenn jemand für einen Klienten einen Freispruch erwirken konnte, dann er, aber die Beweise – die Tatsachen, die gegen Cynthia Marler sprachen – waren so hart wie Zement.

In diesem Gerichtssaal ging es mehr um die Dinge, die nicht gesagt, als um die, die laut ausgesprochen wurden. Jeder fragte sich, was sich unter der Oberfläche verbarg. Im Laufe des Prozesses las Danny Engle die Übersetzung einer in einer polnischen Zeitung – dem in Warschau verlegten *Courier Polski* – erschienenen Anzeige vor. Sie war am 30. Oktober 1980, also nur etwas über zwei Monate nach Wanda Touchstones Tod, veröffentlicht und Engle von Wandas Verwandten zugeschickt worden: ›Amerikaner wünscht Kontakt zu Dame um die Fünfunddreißig, die des Englischen mächtig und an Heim und Familie interessiert ist. Angebote bitte an Mr. Lew Touchstone …‹

Wanda war tot. Aber Lew Touchstone war offensichtlich entschlossen, sie durch ein Spiegelbild zu ersetzen, durch eine andere Polin Mitte Dreißig – aber eine, die zu Hause blieb, bei ihm, und ihn als Herrn im Hause behandelte. Er hatte sich sogar einem teuren und schmerzhaften Facelifting unterzogen, um jünger auszusehen. Doch leider mißachtete er alle Anweisungen seines Arztes, so daß er jetzt gesundheitlich angeschlagen war.

Nach vielen juristischen Manövern durfte Susan Zydak, eine Anwaltsgehilfin des King-County-Staatsanwaltes, in den Zeugenstand, um über ein von ihr mit angehörtes Gespräch zwischen David Lord und Lew Touchstone auszusagen. Während die Geschworenen gebannt zuschauten, zeichnete sie ein Diagramm der komplizierten Beziehungen zwischen Lew Touchstone, Ron Touchstone, Wanda Touchstone, Steffi Panich, Milos Panich und Cynthia Marler. Und zum erstenmal wurde ihnen klar, daß Cynthia vom Schwiegersohn des Ehemannes des Opfers nach Seattle geschickt worden war.

Unglaublicherweise war die Frage, weshalb Cynthia Marler eine derart weite Reise unternommen hatte, um Wanda Touchstone zu erschießen, niemals angeschnitten worden. Geld? Eine naheliegende Vermutung. Cynthia hatte mit ihren drei Kindern von der Fürsorge gelebt, während ihr Mann seine Haftstrafe wegen Bankraubs absaß. Lew Touchstone hatte eine Menge Geld. Und Milos Panich besaß offensichtlich genug, um Cynthia einen ›Urlaub von den Kindern‹ zu bezahlen.

Es gab keinen Beweis dafür, daß Cynthia Wanda gekannt, keinen Beweis, daß sie Grund gehabt hatte, sie genügend zu hassen, um sie zu töten. Geld schien ein wahrscheinlicher Grund zu sein, um jemanden zu ermorden. Aber während des Prozesses tauchte kein einziger Beweis dafür auf, daß Cynthia für den Mord bezahlt worden war.

Der Western-Union-Angestellte erklärte, eine automatische Kamera mache Aufnahmen von allen Personen, die telegraphisch überwiesenes Geld abholten. Aber selbst hier war der Fall recht seltsam. Die für die Überweisung an ›Kristine Adams‹ notierte Nummer war 8896. Aber ein Foto wurde nicht gefunden. Woraufhin man bei Western Union auf die Idee kam, daß die Nummer vielleicht auf dem Kopf stand, möglicherweise hieß es 9688. Bei Western Union überprüfte man noch einmal die Unterlagen. Kein Foto. Schließlich wurde ihnen klar, daß kein Film in der Kamera gewesen war.

Währenddessen blieb Cynthia Marler die kokette Schönheit, die ihren Anwalt anlächelte, ihm etwas ins Ohr flüsterte und für die Kameras posierte. Obwohl sie auf den Fotos sanft aussah, wirkte sie in persona manchmal so hart wie Stahl. Ihre Augenbrauen waren zu einem dünnen Strich gezupft, die Aknenarben unter Make-up verborgen. Cynthia war eine Frau, die offensichtlich ein wildes Leben geführt hatte.

Würde John Henry Browne Cynthia in den Zeugenstand rufen? Würde er sie einem Kreuzverhör durch Lord aussetzen? Nein. Cynthia sollte ihre Geschichte niemals erzählen.

Browne rief nur einen Zeugen der Verteidigung in den Zeugenstand: Cynthias Schwager, den sie ihrer Aussage nach hatte besuchen wollen. Doch sie war nicht mit ihm in Verbindung getreten. Er erklärte, sie beide hätten sich ›entfremdet‹, und er habe sie seit 1977 nicht mehr gesehen. Browne entlockte ihm die Aussage, es sei für die Mitglieder seiner Familie nicht ungewöhnlich, daß sie einander ohne Vorankündigung besuchten. Der Zeuge lächelte Cynthia an, als er gestand: »Wir haben uns ab und zu gestritten«, worauf sie ihn mit einem säuerlichen Lächeln bedachte.

Und dann war es vorbei. Die Zeugenaussage hatte höchstens zehn Minuten gedauert.

Es war der 10. März 1981. Zeit, mit den Schlußplädoyers zu beginnen.

David Lord erhob sich, um die Jury direkt anzusprechen. Stück für Stück baute er den Fall noch einmal für sie auf. Er begann mit den Vorkehrungen, die ›K. Adams‹ traf, um nach Seattle zu fliegen. Der Reisefahrplan war bereits bei der ersten Erwähnung für die Angeklagte niederschmetternd gewesen, aber es wurde noch schlimmer, als Lord Stein um Stein eine fast lückenlose Mauer der Schuld um die schöne Angeklagte aufbaute.

Lord beschrieb die zierliche Marler als »kaltblütige, skrupellose Killerin«. Er unterstellte, daß Cynthia wegen eines uralten Motives gemordet hatte: Geld.

John Henry Browne führte an, daß er Lew Touchstone in seinem Schlußplädoyer erwähnen könne, genau wie in seiner Eröffnungsrede. Browne richtete seinen Verdacht direkt auf Lew Touchstone, der, so erklärte er, ›ein Motiv hatte, seine Frau umbringen zu lassen‹. Das Motiv eines wohlhabenden Mannes, der in einem Gütergemeinschaftsstaat lebte und sich einem Scheidungsvergleich gegenübersah.

David Lord hatte das Gefühl, wenn man Browne erlaubte, den ausweichenden Touchstone erneut zu erwähnen, sollte man ihm, Lord, zugestehen, der Jury zu erklären, weshalb Touchstone nicht ausgesagt habe; daß er sich auf den Fünften Zusatzartikel berufen und angedeutet hatte, seine Aussagen könnten ihn belasten. Richter Ishikawa verfügte, daß Browne in seinem Schlußplädoyer äußern könne, was er über Lew Touchstone dachte, aber der Jury nicht erklären dürfe, weshalb Touchstone nicht in den Zeugenstand getreten war.

Der Verteidiger hielt ein philosophisches Plädoyer, in dem er auf den wesentlichen Bestandteil bei einer Verurteilung wegen vorsätzlichen Mordes aufmerksam machte – auf den berechtigten Zweifel. Er erklärte den Geschworenen, es obliege dem Staat, einen Sachverhalt zu präsentieren, der ohne jeden berechtigten Zweifel beweist, daß der Angeklagte einen vorsätzlichen Mord begangen hat. Er behauptete, in Cynthia Marlers Fall gäbe es einige berechtigte Zweifel.

Browne wurde lauter, als er fortfuhr: »Ich muß nichts erklären. Und falls Sie denken, ich würde es tun, können wir sofort aufhören. Ich muß nichts beweisen. Er [Lord] muß ihn [seinen Fall] erklären.« Browne war aggressiv. »Unsere Theorie in diesem Fall ist sehr einfach: *beweisen Sie es*.«

Und dann stellte Browne Fragen, die, wie er hoffte, die Geschworenen veranlassen würden, darüber nachzudenken, ob sie den absoluten Beweis dafür hatten, daß Cynthia Marler eine Mörderin war. Falls Cynthia einen gutdurchdachten Plan ausgeführt habe, »warum einen Wagen unter dem eigenen Namen mieten?« fragte er. »Warum eine Pistole fortwerfen, aber eine Perücke und die Wohnungsschlüssel des Opfers behalten? Warum jemanden über ein Reisebüro Reservierungen für einen Mordtrip machen lassen? Warum ohne Geld in Seattle ankommen? Ohne genügend Geld, um wieder nach Hause zu kommen? ... Sie können keine Suppe aus dem *Schatten* eines Huhnes kochen. Sie können keinen Menschen wegen *Fragen* schuldig sprechen, über einen berechtigten Zweifel hinaus.«

Browne führte sieben berechtigte Zweifel an, bei denen er auf die Version des Staatsanwaltes zurückgriff. Er bemängelte Cynthia Marlers Identifikation – die Zeugen hätten sich bei der Beschreibung der Person, die den Tatort verlassen habe, unklar ausgedrückt. Er behauptete, die Angeklagte könne auf dem Parkplatz gewesen und von den Zeugen gesehen worden sein, während der wahre Mörder flüchten konnte. Er brachte den Mangel an Beweisen zur Sprache. »Wo ist *Mr. Touchstone*? Welche Waffen besitzt *Mr. Touchstone*? Was ist mit all den blauen Flecken auf Wanda Touchstones Körper?«

Browne fuhr mit seiner Liste fort und kam immer wieder

auf den schwer faßbaren Lew Touchstone zurück. (Er war dabei im Vorteil, da Lord den Geschworenen nicht sagen durfte, daß Touchstone die Aussage verweigerte und sich auf den Fünften Zusatzartikel berief, und so Lew Touchstones Abwesenheit nicht erklären konnte.)

Weshalb weisen Cynthias Hände kein Nitratspuren auf, als man diese ein paar Stunden nach dem Mord untersuchte? Browne klärte die Jury nicht darüber auf, daß man Nitratspuren durch einfaches Händewaschen entfernen kann oder daß durch Rauchen oder Urinieren Nitratspuren an die Hände gelangen können.

Brownes Meinung nach hätte eine zweite Person Zeit gehabt, vom Parkplatz zu verschwinden, bevor die Zeugen eine Frau vom Tatort stürzen sahen. »Zeit ... Zeit.« Später stellte er die Fähigkeit der Zeugen in Frage, genau einzuschätzen, um welche Zeit sie die dunkelhaarige Frau den roten Wagen fahren und über den Zaun hatten klettern sehen.

Brownes letzter ›berechtigter Zweifel‹ betraf den gesunden Menschenverstand. Er erklärte, allein schon der gesunde Menschenverstand sagte einem, daß keine hochdotierte ›Killer-Lady‹ eine derart gut markierte Fährte mit Flugtickets, Mietwagen, telegraphisch überwiesenem Geld und Taxis hinterlassen würde.

Er sprach so schnell, daß einige Geschworene verwirrt blinzelten. Fragen, Fragen – gefolgt von dem Satz, den er ständig wiederholte: »Ich muß nichts erklären; ich muß nichts beweisen.« Der junge Verteidiger war gut. Er hatte einen Fall übernommen, bei dem das Beweismaterial so überwältigend war, daß nur wenige Anwälte es auch nur versucht hätten.

Staatsanwalt Lord hatte Cynthia Marler derart mit Wanda Touchstones Erschießung verbunden, daß die Pressevertreter wetteten, die Jury würde innerhalb einer Stunde nach Beginn ihrer Beratung wieder zurück sein. Aber Browne schien sich die Fragen aus den Fingern zu saugen.

Es war eine *Entweder-Oder*-Situation. Entweder hatte Cynthia es nicht getan, oder sie mußte die ungeschickteste, nachlässigste Killer-Lady gewesen sein, die jemals einen Fuß auf Seattles Boden gesetzt hatte.

David Lord hielt sein Schlußplädoyer, in dem er betonte, daß Cynthia Marler – so unzulänglich sie auch als bezahlter Killer gewesen sein mochte – gemordet, für Geld gemordet habe und daß die Schritte, die sie zwischen dem 8. und dem 11. August unternahm, viel zu bedeutsam seien, um bloßer Zufall zu sein.

Die Jury zog sich zurück. Eine Stunde. Zwei. Sechs. Mehrere Reporter lösten ihre verlorene Wette ein. Es sollte zehn Stunden dauern, bevor die Geschworenen zurückkehrten und Richter Ishikawa mitteilten, daß sie zu einem Verdikt gelangt seien. Zum ersten Mal schien Cynthia Marler ihre gespielte Selbstsicherheit verloren zu haben: Es war, als sei ihr erst jetzt bewußt geworden, daß sie vielleicht doch nicht freigesprochen würde. Robert Toigo, der Sprecher der Geschworenen, las den Urteilsspruch vor. Die Geschworenen hatten Cynthia Marler des vorsätzlichen Mordes für schuldig befunden.

Die dunkelhaarige Frau senkte den Kopf und weinte leise. John Henry Browne beugte sich vor, um sie zu trösten.

Der Geschworenensprecher erklärte später der Presse, daß die Jury während der zehnstündigen Beratung die Beweise immer wieder, Stück für Stück, durchgegangen sei. Er sagte, ein Jurymitglied habe bis zur letzten Minute für einen Freispruch gekämpft. Robert Toigo gestand, daß die Geschworenen verwirrt gewesen seien, daß sie bestimmte Elemente des Falles nicht verstünden. Das war zu erwarten: Lew Touchstone, seine Tochter und deren Mann Milos Panich waren zwar erwähnt, aber niemals als Zeugen beigebracht worden. Ein mögliches Motiv für Wandas Tod war die Bitterkeit, die ihre Scheidung von Touchstone umgab – aber das war nur *ein* Motiv. Touchstone war reich genug, eine Ex-Frau zu unterstützen, ohne sich einschränken zu müssen.

Am 26. März 1981 wurde Cynthia Marler erneut in Richter Ishikawas Gerichtssaal geführt. Aber diesmal trug sie keine zarte Bluse, keine elegante Hose, keine hochhackigen Schuhe, sondern einen Gefängnisoverall und Sandalen. Sie wurde zu lebenslanger Haft verurteilt, mit der Empfehlung eines Minimums von fünfundzwanzig Jahren. Sie sagte leise, daß sie die Haftstrafe gerne in Kalifornien verbüßen würde, damit sie ihre Kinder sehen könnte, aber sie wurde dem Frauengefängnis in Purdy, Washington, zugeteilt.

Cynthia Marler, die Frau, die einen Rosenkranz bei sich trug, als sie nach Seattle kam, um Wanda Touchstone zu töten, wurde nach der Urteilsverkündung wütend. Sie wollte sich im Gerichtssaal keine Fingerabdrücke abnehmen lassen. Ihr Anwalt mußte sie drängen, nachzugeben. Die Fernsehkameras fingen jetzt die andere Seite ihrer Persönlichkeit ein – die verbitterte, feindselige, schroffe Cynthia.

Ihre Kinder würden möglicherweise fünfundzwanzig Jahre lang keine Mutter mehr haben. Und sie hatten auch keinen Vater: Der verbüßte gerade eine Haftstrafe wegen Bankraubes.

Als alles vorbei war, stand ein großer, bärtiger Mann mit traurigem Gesicht auf und verließ den Gerichtssaal. John Sophronski hatte den Prozeß bis zum Ende verfolgt und dabei ständig die hübsche kleine Frau angeschaut, die ihm Wanda genommen hatte. Gerichtsvertreter hatten gesehen, wie er während der Verhandlung zusammenzuckte, wie er die Hände zu Fäusten ballte, und sich Sorgen darüber gemacht, was er wohl anstellen würde. Aber er sagte kein Wort und hielt sich von der Angeklagten fern.

Die Fragen blieben – wenigstens offiziell. Detectives, die gezwungen waren, die Information für sich zu behalten, war gesagt worden, jemand habe versprochen, Cynthia Marler zu bezahlen, sobald Wanda Touchstone tot war. Angeblich sollte sie für den Mord dreitausend Dollar bekommen. Als zusätzlichen Köder versicherte man Marler, daß man ihr einen 1976er Chevrolet Pick-up-Truck überschreiben würde. Falls man ein Menschenleben kaufen konnte, dann war Wandas Leben billig erkauft worden. Cynthia war auch Unterstützung für den Fall versprochen worden, daß etwas schiefging. Die Detectives waren der Meinung, daß Cynthia niemals damit gerechnet hatte, ins Gefängnis zu müssen, sondern davon überzeugt war, daß jene, die Wandas Tod wollten, genügend Macht besaßen, sie zu schützen. Möglicherweise spielte sie deshalb ihre Spielchen mit der Polizei und dem Büro des Staatsanwaltes. Hatte sie den Drahtziehern hinter dem Mordkomplott vertraut?

Cynthia nahm ihre Strafe allein auf sich. Wahrscheinlich war sie bereits im Washington State Women's Corrections Center in Pudy hinter Schloß und Riegel, bevor ihr bewußt wurde, daß niemand kam, um sie zu retten. Zu diesem Zeitpunkt fürchtete sie zweifellos, sich zu melden und jemanden zu denunzieren, zumindest öffentlich. Sie hatte Kinder. Also hielt sie den Mund.

Wenigstens für den Augenblick.

Lew Touchstone war ein freier, aber ein ängstlicher Mann, der oft gerade jene Beamten um Schutz bat, die ihn befragt hatten. Er fürchtete ständig, das Ziel einer Gewalttat zu werden. Aber er wurde niemals ein solches Opfer. Er lebt relativ zurückgezogen mit einer Geheimnummer.

Cynthia Marler reichte ihr erstes Gesuch Mitte 1982 ein. Sie behauptete, der Staat habe ihr ein vorgerichtliches Geständnis entlockt, sei aber dann seinem Versprechen, die Haftstrafe zu reduzieren, falls ihre Aussagen zu Klagen gegen andere Personen führten, untreu geworden. Vor der Verhandlung habe sie der Staatsanwaltschaft erklärt, Lew Touchstones Schwiegersohn Milos Panich hätte sie angeheuert, um Wanda Touchstone zu töten, und ihr dafür dreitausend Dollar geboten. Cynthias Mann James Marler soll angeblich dabeigewesen sein, als das Angebot gemacht wurde. Cynthia sagte, Panich hätte ihre Reise nach Seattle finanziert, einen Wagen gemietet und sie mit einem Foto von Wanda, einem Revolver, Munition und sogar mit den Schlüsseln zu und einem Grundriß von Wandas Apartment versorgt. Cynthia erklärte weiter, Panich habe sie gebeten, mit Wandas Diamantring nach Kalifornien zurückzukehren.

Der Staat hatte Cynthia ›Verwendungsimmunität‹ zugebilligt, das heißt, die Staatsanwaltschaft konnte diese Aussagen während der Verhandlung nicht gegen sie verwenden. Zusätzlich waren Cynthias Aussagen über ihre Rolle als gedungene Mörderin und die Beziehung ihres Mannes James zu Milos Panich auf Anordnung Richter Ishikawas in den Gerichtsprotokollen versiegelt worden. Es bedurfte erst einer Klage der *Seattle Times* und des *Seattle Post-Intelligencer*, ehe diese Information veröffentlicht wurde – *nach* dem Prozeß.

In der Berufung fragte Cynthias neue Anwältin, Julie Kleser: »Weshalb sind zwei Menschen buchstäblich mit einem Mord davongekommen?« William Downing, stellvertretender Staatsanwalt des King County, bezichtigte Kleser des ›Monday morning quarterbacking‹; der Fall sei bereits über ein Jahr alt. Er erklärte, der Staatsanwaltschaft hätten nicht genügend Beweise vorgelegen, um Touchstone oder Panich anzuklagen.

Am 12. Juli 1982 bestätigte das Appellationsgericht Cynthia Marlers Verurteilung als gedungene Mörderin. Das Berufungsgericht entschied, der Staat habe in gutem Glauben gehandelt und sei seiner Vereinbarung mit Cynthia Marler nicht untreu geworden. Er habe ihre Aussagen eingehend überprüft, aber keine Grundlage gefunden, um die beiden Männer des Verbrechens anzuklagen.

Während Cynthia weiter ihre lebenslange Haftstrafe wegen Mordes absaß, mochte es andere gegeben haben, die frei herumliefen – aber wie auf Eierschalen; Menschen, die ständig darauf warteten, daß das Damoklesschwert auf sie niederstürzte.

Und wenn es auch nicht fiel, so schwebte es doch drohend über ihnen, als Cynthia im Juli 1986 erneut vor das Berufungsgericht trat. Sie bat um ihre Entlassung aus dem Gefängnis und stützte sich dabei unter anderem auf die Behauptung, einer ihrer Anwälte habe sich während des Prozesses in einem Interessenskonflikt befunden, weil er von einem, wie ein Zeitungsartikel ihn nannte, ›möglichen Mitangeklagten‹, von Milos Panich, bezahlt worden sei.

Eine recht seltsame Beweisführung. Derselbe Anwalt, den Cynthia jetzt für ihre Inhaftierung verantwortlich machte,

421

hatte früher mit der Staatsanwaltschaft über eine Klage wegen Totschlages verhandelt. Aber um in den Genuß einer geringeren Strafe zu kommen, hätte sie Panich in den Fall hineinziehen müssen. Ihre Unfähigkeit, der Anklagevertretung ausreichende Beweise für eine Anklageerhebung gegen Panich zu liefern, führte indes zu einer höheren Strafe.

Das Berufungsgericht verfügte, daß Cynthia Marlers Prozeßanwalt eindeutig auf ihrer Seite gestanden habe, und wies ihren Antrag auf Entlassung aus dem Gefängnis erneut zurück.

Letztlich war es Cynthia Marlers Mangel an Glaubwürdigkeit, der sie hinter Schloß und Riegel verbannte. Laut dem Stellvertretenden Staatsanwalt Bill Downing waren die Aussagen, mit denen sie andere belastete, viel zu schwach, um von Nutzen zu sein. Cynthia Marler hatte bei einem Lügendetektortest versagt, und ihre ›Vertrauenswürdigkeit‹ war sehr fragwürdig. Die Staatsanwaltschaft entdeckte keine neuen Beweise, die sie autorisierten, andere des Verbrechens anzuklagen. Doch es gibt natürlich keine Verjährungsfrist bei Mord.

Aber Detectives bestätigten den wichtigsten Aspekt ihres Falles: die schöne, zierliche Cynthia Marler feuerte am 1. August 1980 kaltblütig zwei Kugeln in Wanda Touchstones Kopf und Nacken und beendete damit für immer eine Ehe, die nie hätte geschlossen werden dürfen.

Zwölf Jahre nach ihrer Verurteilung sitzt Cynthia Marler immer noch im Washington State Women's Corrections Center in Purdy hinter Gittern. In der Regel dauert im Staat Washington eine »lebenslängliche« Haft abzüglich Strafnachlaß wegen guter Führung dreizehn Jahre und vier Monate. Aber Cynthia Marler war während ihres bisherigen Gefängnisaufenthaltes nicht besonders kooperativ. Die Wärter nennen sie ›eine Zähe‹. Cynthia ist jetzt 41 Jahre alt. Ihre Kinder sind fast erwachsen, und das Leben, das sie hinter sich ließ, hat sich mit den Jahren und der Entfernung in seine Bestandteile aufgelöst.

Niemand wird je erfahren, weshalb Wanda wirklich sterben mußte. All ihre Geheimnisse starben mit ihr. Alle, bis auf eines. Der Mörder nahm ihr das Leben – aber nicht ihren Diamantring. Über das Verschwinden des Diamantringes hatten sich die Detectives lange Zeit den Kopf zerbrochen. Das Rätsel wurde gelöst, als Wandas Schwester den Ring an der Schnur von Wandas Trainingshose fand. Wanda mag ihrem Mann nach dem schönen, gemeinsam verbrachten Sonntag wieder ein wenig mehr vertraut haben, aber nicht genug, um es nicht für notwendig zu erachten, den Ring zu verstecken, den sie ihm gerade entwendet hatte.

Die Ausreißerin

Als ich mit meinen Nachforschungen über das unerklärliche Verschwinden eines Teenagers im Staat Washington begann, schreckte ich davor zurück, mich an ihre Familie zu wenden. Ich habe mich stets davor gefürchtet, die Trauer der Überlebenden eines Verbrechens zu stören, doch das änderte sich, als ich Doreen Hanson kennenlernte. Das Gespräch mit ihr führte zu einer Mitgliedschaft in der Families-and-Friends-of-Victims-of-Violent-Crimes-and-Missing-Persons-*Unterstützungsgruppe* (Gruppe aus Familienmitgliedern und Freunden der Opfer von Gewaltverbrechen sowie vermißter Personen.) *In den darauffolgenden siebzehn Jahren sollte ich eine Reihe äußerst tapferer Menschen kennenlernen – Überlebende, die sich niemals mit dem Status quo abfanden und unermüdlich daran arbeiteten, das System zu ändern. Die Gruppe im Staat Washington gehörte zu den Vorläufern der heute über ganz Amerika verstreuten Gruppen. Wenn die von ihnen geliebten Menschen auf ewig fort waren – und die meisten von ihnen waren es – bemühten sich ›Families and Friends‹, die Kinder anderer Menschen zu schützen. Es war eine außergewöhnliche Gruppe, in der ich dauerhafte Freundschaften schloß. Als ich vor vielen Jahren mit dem Schreiben von True-Crime-Artikeln begann, quälte mich die Erkenntnis, daß ich mir meinen Lebensunterhalt mit dem Leid anderer Menschen verdiente. Die Mütter, Väter, Schwestern, Brüder und Großeltern in ›Families and Friends‹ lehrten mich, daß ihre Geschichten erzählt werden mußten, aber daß jeder, der darüber schrieb, sich stets auch der Opfer erinnern sollte. Doreen, Jannas Mutter, war mein erster Kontakt. Sie lehrte mich, für die Opfer von Verbrechen zu kämpfen – selbst wenn ich nicht mehr tun konnte, als die Erinnerung an sie lebendig zu halten.*

Die traurige Suche nach der dreizehn Jahre alten Janna Hanson begann am Morgen des 26. Dezember 1974, einem Donnerstag, in einer kleinen, nördlich von Seattle, Washington, gelegenen Stadt. Das soeben vergangene Weihnachtsfest war für Janna besonders schön gewesen. Ihre Familie war vom Schicksal gebeutelt worden, aber jetzt hatte sich der Kreis geschlossen, und sie waren wieder glücklich. Doreen Hanson hatte sich Ende der sechziger Jahre vom Vater ihrer vier Töchter scheiden lassen. Aber im Jahr 1970 kamen sie so gut miteinander aus, daß sie davon sprachen, es noch einmal miteinander zu versuchen. Aber es sollte nicht sein: Jannas Vater starb überraschend an einem Herzanfall. Er war erst einundvierzig Jahre alt. Damals war Gail Hanson neunzehn, die Zwillinge Penny und Pamela siebzehn, und Janna, das ›Baby‹, neun Jahre alt.

Der Tod ihres Vaters hatte den Hanson-Mädchen einen schweren Schlag versetzt. Aber ihr Kummer wurde im Laufe der Zeit schwächer. Das Weihnachtsfest 1974 war ein schönes Fest gewesen. In der gemütlichen Wohnung, die sich Doreen und Janna teilten, hatten sich die Menschen versammelt, die Janna am meisten liebte: ihre Mom, ihre schönen großen Schwestern, ihr kleiner Neffe Derek. Und Großmutter Hanson war Hunderte von Kilometern gereist, um bei ihnen zu sein.

Janna war so blond wie ihre Schwestern und irgendwo zwischen Kindsein und Frausein gefangen. Ihre älteren Schwestern arbeiteten gelegentlich als Models, und alles an Janna deutete darauf hin, daß sie einmal genauso schön würde wie sie. Fast jeder ihrer Weihnachtswünsche war in Erfüllung gegangen, aber das war nicht annähernd so wichtig, als mit der Familie zusammenzusein. Die Hansons waren – und sind – eine Familie mit einem großen Zusammengehörigkeitsgefühl.

Allen, die Janna gut kannten, war klar, daß sie niemals von zu Hause fortlaufen würde. Und doch sah es einen Tag nach Weihnachten so aus, als sei sie von einer anderen Dimension verschluckt worden; als habe sie sich in die Unendlichkeit aufgemacht.

Doreen Hanson stand kurz davor, in die traurigste und frustrierendste Periode ihres Lebens einzutreten. Monatelang sollte ihre Intuition von Experten als unbedeutend abgetan werden; von Fachleuten, die darauf bestanden, daß ihre Tochter von zu Hause fortgelaufen war. Was nicht verwundert, wenn man sich die Legionen von Teenagern anschaut, die in den sechziger und siebziger Jahren von zu Hause ausgerissen sind; aber für Doreen Hanson war Jannas Verschwinden unfaßbar.

Janna Hanson hatte versprochen, auf das Wohnmobil der Familie einer guten Freundin aufzupassen, das auf dem Grund des Nile Country Club stand, eines ausgedehnten, umzäunten Grundstücks, das neben Jannas Heim in Mountlake Terrace, Washington, lag. Die Freundin war mit ihrer Familie in Urlaub gefahren. Janna hatte ihr zu Weihnachten ein paar Pflanzen geschenkt und versprochen, sie jeden Tag zu gießen. Sie war auch dafür verantwortlich, einen der Wasserhähne stets gerade so weit aufgedreht zu lassen, daß bei einem für die Jahreszeit unüblichen Kälteeinbruch nicht die Wasserleitungen einfrieren würden.

An diesem Donnerstag nach Weihnachten verließ Janna die Wohnung kurz nach 8 Uhr 30. Sie wollte ihre Aufgabe früh hinter sich bringen, da sie und ihre Mutter um 12 Uhr bei ihrer älteren Schwester Gail sein mußten, um Derek abzuholen. Janna sollte Dereks offizieller Babysitter werden, und sie war deswegen ganz aus dem Häuschen. Gail und ihr Mann würden für eine Woche zu einem Angelausflug nach Alaska fliegen. Janna betete ihren Neffen an und freute sich schon darauf, sich um ihn kümmern zu können. Anders als viele Teenager erschien Janna Hanson zu einem Termin immer pünktlich.

Es war ein für den Nordwesten typischer Dezembertag – bewölkt und kühl –, als Janna ihr Zuhause verließ. Sie trug Jeans, ein weißes, langärmeliges Oberteil, eine kurze, marineblaue Kapuzenjacke und einen rostbraunen Strickschal, ein Geschenk von Grandma Hanson.

Um zum Nile Country Club zu gelangen, konnte man über die Straßen gehen, aber die meisten Jugendlichen in der Nachbarschaft bevorzugten eine oft benutzte Abkürzung, die an dem Haus begann, in dem die Hansons wohnten. Der Weg schlängelte sich durch ein dichtes Wäldchen aus Tannen und Besenginster. Er führte direkt zum feudalen Country Club am Ufer des Lake Ballinger und endete nahe dem Wohnmobil ihrer Freundin. An jedem anderen Tag wäre das Wäldchen vielleicht voller Kinder aus der Nachbarschaft gewesen, aber während der Weihnachtsferien konnten sie lange schlafen. Als Janna sich am 26. Dezember zwischen den finsteren Bäumen hindurchkämpfte, war sie allein.

Das einzige, das ihre Mutter später mit Bestimmtheit wissen konnte, war, daß Janna das Wohnmobil sicher erreicht hatte. Für die Abkürzung würde sie etwa zwanzig Minuten gebraucht haben. Zwischen 9 und 9 Uhr 30 hatte Janna vom Mobile-Home aus einen Schulfreund angerufen, dessen Mutter ihr erklärte, er schliefe noch. Worauf Janna antwortete, sie würde es später noch einmal versuchen.

Aber Janna ging nicht ans Telefon des Wohnmobils, als Doreen Hanson sie um 10 Uhr 40 anrief. Es regnete heftig, und ihre Mutter wollte sicher sein, daß Janna keinen Versuch unternahm, sich bei den sintflutartigen Regenfällen auf den Heimweg zu machen. Doreen hatte vorgehabt, Janna um 11 Uhr 20 vom Mobil-Home abzuholen. Sie wollte nicht, daß Janna sich durch die Regenschauer kämpfte, sollte sie früher fertig werden. Doreen Hanson ließ das Telefon endlos läuten. Während sie dem Freizeichen lauschte, begann sie sich Sorgen zu machen. Vielleicht war es jener siebte Sinn, den Mütter besitzen. Sie versuchte ihre Angst zu bekämpfen und sagte sich, daß Janna vielleicht zögerte, in einem fremden Heim ans Telefon zu gehen.

Doreen Hanson traf um 11 Uhr 20 am Wohnmobil ein, genau so, wie sie es mit Janna verabredet hatte. Sie klopfte an die Tür, aber niemand meldete sich. Sie lauschte, ob sie darin einen Fernseher oder Radio – *irgend etwas* – hörte, das laut genug war, das Klopfen zu übertönen. Aber sie hörte nur den Regen auf das Metalldach des Wohnmobils prasseln. Doreen klopfte fester, klopfte so laut, daß jemand, der sich im Inneren des Mobile-Home aufhielt, es unmöglich überhören konnte. Aber noch immer reagierte niemand.

»Ich setzte mich wieder in den Wagen und überlegte, daß sie vielleicht staubsaugte und deshalb mein Klopfen nicht hören konnte, oder daß sie mich wegen des Regens nicht hörte«, erinnerte sich Doreen. »Also hupte ich. Aber sie zeigte sich immer noch nicht. Ich glaube, ich wußte schon damals, daß ich Janna niemals wiedersehen würde.«

Die meisten Mütter besitzen es, dieses Gefühl, das sie immer dann überfällt, wenn etwas mit ihren Kindern nicht stimmt. Gute Detectives zollen dem Aufmerksamkeit. Jene, die streng nach Vorschrift arbeiten, übersehen vielleicht, was im Fall eines Verschwindens von Anfang an erschreckend deutlich ist. Es sollte sehr lange dauern, bis man Doreen Hansons Gefühl Aufmerksamkeit zollte.

Plötzlich wurde Doreen bewußt, wie isoliert das Wohnmobil stand – wenigstens im Augenblick. Es schien niemand in der Nähe zu sein, noch nicht einmal das für den Golfplatz zuständige Wartungspersonal. Jannas Mutter bekam es mit der Angst zu tun. Wenn Janna ein leichtsinniger Teenager gewesen wäre, hätte sie sich einfach nur geärgert. Aber Janna war stets pünktlich, und falls einmal etwas dazwischen kam, rief sie zu Hause an, um zu erklären, weshalb sie später kommen würde.

Zwischen Doreen Hanson und ihrer jüngsten Tochter herrschte eine besonders innige Beziehung. Janna war acht Jahre jünger als ihre Zwillingsschwestern, und seit dem Tod ihres Vaters hieß es: Janna und Doreen gegen den Rest der Welt. Obwohl bei ihren Altersgenossen beliebt, unternahm Janna vieles gemeinsam mit ihrer Mutter. Erst kürzlich hatten sie sich einer Crash-Diät unterzogen, und aus dem ein wenig pummeligen Teenager war eine strahlende junge Frau geworden, die eher wie siebzehn als wie dreizehn aussah.

Doreen Hanson fröstelte. Aber es lag weder am heftigen Regen noch am frischen Wind. Ihr fiel ein, daß sie neben einem in der Nähe gelegenen Kiosk einen Streifenwagen der Mountlake Terrace Police gesehen hatte. Sie fuhr los. Der

Streifenwagen stand noch immer dort, wo sie ihn zuletzt gesehen hatte. Officer Donald Lyle hörte aufmerksam zu, als Doreen ihm von ihrer Sorge um Janna erzählte und ihm ein Foto aus ihrer Brieftasche gab, auf dem ihre seit neuestem schlanke, blauäugige und blonde Tochter zu sehen war.

Der Teenager wurde gerade einmal seit zwei Stunden vermißt. Lyle drehte eine obligatorische Runde durchs Viertel, während Doreen Hanson zu einer von Jannas besten Freundinnen fuhr, die in der Nähe wohnte. Sie glaubte eigentlich nicht, daß Janna zu ihr gegangen war, statt im Wohnmobil zu warten, aber ihr fiel kein anderer Ort ein, an dem sie suchen konnte. Jannas Freundin war gleichfalls besorgt, als Doreen Hanson ihr den Grund ihres Besuches erklärte. Sie liefen zur Abkürzung in der Hoffnung, daß Doreens Sorge unbegründet war; daß sie und Janna sich nur verpaßt hatten. Doreen zwang sich zu dem Glauben, daß Janna ihnen entgegenkommen würde. Sie konzentrierte sich so stark darauf, daß sie sie fast vor sich sehen konnte. Aber sie kam nicht.

Während sie die Abkürzung entlanggingen, kam es Doreen so vor, als sähe sie den Weg zum ersten Mal richtig. Ihre Angst nahm zu, als ihr bewußt wurde, wie einsam die Abkürzung lag, die durch ein dichtes dunkles Wäldchen führte, in das kein Tageslicht drang. Wenn Janna hier hingefallen war und sich verletzt hatte, wären ihre Schreie ungehört geblieben.

Zwischen den dunklen Bäumen gab es keine Spur von Janna. Falls sie diesen Weg vor drei Stunden gegangen wäre, so war jetzt nichts mehr davon zu sehen.

Doreen fuhr zum Mobile-Home zurück, wo sie auf weitere Beamte der Mountlake Terrace Police stieß. Sie erklärte ihnen, sie habe keinen Schlüssel für das Wohnmobil. Die Beamten hatten bereits in Erfahrung gebracht, daß der Schlüssel, den das Wartungspersonal in Verwahrung gehabt hatte, verlorengegangen war.

»Brechen Sie die Tür auf«, forderte Doreen Hanson die skeptischen Beamten auf. »Ich übernehme die Verantwortung für alle etwaigen Schäden.«

Die Beamten traten mit voller Wucht gegen das Schloß. Die

Tür sprang auf. Die Gruppe durchsuchte das weiträumige Wohnmobil. Aber Janna war nicht da. Aber sie war da gewesen: ihr Hausschlüssel und der Wohnmobilschlüssel lagen auf dem Abtropfbrett. In einem der Schlafzimmer brannte Licht, und vor der Hintertür stand ein Abfallbeutel. Der Müll war feucht, aber nicht aufgeweicht, wie es der Fall gewesen wäre, hätte er über Nacht draußen gestanden. Offensichtlich hatte Janna damit begonnen, im Wohnmobil Ordnung zu schaffen, bis sie unterbrochen worden war: Ein paar Teller mit Chiliresten lagen noch in der Spüle. Janna hatte nicht zu Ende gespült. Weshalb? Drei Stunden waren mehr als genug, um Geschirr zu spülen und staubzusaugen.

Alles stand an seinem Platz. Nichts wies darauf hin, daß in dem Wohnmobil ein Kampf stattgefunden hatte. Dadurch fühlte Doreen sich ein wenig besser – aber nur ein wenig. Es ergab keinen Sinn, daß Janna das Wohnmobil freiwillig – ohne Haus- und Wohnmobilschlüssel – verlassen haben sollte. Und sie gehörte nicht zu den Mädchen, die eine angefangene Arbeit liegenlassen.

Doreen ging im Geiste noch einmal alles durch, was seit dem Aufwachen geschehen war, als könne sie damit die Szene neu ordnen und zum Positiven verändern. Sie versuchte, die aufsteigende Panik zu unterdrücken. Es waren doch erst drei Stunden vergangen – nun, eigentlich schon fast vier. Doreen wählte regelmäßig ihre Telefonnummer, in der Hoffnung, Jannas Stimme zu hören.

Die ausgedehnten, gepflegten Anlagen des Country Clubs lagen verlassen da. Und auf dem Weg, den Janna nach Hause gegangen wäre, war nichts gefunden worden, das man mit ihr in Verbindung bringen konnte. Wäre Janna ein kleines Kind gewesen, hätte man sofort alle verfügbaren Kräfte mobilisiert, um sie zu suchen. Aber die Polizei mußte sich eine Meinung über die Jugendlichen bilden, die verschwinden. Die meisten der vermißten Teenager tauchen innerhalb von vierundzwanzig Stunden wieder zu Hause auf. In Polizeirevieren in Amerika beginnt die großangelegte Suche nach vermißten Erwachsenen und Teenagern selten vor Ablauf dieser vierundzwanzig Stunden. Das ist Taktik. Das ist der weitverbreitete Brauch. Manchmal ist er schrecklich verkehrt. Aber jeder Fall ist anders. Und falls es auch nur den kleinsten Hinweis gibt, geht die Polizei von einem Verbrechen aus.

Jannas Familie konnte nicht vierundzwanzig Stunden lang warten. Einfach nur zu Hause herumsitzen und darauf zu warten, daß das Telefon klingelte, zerrte an ihren Nerven. Schließlich ertappte sich Doreen Hanson bei der Hoffnung, daß Janna von zu Hause ausgerissen war, obwohl sie sich nicht vorstellen konnte, weshalb ihre Tochter so etwas tun sollte. Sie versuchte, sich an einen Streit mit Janna zu erinnern; eine Auseinandersetzung, die in ihrer Tochter den Wunsch geweckt haben konnte, wegzulaufen. Aber ihr fiel nur eine kleine Meinungsverschiedenheit über eine Reise ein, die Janna mit der Fähre nach Bremerton hatte machen wollen. Nein. Das war schon lange vergessen. Doreen griff nach jedem Strohhalm. Sie hatte bereits drei Mädchen großgezogen. Sie kannte sich mit Teenagern aus. Sie wußte, daß sie Jannas gesundem Menschenverstand trauen konnte – falls Janna überhaupt die Möglichkeit hatte, eine Entscheidung zu treffen.

Während ein Familienmitglied zu Hause neben dem Telefon sitzen blieb, hielten Doreen Hanson, Jannas Schwestern, Verwandte und Freunde nach dem verschwundenen Teenager Ausschau. Sie schwärmten über den Golfplatz des Nile Country Clubs und suchten nach Spuren. Doreen sprach mit Ken Burke, einem der *greenskeeper**. Er erklärte, sie solle sich keine Sorgen machen, Jugendliche würden häufig ausreißen. Er habe einige Erfahrung auf dem Gebiet, beruhigte er sie, und *seine* Kinder seien immer wieder zurückgekommen.

Aber Janna kam nicht zurück.

Die Weihnachtsdekoration, die Kekse, die Janna gebacken hatte, ihre Geschenke – all das erinnerte schmerzlich daran, daß sie nicht da war. Trotz Doreen Hansons Einwänden wurden Janna Hansons Name und Beschreibung am 27. Dezember als Ausreißerin in den landesweit vernetzten Polizeicomputer eingegeben.

---

* Mit der Pflege und Instandhaltung eines Golfplatzes betraute Person. (A. d. Ü.)

Aber war Janna wirklich von zu Hause ausgerissen? Sie hatte weder Kleider noch Make-up oder Geld mitgenommen. Die Direktorin ihrer Schule beschreibt sie als eine ausgeglichene, zufriedene Schülerin. Ihre engsten Freunde glaubten nicht, daß sie fortgelaufen war. Gerüchte machten die Runde, wie es in solchen Fällen stets passiert, von entfernten Bekannten oder Fremden verbreitet, Janna habe angedeutet, daß sie von zu Hause fortlaufen wolle. Diese Gerüchte waren wie Zuckerwatte. Sie lösten sich auf, weil sie haltlos waren.

Der Jahreswechsel 1974/75 wurde im Hanson-Apartment nicht gefeiert. Doreen war damals bereits davon überzeugt, daß Janna etwas Schreckliches zugestoßen war, aber sie wußte nicht, wo sie suchen sollte. Sie ließ Flugblätter mit Jannas Foto drucken und überall aushängen, in der Hoffnung, daß jemand ihre Tochter gesehen hatte.

Die Mountlake Terrace Police, bei der Janna offiziell immer noch als Ausreißerin geführt wurde, schickte Fernschreiben an die Polizeibehörden der dreizehn westlichen Bundesstaaten. Doreen gefiel es ganz und gar nicht, daß die Polizei Janna in der Rubrik Ausreißerin führte, aber sie war mit allem einverstanden, was das öffentliche Interesse am Verschwinden ihrer Tochter wachhielt.

Es gab Menschen, die behaupteten, Janna gesund und munter gesehen zu haben. Sie waren sicher, daß es sich um Janna gehandelt hatte. Eine Meldung kam aus Lynnwood, eine andere aus Renton. Aber jede verfolgte Spur endete im Nichts. Janna Hansons Verschwinden wurde zu einem städtischen Märchen. Versuchten die Polizei oder Jannas Mutter jedoch, zur Quelle der jeweiligen Information vorzudringen, stießen sie stets auf ›einen Freund des Nachbarn meines Cousins‹ oder ›eine Angestellte des K-Mart hat gehört, wie ein Kunde sagte …‹ Es gelang ihnen nicht, zum Ursprung zu gelangen. Stets fehlte das letzte Glied der Kette. Jede Person, mit der sie Kontakt aufnahmen, präsentierte neue Namen. Am Ende blieb nur Frustration.

Eine entfernte Bekannte bestand darauf, Janna auf einer Rollschuhbahn gesehen zu haben. Sobald die Plakate mit dem Foto der lächelnden Janna entlang der Westküste hingen, kamen sogar Anrufe aus Santa Barbara, Kalifornien. In einer Meldung hieß es, daß junge Mädchen in einer Art weißen Sklavenhandels als Go-go-Girls für Alaska angeheuert worden seien und Janna zu ihnen gehört habe. Doreen hatte bereits die Koffer gepackt, bereit, nach Norden zu fliegen, als sich auch dieses Gerücht als gegenstandslos erwies.

Im Februar suchten Taucher der von Sergeant John Taylor geleiteten Snohomish County Search and Rescue Unit auf dem Grund des Lake Ballinger nach Janna. Sie fanden Autowracks, Golfbälle und vielerlei Arten von Müll, aber Janna Hanson fanden sie nicht. Doreen hatte sich gegen eine tragische Entdeckung auf dem Grunde des Sees gestählt, aber Janna blieb verschwunden.

Am 27. Februar ging eine ehemalige Nachbarin Doreens, die nicht wußte, daß Janna vermißt wurde, in Seattle an einem blonden Mädchen vorbei. Sie war so sicher, daß es sich bei dem Mädchen um Janna handelte, daß sie dem ihr bereits seit Jahren bekannten Teenager zugenickt und sie mit ›Hi‹ begrüßt hatte. Das geschah Wochen, bevor sie herausfand, daß Janna verschwunden war. Die Nachbarin wußte nicht, was sie denken sollte, als sie mit Doreen Hanson sprach. Hatte sie nun eine Doppelgängerin gesehen oder Janna?

Von einer der seltsamsten Sichtungen berichtete der Bruder eines Privatdetektivs. Er erklärte der Polizei, er habe sich in dem Haus, in dem seine Freundin wohnte, mit einem hübschen blonden Mädchen unterhalten. Er habe es für älter gehalten. Es schien eine gute Freundin seiner Freundin gewesen zu sein. Das Mädchen hätte einen Bademantel getragen und ihm erzählt, sie habe noch zwei Zwillingsschwestern – wie Janna –, und sie wolle Model werden, wie die Zwillinge. Als man ihm ein Foto von Janna Hanson zeigte, schwor er, sie sei das Mädchen, das er gesehen habe. Die Polizei machte sie ausfindig.

Es war nicht Janna.

Eine verdächtige Spur zeigte sich, als die Besitzer des Wohnmobils zurückkehrten. Als die Mutter von Jannas Freundin die schmutzige Wäsche einsammelte, um sie zu waschen, waren auch einige Jeans dabei. Aber erst beim

Bügeln merkte sie, daß eine der Jeans nicht ihrer Tochter gehörte, sondern Janna. Es waren die Jeans, die sie am Morgen ihres Verschwindens getragen hatte. Falls Janna an jenem regnerischen Morgen die Jeans ausgezogen hatte, weil sie naß geworden waren, was hatte sie statt dessen angezogen? Im Wohnmobil fehlte kein einziges Kleidungsstück.

Ein Freund der Hansons kannte ein Medium, das in Portland, Oregon, wohnte und angeblich über stark hellsichtige Kräfte verfügte. Das Medium – eine Frau – bat Doreen, Dinge, die Janna gehörten, in einen Papierbeutel zu packen und diesen zu verschließen. Was soll's? dachte Doreen. Sie sammelte ein paar Sachen ein und tat sie in einen Papierbeutel. Dann rief der Freund die Seherin an. Während des Gesprächs blieb der Papierbeutel in der Nähe des Telefons. Der Freund verriet Doreen nicht, was das Medium ihm erzählt hatte. Es hätte ihr endloses Warten nur noch beschwerlicher gemacht. Das Medium hatte Janna in einer Gegend mit Bäumen, einem Teich und umgestürzten Stämmen ›gesehen‹, es war so gut wie sicher, daß Janna nicht mehr lebte. Falls sie jedoch leben sollte, dann sei sie sehr weit von zu Hause entfernt.

Das hätte stimmen können, aber wie sollte die Polizei im Staate Washington eine Gegend mit Bäumen, einem Teich und umgestürzten Stämmen ausfindig machen? Im gesamten Staat Washington gab es solche Flecken. Das Problem mit Medien bei polizeilichen Untersuchungen ist, daß die Medien sich stets recht vage ausdrücken, während die Beamten genaue Angaben brauchen – wie ein Autokennzeichen, eine Adresse, eine Sozialversicherungsnummer oder einen Fingerabdruck. Und im Fall Janna Hanson hatte die Polizei überhaupt nichts.

Doreen verriet nur ihren Töchtern, daß es ihr so vorkam, als versuche Janna, ihr etwas mitzuteilen. Sie hörte keine Schritte, die immer näher kamen, aber manchmal ein Klopfen an der Wohnungstür. Und wenn sie dann die Tür öffnete, war niemand da. Aus den Wochen waren Monate geworden, Monate, in denen Doreen soviel durchgemacht hatte, daß sie sich fragte, ob sie vielleicht nur hoffte, Janna würde versu-

435

chen, zu ihr durchzudringen. Erst als eine Freundin das Phantomklopfen ebenfalls hörte, begann Doreen ihren Ohren zu trauen.

Jannas neue Skiausrüstung, ein Weihnachtsgeschenk, blieb unbenutzt, während die Skisaison kam und ging. Es war unglaublich: Seit Jannas Verschwinden waren bereits *acht* Monate vergangen, und noch immer gab es nicht einen einzigen stichhaltigen Hinweis. Im Sommer 1975 wußte man genausoviel über den Aufenthaltsort des blonden Teenagers wie am Tag ihres Verschwindens, trotz der Hunderte von Fernschreiben, die hinausgeschickt worden waren, trotz der Gespräche mit Jannas Freundinnen, Freunden und Klassenkameraden, und der Tatsache, daß ihre Mutter die Suche nach ihr niemals einstellte.

Obwohl Doreen nicht glaubte, daß Janna sich irgendwo dort draußen aufhielt – daß ihre Tochter wegen einer Kränkung, die Doreen gar nicht wahrgenommen hatte, von zu Hause fortgelaufen war –, wandte sich Doreen ans Fernsehen, um auf diese Weise ihre Tochter oder jemanden zu erreichen, der wußte, wo sie sich aufhielt. Sie erzählte, Jannas älteste Schwester habe noch ein Kind bekommen. Doreen wußte, daß Janna – falls sie die Neuigkeiten erfuhr und in der Lage wäre, nach Hause zu kommen – sich umgehend melden würde. Aber es kam kein Brief, kein Anruf – selbst das schwache Klopfen an der Tür blieb aus.

Janna blieb verschollen.

Man fand Janna Hanson am Sonntag, dem 3. August 1975. Die ländliche Gemeinde Maltby liegt rund zwanzig Kilometer östlich von Mountlake Terrace. Ganz in der Nähe von Maltby gab es eine große Kommune, deren Mitglieder sich zusammengetan hatten, um eine Farm zu bewirtschaften und sich so mit den meisten Grundnahrungsmitteln selbst zu versorgen und sich von einer Welt abzuschotten, die einen anderen Rhythmus lebte. An jenem Sonntag nachmittag machte sich ein Mitglied der Kommune auf den Weg zur Zufahrtstraße und gelangte an einen großen Kirschbaum. Es war ein schöner Tag. Auf dem Hinweg fiel dem Mann nichts Ungewöhnliches auf, aber als er einige Zeit später auf demselben Weg zurückkehrte, sah er einen menschlichen Schädel unter dem Baum liegen; fast so, als hätte ihn jemand absichtlich dort hingelegt. Der Mann nahm den Schädel, trug ihn zum Farmhaus und rief das Büro des Snohomish County Sheriffs an.

Der Schädel hätte jeder der im Nordwesten vermißten Personen gehören können. Allein im Jahre 1974 waren neun hübsche, junge Frauen auf unerklärliche Weise verschwunden. Sechs der Frauen – von denen vier nur anhand der Schädel identifiziert werden konnten – hatte man gefunden, und drei galten noch als vermißt: Janna, Georgeann Hawkins von der University of Washington und Donna Manson aus Olympia. Aber der Mörder blieb im dunkeln. Janna Hanson paßte nicht in das Muster der anderen vermißten Mädchen: Sie war um einiges jünger als sie.

Justizbeamte aus verschiedenen Verwaltungsbezirken tauchten auf der friedlichen Farm auf, um die Stelle in Augenschein zu nehmen, wo der Schädel gefunden worden war. Zahnärztliche Aufzeichnungen ließen keinen Zweifel daran, daß es sich bei dem Schädel um Janna Hansons Überreste handelte. Für Doreen Hanson und ihre Familie hatte die lange Suche ein Ende, das letzte Fünkchen Hoffnung war erloschen. Die Qual des Nichtwissens wurde durch das brennende Gefühl des Verlustes ersetzt.

Die Aufgabe, das Puzzle zusammenzusetzen, fiel den Untersuchungsbeamten des Snohomish County zu. Es bestand immer noch die Möglichkeit, daß Janna von zu Hause ausgerissen war, sich der Kommune angeschlossen hatte und während der vergangenen acht Monate auf natürliche Weise zu Tode gekommen war – aber das war recht unwahrscheinlich. Gute Detectives nehmen bei der Entdeckung einer Leiche immer erst einmal an, daß sie es mit einem Mord zu tun haben. Vom Mord gehen sie zum Selbstmord über, danach zum Unfalltod, und erst wenn sie alles andere ausgeschlossen haben, kommen sie zum Tod durch natürliche Ursachen.

Untersuchungsbeamte sind darin geschult, das Schlimmste zu erwarten.

Der Snohomish County Detective Sergeant Doug Fraser war für die Durchforstung des Gebietes zuständig. Er wurde von den Detectives Doug Engelbretson und Ben Duncan sowie einer großen Such- und Bergungsmannschaft unterstützt. Bis jetzt war nur Jannas Schädel aufgetaucht. Die Beamten kamen zu dem Schluß, daß wahrscheinlich einer der beiden zur Kommune gehörenden Jagdhunde ihn unter dem Baum abgelegt hatte. Irgendwo dort draußen, in den dichten Wäldern und den sumpfigen Stellen, mochte es weitere Spuren geben.

Am Schädel befanden sich Spuren von Zedernholz und swamp cabbage (*symplocarpus foetidus*). »Konzentriert euch auf sumpfiges Gebiet«, empfahl Fraser. »Auf eine Stelle mit Zedern, *swamp cabbages*; vielleicht sogar unter Wasser. Haltet nach einer Senke Ausschau, in die kein Licht fällt.«

Ohne daß es ihm bewußt war, wies er seine Detectives an, eine Stelle ausfindig zu machen, die dem vor Monaten vor dem Medium aus Oregon beschriebenen Platz sehr ähnlich war.

Es war keine leichte Aufgabe. Das Gebiet wurde in Quadratmeilen unterteilt. Die Such- und Bergungsbeamten des Snohomish County, aus Marysville und Alderwood Manor, durchkämmten zusammen mit der King County Police den angegebenen Bereich.

Die Suche war nicht einfach. Innerhalb des eingeteilten Bereiches befanden sich ein von den Teenagern bevorzugter Parkplatz, ein verlassener, ungefähr hundert Jahre alter Friedhof und ein Viehbegräbnisplatz, samt dichten Wäldern und hügeligem Weideland.

Deputy Ron Cooper und seine Frau befuhren die Nebenstraßen. Nach einigen Abstechern entdeckte er ein Gebiet, das den von Sergeant Fraser festgesetzten Kriterien zu entsprechen schien: Zedern, Sumpf und eine Senke. Die Stelle lag rund fünfhundert Meter vom Fundort des Schädels entfernt.

Engelbretson und Duncan folgten Cooper und untersuchten den Boden auf Händen und Knien. Sie fanden eine

Armbanduhr, Ohrringe, ein Paar umgekrempelter Knie-strümpfe, Stoffstücke, einen Schlüpfer und menschliche Knochen.

Janna hatte all die Monate, in denen ihre Familie und die Polizei nach ihr suchten, in jenem stillen Waldstück gelegen. Gewebsanthropologen des Smithsonian Institute bestätigten, daß Janna bereits kurz nach ihrem Verschwinden zu Tode gekommen war.

Doch wie und weshalb war sie gestorben? Brennende Fragen, die einer Antwort harrten. Wer hatte Janna an jenen einsamen, zwanzig Kilometer vom Wohnmobil am Golfplatz entfernten, am Rand einer Hippie-Kommune gelegenen Ort gebracht? Die County Detectives wußten, daß sie klar im Hintertreffen waren. Es gibt eine optimale Zeit, um einen Mord zu lösen, und das sind die ersten vierundzwanzig Stunden nach der Tat. Die Wahrscheinlichkeit, den Fall erfolgreich abzuschließen, sank mit jedem Tag. Fraser und seine Crew mußten acht Monate zurückgehen und am Anfang beginnen.

Zuerst befragten sie die sieben Kommune-Familien, auf deren Besitz Janna gefunden worden war. Innerhalb einer Woche hatte die zweihundert Mann starke Such- und Bergungscrew das Land von Grund auf kennengelernt, aber kein Beamter würde je die Menschen durchschauen, die dort lebten. In den siebziger Jahren wurden Polizei und Hippies als natürliche Feinde betrachtet. Aber Fraser und seine Beamten sollten später die auf der hundertundfünfzig Morgen großen Farm lebenden Familienmitglieder als ›wunderbar‹ bezeichnen. Die jungen Menschen taten alles in ihrer Macht Stehende, um den Untersuchungsbeamten zu helfen. Aber sie wußten nur sehr wenig.

Sie konnten sich nicht daran erinnern, im Dezember 1974 in der Gegend ein verdächtiges Fahrzeug gesehen zu haben. Aber sie wußten, daß die Kette, die über den Weg gespannt gewesen war, der zu den sterblichen Überresten des Mädchens führte, unerklärlicherweise Ende Dezember durchgetrennt worden war.

Ein Mitglied hatte die Kommune im Laufe des Jahres verlassen. Er wurde von den anderen als Einzelgänger beschrieben, der immer dann weiterzog, wenn er das Gefühl hatte, von Menschen erdrückt zu werden. Er hatte nie eine Neigung zur Gewalt gezeigt; im Gegenteil, er war eine liebe Seele, die Ruhe und Freiraum brauchte.

Die Detectives überprüften die Akten sämtlicher, jemals wegen sexueller Vergehen verhafteter Personen aus Maltby und Umgebung. Sie kamen auf zwei Männer, die früher einmal wegen Vergewaltigung verurteilt worden waren. Doch ihre Nachforschungen ergaben, daß beide für den 26. Dezember stichhaltige Alibis besaßen: Der eine hatte sturzbetrunken in der Ausnüchterungszelle des County-Gefängnisses gesessen, der andere war den ganzen Tag über am Arbeitsplatz gesehen worden. Am 25. August 1975 kamen Fraser, Duncan und Engelbretson zu dem Schluß, daß alles zum Nile Country Club zurückführte. Ihrer Überzeugung nach hatte Janna ihren späteren Mörder dort getroffen.

»Wir werden uns den alten Untersuchungsbericht wieder vornehmen und noch einmal von Anfang an durcharbeiten«, erklärte Fraser seinen Mitarbeitern. »Irgendwo dort ist der Schlüssel versteckt, der uns sagen kann, was mit Janna geschah.«

Die Beamten lasen noch einmal die Aussagen der beiden Angestellten des Nile Country Clubs, die am Tag nach Weihnachten Dienst gehabt hatten: die des achtunddreißig Jahre alten Kenneth Burke und des fünfundsechzig Jahre alten Sven Torgersen*. Burke war immer noch als *greenskeeper* beschäftigt, während Torgersen im Januar in den Ruhestand getreten war. Ihren Aussagen zufolge hatte keiner von beiden Janna an jenem Morgen gesehen. Burke erinnerte sich daran, daß er am 26. Dezember etwa um 6 Uhr 30 am Arbeitsplatz eingetroffen war. Er habe den Schlüssel für das Wohnmobil aus der Schublade eines Schrankes im Geräteschuppen genommen, damit die Tür des Wohnmobils geöffnet und um 6 Uhr 55 die Wasserleitungen kontrolliert. Danach habe er den Schlüssel wieder in die Schublade gelegt und sei hinausgegangen, um den Golfrasen zu überprüfen und alles fortzuräumen, was der Sturm vom Vorabend darauf geweht hatte. Burke war zu Fuß über den Golfplatz gewandert, statt einen Golfwagen zu

440

benutzen. Er erklärte, Janna an jenem Morgen nicht ein einziges Mal gesehen zu haben.

Aber als die Mountlake Terrace Police Burke später um den Schlüssel für das Wohnmobil bat, hatte er ihn nicht finden können, obwohl nur er und Torgersen Zugang dazu gehabt hatten.

Burke hatte erklärt, er habe später begonnen, einige Stufen des Wohnmobils zu ersetzen, sich dabei jedoch den Finger eingeklemmt und aufgehört. Das sei gegen 10 Uhr 30 gewesen. Burke sagte, er habe das Telefon im Wohnmobil nicht läuten hören, obwohl Doreen Hanson um 10 Uhr 30 versucht hatte, Janna telefonisch zu erreichen.

Normalerweise arbeiteten die Männer mit Sichtkontakt. Doch Burke erklärte, er habe Sven Torgersen an jenem Tag von 11 bis 13 Uhr nicht gesehen, da er Mittagspause gemacht habe. Der Arbeitstag der Männer endete um 15 Uhr.

Das Team der Snohomish County Detectives schaute sich zunächst Sven Torgersens Aussage über den 26. Dezember an. Sein Bericht über diesen Tag stimmte ziemlich genau mit dem seines Partners überein. Sie waren vor 7 Uhr zur Arbeit gekommen. Burke hatte das Wohnmobil überprüft und den Schlüssel an seinen alten Platz zurückgelegt. Laut Torgersens Bericht hatte er den Schlüssel später an sich genommen, um das Bad des Trailers zu benutzen, habe ihn aber auf dem Weg dorthin unter die Treppe des Geräteschuppens fallen lassen. Er hatte ihn nicht sofort wiederfinden können, erst, nachdem die Polizei gegangen war. Zu spät – sie hatten die Trailertür bereits aufgetreten. Wie es aussah, waren die beiden Golfrasenpfleger im Verlauf des Tages oft getrennt gewesen; sie hatten sich verschiedene Platzteile angeschaut und jeder für sich allein zu Mittag gegessen.

Fraser tippte auf die Akte vor ihm. »Da gibt es zwei Dinge, die mich beschäftigen. Dieser Torgersen sagt, er hätte den Schlüssel unter der Treppe verloren. Aber wenn er wußte, wo er ihn verloren hatte – weshalb hat er dann nicht einfach dort gesucht, als die Polizei ihn brauchte, um die Tür zu öffnen?«

»Und die Post«, warf Duncan ein. »Burke sagt, er habe die Post für den Trailer aufgehoben, und aus dem Bericht geht hervor, daß einige Briefe dabei waren ... ein paar feuchte Briefe. Es konnte nicht die Post vom Tag vor Weihnachten gewesen sein. Die wäre am 26. Dezember trocken gewesen. Und er hätte die Post nicht um 7 Uhr – als er, wie er sagte, den Trailer betrat – aufheben können. So früh wird die Post nicht ausgeliefert.«

»Stimmt. Das ist die zweite Unklarheit«, sagte Fraser. »Jemand, der im Besitz des Schlüssels war, ging zum Wohnmobil zurück, nachdem die Post ausgeliefert worden war – das bedeutet, daß Burke zur selben Zeit dort gewesen sein muß wie Janna.«

Am 2. Oktober sprachen die Snohomish County Detectives noch einmal mit Burke. Er erinnerte sich gut an den 26. Dezember 1974. Er gab zu, daß er und Torgersen die einzigen Beschäftigten gewesen waren, die Zugang zu dem Trailer-Schlüssel hatten. Er erklärte, er habe vom 2. bis zum 23. Dezember Urlaub gehabt, so daß er nicht wissen konnte, daß Janna in dem Trailer nach dem Rechten sehen sollte. Er habe ihn, wie üblich, täglich überprüft. Seiner Meinung nach hatte Torgersen keinen Grund gehabt, den Trailer zu betreten.

Ken Burke sagte, er habe bemerkt, daß das Licht im Schlafabteil im Trailer gebrannt hatte, als er am 26. Dezember um 6 Uhr 45 die Leitungen kontrollierte. Er erklärte, in der Spüle sei kein Geschirr gewesen. Er habe auch keine Schlüssel auf der Spüle gesehen. Seine Erinnerung an die Zeit hatte sich ein wenig geändert. War es Absicht? Spielte es eine Rolle? Janna war erst um 8 Uhr 40 dort gewesen.

Burke hatte zu Beginn seines Gesprächs mit den Detectives sehr gelassen gewirkt, aber im weiteren Verlauf der Befragung wurde er zunehmend nervöser. Dafür gab es einen Grund: Er gestand ihnen, daß er für etwas, das sich während seines Kriegsdienstes in Korea ereignet hatte, im Leavenworth- Gefängnis gewesen war.

Die Detectives drängten ihn nicht. Diese Geschichte konnten sie selbst herausfinden. Außerdem hatte Ken Burke ein paar eigene Theorien anzubieten. Er hatte einen bestimmten Verdacht. Burke erzählte den Untersuchungsbeamten des Snohomish County, in der Umgebung des Golfplatzes habe sich ein merkwürdiger junger Mann herumgetrieben – Rick Ames*, der seinen Lebensunterhalt als umherreisender Golfballsucher verdiene. Ames durchforste die Golfplätze nach den in Wasserhindernissen verlorenen Bällen. Er war neunzehn Jahre alt und besaß laut Burke »eine schmutzige Phantasie und [war] immer hinter den Mädchen her«. Burke beschrieb den jungen Mann als ein Meter fünfundneunzig groß; er trage Schuhe Größe dreizehn und hätte leuchtend rote Haare. Burke glaubte, daß Ames im Dezember 1974 im Nile Country Club gewesen war.

»Sollte nicht schwer ausfindig zu machen sein«, kommentierte Engelbretson auf dem Rückweg zu ihrem Büro in Everett trocken.

Weitere Nachforschungen ergaben, daß ein Rick Ames existierte, der landesweit auf Golfplätzen nach Golfbällen suchte, und daß er sich auch in Mountlake Terrace aufgehalten hatte. Aber nicht am 26. Dezember. Duncan und Engelbretson verfolgten seinen Irrweg, indem sie ein Dutzend Bekannte des Golfballsuchers befragten. Er war vor Weihnachten in der Gegend gewesen, sei aber dann zum gut dreihundert Kilometer weiter südlich gelegenen Vancouver, Washington, aufgebrochen. Die Beamten fanden heraus, daß Ames an besagtem Tag tatsächlich eine Bahnfahrt unternommen hatte. Schließlich gelang es ihnen, Ames ausfindig zu machen. Sie unterzogen ihn einem Lügendetektortest, den er mühelos bestand.

Am 11. September wurde Ken Burke erneut kontaktiert. Die Detectives erklärten ihm, daß sie noch einmal mit Sven Torgersen sprechen wollten. Burke zeigte ihnen eine Bildpostkarte, auf der die Adresse Torgersens stand, der seit seiner Pensionierung in Arizona lebte. »Sie werden ein wenig reisen müssen, wenn Sie Sven sprechen wollen. Er läßt es sich dort unten gutgehen.«

Duncan und Fraser schauten sich den Mann, der vor ihnen saß, genauer an. Der ein Meter achtzig große, siebzig Kilo schwere Burke sah nicht besonders furchterregend aus. Er sprach mit einem leichten Südstaatenakzent. Burke war ein redseliger Mann, und es sah so aus, als wolle er den beiden

Detectives erklären, wie es zu seiner Haftstrafe gekommen war.

Also ließen sie ihn reden.

Er erzählte ihnen, er habe in Korea gekämpft, wo er von seinem First Sergeant bedroht worden sei. Er habe die Drohung ernst genommen und seinem Vorgesetzten während der Wache aufgelauert. »Ich habe fünfmal mit einer 45er auf ihn geschossen.«

Erstaunlicherweise überlebte der First Sergeant, während der Corporal der Wachmannschaft laut Burke von einem Querschläger getötet wurde. Burke fuhr fort, er sei in den fünfziger Jahren verurteilt, nach Leavenworth geschickt und im Jahre 1967 auf Bewährung entlassen worden; ein Zustand, der bis zum Jahre 1972 bestand. Burke hatte eindeutig Angst davor, wieder ins Gefängnis zu müssen. Er redete zuviel, schien seine Geschichten mit zu vielen Einzelheiten auszuschmücken. Die Detectives wußten, daß er noch zu jung war, um am Koreakrieg teilgenommen zu haben. Sie bezweifelten die ganze Geschichte. Er verheimlichte ihnen etwas.

Burke bezeichnete den neunzehnjähriger Rick Ames als Schürzenjäger. Der rothaarige Golfball-Einsammler hatte über Burke genau das gleiche gesagt und erklärt, dieser habe seltsame Bemerkungen über Mädchen gemacht und er persönlich würde ihm, was Mädchen beträfe, ›niemals trauen‹.

Es war an der Zeit, Ken Burke einem Lügendetektortest zu unterziehen. Er willigte ein, am 25. September im Büro des Sheriffs zu erscheinen. Er war zum verabredeten Zeitpunkt zur Stelle, hatte aber so viele Beruhigungstabletten eingenommen, daß die Kabel der Maschine auch an einer Schaufensterpuppe hätten angeschlossen sein können. Man einigte sich auf einen neuen Termin, den 30. September.

Die Snohomish County Detectives spürten, daß Burke sie hinsichtlich seiner Aktivitäten am 26. Dezember angelogen hatte. Zu den Dingen, die sie störten, gehörten der verlorene Schlüssel, die Post im Trailer, Burkes Aussage, er habe Janna an jenem Tag nicht gesehen, und sein Beharren darauf, er habe das Telefon um 10 Uhr 30, als er angeblich an der Treppe des Wohnmobils arbeitete, nicht klingeln gehört. Die Unter-

444

suchungsbeamten schauten sich die Treppenstufen genau an und stellten fest, daß sie für einen einzelnen Menschen viel zu schwer waren; daß er sie niemals alleine hätte auswechseln können. Bei diesem Versuch hätte Burke sich den Rücken ruiniert und einen ausgewachsenen Leistenbruch zugezogen.

Die Snohomish County Detectives hatten im Fall Janna Hanson fast zweihundert Personen befragt, aber sie kamen immer wieder auf Burke zurück. Er wich ihnen nicht aus, und obwohl er vor jedem Gespräch über seine verfassungsmäßigen Rechte aufgeklärt wurde, erklärte er, keinen Anwalt zu wollen. Es sah so aus, als genieße er es, mit ihnen zu fechten. Aber seine Nerven ließen ihn stets im Stich, wenn die Detectives von ihm Genaueres über Janna wissen wollten.

Am 30. September erschien Ken Burke erneut zum Lügendetektortest. Aber diesmal war er so aufgeregt, daß er nicht an den Apparat angeschlossen werden konnte. Er brach in Tränen aus und sagte: »Ich will nicht wieder in einen Käfig zurück.«

Burke erklärte den Untersuchungsbeamten, er denke oft an Gewalt und Tod, wisse aber nicht, weshalb. Er sagte, er stelle sich häufig vor, wie er die Menschen töte, die ihm nahe stünden, obwohl er sie liebe.

»Manchmal denke ich daran, Menschen zu töten ... alle Menschen ... ihnen einfach die Köpfe einzuschlagen«, sagte er.

Die Beamten sagten nichts, sie ließen ihn reden. Die Worte strömten wie lange in einem Vulkan aufgestaute Lava aus seinem Mund. Burke erinnerte sich daran, seine Katze zu Tode geprügelt zu haben. Als Teenager habe er seinem Hund den Kopf abgeschnitten, weil er einen Gipsabdruck davon machen wollte. Die Detectives starrten ihn an.

»Haben Sie Janna getötet?« fragte einer der beiden Beamten ruhig.

»Ich glaube nicht.«

Gefragt, ob er wegen seiner seelischen Probleme jemals in Behandlung gewesen sein, antwortete Ken Burke, er habe im

Gefängnis nur ›Mickymausspiele mit Tintenflecken‹ gespielt. Dann bat der Verdächtige: »Bitte helfen Sie mir.« Fraser und Duncan riefen umgehend in einer Nervenklinik an und ließen sich einen Termin für Burke geben. Dann konsultierten sie einen Psychiater und berichteten ihm, was sie erfahren hatten. Der Psychiater sagte, der Verdächtige könne sehr gut eine Gefahr für die Öffentlichkeit und somit auch für sich selbst darstellen.

Die Untersuchungsbeamten befanden sich in einer unhaltbaren Lage. Sie konnte Burke weder zwingen, eine Behandlung zu akzeptieren, noch hatten sie genügend Beweismaterial, um ihn wegen Mordes zu verhaften. Am 2. Oktober unterhielten sie sich noch einmal mit ihm. Burke lehnte es erneut ab, einen Anwalt hinzuzuziehen. Wieder einmal befaßten sie sich mit dem nun bereits lange zurückliegenden, stürmischen Tag nach Weihnachten.

Burke sagte, an jenem Tag habe er sein Mittagessen – ein Sandwich – schon früh, von 10 Uhr 30 bis 11 Uhr, im Geräteschuppen gegessen. In dieser letzten Version behauptete er, um 11 Uhr zum Wohnmobil gegangen zu sein, um die Stufen zu reparieren. Er hätte jedoch aufgehört, nachdem er sich den Daumen eingeklemmt habe. Er erklärte, eine drei Wochen zurückliegende Operation habe ihm derartige Schmerzen bereitet, daß er nach Hause gegangen sei, um sich bis 13 Uhr hinzulegen. Als er um 13 Uhr wieder in den Country Club zurückkehrte, hätte er die Detectives um das Wohnmobil herumstehen sehen.

Burke war ›fast hundertprozentig sicher‹, daß er Janna nichts getan hatte. Er sagte, er verspüre ungefähr einmal im Monat den Drang, zu töten, könne ihn aber normalerweise ›unterdrücken‹. Er erinnerte sich an einen Vorfall, der sich vor ein paar Jahren in Fort Gordon, Georgia, ereignet hatte, wo er erst einen Autofahrer gebeten habe, ihn mitzunehmen, und ihn dann mit einem Schlagring angegriffen habe. »Ich habe ihm auf die Hände geschlagen und bin weggefahren. Ich habe nie mehr was von ihm gehört.«

Ken Burke war bereits seit über zwanzig Jahren von Gewalt besessen. Er erzählte, er habe mit siebzehn Jahren beinahe seinen Vater getötet. Er habe mit einem geladenen Gewehr auf den schlafenden Mann gezielt und gerade abdrücken wollen, als sein Vater sich stöhnend umdrehte. Das habe ihn derart erschreckt, daß er davongelaufen sei. Bei einer anderen Gelegenheit habe er einen jungen Arbeitskollegen, der unverschämt geworden sei, mit einem Hammer verfolgt. »Aber ich habe statt dessen nur eine Bank mit dem Hammer zertrümmert«, sagte er.

Fraser und Duncan beendeten das Gespräch und brachten Burke in ein Krankenhaus, um ein psychiatrisches Gutachten erstellen zu lassen. Es wurde eine leichte ›situationsbedingte Depression‹ festgestellt, die von seiner Verwicklung in einen Mordfall und seiner Angst herrührte, wieder ins Gefängnis zu müssen. Aber es wurde keine Psychose – Verrücktheit – diagnostiziert. Burke wirkte ruhiger, als sie ihn nach Hause brachten.

Am 10. Oktober gelang es Ben Duncan endlich, Sven Torgersen telefonisch zu erreichen. Torgersen wiederholte vieles von dem, was er bereits vor zehn Monaten gesagt hatte. Er erklärte, Burke sei gegen 7 Uhr zurückgekommen, nachdem er den Trailer überprüft habe. Dann hätten sie den vom Sturm auf den Rasen gewehten Abfall eingesammelt, aber nicht gemeinsam.

Torgersen sagte, Ken habe um 9 Uhr 45 gegessen, während er in ein Einkaufscenter in der Nähe gegangen sei. Als er um 10 Uhr 30 zurückkam, sei Burke fort gewesen. Sven behauptete, er habe den Schlüssel für den Trailer kurz vor dem Eintreffen der Polizei aus der Schublade genommen, und ihn dann verloren. Später hätte Ken über Schmerzen geklagt und sei nach Hause gegangen.

Auf die Frage, welche Reifen Burkes Wagen gehabt hätte (Mountlake Terrace Officer Lyle hatte am Morgen des 26. Dezember Schneereifenspuren hinter dem Trailer entdeckt) antwortete Sven: »Schneereifen.«

»Hat Burke jemals über Sex gesprochen?« fragte Duncan.

»Männer sprechen immer über Sex.«

»Mr. Torgersen«, fuhr Duncan fort, »wir haben mit fast allen einen Lügendetektortest gemacht. Wären Sie bereit, sich

447

ebenfalls einem Test zu unterziehen, falls ich mit dem Police Department in Phoenix einen vereinbaren kann?«

Es folgte eine lange Pause. Dann platzte Torgersen heraus: »Nun ... was den Schlüssel angeht ...«

»Ja?«

»Nun, es ist nicht genauso gelaufen, wie ich es erzählt habe. Als die Beamten nach dem Schlüssel fragten, kam ich mir wie ein Narr vor. Ich habe ihn nicht genommen; ich habe ihn niemals gehabt. Ich glaube, ich habe es nur gesagt, weil ich aufgeregt war.«

Duncans Frustration darüber, ständig nur vage Antworten zu bekommen, brach durch, als er fragte: »Und wer zum Teufel hatte ihn?«

Das wußte Torgersen nicht. »Jemand muß ihn genommen haben«, sagte er. »Ich habe gelogen und gesagt, ich hätte ihn verloren, um nicht wie ein Esel dazustehen. Ken Burke brachte ihn einen Tag später zurück und sagte, er wolle nie mehr etwas mit dem Trailer zu tun haben.«

Am 16. Oktober sprachen Duncan und Engelbretson auf dem Gelände des Nile Country Club mit Ken Burke. Burke wurde wütend, als er von Sven Torgersens Aussage hörte, er, Burke, hätte den Schlüssel am 27. Dezember gehabt. Er erklärte, der Schlüssel habe wahrscheinlich die ganze Zeit über in der Schublade gelegen, seit er ihn am Morgen des 26. Dezember dort hineingelegt hatte. In dieser neuen Aussage, die sich erneut von den vorigen unterschied, behauptete Burke, er sei mit einem Motorscooter bis zur Hintertür des Wohnmobils gefahren, der die breiten Reifenspuren hinterlassen habe.

Er sagte, er habe den feuchten Müllsack nicht gesehen, die Mountlake Terrace Detectives hätten ihm davon erzählt. Aber Duncan und Engelbretson wußten genau, daß die Mountlake Terrace Cops Burke gegenüber niemals etwas von dem Müllsack hatten verlauten lassen. Das war eine Information, die bewußt zurückgehalten worden war, um chronische Bekenner auszusortieren.

»Jeder hätte den Schlüssel für den Trailer haben können«, beteuerte Burke. Er war bei jedem auftauchenden Wider-

448

spruch schnell mit einer Erklärung zur Hand. Aber während seines Gespräches mit den beiden Detectives erschienen Schweißperlen auf seiner Stirn.

Am Abend des 16. Oktober tat der Mann, dem es gelungen war, einen Psychiater davon zu überzeugen, daß er im Prinzip geistig gesund war, etwas Anormales, nachdem er die letzte Version darüber zum besten gegeben hatte, wo er am Tag des Verschwindens von Janna Hanson gewesen war.

Man fand Ken Burke mit einer selbst beigebrachten Schußwunde im Kopf. Er hinterließ eine Nachricht, in der er jede Schuld am Tod von Janna Hanson bestritt. Die Todeswaffe war eine .25 Kaliber Automatik. Freunden gegenüber hatte er behauptet, er hätte die Waffe vor Monaten ›ins Wasser geworfen‹. Es handelte sich um einen Colt mit weggefeilter Seriennummer.

Jede einzelne Information, die Ken Burke über Janna Hansons Tod besaß, starb mit ihm. Aber die Ermittlungen gingen weiter. Duncan flog nach Phoenix, um Sven Torgersens Lügendetektortest zu überwachen. Wie sich herausstellte, sagte der alte Mann die Wahrheit, wenn er behauptete, Janna Hanson niemals gesehen zu haben und sie nicht zu kennen. Aber er gab zu, hinsichtlich einiger Vorfälle, die sich am 26. Dezember ereignet hatten, gelogen zu haben.

»Der erste Teil des Morgens verlief genauso, wie ich gesagt habe«, erklärte Torgersen Duncan. »Aber ich habe Ihnen verschwiegen, daß Ken später mit dem Motorscooter fortfuhr. Als er von seiner Tour zum Wohnmobil zurückkam, sagte er, ich solle meine Mittagspause früher machen.« Torgersen beschrieb Burke als ›schrecklich nervös‹ und sagte, sein Arbeitskollege habe kurz nach 10 Uhr 30 im Geräteschuppen gesessen und immerzu nur genickt. Als Torgersen kurz vor 11 Uhr 30 vom Lunch zurückkam, stellte er fest, daß Burke fort war. Wenig später kam Burke über den Hügel spaziert, hinter dem der Trailer lag, und klagte über Schmerzen. »Er verließ den Nile Country Club und kam erst um 13 Uhr zurück.«

Torgersen hatte in bezug auf die Reihenfolge der Ereignisse gelogen, weil keiner der beiden Männer an jenem Tag viel gearbeitet hatte und er befürchtete, sie würden deshalb Probleme mit dem Golfplatz-Management bekommen.

Die Ermittlungsbeamten stellten die Theorie auf, daß Ken Burke auf Janna Hanson gestoßen war, als diese am Morgen des 26. Dezember im Wohnmobil saubermachte. Dank der unzähligen Unterhaltungen mit ihm wußten sie, wie stark sein Tötungstrieb war. Die Bilder in ihren Köpfen waren erschreckend, aber sie wußten, daß sie stimmten. Burke mußte Janna gezwungen haben, in seinen an der Hintertür des Trailers geparkten Wagen zu steigen. Im Inneren des Wohnmobils hatte kein Kampf stattgefunden.

Vom Country Club bis zu jenem Zedernwald, in dem Jannas Überreste gefunden worden waren, brauchte man im Mittagsverkehr nur eine halbe Stunde. Burke konnte Janna mit ihrem eigenen Schal erwürgt und ihre Leiche versteckt haben und um 13 Uhr wieder im Country Club aufgetaucht sein.

Doreen Hanson konnte schließlich öffentlich verkünden, was sie stets geglaubt hatte: Janna war nicht von zu Hause fortgelaufen. Wahrscheinlich war ihre Tochter bereits tot gewesen, als sie am 26. Dezember 1974 um 11 Uhr 20 nach ihr schaute, und hatte nur deshalb nicht zu der Familie zurückkehren können, die sie liebte.

Janna Hansons Gedenkgottesdienst, der am 21. August 1975 in der Richmond Beach Congregational Church abgehalten wurde, war nicht von Trauer, sondern von der Freude darüber bestimmt, was für ein glückliches Mädchen sie einst gewesen war.

Doreen Hanson war jahrelang für *Family and Friends of Missing Persons and Victims of Violent Crimes* tätig.

Rehabilitation eines Ungeheuers

Wann immer ich ein Seminar oder einen Vortrag halte oder in einer Talkshow im Radio oder Fernsehen auftauche, stets erwarte ich die Frage: »Sind Sie für die Todesstrafe?« Bevor ich mich mit dem folgenden Fall beschäftigte, lautete meine Antwort: Nein. Als ich begann, über True-Crime-Fälle zu schreiben, war ich eine perfekte Sozialarbeiterin. Ich glaubte daran, daß jedermann rehabilitiert werden könnte, wenn man ihm nur Liebe und Güte schenkte und ihm das Gefühl gebe, ein wertvoller Mensch zu sein. Doch ich sollte erfahren, daß einige Menschen kein Mitleid, kein Einfühlungsvermögen besitzen und keinerlei Verlangen hegen, sich zu ändern. Weshalb sollten sie auch? Sie sind sehr zufrieden mit sich. Und wie sind sie? Sie sind von dem Trieb besessen, sich zu nehmen, was sie wollen, wann sie wollen, ohne einen Blick zurückzuwerfen, auf den Schmerz, den Tod, den sie verschuldet haben.

Nachdem ich über den Mörder in der folgenden Geschichte geschrieben habe, wurde ich immer wieder mit seinen Ebenbildern konfrontiert. Sie alle geben wunderbare Gefangene ab: Sie sind entgegenkommend, charmant und kooperativ, fast immer hübsch – oder schön – und intelligent. Die Menschen, mit denen sie zu tun haben, möchten sie mögen. Und die charismatischen sadistischen Soziopathen zählen darauf. Sie folgen ohne Widerrede dem Gefängnisprogramm und lassen niemals auch nur andeutungsweise durchblicken, was sie wirklich denken.

Natürlich werden sie niemals offenbaren, wie es in ihrem Inneren aussieht. Sie wollen aus dem Gefängnis heraus. Und viele von ihnen schaffen es.

Heute lautet meine Antwort auf die eingangs gestellte Frage: Ja. In gewissen Fällen plädiere ich für die Todesstrafe. Aber wenn der erste Mord eines Killers von einer solchen Grausamkeit geprägt ist, daß die Einzelheiten der Öffentlichkeit nicht zugemutet werden können, glaube ich nicht, daß er eine zweite Chance verdient. Wenn eine lebenslange Haftstrafe tatsächlich ein Leben hinter Gittern bedeuten würde, wäre ich gegen die Todesstrafe. Aber eine Verurteilung zu lebenslanger Haft hat selten einen lebenslangen Gefängnisaufenthalt zur Folge, und ich ziehe es vor, im Zweifelsfalle für die unschuldigen Opfer statt für einen erwiesenermaßen sadistischen Mörder zu sein.

Salem ist die Hauptstadt von Oregon, eine wunderschöne Stadt in einem wunderschönen Staat. Noch im Dezember werden die meisten Parkstreifen von blühenden Rosen gesäumt. Im Frühling sind Salems Kirschbäume mit rosa Blüten übersät, überall blühen Rhododendren, Azaleen, Narzissen, und der Seidelbast zeigt seine zarten, glänzenden Blüten. Die riesige Statue des goldenen Pioniers ragt majestätisch über Salem auf, um neue Siedler heranzuwinken. Seit den Tagen der wirklichen Pioniere sind Abertausende von Menschen nach Oregon gekommen, um dort noch einmal von vorne anzufangen, ein neues Leben in einem weit entfernten Ort zu beginnen. Einige von ihnen haben ihre Träume verwirklicht, andere haben nur eine geographische Lösung für ihre Probleme gesucht, ohne zu wissen, daß sie ihren Kummer, ihre Mißerfolge mit sich nahmen.

Salem liegt im County Marion, wo alle staatlichen Einrichtungen Oregons außer einer beheimatet sind: das Staatsgefängnis, die staatliche Nervenklinik, das Heim für geistig Behinderte und die Erziehungsanstalt für Mädchen – ein Euphemismus für ›Besserungsanstalt‹. Nur die Erziehungsanstalt für Jungen liegt nicht im Hauptstadt-County. Viele ›Absolventen‹ dieser Einrichtungen bleiben in Salem. Sie wohnen in einem von den Einheimischen ›Felony Flats‹ genannten Viertel. Trotzdem hat Salem keine besonders hohe Verbrechensrate. Aber wenn einmal ein Verbrechen in Salem und im Marion County begangen wird, ist es oft seltsam, aufsehenerregend und verwickelt.

Die Fischfangquote an jenem Morgen des 19. April 1975 hätte besser sein sollen. Der Angler beschloß, an einer bestimmten Stelle des Sumpfes in der Nähe des südöstlich von Salem gelegenen Brown's Island Sanitary Landfill noch einmal sein Glück zu versuchen. Nachdem er bei einem steinigen Ufer unter einer Holzbrücke angelangt war, wollte er erneut die Leine auswerfen, als sein Blick auf Dinge fiel, die wie Teile einer Schaufensterpuppe aussahen; Teile, die in den mit Schilfgräsern bewachsenen seichten Stellen an der Westseite der Brücke trieben. Auch Kleidungsstücke schwammen vorbei, und ein weißes Handtuch.

Als der Angler sich die Beine der vermeintlichen Schaufensterpuppe genauer anschaute, fuhr er entsetzt zurück. Er konnte Kugelgelenke am Ende der Glieder erkennen, die gemächlich durchs Wasser trieben, und sagte zu sich selbst: »Schaufensterpuppen haben keine Kugelgelenke ...«

Ohne einen weiteren Gedanken ans Angeln zu verschwenden, lief er zu seinem Wagen und machte sich auf die Suche nach einem Telefon. Als er nicht sofort eine Telefonzelle fand, beschloß er, direkt zur Polizeizentrale in Salem zu fahren, um seinen grausigen Fund zu melden.

Salem Officer R. Richie nahm sich des Falles an und fand schon bald heraus, daß es sich bei dem Fund im Sumpf tatsächlich um menschliche Überreste handelte, erwähnte aber, daß das Gebiet unter Marion County Sheriff Jim Heenans Zuständigkeit fiel. Marion County Sergeant Ronald Beodigheimer wurde an jenem Samstag nachmittag um 16 Uhr 14 in Marsch gesetzt. Er war der erste einer Phalanx von Untersuchungsbeamten, die zum Tatort eilten: Chief of Detectives Lieutenant James Byrnes, Detective Lieutenant Kilburn McCoy, die Detectives Larry Lord und Dave Kominek, Corporal Dave McMullen, die Detectives Ron Martin, Carl Bramlett und Lieutenant Ken Keuscher.

Marion County District Attorney Gary Gortmaker, in Oregons sechsunddreißig Counties als entschlossener Staatsanwalt bekannt, schloß sich wie immer den Ermittlungsbeamten an.

Viele der für Brown's Island zuständigen Detectives hatten bereits Mordfälle bearbeitet, aber keiner von ihnen hatte jemals etwas gesehen, das auch nur annähernd der furchtbaren Masse menschlichen Fleisches glich, die dort im Sumpf trieb. Bei dem Opfer handelte es sich eindeutig um eine Frau: Zwei Brüste schwammen unter der Wasseroberfläche, wo auch der Kopf, die Arme, Beine, der Torso und unidentifizierbare Fleischstücke trieben – alle fein ordentlich abgetrennt, als hätten sie nie zu einem menschlichen Körper gehört. Und als reiche die Schändung des Körpers durch Amputation nicht aus, hatte der Schlächter die Glieder mit einem scharfen Instrument eingekerbt und das Fleisch mit wellenförmigen, senkrechten Schnitten bis zum Knochen freigelegt.

Die Beamten unternahmen keinen Versuch, den zerstückelten Körper zu bergen, sondern warteten, bis der Leichenbeschauer des Staates Oregon, Dr. William Brady, aus Portland am Schauplatz eintraf. Der behende Pathologe wanderte auf einem verschlungenen Weg bis zum Sumpfrand, watete hinein und zerrte den Torso, der ebenfalls aufgeschlitzt und verstümmelt worden war, ans Ufer. Die Brüste trieben neben ihm im Wasser, die Genitalien fehlten ganz. Sie waren mit gynäkologischer Gründlichkeit entfernt worden.

Seltsamerweise wies nur der Kopf keine Verstümmelungen auf. Die Augen waren geschlossen und wirkten unangemessen friedlich. Sie hatte einen dunklen Teint, was auf eine spanische, indianische oder möglicherweise negroide Herkunft hinwies. Die Augenbrauen waren sorgsam zu Bögen gezupft, die Lippen voll. Obwohl sie sich mit dem trüben Sumpfwasser vollgesogen hatten, waren die Haare des Opfers immer noch gelockt und dunkel – eher braun als schwarz.

Die Untersuchungsbeamten fischten die Kleidungsstücke aus dem Wasser. Sie schienen alle einer Frau gehört zu haben: blaue Hose, blaukarierte Jacke, weißer Pullover, Strumpfhose, ein Hüfthalter und ein vorne in der Mitte durchgeschnittener Büstenhalter. Der hintere Haken fehlte. Und Schuhe – schwarze Lederslingpumps mit mittelhohem Absatz. Die Kleidungsstücke zeugten von Geschmack, paßten gut zusammen und waren von einer sehr geschickten Näherin hergestellt worden.

Das Handtuch war weiß, stammte möglicherweise aus einem Motel und wies deutliche Blutflecken auf, ebenso wie ein geblümter Kissenbezug.

Dort im Sumpf gab es nur ein einziges Kleidungsstück, das eindeutig einem Mann gehörte: eine Socke, grauweiß, mit einem roten Streifen in der Knöchelgegend – die Art von Socken, die ein Mann bei der Gartenarbeit oder auf der Jagd tragen würde. Vielleicht war diese Socke versehentlich mit herausgenommen worden, als der Mörder in eine Schublade oder einen Schrank gegriffen hatte, auf der Suche nach etwas, mit dem er sein grausiges Werk einwickeln konnte.

Chief of Detectives Jim Byrnes schoß von jeder Phase der Tatort-Ermittlung farbige Polaroidfotos. Am Ende sollten es einhundertzwanzig Bilder sein. Das furchteinflößende, photographische Protokoll des sadistischsten Mordes, der je in Marion County aufgedeckt worden war.

Die Ermittlungsbeamten arbeiteten, so schnell sie konnten, ohne auch nur einen der langwierigen Schritte einer gründlichen Tatortuntersuchung außer acht zu lassen. Während sie ihren Aufgaben nachkamen, verwandelte sich das Licht der Aprilsonne in Zwielicht. Ihnen war bewußt, daß wertvolles Beweismaterial davontreiben oder in den Schlamm am Boden des Sumpfes sinken konnte.

Offenbar hatte der Mörder damit gerechnet, daß die Leichenteile und die Kleidungsstücke sinken würden; vielleicht hatte er nicht gewußt, daß der Sumpf dort an der Brücke nur sechzig bis neunzig Zentimeter tief war. Die Tatsache, daß beides nicht zu Boden gesunken war, war möglicherweise der einzige Vorteil, den die Detectives in diesem Fall hatten.

Die Identifizierung des Opfers würde schwierig werden. An Fingerabdrücke war nicht zu denken. Die Hände des Opfers waren derart geschunden worden, daß von den Fingerabdrücken faktisch nichts übriggeblieben war. Es gab keine Ringe, überhaupt keinen Schmuck, außer Teilen einer silbernen Kette, die früher einmal eine Halskette gewesen war. Doch am meisten enttäuschte, daß es keine Handtasche mit einem Führerschein, dem Kontrollabschnitt einer Eintrittskarte oder einer handgeschriebenen Notiz gab; Dinge, die ihnen einen Hinweis darauf geben könnten, wer die zerstückelte Frau dort vor ihnen einst gewesen war.

Die Leichenteile wurden um 20 Uhr 30 vom Schauplatz entfernt – mehr als vier Stunden nachdem die Untersuchungsbeamten am Fundort eingetroffen waren – und zur weiteren Untersuchung durch Dr. Brady und Deputy Medical Examiner Roy Patten zum Golden Mortuary nach Salem gebracht.

Den Pathologen zufolge war die Frau zwischen dreißig und vierzig Jahren alt gewesen, Nichtraucherin, hatte wahrscheinlich keinen Alkohol getrunken, war einhundertsiebenundfünfzig bis einhundertzweiundsechzig Zentimeter groß und fünfundsechzig bis vierundsiebzig Kilo schwer. Sie hatte wenigstens ein Kind geboren und an einer Gallenblasenkrankheit gelitten. Es gab keine Möglichkeit, festzustellen, ob sie vergewaltigt worden war, da die äußeren und inneren Genitalien vollständig fehlten, vom Messer eines Menschen herausgetrennt, der nur ein Verrückter gewesen sein konnte. Die rechte Brustwarze fehlte ebenfalls. »Er wußte, was er tat«, erklärte der Pathologe ruhig.

Es war fast, als lebe Jack the Ripper noch. Die Befunde der Pathologen wiesen eine erschreckende Ähnlichkeit mit jenen auf, die neunzig Jahre zuvor in London erstellt worden waren.

Die Frau war seit vierundzwanzig bis sechsunddreißig Stunden tot, aber nicht durch die unglaublichen Schnittwunden, sondern durch manuelle Strangulation zu Tode gekommen. Das intakte Zungenbein an der Rückseite der Kehle schloß eine Strangulation durch Abbinden aus. Augen, Wangen, Herz und Lunge des Opfers wiesen die für eine Strangulation typischen Petechien – geplatzte Äderchen – auf.

Der Mörder hatte seltsamerweise auch die Fingernägel des Opfers verstümmelt: einige waren bewußt herausgerissen, andere gebrochen worden. Das Gesicht wies zahlreiche Narben auf. Aber es handelte sich um alte, längst verheilte Narben, die darauf hindeuteten, daß sie in der Vergangenheit schrecklich verprügelt worden war.

Chief Byrnes fertigte Fotos vom Gesicht der Opfers an; Polaroidfotos, von denen jede Polizeibehörde im Bezirk eines bekam. Weitere Kopien wurden auf dem schnellsten Weg zum Salemer *Statesman Journal* gebracht, damit sie noch in der Sonntagmorgenausgabe erscheinen konnten. Später, gegen Mitternacht, würde es eine Einsatzbesprechung geben, aber keinen Schlaf: Die Ungeheuerlichkeit des Falles hatte die Nacht für die Marion County Detectives zum Tage gemacht.

Kilburn McCoy und Jim Byrnes überprüften die am Tag

zuvor eingegangenen Vermißtenmeldungen, fanden aber niemanden, auf den die Beschreibung des anonymen Opfers zutraf. Andererseits handelte es sich bei dem Opfer um eine erwachsene Frau, die erst seit kurzem tot war, und es war sehr gut möglich, daß noch niemand es für nötig gehalten hatte, sie als vermißt zu melden.

Aber der Zufall half der Polizei noch ein zweites Mal in Form eines Telefonanrufes. Der Mann, der am Sonntag morgen um 11 Uhr 30 die Polizeizentrale in Salem anrief, hatte gerade seine Sonntagszeitung gelesen. Er erklärte: »Diese Frau – diese tote Frau – ich bin mir nicht hundertprozentig sicher, aber sie sieht wie eine Frau aus, die einmal etwas für mich genäht hat. Sie inserierte als Schneiderin, und sie war sehr gut. Es war eine Weiße, aber mit einem sehr dunklen Teint, und sie hatte mehrere Narben im Gesicht. Sie sagte, sie käme aus North oder South Carolina. Sie hieß Betty Wilson. Ich habe ihre Telefonnummer. Hilft Ihnen das weiter?«

Chief Byrnes erklärte dem Anrufer, daß die Information ihm auf jeden Fall weiterhelfen würde.

Die Telefonnummer gehörte zu einem Anschluß in Scio, einem kleinen Dorf im benachbarten County Linn. Byrnes wählte die Nummer und fragte nach Betty. Die Frau am anderen Ende der Leitung sagte, sie sei Betty Wilsons Schwester, und daß Betty nicht zu Hause sei. Daraufhin erklärte Jim Byrnes ihr, wer er war. Bettys Schwester fragte: »Oh, ist es wegen der Vermißtenmeldung? Ich habe sie gerade im Büro des Sheriffs von Linn County eingereicht. Betty ist seit Freitag abend nicht mehr zu Hause gewesen.«

Byrnes fragte die Frau taktvoll, ob sie nach Salem kommen wolle, um das Opfer zu identifizieren. Sie erklärte sich einverstanden. Und noch am Sonntag morgen, um 11 Uhr, wurde die Identität der verstümmelten Frau bestätigt. Es handelte sich um die fünfunddreißig Jahre alte Betty Lucille Wilson, zuletzt wohnhaft in Fayetteville, North Carolina.

Eine Ironie des Schicksals: Betty Wilson war eine Frau, die ihr ganzes Leben lang nach Liebe und Sicherheit Ausschau gehalten und in ihrem fünfunddreißigjährigen Leben schon einiges durchgemacht hatte. Sie lief ihrem Mörder über den

Weg, weil sie vor einem Leben geflohen war, das nur aus Miß-
handlungen bestanden hatte. Sie war vor den Mißhandlun-
gen geflüchtet, um weit Schlimmeres zu erleiden.

Betty hatte noch sechzehn Geschwister. Sie heiratete mit
sechzehn und brachte in den folgenden neun Jahren sieben
Kinder zur Welt. Als sie starb, waren ihre Kinder achtzehn,
siebzehn, sechzehn, fünfzehn, vierzehn und neun Jahre alt;
alle lebten im Süden bei Pflegefamilien.

In Bettys Haushalt hatte es nie viel Geld gegeben, obwohl
sie versucht hatte, den Lebensunterhalt durch eine Arbeit als
Akkordnäherin aufzubessern. Die Familie hatte in Fayetteville am Rand einer städtischen Müllkippe in einem Bus
gelebt, der nicht das geringste mit einem normalen Heim
gemein hatte. Betty Wilson behauptete, von ihrem Mann
geschlagen worden zu sein, nicht nur einmal, sondern häufig,
was die alten Narben in ihrem Gesicht erklärte. Einmal, hatte
sie erklärt, habe er sie derart verprügelt, daß sie fünf Tage lang
nichts hatte sehen können.

Betty unternahm den letzten verzweifelten Fluchtversuch
im Januar 1975. Ihre Schwester hatte sie samt Familie in Fayetteville besucht. Kurz vor der Abfahrt versteckte Betty sich
auf dem Rücksitz und zeigte sich erst, als sie bereits einige
Kilometer nach Westen gefahren waren. Sie war ein blinder
Passagier, ein sehr ängstlicher blinder Passagier, der darum
bettelte, mit ihnen nach Scio fahren zu dürfen, um dort ein
neues Leben anfangen zu können.

Betty war willkommen. Ihre Schwester bewohnte ein hübsches Haus, in dem es auch ein Zimmer für sie gab. Sie versprach, so schnell wie möglich als Näherin selbst für ihren
Lebensunterhalt zu sorgen. Betty hoffte, daß sich ihre finanzielle Lage bald genug bessern würde, so daß sie ihre Kinder
nachkommen lassen könnte.

Man zeigte den Untersuchungsbeamten Byrnes und
McCoy das Zimmer, in dem Betty Wilson gelebt hatte. Ihr
Besitz war erbärmlich gewesen: ein Handkoffer, einige Kleidungsstücke, ein paar persönliche Papiere. Die Kleidungsstücke hatte sie selbst genäht. »Betty konnte an einem Tag eine
komplette Garderobe nähen«, erklärte ihre Schwester mit

trauriger Stimme. »Sie konnte einen Stoff, der nur wenige Dollar wert war, in ein fünfundsiebzig Dollar teures Outfit verwandeln.«

Betty Wilson war weder eine Frau, die von einer Bar zur anderen spazierte, noch ein Partygirl. Bei ihrer Heirat war sie kaum mehr als ein Kind gewesen. Sie rauchte nicht und trank selten mehr als ein oder zwei Bier. Ihre Schwester erklärte, sie habe nur Anrufe von Leuten bekommen, für die sie nähte. Betty hatte den Antrag auf Scheidung von ihrem Mann durch das Legal Aid Office in Linn County eingereicht. Seit Januar war Betty nur zweimal abends fort gewesen; das letzte Mal am Abend des 18. April. An jenem gerade erst vergangenen Freitag hatte Bettys Nichte, die ihr sehr zugetan war, ihre Tante eingeladen, sie zu einer Verabredung zu begleiten. Das Trio wollte ins Pepper Tree, ein Salemer Restaurant. Dort würde man erst essen und dann zur Musik der Combo tanzen, die dort spielte. Betty war wegen der Einladung ganz aufgeregt gewesen und hatte den gerade erst genähten blauen Hosenanzug angezogen.

Aber die Sache lief von Anfang an schief. Bettys Nichte, gerade erst zwanzig geworden, durfte nicht ins Pepper Tree, weil sie noch minderjährig war. Darüber war Betty derart enttäuscht, daß ihre Nichte und ihr Freund ihr vorschlugen, eine Weile dort zu bleiben und zu tanzen. Sie würden sie um 23 Uhr abholen.

»Und – haben Sie sie abgeholt?« fragte Jim Byrnes das junge Paar.

»Ja, ich bin reingegangen«, antwortete der Jugendliche. »Aber ich kam nur bis zum Samtseil. Sie sagten, es wären bereits zweihundertfünfzig Menschen im Restaurant und mehr würde die Feuerwehr nicht erlauben. Ich blieb dort stehen, bis Betty mich sah und zu mir kam. Sie erklärte, sie hätte sehr viel Spaß und wolle noch nicht gehen, und sagte, sie würde uns später in Stayton, im Apartment einer Freundin, treffen.«

Näher befragt, sagte der Freund der Nichte, hinter Betty habe ein Mann gestanden, der zu ihr gehört haben könnte. Er erinnerte sich daran, daß der Mann dunkle Haare gehabt hatte und ungefähr einhundertachtzig Zentimeter groß gewesen war.

»Jedenfalls bin ich zum Wagen zurückgegangen und habe meinem Mädchen gesagt, daß Betty noch bleiben wolle. Sie sagte: ›Kommt nicht in Frage. Mom wird mich umbringen. Ich soll auf Betty aufpassen.‹ Aber wir konnten auf die schnelle keinen Parkplatz finden. Als wir endlich einen hatten, gingen wir zum Restaurant zurück. Aber wir konnten Betty nicht mehr finden.«

Das junge Paar hielt nach Betty Wilson Ausschau, fuhr herum und informierte die Freundin in Stayton, daß Betty vorbeikommen würde. Aber sie tauchte nicht auf. Um 3 Uhr in der Nacht gaben sie auf und fuhren nach Hause.

Während des Interviews suchten Techniker und Taucher der Oregon State Police bei Tageslicht Ufer und Wasser des Sumpfes nach weiterem Beweismaterial ab. Sie fanden noch mehr menschliches Gewebe und seltsamerweise übermäßig viele Lollipop-Stiele.

Die Lieutenants Byrnes und McCoy fuhren zum Pepper Tree. Vielleicht konnten sie dort die fehlenden Anhaltspunkte für Betty Wilsons Verschwinden finden. Der Club war auffallend und teuer dekoriert und prangte in allen Rotschattierungen, von der Rauhfasertapete zur gepolsterten Bar bis hin zum dicken Teppichboden. Es war die Art von Restaurant, die sowohl Paare als auch Singles anzogen und die stets gut besucht sind, besonders am Wochenende. Das Pepper Tree war keine Kaschemme, doch fühlten Fremde sich hier frei, ungezwungen miteinander zu tanzen, und die ›Damenwahl‹ gehörte zum festen Programm.

Als die beiden Detectives ankamen, war die zwölfköpfige Mannschaft bereits versammelt, um ihnen Rede und Antwort zu stehen. Die Manager, Bartender und die Cocktail-Kellnerinnen zeigten sich kooperativ. Sie durchforsteten ihr Gedächtnis nach Erinnerungen an Betty Wilson und jeden Mann, mit dem sie am vergangenen Freitag getanzt haben könnte. Das war nicht so einfach. An jenem Tag hatten sie zweihundertfünfzig Gäste gehabt, die tanzten, tranken und dem lautstarken Rockensemble zuhörten. Doch einige konnten sich noch an die Frau im blauen Hosenanzug erinnern, vor allem wegen ihres Südstaatenakzents. Sie hatte sich zuerst zu zwei jungen Frauen an den Tisch gesetzt und war dann an die Bar gegangen.

Die für Bettys Bereich zuständige Barfrau erinnerte sich: »Sie schien sich sehr zu amüsieren. Sie hat ein paar Bier getrunken. Ich weiß es nicht genau ... vielleicht wechselte sie später zu Harvey Wallbangers über. Sie bezahlte ihre Drinks mit Kleingeld aus ihrer Handtasche. Sie ging ganz plötzlich. Wissen Sie, die Leute an der Bar verabschieden sich normalerweise, aber sie war plötzlich verschwunden.«

Lieutenant McCoy stand neben dem gepolsterten Hocker, auf dem das Opfer gesessen hatte, und schaute an der Bar entlang. Wer auf diesem Hocker saß, hatte Blickkontakt mit jedem, der fünf Hocker weiter an der runden Bar saß. Die Ermittlungsbeamten sprachen mit dem für diesen Bereich zuständigen Barkeeper. Wer hatte dort gesessen? Einige Gäste – aber er erinnerte sich an einen Mann, der gelegentlich in den Club kam; einen Mann, der ihm gegenüber erwähnt hatte, er habe ein Alkoholproblem und sei auf einem Antabus-Programm (ein Medikament, das, zusammen mit Alkohol eingenommen, heftige Übelkeit verursacht).

»Aber dieser Kerl konnte ein oder zwei Bier vertragen, wenn er zwischendurch Wasser trank.«

Der Barkeeper kannte den Namen des Mannes nicht, berichtete aber, er sei im mittleren Alter und käme drei- bis viermal pro Woche vorbei. Aber er konnte sich an die Frau unten an der Bar erinnern, die Handtasche und Jacke genommen und sich nach der Damenwahl zu besagtem Mann gesellt hatte. Aber er hatte sie nicht zusammen fortgehen sehen.

Wie sollten sie einen einzelnen Mann mittleren Alters von durchschnittlichem Aussehen aus zweihundertfünfzig Gästen isolieren? Sie wußten nicht einmal, ob er das Pepper Tree gemeinsam mit Betty Wilson verlassen hatte.

Jim Byrnes fragte sich, ob Betty Wilsons Mann – von dem sie behauptet hatte, er habe sie verprügelt – seine Frau so sehr haßte, um ihr fast fünftausend Kilometer quer durchs Land zu folgen und sie zu töten? Er setzte sich mit Chief of Detectives Major Kiser in Fayetteville, North Carolina, in Verbindung und bat ihn, zu überprüfen, wo Wilson sich zur besagten Zeit aufgehalten hatte. Kiser meldete, daß Wilson am 17. und 18. April an seinem Arbeitsplatz die Stechkarte gestempelt hatte und von einem Deputy, der ihn gut kannte, am Samstag, dem 19. April, um acht Uhr gesehen worden sei. Er konnte also unmöglich in Oregon gewesen sein, als seine von ihm getrennt lebende Frau ermordet und zerstückelt worden war.

Die Marion County Detectives hatten jetzt seit etwa sechsunddreißig Stunden kein Auge zugetan, aber Betty Wilsons Mörder war ihnen immer noch ein Rätsel. Sie sprachen mit Einheimischen, die in der Nähe der Holzbrücke wohnten. Ein Farmer erinnerte sich daran, am 19. April um 10 Uhr einen weißen International Pick-up dort parken gesehen zu haben. Er hatte sich nicht die Mühe gemacht, auf das Nummernschild zu achten, da es sich bei dem Mann offensichtlich um einen Angler handelte.

Es meldeten sich ein paar Teenager, die erklärten, ihr Wagen sei am Samstag gegen 23 Uhr in der Nähe der Brücke im Morast steckengeblieben. Sie hatten die Leichenteile nicht gesehen, aber sie hatten auch nicht ins Wasser geschaut.

Die von Jim Byrnes photographierten Reifen- und Fußspuren am Sumpfufer waren somit als Beweise nutzlos; der Boden war zu kiesig, um klare Konturen zu zeigen.

Am Sonntag, dem 20. April, sprachen die Beamten im Büro der Sanitary-Landfill-Müllkippe mit den Angestellten. Vielleicht hatten sie das Fahrzeug gesehen, mit dem Betty Wilsons zerstückelter Körper zum Sumpf gebracht worden war. Und in jenem Büro sollten sie den Beweis erhalten, von dem jeder Detective träumt. Das Personal des Müllabladeplatzes erklärte, jeder Fahrer, der auf die Müllkippe wolle, müsse anhalten, bezahlen und seinen Namen angeben. »Wir haben für jedes Fahrzeug eine Quittung«, sagte ein Angestellter. »Kunden, die keinen Dauervertrag haben, bekommen das Original, und wir behalten die Kopie.«

Die Ermittlungsbeamten baten um Einsicht in die am Morgen des 19. April gemachten Eintragungen. Die ersten drei waren vor 7 Uhr 45, das heißt, vor Beginn der Tagesschicht gemacht worden. Bei zwei von den dreien handelte es sich um Kunden, die regelmäßig kamen, Lastwagenfahrer, die routinemäßig große Mengen Müll in die Landfill kippten.

»Der dritte, der mit dem 69er Ford Pick-up-Camper, war ein Fremder«, erinnerte sich der Mann, der damals Frühschicht hatte. »Ich fragte ihn nach seinem Namen, und er sagte: ›Den werden Sei niemals richtig schreiben können.‹ Hier ist er.«

Die Ermittlungsbeamten prüften die Kopie. Der Name darauf lautete Marzuette; in der Tat ein ungewöhnlicher Name. Als sie wieder im Sheriffbüro waren, suchten sie in den Telefonbüchern der zwölf Nachbargemeinden nach einer entsprechenden Eintragung und fanden nicht einen einzigen Marzuette. Da gab es einen Mann mit einem Namen, der so ähnlich klang, einen Mann, an den sich Detective Chief Jim Byrnes nur zu gut erinnern konnte. Chief Byrnes hatte vor vierzehn Jahren, in Beaverton, Oregon, als frischgebackener Patrolman Gelegenheit gehabt, an einer der größten Menschenjagden teilzunehmen, die jemals im Nordwesten stattgefunden hatte. Der Mann, den er durch die Wälder und das Unterholz der Vorstadt von Portland verfolgt hatte, hieß Richard Laurence Marquette, sechsundzwanzig Jahre alt, ein Mörder, dessen Tat so grausam, so brutal gewesen war, daß jeder Detective, der von ihm gehört hatte, ihn niemals vergessen würde.

Chief Byrnes hatte während der Wilson-Ermittlung wiederholt an Marquette gedacht, aber es war ihm vorgekommen, als passe er zu gut in diesen Fall. Byrnes hatte sich nicht auf Marquette konzentrieren wollen, nur weil er der Richtige zu sein *schien*; er wollte für andere Möglichkeiten offenbleiben. Voreingenommenheit kann bei einer Mordermittlung gefährliche Folgen haben.

Byrnes dachte an die Ereignisse im Jahr 1961, während er im Salemer Telefonbuch den Namen Marquette suchte.

Angefangen hatte es am Donnerstag, dem 8. Juni 1961, mit einigem Horror. Eine Hausfrau aus Portland, Oregon, hatte bemerkt, daß ihr Hund eine Papiertüte mit sich herumschleppte. Wahrscheinlich hatte er in den Mülltonnen der Nachbarn herumgestöbert. Verärgert rief sie den Hund zu sich und zerrte ihm die Tüte aus dem Maul. Dabei riß das Papier. Etwas fiel auf den Rasen.

Es war ein Fuß – ein menschlicher Fuß –, sorgsam am Knöchel abgetrennt. Sie mußte sich zwingen, ihn anzuschauen. Es handelte sich zweifellos um einen Frauenfuß, einen kleinen Frauenfuß mit leuchtendrot lackierten Nägeln.

Nach dem Anruf der aufgeregten Frau begaben sich Portland Police Chief of Detectives Byron Shields und eine Crew von Beamten des Morddezernats umgehend zu der angegebenen Adresse. Sie untersuchten den Fuß und pflichteten der Anruferin bei, daß es sich um einen menschlichen Fuß handelte. Sie stellten fest, daß er von einer noch nicht verwesten Leiche stammte. Noch während sie den grausigen Fund begutachteten, stürzte der Hund erneut davon. Sie folgten ihm und entdeckten ein zweites Paket, in dem sich eine menschliche Hand befand – ebenso sorgsam vom Körper abgetrennt wie der Fuß.

Die Detectives aus Portland baten die uniformierten Patrolmen um Hilfe. Gemeinsam durchforsteten sie das Gebiet um das Haus der Anruferin. Sie entdeckten eine weitere Hand und einen Oberschenkel, ebenso ordentlich vom Knochen gelöst wie eine Rindslende. Keines der Leichenteile war vergraben gewesen, alle waren fast ausgeblutet und frisch. Dr. William Lehman, der Pathologe, schätzte, daß die verstümmelte Frau nicht länger als achtundvierzig Stunden tot war. Er versprach den Detectives, so schnell wie möglich Fingerabdrücke zu machen.

»Da gibt es eine Sache, die bei der Identifizierung helfen könnte«, bemerkte Lehman. »Die dritte und die vierte Zehe sind durch Schwimmhäute verbunden. Der Hautspalt dort ist sehr flach. Jemand, der dem Opfer nahesteht, könnte es bemerkt haben.«

Während die Detectives Mülltonnen, unbebaute Grundstücke, unbewohnte Häuser und Tausende anderer Stellen durchkämmten, wo ein Mörder seine gräßlichen Pakete ver-

465

stecken könnte, wurden von den Fingern der abgetrennten Hände Abdrücke gemacht. Doch leider waren nur von einem Daumen und drei Fingern deutliche Abdrücke möglich, die übrigen Finger waren bis zur Unkenntlichkeit verstümmelt gewesen.

Damals, Jahrzehnte vor dem computerisierten Fingerabdruckvergleich, bewahrte das FBI nur bei den meistgesuchten Verbrechern einzelne Fingerabdrücke in den Akten auf. Ohne das ganze Sortiment an Fingerabdrücken konnten die Portland Detectives auf keine schnelle Identifizierung hoffen; aber die deutlichen Abdrücke konnten dazu dienen, die Identität eines Opfers zu bestätigen, dessen Fingerabdrücke bereits bekannt waren.

Die Beamten fanden keine weiteren Leichenteile, obwohl man Suchhunde, Explorer Scouts und Jail Trusties (Sträflinge mit Vergünstigen wegen guter Führung) angefordert hatte, um die Suchmannschaft und das zu durchsuchende Gebiet zu vergrößern.

Niemand wußte, wo sich der Rest der zerstückelten Frau befand und wer sie war. Aus den unzureichenden Leichenteilen, die dem Pathologen zur Verfügung standen, schloß er, daß es sich bei dem Opfer um eine junge Frau handelte, wahrscheinlich brünett, mit heller Haut, die Schuhe Größe sieben trug.

Eine Überprüfung der Vermißtenmeldungen aus Portland und Umgebung ergab, daß in der Woche zuvor vier junge Frauen als vermißt gemeldet worden waren. Shields konzentrierte sich auf jene, die während der achtundvierzig Stunden vor dem Morgen des 8. Juni verschwunden waren. Falls der Täter die Leichenteile nicht eingefroren hatte, konnten sie zu niemandem gehören, der vor Montag, dem 5. Juni, vermißt worden war.

Die erste Meldung betraf June Freese*, ein siebzehn Jahre altes Mädchen. June, ein Waisenkind, war vor zwei Jahren zu ihrer Tante gezogen. Es überrascht kaum, daß das Zusammenleben nicht funktionierte. June war ein ungestümer Teenager, und ihre Tante eine der alten Jungfern, die jahrelang allein gelebt hatten. Die Tante erzählte den Detectives, June habe häufig damit gedroht, fortzulaufen und nach Kalifornien zu gehen. Jetzt, in der ersten Juniwoche – die Schule war vorbei –, sah es so aus, als hätte das Mädchen seine Drohung wahrgemacht.

»Sie hat ihre Kleider und den Schmuck mitgenommen. Sie besaß ein bißchen Geld. Ich habe bei ihren Freundinnen nachgefragt. Aber keiner hat sie gesehen. Ich habe Angst, daß sie per Anhalter gefahren ist und ein Verbrecher sie mitgenommen hat«, vertraute sie den Beamten an.

Die Frage, ob ihre Nichte Schwimmhäute zwischen den Zehen habe, konnte die Frau nicht beantworten. Eine Überprüfung der in Junes Schrank zurückgelassenen Schuhe ergab, daß ihre Füße viel kleiner waren als die abgetrennten.

Die zweite Vermißtenmeldung war vom Ehemann einer Frau aus Portland eingereicht worden. Sie betraf die vierundzwanzig Jahre alte Joan Caudle. Ihr Mann erklärte den Ermittlungsbeamten, sie sei am Montag, dem 5. Juni, abends fortgegangen, um noch ein paar Besorgungen für den Vatertag zu machen. Der Metallarbeiter erklärte, er habe auf die kleinen Kinder aufgepaßt. »Joan hatte über hundert Dollar Bargeld dabei; ich habe am Samstag abend meinen Gehaltsscheck eingelöst, und sie hat das meiste davon mitgenommen.«

Er sagte, er habe seine Frau zwei Tage lang nicht als vermißt gemeldet, weil er angenommen hatte, sie wolle aus einem bestimmten Grund eine Zeitlang allein sein. Ihre Mutter sei sehr krank; nun, eigentlich liege sie im Sterben. Das habe Joan einen schweren Schlag versetzt. Er hätte verstanden, daß sie ein wenig Zeit gebraucht habe, um ihre Gefühle wieder in den Griff zu bekommen.

Aber jetzt mache er sich Sorgen. Er habe ihre Verwandten und Freunde angerufen, aber keiner hätte etwas von seiner hübschen Frau gesehen oder gehört. Und seines Wissens habe Joan nicht einmal im Krankenhaus angerufen, um zu erfahren, wie es ihrer Mutter gehe.

Joans Mann konnte den Beamten nicht sagen, ob seine Frau Schwimmhäute zwischen den Zehen hatte. Den Detectives wurde klar, daß die Zehen eines geliebten Menschen nicht zu dem gehörten, was einem Durchschnittsmenschen jemals auffällt. »Das ist das einzige Mal, daß ich mir wünsche, wir hätten einen Fußfetischisten als Zeugen«, bemerkte ein Beamter zynisch.

Die Schuhe in Joan Caudles Schrank hatten alle Größe sieben. Das machte sie zu einer ›Möglichen‹ – obwohl über vierzig Prozent der Frauen in Portland dieselbe Schuhgröße hatten.

Die dritte Vermißtenmeldung betraf eine dreißig Jahre alte Sekretärin aus Beaverton, Oregon, die am Montag morgen nicht zur Arbeit erschienen war. Sie konnte schnell von der Liste gestrichen werden, da sie bereits wieder zu Hause war, als die Beamten anriefen. Sie hatte mit ihrem Mann, der von ihr getrennt lebte, eine unvorhergesehene Reise unternommen, um ihre Ehe zu retten. Aber es hatte nicht funktioniert. Daraufhin war sie zurückgekommen, um die Scheidung einzureichen. Es war ihr niemals in den Sinn gekommen, daß jemand sie als vermißt melden würde.

Alma Jean Stromberg*, ein neunzehn Jahre altes Bauernmädchen, war die letzte der vermißten Personen, deren Fall die Detectives überprüften. Alma Jean war vor einer Woche aus dem Haus ihrer Eltern verschwunden, die knapp außerhalb Portlands wohnten. Ihre Mutter sagte, es habe einen Familienstreit gegeben. »Sie wollte arbeiten und sich Kleider kaufen«, erklärte die Frau mit tränenerstickter Stimme, »und ihr Dad sagte, sie solle auf der Farm bleiben und Hausarbeiten verrichten. Er würde dafür sorgen, daß sie alle Kleider bekäme, die sie brauchte ... ich habe sie angefleht, zu bleiben. Dann habe ich gesagt: ›Geh schon. Aber schreib mir wenigstens und laß mich wissen, wo du untergekommen bist.‹ Aber sie hat mir nicht geschrieben. Sie war auch auf mich wütend.«

Alma Jean trug Schuhgröße sieben. Aber ihre Mutter erklärte, sie habe sich nie die Fingernägel lackiert. »Ich weiß natürlich nicht, was sie getan hat, sobald sie von ihrem Vater fort war. Er war schrecklich streng mit ihr.«

Die ausgedehnte Suche nach weiteren Leichenteilen blieb erfolglos. Die Beamten kamen zu dem Schluß, daß die gefundenen Pakete aus einem fahrenden Wagen geworfen worden waren. Sie würden die tote Frau aufgrund der vorhandenen Leichenteile identifizieren müssen.

Dr. William Lehman, der Pathologe, hatte weitere gründliche Untersuchungen an Fuß und Händen vorgenommen. Er erklärte, Adern und Arterien seien völlig blutleer.

»Wollen Sie damit sagen, daß die Leiche einbalsamiert wurde?« fragte Shields. »Sie ist doch nicht etwa auf einem Friedhof ausgegraben und dann in Stücke gehackt worden, oder?«

Lehman schüttelte den Kopf und erklärte, der Täter habe die Leiche sofort nach dem Tod des Opfers ausbluten lassen, so wie ein Jäger oder Schlachter es tun würde. Irgendwo – wo auch immer die Frau getötet worden war – mußte es enorm viel Menschenblut geben. Möglicherweise würden sie dort auch die restlichen Leichenteile finden.

Von den drei vermißten Frauen waren nie Fingerabdrücke genommen worden. Aber das war kein unlösbares Problem. Polizeitechniker begaben sich zu den Häusern, in denen die Frauen gelebt hatten, und baten um persönliche Gegenstände, die von den Vermißten berührt worden waren: Haarbürsten, Flakons mit Eau de Cologne, Puderdosen. Außerdem untersuchten sie Arbeitsflächen und Türrahmen nach Fingerabdrücken.

Charles Hamilton, Leiter der Fahndungsabteilung verglich die in der Wohnung der Vermißten gefundenen Fingerabdrücke mit jenen, die von den abgetrennten Händen abgenommen worden waren, ein sehr schwieriges Verfahren, das große Präzision erforderte. Die Abdrücke aus den Wohnungen der Frauen waren alt und verschmiert, und die Abdrücke, die von den Fingern der abgetrennten Hände gemacht worden waren, nicht so deutlich, wie Hamilton es gerne gehabt hätte. Und gerade als es so aussah, als sei ein weiterer Versuch in einer Sackgasse gelandet, stürzte Hamilton in Shields Büro und rief: »Wir haben sie!«

»Wen ... wer ...?« fragte Shields.

»Mrs. Caudle. Es gibt mehr als genug Übereinstimmungen zwischen einem der in ihrem Haus abgenommenen Fingerabdrücke und dem eines Fingers der abgetrennten Hand. Bei

469

der Toten handelt es sich ohne jeden Zweifel um Joan Caudle.«

Detectives überbrachten Joans bestürztem Ehemann die traurige Botschaft. Er nickte, als würden sie nur bestätigen, was er bereits befürchtet hatte. »Ich wußte, daß ihr etwas zugestoßen war«, sagte er. »Wissen Sie, ihre Mutter ist gestorben, und als Joan nicht zur Beerdigung erschien, dachte ich mir, daß sie tot sein müsse. Sie hätte niemals die Beerdigung ihrer Mutter versäumt.«

Jetzt konnten die Detectives auf die Aktivitäten einer einzigen Frau konzentrieren. Sie baten Joan Caudles Ehemann, mit ihnen noch einmal die Ereignisse von Montag, dem 5. Juni, durchzugehen. Er wußte nicht, daß er als Hauptverdächtiger galt. Der Lebensgefährte ist für Detectives stets der Hauptverdächtige.

»Nun, es ist, wie ich gesagt habe«, erklärte der Ehemann. »Die Läden waren Montag abend noch offen. Joan ging, um Geschenke zum Vatertag zu besorgen. Sie rief mich gegen 21 Uhr an und sagte, sie käme ein wenig später.«

Joan Caudle war ohne Auto unterwegs gewesen; sie wäre mit dem Bus oder einem Taxi nach Hause gekommen.

»Könnte es sein, daß Ihre Frau nach dem Einkaufen in eine Bar oder eine Cocktail-Lounge eingekehrt ist?«

»Könnte sein; obwohl sie so etwas nicht oft tat. Aber sie war wegen der Krankheit ihrer Mutter ziemlich angespannt. Ja, sie könnte irgendwo einen Drink genommen haben.«

Es war eine heikle Frage, aber die Detectives mußten noch eine weitere Möglichkeit überprüfen. Hatte Joan Caudles Ehemann Grund anzunehmen, daß seine Frau sich mit einem anderen Mann getroffen hatte?

»Nein, sie hat sich bestimmt nicht mit einem anderen Mann getroffen. Sie war den ganzen Tag über hier bei den Kindern. Sie sorgte gut für sie. Und ich war jeden Abend zu Hause. Selbst wenn sie sich mit einem anderen hätte treffen wollen – sie hatte gar keine Zeit dazu ... und sie war nicht der Typ Frau.«

Was war zwischen dem Anruf am Montag um 21 Uhr und den schrecklichen Funden am Donnerstag morgen mit Joan

Caudle geschehen? Ihr Ehemann gab den Detectives ein Foto von seiner Frau. Sie konnten erkennen, daß es sich bei Joan Caudle um eine sehr gut aussehende Frau handelte, die hell-äugig, mit einem leichten Lächeln, in die Kamera schaute, die dunklen Haare zu einem Pagenkopf frisiert. Es war ein gutes Foto. Joan Caudle war offensichtlich so attraktiv, daß sich wahrscheinlich jeder, der sie gesehen hatte, an sie erinnern würde. Kopien des Fotos wurden an die in Portland erschei-nenden Zeitungen weitergegeben. Sie erschienen mit einer Aufforderung um Informationen in den Abendausgaben.

Am nächsten Nachmittag rief eine Aufseherin des Mult-nomah-County-Gefängnisses Chief Shields an, um ihm mit-zuteilen, daß eine Frau aus ihrer Abteilung sich mit den Ermittlungsbeamten über Joan Caudle unterhalten wolle. »Sie behauptet, sie am Montag, dem fünften, gesehen zu haben. Möglicherweise will sie sich nur wichtig machen, oder vielleicht versucht sie, ein Geschäft zu machen, aber ich denke, Sie sollten sich besser anhören, was sie zu sagen hat.«

Die Frau war sehr schlank, hatte tizianrote Haare, eine sehr helle Haut voller Sommersprossen, und zweifellos schon bes-sere Tage gesehen. Ihr Vorstrafenregister wies ein Dutzend Festnahmen wegen Trunkenheit und Erregung öffentlichen Ärgernisses auf. Aber im Augenblick war sie nüchtern, und sie hatte tatsächlich eine Information für die Detectives aus Portland. Die Frau hatte an jenem Montag abend, als Joan Caudle verschwand, auf dem Barhocker einer im südwestli-chen Teil Portland gelegenen Lounge gesessen. Der Rotschopf erklärte, sie habe einen anderen Barbesucher dazu überredet, die Rechnung für eine Anzahl doppelter Scotchs zu überneh-men.

»Ich habe ihn schon früher da gesehen«, sagte die Frau, »aber da hatte er immer so dreckig ausgesehen – schmierige Sachen, schmutzige Fingernägel und so. Aber am Montag abend sah er sehr gut aus, richtig flott. Also dachte ich mir, soll er dir ein paar Whisky spendieren, und dann können wir wei-tersehen.«

Die Untersuchungsbeamten Shields und Tennant warteten darauf, daß sie endlich zur Sache kam. Aber die Rothaarige genoß ihren Auftritt offensichtlich und würde sich nicht zur Eile drängen lassen.

»Also, ich und Dick – so nannte er sich – amüsierten uns gerade prächtig … als sie hereinspaziert kam, die aus der Zeitung, die Frau, über die sie geschrieben haben, man hätte sie in Stücke gehackt. Er sah sie an … und das war's dann.« Sie zitterte leicht und zündete sich eine weitere Zigarette an. »Ich war echt wütend, aber ich denke, ich habe noch mal Glück gehabt. Es hätte genausogut mich treffen können.«

»Sind Sie sicher, daß es Joan Caudle war? Haben Sie sie auf dem Foto eindeutig erkannt?«

»Ich bin sicher. Ich habe sie mir sehr genau angeschaut, wie Frauen es tun, um zu sehen, was sie hatte, und ich nicht. Sie war jünger als ich, und hübsch, wie ich zugeben muß. Ich habe sie noch nie dort gesehen, und ich hänge oft da rum.«

»Und dieser Dick taucht, wie Sie sagen, auch regelmäßig dort auf?«

»Ziemlich regelmäßig. Er ist ungefähr fünfundzwanzig Jahre alt, etwa einhundertachtzig Zentimeter groß und achtzig Kilo schwer, hat hellbraune, lockige Haare und blaue Augen. Sieht nicht übel aus.«

»Was hat er zu Ihnen gesagt?«

»Das Übliche. Er nannte mich ›Liebes‹ und säuselte, ich hätte sanfte braune Augen wie ein Reh. Ganz schön abgedroschen – habe ich ihm auch gesagt. Aber damit muß man sich in einer Bar abfinden. Die Männer dort halten sich gern für Dichter.«

Bei dem Wort ›Reh‹ zuckten die beiden Detectives zusammen. Sie erinnerten sich an Dr. Lehmans Erklärung, daß der Mörder die Leiche zerlegt und entbeint habe wie ein Jäger ein Reh aufbrechen würde.

Gedrängt, Dick genauer zu beschreiben, konzentrierte sich die Rothaarige. Sie schloß die Augen und sagte plötzlich: »Hey! Wie wär's damit? Er war noch jung, aber ich schwöre, er hatte schon ein Gebiß. Er schien Schwierigkeiten damit zu haben. Ich konnte es klicken hören, wenn er was sagte.«

Dieses Detail setzte bei dem Barkeeper der Lounge etwas

472

in Gang. Er erinnerte sich an einen jungen Mann, der sich darüber beklagte, daß man ihm alle Zähne gezogen hatte. »Ich weiß nicht, wie er heißt; aber der Typ drüben bei der Reparaturwerkstatt kennt ihn.«

»Klar«, antwortete der Angestellte, als man ihn wenige Augenblick später danach fragte. »Das muß Dick Marquette sein. Er arbeitet dort drüben auf dem Autoschrottplatz.« Er gab ihnen die Adresse.

Während ein Untersuchungsteam zum Schrottplatz eilte, machte ein anderes weitere Barbesucher ausfindig. Mehrere Gäste konnten sich daran erinnern, daß die vermißte Frau am Montag abend in der Bar und mit einem Mann namens Dick zusammengewesen war.

»Es war wirklich seltsam«, erinnerte sich ein Gast. »Sie kam allein rein, und dann ging dieser Bursche zu ihr. Sie spielten das Woher-kenne-ich-Sie?-Spiel. Sie dachten, sie wären auf dieselbe High-School gegangen, aber wie sich herausstellte, hatten sie dieselbe Grade School besucht und sich seit fünfzehn Jahren nicht mehr gesehen. Als sie gingen, hörte ich, wie er sagte, er habe keinen Wagen, und vorschlug: ›Wir können laufen.‹«

Auf dem Schrottplatz teilte ein Arbeiter den Untersuchungsbeamten mit, daß Richard L. Marquette dort beschäftigt gewesen, jedoch seit Donnerstag, dem 8. Juni, nicht mehr aufgetaucht sei. Dann fügte er hinzu: »Er kriegt immer noch seinen Lohn.«

In Marquettes Personalakte stand eine Adresse, die in jenem Viertel lag, in dem die Leichenteile entdeckt worden waren. Dort stießen die Detectives aus Portland auf ein Haus, das nur aus zwei Zimmern bestand, umgeben von einem grasüberwachsenen Hof, der mit Müll übersät war. Das Gebäude wies nur eine Tür und ein Fenster auf. Beide waren fest verschlossen.

Sie klopften an die Tür, ohne eine Antwort zu erwarten. Und sie bekamen auch keine. Dann stellten sie fest, daß die dünne Tür unverschlossen war. Als sie aufschwang, stieg ihnen ein widerlicher Geruch in die Nase. Ein Gestank, der jedem Beamten, der jemals einen Mordfall bearbeitet hatte, vertraut war: der Geruch des Todes, der Geruch eines Toten, der zu lange in der Sommerhitze gelegen hatte.

Im Inneren des Hauses entdeckten die Detectives einen schwarzen Pullover, der mit jenem identisch war, den Joan Caudle zum Einkaufen angezogen hatte. Daneben fanden sie blutbefleckte Damenunterwäsche.

Ein Beamter öffnete die Tür eines alten Kühlschranks, dessen Motor mühsam gegen die drückende Hitze ankämpfte, die im Haus herrschte. Er zog sich instinktiv zurück, als er die in Zeitungspapier eingewickelten Pakete entdeckte, die wie geschnittene und eingepackte Rinderviertel aussahen. Doch der Schein trog. Dr. Lehmans Analyse bestätigte, daß es sich bei dem eingewickelten Fleisch um Menschenfleisch handelte, genauso ausgeblutet und vom Körper gelöst wie die ersten Leichenteile, die man gefunden hatte. Aber der Kopf fehlte immer noch.

Es wurde umgehend ein Haftbefehl wegen Mordes auf den Namen Richard Marquette ausgestellt. Seine erstaunten Nachbarn beschrieben ihn als einen recht scheuen, ruhigen Junggesellen, der stets freundlich grüßte. In einer Zeit, lange bevor der Begriff ›Serienmörder‹ geprägt worden war, erntete Marquette das gleiche Lob, das alle notorischen Mörder zu bekommen schienen: ›Er war der netteste Bursche, den man sich vorstellen kann. Er hat nie jemanden gestört und war immer bereit, mit anzupacken, wenn man Hilfe brauchte.‹

Am 19. Juni 1961 schloß sich das FBI der Jagd an. Gouverneur Mark Hatfield nannte den Caudle-Mord das ›abscheulichste Verbrechen in der Geschichte Oregons‹ und bat das FBI, einen beispiellosen Schritt zu tun und Marquette zur Nummer elf auf der Liste der zehn meistgesuchten Verbrecher zu machen. Das FBI stimmte zu. Marquettes Foto erschien am 29. Juni auf einem Flugblatt der Bundesbehörde.

An jenem Abend des 29. Juni unterhielt sich in Santa Maria, Kalifornien, ein Immobilienmakler gerade in einem lokalen Kreditbüro mit einem Angestellten, als das Flugblatt hereinkam: »Hey, wir haben gerade Ihr Foto reingekriegt«, scherzte der Angestellte.

Der Geschäftsmann beugte sich vor und sagte: »Den Kerl kenne ich! Er arbeitet draußen auf dem alten Flugplatz. Mein Partner und ich haben ihn beim Trampen aufgelesen und ihm einen Job gegeben.«

Ein seltenes Glück für die Vollstreckungsbehörde. FBI-Agenten verhafteten den wohnungslosen Marquette am nächsten Tag in einem Schrottladen. Anfangs unternahm er schwache Versuche, den Mord zu leugnen, aber plötzlich platzte er heraus: »Ich war nicht ganz bei mir ... sturzbetrunken. Ich sah sie zum ersten Mal seit der Volksschule wieder ... Ich wußte nicht, wie sie nach ihrer Heirat hieß. Ich war betrunken gewesen, habe einfach da rumgehangen. Ich weiß nicht, wer wen abgeschleppt hat.«

Er erklärte, Joan Caudle mit nach Hause genommen zu haben, wo sie angeblich eingewilligt hätte, mit ihm zu schlafen. Es gab keine Möglichkeit, festzustellen, ob seine Behauptung stimmte oder nicht. Doch nach allem, was die Detectives aus Portland über Joan Caudle herausgefunden hatten, klang die Version des Verdächtigen unglaubwürdig. Aber er war der einzige, der eine Aussage darüber machen konnte. Marquette erklärte, er habe mit Caudle geschlafen. Nach dem zweiten Geschlechtsakt habe er sie während eines Kampfes gewürgt. »Am nächsten Morgen wachte ich auf und sah sie – sie war tot. Ich geriet in Panik.«

Marquette erklärte, daß er, da er keinen Wagen besaß, mit dessen Hilfe er sich seiner alten Schulkameradin hätte entledigen können, die Leiche unter die Dusche gezerrt und sie dort zerstückelt habe. Er hätte alle Teile eingewickelt, außer dem Kopf, den er in der Nähe der Ross Island Bridge in den Willamette River geworfen habe. Später entdeckten Beamten den Kopf an der angegebenen Stelle, in Ufernähe, wo er sich zwischen dem Unterholz und faulenden Ästen verfangen hatte.

Der Prozeß gegen Richard Marquette wurde am 28. November 1961 eröffnet. Die Geschworenen sahen einen jungen Mann, der so ehrbar und gesittet wirkte wie ein Theologiestudent. Er war tatsächlich recht ansehnlich und legte ein fast scheues Benehmen an den Tag. Marquette war wegen

Schwerverbrechens angeklagt worden, da die Staatsanwaltschaft glaubte, daß Joan Caudle entweder bei einer Vergewaltigung oder während eines Vergewaltigungsversuches ermordet worden war.

Nach einer zweiwöchigen Zeugenanhörung zog sich die
Jury zur Beratung zurück. Ihr Urteil lautete: Schuldig des vorsätzlichen Mordes, mit Befürwortung einer Begnadigung.
Richard Marquette wurde zu einer lebenslangen Haftstrafe
verurteilt, würde jedoch nicht gehängt werden.

Die Bürger Oregons entspannten sich in dem Glauben, daß
Marquette für immer hinter Schloß und Riegel bleiben würde.
Sein Foto erschien noch ein paarmal im *Oregonian*, während
die Berichterstattung über den schockierenden Fall immer
mehr zurückging. Und dann vergaßen die Menschen ihn
ganz.

Richard Marquette wurde in das fünfundsiebzig Kilometer
weit entfernte Oregon State Prison in Salem verlegt, wo er elf
Jahre lang ein vorbildlicher Gefangener war. Sein unglaubli-
ches Verbrechen machte schon längst keine Schlagzeilen
mehr, und so schlug es kaum Wellen, als er am 5. Januar 1973
auf Bewährung entlassen wurde.

Marion County Detective Chief Jim Byrnes gehörte zu den
wenigen Menschen, die wußten, daß Richard Marquette aus
dem Gefängnis entlassen worden war. Er informierte sich
gewohnheitsmäßig darüber, ob die meisten der wegen bruta-
ler Morde zu Gefängnis verurteilten Personen in seinem Teil
des Staates noch im Gefängnis saßen oder entlassen worden
waren. In Anbetracht des Karussells von Verhaftung, Verurteilung, Gefängnis und bedingter Haftentlassung hatte es
manchmal den Anschein, als spazierten die Gefangenen
durch die Vordertür ins Oregon State Prison hinein und durch
die Hintertür wieder hinaus. Tatsächlich dauerte die ›lebenslange‹ Haft im Durchschnitt ungefähr zehn Jahre.

Byrnes hatte gehört, daß Marquette bei einer sehr angesehen Salemer Firma eine Installateurlehre machte und in
einem Trailer-Park wohnte, wußte jedoch nicht genau, in wel-

chem. Er schaute im Branchentelefonbuch unter Wohnmobil-Parks nach und fand, was er suchte. Es gab einen Trailer-Park an der 1865 Highway Avenue, Nummer 1, das bedeutete, er lag nur rund dreihundert Meter quer über die Straße vom Pepper Tree entfernt! Byrnes setzte sich mit dem Verwalter des Trailer-Parks in Verbindung, der ihm bestätigte, daß Richard Marquette dort lebte.

Am 21. April 1975, um 16 Uhr 30, fuhren die Marion County Detectives mit einem Auto ohne Kennzeichen auf das Trailer-Gelände. Niemand reagierte, als sie an Marquettes Trailertür klopften. Drinnen war alles still. Detective Larry Lord wurde angewiesen, auf der anderen Straßenseite zu warten und nach Marquette Ausschau zu halten. Die Ermittlungsbeamten hofften, daß er auftauchen würde. Als die Medien das letzte Mal von einer zerstückelten Frau berichtet hatten, war der Verdächtige geflohen.

Um 18 Uhr 12 informierte Larry Lord Byrnes und McCoy darüber, daß Richard Marquette in einem 1969 Ford Pick-up-Camper angekommen sei. »Jetzt wischt er in seinem Trailer auf«, sagte Lord. »Sie sollten sich lieber beeilen.«

Byrnes rief den Stellvertretenden Staatsanwalt Gortmaker an und erklärte ihm, daß sie wahrscheinlich eine Hausdurchsuchungsanordnung brauchten. Dann fuhr er mit McCoy zum Trailer-Park. Marquette war jetzt fast vierzig Jahre alt, vierzehn Jahre älter als damals, als Jim Byrnes ihn das letzte Mal gejagt hatte. Er fragte sich, ob Marquette ihn wiedererkennen würde. Lord deutete auf einen Mann, der in der Tür seines Trailers stand und, auf einen Besen gestützt, mit einem Nachbarn plauderte.

Marquette hatte sich in den Jahren, die seit Joan Caudles Tod vergangen waren, merklich verändert. Er sah älter aus, das jugendliche Gesicht war verschwunden, war jetzt hager und wettergegerbt.

Marquette wirkte sehr entspannt, als Jim Byrnes auf ihn zukam und sagte: »Ich nehme an, Sie haben uns erwartet.«

»Nein«, Marquette lächelte, »hab' ich nicht.«

»Nun, wir würden uns gern mit Ihnen unterhalten, falls Ihr Freund nichts dagegen hat.«

Marquette blieb auch weiterhin gelassen. Gefragt, was er über den Mord an Betty Wilson wisse, erklärte er, er habe im Radio etwas darüber gehört, mehr sei ihm nicht bekannt.

Byrnes fragte ihn, ob er etwas dagegen habe, wenn sie sich in seinem Trailer umschauten. Marquette hatte keine Einwände. Er gab ihnen eine mündliche und schriftliche Einwilligung. Aber die Detectives wollten absolut sicher sein, daß sie nicht in eine Gesetzeslücke tappten; sie wußten, daß eine Hausdurchsuchungsanordnung wegen hinreichenden Verdachts auf dem Weg war. Die beiden Beamten und der Mordverdächtige unterhielten sich über Belangloses, während sie warteten. Byrnes suchte bei Marquette nach Anzeichen von Angst oder Sorge, konnte aber nichts dergleichen bemerken.

Mit dem amtlichen Dokument in der Hand betraten die beiden Untersuchungsbeamten das kleine Wohnmobil. Während der peniblen Durchsuchung lehnte sich Marquette an seinen Pick-up, die Arme vor der Brust verschränkt. Er war so freundlich und kooperativ wie ein Mann, der nichts zu verbergen hat. Er wirkte, als ginge ihn die Durchsuchung kaum etwas an. Wenn die Beamten erwartet hatten, daß er ihnen folgen und über die Schultern schauen würde, dann hatten sie sich gewaltig getäuscht. Byrnes begann bereits mit dem Gedanken zu spielen, daß sein Verdacht falsch und es nur ein Zufall war, daß Marquette, ein erwiesenermaßen sadistischer Psychopath, so nahe am Pepper Tree wohnte.

Aber dann sah er etwas, das ihm sagte, daß der Verdächtige tatsächlich etwas zu verbergen hatte. Er entdeckte die für getrocknetes Blut charakteristischen dunklen, mahagonifarbenen Flecken an der Türschwelle und am Heißwasserhahn. An der Duschstange im Badezimmer hingen Jockeyshorts mit einem zartrosa Fleck, eine von Marquettes Jeans wies einen ähnlichen Fleck auf.

Und genau vor der Treppe zum Wohnmobil fand Byrnes einen abgerissenen Fingernagel. Später erklärte er: »Zur Identifizierung war ein Fingernagel viel besser als ein Fingerabdruck. Die Wulste paßten, die abgerissenen Ränder paßten – selbst die Nietnägel und die Nagelhäute stimmten überein.«

Den Nagel hatte Marquette wahrscheinlich vor Erscheinen der Detectives vor die Tür gekehrt, ohne es zu bemerken.

Die Marion County Detectives staubsaugten tatsächlich den gesamten Bereich um Marquettes Trailer. Dann steckten sie den vollen Staubsaugerbeutel in einen Plastiksack und verschlossen diesen. Später würde der Inhalt aussortiert und ausgewertet werden.

Detective Jan Cummings entdeckte etwas Glitzerndes im dünn gesäten Gras – etwas, das der Staubsauger nicht erfaßt hatte –, ein Stück von einer silbernen Kette. Eine mikroskopische Untersuchung sollte ergeben, daß es mit den Stücken übereinstimmte, die bei den Leichenteilen gefunden worden waren. Im Besen des Verdächtigen fand sich auch der vermißte Haken des Playtex-Büstenhalters.

Und auch hier entdeckten die Detectives, genau wie an der Fundstelle der Leichenteile, eine Fülle von Lollipop-Stielen. Sie wußten nicht, wozu Marquette sie brauchte – aber das machte nichts. Sie stellten ein weiteres Verbindungsstück zwischen dem Verdächtigen und dem Opfer dar. Die Beamten hatten gehofft, in dem Trailer ein oder zwei Beweisstücke zu finden, und waren auf eine Goldgrube gestoßen.

Die Ermittler stemmten eine Bodenklappe auf und fanden ein Teil, das nicht zu dem Fall zu passen schienen – wenigstens zu dem Zeitpunkt noch nicht. Es war der Zwickel eines Damenschlüpfers. Man hatte Betty Wilsons gesamte Unterwäsche gefunden, und jedes Teil war intakt gewesen.

Jim Byrnes ging auf den Pick-up zu, wo der Verdächtige wartete. Marquette hatte schließlich doch noch etwas von seiner Gelassenheit verloren, während er beobachtete, wie Beamte immer wieder mit versiegelten und etikettierten Plastikbeuteln, in denen sich Beweisstücke befanden, aus dem Trailer kamen. Am Abend begleiteten sie ihn zum Abendessen in ein Restaurant. Obwohl er herzhaft aß und leutselig mit seiner Eskorte plauderte, war es offensichtlich, daß sich in ihm Druck aufstaute. Plötzlich sagte er zu Jim Byrnes. »Ich wünschte, ich könnte sie noch einmal leben.«

»Was?«

Marquette zögerte, dann fuhr er fort: »Oh, die letzten zwölf bis vierzehn Jahre meines Lebens.« Das schien eine merkwürdige Antwort für einen Mann zu sein, der die letzten vierzehn Jahre hinter Gittern verbracht hatte.

Byrnes erklärte Richard Marquette über seine Rechte *under Miranda* auf. Der Verdächtige nickte. Er hatte verstanden; aber er wollte immer noch sprechen.

»Sind Sie am Samstag morgen zur Müllkippe gefahren?« fragte Byrnes.

»Ja. Ich mußte einigen Müll loswerden.«

»Wie erklären Sie sich das Blut, das wir in Ihrem Trailer gefunden haben?«

»Das ist kein Blut.«

Marquette war offensichtlich hin und her gerissen zwischen seinem Drang, zu gestehen, und seinem Verlangen, frei zu sein.

Gefragt, was er am Freitag abend gemacht habe, erwiderte er, er sei ins Pepper Tree gegangen und habe dort ein paar Bier getrunken. »Ich bin auf diesem Antabus-Programm«, erklärte er Byrne, »aber ich weiß, wie man es reinlegen kann: Ich trinke ein Bier, übergebe mich und trinke weiter.« Marquette gab auch zu, Amphetamine genommen zu haben – Speed.

Er erinnerte sich, bis 1 Uhr im Pepper Tree gewesen zu sein. Danach sei er zu seinem Trailer gegangen, habe sich auf die Couch gelegt und sei sofort eingeschlafen. Er sei um 6 Uhr aufgewacht und zur Müllkippe gefahren, um eine Ladung Holzverkleidung loszuwerden.

Vollkommen ruhig stellte Byrnes die wichtigste Frage von allen: »Haben Sie Betty Wilson getötet?«

»Nein! Nein! Ich bin unschuldig!«

Aber wenn je ein Mann schuldig war – des Mordes, des Sadismus, der unglaublichen Grausamkeit –, dann Richard Marquette. Um 2 Uhr 30 wurde Marquette wegen Verdachts des vorsätzlichen Mordes verhaftet und ins Marion County Jail gebracht.

Während er nackt darauf wartete, den vorgeschriebenen Gefängnisoverall ausgehändigt zu bekommen, entdeckten die Detectives kleine Schnitte an seinem Körper; Schnitte, die gerade zu heilen angefangen hatten. Aber diese Schnitte konnten nicht für die Blutmenge verantwortlich sein, die man in seinem Trailer gefunden hatte. Seltsam – wie sich herausstellen sollte, hatten Richard Marquette und Betty Wilson dieselbe seltene Blutgruppe: 0 Negativ.

»Zwischen dem Auffinden Betty Wilsons und der Verhaftung Marquettes lagen fünfundfünfzig Stunden und fünfzehn Minuten«, erklärte Byrnes. »Unser Detectives-Team arbeitete siebenundvierzig Stunden und dreißig Minuten an einem Stück, ohne zu schlafen.«

Wie vorauszusehen, waren die meisten von Marquettes Nachbarn entsetzt, als sie erfuhren, daß man ihn wegen des unglaublich abscheulichen Mordes verhaftet hatte. Sie erklärten, er sei der perfekte Nachbar gewesen. Wenn jemand Hilfe brauchte – ein Rasen gemäht, ein Trailer ausgerichtet werden mußte, oder was auch immer –, stets war er da, um mit anzupacken. Er hatte so freundlich gewirkt und war seinen Katzen so zugetan gewesen, daß er ihnen eine Rampe bis zum Küchenfenster gebaut hatte, damit sie bei schlechtem Wetter hinein konnten, wenn er nicht zu Hause war.

Byrnes unterhielt sich mit einem recht unbekümmerten Mädchen aus der Nachbarschaft, das Marquette kurz vor seiner Verhaftung besucht hatte. Sie vertraute ihm an, daß es sie ›ein wenig angemacht habe‹, als sie erfuhr, daß Marquette im Gefängnis gewesen sei. »Ich habe gehört, er hätte seine Frau getötet. Das ist nicht besonders freakig. Aber dann erfuhr ich, daß er sie zerlegt hat … und ich dachte: ›Wow, das ist was völlig anderes!‹«

Das war es; obwohl das Gerücht, das dem Mädchen zu Ohren gekommen war, nur halb der Wahrheit entsprach.

Während der Trailer-Durchsuchung fanden die Detectives Werkzeuge zur Lederbearbeitung – die besten, Wert: eintausendfünfhundert Dollar – und viele professionell gefertigte Lederwaren, darunter kunstvoll gearbeitete Pistolenholster.

Jim Byrnes versuchte Marquettes Vergangenheit so weit wie möglich auszuleuchten. Seine Entdeckungen überraschten ihn nicht: Richard Marquette war fast ein Fall aus dem Lehrbuch. Er war das Produkt einer zerrütteten Ehe und hatte

481

viele Ersatzväter gekannt, von denen keiner besonders interessiert daran gewesen war, ihn um sich zu haben. Gleichzeitig war er ungewöhnlich stark von seiner Mutter abhängig gewesen. In seinen Teenagerjahren hatte Marquette in Korea gedient – ironischerweise als Militärpolizist – und war am 22. Oktober 1953 ehrenhaft aus der Armee entlassen worden.

Bis zu diesem Zeitpunkt schienen seine Beziehungen zu Frauen nach einem normalen Muster abgelaufen zu sein. Er hatte sich (per Post) mit einer jungen Frau verlobt. Doch als er in die Staaten zurückkehrte, stellte er fest, daß sie einen anderen geheiratet hatte. Dennoch lud sie Marquette zum Essen ein, als ihr Mann nicht zu Hause war. Später zeigte sie ihn wegen versuchter Vergewaltigung an. Aber die Klage wurde fallengelassen, nachdem er überzeugend darauf beharrte, daß sie ihn in ihr Schlafzimmer eingeladen habe.

Seine gewalttätige Veranlagung machte sich bemerkbar. Marquette behauptete stets, seine Opfer hätten ihn verführt; er sei nicht für die Auseinandersetzungen verantwortlich, die zwangsläufig folgten. Er könne es nicht ertragen, von Frauen zurückgewiesen zu werden.

So müsse es auch bei Joan Caudle gewesen sein, erklärte er.

Ähnliches war geschehen, bevor Betty Wilson dem denkbar verkehrtesten Mann begegnete. Anfang 1975 war Marquette mit einer geschiedenen Frau liiert. Die Beziehung war bereits so weit fortgeschritten, daß beide an Heirat dachten. Aber dann hatte die Frau mit ihm gebrochen, aus welchem Grund, konnte er nicht sagen. Er hatte sie zwei Wochen vor seiner Verhaftung das letzte Mal gesehen.

Hatte er seine Wut, seine Frustration darüber an Betty Wilson ausgelassen?

Richard Marquette schien in Ordnung gewesen so sein, als man ihn aus dem Gefängnis in ein Übergangshaus entließ. Es war ihm gelungen, mit wenigstens zwei Frauen normale sexuelle Beziehungen zu unterhalten. Aber als die Frau, die er heiraten wollte, sich von ihm abwandte, war er wieder in sein altes Verhaltensmuster zurückgefallen.

Anfang Mai 1975 verkündeten Marquettes vom Gericht bestellte Anwälte, ihr Klient sei bereit, eine Aussage zum Tod von Betty Wilson zu machen. Marquette war einverstanden, daß man ihn während des Verhörs auf Video und Tonband aufnahm.

Ja, er habe Betty Wilson im Pepper Tree kennengelernt und die bedauernswert einsame Frau in seinen Trailer eingeladen. Laut Marquette hatte Betty nichts gegen engen körperlichen Kontakt, also habe er auf der Wohnzimmercouch mit dem Liebesspiel angefangen, ihr Pullover und Bluse ausgezogen und gerade ihren Büstenhalter öffnen wollen, als sie sich sträubte. Betty Wilson kam aus einem strenggläubigen Elternhaus. Wahrscheinlich war ihr plötzlich klargeworden, daß sie im Begriff war, mit einem völlig fremden Mann zu schlafen. Oder vielleicht hatte sie ihm niemals erlaubt, sie zu entkleiden. Auf jeden Fall erklärte Richard Marquette, Betty Wilson habe versucht, sich aufzusetzen und ihre Sachen anzuziehen. Und er könne es nun einmal nicht ertragen, wenn eine Frau sich ihm widersetze. »Ich habe sie so lange gewürgt, bis sie still war.«

Zu diesem Zeitpunkt war Betty Wilson sicherlich schon klar gewesen, daß sie einen schrecklichen Fehler gemacht hatte. Marquette schaute in die Videokameras, während er beschrieb, wie Betty um ihr Leben bettelte: »Sie sagte, sie würde alles tun, was ich wolle – ich solle ihr nur nicht weh tun.«

Aber dafür war es viel zu spät. Er erinnerte sich, noch fester zugedrückt und Betty so lange gewürgt zu haben, bis sie tot war.

Die Szene hätte auch aus dem Drehbuch des ersten, 1961 verübten Mordes stammen können. Den Menschen, die Marquette verhörten, war klar, daß sadistischer, tödlicher Sex ihn stärker erregte als ein auf gegenseitigem Einverständnis beruhender Geschlechtsverkehr. Und obgleich Marquette diesmal ein mehr als ausreichendes Fahrzeug besaß, um die Leiche loszuwerden, beschloß er, sein Opfer zu zerstückeln. Es gehörte zu seiner Besessenheit, obwohl er es nicht zugeben würde. Er erklärte, er habe die vertikalen Einschnitte an den Gliedern gemacht, um den Blutfluß zu beschleunigen. Marquette bestand darauf, nie im Schlächterhandwerk ausgebil-

483

det worden zu sein, und er sei auch kein Jäger – dennoch war es ihm gelungen, Beine und Arme genau an den Gelenken abzutrennen.

Am frühen Samstag morgen hatte er das, was von Betty Wilson übriggeblieben war, in ein Handtuch und einen Kopfkissenbezug eingewickelt und war damit zur Müllkippe gefahren. Dort angekommen, entledigte er sich zuerst ihrer Handtasche, damit die unter Tonnen von Müll begraben würde. Danach warf er die Leichenteile in den Sumpf, in dem Glauben, sie würden wie Steine sinken.

Das Geständnis war mehr, als die meisten Menschen – selbst gewiefte Gesetzeshüter – verdauen konnten, aber es kam noch schlimmer. Marquette erklärte, er habe Mitte 1974, also kurz nach seiner Entlassung aus dem Gefängnis, noch eine weitere Frau getötet. Er wußte weder ihren Namen noch etwas über ihre Lebensumstände. Er war zu dem Schluß gekommen, daß niemand sie vermißte, weil er nie wieder etwas über sie gehört hatte. War das die Frau, deren Hosenzwickel unter der Trailerklappe gefunden worden war? Marquette äußerte sich nicht dazu.

Während des Verhöres wurde Jim Byrnes plötzlich klar, daß die Verfahrensweise bei dem im Jahre 1974 begangenen Mord denen der beiden anderen Morde erschreckend ähnelte. Marquette hatte sein anonymes Opfer in der Dubious Dudley's Bar in Salem getroffen und sie mit nach Hause genommen, um mit ihr zu schlafen. Auch diese Frau hatte, laut Marquette, im letzten Moment einen Rückzieher gemacht; auch sie war gewürgt, zerstückelt und fortgeschafft worden.

Marquette willigte ein, die Detectives an den Platz zu führen, wo er 1974 das Opfer zurückgelassen hatte. Am 13. Juni fuhren Jim Byrnes und Kilburn McCoy zusammen mit dem Stab des Marion-County-Staatsanwaltes und den Anwälten des Verdächtigen zu einer einsam gelegenen, unwirtlichen Stelle in der Nähe des Roaring River Rest Stop am Clackamas River. Hier zeigte ihnen Richard Marquette zwei circa achthundert Meter auseinanderliegende Gräber. Etwa neunzig Zentimeter unter der Oberfläche entdeckten sie Skeletteile der unglücklichen Lady aus dem Dubious Dudley's, aber kein

Kleidungsstück, keinen Schmuck, nichts, was ihnen bei der Identifizierung hätte helfen können. Doch am schlimmsten war, daß der Kopf fehlte. Nur durch Dentalaufzeichnungen hätte man ermitteln können, um wen es sich bei der Toten handelte, deren Fingerspitzen ebenso wie die übrigen weichen Gewebeteile schon seit langer Zeit verwest waren.

Bis heute ist sie einfach Jane Doe, das tragische Opfer eines Raubmörders.

Mit den überwältigenden Beweisen konfrontiert, bekannte sich Richard Marquette des Mordes schuldig. Am 30. Mai 1975 wurde er zu lebenslanger Haft verurteilt. Und dieses Mal bedeutete lebenslang wirklich lebenslang. Richard Marquette ist jetzt fast sechzig Jahre alt, und sein Name taucht nur noch selten in der Presse auf. Aber sollte jemals in Betracht gezogen werden, ihn auf Bewährung zu entlassen, wird Jim Byrnes, der jetzt als privater Ermittler in Salem tätig ist, das Bewährungskomitee und die Öffentlichkeit an Richard Marquettes Verbrechen erinnern.

Mollys Ermordung

›Mollys Ermordung‹ blieb mir aus vielerlei Gründen im Gedächtnis. Als ich einundzwanzig Jahre jung und Polizistin in Seattle war, wohnte ich in einem bescheidenen Apartment, in einem Gebäude, dessen Hinterhof an dieselbe Gasse grenzte wie das Haus, in dem Molly Ann McClure lebte. Hätten wir derselben Generation angehört, wären wir Nachbarinnen gewesen, hätten jeden Morgen denselben Bus genommen und in Seattles Innenstadt gearbeitet, nur einen Straßenzug voneinander getrennt. Aber uns trennten fünfundzwanzig Jahre, und so waren wir niemals wirkliche Nachbarinnen. Als ich über diesen Fall schrieb, erinnerte ich mich wieder daran, wie es war, als ich, sehr jung und sehr zuversichtlich, in meinem ersten Apartment lebte, und ich fühlte mich einer jungen Frau verwandt, die ich nie gekannt hatte.

Der Mord an Molly McClure fiel nicht nur wegen seiner tragischen Sinnlosigkeit aus dem Rahmen, sondern auch, weil er dank einer Mischung aus raffiniertester forensischer Wissenschaft und guter, altmodischer Polizeiarbeit von zwei der besten Kriminalbeamten gelöst wurde, die ich jemals kennenlernte: Hank Gruber und Rudy Sutlovich von der Seattle Homicide Unit.

Als Molly Ann McClure nach Eastlake zog, hatte sich die Welt – und das Viertel – verändert. Früher einmal war die Eastlake Avenue die Hauptverbindungsstraße zwischen Seattles Innenstadt und dem Distrikt der University of Washington gewesen. Aber im Jahre 1986, als Molly ihr Apartment bezog, machte der 1-5 Freeway mit seinen zahlreichen, nach Norden und Süden führenden Fahrspuren, einen Bogen um Eastlake. Nicht nur das Viertel, auch die meisten parallel zu Eastlake verlaufenden Straßen befanden sich im Umbruch. Die achtundzwanzig Jahre alte Molly fand ein Apartment an der Franklin Avenue East. Dort gab es noch ein weiteres Mietshaus oder zwei, und ein paar Privathäuser: einen Bungalow aus den zwanziger Jahren oder ein pseudonormannisches, Ende der dreißiger Jahre erbautes Haus. Sie sahen alle gleich aus. Die Straße war wegen der an den Rändern parkenden Autos so schmal, daß immer nur ein Fahrzeug die Straße passieren konnte. Molly sah, daß es eine ruhige Lage war; hier war kein Platz für Hitzköpfe, die sich als Rennfahrer versuchten.

Zur Bushaltestelle würde sie drei, zum kleinen Laden an der Ecke zwei Minuten brauchen. Sie könnte in ungefähr zwanzig Minuten an ihrem Arbeitsplatz sein. Lake Union, bis an die Grenze seiner Kapazität mit malerisch-phantasievollen oder eine halbe Million Dollar teuren Hausbooten bespickt, lag nur drei Blocks weiter westlich. In Eastlake gab es viele als Geheimtip geltende Ethno-Cafés und Yuppie-Kneipen, die ständig den Besitzer und die Nationalität wechselten. Es war das perfekte Viertel für eine junge Karrierefrau.

Molly Ann McClure starb drei Wochen vor ihrem neunundzwanzigsten Geburtstag; eine liebenswürdige, lachende, glückliche Frau, die ihre Eltern stolz gemacht und Licht in das Leben unzähliger Freunde gebracht hatte. Molly schien der letzte Mensch zu sein, der einem Mord zum Opfer fallen könnte. Sie war zu gut, zu vorsichtig, zu lebendig.

Aber nichts von all dem zählte. Mörder wählen ihre Opfer mit Herzen, so kalt wie ein Winterregen, voller Begierde und Habsucht; der Schmerz, den sie verursachen, kümmert sie nicht.

Molly McClure wuchs in der perfekten Fünfziger-Jahre-Familie auf. Jean und Warren McClure, im Clyde-Hill-Abschnitt des Bellevue-Viertels von Washington zu Hause, hatten drei Töchter und einen Sohn, alle gewollt, alle geliebt. Jean arbeitete als Vorschullehrerin, Warren als Ingenieur. All ihre Kinder besuchten die Sonntagsschule der Bellevue First Presbyterian Church. Als sie älter wurden, nahmen sie an den von der Kirche organisierten Camps in Seabeck am Hood Canal teil. Als Molly das College besuchte, arbeitete sie während des Sommers stets im Seabeck-Camp. Sie war klein, kaum größer als einhundertundfünfzig Zentimeter, aber erstaunlich kräftig. Ihre Camp-Berater erinnerten sich an Molly als das einzige Mädchen, das seine Matratze ohne fremde Hilfe zu seiner Hütte schleppen konnte. Wenn eine junge Frau die Stärke und den Mut besaß, einen Angreifer abzuwehren, dann Molly ... wenn sie gewarnt worden wäre.

Es ist fast unmöglich, ein Foto zu finden, auf dem Molly McClure nicht lächelt. Meistens umarmt sie eine Freundin oder ist lachend inmitten einer Gruppe zu sehen. Molly war eine heitere, starke und gescheite Frau. Die geborene Siegerin.

Molly schloß 1975 die Bellevue High School ab. Danach besuchte sie die University of Washington im nahe gelegenen Washington, wo sie der Alpha Chi Omega beitrat. Ihre Sorority-Schwestern (Vereinigung von College-Studentinnen) wählten sie ein paar Jahre später zur Präsidentin. Molly war eine junge Frau, die sich auf ein Ziel konzentrierte und ohne Umwege darauf zustrebte. Sie interessierte sich für eine Laufbahn im Hotel-Management. Die vierhundertundachtzig Kilometer östlich von Seattle gelegene Washington State University in Pullman ist bekannt für ihr Hotel-Studienprogramm. Also wechselte Molly zur WSU und schloß 1982 mit einem Diplom im Hotel- und Restaurant-Management ab.

Viele von Mollys Freundinnen heirateten nach dem Studium, aber Molly hatte beschlossen, vor ihrem dreißigsten Lebensjahr keine ernsthafte Beziehung einzugehen. Sie stellte in den achtziger Jahren eine Seltenheit dar: sie war noch Jungfrau. Und sie sollte als Jungfrau sterben, bewußtlos. Es war ein Segen, daß sie nicht mitbekam, was ihr Mörder ihr antat.

Wenn man Mitte Zwanzig ist, scheint sich die Zeit endlos vor einem zu erstrecken, scheint man genügend Zeit zu haben, alle Hoffnungen und Träume zu verwirklichen. Zuerst würde Molly ein solides Fundament für ihre Karriere schaffen, dann würde sie heiraten und Kinder bekommen.

Wie jeder Neuling in der Arbeitswelt zog Molly dorthin, wo es Arbeit gab. Sie wurde in das angesehene Management-Programm der Westin-Hotelkette aufgenommen. Zuerst arbeitete sie als Front Office Manager im Westin Oaks in Houston, danach wurde sie zum Assistant Manager des Westin Hotels im Denver Tabor Center befördert. Es waren ausgezeichnete Jobs, aber die Städte, in denen Molly arbeitete, wiesen derart hohe Verbrechensraten auf, daß Seattle dagegen so sicher zu sein wie ein Sonntagsschul-Picknick. In einem schlechten Jahr bearbeiteten die Detectives der Mordkommission in Houston manchmal eintausend Mordfälle. Seattles Jahresdurchschnitt lag zwanzigmal niedriger. Und die Statistik der in Denver begangenen Gewaltverbrechen zeigte, daß es während Mollys Aufenthaltes in der hochgelegenen Stadt mehr Vergewaltigungen pro Kopf gegeben hatte als in fast jeder anderen Stadt Amerikas.

Obwohl ihre Familie sich sorgte, überlebte Molly die Zeit in Houston und Denver unversehrt. Dann zog sie – eine tragische Synchronizität – am 1. November 1985 wieder nach Seattle, nur wenige Wochen bevor ihr Mörder aus dem auf dem McNeil Island, Washington, gelegenen Bundesgefängnis entlassen werden sollte.

Man hatte Molly einen großartigen Job als Hotel Restaurant Consultant bei Laventhol & Horwath angeboten, einem Wirtschaftsprüferunternehmen. Erfreut darüber, wieder bei ihrer Familie und in ihrer Heimatstadt zu sein, lagerte sie ihre Möbel in Denver ein mit der Anweisung, sie nachzusenden, sobald sie in Seattle eine Wohnung gefunden hatte.

Der Mann, der aus dem Gefängnis nach Seattle zurückkehrte, hatte weniger gute Aussichten, aber stets einen Trumpf im Ärmel. Er war ein Mann, der – auf die eine oder andere Art – von Frauen lebte. Von ihnen verwöhnt und verhätschelt, konnte er rasch grob werden, wenn er nicht seinen

Willen bekam. Trotz seines durchschnittlichen Aussehens wirkte er auf Frauen faszinierend. Weibliche Verwandte unterstützten ihn, Freundinnen nahmen ihn bei sich auf und zahlten die Miete. Und er hatte nichts dagegen, sich seine Brötchen mit einem oder zwei oder drei Einbrüchen zu verdienen. Er kam aus einer Welt, die Millionen Lichtjahre von Molly McClures Welt entfernt war.

Mollys Arbeitsplatz befand sich in einem riesigen, von Seattles Polizeizentrale nur einen Straßenzug entfernten Wolkenkratzer. Molly suchte nach einem Apartment, das außerhalb der Innenstadt, aber nicht in einem Vorort liegen sollte. Verwandte von ihr lebten in der Nähe der Eastlake Avenue. Als Molly das Apartment in der Franklin Avenue East fand, war sie froh, daß ihre Tante mit ihren Söhnen nur vier Blocks entfernt wohnte.

Das Apartment schien ein richtiger Glücksfall zu sein. Der Hausbesitzer wollte für eine Wohneinheit mit zwei Schlafzimmern in seinem in den fünfziger Jahren aus Roman brick* und Zedern gebauten Vierparteienhaus nur dreihundertfünfzig Dollar Miete. Das Gebäude wirkte gepflegt und massiv. Die Rhododendronbüsche, die Kamelien und die immergrünen Bäume vor ihren Fenstern waren noch gewachsen und wirkten wie ein Schutzwall. Bei dem freien Apartment handelte es sich um die untere Wohneinheit an der Nordseite des Hauses 2358 East Franklin.

Als vorsichtige Mieterin rief Molly ein paar Hausbewohner an, ohne etwas Nachteiliges zu hören. Der Vermieter ließ sich zwar ein wenig viel Zeit, wenn es um Reparaturen ging, aber bei einer Miete von dreihundertfünfzig Dollar in einem so beliebten Viertel konnte man damit leben. Molly mietete das Apartment und zog am Thanksgiving-Morgen des Jahres 1985 ein. Ihre Möbel würden erst in drei Wochen eintreffen, aber sie war willens, bis dahin ohne sie auszukommen.

Mollys Apartment war gestrichen worden, aber die Metall-

---

* In der Regel gelbbrauner Verblendstein. (Anm. d. Übers.)

schiebefenster wiesen kleine Sprünge auf, durch die kalte Luft und die für Seattle typische Winterfeuchtigkeit in die Wohnung drangen, und an manchen Stellen fehlte der Fensterkitt. Molly dichtete das gesprungene Fenster im Badezimmer mit einem Stück Karton ab. Ihr Vater, der fast vierzig Jahre lang als Ingenieur bei Boing gearbeitet hatte, kam mehrmals vorbei, um verschiedene Reparaturen vorzunehmen. Er kümmerte sich um die Installation, die Elektrizität und den Kühlschrank mit dem geräuschvollen Motor.

Warren McClure gefiel es nicht, daß die Lampe in dem überdachten Vorbau vor Mollys Tür nicht funktionierte, also kaufte er eine neue und fuhr am ersten Samstag im Januar zu ihr, um sie zu installieren. Er stand gerade auf einem Stuhl, als ein Nachbar aus dem oberen Stockwerk vorbeikam und ihn grüßte. Molly war ein wenig verlegen: Sie kannte den Namen des Mannes nicht. Aber ihr Dad hielt ihm einfach die Hand hin. Der Mann stellte sich vor, und Molly ging zurück in ihre Wohnung.

Da sie ihr Apartment erst vor kurzem bezogen hatte, kannte sie ihre Mitbewohner kaum. In der Erdgeschoßwohnung, die an ihre grenzte, lebte ein alleinstehender Mann, ein Briefträger. Genau über ihrem Apartment wohnte ebenfalls ein Mann – der, wie sie herausgefunden hatte, Kvay hieß – mit seiner Freundin. Die nach Süden hinaus gelegene Wohnung im Obergeschoß hatte eine Karrierefrau mittleren Alter gemietet. Alle Mieter machten einen freundlichen Eindruck; sie nickten und lächelten, wenn Molly ihnen begegnete.

In den ersten beiden Januarwochen war Molly sehr beschäftigt. Sie liebte ihre neue Arbeit und konzentrierte sich darauf, sich mit ihr vertraut zu machen. Als die Möbel aus Denver eintrafen, richtete sie ihre Wohnung ein und fügte noch ein paar Pflanzen und Bilder hinzu, um das Apartment heimeliger zu machen. Sie hatte das größere der beiden Schlafzimmer im hinteren Teil der Wohnung für sich gewählt und schlief in einem übergroßen Bett, das sie zu einem Sonderpreis erworben hatte, als die Westin-Kette ihre Hotelzimmer neu möblierte und die Betten ausmusterte. Das kleinere Schlafzimmer wurde zu einer Abstellkammer umfunktioniert. Dort hatte Molly das Einzelbett, in dem sie während ihrer Kindheit geschlafen hatte, einen Schreibtisch, ihr Fahrrad, das Bügelbrett, Bücher und Akten untergebracht – alles, wofür in den anderen Zimmern kein Platz mehr war.

Molly mochte keine Katzen. Sie besprühte ihre Fensterbank und die Veranda mit einem Mittel, das Katzen garantiert fernhalten sollte. Sie hatte nichts dagegen, wenn andere Menschen sich Katzen als Haustiere hielten; sie wollte nur nicht, daß sie in ihrem Apartment herumschlichen. Molly säuberte die Heizröhre mit dem Staubsauger, um das Apartment vom Staub und dem Farbgeruch zu befreien, die immer dann herausgeblasen wurden, wenn sie die Heizung anstellte. Sie ließ die Abdeckplatte offen, weil sie vorhatte, dort noch einmal staubzusaugen.

Molly hatte niemanden, mit dem sie sich regelmäßig getroffen hätte, oft verbrachte sie die Abende allein zu Hause oder im Kreise ihrer Verwandten oder Freundinnen. Sie mußte wochentags schon um 6 Uhr aufstehen, und in Seattle wird es im Januar bereits vor 17 Uhr dunkel. Oft saß sie schon um 21 Uhr in ihrem langen Nachthemd im Großmutterstil vor dem Fernseher, während der Regen gegen die Fensterscheiben schlug.

Am Donnerstag, dem 16. Januar, war es um 4 Uhr am Morgen noch stockdunkel, als Mollys Nachbar Jack Crowley, der Briefträger, aufwachte, weil jemand an seine Tür hämmerte. Verschlafen stolperte er zur Tür, nur um festzustellen, daß es nicht an seiner, sondern an Mollys Tür geklopft hatte. Crowley blieb hinter der verschlossenen Tür stehen und lauschte den nur sechzig Zentimeter entfernten Stimmen. Eine davon war eindeutig Mollys, die andere Stimme gehörte einem Mann. Molly klang weder nervös noch irritiert. Das Gespräch dauerte nicht lange. Crowley hörte, wie Molly die Tür schloß. Dann ging er ins Bett, um noch eine Runde zu schlafen. Als er später darüber nachdachte, kam ihm das Ganze ein wenig seltsam vor: Seine Nachbarin hatte noch nie Krach gemacht.

Keine Parties, keine laut aufgedrehte Stereoanlage. Wer klopfte um 4 Uhr morgens an ihre Tür?

Molly erschien kurz vor 8 Uhr 30 an ihrem Arbeitsplatz. Sie wirkte ein wenig aufgeregt, als sie ihrem Chef Andy Olson erklärte, einer ihrer Nachbarn habe sie sehr früh geweckt, weil er sich um ihre Sicherheit sorgte.

»Er sagte, er sei gerade vom Joggen zurückgekommen, als er sah, wie jemand versuchte, durch das Vorderfenster meines Apartments zu klettern«, berichtete sie. »Glücklicherweise gelang es ihm, ihn zu verscheuchen.«

Anfangs hatte sich Molly nur wenig Gedanken darüber gemacht. Müde legte sie sich wieder ins Bett und schlief bis 6 Uhr. Erst beim Verlassen der Wohnung entdeckte sie, daß der Fensterkitt teilweise abgekratzt worden war. Das schreckte sie auf.

Als Olson hörte, wie sich Molly mit jemandem über eine Hausratversicherung unterhielt, nahm er sie beiseite und riet ihr: »Vergessen Sie die Versicherung. Rufen Sie lieber die Polizei an.«

Molly versprach, die Polizei noch vor dem Abend zu informieren. Aber sie war den ganzen Tag über beschäftigt, und ihre Sorge wegen des mißlungenen Einbruchs verringerte sich mit zunehmender Arbeit. Als sie nach Hause zurückkehrte, war es bereits dunkel; ein Sturm kündigte sich an und eine lange Nacht lag drohend vor ihr.

Molly McClure war keine abhängige, ängstliche Frau, sondern jemand, der alles selbst in die Hand nahm. Zuerst sprach sie mit Jack Crowley, ihrem unmittelbaren Nachbarn. Sie ging um 18 Uhr zu ihm, berichtete ihm von dem versuchten Einbruch, zeigte ihm die Spuren an ihrem Fenster und sagte, wie glücklich sie sei, daß Kvay Knight, der mit Sondra Hill* im Obergeschoß wohnte, gerade rechtzeitig von seinem Morgenlauf zurückgekommen war, um den Mann zu verscheuchen.

»Wir tauschten unsere Telefonnummern aus«, erinnerte sich Crowley später. »Und wir kamen überein, draußen noch zusätzlich ein paar Lampen anzulassen. Sie war besorgt, aber nicht hysterisch.«

Molly wollte sichergehen, daß alle Nachbarn auf der Hut

waren. Kvay Knight kannte das Problem bereits. Molly setzte voraus, daß er Sondra davon berichtet hatte. Außerdem waren sie zu zweit und wohnten im Obergeschoß. Sie würde auch Dora Lang* warnen müssen. Molly kannte Dora besser als die anderen Mieter – sie trafen sich manchmal zum Kaffee. Dora war wie sie eine alleinlebende Frau. Aber ihre Wohnung schien sicher zu sein, da ihre Fenster im Obergeschoß lagen.

Um 19 Uhr rief Molly das Seattle Police Department an, um den mißlungenen Einbruch zu melden. Sie wählte jedoch nicht den Notruf. Sie sagte, der Fall sei nicht so dringend, daß umgehend ein Beamter kommen müsse. Um 21 Uhr stand Officer Gary Kuenzi vor ihrer Tür. Kurz zuvor hatte Molly gesehen, wie Kvay Knight die Post holte. Sie bat ihn in ihr Apartment, damit er dem Police Officer über jenen Mann berichten konnte, der sich an ihrem Fenster zu schaffen gemacht hatte.

Normalerweise arbeitete Kuenzi als K-9 Officer, doch am Abend des 16. Januar 1986 war er im Streifendienst. Sie ließ ihn herein und deutete auf einen Mann, der mit dem Rücken zu ihm saß. Kuenzi fragte sich, weshalb der Fremde sich bei seinem Eintreten nicht umgedreht hatte, aber dann zuckte er mit den Schultern: viele Menschen waren nicht sonderlich erpicht darauf, einen Polizisten zu sehen.

»Kvay hat ihn gesehen«, sagte Molly, »ich nicht. Kvay hat ihn vertrieben und mich dann geweckt, um mich zu warnen.«

Mollys Gast stellte sich als Sherwood ›Kvay‹ Knight vor. Kvay war ein muskulöser, mittelgroßer Schwarzer. Er erklärte Kuenzi, er sei gegen 4 Uhr 30 gejoggt und habe dabei gesehen, wie sich eine Gestalt über das Vorderfenster von Mollys Apartment beugte. Als der Mann ihn entdeckt habe, sei er fortgelaufen.

»Es kann ein Weißer, aber auch ein Orientale gewesen sein«, erklärte Knight. »Ich würde sagen, er war knapp einhundertsiebzig Zentimeter groß und ungefähr dreiundsechzig Kilo schwer. Er trug eine schwarze Jacke und Jeans. Sein Gesicht habe ich nicht gesehen, nur das schwarze Haar.«

Kuenzi ging im Wohnzimmer herum und inspizierte die Fenster. Er riet Molly, die Griffe des Vorderfensters festzuschrauben. Nebenbei fiel ihm auf, daß die Wohnung aufgeräumt und sauber war. Das Schlafzimmer überprüfte er nicht.

Er fragte Molly, ob es jemanden gebe, vor dem sie Angst habe. Alte Freunde? Jemanden, der sie vielleicht ärgern wollte oder zu stürmisch war? Sie schüttelte den Kopf. Dann sagte sie, sie habe gehört, ihre Vormieterin hätte ein Problem mit ihrem Freund gehabt.

Kuenzi verbrachte ungefähr zwanzig Minuten bei Molly, kontrollierte die Räume und klärte Molly über Sicherheitsmaßnahmen auf. Als er sich verabschiedete, war Kvay immer noch da.

Molly hatte am Morgen ihre Tante angerufen, um ihr von dem versuchten Einbruch zu erzählen, und rief sie nach Kuenzis Besuch erneut an. »Ich bot ihr an, einen meiner Söhne zu ihr zu schicken; ich sagte ihr, er könne über Nacht bei ihr bleiben. Aber Molly sagte, sie hätte keine Angst«, erinnerte sich ihre Tante. »Sie wollte nur sicherstellen, daß ich ihren Eltern nichts davon erzählte. Sie wollte sie nicht beunruhigen. Aber sie selbst war derart beunruhigt, daß sie ausziehen wollte. Wir kamen überein, am Samstag ein neues Apartment für sie zu suchen.«

Als Molly Dora Lang spätabends von der Arbeit kommen sah, rief sie sie zu sich, um sie zu warnen. »Ich schlug ihr vor, bei mir zu schlafen«, sollte Dora Lang sich später erinnern. »Es macht mich traurig, wenn ich daran denke, daß sie nicht gekommen ist ... Sie sagte: ›Wenn du Schreie hörst, rette mich‹ – aber niemand hörte auch nur einen Piepser.«

Niemand. An jenem Abend schaute Dora Lang sich noch die Spätnachrichten an. Um 23 Uhr 30 ging sie ins Bett. Das Unwetter, das als ein ganz normaler Januarschauer begonnen hatte, verwandelte sich in einen heftigen Sturm, der Dora Lang weckte. »Das Gebäude schwankte in seinenm Fundament – es war furchtbar, erschreckend.« Lang stand zwischen 7 Uhr und 7 Uhr 30 auf. Alles war still, der Sturm vorüber.

In Mollys Nachbarwohnung war Jack Crowley im Wohnzimmer vor dem Fernseher eingeschlafen. Der Sturm weckte ihn gegen Mitternacht. Er stolperte ins Schlafzimmer, schlief die Nacht durch, stand um 5 Uhr auf und ging um 6 Uhr zur

Arbeit. Er war überrascht, als er sah, daß Mollys Außenbeleuchtung nicht brannte. Seltsam – sie hatten doch vereinbart, die Lampen anzulassen.

Kurz nach ihm ging Dora Lang zur Arbeit

Sondra Hill war am Donnerstag nicht zur Arbeit gegangen. Sie hatte seit Tagen unter einer Grippe gelitten und fühlte sich immer noch miserabel. Außerdem waren durch den Sturm die Schmerzen in ihrem arthritischen Knie stärker geworden. Sondra war erst dreißig Jahre alt, aber sie konnte bereits mit Hilfe ihrer Knie Stürme voraussagen. Sie war im Laufe der Nacht mehrmals aufgestanden, hatte Aspirin genommen und ihre schmerzenden Knie gerieben. Kvay schlief auf der Couch, um sie nicht zu stören.

Als Sondra das zweite Mal aufstand, ließ sie ihre Katze hinaus. Dabei entdeckte sie, daß Kvay bei laufendem Fernseher eingeschlafen war. Das ärgerte sie.

Sie hatten den Wecker auf 5 Uhr 40 gestellt. Als er klingelte, machte sie ihn aus. Kurz darauf hörte Sondra, wie jemand die Vordertür zuschlug. Sie nahm an, daß Kvay joggen gegangen war.

Bei Laventhol & Horwath schaute Andy Olson immer wieder nervös auf die Uhr. Molly hatte sich verspätet, und das paßte ganz und gar nicht zu ihr. Er rief in ihrer Wohnung an und ließ es lange klingeln, aber niemand meldete sich. Es gelang ihm, sich zu beruhigen. Der nächtliche Sturm war sehr heftig gewesen, und Molly hatte sich zusätzlich noch wegen des Einbrechers Sorgen gemacht – also war sie gestern abend sehr wahrscheinlich zu ihren Verwandten gegangen, um dort zu übernachten. Es wurde 9 Uhr, es wurde 9 Uhr 15. Aber keine Molly kam ins Büro gestürzt, um sich atemlos zu entschuldigen.

Olson überlegte, ob er zu Mollys Wohnung fahren sollte, unterließ es jedoch. Da er wußte, daß sie den versuchten Einbruch bei der Polizei gemeldet hatte, rief er dort an und bat um Unterstützung. Kurz darauf war über Seattles Polizeifunk die übliche Aufforderung zu hören: »Überprüfen Sie das Wohlergehen von …«

Officer Harry J. Burke, seit zweiundzwanzig Jahren bei der Polizei, hatte an jenem Morgen im Edward-Sektor Dienst, wie immer seit 1976. Er kannte die Straßen am Nordrand von Capitol Hill genauso gut wie den Grundriß seines Hauses. Burke hatte die erste Schicht, die von 3 Uhr 30 bis 11 Uhr 30 ging. An diesem Morgen war Burke ›Edward 3‹.

Die sechs Jahre ältere Charlotte Thomas war Community Service Officer gewesen, bevor sie Patrolman wurde. Sie war ›Edward 4‹. Sie hatte die ›möglicher Einbrecher im Viertel‹-Information um 3 Uhr 30 beim Anwesenheitsappell erhalten und sich kurz vor Tagesanbruch den Block 2300 der Franklin Avenue East genauer angeschaut. Alles schien in Ordnung zu sein. An einem der unteren Portale brannte eine Lampe. Genau vor dem Vierparteienhaus stand eine Straßenlaterne. Der ganze Block schlief. Alles war ruhig. Thomas sah keine Menschenseele.

Als Burke Stunden später die Aufforderung erhielt, Molly McClures Wohlergehen zu überprüfen, meldete sich Thomas über Funk und erklärte, sie würde ihm Rückendeckung geben, da sie mit der Lage vertraut sei. Sie parkten vor dem Wohngebäude: ein Streifenwagen hinter dem anderen. Die Sonne schien. Der Sturm hatte die dunklen Wolken vom Himmel gefegt.

Officer Burke ging zu Tür Nummer 2358. Er klopfte. Die beiden Officers warteten. Die Vorhänge waren zugezogen. Er klopfte noch einmal. Keine Antwort. Burke hämmerte mit dem hinteren Ende seiner Taschenlampe gegen die Tür, aber es blieb still. Die beiden Officers gingen um das Gebäude herum, aber alle Gardinen und Vorhänge, die zu Molly McClures Apartment gehörte, waren fest zugezogen, so daß sie nicht hineinschauen konnten. Es war nicht so einfach, an die Fenster zu gelangen – die dunklen, wächsernen Blätter der Rhododendronbüsche und die stacheligen Stechpalmen standen im Weg. Aus der Sicht eines Cops stellten die Büsche ein Risiko dar: Sie boten Voyeuren und Herumtreibern Sichtschutz.

Die beiden Patrol Officers gingen zu der an der Hausfront angebrachten Treppe, die zu der im Obergeschoß gelegenen

Wohnung auf der Nordseite führte. Burke zog sich von außen an einem Treppengeländer hoch und versuchte, ein Seitenfenster zu öffnen. Aber das Geländer gab unter dem Gewicht des stämmigen Officers nach. Burke ging wieder zur Vordertür und klopfte noch einmal.

Doch niemand reagierte.

Burke meldete über Funk, er wolle versuchen, in das Apartment einzudringen. Die Funkzentrale erklärte, Mollys Schlafzimmer solle Berichten zufolge im hinteren Wohnbereich liegen. Burke und Thomas konnten das Fenster nicht bewegen – es war aus der Schiene gesprungen und klemmte –, also versuchte Burke, durch das Seitenfenster in die Wohnung zu gelangen, das, wie er festgestellt hatte, zwar klemmte, aber nicht verschlossen war. Er stellte sich auf einen Gartenstuhl und rüttelte an dem Fenster, bis es aufglitt. Dann stieg er vom Gartenstuhl, trat auf einen Rhododendronast und rief dreimal: »Polizei!«

Aber im Inneren der Wohnung blieb es still – zu still.

Bevor er durch das Fenster stieg, warf Burke einen Blick auf die breite, weiße Fensterbank und entdeckte den Schuhabdruck eines Menschen mit großen Füßen; der Abdruck wies das Sohlenprofil eines Sportschuhs auf. Burke lief es kalt den Rücken herunter. Während er sorgsam darauf achtete, den Abdruck nicht zu verwischen, fiel er buchstäblich ins Zimmer und landete auf einem Einzelbett. Er schaute sich um und erkannte, daß er sich in einem Gästezimmer befand, das als Abstellraum fungierte.

Burke half Officer Thomas durchs Fenster, wobei er sie auf den Abdruck aufmerksam machte. Die ganze Wohnung war von einer durchdringenden Stille erfüllt, die lauter zu sein schien als jedes Geräusch. Langsam und vorsichtig betraten sie den Flur. Die zugezogenen Vorhänge hielten das Sonnenlicht ab. Das einzige Licht kam von einer kleinen Tischlampe, die neben der Couch stand. Das Wohnzimmer war sauber, ordentlich – und leer.

Burke deckte Thomas, während sie den Flur entlang zu den hinteren Räumen gingen. Thomas öffnete die Türen des langen Schrankes zu ihrer Linken, warf einen Blick in das auf der linken Seite gelegene Bad am Ende des Ganges und erblickte einen dunklen Schatten hinter dem Duschvorhang. Sie hielt unbewußt den Atem an, als sie den Vorhang beiseite schob.

In der Dusche hing ein langes Badetuch.

Thomas ging über den Flur zum größeren Schlafzimmer. Burke gab ihr Deckung. Auf dem Bett lag eine reglose Gestalt. Charlotte Thomas' erster Gedanke war: *Sieht wie eine Schaufensterpuppe aus.* Aber es war keine Schaufensterpuppe, sondern Molly McClure. Thomas war nicht sicher, ob sie es laut gesagt oder ob sie nur gedacht hatte: »Oh, mein Gott.«

Das Mädchen trug ein blaues Flanellhemd und lag bäuchlings quer über dem Bett, das Gesicht unter glänzendem, hellbraunem Haar verborgen. Die rosafarbene Bettdecke verbarg einen Teil des Körpers, aber die beiden Officers konnten erkennen, daß jemand die Hände des Mädchens auf dem Rücken zusammengebunden hatte.

Charlotte Thomas beugte sich vor, berührte sanft Mollys Halsschlagader und suchte vergebens nach einem Puls. Die Haut, die sie berührte, war bereits kalt.

Trotz ihrer Ausbildung überwältigten sie ihre Gefühle. Sie zog sich auf den Flur zurück und sagte mit leiser Stimme zu Burke: »Sie ist tot. Sie ist tot.«

»Ich mußte mich dazu zwingen, noch einmal ins Zimmer zu gehen«, erklärte Thomas später. »Ich sah eine silberfarbene Taschenlampe auf dem Boden und zwei Blatt Papier auf dem Bett. Zuerst dachte ich, es wäre ein Abschiedsbrief.«

Aber als Thomas die Blätter aufhob, sah sie, daß auf einem die Adresse von Colonial Penn, einer Versicherungsgesellschaft, stand, und auf dem zweiten die Telefonnummern der anderen Bewohner des Vierparteienhauses. Telefonnummern, die Molly im Notfall hätte anrufen sollen.

Aber dazu war es nicht gekommen. Zu spät.

Charlotte Thomas und Harry Burke hoben die rosafarbene Bettdecke ein wenig hoch und entdeckten, daß etwas um Mollys Hals gebunden war.

Burke forderte vom Streifenwagen aus Beamte des Morddezernats und den Leichenbeschauer des King County an,

500

dann sicherte er zusammen mit Charlotte Thomas den Tatort.

Beide hatten bemerkt, daß bei allen Heizungen die Abdeckhauben fehlten, und fragten sich, ob in diesem Fall Drogen im Spiel waren: Süchtige lagerten ihren Stoff gern an solchen Orten. Aber dieser Gedanke war nicht mit dem sauberen, ordentlichen Apartment mit all seinen Pflanzen und Büchern und mit der jungen Frau in dem Flanellnachthemd vereinbar, die allein schlief.

Detective Sergeant Don Cameron und die Detectives Gail Richardson und Gene Ramirez trafen um 10 Uhr 40 bei der angegebenen Adresse an der East Franklin ein. Nach dem Rotationsplan des Morddezernats wären eigentlich die Detectives Hank Gruber und Rudy Sutlovich an der Reihe gewesen. Aber sie mußten an jenem Morgen einen Gerichtstermin wahrnehmen. Man wies die Beamten an, sich so schnell wie möglich in Molly McClures Wohnung einzufinden.

Molly McClure lag bäuchlings, mit weitgespreizten Beinen, auf dem Bett, das Nachthemd bis über das blutverschmierte Gesäß geschoben. Die Hände waren mit einem Stück Elektrokabel gefesselt worden (das zu ihrer elektrischen Heizdecke gehörte). Sie lag mit dem Gesicht nach rechts gewandt. Donald Reay, der Leichenbeschauer, traf, begleitet von Corrine Fligner und Eric Kreisel, den Pathologen aus der Gerichtsmedizin, um 11 Uhr 40 am Tatort ein. Nach einer ersten Untersuchung kamen sie zu dem Ergebnis, daß Molly mit einer Binde oder einem Band stranguliert worden war – und wahrscheinlich auch mit den Händen gewürgt. Jemand hatte Molly ihren eigenen Schlüpfer in den Mund gesteckt, bis nur noch ein kleines Stück zu sehen war; ein Knebel, der mutmaßlich zu ihrem Erstickungstod beigetragen hatte. Ein khakifarbener Wollstrumpf war um ihren Hals geschlungen.

Sie hatte geringfügig am Hinterkopf geblutet, wo drei von einem stumpfen Instrument stammende Risse zu sehen waren. Reay stellte fest, daß sie von Schlägen herrührten, die Molly entweder betäubten oder sie ohnmächtig werden ließen, jedoch nicht tödlich gewesen waren.

Der *Rigor mortis*, jene Versteifung der Gelenke, die kurz nach dem Tod einsetzt, war noch im Gange. Bei einem gewaltsamen Tod tritt der Rigor oft beschleunigt ein. Die bläuliche Verfärbung, die auftritt, wenn das Blut in die unteren Körperteile sinkt, kann eine halbe bis zwei Stunden nach dem Tod auftauchen und ist normalerweise nach sechs bis acht Stunden abgeschlossen. Auch das war den Ermittlern bekannt, als sie Mollys Ermordung zu untersuchen begannen. Die Todeszeit ist, falls man sich nach der Körpertemperatur richtet, bei einer Strangulation nur schwer feststellbar, da die Körpertemperatur des Toten in diesem Fall nicht fällt, sondern steigt. Mollys Körpertemperatur, die in der Leber gemessen wurde, schwankte am Mittag, also wenigstens sechs Stunden nach ihrem Tod, zwischen 38,3 Grad und 37,2 Grad.

Und der Zeitpunkt des Todes könnte sich in Mollys Fall als entscheidend erweisen.

Hank Gruber, seit neunzehn Jahren Cop, seit sechzehneinhalb Jahren Detective, davon siebeneinhalb Jahre im Morddezernat, erreichte die Mordmeldung zu Hause. Er traf kurz nach Mittag am Tatort ein, fast gleichzeitig mit seinem Partner Rudy Sutlovich. Die anwesenden Officers gaben ihnen eine kurze Zusammenfassung.

»Einbrüche erkennt man sofort«, erklärte Gruber. »An einem Einbruch ist nichts Raffiniertes. Einbrecher lassen das Zeug überall hinfallen und wühlen darin herum.«

In diesem Fall sah es nicht so aus, als sei Diebstahl das Motiv gewesen. Wohin die beiden Detectives auch blickten, überall entdeckten sie Dinge, die ein versierter Einbrecher mitgenommen hätte: einen Fernseher, eine tragbare Stereoanlage, Schmuck. An der Schlafzimmertür hing Mollys Handtasche. Auch die Schubladen waren nicht geleert worden, was ein Einbrecher getan hätte. Nein – jemand war ins Zimmer gekommen und hatte Molly schlafend vorgefunden – entweder weil er wußte, daß sie dort sein würde, oder weil er eingebrochen war und sie so vorgefunden hatte. Aber aus welchem Grund sollte er in Mollys Wohnung eindringen, wenn er nicht vorhatte, etwas zu stehlen?

Es sei denn, er hatte vorgehabt, sie zu vergewaltigen, und wußte, daß sie allein lebte.

Die Ermittlungen hatten begonnen, und keiner der Detectives, die sahen, was Molly McClure angetan worden war, ließ locker, bis der Mörder überführt war. Rudy Sutlovich versuchte ihre Gefühle in Worte zu fassen: »Es gibt Menschen, die sollten einfach nicht ermordet werden ... Nein, das meine ich nicht. Niemand sollte ermordet werden. Aber jemandem wie Molly – und wir haben noch andere Fälle, bei denen die Opfer einfach nur nette, natürliche, süße junge Mädchen waren – sollte so etwas einfach nicht passieren. Und dann müssen wir ihre Eltern aufsuchen und ihnen erklären, was geschehen ist, und wie, weil sie es wissen wollen. Und wir sehen den Schmerz, und wir gehen ... Molly McClure gehörte zu jenen besonderen Fällen. Wir werden sie nie vergessen.«

Verständlich: Sowohl Hank Gruber als auch Rudy Sutlovich haben selbst Töchter.

Richardson und Ramirez hatten die möglichen Beweismittel sorgsam eingesammelt, in Beutel gesteckt und etikettiert: die rosafarbene Bettdecke, das Bettlaken, das beigefarbene Seidenkissen, die beiden Blatt Papier, ein Haar, das Molly in der Rechten hielt, und ein weiteres Haar, das im Band der Armbanduhr gefunden worden war, die sie links trug.

Im Badezimmer fanden die Detectives eine Brennschere mit abgeschnittenem Kabel. Das fehlende Stück entdeckten sie neben dem Telefon. Was immer der Mörder damit vorgehabt haben mochte, er hatte sein Vorhaben nicht ausgeführt. In der Toilette schwamm ein blutiger Tampon. Auf dem Boden des Badezimmers lagen zwei Pennies. Die Detectives taten auch die in einen Plastikbeutel, obwohl sie nicht sicher waren, was sie bedeuteten – falls sie überhaupt etwas bedeuteten. Besser zu viele Beweismittel mitnehmen – selbst solche ohne augenscheinlichen Wert – als zu wenige. Der Tatort würde niemals wieder derselbe sein.

Gruber fragte, ob der Mörder sich mit Gewalt Zugang zu der Wohnung verschafft habe; Richardson antwortete, daß man das nicht genau feststellen könne. Er zeigte Hank das Fenster im kleineren Schlafzimmer und den Fußabdruck auf

503

der Fensterbank. Der ganze Fall könnte von diesem einen Abdruck abhängen, und Gruber wollte kein Risiko eingehen. Er war dafür bekannt, daß er sogar Mauerstücke in die Asservatenkammer tragen ließ – nur für den Fall des Falles. Gruber ordnete an, die ganze Fensterbank zu entfernen und sie vorsichtig in braunes Papier einzuwickeln.

Der Stuhl, den Harry Burke benutzt hatte, um in Mollys Apartment zu gelangen, stand, den Nachbarn zufolge, bereits seit einiger Zeit unter der Außentreppe. Seltsamerweise fanden sich am vorderen Fenster – wo Kvay Knight am Morgen zuvor den Herumtreiber gesehen hatte – überhaupt keine Spuren eines versuchten Einbruchs. Es gab keine Anzeichen dafür, daß es jemandem beim zweiten Versuch gelungen war, sich gewaltsam Zugang zu der Wohnung zu verschaffen.

Der Mörder mußte das Apartment durch das Fenster im kleinen Schlafzimmer verlassen haben, da die Vordertür bei der Ankunft der Officers noch verschlossen gewesen war – ohne einen Schlüssel hätte er nicht hinausgekonnt. Man überprüfte rasch alle von Mollys Schlüsseln. Der Fußabdruck auf der Fensterbank der Abstellkammer wies *in* den Raum, als wenn jemand rückwärts aus dem Fenster gestiegen sei.

Sutlovich und Gruber, die über den Einbruchsversuch informiert waren und wußten, wie intelligent und vorsichtig Molly McClure gewesen war, konnten nicht glauben, daß sie am Donnerstag abend nicht alle Fenster und Türen überprüft hatte. »Nein, es muß jemand gewesen sein, den sie kannte«, schlossen sie.

Bis zum heutigen Tag sind die beiden Detectives davon überzeugt, daß es dem Mörder gelungen war, Molly unter einem Vorwand zu überreden, ihn in ihre Wohnung zu lassen; daß er durch die Vordertür hineingekommen und durch das Fenster verschwunden ist, um nach dem Mord nicht gesehen zu werden.

Gruber warf einen Blick in die Handtasche, die an der Tür zu Mollys Schlafzimmer hing. Er entdeckte zahllose Kreditkarten und ein wenig Kleingeld. Wie es aussah, hatte der Mörder die Tasche noch nicht einmal bemerkt.

Die Detectives durchsuchten das Apartment nach der

Waffe, die Mollys Kopfwunden verursacht hatte, aber sie fanden keinen Gegenstand mit einem schmalen, gebogenen, stumpfen Rand, der paßte. Noch fanden sie weitere Blutspuren.

Sutlovich blieb den ganzen Nachmittag über am Tatort, während Gruber vor Gericht aussagte. An diesem und am folgenden Abend arbeiteten die beiden Detectives bis nach Mitternacht in den ruhigen Räumen. Sie hatten das Gefühl, der Antwort nahe zu sein, so nahe, daß sie sie entweder nicht sehen oder nicht erkennen konnten. Jede Nacht aktivierten sie bei ihrem Weggang eine Varda-Alarmanlage, die alle Streifenwagen im Edward-Sektor herbeirufen würde, sobald jemand versuchte, in die Wohnung einzudringen.

Am Freitag abend sprachen Hank Gruber und Rudy Sutlovich in Sondra Hills Wohnung mit dem siebenundzwanzig Jahre alten Kvay Knight. Sie nahmen seine Aussage auf Band auf. Kvay versuchte, sich genauer an den Herumtreiber zu erinnern, den er am Donnerstag morgen gesehen hatte. Er betonte, daß er helfen wolle; er habe Sergeant Don Cameron angerufen, um ihm jede erdenkliche Hilfe anzubieten. Er hätte Officer Kuenzi am Donnerstag abend – dem Abend vor dem Mord – alles gesagt, an das er sich erinnern konnte – und sei dann noch eine Weile bei Molly geblieben. Er versuchte, sich an jede Einzelheit zu erinnern, damit die Detectives sich von dem ›Einbrecher‹ ein besseres Bild machen konnten.

Gruber fragte Knight, ob er sich in Mollys Wohnzimmer auskenne. Knight erklärte, er sei nur im Wohnzimmer gewesen. Wie die anderen Mieter des Vierparteienhauses hatte er im Laufe der Nacht weder Hilferufe noch Schreie oder Geräusche gehört, die auf einen Kampf hindeuteten.

Am Samstag, dem 18. Januar, blieb Knight vor Mollys Apartment stehen, in dem Gruber und Sutlovich immer noch nach Spuren suchten, und erklärte, ihm sei eingefallen, daß er sich nicht nur im Wohnzimmer aufgehalten habe.

»Molly hatte Angst vor Spinnen«, erklärte er. »Sie bat mich, in ein paar Heizungsschlitze hineinzuschauen, um zu sehen, ob sich dort welche versteckten. Ich habe ihre Taschenlampe benutzt.«

505

Aha. Damit war eine Frage beantwortet. Die silberfarbene Taschenlampe. Sie gehörte Molly. Die mit der Spurensicherung beauftragte Marcia Jackson hatte sie bereits auf Fingerabdrücke hin untersucht, aber keine gefunden. Die meisten Abdrücke, die Marcia in der Wohnung entdeckte, waren von Molly oder waren unbrauchbar, weil sie entweder nur noch teilweise vorhanden oder verschmiert waren. Auf den Bildern, die im Wohnzimmer hingen, und an einer Schublade im Schlafzimmer entdeckte sie deutliche Fingerabdrücke, die weder mit Mollys Abdrücken noch mit denen ihrer Familie übereinstimmten. Aber es waren auch erst wenige Wochen vergangen, seit Umzugsleute Mollys Einrichtung vom Lieferwagen in die Wohnung getragen hatten. Die Ermittler sahen sich einer gewaltigen Aufgabe gegenüber: Vor und nach ihrem Einzug hatten sich sehr viele Menschen in Mollys Wohnung aufgehalten, unter ihnen einige Fremde.

Kvay Knight erklärte Hank Gruber, er habe nicht vorgehabt, Molly am Donnerstag abend zu besuchen, sie hätte ihn gebeten, hineinzukommen und mit ihr zu warten, damit er mit dem Beamten sprechen könne. Seiner Schätzung nach war er nach Kuenzis Fortgang noch etwa eine halbe Stunde geblieben. Sie hätten sich vor allem übers Kochen unterhalten: Sie habe ihm ein Rezept empfohlen und ihm eines ihrer Kochbücher geliehen, damit er es ausprobieren konnte.

Dr. Eric Kiesel nahm am Montag, dem 20. Januar, in Anwesenheit von Rudy Sutlovich und Hank Gruber eine Autopsie an Molly McClure vor. Dabei stellte er fest, daß Molly durch Strangulation und Würgen zu Tode gekommen war. Auch der in ihren Mund gestopfte Schlüpfer hatte zu ihrem Tod beigetragen: Mollys Zunge war dadurch in die Kehle geschoben worden.

Zudem war Molly vergewaltigt worden. Die *labia minor* (kleine Schamlippen) wiesen winzige Risse und Quetschungen auf. Aber das Glück war dem Mann, der keines verdiente, hold gewesen. Molly hatte ihre Periode gehabt, und der in ihrer Vagina gefundene Samen hatte sich mit dem Menstruationsblut vermischt. Der Samen besaß, ebenso wie Molly, die Blutgruppe 0. Eine Übereinstimmung, die jedoch nicht zwangsläufig bedeutete, daß der Mörder gewonnen hatte. Hinsichtlich der Blutenzyme und der Untergruppen gab es ein paar ausgeklügelte Tests.

Und es gab Beweise, so winzig, daß ein Laie sie niemals für Beweisstücke halten würde: ein Fusselkügelchen von Mollys Gesäß; ein Tabakkrümel unter dem Fingernagel einer Frau, die das Rauchen verabscheute; ein schwarzes Haar, gefunden an der Innenseite des linken Oberschenkels; Fasern, die Molly in der Hand hielt; hellblaue Fasern, die man unter dem Kopfkissenbezug in Mollys Bett entdeckt hatte; ein Schamhaar, das man auf dem als Knebel benutzten Schlüpfer fand. Alles in allem wurden achtzehn Haare oder Teile von Haaren gefunden.

Aber was bedeuteten sie? Noch vor einem Jahrzehnt wären die meisten dieser winzigen Beweisstücke Teile eines unlösbaren Rätsels gewesen. Aber Dank des raschen Fortschritts in der forensischen Wissenschaft war es den Kriminalisten des Western Washington State Patrol Crime Lab jetzt vielleicht möglich, das Drehbuch eines Verbrechens aus diesem Gemisch aus Blut, Samen, Fasern, Haaren und Fusselkügelchen herauszulesen. Chesterine Cwiklik ist eine Kriminalistin, die mehr über Haar- und Faser-Analyse weiß als jeder andere Amerikaner. Sie freute sich über die schier unlösbare Herausforderung und beschäftigte sich umgehend mit den Beweisstücken, die sie von Gruber und Sutlovich bekommen hatte.

Eines war für die beiden Detectives bereits ziemlich offensichtlich: Das dunkle, krause, während der Autopsie an Mollys Oberschenkel entdeckte Haar stammte von einem Mitglied der schwarzen Rasse. Chesterine würde es noch bestätigen müssen, aber Gruber und Sutlovich waren sicher, daß sie mit ihrer Vermutung recht hatten. Die beiden Detectives waren von Anfang an davon überzeugt gewesen, daß Molly ihren Mörder, wenn auch nur beiläufig, gekannt und daß es keinen Einbruch gegeben hatte. Sie fragten sich, ob Molly mit Schwarzen befreundet gewesen war, die sie besucht haben könnten.

507

Nein. Ihre Familie und ihre Freunde waren sich sicher, daß sie sich nicht mit einem Schwarzen getroffen und zum Zeitpunkt ihres Todes keine farbigen Freundinnen gehabt hatte. Sie habe nichts von neuen Freunden erwähnt und noch nicht lange genug wieder in Seattle gewohnt, um neue Freundschaften zu knüpfen. Ihr Chef sagte das gleiche. Olsons Gruppe in der Gastgewerbe-Sektion des Unternehmens war klein, und die Mitglieder kannten einander gut. Andy Olson hatte Molly niemals mit einem farbigen Mann – oder einer farbigen Frau – gesehen. Noch hatte sie sich abfällig gegenüber anderen Rassen geäußert. Molly war bereit gewesen, jeden Menschen, den sie kennenlernte, in ihr großes Herz zu schließen. Und sie vertraute anderen Menschen – vielleicht zu sehr.

Während Beweise und Theorien überprüft wurden, fand am Montag abend in der Bellevue First Presbyterian Church der Gedenkgottesdienst für Molly McClure statt. Über sechshundert Trauernde füllten die Kirche und überfluteten den Vorplatz. Die Seattler Zeitungen veröffentlichten Fotos von Molly. Auf allen lächelte sie – natürlich. Sie sah wie die jüngere Version ihrer Mutter aus. Sie war eine wirklich schöne Frau mit ihren großen Augen und den cherubisch anmutenden Wangen.

Warren und Jean McClure erhielten viele Briefe, in denen von Molly die Rede war – Briefe von Menschen, die sie seit Jahren gekannt hatten, Menschen, die zu Mollys Leben gehörten. Aber auch Briefe von völlig Fremden, die in der Zeitung von ihrem Verlust gelesen hatten. Warren und Jean McClure hatten keine Ahnung gehabt, wie viele Leben Molly berührt und damit bereichert hatte.

Jack Crowley konnte es nach Mollys Tod nicht ertragen, weiter in seinem Apartment zu wohnen. Er verbrachte nur noch eine einzige Nacht dort. Dann zog er aus, unfähig, den Gedanken abzuschütteln, daß Molly auf der anderen Seite der Wand zu Tode stranguliert worden war, ohne daß er ihren Hilfeschrei gehört hätte. Weshalb hatte er sie nicht schreien gehört? Vielleicht war der Sturm schuld daran gewesen. Vielleicht hatte sie aber auch nicht schreien können.

Rudy Sutlovich und Hank Gruber kamen zu dem Schluß, daß Mollys Tod vor 6 oder 7 Uhr am Morgen eingetreten war. Das war noch das leichteste Rätsel gewesen. Hätte der Wecker geklingelt, wäre sie aufgestanden und hätte sich arbeitsfertig gemacht. Aber die Wände in der Dusche waren trocken, und die Kaffeemaschine war nicht eingeschaltet gewesen. Man hatte Molly, mit einem Nachthemd bekleidet, im Bett gefunden. Als die Detectives nach 10 Uhr am Tatort erschienen, deutete der Grad der Leichenstarre und der Blaufärbung darauf hin, daß sie mit fast hundertprozentiger Sicherheit vier oder fünf Stunden zuvor getötet worden war.

Gruber und Sutlovich kamen immer wieder auf eine offenkundige Tatsache zurück. Der einzige Schwarze, den die Detectives mit Molly in Verbindung bringen konnten, war Sherwood ›Kvay‹ Knight, der in dem Apartment genau über Molly wohnte. Aber Knight hatte doch an ihre Tür geklopft, um sie zu warnen. Weshalb sollte er ihr etwas antun – er, der so begierig darauf zu sein schien, ihnen bei der Suche nach dem Mörder zu helfen?

Aber ein Zweifel nagte an den beiden Detectives. Obwohl sie es ihm gegenüber noch nicht erwähnt hatten, wußten Hank und Rudy über Knights Vergangenheit Bescheid, die nicht besonders erfreulich war. Sein Vorstrafenregister machte Kvay nicht gerade zu einem wünschenswerten Nachbarn. Knight war gerade aus dem Gefängnis entlassen worden, wo er wegen Einbruchs eingesessen hatte. Man hatte ihn für schuldig befunden, eine Videothek ausgeraubt zu haben, nachdem er einer Angestellten die Hände mit einem Elektrokabel auf dem Rücken gefesselt hatte. Knight war nicht der gesetzestreue Bürger, als den er sich darzustellen versuchte. Hank und Rudy hatten weiterhin erfahren, daß Kvay Knight wegen einer im Dezember 1984 im Snohomish County, Washington, verübten Vergewaltigung verhört und wegen Mangels an Beweisen entlassen worden war. Ein ungelöster, gleichfalls im Snohomish County begangener Mord besaß hinsichtlich des *Modus operandi* (der Verfahrensweise) eine bemerkenswerte Ähnlichkeit mit dem Fall Molly McClure.

Knight benutzte häufig das Pseudonym ›Billy Williams‹. Rudy Sutlovich und Hank Gruber, von Natur aus – und auch beruflich bedingt – mißtrauische Menschen, begannen, Mollys ›Rettung‹ durch Knight am 16. Januar aus einem anderen Blickwinkel heraus zu betrachten.

»Angenommen«, begann Sutlovich, »angenommen, er sah Molly, fand sie attraktiv, was sie zweifellos war, und wollte ihre Lebensgewohnheiten überprüfen. Wenn er um 4 Uhr oder 4 Uhr 30 an ihre Tür klopfte, konnte er einiges herausfinden. Erstens: Jack Crowley erklärte, es hätte eine Weile gedauert, bis sie nach dem Klopfen an die Tür gekommen sei; also wußte Kvay, daß sie einen gesunden Schlaf hatte. Molly erzählte ihrer Tante, sie wäre nur mit Mühe wach geworden, als er klopfte. Zweitens: Er stellte fest, daß sie allein lebte, drittens – allein schlief und viertens: daß sie normalerweise um diese Morgenstunde zu Hause war und fest schlief.«

Aber es fehlten noch einige Teile. Kvay Knight lebte mit einer sehr attraktiven Frau zusammen. Es wäre verwegen gewesen, eine Frau zu überfallen, die genau unter ihnen wohnte – besonders, da er sich erst einige Stunden vor dem Mord mit einem Polizisten unterhalten hatte.

Oder hatte er vielleicht damit gerechnet, daß die Ermittlungsbeamten zu diesem Schluß kommen würden? Hatte er geglaubt, die Polizei würde, wenn er buchstäblich unter der Nase des Seattle Police Department einen Mord beging, glauben, er könne nicht so dumm sein?

Rudy Sutlovich hatte sich vorwiegend mit Sondra Hill unterhalten. Hill, eine Justizsekretärin, wohnte bereits seit viereinhalb Jahren in dem Vierparteienhaus. Vor sechs Monaten hatte sie noch in der Wohnung gewohnt, die an Mollys Apartment grenzte und genau den gleichen Grundriß besaß, nur spiegelverkehrt. Im Juni 1985 war sie in das eine Treppe höher liegende Apartment übergewechselt, und Jack Crowley war in die frei gewordene Wohnung gezogen.

Sondra sagte, sie kenne Kvay Knight seit 1979; sie sei seit

sechs Jahren hin und wieder mit ihm zusammengewesen. Als er nach fünfzehn Monaten Haft aus dem Gefängnis entlassen wurde, zog er zu ihr und schrieb sich am North Seattle Community College für verschiedene Kurse ein. Da er nicht arbeitete, wurde er von Sondra und einer seiner weiblichen Verwandten unterstützt. Er hatte mit den Kursen im Januar angefangen. Sie begannen montags, mittwochs und freitags um 8 Uhr, und dienstags und donnerstags um 9 Uhr. Da Kvay kein Auto besaß, war er auf den Bus angewiesen. Die Busverbindung war recht umständlich. Obwohl sein Ziel im Norden lag, mußte er einen Bus nehmen, der die südlich gelegene Innenstadt ansteuerte, um dort in einen Bus umzusteigen, der nach Norden fuhr.

Soweit Sondra wußte, war Kvay am Donnerstag zum College gefahren. Danach sei er nach Hause gekommen, habe ihr Abendessen zubereitet und sei dann wieder gegangen, um Verwandte zu besuchen. Er sei an jenem Donnerstagabend um 22 Uhr 30 zurückgekommen. Er habe ihr gesagt, daß er mit einem Polizisten gesprochen und Molly besucht hatte. Kvay sei ein wenig überrascht gewesen, daß Molly den versuchten Einbruch der Polizei gemeldet hatte, erklärte Sondra. Er sagte, Molly hätte gelacht und ihm nicht geglaubt, als er ihr frühmorgens von dem Herumtreiber erzählt habe.

Sondra und Kvay hatten sich noch das Ende von ›20/20‹ und einen Teil der Elf-Uhr-Nachrichten angeschaut. Danach hätten sie sich gestritten, wie sie Gruber und Sutlovich gestand.

»Und worum ging es bei diesem Streit?« fragte Gruber.

»Er wollte Sex, aber mir ging es zu schlecht, um daran interessiert zu sein.« Sie sagte, Kvay sei mürrisch und reizbar gewesen und hätte auf der Couch geschlafen. Da es eine recht kalte Nacht gewesen war, habe er einen Schlafsack über sich gezogen, und sie hätte ihn noch zusätzlich mit einer selbstgehäkelten blauen Wolldecke zugedeckt.

Sondra sagte, sie sei im Laufe der Nacht ein halbes Dutzend Mal aufgestanden. Sie habe um 5 Uhr 40, kurz nachdem ihr Wecker geklingelt hatte, gehört, wie die Vordertür zugeschlagen wurde, und angenommen, es wäre Kvay, der zum

Joggen ging. Plötzlich sei es ihm mit dem Laufen ernst gewesen, erklärte sie, und er wäre sehr früh aufgestanden, um zwei bis drei Stunden zu joggen.

Rund zwanzig Minuten nach dem Zuschlagen der Tür hörte Sondra ein lautes ›gleichmäßiges Geräusch‹ aus Mollys Apartment. Das war das einzig Ungewöhnliche in jener Nacht: Bis zu diesem Zeitpunkt war noch nie Lärm aus Mollys Apartment gedrungen.

Obwohl sie sich miserabel fühlte, beschloß Sondra, arbeiten zu gehen. Sie stand auf, duschte und schminkte sich. Sie hörte Kvay nicht zurückkommen. Doch als sie um 7 Uhr 10 in die Küche kam, holte er gerade etwas aus dem Kühlschrank. Sie erinnerte sich, daß er nach Schweiß gerochen hatte, als wäre er tüchtig gelaufen. Kvay trank ein wenig Saft und sagte, er käme zu spät zum College.

»Was hat er angehabt?« fragte Sutlovich.

»Eine schwarze Trainingshose und ein graues Husky Rose Bowl-Sweatshirt – das gleiche wie am Abend davor. Und Laufschuhe.«

Er habe sich nicht die Zeit genommen, zu duschen, sondern hätte nur seine Kladden und den Rucksack genommen und sei wieder verschwunden.

Sondra war um 8 Uhr zur Arbeit gegangen. Erst spät am Tag erhielt sie einen Anruf ihres Vermieters, der ihr mitteilte, daß Molly ermordet worden sei.

Diese Nachricht jagte Sondra einen höllischen Schrecken ein. Sie teilte ihrem Vermieter mit, daß sie am 1. Februar ausziehen würde. Obwohl es bis dahin nur noch zwei Wochen waren, ließ sie an ihrer Wohnungstür neue Schlösser anbringen. Wenn Kvay bei ihr war, hatte sie keine Angst – aber er war oft fort, besonders in den dunklen Stunden vor Tagesanbruch.

Sie erzählte Rudy Sutlovich, daß Kvay es am Morgen des 17. Januar schrecklich eilig gehabt habe, weil er zu spät zum Unterricht kommen würde.

Als Sutlovich und Hank Gruber in der Nachbarschaft herumfragten, ob an dem Morgen, an dem Molly getötet wurde, jemandem etwas Ungewöhnliches aufgefallen war, kamen sie auch zu Susan Stroum*, die in dem Wohnhaus direkt neben Mollys lebte. Kvay hatte auch ihr den Eindruck vermittelt, als hätte er es sehr eilig. Stroum war eine Frau mit strengen Gewohnheiten. Sie ging wochentags stets zwischen 7 Uhr 20 und 7 Uhr 25 zur Arbeit. An jenem Morgen des 17. Januar hatte sie Knight um genau 7 Uhr 25 getroffen. Sie kannte ihn: Er wohnte seit Jahren immer wieder einmal bei Sondra. Stroum und Knight waren in südliche Richtung gegangen.

Dann hatte Susan Stroum die Straße überquert und war in die East Lyn Street eingebogen, während Knight auf der Franklin blieb.

Die Detectives statteten dem North Seattle Community College einen Besuch ab und erfuhren, daß Knight nicht zum Unterricht erschienen war. Er war während des ganzen Semesters nur drei- oder viermal im College erschienen. Kvay hatte Kurse in Data Processing und Office Function belegt, aber die Aufzeichnungen des Colleges zeigten, daß er das letzte Mal am 10. Januar in einem Kurs aufgetaucht war.

Sondra wußte genausowenig davon wie Kvays Mutter, die ihn finanziell unterstützte.

Eines war klar: Sherwood ›Kvay‹ Knight war ein Lügner und ein Schnorrer. Aber war er auch ein Mörder? Und wenn er ein Mörder war – konnten Hank Gruber und Rudy Sutlovich es beweisen?

Es frustrierte Sutlovich und Gruber, daß sie mit dem Fall nur quälend langsam vorankamen. Im Kriminallabor arbeiteten Chesterine Cwiklik und John Brown mit den Beweisstücken: den Fasern, den Haaren und dem Schuhabdruck. Das war alles, was sie hatten. Die meisten Beweisstücke waren mit bloßen Augen nicht einmal zu erkennen.

Die Detectives befragten Sondra Hill und Kvay Knight wieder und wieder und waren bei jedem Besuch weniger willkommen. Kvay, der anfangs so begierig darauf gewesen war, der Polizei zu ›helfen‹, wurde zunehmend unfreundlicher – genau wie Sondra. Hank Gruber erklärte Kvay, er und Rudy seien aufgrund des während der Autopsie gefundenen

Schamhaares sicher, daß es sich bei Mollys Mörder um einen Schwarzen handelte. Also müßten sie alle unschuldigen Schwarzen aus Mollys Umgebung aussortieren. Knight wirkte schockiert. Nein, er würde sich keinem Lügendetektortest unterziehen, erst wolle er mit seinem Anwalt sprechen, stieß er hervor. Weshalb sollte ein unschuldiger Mann einen solchen Test machen?

Als die Detectives am 22. Januar an Sondra Hills Tür klopften und nach Knight fragten, sagte sie spöttisch: »Er ist nicht hier. Wollen Sie reinkommen und nachschauen?«

Am 24. Januar, zwei Wochen nach Molly McClures Ermordung, erschienen Gruber, Sutlovich und die Detectives Duane Homan und Gail Richardson mit einer Hausdurchsuchungsanordnung bei Sondra Hill. Die Anordnung beruhte vor allem auf den Ahnungen zweier erfahrener Detectives.

»Wir telefonierten zwei Stunden lang mit einem Staatsanwaltsgehilfen«, erinnerte sich Gruber, »danach eine Weile mit einem anderen. Wir arbeiteten diese eidesstattliche Erklärung aus und brachten sie eigenhändig zu Richter Phil Kilien, den wir schließlich überzeugen konnten. Um ein Uhr morgens bekamen wir das unterschriebene Dokument.«

Kurz vor 7 Uhr standen Hank und Rudy an Sondra Hills Vordertür, während ihre Kollegen die Rückfront sicherten. Und wie sie gehofft hatten, erwischten sie Kvay Knight buchstäblich mit heruntergelassenen Hosen – oder fast.

Er öffnete die Tür in langen Unterhosen, Shorts und einem T-Shirt. Offensichtlich hatten sie ihn geweckt. Die vier Detectives planten zu diesem Zeitpunkt nicht, ihn zu verhaften; sie wollten nur Haar-, Blut- und Speichelproben von ihm, ein paar Kleidungsstücke mitnehmen und Sondra Hills Apartment durchsuchen. Wegen der Proben mußten sie mit Kvay in die Innenstadt, zum Kriminallabor.

Kvay Knight war überaus empört über seine Festnahme, die sich jedoch einzig auf die Untersuchung bezog. Die Detectives wußten, daß sie ihn nicht länger als zweiundsiebzig Stunden festhalten konnten. Und ein Vergleich der Haare und Fasern, die das Kriminallabor bereits hatte, mit den Kopf-, Schläfen- und Schamhaaren des Verdächtigen könnte Wochen dauern. Aber dazu mußte man diese Haare erst einmal haben. Kvay Knight weigerte sich standhaft, sich Proben abnehmen zu lassen. Also mußten sie ihn verhaften, um an die Haarproben zu gelangen und etwas von seinem Blut zu erhalten.

Bei der Hausdurchsuchung nahmen sie Knights Husky-Sweater, eine schwarze Trainingshose, die über einem Stuhl hing, und eine weitere schwarze Trainingshose mit, die sie in einer Plastikwanne entdeckten. Sie machten nicht viel Federlesens, sondern nahmen einfach die Wanne samt Wasser und Hose mit. Knight wollte seine Tennisschuhe anziehen, aber Gruber schlug ihm vor, andere Schuhe zu wählen; Gruber wollte *diese* Schuhe, um sie mit dem Abdruck auf Mollys Fensterbank zu vergleichen. Sie nahmen auch die Haare mit, die sie in Sondra Hills Badewanne und unter dem Stöpsel entdeckten.

Weder Sutlovich noch Gruber rissen sich darum, auf dem Weg zur Zentrale eine Wanne mit kaltem, seifigem Wasser auf den Knien zu balancieren. Also wurde eine Münze geworfen.

Sutlovich verlor. Für den zwei Meter großen Detective war es so schon schwierig genug, seine langen Beine in einem Auto unterzubringen; und jetzt hatte er auch noch eine Wanne mit schmutziggrauem Wasser auf dem Schoß. Gruber konnte sich ein Grinsen nicht verkneifen.

Aber er mußte nicht nur über das Dilemma seines Partners grinsen. Da gab es diesen unmöglichen Fall, bei dem man nichts in der Hand hatte außer ein paar Kügelchen aus Haaren und Fasern und einem schwachen Fußabdruck. Und plötzlich schien sich das Blatt zu wenden.

Kvay Knight gab seine Blut-, Haar- und Speichelproben ab und wurde nach achtundvierzig Stunden entlassen.

Chesterine Cwiklik fand immer mehr Spuren, die übereinstimmten. Cwikliks Spezialität ähnelte sowohl im übertragenen wie auch im buchstäblichen Sinne dem Lösen eines Rätsels. Als Doktorandin der organischen Chemie hatte sie sich auf die Mikroskopie spezialisiert und mit Hilfe eines Mikroskopes winzige Dinge untersucht und vergrößert, um sie mit anderen zu vergleichen. Cwiklik leitete die Mikroanalysen-Abteilung des State Patrol Crime Lab. In ihren Aussagen bestätigte sie, was sie anhand der winzigen Fasern und Fusseln entdeckt hatte.

Fasern sind lang und dünn; sie können aus Plastik, Metall und Baumwolle bestehen. Kleidung besteht entweder aus *synthetischen* Fasern, wie dem allgegenwärtigen Polyester, oder aus *natürlichen*, wie Jute, Hanf oder Baumwolle. Die gebräuchlichste tierische Faser ist Wolle. Mit Ausnahme der Teppichfaser sind die meisten Fasern dünner als Menschenhaar.

Sobald Cwiklik eine Faser hatte, konnte sie zwischen zahllosen Bewertungsverfahren wählen. Häufig benutzte sie ein Spinneret, eine Scheibe mit verschieden großen Löchern, mit deren Hilfe sie die Fasern trennen und vergleichen konnte. Sie konnte auch den durch eine Oberflächenbehandlung entstandenen Glanz testen, Differenzen in der Färbung und den Färbephasen feststellen und ein ›Glassandwich‹ herstellten, das heißt, eine Faser oder ein Haar in einer durchsichtigen Einbettung fixieren und sie dann mit einem Polarisationsvergleichsmikroskop achthundertfach vergrößert betrachten.

Rudy Sutlovich und Hank Gruber hatten Chesterine zweihundertsiebenunddreißig Beweisstücke vorgelegt. Sie würde Wochen – oder Monate – brauchen, um sie alle zu testen. Sie schaute die Detectives an und fragte: »Und welches ist das wichtigste?«

»Das, was ihrem Körper am nächsten war.«

Und so begann sie mit ihrer Arbeit. Die schwarzen Haare, die an Molly McClures Hand, Gesäß und Nachthemd gefunden worden waren, stimmten genau mit den Fasern der schwarzen Trainingshose überein, die die Detectives in der Plastikwanne gefunden hatten. Das Fusselkügelchen von Mollys Gesäß enthielt Fasern und Haare, die sehr stark jenen ähnelten, die man dem Zwickel von Knights Trainingshose entnommen hatte; in jedem der winzigen Kügelchen fand sich ein Katzenhaar.

Cwiklik vergrößerte die Hosenfasern eintausendeinhundertzehnfach und betrachtete sie durch das Polarisationsvergleichsmikroskop. Und die beiden Seiten des Schirms zeigten völlig identische Bilder.

Chesterine Cwiklik wußte, daß jeder Mensch Teile der Umwelt aufnimmt, in der er lebt. Jede Person trägt Fasern, Haare, Schmutz aus ihrer Umgebung mit sich herum. »In Mollys Umgebung gab es beispielsweise rosarote und purpurfarbene Fasern, Farbsplitter, natürliche Fasern – aber kein Katzenhaar«, erklärte sie Gruber und Sutlovich. »Oben, in Miss Hills Apartment, gab es dagegen synthetische Fasern, orange, braun, blau und grün, Tabakkrümel und eine Menge Katzenhaare.«

Wenn das Faserprofil eines Haushaltes in einen anderen eindringt, werden wichtige Spuren übertragen. Molly verabscheute Katzen, aber jemand hatte Katzenhaare in ihr Bett gebracht. Auf Mollys Kissenbezug waren Fasern gefunden worden, die genau denen der Wolldecke ähnelten, die Sondra Hill in verschiedenen Dunkelblau- und Weißabstufungen gehäkelt hatte; Fasern mit einer ausgeprägten Drehung – einem ständig wiederkehrenden ›S‹, durch Wärme miteinander verklebt. In Mollys Apartment gab es kein einziges Stück mit diesen Farben.

Kvay Knight hatte in der Nacht vor Mollys Tod unter einer weißblauen Wolldecke geschlafen. Er stritt zwar ab, jemals in Mollys Schlafzimmer gewesen zu sein, aber er hatte Spuren hinterlassen. Für Chesterine Cwiklik war es, als hätte der Mörder seine Visitenkarte neben die Tote gelegt.

Haare, die genau mit denen von Kvay Knight übereinstimmten, wurden an Mollys linkem Handgelenk, auf der Matratze, am Kissenbezug, an ihrem Gesäß, an den Schamhaaren, an der Innenseite der Oberschenkel, auf dem Bettlaken, an dem Band, mit dem sie stranguliert worden war, und an dem Schlüpfer gefunden, der als Knebel fungiert hatte. Auch Sondra Hills Haare fand man in Mollys Bettzeug – jemand hatte sie von ihrem Apartment in Mollys Wohnung transportiert. Mollys Haare fanden sich an den Sohlen von Knights Schuhen, an der Matte, auf der Knight stand, als er sich während der Hausdurchsuchung umzog, und in Knights Wanne.

So weit, so gut. Aber reichte das aus, um die Geschworenen zu überzeugen? Laien haben Schwierigkeiten, einem

Bericht über Haare und Fasern zu folgen. Und es handelt sich dabei um keinen absoluten, sondern nur um einen fast sicheren Beweis.

Wenn ein Fall ausschließlich auf Spurenmaterial und Indizien beruht, heißt es: Je mehr Munition vom Labor kommt, desto besser. Jede ›sehr wahrscheinliche‹ Übereinstimmung erhöht den Grad der Wahrscheinlichkeit. John Brown beschäftigte sich mit dem Schuhabdruck. Das Sohlenmuster konnte sehr wohl von Knights rechtem Sportschuh stammen – auch die Größe stimmte überein –, aber es handelte sich um ein weitverbreitetes Muster, und die Sohle wies weder eindeutige Gebrauchsspuren noch Beschädigungen auf. Um 2 Uhr morgens hatte es geregnet, aber wenn Knight die Treppe hinuntergegangen war, hätte er nur ein paar Schritte über den feuchten Boden machen müssen und deshalb keinen nennenswerten Schlamm an den Schuhen gehabt.

Der Tabakkrümel unter Mollys Nagel stammte nicht von ihr: Molly rauchte nicht. Sie haßte es, von Rauchern umgeben zu sein, und in ihrem Apartment rauchte niemand, aus Rücksicht auf sie. Der winzige Tabakkrümel stimmte mit den Tabakpartikeln überein, die auf Knights Husky Sweatshirt gefunden worden waren.

George K. Chan, Fachmann auf dem Gebiet der Biochemie, der im State Patrol Crime Lab arbeitete, war für die Überprüfung der Körperflüssigkeiten zuständig, die am Tatort gefunden und Kvay Knight im Laufe der Hausdurchsuchung abgenommen worden waren. Man hatte enorme Anstrengungen unternommen, um das Blut und die anderen Körperflüssigkeiten zu isolieren und mit einer einzigen Quelle zu vergleichen. Alle Menschen habe genetische Markierungen in ihrem Gewebe, im Blut und den Körperflüssigkeiten. Bei Blutflecken läßt sich das Verfahren der Blutklassifizierung anwenden, und genetische Merkmale lassen sich nach Blutgruppen, Enzymen, Proteinen, Antikörpern und RH-Faktoren isolieren: Blut, Speichel, Samen, Schweiß, Schleim und Tränen können überaus beredt sein.

Über achtzig Prozent aller Menschen sind ›Sekretoren‹, das heißt, ihre Blutgruppe kann aus den Körperflüssigkeiten bestimmt werden. Tests ergaben, daß Molly McClure und Kvay Knight Sekretoren der Gruppe 0 waren. Chan wurde umgehend mit einem Problem konfrontiert, als er versuchte, mit dem Tampon zu arbeiten, in dem sich Mollys Menstruationsblut und der Samen ihres Vergewaltigers/Mörders befand. Beides, das Blut und der Samen, gehörten zur Gruppe 0. Aber Chan war noch nicht am Ende seines Lateins. Ihm standen noch einige Testverfahren zur Verfügung.

Als Chan das Sweatshirt untersucht, das Kvay während der Mordnacht im Bett und auch am folgenden Morgen getragen hatte, als er die Wohnung verließ, entdeckte der Kriminalist drei getrocknete Blutflecken im Inneren des Taillenbundes. Das Sweatshirt war in der Woche zwischen dem Mord und der Hausdurchsuchung nicht gewaschen worden. Zweifellos ahnte Kvay nichts von den Blutflecken.

Jetzt begann die heikelste Untersuchung. Chan stellte fest, daß die getrockneten Blutflecken zur Gruppe 0 gehörten. Aber Knights Körper wies weder Schnitte noch Schürfwunden auf. Er hatte nicht geblutet. Nur Molly.

Chans Tests mußten über die Untersuchung der Blutgruppe hinausgehen; er mußte nach anderen genetischen Merkmalen suchen. Jede Rasse, sei sie weiß, schwarz, rot oder gelb, neigt zu bestimmten Gm-(Gamma)- und Km-(Kappa)-Markierungen. Aber die ›Signalflaggen‹ bleiben trotz des ›genetischen Drifts‹ durch die Vermischungen der Rassen erhalten. Bei einem Kaukasier beispielsweise zeigt sich ein Gm-Wert von 3,11 bei vierundvierzig Prozent und ein Km von drei bei sechsundachtzig Prozent. Bei der schwarzen Rasse ist ein Gm-Wert von drei ungewöhnlich, aber eine 1,11-Kombination normal.

Blutet ein Schwarzer in sein Hemd, hinterläßt er mit fast absoluter Sicherheit Blut mit einer Gm-Variante, die eine Elf, aber auf keinen Fall eine Drei enthält. Gary Harmer, gerichtsmedizinischer Serologe, erklärte es folgendermaßen: »Wenn Sie Orangen, Äpfel und Pampelmusen erst mixen und danach untersuchen, werden sie nur eine Mischung aus Orangen, Äpfeln und Pampelmusen finden, und keine Bananen.«

519

Das Ergebnis der Untersuchung der drei Blutflecken und des Blutes von Mollys McClure und Kvay Knight sah wie folgt aus:

	GM	KM
Opfer (Molly)	3,11	3
Verdächtiger (Kvay)	1,11,28	1,3
Sweatshirt	3,11	3
	3,11	3
	3,11	

Chan fand *ausschließlich* kaukasische Erbmerkmale in dem getrockneten Blut der Blutgruppe 0, das im inneren Taillenbund von Kvay Knights Sweatshirt entdeckt worden war. Ohne es zu wissen, hatte er eine Woche lang Mollys Blut dicht an seiner Haut getragen. Hätte er das Sweatshirt gewaschen, wäre der entscheidende Beweis für immer verloren gewesen. Anscheinend hatte er die blassen Blutflecken nicht gesehen, und so blieben sie auf fast wunderbare Weise erhalten.

Gary Harmer erklärte es so: »Die Blutflecken am Taillenbund des Sweatshirts *konnten* von Molly McClure stammen, aber auf *keinen Fall* von Sherwood ›Kvay‹ Knight.«

Bis jetzt war Kvay Knight noch durch keinen Test entlastet worden, und jedes weitere Testergebnis vergrößerte den Beweisberg immer mehr.

Mollys Vater mußte sich der traurigen Aufgabe unterziehen, die Bankkonten seiner Tochter aufzulösen. Er erhielt von der Great Western Savings and Loan den Bankausweis seiner Tochter, auf dem alle Transaktionen verzeichnet waren, die sie mit ihrer Bank Exchange Card an einem Geldautomaten getätigt hatte. McClure warf einen Blick auf die Zahlen zwischen dem 15. Januar und dem 15. Februar und erstarrte. *Jemand hatte am Morgen des 17. Januar zweimal Geld von Mollys Konto abgehoben.* Molly konnte es nicht gewesen sein; sie war zu diesem Zeitpunkt bereits tot. Überdies hatte sie die Karte nur selten benutzt: Sie schrieb lieber Schecks aus. Beide Abhebungen beliefen sich auf einhundert Dollar; das erste Mal war am 17. Januar um 7 Uhr 34, das zweite Mal um 7 Uhr 35 Geld abgebucht worden, und zwar bei einer Seattle First Banking-Filiale in Eastlake – die im Süden lag, nur ein paar Blocks von Mollys Apartment entfernt war!

Warren McClure setzte sich umgehend mit Gruber und Sutlovich in Verbindung.

Was immer auch das ursprüngliche Motiv des Mörders gewesen war – Vergewaltigung oder Diebstahl –, er hatte beides ausgeführt.

Zuerst glaubten die Detectives, sie hätten endlich eine Spur gefunden, die sie zu Mollys Mörder führen würde. In Seattle sind rund fünfundzwanzig Prozent der Geldautomaten mit Kameras ausgerüstet, die Fotos von Kunden aufnehmen, die Geld abheben. Aber der Geldautomat in der Seattle First Banking-Filiale besaß keine Kamera. Er stand in einer Filiale, in der nur Aufzeichnungen gelagert wurden. Früher war sie einmal eine Full-Service-Bank gewesen, aber jetzt nicht mehr. Aber der Geldautomat stand immer noch da. Und wer immer ihn auch benutzte – er mußte *wissen*, daß der sich dort befand, denn es gab keinerlei Hinweise auf ihn.

Hank Gruber und Rudy Sutlovich begaben sich mit einer Stoppuhr zum Vierparteien-Haus an der Franklin. Sie wollten nachspielen, was Mollys Mörder nach dem Mord unternommen hatte. Susan Stroum hatte Kvay Knight um etwa 7 Uhr 25 aus Sondra Hills Apartment kommen und in großer Eile nach Süden gehen sehen. Gruber mußte Kvays Part spielen; Rudy Sutlovichs Beine waren so lang, daß ein durchschnittlicher Mann zwei Schritte zurücklegen mußte, wenn er einen machte. Das hieß, sie würden keine genaue Zeit bekommen, wenn Sutlovich Kvays Rolle spielte. Also schaute Sutlovich auf die Stoppuhr, während Gruber die acht Blocks, die Mollys Apartment von dem Geldautomaten trennten, hinter sich brachte.

Neun Minuten. Gruber legte die Strecke wieder und wieder zurück, aber die Zeit blieb dieselbe. Wenn Kvay Knight in großer Eile, mit Mollys Cash Card in der Tasche, um 7 Uhr 25 in Richtung Süden gegangen war, mußte er den Geldautomaten um 7 Uhr 34 erreicht haben.

Und genau um diese Zeit waren die ersten einhundert Dollar abgebucht worden. Danach hätte er eine Minute warten müssen, um die nächsten einhundert Dollar abzuheben.

Hank und Rudy fragten sich, woher Kvay Knight gewußt hatte, daß es dort einen Automaten gab. Das Rätsel wurde rasch gelöst. Sondra Hill gab zu, daß sie eine Karte für den Geldautomaten besaß, eine Karte, die erst zwei Monate vor dem Mord ungültig geworden war. Ihr Geliebter mußte von dem Automaten gewußt haben, der sich in einem Haus befand, das eher einem Bürogebäude als einer Bank glich.

Für sich genommen waren die Beweisblöcke nicht gerade überwältigend, aber zusammen wurden sie glaubwürdig. Hank Gruber und Rudy Sutlovich waren sicher, daß Sherwood ›Kvay‹ Knight Molly McClure getötet hatte.

Und Kvay tauchte unter.

Sondra und Kvay zogen am 1. Februar aus der alten Wohnung aus. Sondra ging wieder zu ihren Eltern zurück. Kvay wurde von den schäbigen Straßen des Seattler Central Districts verschluckt. Er war redegewandt, überzeugend und raffiniert, und er besaß Freunde, die ihn einen Tag oder länger bei sich aufnehmen würden, bevor er weiterzog. Er und Sondra blieben in Kontakt. Sie hielt zu ihm und weigerte sich zu glauben, daß er mehr verbrochen hatte, als die Schule zu schwänzen.

Sutlovich und Gruber konnten Kvay nicht einholen. Er war so schwer faßbar wie der Wind. Er tauchte mal hier, mal dort auf und war dann wieder verschwunden.

Die beiden Detectives waren Jean und Warren McClure im Laufe der Zeit nähergekommen, eine Freundschaft, die auch nach Ende der Ermittlungen noch andauern sollte. Wie gern hätten sie zu Mollys Eltern gesagt: »Wir haben den Mörder Ihrer Tochter; ihm wird der Prozeß gemacht.« Aber sie konnten es nicht. Beim nächsten Besuch mußten Rudy und Hank Mollys Familie erklären, daß Kvay jetzt, wo sie genügend Beweise hatten, um ihn zu verhaften, nicht aufzufinden war.

»Keine Sorge«, sagte Gruber zuversichtlich. »Menschen aufzuspüren ist eine unserer leichtesten Übungen. Wir werden den Haftbefehl bekommen; und wir werden Knight finden.«

Als sie wieder im Wagen saßen, fragte Rudy Hank: »Was sollte das denn? Wir beide wissen, daß es in unserem Job zum Schwersten gehört, jemanden aufzuspüren! Wir werden den Kerl niemals finden! Er hat sich in Luft aufgelöst.«

»Hab Vertrauen«, sagte Gruber. »Wir werden ihn finden.«

King County Senior Deputy Prosecutor Becky Roe setzte eine Kaution von zweihundertfünfzigtausend Dollar fest, als sie am 18. April 1986 Affidavits einreichte, in denen sie Sherwood ›Kvay‹ Knight des schweren vorsätzlichen Mordes beschuldigte. Die Anklagen basierten auf Indizien und Spurenmaterial. Roe war bereit, auf eine Verurteilung zu wetten.

Knight hatte nicht herumgehockt und darauf gewartet, verhaftet zu werden. Aber Rudy Sutlovich und Hank Gruber glaubten, daß er sich noch in Seattle oder Umgebung aufhielt. Da gab es einige Stellen, an denen sie nach dem gewieften Verdächtigen Ausschau halten konnten. Sie observierten drei Tage lang die Häuser, in denen Kvays Freunde wohnten.

Aber ihre Beute entkam ihnen.

Nachdem die Zeitungen Seattles über die Mordanklage berichtet hatten, entdeckten zwei entfernte Bekannte Kvay in der Nähe der Boeing-Fabrik am East Marginal Way mit einem jungen Mann in einem Auto. Kvay war damit beschäftigt, dem Fahrer ›Dinge‹ zu verkaufen, und merkte nicht, daß er beobachtet wurde. Kvays Bekannte hegten ihm gegenüber keine besonders große Loyalität und waren von dem Verbrechen, dessen er angeklagt war, genauso abgestoßen wie der Rest der Bevölkerung Seattles. Sie riefen die Polizei.

Als Sutlovich und Gruber an der angegebenen Stelle eintrafen, endete bei Boeing gerade eine Schicht. Der Verkehr staute sich in allen Richtungen. Aber schließlich sollte es den beharrlichen, ausdauernden Detectives doch noch leicht gemacht werden. Sie entdeckten ihren Verdächtigen mitten im Stau – in einem Streifenwagen. Der Seattle Police Officer Al Thompson hatte Kvay Knight verhaftet und mit Handschellen gefesselt.

Im Oktober 1986 wurde Kvay Knight unter Vorsitz von Terrence Carroll, Richter des Obersten Gerichtshofs, der Prozeß gemacht. Die zwölf Geschworenen und ihre beiden Vertreter – sechs Männer, acht Frauen – blickten unergründlich auf den nun sanft aussehenden jungen Mann im graublauen Anzug. Er wirkte nicht sehr kräftig, eher schmal und bescheiden. Er trug eine neue Frisur, einen gemäßigten Afrolook. Seine beiden vom Staat bestellten Verteidiger saßen neben ihm, klopften ihm auf die Schulter und beugten sich vor, um leise miteinander zu konferieren. Die ersten beiden Reihen der Zuschauerränge wurden von Mollys Familie und ihren Freunden eingenommen. Sie lauschten den schrecklichen Aussagen mit ruhiger Würde. Nur ihre tränennassen Augen ließen erkennen, daß sie nicht zu den üblichen Zuschauern gehörten. Reporter kamen und gingen, blieben jedoch nicht den ganzen Tag. Es war keine *große* Geschichte. Jean McClure murmelte: »Wir haben überhaupt keine Reporter erwartet. Wir sind nur eine durchschnittliche Familie, durchschnittliche Eltern, die ihre Tochter verloren haben. Wir gehören nicht auf das Titelblatt.«

Aber für Hank Gruber und Rudy Sutlovich, und für die Ankläger Becky Roe und Dan Kinerk, war Mollys Ermordung kein Durchschnittsfall. Draußen schien die Oktobersonne. Arbeiter mit Preßluftbohrern rissen die Third Avenue auf, um Platz für einen Bustunnel zu schaffen. Aber im Gerichtssaal herrschte Stille, als ein rund achtundzwanzig mal fünfunddreißig Zentimeter großes Foto von der toten Molly in ihrem blauen Nachthemd an einer Schautafel befestigt wurde. Mord kennt keine Würde: den Schuldigen zu überführen ist von so großer Wichtigkeit, daß die Geschworenen das Entsetzliche sehen *müssen*.

Die Zeugenaussagen zogen sich über Tage hin. Sondra Hill, schön, aber blaß, blickte auf ihren Ex-Geliebten hinab, als sie die Nacht und den Morgen des 16. und 17. Januar beschrieb. Auch Mollys Familie und ihr Chef sagten aus. Und die gerichtsmedizinischen Experten erklärten geduldig, was es mit all den Haaren, Fasern und dem Blut auf sich hatte.

Nur Sherwood ›Kvay‹ Knight sagte nichts zu seiner eigenen Verteidigung. Im Laufe des Prozesses rutschte er auf seinem Platz am Verteidigungstisch immer weiter hinab, als wüßte er, daß es nicht gut für ihn ausgehen würde.

Und es ging nicht gut aus.

Am 10. Oktober brauchte die Jury nur zweieinhalb Stunden, um zu einem Urteilsspruch zu gelangen: Schuldig. Becky Roe und Dan Kinerk hatten keine Todesstrafe gefordert. Am 5. November fällte Richter Caroll das vorgeschriebene Urteil: lebenslange Haft ohne die Möglichkeit auf Bewährung. Knight hörte sich die Urteilsverkündung stehend an, die Hände hinter dem Rücken verborgen. Fernsehkameras surrten, Reporter hielten ihm Mikrophone vors Gesicht, aber Knight weigerte sich, eine Erklärung abzugeben.

Bald darauf hatte ihn das Washingtoner Strafsystem verschluckt. Kvay Knights Verurteilung war nur ein schwacher Trost für Mollys Familie, aber sie beendete eine Phase ihres Leids. »Sie hatte so etwas Strahlendes an sich«, erinnerte sich eine Tante. »Ich glaube nicht, daß jemand ihr feindlich gesinnt war. Wer sie kannte, liebte sie.«

Molly McClure wird niemals vergessen werden. So viele Zuwendungen wurden ihr zum Gedenken gespendet. Die Molly McClure Memorial Scholarship des College of Business and Economics an der Washington State University und die Molly Ann McClure Leadership Scholarship des Alpha Chi Omega werden beide fortlaufend subventioniert. Im Marymoor Park in Redmond, Washington, wurde zu Mollys Gedächtnis ein Baum gepflanzt; in der Fellowship Hall der Bellevue First Presbyterian Church steht ein handgeschnitztes Lesepult, und Mollys Name taucht an dem Denkmal, das am Eingang des Downtown Park in Bellevue steht, an drei verschiedenen Stellen auf.

Im Juli 1986 waren Mollys Eltern mit der Asche ihrer Tochter zum Strand von Seaview gefahren, der auf der Long-Beach-Halbinsel liegt, die an der südwestlichen Grenze des Staates Washington in den Pazifik hineinragt. »Wir verstreuten ihre Asche, vermischt mit unseren Tränen, am Ufer. Es war einer ihrer Lieblingsplätze. Dort hatte sie so viele schöne Stunden mit ihren guten Freunden verbracht ... wir hatten das Gefühl, als wäre es ihr Wunsch, an diesen Platz zurückzukehren.«

Jean und Warren haben Mollys letzten Brief behalten, eine kurze Notiz auf rosafarbenem Papier, die sie zwei Tage vor ihrem Tod zusammen mit einer Autokaufrate abgeschickt hatte. Die Nachricht lautete:

Mom und Dad,
ich weiß nicht, wann ich dazu kommen werde, diesen Brief einzuwerfen.
Aber ich glaube, daß ihr ihn eher früher als später haben werdet.
Vielen Dank, Dad, für die Zeit, die du aufgewendet hast, um an der Außenbeleuchtung zu arbeiten. Sie funktioniert prächtig.
Wir sehen uns bald ...

Sie sollten ihre Tochter niemals wiedersehen.

Band 13 731

David Heilbroner
Das Mädchen, das von den Klippen stürzte
Deutsche Erstveröffentlichung

›Ein großes menschliches Drama und ein aufregender Justizskandal zugleich.‹ NEW YORK TIMES

Ein zwanzigjähriges Mädchen stürzt in Kalifornien von den Klippen ins Meer. War es wirklich nur ein Unfall? Als es Probleme mit der Auszahlung der Sterbeversicherung gibt, wendet sich die Mutter des Opfers an Steven Keeney, einen jungen, erfolgreichen Anwalt. Dieser gerät bei seinen Nachforschungen sehr bald auf die Spur einer Familie, deren Vergangenheit von mysteriösen Unglücksfällen beherrscht wurde. Und immer war da eine Frau, die von den Todesfällen profitierte ...

Über zwei Jahre hat DAVID HEILBRONER, früher als Staatsanwalt tätig, an der Rekonstruktion dieses Kriminalfalles gearbeitet, dessen Geschichte sich über zwanzig Jahre erstreckte.

Sie erhalten diesen Band im Buchhandel, bei Ihrem Zeitschriftenhändler sowie im Bahnhofsbuchhandel.

Band 13 719
Carlton Stowers
Die Sünden meines Sohnes
Deutsche Erstveröffentlichung

CARLTON STOWERS, der als Journalist bei kleinen Zeitungen begann, genießt in Dallas seinen Ruhm als ungewöhnlich erfolgreicher True-Crime-Autor: *Eine Demütigung zuviel* und *Offene Geheimnisse* haben ihm den Edgar-Award eingetragen. Da erhält er im November 1988 einen Anruf von der Polizeistation: Anson, der älteste seiner beiden Söhne, wurde soeben verhaftet. Er soll seine fünfundzwanzigjährige Frau umgebracht haben.
Während Stowers zur Polizeistation fährt, rekapituliert er die Geschichte seines Sohnes. Er versucht Klarheit zu erlangen, wann sein Sohn auf die schiefe Bahn geriet. Und er fragt sich, wie weit er selbst als Vater Schuld trägt an dieser Entwicklung. Er wüßte auch heute nicht, was er anders machen würde, aber er ahnt auch, wie sehr Anson unter den Scheidungsquerelen seiner Eltern gelitten hat.

So entstand eines der ungewöhnlichsten True-Crime-Bücher – der erschütternde Report eines Mannes, dessen Sohn au die Schiefe Bahn geriet.

Sie erhalten diesen Band im Buchhandel, bei Ihrem Zeitschriftenhändler sowie im Bahnhofsbuchhandel.